U0903933

2024

中国企业集团财务公司年鉴

ZHONGGUO QIYE JITUAN
CAIWU GONGSI NIANJIAN

中国财务公司协会　编

中国金融出版社

责任编辑：丁　芋
责任校对：李俊英
责任印制：陈晓川

图书在版编目（CIP）数据

中国企业集团财务公司年鉴．2024／中国财务公司协会编．-- 北京：中国金融出版社，2024.12. -- ISBN 978-7-5220-2654-1

Ⅰ．F279.244-54

中国国家版本馆 CIP 数据核字第2024KX3487号

中国企业集团财务公司年鉴．2024
ZHONGGUO QIYE JITUAN CAIWU GONGSI NIANJIAN. 2024

出版发行　中国金融出版社
社址　北京市丰台区益泽路2号
市场开发部　(010)66024766，63805472，63439533（传真）
网上书店　www.cfph.cn
(010)66024766，63372837（传真）
读者服务部　(010)66070833，62568380
邮编　100071
经销　新华书店
印刷　河北松源印刷有限公司
尺寸　210毫米×279毫米
印张　27.75
插页　21
字数　740千
版次　2024年12月第1版
印次　2024年12月第1次印刷
定价　398.00元
ISBN 978-7-5220-2654-1

《中国企业集团财务公司年鉴》编辑委员会

徐麒超　殷召峰　高军玲　高昆冲　高周熠　郭子南　郭双来　郭聪明
唐天奇　唐　俊　唐　捷　诸　凡　陶　铮　陶　毅　黄文阁　黄玉刚
黄生贵　黄美智　曹　军　曹　巍　盛胜利　崔宏琴　崔炳雷　崔　程
彭　科　葛志文　董绪章　蒋　斌　蒋　燕　韩文杰　韩祖雄　程　刚
程　忠　鲁　斌　曾中全　曾健飞　温伟民　温国彬　谢迎春　雷东升
虞　斌　詹　敏　蔡才河　裴建光　管见礼　谭　华　熊玉斌　潘振锋
戴学兵　戴晓峰　魏玉柏　魏　然

《中国企业集团财务公司年鉴》编辑部

张　玲　张　荭　张思骁　张　艳　张晓文　张　珺　张博琳　张皓博
张锦成　张　骞　张懿萱　陆毅飞　陈文军　陈学武　陈春晓　陈思洋
陈艳芳　陈　浩　陈　琳　陈　雯　陈楠楠　陈　曦　邵明哲　武羽豪
范思爽　范　艳　林如冰　林燕隆　果　然　罗忠勇　罗秋菊　罗晓枫
罗　慧　季夏微　季　麟　周民宗　周　星　周　楠　周　潜　郑于洋
郑淑琴　宗承超　孟庆娟　孟岗超　赵丹心　赵延飞　赵　妍　赵　威
赵党党　赵　晨　赵啟辉　赵鑫源　胡司盾　胡　伟　胡艳华　俞国华
施海瑛　姜　兰　姚安娜　袁　炘　袁　媛　耿景坤　聂新馨　贾丹丹
贾　楠　夏丹妮　徐　强　徐　寰　徐麒超　高　珊　郭非凡　郭春怡
席　樱　陶　亮　黄　丹　黄加敏　黄振太　黄精裕　曹　雪　崔怡坤
崔绍轩　崔　娇　康　漪　章　恬　梁翠玲　董玉倩　董鸿翔　喻亚中
程　玲　曾文忠　温家东　谢　放　谢舒雪　虞　萌　裴雅盟　谭利云
谭建伟　樊海刚　潘　丽　潘闻文

编辑说明

一、本卷主要收录2023年度财务公司行业发展情况、各财务公司的经营管理状况、重要法律法规以及行业和机构统计数据等内容。

二、本卷“行业发展情况”部分的内容由中国财务公司协会提供；“机构概览”“统计资料”及“附录”部分的内容由各财务公司提供；“文件与规章”“大事记”部分的内容由中国财务公司协会收集整理。

三、本卷各财务公司是按照财务公司名称汉语拼音字母顺序进行排列；“文件与规章”部分是按照各发文机关公布的日期进行排列，机构名录按照财务公司获得监管部门开业批准时间顺序进行排列。

四、本卷“机构概览”部分收录中国境内的依《企业集团财务公司管理办法》设立的正常经营的企业集团财务公司情况。宝塔石化集团财务有限公司、新华联控股集团财务有限责任公司、亿利集团财务有限公司、吉林森林工业集团财务有限责任公司、三房巷财务有限公司未提供相关资料。

五、本卷各部分的行业整体数据因统计机构和统计口径不同，会出现不一致，请使用时注意甄别；“统计资料”篇中由于四舍五入，总计数据与分项、不同表格的数据也可能存在误差。统计表格中，“空格”表示该项统计指标数据不详；“—”表示无该项数据。

六、本卷照片部分除“共谋发展”部分之外，其他是按事件发生时间进行排序。

七、本卷“附录”部分的行业受表彰情况收录了财务公司的“集体荣誉”“部门荣誉”及“个人荣誉”，部分公司提供的资料未能采用，敬请谅解。

八、本卷在编纂过程中得到有关领导的关心和指导，得到全国各财务公司的大力支持，参加组稿的财务公司236家。各位组稿编辑、编写人员为本卷年鉴的出版付出了辛勤的劳动，各财务公司的其他工作人员也给予了大力协助，在此一并表示衷心的感谢！

九、本卷在编纂过程中难免存在错漏之处，敬请广大读者批评指正。

《中国企业集团财务公司年鉴》编辑部
二〇二四年八月

目　　录

行业发展情况

机构概览

统计资料

大事记

附　录

行业发展情况

2023 年企业集团财务公司行业情况

2023 年，财务公司行业深入贯彻监管部门的要求，以服务企业集团作为主责主业方向，着力更好地服务实体经济。2023 年，财务公司行业整体经营稳健，逐步进入量减质升的新发展阶段，资产总额持续增长，负债总额保持相对稳定。行业收入小幅增长，得益于成本压降和效率提升，利润同样取得小幅增长，与此同时，服务实体经济力度进一步加大，利差继续下行。

一、机构情况

（一）机构数量

财务公司行业正在经历法人机构数减少、经营质效提升的新发展阶段。2023 年末，财务公司全行业法人机构 241 家，较上年减少 11 家，成为近 3 年行业法人机构减少数量最多的一年。财务公司行业法人机构减少主要有两类原因。一是企业集团整合重组。由于国家加大各类企业集团整合重组力度，财务公司随集团作出相应调整。2023 年有 5 家财务公司因企业集团整合重组而退出。二是企业集团经营困难。由于多方面的原因，个别财务公司企业集团经营面临多样化困难，有的出现一定风险，2023 年有 6 家财务公司因此退出行业。

（二）机构分布

2023 年末，全行业 241 家财务公司分布在 22 个省、4 个自治区、4 个直辖市。其中，北京、广东、上海三个省市的财务公司数量最多，分别为 71 家、24 家、22 家，在全行业占比分别为 29.46%、9.96%、9.13%，共计 48.55%，分布较为集中。

二、财务情况

（一）资产状况

2023 年末，财务公司全行业资产总额为 8.97 万亿元，较上年末增加 723.91 亿元，行业资产总额创历史新高。2023 年资产总额同比增长 0.81%，增速进一步放缓，是近 10 年来资产总额增速最低的年份。这代表着财务公司行业已逐步从以规模扩张为主导的阶段转向以质效提升为主导的阶段。

财务公司行业主要资产包括贷款、同业资产（存放同业、拆放同业、买入返售资产）和投资资产等。2023 年，财务公司行业贷款余额为 3.97 万亿元，比上年末增加 303.92 亿元，贷款余额在行业资产总额中占比 44.22%，与上年基本持平。2023 年末，行业同业资产余额为 3.43 万亿元，同比减少 1078.84 亿元，余额占比 38.28%，比上年略有下降。投资资产余额为 4747.17 亿元，同比减少 131.96 亿元，余额占比 5.29%；其他资产总额为 1.09 万亿元，同比增加 1630.79 亿元，余额占比 12.5%。各项资产业务中，贷款规模和贷款资产占比同比增加或与上年基本持平，体现财务公司行业资产配置结构变化，更加强调服务企业集团和成员单位，更加聚焦主责主业。

（二）负债状况

2023 年末，全行业财务公司负债总额为 7.68 万亿元，比 2022 年末少 18.08 亿元。与资产规模增长状况相似，财务公司行业负债增速同样创近 10 年最低水平。

财务公司行业负债以吸收存款、同业负债（同业存放、同业拆入、卖出回购等）为主。截至 2023 年末，行业吸收存款余额为 7.47 万亿元，同比增加 383.69 亿元，继续保持增长趋势，但增幅远低于 2019—2021 年年均 6700 亿元以及 2022 年 2803 亿元的增长规模。行业同业负债余额为 1201.19 亿元，同比减少 237.06 亿元。近年来，吸收存款余额在负债总额中占比持续上升，而同业负债余额在负债总额中占比相应持续下降，说明财务公司更多依靠吸收成员单位存款作为稳定资金来源，充分体现了财务公司行业坚决贯彻落实“防止同业市场过度融资”“防止短借长用”等监管政策，财务公司作为“内部银行”的功能定位更加凸显。

（三）权益状况

2023 年末，行业所有者权益规模为 1.29 万亿元，增加 744.39 亿元，同比增幅 6.15%，增幅明显高于资产、负债、营业净收入、净利润等指标。这使行业平均资本充足率从 19.49% 增至 20.62%，同比增长 1.13 个百分点。所有者权益增加显示了企业集团对财务公司的支持力度在增强，同时也说明财务公司提升了以资本补充为支撑的内生稳定水平。

截至 2023 年末，资本金在 50 亿元（含）以上的财务公司数量占比 19.83%，资本金合计占比 52.25%；资本金在 20 亿元（含）至 50 亿元的财务公司数量占比 35.86%，资本金合计占比 32.45%；资本金在 20 亿元以下的财务公司数量占比 44.30%，资本金合计占比 15.30%。财务公司行业资本金规模出现一定程度的两极分化，各财务公司在经营服务、创收创利、品牌发展和信用管控等方面存在一定的差异性。

（四）盈利情况

2023 年，财务公司行业营业净收入为 1353.63 亿元，同比增长 0.61%，扭转了营业净收入下滑态势。2023 年行业收入增速比上年提高了 6.53 个百分点，充分显示行业发展回升向好。当然，从行业收入水平看，2018 年以来，行业收入整体处于一个平台期，这一方面体现了行业发展与经济发展的紧密关联性，另一方面也反映了财务公司更加强调服务企业集团。

从 2023 年度营业净收入结构看，除公允价值变动收益受市场因素影响体现为增长外，利息净收入、投资收益、其他业务收入等各项营收均同比减少。利息净收入减少主要归因于贷款利息收入减少，在贷款规模增长的背景下，更多的是财务公司向实体经济让利的结果。值得关注的是，在市场利率下行以及行业同业业务规模下降的背景下，同业业务收入有所增长。同时，由于《企业集团财务公司管理办法》（中国银行保险监督管理委员会令 2022 年第 6 号）（以下简称新《办法》）的出台重新界定了可投资品种范围，行业在投资业务领域进行了调整，投资业务规模和投资收益双双下降。

虽然 2023 年度行业营业净收入基本与上年持平，但得益于全年行业营业支出总额 185.17 亿元，较上年同比减少 19.51% 的影响，全行业实现净利润 839.25 亿元，同比增加 26.98 亿元，同比增长 3.32%，成功扭转净利润连续两年下滑的趋势。这体现了全行业在当前经济形势下实施开源节流双管齐下、提质增效齐头并进的良好成效。

三、业务情况

（一）资产业务

2023 年，财务公司行业总资产持续保持平稳增长，表内总资产规模达到 8.97 万亿元，比 2022 年末增加 723.91 亿元，同比增长 0.81%，低于银行业金融机构 9.19 个百分点（2023 年末，银行业金融机构总资产 417.29 万亿元，同比增长 10.00%）；总资产与银行业金融机构的比例为 2.15%，较 2022 年下降 0.19 个百分点。2014—2023 年，财务公司行业总资产规模逐年攀升，已由 3.17 万亿元增加至 8.97 万亿元，年均增长率高达 12.25%，占银行业总资产的比重保持平稳。但近 5 年来，财务公司行业资产规模增速进入平缓期，年均增长率为 6.32%，增速呈下降趋势。这意味着财务公司行业进入一个调整优化的发展阶段。

从 2023 年财务公司行业资产业务构成来看，各项贷款规模 3.97 万亿元，较上年末增加 303.92 亿元，同比增长 0.77%，占总资产的 44.22%；存放同业规模 3.15 万亿元，同比下降 5.12%，占总资产的 35.17%；投资业务规模 0.47 万亿元，同比下降 2.70%，占总资产的 5.29%；现金及存放央行款项 0.36 万亿元，同比增长2.25%，占总资产的3.97%；除上述分类外的其他类资产10.17万亿元，同比增长28.20%，占总资产的11.34%。在财务公司资产结构中，各项贷款及存放同业是主要构成部分，二者合计占比为79.39%，与2022年占比基本持平，这与财务公司推进集团资金集中管理，提升规模效益，并通过信贷手段对成员单位资金进行调剂的定位一致。与2022年不同的是，存放同业规模与各项贷款规模增速此消彼长，显示财务公司行业持续聚焦主业，对实体经济的资金支持力度有所加大。

（二）负债业务

2023年以来，财务公司行业加速回归本源，协助所属集团加强资金集中管理，提升精细化管理水平，负债规模保持平稳。2023年末，财务公司行业负债总额7.68万亿元，与上年持平，占银行业金融机构负债总额的比重为2.01%，同比减少0.20个百分点。

2014—2023年，财务公司行业总负债由2.72万亿元增加至7.68万亿元，年均增长率为12.24%，占银行业金融机构负债总额的比重基本稳定。由于经营范围调整、外部融资手段相对匮乏，加之监管政策对控制集团外负债的引导，财务公司各项存款占负债总额的比重显著高于商业银行。

从负债结构看，各项存款是财务公司最重要的负债来源。2023年末，财务公司各项存款余额7.46万亿元，占负债总额的97.19%，占比提升0.52个百分点；同业负债1201.19亿元，占负债总额的1.56%，同比降低0.31个百分点；其他负债（含应付款项等）955.49亿元，占负债总额的1.24%，同比降低0.22个百分点。

由于经营范围调整，外部融资手段相对匮乏，加之监管政策对控制集团外负债的引导，财务公司各项存款占负债比重显著高于商业银行。财务公司行业各项存款对负债增长的贡献度由2018年的93%逐年提升至2022年的133%。

从财务公司2019—2023年负债变化情况看，各项存款占比保持上升态势，较2019年提升了2.57个百分点；同业负债受相关监管政策及市场环境影响，占比有所下滑，较2019年下降了1.67个百分点；其他负债整体占比较低，由于财务公司债券存量余额逐年减少，且应付款项等其他负债波动幅度较小，占比较2019年小幅下降了0.92个百分点。由于各项存款对财务公司负债增长的决定性作用越发明显，加强资金集中管理和提升资金归集能力成为财务公司行稳致远的关键性因素。

（三）中间业务

1. 中间业务平稳开展

2023年，受新《办法》等监管政策引导，财务公司中间业务发生额出现一些结构性变化。结算业务发生额795.82万亿元，较上年增长2.34%，保持了稳定增长态势；委托贷款业务发生额21564.84亿元，同比降低0.59%，与上年发生额基本持平；票据承兑业务发生额7328.06亿元，较上年下降18.23%，受政策引导，发生额降幅较大；保函业务发生额2033.23亿元，同比下降1.39%。

新《办法》对中间业务的影响在2023年逐步体现。监管机构进一步加强了对财务公司开展外部业务低风险、保值的要求。对可能产生风险外溢的承兑汇票业务及保函业务进行了更加严格的余额上限规定，2023年度承兑业务发生额降幅较大。

2. 持续优化业务模式，推动提升服务质量

2023年财务公司行业中间业务收入31.56亿元，占行业全年营业收入的2.33%，较2022年下降19.62%，其中仅有结算业务收入和财务顾问业务收入保持增长，分别增长18.27%和76.93%；委托贷款业务收入、担保业务收入分别下降了4.38%和25.24%，其他中间业务收入下降了30.86%。收入情况与业务发生额变化趋势基本相同。可以看出，担保业务收入随业务发生额同步降低，结算业务与财务顾问业务成为2023年财务公司行业中间业务的重要增长点，但从收入角度看，结算业务收入占比非常有限，仅占2.74%，这充分显示财务公

司的结算业务基本发挥了公共产品功能，与此同时，财务顾问业务收入占比提高了6.32个百分点，而2023年其他中间业务收入占比较上年下降近10个百分点。

（四）国际业务

2023年，全球经济增长动能趋弱，美欧主要发达经济体维持紧缩货币政策，地缘政治局势依然复杂。我国加大宏观调控力度，经济增长内生动力不断恢复，高质量发展持续推进，国际收支结构保持基本均衡。在中美经济周期分化、货币政策存在差异的情况下，两国利差进一步走阔，人民币汇率延续调整行情。我国外汇市场韧性凸显，市场预期平稳，外汇交易理性有序。

截至2023年末，财务公司行业外币资产总额3752.57亿元，同比降低10.15%；外币负债总额3325.16亿元，同比降低12.85%；外币资产和负债在财务公司行业本外币资产总额和负债总额的占比分别为4.19%、4.33%，较上年小幅下降，整体外币资产和负债占比基本稳定。2023年，开展外汇交易的财务公司共88家，同比减少10家，外汇交易规模折合人民币15058.70亿元，同比减少24.27%。国际业务资质方面，4家财务公司新获批人民币外汇即期业务资质；1家财务公司新获批外币对即期业务资质；5家财务公司成为外币货币市场新增会员，可开展外币拆借及外币同业存款业务；1家财务公司成为人民币外汇衍生品新增会员，可开展人民币外汇远期、掉期及货币掉期交易，是近年来财务公司行业在衍生品业务方面取得的唯一突破。外汇资金管理方面，本外币跨境结算规模变化不大，但外币结算量同比下降32.25%，人民币跨境结算量显著增长至上年的2.07倍，人民币在国际支付中的地位持续提升；跨境资金调剂规模显著扩大，通过国家外汇管理局各类资金池办理外债与对外放款规模折合人民币3919.43亿元，资金净流出983.87亿元；人民银行跨境人民币资金池流入与流出规模基本持平，由上年度的资金净流入转变为净流出4.05亿元。外汇信贷业务方面，财务公司行业2023年末外汇贷款余额及其在本外币业务中的占比保持下降趋势，在外币融资成本高企背景下，企业外汇贷款意愿持续缩减。

机构概览

TCL 科技集团财务有限公司

【集团概况】TCL 科技集团股份有限公司（以下简称“集团”）创立于 1981 年，前身为中国首批 13 家合资企业之一——TTK 家庭电器（惠州）有限公司。2019 年，TCL 公司完成资产重组，拆分为 TCL 科技集团股份有限公司和 TCL 实业控股股份有限公司，各自聚焦主业发展。集团不断探索、变革、转型，形成了以半导体显示、新能源光伏、半导体材料为核心的产业布局，在泛半导体领域实现 0－1－N 的跨越式发展，不断提升公司核心竞争力和可持续发展能力。公司以“领先科技，和合共生”为使命，持续加强对领先科技投入，以人为本，和谐共生，与合作伙伴共建开放共赢的产业生态。根据集团 2023 年度业绩预告，2023 年营业收入 1735.5 亿～1773.5 亿元，同比增长4%～6%；归属于上市公司股东的净利润 21 亿～25 亿元，同比增长 704%～857%。

【经营概况】TCL 科技集团财务有限公司（以下简称“公司”）于 2005 年 12 月由中国银行业监督管理委员会（以下简称“银监会”）批准筹建，2006 年 9 月获得银监会的开业批复，2006 年 11 月 8 日正式开业运营。自成立以来，公司以“金融秩序维护者”“金融资源整合者”“产融价值创造者”为定位，充分发挥支持集团和成员企业实体经济发展的作用，各项监管指标达标，业务发展稳健。截至 2023 年末，公司尚未设置分支机构，公司员工合计 67 人，资产总额 121.90 亿元，负债总额 101.41 亿元，实现净利润 1.42 亿元，资金归集度、年末资本充足率和年末流动性比例均符合监管要求。同时，公司信贷资产总体安全、资产质量良好。

【服务实体】公司作为集团内部金融机构，以服务集团各产业为主要任务，致力于促进集团各产业稳健发展。利用自身优势，融通内外部资源，服务产业，为集团及成员单位提供高效、优质、完善的财务管理服务。2023 年全年为集团及成员企业手续费降本约 10268.42 万元，其中结算手续费降本 1087.88 万元，开票承诺费用降本 213.00 万元，保函业务降本 5468.34 万元，贷款业务降本 1750.36 万元，存款业务降本 1222.91 万元，外汇交易业务降本 502.96 万元，同业业务降本 22.97 万元，持续为企业降费，节约成本。

【信贷业务】公司 2023 年全年累计投放各项贷款 86.87 亿元，加权平均利率仅为 3.55%，其中公司累计投向制造业贷款 52 亿元，持续支持集团成员企业的流动资金充足性，有效保障集团成员企业生产经营及销售目标达成。

公司在做好成员企业基础服务工作的同时，积极推动金融创新发展。公司围绕绿色金融工作主题，结合集团产业特点，发挥集团作为制造业核心龙头企业链条长、产业涉及面广的特点。以票据业务、信贷业务为核心，践行绿色金融创新，大力支持企业绿色经营的同时，带动链上企业减排降碳，持续强化绿色金融对产业生态的助力作用。截至 2023 年 12 月末，公司累计开展绿色票据贴现业务超过 10.31 亿元，为相关企业节省融资成本超过 1100 万元。其中，2023 年开展绿色票据贴现业务 2.6 亿元，有效实现了金融助力企业绿色、低碳转型的目标。

【资金业务】2023 年，公司累计结算金额 30013.59 万亿元，结算笔数 40.40 万笔，持续加强结算支持，有效保障集团及成员企业资金结算。

【投资业务】公司一直秉持合法合规原则开展投资业务，只在规定的经营范围内开展业务，截至 2023 年末，公司投资业务账面 3.19 亿元，投资标的风险等级以中低风险类别为主，投资品种主要为债券投资、债券基金，投资金额为2.69亿元。

【票据业务】公司2023年全年办理贴现25.19亿元，办理票据承兑3.57亿元。公司作为上海票据交易所ECDS系统直接参与者，已通过新一代票据系统直连上海票据交易所系统，建立集团票据全生命周期管理体系和风险防控体系，实现集中、高效、安全的票据管理，为成员企业提供票据收付、票据贴现、票据承兑、票据托收、票据风险管理等全流程票据服务。2023年成员企业电子票据覆盖率达到100%，票据结算量超过600亿元，无票据资金风险发生，票据结算零损失。

【外汇业务】根据新《办法》及相关监管要求，公司暂停了衍生产品交易业务的开展。在即期结售汇方面，公司为成员企业提供了银行间市场非常有竞争的即期外汇交易价格，全年共为成员企业办理代客即期结售汇交易145笔，总交易金额5.45美元，主要涉及币种为日元、美元。

【资金集中】公司承担集团资金集中管理职能，包括吸收存款、结算等。截至2023年末，公司吸收存款91.42亿元，资金集中度为37.60%。

【业务创新】在金融创新方面，公司坚持“有利于集团整体利益、有利于成员企业运营、有利于财务公司发展”的原则，坚信“创新推动发展”，致力于充分发挥财务公司整合资源、高效协同的效能，为成员企业提供更全面、更广阔、更便捷的业务渠道。总体来看，2023年公司主要开展了以下三项重点金融业务创新。

一是创新结算工具，提升跨境结算效率。2023年6月，公司成功助力集团落地了全国首笔CIPS标准收发器项下跨境人民币全额汇划业务，实现了CIPS收发器全额汇划功能的首次应用。在CIPS收发器全额汇划功能的支持下，能够实现汇款路径上的各银行按全额汇划要求办理汇款业务。待汇款完成后，银行再通过同业账户收取相关手续费或者发起追索款，有效解决了实际收款金额和汇出金额不一致的问题。大大便利了企业跨境的结算、投融资等业务，有力支持了TCL全球化业务拓展。

二是积极探索拓展绿色金融新模式。公司探索拓展绿色金融新模式，与广碳所等多家机构共同申报的碳评级融资创新模式在近250个项目中脱颖而出，成功入围50项2023年度广东绿色金融改革创新推广案例之一，并在年末荣获惠州市优秀绿色金融案例评比一等奖。

三是落地惠州市首笔数字人民币签约缴税费入库业务，拓宽数字人民币使用场景。2023年3月，公司通过在工商银行惠州分行开设的数字人民币对公钱包成功办理了一笔数字人民币缴税费业务，标志着惠州首笔数字人民币签约缴税费业务成功落地。数字人民币缴退税费是数字人民币新应用方式，它能满足企业、个人多元化缴退税费的需求，是对现有缴退税费方式的有力补充，进一步拓宽了数字人民币使用场景。

【风险管理和内部控制】公司不断建立健全公司风险管理体系建设。2023年公司统筹部署，以落实风险防控体系为重点，不断将风险管理工作融入企业日常经营管理，控制风险。按季度撰写全面风险管理报告，每年度向董事会报告全面风险管理情况，充分把握公司合规风险、信用风险、信息科技风险、流动性风险、市场风险等全面风险情况，确保整体经营符合风险管理偏好。公司形成的风险防范措施落实到位、应对有效，2023年公司未发生重大风险事件。

【人力资源管理】截至2023年末，公司共有员工67人，其中从事金融或财务工作5年以上人员55人，从事金融或财务工作3年以上人员61人。人员结构相对稳定，均具备与岗位匹配的专业素质和经验，并已建立覆盖全公司、各层级的员工行为管理制度，相关制度基本能有效覆盖全体员工的行为管理，确保财务公司持续稳健经营。

【信息化建设】公司已建成核心业务系统、票据管理系统、信贷管理系统和监管报送系统，能对存款、信贷、资金结算、财务管理、会计等相关业务进行有效处理。2023 年，公司引入全新 RPA2.0 技术，进一步提升资金可视度，强化资金监控；新一代票据系统持续优化，实现票据全生命周期线上一体化管理；核心系统资金管理平台通过行业最高的等保三级测评，进一步提升系统稳定性。数据中心通过 A 级认证，进一步夯实基础设施建设。2023 年，公司持续优化信息科技管理，覆盖信息科技治理、信息科技风险管理、信息安全管理、信息系统开发和测试、信息科技运行、业务连续性管理、外包管理、审计 8 个体系。

【企业文化建设】2023 年，公司党支部持续提高政治站位，深化理想信念，由公司党支部委员会带领，在坚持和加强党的全面领导上走在前、做表率。在党建工作中，加强基层党组织自身建设，严格按照上级党委要求，落实推进党建重点项目，将党建与业务联系起来，发挥党组织和党员“两个作用”，以党建引领企业健康有序发展。

2023 年，公司党支部积极开展各类党建活动，增强企业活力。通过组织党员干部参加集团“思想铸党魂、学习增斗志”党课培训，进一步教育引导党员干部坚定理想信念、牢记初心使命。6 月，公司党支部还积极在惠州市芦洲学校开展了爱心捐赠暨党建共建活动，积极参与社会活动，践行企业责任、党员义务。公司党支部的工作成绩也受到了上级党组织的肯定，在 6 月末的集团先进基层党组织评选中，荣获集团“先进基层党组织”荣誉称号。

同时，公司倡导优良的合规文化建设，持续强化内控合规管理建设，有计划地组织多场全员内控合规培训，培养稳健审慎经营文化，健全内控合规管理，打造自觉守法、审慎经营的经营环境，形成“合规创造更高价值”的理念和文化。

安徽省能源集团财务有限公司

【集团概况】安徽省能源集团有限公司（以下简称“集团”）是由安徽省政府出资设立的国有独资公司，成立于 1985 年 11 月（前身是安徽省电力开发总公司，1995 年更名为安徽省能源投资总公司，1998 年更名为安徽省能源集团有限公司），注册资本 100 亿元，是以电力、热力、燃气等能源的生产和销售以及投资与资产管理（煤炭、物流、金融）作为主业的省属国有能源骨干企业。集团拥有全资和控股二级子公司 16 家，包括皖能电力和皖天然气两家上市公司，三级及以下控股子公司共 173 家，职工总数约 8000 人。截至 2023 年 12 月底，集团公司资产总额达到 1048 亿元，已发展成为涵盖火电、天然气、环保、新能源、综合能源服务、煤炭物流、金融投资等产业的大型企业集团，业务范围扩展到全国 12 个省份，正在按照省委、省政府批复的方案全面推进国有资本投资公司改组试点。

【经营概况】2023 年，安徽省能源集团财务有限公司（以下简称“公司”）累计实现营业收入 2.03 亿元，利润总额 1.01 亿元，获评合肥市人民政府 2022 年度金融机构支持地方发展“优质服务奖”、省财政厅“省属金融企业先进单位”、中国人民银行安徽省分行金融统计三等奖、中国财协 2023 年度行业数据统计优秀单位、中国财协清廉金融文化征文活动组织奖。

【信贷业务】在集团功能定位和产业战略双转型的背景下，公司坚持“以客户为中心”服务理念，从贷款投放、降低利率、免除表外业务手续费、提高信贷业务效率等方面为客户提供优质服务。2023 年实现贷款收入 1.12 亿元，2023 年末自营贷款余额为 34.84 亿元。

【投资业务】2023 年，公司在同业和投资规模同比双下降的情况下，加强资金市场研判，稳健开展投资业务，积极开展同业业务，着力提高资金收益水平，逆势实现同业及投资收入的双增长，实现同业及投资收入 0.92 亿元。

【资金集中】2023 年，公司平均综合资金归集率为 99.49%，达到历史新水平，平均全口径资金集中度为 88.54%，在全国前 5% 行列继续争先进位。资金归集成效明显，资金结算平台功能有效发挥。

【企业文化建设】公司推进企业文化建设制度化，将“贴心、匠心、戒心”的“三心”文化编入《财务公司员工守则》，号召全体员工积极践行公司“三心”文化。积极开展统一战线和信访维稳工作，深入推进“党建铸魂 · 三心强企”党建品牌建设，总结提炼出品牌理念内涵，制定党建品牌示意图和手册，进一步推进了党的建设与生产经营深度融合。

【公司治理】公司持续推进党的领导与公司治理有机融合，严格执行党组织研究讨论前置程序要求。深入学习《企业集团财务公司管理办法》《银行保险机构公司治理准则》，修订完善公司章程、董事会议事规则等重要制度；编制管理要素清单，包含党建群团、战略与投资、风险与监督等 6 个方面 244 类具体事项决策流程的明晰规定，进一步厘清了公司管理界面，持续完善治理体系；组织董事监事外出调研、参加培训，提升履职效能。

【风险管理和内部控制】公司扎实开展“基础管理提升年”活动，研究制订基础管理提升工作方案，细化实化工作任务，厘清公司管理界面，梳理关键事项，编制了《财务公司管理要素清单》；完善“三重一大”决策程序，制定了《“三重一大”决策事项清单》；持续推进合规管理提升行动等各项内控、风险、制度、法务管理工作，修订完善公司制度，推动制度管理体系进一步完善；完成内控体系和合规案防风险检查及评估，从源头保障公司合规经营。

安徽省皖北煤电集团财务有限公司

【集团概况】安徽省皖北煤电集团有限责任公司（以下简称“集团”）是安徽省属重点企业之一，主营业务为煤炭、电力、化工和物流贸易，拥有恒源煤电一家上市公司，是“中国煤炭企业 50 强”之一。2023 年，集团夯基提效、蓄势聚能，践行新企业文化理念，抓安全、强生产、提效益、谋发展、推改革、促民生，企业信用等级实现 AA + 级的历史性突破，全年实现营业收入 414.75 亿元，利润总额 45.44 亿元，经营质量持续向好。

【经营概况】安徽省皖北煤电集团财务有限公司（以下简称“公司”）围绕年度重点工作开展经营管理，贯彻落实监管政策要求，助力集团高质量发展。截至 2023 年末，公司资产总额 110.60 亿元，负债总额 95.91 亿元，所有者权益 14.69 亿元，全年实现营业收入 2.21 亿元，增幅 29.91%，利润总额 1.72 亿元，增幅 50.04%。

【服务实体】公司始终坚持“金融服务实体经济”初心，稳步提高贷款投放规模，贯彻落实各项减费让利政策，不断助力集团及成员企业降低融资成本。2023 年，公司贷款资金全部投向实体经济企业，全年投放各项贷款 42.82 亿元，年末各项贷款余额 38.32 亿元，增幅 7.21%，通过降低贷款利率、免收手续费、提高信用类业务比例等优惠措施，全年累计帮助集团及成员企业节约财务费用 0.42 亿元。2023 年，公司代理集团母公司融资节约资金成本 8400 余万元。

【信贷业务】2023 年，公司紧紧围绕集团发展战略目标，积极发挥平台功能，聚焦放贷总量提升，优化信贷结构，为集团及成员企业提供高效、优质金融信贷服务，为集团发展贡献金融力量。公司全年累计办理各类信贷业务46.69亿元，其中自营贷款37.06亿元、非融资性保函0.08亿元。

【资金业务】公司积极同各开户行协商提高同业存款利率，优化同业资金运作，利用闲置资金开展同业活期稳定存款业务，截至2023年末，同业活期稳定存款余额20亿元，平均利率2.39%，高于同期同业活期存款利率；公司积极拓展和充分利用同业资源，拓宽融资渠道，保障资金流动性，2023年增加同业授信20.80亿元，为各项工作高效开展夯实基础。

【投资业务】2023年，公司积极寻求适合投资的业务品种，努力优化收入结构，增加利润来源，投资产品以货币市场基金、同业存单为主，同时利用闲置资金，抓住市场利率回弹波动时机适时开展国债逆回购业务、同业拆借业务和转贴现业务，合理编制资金头寸，实行“周计划、日调度”管理，实时动态观察市场利率走向，坚持“长短搭配、分类组合”资产配置策略，做到安全性、收益性和流动性有机统一，稳步提升资金收益率，全年实现投资收益3540.68万元，年化平均收益率3.12%。

【票据业务】为进一步提升票据业务服务质效，公司利用票据池系统，加强票据集中管理，实现票据规模效应，提高票据整体使用效率。2023年，累计为集团及成员企业办理票据承兑3.79亿元、票据贴现5.76亿元，有效盘活成员企业票据资源；通过代管集团票据池业务，全年累计办理票据池质押融资9亿元，有效帮助成员企业稳定营运资金链。

【资金集中】2023年，公司按照集团资金归集要求，以集团内上市公司为重点，积极推动成员企业加入资金池和票据池，同时开展成员企业在外行开立账户清查工作，将分散在外部非直连银行的零散资金集中到直连银行，做到应归尽归、颗粒归仓。截至2023年末，公司吸收存款95.68亿元，创历史新高，可归集口径资金集中度99.73%，全口径资金集中度66.74%，票据归集率100%。

【风险管理和内部控制】公司组织开展“合规管理提升行动”，制订实施方案，开展合规风险排查，进行内控合规测试，完善合规审查程序，让合规理念进一步融入业务流程和管理活动；组织开展“制度建设年”活动，扎实开展规章制度“立改废”工作，全面提高风险把控，增强制度的针对性和实效性；持续推进业务风险审查和业务稽核，强化全面风险排查，确保风险隐患及时发现，及时整改，不断夯实风险防范基础。

【人力资源管理】公司持续深化国企改革行动，优化激励约束机制，加强绩效考核引导作用，做到“人人身上有指标、个个肩上有压力”的KPI考核管理体系，激发干事创业内生动力；推进经理层成员和部门负责人任期制和契约化管理，签订岗位聘任协议和经营业绩责任书；持续推动人才队伍建设，积极开展各类专业知识培训，着力提升员工队伍素质和业务能力。

【信息化建设】2023年，公司持续推进数字化转型，加快金融与信息科技融合，成功上线运营中国人民银行ACS综合前置系统和二代征信系统；开发搭建监管报送系统，整合各类报送系统及数据；根据《非银机构业务连续性及网络与数据安全风险管理评估评价指引（2023）》，制订信息科技建设评估整改方案，依据指标设置，实施并完成虚拟化平台项目招标，按照时间节点推进评估整改；推进并完成核心业务系统升级改造及司库体系建设项目招标。

【企业文化建设】公司抓作风效能建设，开展“作风大转变，我该怎么办”大讨论活动，高标准、严要求、快节奏、抓闭环，以作风转变促效率提升、质量提升、执行力提升；按照“学思想、强党性、重实践、建新功”总体要求，统筹开展学习贯彻习近平新时代中国特色社会主义思想主题教育活动，强化理论学习、开展集中研讨、讲好专题党课、深入调查研究，将主题教育思想转化为坚定理想、锤炼党性、指导实践、推动公司高质量发展的强大力量。

鞍钢集团财务有限责任公司

【集团概况】 鞍钢集团有限公司（以下简称“集团”）是中央直接管理的国有大型企业，是新中国第一个恢复建设的大型钢铁联合企业和最早建成的钢铁生产基地，被誉为“共和国钢铁工业的长子”“新中国钢铁工业的摇篮”。

【经营概况】 鞍钢集团财务有限责任公司（以下简称“公司”）完成利润总额5.77亿元，超年度基本指标2.27亿元，超挑战指标1.27亿元；截至2023年末，资产总额380亿元，负债总额299亿元，所有者权益总额81亿元，信贷规模220亿元，存款规模296亿元，资本充足率为25.54%，流动性比例为57%，存贷款比例为63.67%，不良资产率为零，不良贷款率为零，各项监管指标均处于较好水平。

【服务实体】 公司始终秉承“稳健合规经营”的工作理念，以“立足集团，服务集团”为工作方向，为集团成员单位提供多元化、差异化、个性化的金融服务；助力集团推进产业整合，为凌钢集团提供综合授信额度20亿元，发放贷款14亿元，开立承兑汇票1455万元，主动降低贷款利率，有效降低凌钢集团融资成本；联合15家银行发起成立辽宁省首个绿色金融联盟，支持集团绿色低碳发展。

【信贷业务】 公司共为78家成员单位提供授信总规模679.85亿元，服务成员单位数量创历史新高；2023年信贷平均规模达215亿元，创历史新高；针对核心企业，创新“财司惠贷”产品，首期发行2亿元，利率降至2.07%，为集团最低利率，同步引入外部同利率贷款10亿元；2023年累计发放贷款150.43亿元，为成员单位节省财务费用7516万元。

【资金业务】 公司始终将资金链安全放在首要位置。通过全面预算系统，对资金流量进行分析；定期召开资金调度会，制订资金计划；与集团资金管理部门保持密切沟通，随时掌握资金动态；按“实需”原则及时补充资金流动性，2023年，融资330亿元、债券变现22亿元。月均流动性比例为52.15%，流动性水平保持整体稳健。

【投资业务】 公司通过精准分析市场，采用久期均衡的哑铃型策略，适当拉长债券投资组合久期，短端增配高等级头部央企债券、长端增配高等级头部国有股份制银行二级资本债和永续债，抓住利率低点进行止盈操作。截至2023年末，固定收益类有价证券投资收益及公允价值变动损益为6195.54万元，其中价差处置收益1157万元，比上年同期增加903万元，增幅355.32%。

【票据业务】 2023年，公司累计办理票据贴现62.16亿元，为成员单位节省财务费用4661万元；合理制订开票计划，以零保证金的形式给予成员单位充足的票据承兑业务支持，帮助成员单位释放在外部银行开立承兑汇票占用的保证金，提高资金流动性，累计办理票据承兑93.74亿元，为成员单位节省财务费用7031万元。

【外汇业务】 截至2023年末，累计为成员单位办理新增境外放款25.73亿元、境外放款展期28.23亿元；为境外成员单位提供融资咨询服务，帮助其降低财务费用1297万元；择机办理代客结汇，为客户节约成本16.11万元。

【资金集中】 公司通过优化资金归集体系、完善银企直连建设等措施，持续推动资金集中度提升。截至2023年末，全口径资金集中度达到73.5%，比上年提高6.49个百分点。

【业务创新】 公司创新开展了非融资性绿色保函业务，为成员单位推进绿色项目的开展提供增信；公司在行业内创新构建“856”同业合作质效评价体系，首次对目前有合作关系的29家金融同业机构进行了系统性评价，授信总额突破400亿元，可融资额度增加近100亿元，授信品种由平均2.6个提升到4.6个，同业合作质效提高50%，实现同业授信质与量的双提升。

【风险管理和内部控制】风险管理顶层管理持续夯实，稳步运行重大风险监测报告、风险预警长效机制等。制定《数据战略》，完善《数据治理管理办法》，开展年度数据治理评估和业务标准化规划。加强对业务连续性的管理。梳理完善业务流程、授权管理体系。实现规章制度、经济合同、重要决策三项法律审核率达到100%。强化事前、事中风险管理信息化水平。实现合同管理线上化。根据监管新规落实指标监测控制。开展“监管政策解读月”活动，建立政策解读机制，构建浓厚的合规氛围。

【人力资源管理】公司推荐12名员工参加集团“双碳人才”培训；3名骨干员工参加第二批数字化人才选拔及培训；4名员工参加中国财协举办的司库体系、审计、结算、财会专项培训；开设“大讲堂”活动9期、25项课程，针对公司主要业务、重点项目、政策制度、操作流程等安排各部门优秀员工制作PPT教程、列举案例进行讲解；委托东北大学开设五项专业课程，并对全体员工进行数字化知识考核。

【信息化建设】全面启动并有序推进核心业务系统、数智运营平台和监管报表系统建设。新一代票据系统成功上线，为成员单位在票据全生命周期业务办理提供有力支持。坚守信息安全底线，开展网信安全攻防演习。保持网络安全事件为零，在“HW2023”专项行动中获评集团防守“零失误”单位。建立对各部门的信息化评价机制，开展信息化知识培训，推动人才培养“十四五”规划战略落地，建立人才培养机制，竞争性选拔信息化关键用户6名。

【企业文化建设】公司持续加强党支部建设，结合实际建立党支部支委会直接决策和参与决策重要事项清单，进一步厘清、明确党支部职责权限。强化宣传推介，2023年公司微信公众号共发布信息118条，其中原创信息91条；在集团及以上媒体刊发报道69篇次。

百联集团财务有限责任公司

【集团概况】百联集团有限公司（以下简称“集团”）是上海市属大型国有商贸流通产业集团，成立于2003年，主要业务涵盖主题百货、购物中心、大型卖场、标准超市、便利店、专业专卖等零售业态，经营汽车贸易、电子商务、仓储物流、消费服务、电子信息等领域。2023年，集团聚焦战略与经营的重中之重，全力以赴引流促销，以新媒体、新渠道、新模式、新技术激发和拉动市场消费，营业收入、利润总额均同比实现增长。

【经营概况】百联集团财务有限责任公司（以下简称“公司”）紧跟新监管形势变化，主动作为，攻坚克难，有序推进战略目标，公司治理体系日趋完善，资产规模有所提升，信贷资产质量显著增强，保持了稳健经营的良好态势。截至2023年末，公司资产总额为人民币151.46亿元，实现净利润9622万元。

【服务实体】公司围绕集团产业战略布局，发挥金融保障作用。一方面精准施策，紧盯集团企业转型改造、新零售、新业态等创新发展重点项目，多措并举加大金融支持力度；另一方面强化金融科技赋能，以特色数字化司库管理体系高效支持企业总部资金管控及运转需求。

【信贷业务】公司密切关注集团企业战略发展进程，为企业零售业态转型改造、创新业态布局等重点项目量身定制个性化、特色化的全额融资方案，保障了重点项目的资金需求；跟踪成员企业经营动向，围绕成员企业需求拓展信贷服务场景，提供了经营性物业贷款；提升金融服务效能，发挥融资议价能力，积极为银团贷款项目争取优惠利率，帮助成员企业降本增效。

【投资业务】 2023 年，财务公司严格落实行业监管新规，以变应变、积极转型，平稳退出委托投资业务，调整投资范围和投资品种；并抢抓金融市场复苏机会窗口，审慎配置产品，同时以岗代训强化投资团队能力建设，以稳健的投资理财服务提升资金管理效益。

【资金集中】 2023 年，公司以业财联动为抓手，持续深化资金集约工程，运用统一金融网关、RPA 技术加快推进成员企业银行账户全覆盖；推进资金集约方案的复制、推广，进一步扩大了统一结算、统一账户管理的覆盖面；同时公司主动出击、加强协作，加大对可归集资金应归尽归，实现了集团重要异地成员企业存款突破。

【信息化建设】 2023 年，公司正式确立了数字化转型战略框架，开启了辅助集团构建特色数字化司库管理体系的新征程。公司统筹设计司库整体技术架构，推进各信息系统互联互通，并确立了统一金融网关架构，构建了以“银企直连 + RPA”的银行链接方式，助力资金池内外、非银企直连账户的集中管理。公司全体干部职工联动作战、打表推进，实现司库资金管理运营平台一期 8 月提前上线。

【风险管理和内部控制】 2023 年，公司围绕新《办法》开展新治理，以公司治理监管评估为契机，完善风控治理架构，加强制度体系建设，修订了公司章程、议事规则、关联交易、业务管理、人力资源等方面的制度；强化重点领域风险防控，加强了信息科技外包风险评估管理、金融资产分类等重点工作；提升风控领域数字化水平，借助司库建设优化预警分析；落实监管意见、巡视巡察、离任审计等各项整改要求，并优化审计整改流程及反馈机制，深化提升监督检查实效。

【人力资源管理】 公司基于战略发展和经营需要，持续深化落实“三能机制”，打通专业序列人才晋升通道，激发企业创效活力；推进实施阶梯式人才梯队培养，加快年轻干部培养使用，推动年轻干部到一线成长；围绕自驱敏捷组织能力提升，制定自驱敏捷组织能力手册及提升方案，构建高效组织团队；多渠道开展分层培训和特色活动，以岗代训提升员工专业素养，加强数字化创新人才培养储备。

【企业文化建设】 公司深入学习宣传贯彻党的二十大精神，将党建工作与经济工作深度融合并互促并进。2023 年，公司开展党的创新理论讲座、党员宣讲党的二十大精神、党的二十大精神知识竞赛、“我为群众办实事”实践活动、参观红色教育基地、举办公司成立十周年“向新而行，逐梦未来”等主题活动，并打造了党的二十大宣传栏、主题教育宣传栏、家文化墙，营造共担共享组织氛围，着力构筑职工与企业思想同心圆，将文化建设深入转化为企业发展的强劲动力。

包钢集团财务有限责任公司

【集团概况】 包头钢铁（集团）有限责任公司（以下简称“集团”）坚持以习近平新时代中国特色社会主义思想为指导，坚决贯彻党中央重大决策部署和自治区党委政府对国有企业“突围”“打样”工作要求，牢牢把握高质量发展主题，团结带领广大干部职工奋力前行、攻坚克难，推动集团实现了“困境”突围，2023 年，集团实现营业收入 1162 亿元、利润

53 亿元以上，上缴税费约 110 亿元，交出了一份稳中向好、进中提质的高分答卷。

【经营概况】2023 年，包钢集团财务有限责任公司（以下简称“公司”）坚持“依托集团、服务集团”，积极服务集团高端化、智能化、绿色化转型，聚焦主责主业，深化内控建设，常态化开展“标准化”建设，实现结算业务“零差错”、金融业务“零风险”，外部收入 11143.38 万元，外部利润 8251.16 万元，以突围打样、重振雄风、做强财司的决心与信心，圆满完成年度生产经营任务计划。

【服务实体】2023 年，公司累计结算金额为 11143 亿元，实现结算业务“零差错”，不断拓宽支付结算手段，运用云信等新型支付方式，减少保证金资金占用 40.47 亿元。夯实结算服务能力，拓宽服务渠道，提供优质便捷的结算业务。

【信贷业务】公司围绕集团战略，持续提升金融服务质效。信贷资产规模占用为 77.77 亿元人民币。为成员单位发放贷款 100.36 亿元，支持物流板块的贷款 1.04 亿元，支持绿色节能板块贷款 1000 万元。公司为成员单位降费减负，降低融资成本 3975.26 万元。

【资金集中】公司发挥好资金归集功能，存款利率应浮尽浮。根据监管新规，稀土板块单位重新纳入成员单位名录，2023 年，92 家成员单位新开立账户。公司不断加强资金集中管理，通过动态账户管理、完善结算体系、深化信息科技建设、拓展跨境资金归集，主动扩大资金池，加强内部同一调配和集成化运作，提高资金使用效率，减少集团财务费用支出，吸收存款 96.58 亿元。

【票据业务】公司全面深入贴合成员单位资金需求开展票据贴现业务，开展票据贴现业务 19.86 亿元，不断拓宽票据业务范围，向集团和成员企业提供优质服务，加强与金融机构的交流与合作，积极推进同业业务协调力度，办理转贴现业务转入 8925.26 万元、转出 30 万元。

【外汇跨境资金池业务】2023 年，公司上收成员单位资金 35335 万美元，下拨资金 27680 万美元。发生即期结汇业务金额 8380 万美元，相比银行结汇价格平均高出 148.78 个基点，创造结汇收益 129.46 万元人民币。

【资金业务】公司发挥好资金归集功能，集约化运营，从强账户管理，重资金管控入手，免收结算手续费，提供技术支持。2023 年，为 92 家成员单位新开立账户，吸收存款 96.58 亿元。

【业务创新】公司紧跟上海票据交易所创新步伐，作为内蒙古首家成功签发新一代票据的财务公司，新一代票据累计签发 6.49 亿元。对新一代票据系统传统电票的签发和流转形式优化升级，前移风险关口，加强综合防控，引入了企业信息报备、账户主动管理、承兑信息披露、信用信息查询等身份校验和信用约束机制，形成前后一体、多管齐下的风控体系。

【风险管理和内部控制】公司“标准化年”建设常态化，建立项目计划表，按计划推进标准化梳理工作，现完成票据承兑等 32 项业务标准化工作。制定合规清单、开展制度大起底。加强日常风险监测监控，组织召开贷审会 34 次，完成 24 项审计工作，16 项专项审计项目，完成监审联动要求的绩效薪酬、数据治理 2 项专项审计，完成 3 项离任审计及融资租赁等 3 项清理业务的专项审计，以日常联合监督构建“双零”目标实现的安全屏障。

【人力资源管理】公司加强人力资源建设和人才梯队培养，统一购买相关书籍，鼓励职工考取职称，提升员工队伍素质。制定《包钢集团财务有限责任公司薪酬管理办法》，修订《包钢集团财务有限责任公司绩效考核管理办法》《包钢集团财务有限责任公司绩效薪酬延期支付和追索扣回管理办法》，依据监管要求合理设置绩效考核指标，实行差异化薪酬，执行绩效薪酬延期支付及追索扣回机制，激发内生动力。学习讲堂长效化开展，将行业监管、风险控制等专题培训内容比重进一步加大，鼓励员工主动学习，注重员工培训需求调查及工作心理疏导，切实提高培训工作效率。

【信息化建设】公司完备信息科技组织架

构，设立独立信息科技部门。完成超融合云平台部署利用先进的云计算技术，整合财务公司业务系统软硬件资源；上线RPA票据机器人、凭证生成机器人、对账机器人；上线云灾备系统，业务数据备份自动化，实现本地异地多副本备份策略。

【企业文化建设】公司以党建为引领，以提升服务能力为导向，广泛深入开展诚实守信企业文化建设，开展银企、校企共建活动，召开座谈会、参观廉政教育基地、观看反腐教育警示录像片。深入开展守信合规企业文化，组织开展操作风险防控知识竞赛暨“安康杯”系列劳动知识竞赛活动，形成“以赛促学，以学带做”的良好氛围。开展金融知识下厂矿、金融消费者权益保护教育宣传月相关活动，为一线职工进行公益金融知识宣传工作，2023年中国人民银行包头市分行授予公司“2020至2022年度再贴现使用先进单位”荣誉，荣获包钢（集团）公司先进单位及“坚强堡垒”支部称号。

宝武集团财务有限责任公司

【集团概况】中国宝武钢铁集团有限公司（以下简称“集团”）是中央直接管理的国有重要骨干企业，总部位于上海。2023年，集团资产规模达1.37万亿元，钢产量1.31亿吨，营业总收入1.12万亿元，员工总数近23万人。集团在2023年公布的《财富》世界500强排行榜中位列44位，继续位居全球钢铁企业首位。

【经营概况】2023年，宝武集团财务有限责任公司（以下简称“公司”）统筹推进业务转型、整合融合、改革发展等各项工作，吸收合并了马钢集团财务有限公司、太钢集团财务有限公司。截至2023年末，公司资产规模870亿元，在岗员工156人，荣获“中国金融机构金牌奖・金龙奖—2022年度最佳财务公司”“2023年责任犇牛奖—责任雇主奖”等荣誉。

【司库建设】公司以“高质量建设、高效率运营、高水平服务”为目标，承建中国宝武全球司库系统。司库一期通过国资委验收并获得优秀评价，司库二期于2023年底上线。组建司库运营服务团队，建立一体化运营服务机制，加强司库系统数据治理，发布司库运营报告，助力集团内各层级资金管理水平再上新台阶。

【资金结算】公司常态化推进账户“应开尽开、应连尽连、应结尽结、应控尽控”4个百分百工作，累计开立账户1800多个，为集团内电商企业、销售企业提供7×24小时支付结算服务，2023年结算金额19.28万亿元。

【资金归集】公司按照“管办分离”原则，提供专业化、数字化、个性化的现金平台服务。现金平台共覆盖成员企业490多家，平台账户1600多个，平台归集资金余额超过680亿元。

【资金监控】公司依托银财直连和SWIFT通道，实现境内外账户的可视化管理，覆盖境内外6000多个账户。落实资金风险内控要求，上线16个资金监控预警模型，保障全集团支付结算零风险。

【金融服务】公司聚焦“五大金融”领域（科技金融、绿色金融、买方金融、在线金融、内生金融）加快推进业务转型。推出高企贷、专精贷、科技专项贷、知识产权贷等科技金融产品，绿色金融业务规模同比增幅超过80%，探索下游买方金融，下游业务规模同比增长113%，做强在线金融，建设“五个一”服务体系，做优内生金融，支持成员企业降本增效。2023年生态圈金融服务规模1103亿元，客户数量超过1500家。

【小微服务】公司建立扶持中小微企业“纾困融资”工作机制，做到应融尽融、应续尽续、能低则低，为 870 多家小微企业提供信贷资金 248 亿元，融资价格较同期 LPR 利率下降 26 个基点。

【国际业务】2023 年，公司结售汇业务 19.18 亿美元，同比增长 12.1%。上线人民币跨境支付系统（CIPS），实现跨境人民币结算零突破。运营集团司库金融衍生模块，树立“汇率中性，主动管理”的原则，为集团加强汇率风险管控提供有力支撑。

【自营投资】公司坚持合规投资前提，积极应对利率下行、资产荒、业务范围收窄等困难，稳健开展资金运作类业务，2023 年投资平均规模 76 亿元。加强流动性管理，丰富多级备付手段，提高短期资金收益。

【风险合规管理】公司对制度进行全面梳理修订，构建“全面覆盖、责任清晰、快速传递、运作高效”的制度树体系。针对钢铁行业长周期下行趋势，对重点客户加大信用风险防控力度，制订“一户一策”方案。深化法治央企建设，参加合规管理体系（ISO 37301）贯标认证并获得数据安全领域认证证书，设置首席合规官，定期开展风险合规培训、季度合规考试，涵养合规文化氛围。

【信息化建设】公司制订网络安全三年规划，完成 ISO 27001 信息安全管理贯标认证，推广云桌面，实施机器人运维。跟随整合进度推进系统覆盖，实现总分统一的系统、流程和标准。推进以数据为核心的智慧管控体系建设，完善智慧决策、智慧风控（自动授信）、智慧营销（CRM）等智慧经营体系。上岗“宝罗”机器人 75 台，推广金融科技应用场景。

【人力资源管理】公司完善市场化激励约束机制，优化月度薪酬管理，推进荣誉体系落地，将直管干部以上人员纳入延期支付范围并将延期支付比例提升至 40%。坚持总分一盘棋优化人员配置，加强人员交流和使用。制订中长期人才培养使用计划，加大金才、青才、英才、专才的培养力度。

【企业文化建设】公司制订廉洁文化建设工作方案，通过廉洁文化主题宣传展示墙打造廉洁文化阵地，构建风清气正的金融从业环境。策划开展融合音乐会、健步行等“公司日”活动，增强员工归属感、幸福感、使命感。利用微信公众号、官网等驱动，发布《宝武财务公司 2022 年度社会责任报告》，展示宝财形象。

【审计监督】公司聚合党委巡察、纪检监督、风险合规等内部监督力量，建设与总分架构相适配的大监督体系，审计、巡察、专项检查等一体策划、一体实施，不断完善内控体系建设。紧盯内外部巡视、审计、监管现场检查、年度监管意见等方面发现的问题，严肃追责问责，跟踪整改成效。归纳整理内审、后评价项目中容易重复发生的共性问题，发布《审计与纪检监督提示》，加强审计成果运用。

【党建工作】公司坚持“两个一以贯之”，发挥党建引领作用，推动党建与经营同频共振、深度融合。将党的领导融入公司治理各个环节，落实重大事项由党委前置把关。加强“三基建设”，提升党建工作质量。深入学习贯彻党的二十大精神，扎实开展主题教育，以党的理论创新指导工作实践。

保利财务有限公司

【集团概况】2023 年，中国保利集团有限公司（以下简称“集团”）强化市场开拓，狠抓提质增效，加快创新升级，业务韧性不断增强，经营质量有效提升，发展根基得到巩固。集团全年实现营业收入 5239.1 亿元、利润总额 301.1 亿元、净利润 214.5 亿元，全年经营现金净流量336.3亿元。

【经营概况】2023年，保利财务有限公司（以下简称“公司”）坚持“稳字当头、稳中求进”的总基调，牢牢把握主责主业，持续建强“四个平台”功能，加大金融支持，扩大优惠让利，积极发挥金融支撑保障作用。公司全力应对利率下行、利差收窄带来的经营压力，业务规模保持较快增长，经营指标稳中有进。全年实现营业收入20.01亿元、利润总额7.96亿元、净利润6.16亿元。

【信贷业务】2023年，公司持续推进业务创新，积极发挥战略支撑作用，支持绿色低碳产业发展。遵循集团战略导向，研究加大对战略性新兴产业及困难企业的支持力度。2023年，公司年内批贷205亿元，放款168亿元，均创历史新高，贷款峰值达到333亿元，年末贷款余额311亿元，同比增长35%。

【资金业务】公司一是优化金融同业资产管理，提升资金收益。2023年，公司持续优化银行同业存放业务询价机制，动态调整同业存款期限结构，提高资金收益。全年实现同业平均收益率2.15%。二是细化资金头寸管理，保障流动性安全。公司与各成员单位紧密沟通，提前掌握大额资金动向，增强流动性管理前瞻性和主动性。建立五级备付管理机制，严格控制各级资金规模，提高流动性管理的精准性。丰富流动性管理工具，灵活开展同业拆借、存单质押等业务，保障流动性安全。

【投资业务】2023年，公司用足用好有价证券投资额度，动态优化货币基金持仓，稳健增配债券基金，择机开展逆回购交易，增厚资金收益。全年实现投资收益1.12亿元，年化投资收益率2.83%。

【资金集中】2023年，公司积极对接集团各主要子公司，破解归集难点，协助集团持续完善资金集中管理机制，优化资金归集模式，依托司库体系加强资金归集动态监控，加大资金归集考核力度，充分挖掘可归集资金潜力。全年全口径日均资金归集率提升至34.66%，同比上升3.17个百分点，日均可归集资金归集率89.12%。

【风险管理和内部控制】2023年，公司一是做实做细风险管理基础工作，严格落实贷款、投资业务风险审查和贷后、投后风险监测，加强事前、事中风险把控。落实金融、国资监管要求，加强重大风险监测和风险常态化管理，抓好风险管理薄弱环节整改。通过风险管理监管评级照镜子、找差距，制订并落实对标提升专项行动方案。二是巩固提升法律合规管理体系，强化“三道防线”职责落实。建立三级审查机制，将合法合规性审查作为规章制度、经济合同、重大事项审批的必备程序。分层、分类开展合规培训，提升全员合规理念。配合国资委合规检查，开展合规管理自评价，落实问题整改。三是强化内控管理和制度建设，全面检查、评价内控机制健全性和有效性，整改内控薄弱环节，修订完善内控手册，切实提升内控管理水平。健全制度管理工作机制，实现制度全生命周期管控。开展制度“立改废”，全年新增、修订制度96项，现已建立20大类177项各类管理制度，制度体系日趋完善。四是提高内部审计监督效能，完善内审管理机制，制定内审管理办法、稽核工作指引，提升内审工作规范化水平。做实做细常态化业务稽核，全年审查结算交易31.18万笔。强化重点领域监督，开展专项审计6项。督促审计发现问题整改落实，问题整改完成率为97%，以改促建，推动内控机制完善。加强服务质量监督，建立客户意见受理处理机制。年内公司收到客户合理化建议一次，公司第一时间启动机制进行处理，在较短时间内组织完成系统优化工作，处理速度和改进效果均得到成员企业认可。

【人力资源管理】2023年，公司持续深化三项制度改革，推动实施分层考核、上下贯通、全面覆盖的绩效管理机制，逐级分解落实公司年度经营管理任务和重点工作，引导各层级干部员工有效贯彻公司战略，全员绩效考核从破冰启航到全面深化。

【信息化建设】2023年，公司制订并实施信息化建设和数字化转型三年规划，有序推进公司信息化建设和数字化转型。完成核心业务系统功能优化136项，开发票据和同业业务系统，推进业务线上化进程。升级统一监管报送平台，完成核心业务系统与司库系统、财务核算系统、税务云系统的接口集成，推进业财数据贯通。应用RPA技术实现监管报表、财银对账等业务操作自动化。

【企业文化建设】2023年，公司一是积极推动清廉金融文化建设，制定《关于深入贯彻落实中央八项规定精神进一步加强作风建设的实施意见》。对新任职干部开展任前廉洁谈话，在重要节假日前发布廉洁提醒，开展“打造廉洁型党支部”主题党日活动，组织干部参观廉政文化基地和警示教育基地，举办清廉家风活动。二是加强品牌文化宣传工作，召开商务礼仪暨集团公司BI体系宣贯会，引导员工践行共同行为准则和礼仪规范。积极利用《保利风采》等途径展示党建与经营管理成果、宣传党业融合成效。参加集团微党课宣讲，就“独立法人党支部党业融合路径探析”课题进行交流。参加集团公司“故事的力量”创造营大赛和主持人大赛，获最佳原创视频奖和优秀选手奖，充分展现公司员工积极向上的良好形象。

北京金融街集团财务有限公司

【集团概况】北京金融街投资（集团）有限公司（以下简称“集团”）为北京金融街集团财务有限公司（以下简称“公司”）的母公司，集团成立于1992年，以开发建设北京金融街为契机，牢牢把握改革开放的历史机遇，立足首都、布局全国、多元发展，业务范围覆盖近20个省、市、自治区，成功打造了集房地产开发、物业经营与管理、金融、教育、医疗健康、文化旅游、新兴产业于一体的“6+1”产业新格局，连续多年入围“中国企业500强”。集团主体信用评级3A级，“金融街”品牌被认定为中国驰名商标，现有总资产超过3100亿元，年利税超过百亿元，员工1.6万余人，规模效益位居北京市区国企前列。

【经营概况】2023年，公司克服市场环境带来的不利影响，稳健审慎经营，积极采取市场化手段开拓业务，深入挖掘成员单位业务需求，同时积极进行同业资金运用，提高资金集中管理效率，提高资金收益。截至2023年末，公司吸收存款余额54.51亿元，存放同业款项余额35.02亿元，贷款余额22.77亿元，资产总额64.83亿元，当年实现营业收入0.65亿元，净利润0.33亿元。资产负债结构整体合理，资产质量优良，无不良资产。

【服务实体】公司由金融街集团独家出资设立，金融街集团及下属企业主营业务涵盖商业住宅开发、物业经营管理、金融、教育与医疗健康等领域。2023年，公司持续发挥集团内部银行功能，积极落实金融服务实体经济发展的要求，紧密围绕集团战略，大力支持集团主业发展，同时积极助力集团新兴业务板块发展，向成员单位提供优质的金融服务。

【信贷业务】2023年，在严格遵照监管部门相关制度及规定要求的前提下，公司积极开展信贷业务，确保信贷业务实现稳健发展。公司保持“依托集团、服务集团”的经营宗旨不动摇，通过建立长效沟通机制，紧密联系成员单位，及时获取成员单位的融资需求，做到积极响应、快速推动，较好地满足了成员单位信贷业务需求，有效助力了成员单位业务发展，为集团新兴业务板块发展提供了有力支持。全部贷款五级分类正常。

【资金业务】2023年，公司面对复杂严峻的国际环境和国内经济周期性调整，全年利率中枢持续保持历史低位，呈先降后升走势。公司立足服务集团和成员单位，以确保流动性为前提，不断加强对资金头寸的精细化管理。同时，通过跟踪 Shibor、同业存单价格和 LPR 等基准价格趋势，研判市场形势、把握市场机会，不断提高同业运营能力，实现了资金的高效调度，取得了较好的资金收益。

【投资业务】2023 年，公司深入研究机构特点及产品特性，不断挖掘符合公司配置需求的产品，在确保安全性和流动性的基础上积极调仓，取得较好收益。同时，公司积极开展与同业及外部金融机构的走访交流，及时了解市场趋势及行业最新动态，并开展对新业务品种的调研交流，完善投研体系和制度流程体系建设，为新业务的进一步开展奠定基础。

【风险管理和内部控制】根据公司实际业务需要和监管评级相关规定，对现行的财务公司管理制度、内控手册和授权手册进行了进一步修订和完善，经梳理修订制度共计 49 项，新增制度 5 项，因业务范围变更删除制度 1 项，形成《北京金融街集团财务有限公司制度汇编(2023 版)》。同时，在对内控制度进行梳理的基础上，结合公司现状对公司《内控手册》《授权手册》进行了修订，进一步完善了公司授权授信体系和内控体系。

2023 年度公司审计部独立完成常规审计项目 3 项、专项审计项目 5 项、内控评价 1 项，做到了公司各职能部门全覆盖，定期对审计问题的整改情况进行追踪、督促整改，提示相关领域风险，为公司业务健康有序运转起到了保障作用。

【人力资源管理】2023 年，公司为落实集团“双提升”工作要求，在对存量人才进行全面盘点的基础上，编制《财务公司 2023—2025 人力资源规划》，为培养适应财务公司高质量发展人才提供战略性指导；根据《财务公司 2023—2025 人力资源规划》，修订《员工绩效考核管理办法》，完善员工绩效考核评价体系；通过选拔并确定后备人才，健全人才梯队建设。

【信息化建设】2023 年度公司信息科技工作的重点是在保障核心系统安全、稳定、高效运行；以成员单位和业务部门需求为出发点，以对接金数、监管数据标准化 EAST 系统（含原有季度报备及新增的月度报表要求）和利率报备等数据报送系统为抓手，对现有信息系统进行了数项优化和改进；以保持系统安全稳定运营为主要目标，切实提高系统安全性和业务连续性。

【企业文化建设】2023 年，公司党支部坚持以党的政治建设为统领，持续加强公司的思想、组织、作风和制度建设，具体措施包括：扎实推进主题教育工作，采取线上学与线下学、集中学与个人学与督促学等方式，不断加强各部门党员思想建设工作力度，引导支部党员切实增强认同、增强自信，始终与党中央保持高度一致；严格落实集团党委《2023 年意识形态工作要点》要求，与业务工作同部署、同检查、同考核，落实“一岗双责”制；坚持党管人才原则，紧密围绕公司战略发展重点，立足人才队伍现状，全面提升人才的综合素质、技能和知识水平，鼓励员工积极参加监管部门、财协、集团相关学习。

北京金隅财务有限公司

【集团概况】北京金隅集团股份有限公司(以下简称“集团”）成立于 2005 年 12 月 22 日，是 A + H 股上市的北京市属大型国有控股产业集团，全国最大的建筑材料生产企业之一。

集团主营业务包括水泥及预拌混凝土生产及销售、新型建材制造及商贸物流、房地产开发、物业投资及管理四大板块。2023 年，面对内外部环境复杂多变、经济回暖不及预期等多重风险因素叠加带来的影响，集团坚持稳中求进工作总基调，扎实开展主题教育，深入落实“一高双赢三统筹”工作要求，全力以赴稳增长、抓改革、促发展、防风险，克服前所未有的困难和挑战，取得了殊为不易的成绩。截至 2023 年底，集团资产总额 2739 亿元，位列“中国企业 500 强”第 132 位。

【经营概况】北京金隅财务有限公司（以下简称“公司”）在集团党委、董事会的领导下，凝心聚力、扎实进取，深入落实“一高双赢三统筹”工作要求，立足集团主业，审慎合规经营，圆满完成全年工作任务。截至 2023 年 12 月 31 日，公司资产总额 257.51 亿元，存款余额 216.82 亿元，贷款余额 146.91 亿元，实现利润（拨备前）3.92 亿元。

【服务实体】2023 年，公司继续积极发挥金融支持保障作用，坚持以服务集团主业为核心，将金融服务融入实体经济，结合成员单位实际需求，为其提供自营贷款、委托贷款、承兑、贴现、保函等各项优质金融服务；同时积极落实集团减税降费工作要求，通过下调贷款利率、减免手续费、零保证金等方式，全年累计帮助成员单位节约财务费用逾 1.5 亿元，有力协助成员单位降本增效。

【信贷业务】2023 年，公司充分发挥金融服务平台功能，深挖成员单位潜在需求，持续加大贷款投放力度，全年累计发放贷款金额 158.41 亿元，较上年同期减少 18.89 亿元，依旧维持了高位信贷规模；累计贷款加权平均利率 3.36%，较上年同期下降 25 个基点，充分发挥了公司金融服务平台功能，积极响应各成员单位融资需求，持续落实集团减税让利工作要求，助力企业稳定经营。

【资金业务】公司确保资金流动性安全、支持集团主业，加强金融同业机构关系，提高公司存放同业收益。公司结合集团资金计划，实时监控同业资金情况，动态管理流动性风险。公司积极配合地产拿地工作，提供大规模资金支持。公司通过与各银行多次洽谈，争取较高的同业利率，并充分利用月末和旬末市场资金紧张的有利时机，操作高利率同业存款业务。2023 年，公司同业活期存款加权利率为 2.21%，大幅高于银行间隔夜 Shibor 均值 1.60% 约 60 个基点。

【投资业务】公司加强风险管控，取得较高投资收益。2023 年以来，公司将投资品种分为“流动性好、低风险”的第一类品种及安全性较高的其他品种，并设定不同的审批权限；增设了单家机构发行的产品每日日终投资余额不超过可投资余额上限的 30%（不含货币基金）的集中度控制措施，有效强化了投资业务风险管控。公司日均证券投资规模 19.07 亿元，获取收益 8691 万元，年化投资收益率 4.56%（考虑所得税优惠 4.92%）。

【票据业务】2023 年，公司持续推进票据池建设，成功上线新一代票据业务系统，实现票据无限拆分等功能，极大提高了票据支付的灵活性和流通性；同时将承兑人黑名单内嵌至业务系统，实现信用风险管控措施前置，可有效避免持续收取风险票据的情况，保障集团票据资产安全。积极推广票据业务，降低成员单位融资成本，累计办理承兑业务 31.60 亿元，较上年同期增加 8.34 亿元，同比增长 35.86%；票据直接交易对手覆盖集团外供应商 1182 家，较上年同期增加 556 家，同比增长 88.82%，随着公司电票的市场接受度不断增强，公司可为更多的成员单位提供服务，帮助其丰富支付结算手段，降低财务成本。

【资金集中】2023 年，公司持续落实集团外部结算账户全生命周期管理，严格账户审批，梳理 NC 系统存量账户信息，核对注销账务系统账户累计 381 个，实现 BI 自动化台账管理，督促企业注销预计存续期限届满，且已无实际用途的账户，年度累计注销账户 54 个，账户管理水平稳步提升。与此同时，细化各板块账户用途及余额，了解各板块项目进度、资金解付和监管政策文件，更深入地分析成员单位资金情况，进一步加强资金归集管理工作，切实做到资金应归尽归，有效提高集团资金运营效率。2023 年 12 月末，公司全口径资金归集率为77.65%。

【业务创新】公司积极探索创新账户管理模式，将传统账户管理与信息系统相结合，全面升级网银系统，新增人脸识别、电子合同平台、线上开户等功能，并全面升级国密算法证书Ukey。账户线上化管理平台的创建，基本实现了结算账户管理的数字化转型。在未来的建设中，公司将持续完善系统功能，促进科技赋能，不断推动集团的数智化转型，开启高质量发展新篇章。

【风险管理和内部控制】公司高度重视内控合规管理建设，以国家法律法规和监管政策为基础，以公司自身情况和业务发展需求制定规章。2023 年，公司认真落实新版公司管理办法有关要求，圆满完成章程修订、成员单位名单重新核定、营业范围变更、金融许可证变更、新增监管指标测算等相关工作，确保各项业务依法合规开展。公司遵循“业务开展，制度优先”原则，2023 年公司制度新增 3 项、修订 25 项、废止 18 项，并对《内部控制手册》和《业务规范及工作标准》进行同步修订。此外，公司通过日常业务稽核和专项审计排查，深入挖掘业务问题，切实保证整改落地，弥补内控管理缺陷，不断建立健全以公司制度为基础、内控手册为指南、业务规范及工作标准为抓手的三级内控制度体系，使业务活动执行有章可循、规范运作。

【信息化建设】公司统筹部署数字化转型，制定《信息安全与数字化转型规划》，明确分阶段的实施路径。公司对标监管新要求，完成业务连续性体系建设。公司优化灾备系统网络架构与备份策略，制订并成功实施灾备数据切换演练方案，灾备数据准确性、完整性及可用性得到有效验证。公司完成全部二级集团财务共享中心财企直连系统建设工作，提升资金支付环节的安全管控水平。公司坚持创新赋能，启用全新国密算法证书，进一步强化系统安全屏障。公司强化数据治理，完成数据仓库平台建设，提升数据质量、数据应用及数据分析水平。

【企业文化建设】2023 年，公司立足集团，服务集团，坚持党建引领，扎实开展主题教育，深入落实“一高双赢三统筹”工作要求，全力为成员单位创造价值，努力开拓外部市场，圆满完成全年任务目标和力争指标，为集团发展作出积极贡献。

北京控股集团财务有限公司

【集团概况】北京控股集团有限公司（以下简称“集团”）以让城市生活更美好为社会责任使命，紧抓现代城市建设的重要引擎，契合国家战略需要，重点投向公共服务、基础设施、生态环保、民生改善及战略性新兴产业，促进公共服务均等化、基础设施互联互通，致力于提供国内领先、国际一流的现代城市一体化综合服务，覆盖全国 400 余个城市，海外业务发展延伸至欧洲、美洲、大洋洲和东南亚。集团已成为跨境内外市场、兼具实业经营和资本运营的国有控股集团，拥有各级控股、参股企业 700 余家，旗下有 11 家上市公司，其中 9 家香港上市公司。2023 年，集团实现营业收入1280.33 亿元，同比增长 7.50%；实现利润总额 80.80 亿元，各项主要指标继续位居市国资委监管企业前列。

【经营概况】2023 年，北京控股集团财务有限公司（以下简称“公司”）实现营业收入

6.28 亿元，同比增长 11.30%；利润总额 2.44 亿元，同比减少 7.18%；净利润 1.78 亿元，同比减少 15.68%。截至 2023 年末，公司资产总额 224.78 亿元，负债总额 172.79 亿元，所有者权益 51.99 亿元，吸收存款 170.30 亿元，贷款余额 137.65 亿元。

【服务实体】公司通过下浮贷款利率，上浮存款利率，减免结算、保函及委托贷款手续费等，多措并举减费让利成员单位，支持实体经济发展，2023 年减费让利共计 2692 万元。公司运用贷款、委托贷款、投资债券等方式加强集团资金内部融通，为集团降“双高”、降负债，控制杠杆降低资产负债率约 0.97 个百分点，较上年度增加 0.12 个百分点。

【信贷业务】公司积极贯彻央行货币政策，根据董事会审议通过的信贷政策指引，合理安排信贷投放，在确保流动性的前提下，最大限度提高资金使用效率。2023 年末，公司贷款余额达到 137.65 亿元，累计为成员单位让利 2092 万元。信贷资产质量保持稳定，资产五级分类均为正常类，未发生不良贷款。

【资金业务】公司分析预判市场资金价格趋势，于年初收益高点，增加高利率存款产品配置，夯实全年收益基础。持续优化短期资金运用，增加当月申赎货基和国债逆回购的交易频率和规模，充分发挥投资资质价值，增厚收入利润贡献。不断扩大长期资金收益，通过广泛深入议价比选，把握市场机会，在合作银行获得优厚的存款利率，在基金公司投资收益稳定、贡献更高的基金产品，扩大资金使用效益。顺利完成存量债券的出售，在满足监管要求的同时，赚取较高溢价收益。

【业务创新】公司为丰富金融服务手段，以商业银行清算系统和通道为载体，以银行提供线上线下收费产品为基础整合系统内收款业务，搭建公司收款归集一体化“收款服务平台”，命名为“北控财 e 通”。目前，公司收款服务平台已试运行，北燃实业集团下属北燃供热成为平台第一家试点企业。“北控财 e 通”是以满足客户需求为根本、以银企平台为渠道、进一步提升资金归集效率、充分让利于成员单位的个性化金融产品；是深入践行“大客服”机制，深入研究服务创新和业务创新，将金融服务赋能实体经济发展、渗透到产业一线，助力集团高质量发展的又一成功案例。

【风险管理和内部控制】公司根据新管理办法对调整业务范围的要求，制订方案、清理存量业务、修订公司章程、申请更换金融许可证。坚持合规优先，持续优化完善公司内控制度体系，本年新增及修订制度 36 项，年末在行制度达到 202 项。公司通过实施风险指标月通报、季报告、年汇报工作机制，确保公司各项监管指标均满足监管最新要求。公司加大风险排查力度，持续加强法治建设、重大风险识别等重点事项、关键领域的风险排查及报告工作。公司不断完善风险预警机制，以风险预警单为抓手，以事前风险提示为依托，以事中风险审查为基础，以事后协同检查为补充，提高风险管理的主动性与前瞻性。

【信息化建设】公司为防范信息科技风险，不断完善信息科技安全管理制度、流程，优化各信息系统功能，在集团 2023 年数字化价值评估中，位列第一。电子会计档案系统的投产运行，是公司数字化转型取得的重要成果，在市属财务公司中此项工作走在了前列。上市公司归集资金限额管控模块，在其他财务公司均无先例，起到了行业引领作用。落实网络安全责任，提升网络安全防控水平，在“2023 年护网行动攻防演练”活动中，抵御住了各类网络攻击，发现并阻止了中高风险安全事件，确保了公司信息系统的安全、平稳运行。公司规范数据管理，充分挖掘数据价值，积极拓展数据共享应用范围，全力支持集团资金系统建设，为集团成员单位提供了优质的金融服务平台。

【企业文化建设】公司工会坚持以职工为中心的工作导向，认真履行维权服务基本职责，持续推动构建和谐劳动关系，凝聚职工群众干事创业强大合力。公司工会主动顺应职工对美好生活的向往，把职工小家建设成为集阅读分享、沟通交流、休闲娱乐、运动健身等于一体的平台。公司工会积极营造职工参与民主管理的氛围。公司工会严格按照流程制度，组织公司工会换届选举、委员补选和职工董事选举等工作，进一步加强组织建设，提升履职能力。公司工会持续开展特色品牌文化活动，进一步推广了公司工会特色品牌文化，提升了企业形象和影响力。庆祝公司成立十周年，总结工作成绩、回顾发展历程，激发员工爱岗敬业精神，开展了“财务公司成立十周年”系列活动。这些活动让股东、集团成员单位和公司全体职工深刻感受公司发展历程和成果，扩大了影响力。

北京汽车集团财务有限公司

【集团概况】北京汽车集团有限公司（以下简称“集团”）初创于1958年，总部位于北京，现已发展成长为产业链涵盖整车及零部件研发制造、汽车服务贸易、综合出行服务、金融与投资等业务，年营业收入超过4500亿元，世界500强排名第193位的大型企业集团。集团走高端化、服务化、低碳化可持续发展之路，为全社会提供高科技、高品质、安全环保的全方位出行解决方案，成为具有国际竞争力的汽车制造商、服务提供商，致力于高品质美好出行生活的引领者。

【经营概况】北京汽车集团财务有限公司（以下简称“公司”）以“汽车+金融”为前进方向，积极服务集团自主品牌整车市场占有率提升。2023年，公司实现营业收入16.69亿元，利润总额8.47亿元，经营规模不断提升，经营实力逐步增强。

【服务实体】在坚持践行普惠金融社会责任方面，公司在2023年为新冠疫情解封后的临时性资金困难消费者提供了解决方案，优化调整宽限期和延期还款政策，惠及超700名消费者的2000余笔合同订单，延缓资金量超过3000万元。

【信贷业务】公司立足为集团产业布局服务，发挥集团协同效应，走产融共赢之路，持续强化集团资金集中管理能力和提升金融资源统筹调配能力，2023年度信贷投放达744亿元，有效支持集团主业发展。

【汽车金融】汽车金融业务紧跟集团战略方向，以集团销售上量为核心，提出倍增行动计划，目前业务范围覆盖全国300余座城市，涵盖集团乘用车和商用车全系品牌类型，自开展汽车金融业务以来信贷投放规模累计突破2282亿元，零售终端年度放款台数首次突破十万台，自主品牌终端金融渗透率超过55%，有效支持集团整车销量突破40万辆，为集团主业发展注入强劲金融动力。汽车金融发展成果获得北京市及汽车行业消费者的高度认可，荣登“2023年度中国汽车金融服务满意度排行榜”榜单第四名，是本榜单中唯一一家汽车集团财务公司。

【投资业务】公司以资金安全性和流动性为前提，持续优化流动性分层管理，并根据市场环境变化，调整品种资源分配方式，执行相匹配的交易策略，以获取风险可控的稳健回报。

【票据业务】新一代票据系统成功上线，实现票据拆分灵活支付，大幅优化票据结算便捷性、安全性，从客户服务、产品功能及流程优化角度全面提升公司票据服务能力。2023年票据业务开展1.80万笔，发生额304.75亿元，被上海票据交易所评选为“优秀新一代系统业务推广机构”。

【外汇业务】借助跨境资金池，公司为集团及成员企业提供更为便捷、优惠的境外资金结算、结售汇、资金调剂、境内外资金联动等资金业务支持与服务，为境内外成员企业提供安全、高效、畅通的跨境资金结算服务，助力集团实现国际化战略目标。

【资金集中】公司强化司库管理，提升集团资金和金融资源集中化管理效能，按照集团“应归尽归”的管理要求，深入挖掘各成员单位受限资金形成原因，制订受限资金挖掘方案，通过精细化管理，按月按户跟踪落实所属企业资金归集情况，全力扩展可归集资金范围，2023 年日均吸存规模 352 亿元。

【风险管理和内部控制】公司强化风险管理协同运作，搭建风险协同管理平台，完善风险职能架构、制度管理架构、风险偏好及指标架构，推动公司智能风控管理系统优化建设。公司通过强化政策前瞻研究，聚焦渠道管理、还款及催收管理、欺诈风险管理等重点风险领域，制定多项风险管理标准规则，保障各项风险及时预警、快速处置、有效防控，风控能力得到全面提升。2023 年荣获（首届）天弈奖全面风险管理优秀实践奖、金融模型能力建设和智能风控优秀实践奖。

【人力资源管理】2023 年，公司全面梳理公司岗位设置及岗位职责，以机构精简、人员精干、效率优先为目标，在减量增效中促进高质量发展。通过优化公司薪酬绩效激励体系，厘清绩效管理权限，区分设计与目标绩效工资、与团队特殊嘉奖相匹配的绩效管理模式，促进融合发展，强化激励效果，驱动公司整体业绩步入正循环状态。

【信息化建设】公司围绕“融合 + 金融”的工作重心，在信息化管理体系建设、业务线上化、数据治理、风控合规建设等方面重点投入。公司编制完成《北汽财务信息化管理规范》，上线新一代票据业务系统、商用车消费信贷功能、大数据平台及全面风险管理系统，有效提升业务服务能力、数据管理成熟度以及运用大数据模型触发风险预警能力。

【业务创新】远程账户服务体系实现全面推广，围绕体验提升、平台赋能、机制保障，形成了即接即办工作机制，当日接收，当日审核，当日反馈，当日完成，有效解决开户地域限制、流程复杂等痛点问题，开户效率、客户满意度、流程智能化水平全面提升。公司金融管理改革创新成果《大型汽车企业金融管理改革实现高质量发展的创新与实践》获得北京市企业管理创新二等奖。

【品牌建设】公司策划北汽金融普惠金融案例专题宣传，充分展示公司对助力集团实现高质量发展，支持实体经济向上，在金融服务和科技创新方面的品牌力。积极参与市委、国资委举办的各类品牌宣传活动，充分展示北汽金融作为集团金融板块重要企业的正面品牌形象。

北京首都旅游集团财务有限公司

【集团概况】北京首都旅游集团财务有限公司（以下简称“公司”）控股股东为北京首都旅游集团有限责任公司（以下简称“集团”）。集团隶属于北京市国资委，是以旅游商贸服务业及相关产业为核心的战略性投资集团，承担着做好北京市“四个服务”的重大保障任务、推进首都旅游商贸服务业产业集聚和转型升级、优化国有资本结构布局等多重使命，是北京市首家国有资本投资公司试点企业。集团旗下拥有王府井（600859）、首旅酒店（600258）、全聚德（002816）三家上市公司，以及首汽集团、康辉集团、东来顺集团、古玩城集团、北京饭店、北京展览馆、环球影城等众多知名企业，集团资产规模超过 1600 亿元，在全国大型旅游集团排名中位居前列。

【经营概况】公司成立于 2013 年 4 月，注册资本 20 亿元，经营地址在北京市朝阳区广渠路 38 号 9 层。公司是集团资金集中管理平台，为集团及成员单位提供规范、高效的资金集中管理和金融服务，股权结构为首旅集团持股56.6352%、王府井集团股份有限公司持股25%、中国全聚德（集团）股份有限公司持股12.5%、北京首旅酒店（集团）股份有限公司持股5.8648%。

2023年，公司始终秉持依托集团、服务集团的初心与使命，为成员企业提供优质金融服务，节约集团整体融资成本，助力成员企业发展。公司向成员企业积极提供信贷支持，贷款投向住宿、餐饮、商贸、出行等行业，2023年末资产总额为133亿元。

【服务实体】2023年，公司以企业需求为实际出发点，以优质高效服务助推成员企业高质量发展。为进一步发挥公司金融服务特色，公司积极走访集团内企业，就金融服务合作事宜开展调研与讨论，认真听取各企业业务需求，围绕降本增效、优化资源配置等问题，结合各企业在公司的开户率、银行账户授权率、资金归集率、结算交易情况等各项数据，有针对性地提供金融服务方案，并切实提升账户管控力度、有效防控资金风险，为实现集团内账户管理全覆盖和资金监控平台建设打下良好基础。

【信贷业务】2023年公司积极采取措施加强对企业的支持，及时了解企业需求、匹配金融产品、稳定信贷规模，2023年日均贷款规模超过73亿元，业务包括流动资金贷款、固定资产贷款，同时为企业开展出具保函业务。截至2023年末，公司自营贷款余额达到75.08亿元。

【资金业务】公司资金业务策略以流动性管理为主，在安全性的前提下兼顾效益性，业务涵盖存放同业、同业存单、国债逆回购、货币市场基金等，年累计交易金额超过1600亿元。

【风险管理和内部控制】2023年，公司持续进行各项业务审查，定期开展公司资产风险分类认定，监测公司信用风险、流动性风险、市场风险、信息科技风险等风险情况，及时揭示和有效防控各类风险，确保公司资金安全。在内部控制方面，公司坚持内控制度的动态管理，持续深入推进内控制度体系建设，修改完善制度，确保将最新监管要求和业务管控需求嵌入到流程管控、落实到制度规范，并加强制度的宣贯工作，督促员工严格照章办事，为企业高质量发展提供坚实法治保障。

【人力资源管理】2023年，公司为有序落实和实现战略规划提供有力保障，以选拔任用、人员轮岗机制、挂职锻炼以及构建合理清晰的部门职责和岗位职责为手段，强化人才队伍建设，为进一步加强人力资源管理，优化人员配置，增加活力，转变工作作风，拓宽员工职业发展空间。同时，加强公司重要岗位人员的内控监督管理，达到全面提高工作效率，有效规避和防范操作风险及道德风险的目的，为公司的持续发展提供坚强的组织保证。

【信息化建设】公司2023年信息化建设，以技术赋能、数据赋能、协同赋能、循序推进、重点项目推进为建设原则，构建数字技术体系，以新技术加强互联互通，以新技术促进产业链协同，以新技术打通公司内外循环，最终实现数字赋能。与此同时，公司在财企直连、大额资金动态监测系统、征信科技监管平台等方面完成"在线化"系统建设，根据监管要求完成EAST监管数据标准化报送系统频度变更改造工作，并顺利完成了监管数据报送工作，使公司在数据治理方面有了稳步提升。公司按照国家网络安全法相关规定，认真贯彻网络安全等级保护制度标准要求，完成了核心业务系统等级保护测评复测工作。

【企业文化建设】2023年，公司坚持以习近平新时代中国特色社会主义思想为指导，深入学习贯彻党的二十大精神，聚焦"学思想、强党性、重实践、建新功"总要求扎实开展主题教育，将党的领导融入公司治理全过程，通过不断提升党建引领能力，提高金融服务水平，着力推进党建工作与经营管理深度融合并取得积极成效。

北京首农食品集团财务有限公司

【集团概况】北京首农食品集团有限公司（以下简称“集团”）是经北京市委、市政府批准，于2017年12月由北京首都农业集团有限公司、北京粮食集团有限责任公司、北京二商集团有限公司三家企业联合重组成立。联合重组后的集团，集食品生产商、供应商、服务商于一体，员工近6万人，所属企业500余家，其中，中外合资合作企业30余家，境外公司10余家，上市公司2家，位列“中国企业500强”。截至2023年末，集团（未经审计）资产总额1685亿元，所有者权益583亿元，销售收入1620亿元，利润总额31亿元。集团已建成贯穿育种、种植养殖、产品加工、贸易流通、终端销售等环节的全产业链，涵盖乳业、粮食、油脂、肉类及水产品、糖酒及副食调味品等品类，培育出一系列深受消费者青睐的中华老字号和知名品牌，持有15个中华老字号，19个北京老字号，39个知名品牌，在首都食品供应保障服务中发挥着主渠道、主载体、主力军作用，肩负着“首都食品供应服务保障重要载体，首都食品安全行业表率，首都食品产业发展核心主体”的重要责任。

【经营概况】北京首农食品集团财务有限公司（以下简称“公司”）以“依托集团、服务产业”为定位，以集团整体利益最大化为目标，始终坚持“稳健发展、审慎经营”方针，致力于打造集团资金归集、资金结算、财务监控、融资营运、金融服务平台，努力建设成为管理规划型司库。截至2023年末，公司资产总额228亿元，全年实现营业收入3.69亿元，利润总额1.45亿元；吸存规模203.7亿元、信贷规模132亿元、全年结算业务笔数88万笔，三项指标均创历史新高。2023年，公司加大减费让利和贷款优惠力度，各项业务让利规模近1.8亿元，助力企业降本增效。

【信贷业务】公司持续加大信贷支持力度，信贷投放领域覆盖集团主要业务板块和新兴业务板块，符合国家产业政策导向和支持实体经济发展要求。重点拓展制造类成员企业项目贷款，支持企业技术升级和产能提升。截至2023年末，公司授信总额超过200亿元，业务品种涵盖流动资金贷款、固定资产贷款、票据承兑、票据贴现、非融资性保函等，全面满足成员企业金融服务需求，自营贷款规模突破132亿元创历史新高，全年帮助集团整体压降资产负债率2.3个百分点。

【资金业务】2023年，公司坚持以提高资金安全性、流动性和收益性为根本出发点，积极拓展同业资源，提升议价能力，根据资金运作规律，在拥有外部相对充足同业拆借额度的前提下，以流动性管控为前提，加大日内调拨频次，保持日常运营头寸充足，提升资金使用效率。同时，灵活开展逆回购等业务，实现较高的平均资金收益率。

【投资业务】2023年，公司成功获准进入全国银行间债券市场，完成备案与开户工作。根据公司年度投资计划，拓展对同业存单、利率债等金融产品的专项研究，实现持续跑赢同业存放的投资收益率。

【票据业务】2023年，公司上线新一代票据系统，为稳步拓展票据业务奠定基础。全年累计为企业承兑票据41张，为企业办理贴现2笔，有效拓宽了成员单位融资渠道，提升了经济效益。

【外汇业务】公司大力推进即期结售汇业务的落地，持续推进核心系统外汇业务模块开发、国家外汇管理局数据报送接口联调、合作银行外汇业务拓展、成员企业培训等各项工作，为结售汇业务的落地打下了扎实基础。2023年第四季度，首笔代客即期结售汇业务及银行间外汇市场交易顺利完成。

【资金集中】公司持续加强资金集中管理工作。2023年末，公司吸收存款规模203.7亿元，创历史新高，比上年同期增长24%；全口径资金归集率77%，比上年同期提高8个百分点，全年结算规模6761亿元，结算笔数88万笔。

【风险管理和内部控制】2023年，公司不断夯实风险管理架构，持续开展制度体系的立改废工作，建立和完善分级授信限额管控机制，优化信贷业务审查流程，细化信用风险管控方案，完成重要信息系统年度风险评估，开展公司治理自评估工作。通过内部控制评价、日常审计稽核、专项审计等方式，不断深化审计成果运用，提高整改工作质量和效果，强化内控、合规等方面的监督与评价。

【人力资源管理】公司持续加强人才队伍建设。完成“十四五”时期人才发展规划中期评估，为下一步人才队伍建设提供指导，为企业的长远发展培养和储备一批复合型、高素质的专业人才，提升公司核心竞争力。

【信息化建设】公司以司库建设为蓝图，持续推动数智化转型，实施即期结售汇外管局接口和新一代票据系统建设，通过不断完善系统功能，拓展公司服务范围，提升风险防控能力，促进集团国际贸易不断发展。积极推进数据治理工作，制定数据标准建设企业级数据字典和数据资源目录，打通与集团账务系统数据实时共享，构建统一账户监管平台，为司库建设打下坚实的基础。

【企业文化建设】公司以思想政治工作为抓手，宣传贯彻党的二十大精神，深入推进主题教育，扎实开展党内政治生活，营造爱党爱国的浓郁氛围，激活红色引擎。以清廉金融文化建设为抓手，组织全员签署《廉洁从业承诺书》，加强对员工的道德教育、纪律教育和廉洁教育，营造风清气正、积极健康的工作氛围。以群团工作为抓手，组织召开“军民双拥鱼水情、民族团结一家亲”专题座谈会，筑牢民族共同体、奋斗共同体意识；组织公司青年参加集团、属地政府举办的文艺汇演和“学雷锋”志愿服务活动，用别具一格的歌舞剧表演诠释青春献党的热血赤诚，用“做好事”增强青年人的奉献精神；深化职工之家建设，建立职工活动室，改造母婴关爱室，组织开展各类文体、慰问活动，全方位提高员工的幸福感、归属感，激发奋进新征程、建功新时代的饱满热情。

兵工财务有限责任公司

【集团概况】中国兵器工业集团有限公司（以下简称“集团”）作为党执政兴国的重要依靠力量，是国家战略科技力量的重要组成部分，是国家安全和国防建设的主力军。集团现有60余家子集团和直管单位，主要分布在全国29个省、市、自治区，在全球70余个国家和地区设立了100余家境外分子公司和代表处。2023年，集团实现利润总额252亿元，同比增长4.68%，经济增加值同比增长10.80%。2023年集团位居世界500强排名第146位。

【经营概况】2023年，兵工财务有限责任公司（以下简称“公司”）充分发挥金融服务平台功能，坚持服务主责主业，聚焦金融全流程风险防控，不断强化高质量发展能力，发展质效持续提升，全年提供金融业务总量2196.62亿元，金融资源保障率52.28%，为集团降本增效贡献价值3.27亿元，全面完成集团考核指标，获得2023年度集团绩效考核A级，连续两年获得集团董事会运行“优秀”评价，蝉联“首都文明单位”“东城区百强企业”“北京市年度纳税信用A级企业”等荣誉称号。

【服务实体】公司聚焦服务集团实体经济发展、服务集团主责主业、服务集团战略实施、服务成员单位经营发展的使命定位，以高质量金融服务支持集团实体产业发展，为集团成员单位制订“一企一策”金融服务方案，保障集团重点专项资金需求，精准服务集团科技创新，为集团军贸与国际化经营、石油矿产资源、“一带一路”项目建设等重点板块提供多元化金融服务。

【司库建设】公司聚焦转型发展，大力推进集团司库平台建设，高标准建成涵盖13个功能模块的集团司库管理信息系统，实现司库系统资源集约化管理“看得见”、司库系统风险数字化管理“管得住”、服务产业链生态圈管理“用得好”。

【信贷业务】公司围绕集团“1+5”战略和“双十”规划实施，统筹优化信贷资源配置，出台系列优惠利率贷款政策，全力保障集团军民品专项资金需求，全年贷款和贴现平均规模达438亿元，同比增长5.65%。

【资金业务】公司专业化运作同业资金，精准研判利率走势，提升资金头寸管理精确度，降低结算账户日均备付率。综合运用专业交易信息平台，完善每日线上线下同业利率比价机制，高效配置同业资金，促进收益稳步增长。

【投资业务】公司稳健运作金融投资业务，按照监管规定清退投资业务，完善金融市场合作机构的“白名单”动态管理机制，做好投资业务全流程闭环管理，固定收益投资超过市场中长期纯债公募基金平均收益水平。

【票据业务】公司深化与集团相关业务平台合作，推广供应链票据产品，拓展商业银行商票融资渠道，扩大票据业务应用范围。推动票据集中管理，实现公司票据业务全流程线上化管理，接入上海票据交易所“集票宝”，实现全集团应收票据与应付票据全量信息的动态可视。

【外汇业务】公司积极践行人民币国际化战略，拓展跨境业务100亿元，同比增长57%，其中通过CIPS办理业务44亿元，同比增长171%。办理即期结售汇36亿元人民币，让渡客户汇差收益822万元。

【资金集中】公司以司库平台建设为抓手，大力推进资金集中管理，存款日均规模突破760亿元，结算业务总量达5.36万亿元，集团可归集口径资金集中度同比提升3.9个百分点。

【业务创新】公司坚持创新驱动发展战略，积极创新金融产品，新设立集团战略性新兴产业、科技创新专项贷款，配合集团成功完成首单科技创新公司债券发行，创新知识产权质押融资产品，拓展买方信贷和法人账户透支业务，并实现业务落地实施。

【风险管理和内部控制】公司持续优化全面风险管理体系，强化法律合规审核，完善违规追责工作机制，开展内控体系优化工作，形成涵盖130项合规风险、138项管控流程、50个重点岗位的合规管理“三张清单”，健全事前、事中、事后“三道防线”及前中后台管控模式，培育全员风控文化，不良贷款率和不良资产率保持为零，获评2023年中国金融机构金牌榜·金龙奖“年度最佳风险管理财务公司”。

【人力资源管理】公司着力打造一流兵器金融团队，强化经理层任期制和契约化管理，大力推进三项制度改革，加强目标与绩效考核管理，完善人才管理制度，开展中层干部竞聘上岗和年轻干部、后备干部轮岗培养，开展新员工培训，提升队伍“四项素质”和“五种能力”。

【信息化建设】公司金融科技助力公司数字化转型，以自主研发模式完成集团司库管理平台的账户管理、金融投资管理等多个模块建设，开发新一代财企直连系统支付功能，稳步推进电子凭证系统建设，推进外部连接广泛互联互通，获评上海票据交易所2022年度“优秀新一代票据业务系统上线机构奖”。

【企业文化建设】公司以主题教育为主线，大力弘扬人民兵工精神，不断擦亮“全国文明单位”金字招牌，持续完善独具兵器特色的金融企业文化，举办庆祝建党102周年系列活动，深入推进基层党建提质增效“七抓”工程，让党旗在基层一线高高飘扬，常态化实施12项“我为群众办实事”实践活动和10项“党员创新工程”，获得集团2023年度党建工作责任制考核A级。

兵器装备集团财务有限责任公司

B

【集团概况】兵器装备集团财务有限责任公司（以下简称“公司”）所属集团为中国兵器装备集团有限公司（以下简称“集团”）。2023年，集团获评2022年度中央企业负责人经营业绩考核A级、党建责任制考核A级、董事会评价优秀，全年营业收入同比增长7.6%，创历史新高，利润总额同比增长10.5%，“一利五率”实现“一增一稳四提升”，改革发展和党的建设各项工作取得新的成绩。

【经营概况】公司2023年全年实现营业收入18.68亿元，实现净利润7.14亿元，日均存款609亿元，日均贷款518亿元，资产规模769亿元，实现高质量发展。

【服务实体】公司突出金融保障作用，坚决扛起强军首责，军品全产业链服务客户新增284家，年度累计服务客户583家；军品成员企业日均贷款66亿元，同比增长47.79%。加大对汽车产业支持力度，不断丰富服务手段，公司服务的长安汽车经销商客户新增179家，年度累计服务794家；服务的经销商使用财务公司金融资源销售长安汽车42.69万台，同比增长17.18%。聚焦稳链固链强链，丰富金融产品谱系，积极为产业链中小企业纾困解难，扎实做好金融保供，降低成员企业融资成本，助力成员企业转型升级，为36家成员企业、56个项目设置战略物资采购、安全生产能力提升，科研低息，数字化转型等44亿元产融结合低成本专项贷款。

【信贷业务】公司以集团“133”战略为指引，坚持依托集团、服务产业的战略定位，围绕“两圈一新”产业布局，调整金融资源供给结构，以贷款、贴现及签票等多样化的信贷产品组合，持续加大对集团产业的金融支持力度，2023年日均贷款规模518亿元，同比增长9.19%，累计提供全产业链金融资源支持1304亿元，同比增长21.64%。

【资金集中】公司针对资金集中管理工作的重点、难点，在合法合规基础上持续加强推进境内上市公司、合资公司资金归集，不断优化资金归集模式，提升资金归集效率。2023年，公司（按中国财务公司协会口径计算）资金集中度为75.71%。

【票据业务】公司新一代票据系统投产上线，实现公司票据全流程线上化、自动化管理，为实现优质服务和市场竞争提供有力支持，票据信息集中度为96%。

【外汇业务】公司稳步拓展外汇业务，提升国际化金融服务能力。根据成员单位业务需求稳步推进即期结售汇业务常态化、外汇存款业务、跨境资金池业务办理；研究境外财资中心设立的可行性，加强公司国际业务金融服务能力建设。

【司库建设】公司深入贯彻国务院国资委和集团对于司库体系建设的各项部署要求，聚焦金融资源“看得见、管得住、调得动、用得好”，持续推动“三集中”落实见效，扣除受限资金影响，可归集口径资金集中度达97.64%，同比提升3个百分点，司库平台日最高归集资金957.07亿元，同比增加2.66个百分点，创历史新高。2023年9月，在国务院国资委召开的中央企业司库体系建设推进会上，集团获评司库体系建设“优秀企业”。

【风险管理和内部控制】2023年，公司持续以建立健全监管评级长效机制作为提升风险管理质量的抓手和牵引，强化重大重要风险分析研判，完善风险管理体系，厚植全员风控文化，形成“事前预警、事中协同、事后化解”的全链条风险防控机制，多措并举加大不良处置，信贷资产质量大幅提升，2023年未新增一笔不良贷款，不良贷款率余额持续走低，资产质量持续向好。

【人力资源管理】公司全面贯彻落实习近平总书记关于人才工作的重要论述、中央人才工作会议精神和集团公司新时代人才强企战略，突出人才引进，成功引进“双一流”高校应届毕业生8名；突出人才培养，持续强化教育培训，各级各类培训覆盖660人次；突出用好人才，加大公司中干、员工内部轮岗交流力度，推荐优秀干部职工到集团公司、成员企业等交流工作、参加专项工作；畅通人才发展通道，拓宽员工发展空间，为员工搭建良好发展平台和职业发展通道。

【信息化建设】加强数字化顶层设计，公司数字化转型方案以集团第一名得分通过集团公司专家评审；健全数字化治理架构，公司成立信息科技管理委员会，并完善数字化管理制度；培育数字化文化，提交专利申请超过20项，全年取得10个专利和1个软著证书；在重大系统建设方面取得突破进展，大数据平台、财务公司新一代票据系统等投产上线，不断积累金融科技赋能业务创新发展的能力；安全防护手段提升，启动安全体系规划研究，形成公司“143”安全体系规划方案，打造一体化安全运营纵深防御体系。

【企业文化建设】旗帜鲜明坚持党管宣传、党管意识形态，在《中国兵器报》刊发稿件30余篇，其中头版宣传2个、专版宣传3个，及时向集团公司报告舆情监测、意识形态和宣传思想工作情况，规范宣传工作。多措并举推进企业文化谋在深处、干在实处，完成首都文明单位评选复查，开展思想政治课题研究，“四色”财务公司建设成果荣获中国文化管理协会党建+企业文化创新模式课题成果一等奖。坚持做好群团、统战工作，增强凝聚力、向心力。坚持党建带工建、带团建，制定统战工作要点，在统战人士中开展主题教育，组织统战人士调查研究，召开统战人士座谈会，引导统战人士建功立业。

诚通财务有限责任公司

【集团概况】中国诚通控股集团有限公司（以下简称“集团”）是国务院国资委监管的中央企业，作为国有资本运营公司，集团积极参与央企股权多元化工作，持续构建利润和现金流“压舱石”，形成科学合理的资本配置结构，为运营公司长远发展拓展“通联企业”生态圈，实现和所出资央企相互赋能，共同发展。

【经营概况】诚通财务有限责任公司（以下简称“公司”）凝心聚力提能力、务求实效抓改革、踔厉奋发谋发展，持续夯实“四个平台”功能建设，拓展资本运营特色金融服务功能，赋能集团资本运营和产业发展，扎实开展司库体系二期建设、优化股东治理、推进三项制度改革等重点工作。2023年公司资产总额297.43亿元，营业收入6.91亿元，利润总额2.68亿元。

【服务实体】公司进一步加强对成员单位的信贷支持力度，强化服务广度和深度，积极下沉到二级单位以下公司进行业务拓展，首次为天津力神、楠山康养、浙江冠豪等成员单位办理信贷业务；加大信贷业务品种多元化布局，首次为国家电投财务公司和中储粮财务公司办理同业授信业务。

【信贷业务】截至2023年末，办理成员单位授信23笔，金额346.30亿元，同比增长69.20%。办理人民币贷款业务42笔，同比增长100%，年累计贷款投放金额235.36亿元，同比增长6.46%。办理海关保函业务2笔，金额2亿元，办理履约保函2笔，金额2.35亿元。日均贷款余额96.48亿元，居历史第二高位。

【资金业务】2023年，公司以“统一调配”为资金运作原则，充分发挥金融服务功能，加大对成员单位的贷款投放规模，降低贷款利率，通过不断的金融创新，改进融资管理模式，将部分闲置资金按长短期配置到回报率相对较高的质押回购、债券基金、货币基金等不同期限投资产品，加速资金周转，降低资金占用，提高资金运营效益。同时完善资金计划工作机制，保证各项业务的收支平衡，实现资产负债结构总量平衡，增强资金计划的实用性。

【投资业务】2023年，公司对中央企业债券投资余额6.30亿元，本年到期7.90亿元，按期收回本息金额8.14亿元，年收益率达到4.26%；投资认购国股大行同业存单合计4.50亿元，加权收益率2.58%，全年实现利息收入171.08万元。

【票据业务】2023年，公司积极配合上海票据交易所接入升级改造新一代票据系统，顺利完成验收和切换工作，并于2023年7月正式上线。

【外汇业务】完成成员单位购汇业务合计36笔，金额304.11万美元，平盘汇率均值7.0410，交割汇率均值7.0750，点差平均164个基点，获得利润1.42万美元，为成员单位节省购汇成本3.65万美元。

【资金集中】2023年，公司全面深化集团财司一体化管理体系，“以客户为中心”对司库系统与财务公司核心系统进行整合，将司库信息系统作为统一入口，集合财务公司支付结算网银功能。截至2023年末，集团成员企业银行账户可授权账户1102个，已授权账户1041个，可授权率达到95%。

【业务创新】公司以基金投资为投资业务创新方向，积极联动行业头部基金公司，挖掘优质基金产品，建立财务公司债券基金产品库，投资融通通灿债券基金、鹏华永宁3个月定期开放债券型证券投资基金、汇添富稳健添利基金，实现公司债券基金投资业务的突破的同时，保障诚通证券成功发行。

【风险管理和内部控制】公司坚持审慎合规的经营原则，进一步完善制度体系，对重要合同范本进行重检，完成制度修订12项，确保覆盖所有业务领域和关键管理环节，防范违法违规行为。同时，完善风险指标体系，将风险指标的预警和监测作为风险管理的前置工作，设置不同级别预警线，进一步健全了风险指标监控机制，补充完善了贷款比例等监控指标，健全了流动性比例等日常持续监测机制，保障公司各项指标均符合监管要求。

【人力资源管理】2023年，公司党委以党的二十大精神为指导，认真践行新时代党的组织路线，坚持党管干部党管人才与健全市场化经营机制相结合，突出问题导向、目标导向和结果导向，全方位推进三项制度改革并实施中层管理人员岗位起立竞聘及一般人员起立双选，建立健全干部能上能下、人员能进能出、收入能增能减的体制机制，大力发现和培养打造政治过硬、敢于负责、勇于担当、创新有为、清正廉洁的高素质干部人才队伍，不断完善现代化人力资源管理体系，为公司资本运营高质量发展提供坚强的组织保证。

【信息化建设】公司深入贯彻落实“财司一体化”战略，配合集团司库项目组做好司库信息系统二阶段各项功能建设及司库数据中心运维保障工作。完成新一代票据业务系统项目建设投产，为财务公司资金管理系统开展票据业务提供“新票据”业务办理平台。同时完成征信二代系统上线工作，满足中国人民银行关于二代征信数据报送管理有关要求。

【企业文化建设】2023年，公司党委深入推进学习贯彻习近平新时代中国特色社会主义思想主题教育走深走实，结合“三融一化”党建工程积极开展金融服务型党组织建设，金融服务意识和服务能力显著提升；加强清廉文化建设，开展以“六好”为特色的宣教活动，积极践行干事担当“六项承诺”和勤敬奉献“五项倡议”；履行社会责任，消费帮扶投入6.70万元，专项帮扶风险基金30万元，促进帮扶群众增收致富、提升帮扶质量。

重庆化医控股集团财务有限公司

C

【集团概况】重庆化医控股（集团）公司（以下简称“集团”）成立于2000年8月，是重庆市政府出资组建的一家集研发、生产、营销为一体的国有独资大型控股集团公司，涉及化工新材料、医药健康、新服务业、内部金融服务和资产管理五大业务板块，共计18个生产和销售领域。2023年，集团实现营业收入998.85亿元，利润总额3.26亿元，年末总资产1061.56亿元。集团位列“中国企业500强”第277位，“中国制造业企业500强”第137位。

【经营概况】2023年，重庆化医控股集团财务有限公司（以下简称“公司”）紧扣集团“1+2”改革举措和“3×5”工作思路，统筹推进“优化公司治理、提升服务质效、夯实内控合规、防控金融风险、提高科技水平、加强人才队伍”六项中心任务。截至2023年末，公司资产总额28.48亿元，实现营业收入1.07亿元、利润总额0.46亿元。

【服务实体】公司一是坚持优惠定价原则。通过上浮存款利率、下浮贷款利率和减免手续费的方式，全年为企业节省财务费用3746万元。二是大力推广代理结算服务。全年办理结算业务8149笔，金额859.42亿元。三是积极争取同业授信额度。先后与10余家银行建立合作，获批同业授信额度12.5亿元。

【信贷业务】2023年，公司累计向19户成员单位授信33.29亿元；向16户成员单位发放自营贷款99笔，金额28.49亿元，年末贷款余额19.3亿元。其中，向5户高新技术企业发放贷款6.33亿元，向1户国家级专精特新企业发放贷款0.7亿元，向5户市级专精特新企业发放贷款5.27亿元，存量信贷持续优化。

【资金集中】公司坚持“以服务促集中”的工作思路，资金集中工作得到成员单位的积极配合。目前，除上市公司外，成员单位月末平均可归集口径资金集中度达到90%以上，基本实现应归尽归。

【风险管理和内部控制】2023年，公司以国家金融监督管理总局重庆监管局现场检查和问题整改为契机，全面提升内控合规管理水平，通过问题复盘，深入查找问题背后的制度漏洞、管理缺位、风险隐患，切实制定整改措施，并建立整改台账、打表推进，现已基本完成问题整改工作，并将确保长效坚持。

【人力资源管理】一是坚持培训与自学相结合积极营造良好学习氛围。全年，公司组织员工参加各类培训92人次，16名员工报名参与各类专业证书的学习考试。二是加大人才选拔、引进和培养力度，先后开展中干和部门主管竞聘并公开招聘急需岗位人才。同时，制定轮岗管理制度，安排青年员工实施跨岗位转换。三是持续优化考核评价体系。锚定年度重点工作任务，完善覆盖合规经营、风险管理、经营效益、发展转型、社会责任五大类的考核指标体系。

【信息化建设】一是资金管理系统（CBS）实现对13家主要银行、682个账户的监控，达成“看得见、管得住、调得动”的既定目标。二是新核心业务系统已正式上线，并顺利通过等保三级测评，将对公司深化金融服务提供全方位支撑，为集团搭建司库管理平台奠定了基础。三是推进监管报送系统改造项目建设，开展试运行，新核心业务系统业务数据自动化取数率基本达到100%，全面夯实数据治理基础。

【企业文化建设】2023 年，公司积极培育“忠诚、精进、愉悦”为核心的企业文化体系。一是扎实开展主题教育活动，教育引导公司党员、干部学思想、见行动，不断提高推动高质量发展本领、服务实体经济本领、防范化解风险本领，提振锐意进取、担当有为的精气神，推动思想政治工作与企业文化建设有机统一。二是严格落实全面从严治党主体责任，积极开展清廉金融服务建设工作，倡导清廉金融文化，持续加强警示教育，牢牢守住风险底线。三是以开展愉悦跑、篮球赛等工会活动为载体，进一步带动员工强身健体、加强交流，不断树立正确的事业观、家庭观。

重庆机电控股集团财务有限公司

【集团概况】重庆机电控股（集团）公司（以下简称“集团”）是重庆市政府批准的唯一一家国有资本投资公司改革试点单位，是中国西部最大的综合装备制造企业。集团注册资本20.40 亿元，拥有全级次企业 106 户，控股 1 户 H 股上市公司，参股 2 户 A 股上市公司，连续17 年跻身“中国企业 500 强”。2023 年，集团资产总额 323.07 亿元，营业收入 123.52 亿元。

【经营概况】2023 年，重庆机电控股集团财务有限公司（以下简称“公司”）坚持服务导向，提升服务能力，持续降息让利企业，结算量、吸收存款创新高。控风险，强分析，化解存量信贷风险；加强资金运作管理，提升外部创收能力，经营保持稳健态势，金融服务能力显著提高。在大幅让利、全年为集团节约财务成本 7632 万元的情况下，2023 年实现营业收入 10135 万元，同比减少 901 万元，降幅 8%；利润总额 5725 万元，同比增加 500 万元，增幅10%（实际拨备前利润 5206 万元，同比减少582 万元，降幅 10%）。

【服务实体】公司紧跟国家及地方战略，发挥扎根集团、熟悉产业的优势：一是参与外部银行比价，提高了成员单位议价能力；二是根据成员单位不同优势，采取综合定价方式，给予成员单位不同程度利率、费率优惠；三是通过信息系统，集中集团资金资源、信息资源、票据资源，提高资源利用效率；四是通过信贷业务服务装备制造业，贯彻落实国家及地方战略，“一带一路”相关企业贷款余额 120540 万元，绿色贷款余额 16700 万元，“专精特新”等企业贷款余额 112839 万元。

【信贷业务】公司制订《关于支持制造业高质量发展金融服务方案》，更好服务集团产业发展。截至 2023 年末，公司贷款余额 180964 万元、贴现余额 32487 万元、承兑余额 41540 万元、保函余额 9846 万元。2023 年，有效解决企业 2.92 亿元资金筹措压力；主动降息最高降低企业融资成本 60 个基点，贷款年化利率最低至2.50%，贴现利率低至 0.90%；新增 2 家成员单位信用贷款投放；累计为 10 家成员单位办理67 笔随借随还贷款业务，提前还款约 84177万元。

【投资业务】2023 年，公司在坚持审慎、安全的原则下，持续优化投资方案，同业投资业务收入 1337 万元，同比增长 56.64%，其中定期存款收益率同比增加 16 个基点，国债逆回购日均规模增加 4328 万元。在货币基金等原投资业务基础上，引入投资顾问，开展固收类投资业务，进一步盘活存量，做大增量，提高公司存量资金收益。

【票据业务】2023 年，公司一是采取零保证金承兑开票，帮助成员单位盘活资金投入生产；二是聚力满足机械制造行业小额开票需求，全年承兑 10 万元以下票据数量占比达 66%；三是建立白名单机制简化贴现业务审批流程，快速办理贴现 4.80 亿元；四是与银行深入合作，增加财务公司票据保贴金融机构，提升机电财司票据接受度，形成机电票据朋友圈。2023 年，公司累计承兑票据 7.83 亿元、累计贴现票据 9.87 亿元。

【资金集中】2023 年，公司日均吸收存款 23.77 亿元，累计办理结算业务 9.57 万笔，同比增长 30.84%，累计结算金额 286.26 亿元，同比增长 20.43%，为成员单位节约费用 220 万元。开启付款指令 7×24 小时接收，为实现 7×24 小时结算打下良好基础；通过代理收付款，保障困难企业资金安全划转，从“代理收款”到“代理付款”全流程闭环结算体系初见成效。在 2023 年度客户满意度调查中，结算业务 100% 满意。

【风险管理和内部控制】2023 年，公司完善风险指标监测体系，实现重点指标实时监测突破。强治理促规范，完成增资、章程修订、经营范围变更等重点工作，首次公司治理评估公司排名前列。动态管理，优化内控体系，新增和修订内控制度 33 项。组织“内控合规擂台赛”特色活动，正向激励员工学制度、守制度的主动性；重内部监督，实施 16 项内部审计与风险排查，有力促进公司合规稳健发展。

【人力资源管理】2023 年，公司坚持以文化人、以文育人，制定有步骤、分阶段和差别化的培训、考试计划，聚力打造学习型团队，2 名员工获评高级会计师。人员选拔规范严谨高效，全年招聘员工 4 名，选拔任用中干 3 名。充分发挥员工“主人翁”作用，广泛征求合理化建议，全面梳理薪酬绩效机制的痛难点，启动制度优化工作，为进一步激发员工活力，凝聚员工合力健全制度保证。

【信息化建设】2023 年，公司围绕促业务发展、促服务提升、增强系统安全性和稳定性，有序推动新一代票据系统、国资委大额资金管控、机房自动运维系统、凭证自动化等 15 个新建续建项目建设，信息科技对业务的保障和支撑作用进一步凸显。首次开展业务级核心业务系统数据库容灾应急演练，对灾备系统接管业务进行了可用性验证；实现银行前置服务器虚拟化及集成，提升公司业务连续性水平；公司自主研发的《服务器巡检信息推送系统 V1.0》获国家版权局计算机软件著作权登记认证，填补了公司在计算机软件著作领域的空白。

【企业文化建设】2023 年，公司上下一心，形成“你追我赶，奋勇争先”的良好局面。党支部以全集团排名第三的优异成绩获评集团党委创先争优活动“先进基层党组织”。同时，公司获评市属国企首批“红岩先锋·四强四好”党支部；1 名支委被纳入集团政工中级职务评审委员会专家库成员，1 名党员获评总部党委创先争优活动“业绩之星”，1 名员工获评集团“先进生产工作者”。

重庆市能源投资集团财务有限公司

【集团概况】2023 年是全面贯彻落实党的二十大精神的开局之年，是落实“十四五”战略承上启下之年，也是新时代、新征程上重庆市能源投资集团有限公司（以下简称“集团”）融入华润之“元年”，更是打基础、利长远、可持续的关键之年。集团通过司法重整化解债务风险，引入华润集团作为战略投资者，落地系列举措成功扭转经营基本面。司法重整后，集团债务负担大幅减轻，历史包袱大量剥离，富余人员妥善安置。2023 年 3 月加入华润集团后，新重能认真贯彻集团“1246 模式”，华润电力“1237”战略，坚持落实“12347”工作思路，牢牢抓住重整机遇，积极应对失血点多、管理链长、主业不强等诸多问题，深耕运营创值和改革提效，加快落实“四个重塑”，全面融入华润体系，总体保持了稳健向前的良好态势，融入华润首年开局良好。

【经营概况】在集团的统筹支持下，重庆市能源投资集团财务有限公司（以下简称“公司”）坚守本源、发挥优势，各项风险得到了有效化解，顺利出列高风险机构名单。2023 年末，公司资产总额 38.73 亿元，同比增加 14.9 亿元，增幅 62.53%；负债总额 33.39 亿元，同比增加 13.71 亿元，增幅 69.69%；所有者权益 5.34 亿元，同比增加 1.19 亿元，增幅 28.67%。实现营业收入 6942 万元，同比下降 42.79%；净利润 1.19 亿元，同比增长 113.04%。剔除核销、计提、冲回等因素影响，实际实现经营利润 2202 万元。

【服务实体】2023 年，公司虽暂停了增量信贷类业务，但坚持高效发挥资金归集、资金结算和资金监控平台功能。公司吸收成员单位存款 33.32 亿元，同比增加 14.27 亿元；全口径资金集中度 50.3%，同比提升 15.33 个百分点。在存款利率不断下行的大环境中，始终坚持为成员单位提供较高利率的活期存款，协议存款利率高出国有大行 0.3 个百分点，股份制银行 0.15 个百分点，为成员单位让利超过 500 万元/年；办理结算业务 16.4 万笔，金额 764 亿元，为成员单位节约结算手续费约 55 万元；持续协助集团开展资金监控，核心业务系统监控外部银行账户数持续保持在 150 户以上，覆盖率超过 44%。

【信贷业务】因公司经营质效与集团高度关联，公司风险逐步显现，被监管列入高风险非银行金融机构序列，暂停除结算外的增量业务开展。为此，公司全力以赴开展风险化解工作。重庆市委、市政府高度重视能投财务“化险保牌”工作，市领导批示要求各相关单位支持配合能投财务风险化解；近三年，在集团大力支持下，会同相关部门统筹推进能投财务风险化解。截至目前，各项风险已基本化解完毕。

【资金集中】2023 年，公司吸收成员单位存款 33.32 亿元，同比增加 14.27 亿元；全口径资金集中度 50.3%，同比提升 15.33 个百分点。

【风险管理和内部控制】2023 年，公司认真贯彻落实监管要求，切实加强风险管控和合规管理，风险指标全面改善，整体风险可控。

信用风险方面，公司年末信用风险资产总额 39.21 亿元，同比增加 4.77 亿元；不良资产率 0.51%，同比下降 62 个百分点；不良贷款率 1.59%，同比下降 98 个百分点。信用风险资产实际计提准备 6634 万元，贷款拨备率 5.24%，拨备覆盖率 330.17%，全面符合监管要求。

市场风险方面，年末投资比例继续为零。资产减值准备期末余额 6634 万元，资产减值准备足额计提。

流动性风险方面，年末贷款比例 29.24%，同比下降 44.70%；集团外负债比例为零，满足监管要求。

公司年末资本充足率 27.89%，同比上升 67 个百分点；附属资本 6340.30 万元，与年初持平；加权风险资产 19.85 亿元，同比增加 4.04 亿元。公司资本充足率较上期大幅上升，一方面公司大部分不良贷款分类上调至关注类，贷款损失准备缺口大幅下降，资本净额转为正数；另一方面公司存放同业业务余额较上季度增加，信用风险加权资产相应增加，公司抵御风险能力显著增强。

【企业文化建设】2023 年，公司积极贯彻落实党中央精神，贯彻落实集团党委工作部署，不断加强党的领导，以党建带领公司经营管理，引领公司发展。

公司党支部充分发挥“把方向、管大局、保落实”核心领导作用，切实把党的领导贯彻到公司发展全过程，贯穿到部署重点任务、推进重要工作的实践中去，切实把公司党支部建设成为坚守正确政治方向的坚强战斗堡垒，经常对表对标，及时校准偏差，坚决纠正偏离和违背党的政治方向的行为，坚决防止和纠正有令不行、有禁不止，上有政策、下有对策等行为，确保令行禁止、政令畅通。

传化集团财务有限公司

【集团概况】传化集团有限公司（以下简称“集团”）创立于1986年，是一家多元化、多品牌、全球化的产业集团。集团始终扎根实业，与时代同步、与国家同频发展事业，历经30余年，业务涵盖化学化工、智能物流、科技农业、生物科技领域，横跨一二三产业。集团下属传化智联（002010）和新安股份（600596）两家上市公司，员工总数16000余人，产品服务覆盖130多个国家和地区。集团名列“中国民营企业500强”第53位、“中国企业500强”第181位。2023年末，集团资产总额824.46亿元，净资产353.56亿元；营业总收入1451.63亿元，利税超百亿元。

【经营概况】传化集团财务有限公司（以下简称“公司”）成立于2019年12月，公司坚持“源于集团，服务集团”的定位，充分发挥“资金归集平台、资金结算平台、资金监控平台、金融服务平台”的四大平台功能，打造股东满意、监管好评、民营领先的一流民营财务公司，位列民营财务公司第27位。2023年末，公司资产总额72亿元，负债总额61亿元，存贷规模超百亿元，注册资本金由5亿元增加至10亿元。

【服务实体】2023年，公司服务集团及各大产业，积极开展内部信贷业务与结算业务，统筹管理集团票据业务、国际业务，服务成员单位306家，通过为成员单位“提高存款利率、降低贷款利率、开展财票业务”等方式，降低财务费用1600余万元；公司不断提升金融服务产业的深度、广度，及时收集集团下属产业企业的金融服务需求，定制化设计金融服务方案，帮助集团进行整体融资结构的谋划，为集团整体融资提供专业性的金融信息和建议，发挥了内部“政策性”银行的牌照价值。

【信贷业务】2023年，公司继续统一管理集团内部信贷业务，定期或不定期开展实地走访、贷后检查，定期出具资金穿透与金融评价报告，并从金融视角对成员单位提出合理化建议。2023年末，公司存款余额61亿元，贷款余额40亿元。

【票据业务】2023年，公司与集团成员单位化学集团采购中心签署“财票通”战略合作协议，实现传化信用在供应链端的流转，全年为10家成员单位开立财票近亿元，节约财务费用200万元以上，并在工程款、设备款支付模式中探索推广财票业务。

【资金集中】2023年，公司为303家成员单位提供结算服务，完成结算金额6979亿元，已连续多年实现年度结算安全无事故。在集团的大力支持下，公司全口径资金集中度较上年增加约3.5个百分点，创历史新高，并持续推进结算自动化，提高结算服务效率。

【风险管理和内部控制】2023年，公司继续秉承“合规经营，稳健发展”的理念，推动公司治理、内控建设、制度体系的完善，对14项业务及管理制度进行新增或修订；公司与监管部门保持良好的沟通对接，完成监管首次现场检查；定期开展内部控制评价、内部审计，督促相关部门针对所发现的问题及时进行整改。

【人力资源管理】公司持续打造学习型组织，推出六点小课堂、周末大讲堂集体学习制，2023年累计开展金融、监管、业务、风控等方面的培训30场；公司重视青年员工的培养，鼓励员工参加各类证书考试；每半年组织全员开展述职活动，并提出针对性的改进指导建议，持续提升人岗匹配度，逐步实现组织从“标配”转向“高配”。

【信息化建设】 2023年，公司新增7家银行的银企直连，进一步提升账户覆盖率；实现了12项资金业务的线上化；上线了新一代N20票据业务系统，为成员单位提供更便捷的票据服务；迭代了EAST、IMAS系统，保障了系统平稳运行；推进了自研司库系统的功能升级，并在产业内推广账户及融资管理模块的应用。

【企业文化建设】 2023年，公司持续推进党建助力经营系列活动，利用党员固定活动日，召开民主生活会，建言献策；通过微信公众号、官网等形式传播公司文化与企业形象。2023年，公司荣获集团优秀党建牵手、先进基层工会等荣誉称号；公司加强“正道正气、阳光专业、清廉自律”的文化建设，逐步彰显文化内涵。

创维集团财务有限公司

【集团概况】 创维集团有限公司（以下简称“集团”），成立于1988年，主要从事智能家电业务、智能系统技术业务、新能源业务、现代服务业及其他业务四大业务，集团旗下有创维集团和创维数字两家上市公司，设有两家国家级工业设计中心，若干家高新技术企业，是“中国制造2025”首批示范单位，连续多年位列“中国电子信息百强企业”前列，位列2023年“中国企业500强”第425位。

【经营概况】 2023年，创维集团财务有限公司（以下简称“公司”）始终坚持“立足集团、服务成员；产融结合、共赢发展”的宗旨，为成员单位提供金融专业服务，促进集团产业与公司金融服务业的优势互补，寻求共同发展。截至2023年末，公司资产总额105亿元，负债总额88.74亿元，全年实现营业收入2.53亿元，净利润0.28亿元。

【资金业务】 2023年公司助力集团建设集团司库系统，分批上线集团资金管理平台，实现账户、结算、票据、资金计划统一管理初期目标，同时将境内银行账户可视度从年初的62%大幅提升至94%，自动实时监控银行账户余额、交易明细和资金流向，有效提高资金运营效率、防控资金风险。

【资金集中】 2023年，公司全面协调各产业公司提高资金归集度，实现部分拟上市公司或联营公司吸收存款从无到有，增加中长期吸收存款8.14亿元；另外，积极与上市公司成员单位沟通，成功将金融服务协议的存款限额调增5亿元，为后续增加资金归集提供支持。

【信贷业务】 公司坚持“服务集团战略、助力产业发展”的服务理念，为集团成员单位量身打造，提供综合授信服务，根据成员单位经营特点、资金需求及未来发展方向，制订年度综合授信计划。2023年，公司共向41家成员单位提供综合授信额度160.40亿元，为成员单位累计发放贷款87.77亿元，累计进行贴现21.52亿元，开立财务公司承兑汇票累计24.27亿元，开立非融资性保函累计金额2.98亿元。

【票据业务】 2023年，公司按照上海票据交易所的要求，7月完成新一代票据业务系统的建设及上线，以及对各成员单位进行培训及协助完成企业信息报备。在2023年下半年ECDS系统和新一代票据业务系统并行期间，逐步引导成员单位切换到新票系统开展票据业务，保证2024年系统切换顺利完成。

【外汇业务】 公司优化集团内外币资金调剂通道，通过即期结售汇资质在集团内部进行外汇互换，减少外部结售汇产生的损益。厘清集团外币内部往来产生的敞口并进行调整，有效减少40%左右外汇敞口，便于节约外汇管理成本。同时针对敞口进行精细化分类，针对报表敞口及现金流敞口采取不同的产品进行管理。内部形成外汇复盘机制，定期邀请专业金融机构进行分享和指导。

【投资业务】2023年，公司积极探索投资理财业务，4月落地财务公司首笔同业存单业务，12月认购财务公司首笔柜台付息国债，丰富投资品种的同时增加资金收益。

【风险内控】2023年是新《企业集团财务公司管理办法》（以下简称《办法》）实施过渡的重要一年，风险和稽核部结合公司实际情况对标《办法》要求梳理可能出现的不合规行为，积极跟进监督问题整改，完善优化制度流程，做好与《办法》的衔接；并结合监管评级、公司治理评估、业务连续性及网络与数据安全风险管理评估等监管要求，重点加强公司治理及信息科技风险管理，严格落实业务连续性管理要求，提升内控管理水平，促进合规发展。同时，2023年公司共开展5项合规性风险专项稽核审计工作，充分发挥内审监督促进服务的作用。

【人力资源管理】2023年，公司进一步加强人力资源体系建设，一是进一步规范公司组织治理结构，充分发挥股东会、董事会在公司经营过程中的决策作用，成立监事会，加强监事会对董监高履职的监督；二是根据集团对公司定位进行公司组织架构调整，成立国际业务部；三是探索技术类职称评定机制，低级别职称实行日常审核制，高级别职称实行定期评审制；四是严格执行月度及年度考核机制，并重视考核结果运用，保证团队先进性和积极性，形成能者上、庸者下的用人机制。

【信息化建设】根据上海票据交易所要求，公司推进新一代票据业务系统实施建设并切换上线，进一步提高票据业务系统运行效率，提升用户体验；将灾备机房迁移到A级机房中，增强灾备中心安全性，为业务连续性管理提供有力保障；持续推进银企直连建设，2023年已实现22家银行直连，不断提高银行账户的直连比例，实现一体化管理，提高结算效率。

【企业文化】为提升员工凝聚力，丰富员工业余生活，2023年财务公司以节假日为契机举办各类节假日主题活动、员工拓展及团建活动，增强员工互动和归属感，同时也进行了安全生产知识科普培训，提升员工安全意识。另外，公司积极利用公众号、官网、集团报刊等形式进行信息、政策等宣传，官网及公众号累计浏览量达万余次。

D

大同煤矿集团财务有限责任公司

【集团概况】晋能控股集团有限公司（以下简称“集团”）于2020年9月30日经山西省委、省政府批准成立，是由原同煤集团、晋煤集团和晋能集团联合重组，同步整合山西焦煤、潞安化工、华阳新材料煤炭、电力、煤机装备制造产业相关资产，以及转制改企后的中国（太原）煤炭交易中心，接收省国资运营公司所持太原煤气化公司股份，接管省司法厅所属正华实业公司等5户煤炭企业，组建而成的省属重要骨干企业。晋能控股集团是一家以煤炭、火电及清洁能源发电为主业，集装备制造、物流贸易、化工多元、现代服务于一体的综合能源企业集团。

【经营概况】2023年，大同煤矿集团财务有限责任公司（以下简称“公司”）资产总额166亿元、负债总额84亿元、所有者权益82亿元。完成利润17.19亿元，实现营业收入8.48亿元，让利成员单位54443万元，节约所得税

10529 万元，节约增值税及附加税 1797 万元，超额完成了集团下达的指标，确保公司平稳运行。

【服务实体】2023 年，公司始终秉承“依托集团、服务集团”经营宗旨，强化金融支撑实体经济的能力，立足公司功能定位，全面精准服务集团及成员单位，提高金融服务精细化水平，推行“三位一体”资金管理体系，打造完善的“资金归集、资金结算、资金监控和金融服务”四大平台。

【信贷业务】2023 年，公司紧紧围绕集团战略，根据成员单位多样化业务需求，提供自营贷款、委托贷款、承兑汇票等多项业务。全年累计发放自营贷款 63 笔，发生额为 288.74 亿元，贷款余额为零；全年累计签发电子银行承兑汇票 2 笔，发生额为 8 亿元，票据余额为零；全年累计发放委托贷款 1 笔，发生额为 3.8 亿元，余额为零。

【资金业务】2023 年，公司分别在 20 家商业银行开立 23 个账户，分别与工商银行、农业银行、中国银行、建设银行、交通银行、邮储银行、中信银行、兴业银行、浦发银行、渤海银行、民生银行、光大银行、华夏银行、广发银行、招商银行、平安银行、山西银行、大同农商行 18 家银行建立直连，为 532 家成员单位开立了 769 个内部账户。公司日常资金结算业务主要包括开户、销户、资金上收、资金下拨、内部转账、代理支付、计息业务等。截至 2023 年 12 月末，共办理结算业务 136615 笔，结算金额 31546.07 亿元。

【投资业务】2023 年，公司在严控风险的前提下，合理审慎开展债券出售业务，盘活债券存量资产，保持流动性合理充裕，取得了较好的投资收益。

【票据业务】2023 年，公司严防票据业务风险，通过为成员单位办理票据承兑及解付等业务，帮助成员单位降低财务费用、丰富支付形式。成功验收上线新一代票据系统，进一步提升了票据业务处理能力。

【资金集中】2023 年，公司对集团的资金进行统一管理，不断加强资金集中平台的建设，实现了集团内部全级次的账户统一管理、资金统一管理。同时，公司对内提高成员单位存款利率，为成员单位增加额外的利息收入；对外通过统一的资金池提高对同业银行的议价能力。

【风险管理和内部控制】2023 年，公司持续加强内部控制和风险管理，定期开展业务风险排查，注重从制度、流程和系统等方面推进根源性整改，将“排查—整改—提升”贯穿于经营管理全过程；按月监测公司各项风险指标的变动情况，确保各项指标持续优化，流动性充裕；全年共审核各类合同 36 件，确保合同的签订及履行依法合规、符合程序；通过开展案防培训和反洗钱培训不断提高全员的业务能力和风险意识。

【人力资源管理】2023 年，随着集团金融改革发展的不断深入，新形势、新任务对人力资源工作提出新挑战、新要求，根据人力资源管理的发展趋势，结合公司人力资源开发与管理工作的现状，在进一步做好人力资源基础性工作的同时，加强人力资源培训与开发、人力资源管理信息化和人力资源管理制度建设，不断开拓人力资源视野，把握人力资源动态。坚持多角度、深层次地改革创新，不断探索新形势下人力资源开发与管理的新途径新方法，建立适应公司发展的新管理体系。

【信息化建设】2023 年，公司成功实施了新一代票据系统上线，实现票据业务全融合，提升了集团公司开展票据业务的便捷性和安全性；完成资金系统与晋控煤业集团 CBS 系统对接，改造优化成员单位支付流程，全面提升煤业集团全域资金管控能力；推动公司资金管理系统功能完善和性能优化，提高业务系统稳定性和处理效率。

【企业文化建设】2023 年，公司继续坚持高质量党建引领高质量发展，打造良好的公司品牌形象和企业文化。夯实党建工作基础，落实党支部党建工作责任，把党的领导、党的建设融入公司经营管理工作，贯穿公司改革创新全过程，形成了“制度管企、文化管人”的良好局面，以企业文化建设打造财务公司企业发展特色的核心竞争力。

D

东方电气集团财务有限公司

【集团概况】中国东方电气集团有限公司（以下简称“集团”）是党中央确定的涉及国家安全和国民经济命脉的国有重要骨干企业之一，属国务院国资委监管企业，是全球最大的发电设备制造和电站工程总承包企业集团之一。

【经营概况】东方电气集团财务有限公司（以下简称“公司”）坚持以习近平新时代中国特色社会主义思想为指导，坚守金融服务实体经济初心，以金融监管新规和集团“十四五”规划为指引，以改革深化提升、创建一流、对标一流等专项工作为抓手，围绕集团发展战略，坚持“优服务、严风控、深挖潜、新跨越”工作思路，整体工作成效显著。

【服务实体】坚决贯彻落实中央经济工作会议、中央金融工作会议和中央企业负责人会议精神，坚持金融服务实体经济功能定位，综合运用信贷、票据、保函、买方信贷等各种金融服务，助力集团和成员企业产业布局、产品销售、“两金”压降、现金流管理。一是深入成员企业调研资金需求。加大走访企业频率，聚焦企业现金流转正和个性化资金需求，主动提供票据贴现、流动资金贷款、银团贷款等金融支持，助力企业高质量转型发展。二是组建战新产业小组，研究制订金融支持集团战新产业高质量发展综合服务解决方案，支持集团战新产业发展。

【信贷业务】2023 年，公司信贷总额较上年增长 5.60%。全年新签信贷合同和新发放贷款均实现“双位数”增长。一是根据集团企业经营特点和实际需求，创新订单融资产品，解决企业急需资金需求，助力并购标的企业稳产达产。二是助力企业现金流管理，全年共办理票据贴现近 1400 笔、金额近 30 亿元。三是以买方信贷手段助力企业产品销售、市场拓展，全年跟踪买方信贷项目近 60 个，助力企业产业链健康发展。

【资金业务】在国家货币信贷（利率）政策持续大幅调整背景下，公司主动求变、积极作为，资金收益不降反升。2023 年综合资金收益率较上年提高 0.05 个百分点。一是积极筛选优质债券，年内新增的债券投资，平均收益率超过 3%；二是拓宽交易对手，动态开展同业名单管控，并通过差异化期限组合等措施，提升收益水平。

【投资业务】公司一是紧跟市场行情，精准把握市场机会，顺利完成全部在手股票处置；二是严把入口关，抓住利率相对高点机会，投资优质债券严控信用风险；三是做好投后管理，每周跟踪持仓债券情况，根据在手债券情况建立重点关注名单，进行重点跟踪管理，确保顺利兑付。

【票据业务】公司通过建立大客户微信群、便捷单据传递、优化流程等措施优化票据业务办理流程，提升客户满意度。2023 年累计为成员企业提供融资支持近 30 亿元，助力企业改善现金流。

【外汇业务】公司协同合作银行创新开发“付汇手续费币种自动转换”产品，首创四川非银机构外币结算手续费自动转换新模式，减少企业购汇流程，节约换汇成本，提高进口付汇效率。即期结售汇业务连续多年位居四川前列。

【资金集中】积极发挥“现金池”平台功能，统筹推进人民币资金集中管理和跨国公司总部外汇集中运用管理。2023 年，集团可归集资金集中度较上年提高 2.76 个百分点；全口径资金集中度较上年降低 9.13 个百分点；纳入资金集中管理的成员企业较上年增加 13 户，其中新增17户、退出4户；纳入资金集中管理的银行账户较上年增加12个，其中新增17个、退出5个；结算集中量超过27万笔、即期结售汇集中量536笔、远期结售汇集中量10笔。

【业务创新】公司一是创新订单融资产品，解决企业急需资金需求，助力并购标的企业稳产达产；二是协同合作银行创新开发“付汇手续费币种自动转换”产品，首创非银机构外币结算手续费自动转换新模式。

【风险管理和内部控制】2023年，公司不良贷款额、不良贷款率实现“双零”。一是创新金融风险管控手段，对信贷客户设置107项风险指标及“红黄蓝”三色预警线，实现自动监测、自动预警，提升贷前、贷后信用风险精准刻画能力。二是加强突发事件应急管理。建立包括信息系统中断等32项代表性突发事件在内的《突发事件应急管理手册》，形成协同高效的应急管理机制。三是深入开展“合规文化建设年”专项活动。编制“在借款人资格变更下的债权回收”合规典型案例（获评集团合规案例一等奖），拍摄“新员工的一天”小视频，开展合规宣誓、合规警示教育、合规讲堂、合规知识竞赛，厚植合规文化氛围。撰写文章《打好合规建设组合拳，夯实合规“主体责任”》在集团《法智东方》特刊推广。四是将合规培训和合规测试进行积分制管理，合规积分纳入每位员工的年度绩效考核，以合规文化建设促合规风险防控。

【人力资源管理】2023年，公司精准、差异化设置考核指标，建立公司、部门、岗位“3级”指标考核体系，构建“一人一表”绩效管理体系；修订《专业职务评聘管理办法》，优化专业职务人员评聘条件，畅通晋升通道；推动员工内部轮岗和集团挂职挂岗锻炼，进一步增强员工综合能力。

【信息化建设】公司夯实信息化建设，为金融服务提供有力支撑。一是严格贯彻落实集团战略，调动资源服务集团系统建设，保障集团票据业务全流程线上贯通，支持司库管理体系第一阶段顺利上线。二是加强业务数字化建设，成功上线运行二代企业征信系统和小额自动清算系统，票据管理系统顺利进入系统测试阶段。三是高度重视网络安全，推进网络安全信息化建设完善，有效保障集团资金运作安全。四是强化网络安全管理，提升网络安全性。

【企业文化建设】公司充分发挥企业文化的引领作用、推动作用和规范作用。一是公司带头践行社会主义核心价值观和东方电气文化理念，引导党员干部弘扬伟大建党精神，发扬“东汽精神”，践行“同·创”文化；二是创刊《清廉金融》、打造“三支监督队伍”、组织开展“七个一”廉洁文化建设系列活动，强化“清廉金融”建设，增强“不想腐”的自觉，形成公司独有的清廉金融文化。

东方国际集团财务有限公司

【集团概况】东方国际（集团）有限公司（以下简称“集团”）由具有150年历史的上海纺织（集团）有限公司和具有近70年外贸历史的原东方国际集团联合重组而成，是一家拥有先进制造业与现代服务业，以时尚产业、健康产业和供应链服务为核心主业，以科技实业、产业地产、金融投资为支撑的大型综合性企业集团。2023年，集团全面贯彻党的二十大精神，主动服务重大战略任务，聚焦重点领域，加快深化细化推进“战略转型综合改革”，持续打造核心竞争力，加快推进企业高质量发展，实现质的有效提升和量的合理增长。

【经营概况】东方国际集团财务有限公司原为上海纺织集团财务有限公司（以下简称“公

司”），于2017年12月12日经中国银行业监督管理委员会批准成立，注册资本等值人民币10亿元，其中集团持股51%、上海纺织（集团）有限公司持股49%。2023年，公司服务集团国内国际双循环战略，发挥公司集团资金融通的载体和重要平台作用。截至2023年末，公司资产总额达113.91亿元，实现净利润0.55亿元（未经审计）。

【服务实体】2023年，公司完成3个重点项目授信申报，授信金额4.08亿元，当年实际投放0.44亿元，同时着力降低集团外部融资成本，替换外部银行贷款约3.3亿元（含美元折合数），为集团及成员单位提供政策法规信息、银行融资、财政政策等方面的咨询服务，各项服务得到集团与成员单位的一致好评。

【信贷业务】2023年，公司累计发放贷款29.22亿元人民币、0.14亿美元。贷款余额达33.25亿元人民币。本外币日均贷款达23.56亿元。累计发放委托贷款0.83亿元人民币、0.28亿美元。委托贷款余额为1.40亿元人民币、0.62亿美元。公司履约保函业务4笔，金额达443万元人民币。同时，确保依规完成贷后检查和信贷资产分类，所有信贷资产分类均为正常类，全年无不良贷款发生。

【资金业务】2023年，公司资金业务以存放同业为主，累计完成存放同业定期业务39笔，累计发生人民币存放业务69亿元，累计发生美元存放业务0.33亿美元。本外币累计收益率2.48%，较上年的2.37%增加11个基点。

【票据业务】2023年，公司实现电子票据贴现业务0.57亿元。公司不断加强集团制造板块企业票据融资内部化工作。经业务推广，为成员单位办理电子商票贴现，实现了以商票为媒介的集团内部供应链融资，从而进一步降低成员单位对外部金融机构依赖。

【外汇业务】2023年，公司继续深耕外汇业务。在结售汇业务方面，通过服务与优惠让利吸引成员单位，不断拓客户拓规模，在集团整体进出口规模下降18%的情况下，仍较上年增长6%，全年完成即期结售汇15.12亿美元，新增客户数11家，累计服务成员单位40家。同时为了给成员单位提供更全面的汇率风险管理服务，公司联合中国银行上海市分行，通过多次沟通谈判，并与分支行协调，最终形成外汇衍生品专项服务方案并于8月落地试行，试点统一衍生品优惠幅度，降低企业锁汇成本，提供专属资讯服务。

【资金集中】公司定期走访各重点企业，向企业灌输资金归集要求、宣贯外汇业务政策、推荐信贷产品需求，加强对集团内企业银行账户的管理工作，全力配合集团完成账户全面清查工作，确保应归尽归。2023年末，公司本外币归集资金达到101.30亿元，全年日均归集资金75.82亿元，创历史新高。

【风险管理和内部控制】公司不断夯实现有风险管理体系，根据监管要求着力完善公司治理制度，加强信息科技风险管理体系建设。紧紧围绕集团战略部署，停止亏损业务授信，限制低效、无效业务授信，鼓励优质业务授信，充分发挥公司风险预警作用。本年度共修订制度38项、新增制度4项、废除1项。

【人力资源管理】公司建设金融专项学习小组，提供共享的交流学习平台，推进公司中级经济师、证券从业人员资格考试及注册会计师专项学习小组的学习，引导员工全方位掌握金融、投资等知识，促进员工金融专业技能快速提升。2023年，6名新员工加入公司，分属信息科技部、审计稽核部、风险管理部、办公室。

【信息化建设】一是公司将业务连续性及网络与数据安全风险管理作为重点工作项，引入业务连续性咨询服务，同时强化了安全方面的措施。二是公司结合监管部门现场检查及信科全面外部审计内容，进行了相关的整改及优化工作，后续将持续优化信科工作，完善信息科技管理体系，提升整体信息科技水平。三是公司加大对信息化建设投入，已启动IDC机房及基础设备项目筹建工作，为公司业务及信息安全提供基础支撑及业务连续性保障。

【企业文化建设】2023年，公司党支部持续深入学习习近平新时代中国特色社会主义思想和党的二十大精神，不断增强忠诚拥护“两个确立”、坚决做到“两个维护”的政治自觉、思想自觉和行动自觉，持续推进公司党支部“党建+”管理模式，持之以恒、全面系统、结合实际、聚焦实效推进主题教育，以高质量党建引领推动公司发展。公司与金融同业支部开展多样党建联建活动，努力打造具有金融特色亮点的基层党支部组织。

东方集团财务有限责任公司

【集团概况】东方集团有限公司（以下简称“集团”）创建于1978年，是一家大型投资控股型企业集团。集团成员企业东方集团股份有限公司是黑龙江省第一家股票公开发行并上市的民营企业，也是中国最早实行股份制改造并获准上市的民营企业之一。目前，集团投资控股、参股四家知名上市公司，分别是：东方集团股份有限公司（600811. SH）、联合能源集团有限公司（00467. HK）、中国民生银行股份有限公司（600016. SH、01988. HK）、锦州港股份有限公司（A股600190. SH、B股900952. SH）。集团主要投资经营金融、现代农业及健康食品、新型城镇化开发、港口交通、信息安全、石油天然气及新能源、资源物产七大产业。2023年，集团位列“中国民营企业500强”第99位。

【经营概况】截至2023年12月末，东方集团财务有限责任公司（以下简称“公司”）资产总额82.45亿元，货币资金1.87亿元，贷款81.77亿元；公司负债总额49.51亿元，其中吸收成员企业存款32.13亿元，卖出回购款项余额为9.87亿元。截至12月末，所有者权益总额32.94亿元，比年初32.83亿元增加0.11亿元，增幅0.34%。截至12月末，公司实现营业收入2.12亿元，营业支出1.31亿元，业务及管理费支出0.45亿元，税金及附加0.02亿元，资产减值损失0.1亿元，利润总额0.23亿元，所得税费用0.13亿元，净利润0.1亿元。

【信贷业务】2023年，公司对成员单位办理借款业务共计为8户，截至2023年12月末，公司人民币各项贷款余额（包括贴现资产）81.77亿元，较年初73.71亿元增加8.06亿元，同比增幅10.93%；贷款发放业务573笔（含贴现业务358笔），累计发生额为345.18亿元（含贴现24.89亿元），贷款收回业务636笔（含贴现业务411笔），累计收回337.2亿元（含贴现24.93亿元）。委托贷款余额为60.13亿元，比年初99.22亿元减少39.09亿元，降幅为39.40%；共发放委托贷款业务25笔，累计发生额为59.57亿元，收回委托贷款业务64笔，累计收回59.90亿元。此外，公司信贷资产五级分类全部为正常类，全年未发生不良贷款，信贷资产质量良好。

【风险防控】公司充分发挥资金监管作用，努力将集团成员单位资金付款风险降到最低。派遣专职人员对资金付款量大的成员单位进行现场严格深入的资金监控服务，同时，针对付款业务量相对较小，但单笔额度较高的成员企业的资金划拨实行远程监控，做好企业付款过程中的付款手续等要件的事前、事中监督审核工作。全年完成对东方粮仓体系等公司资金监控2529笔，金额524.24亿元，合规金额占比100%，持续保持付款零差错，有效控制了集团成员单位资金划付风险。

【内控管理】2023年，公司根据监管政策变化及业务发展需要，新建《东方集团财务有限责任公司票据业务系统运行管理办法》《东方集团财务有限责任公司从业人员职业操守及行为规范管理办法》等制度共9项，修订《东方集团财务有限责任公司风险管理委员会议事规则》《东方集团财务有限责任公司薪酬委员会议事规则》等制度共3项，使公司制度建设工作日趋完善。

【信息化建设】2023年现有信息科技制度48项，信息科技制度体系基本建立，满足监管机构及现有业务需求。全年进行资金运营系统升级3次、征信系统升级3次、监管数据标准化报送系统升级3次、金融基础数据报送系统升级2次、利率报备报送系统升级2次、统一监管平台升级2次、大集中报表系统升级2次，2023年公司各系统实现全年安全稳定运行。

东风汽车财务有限公司

【集团概况】东风汽车集团有限公司（以下简称“集团”）是以汽车制造、销售、服务和技术研发为主业的商业一类央企，截至2023年，集团资产总额5210亿元，从业人数12.1万人。2023年，集团销售汽车242万辆，营业收入4103亿元，经营规模居国内汽车行业前列、居世界500强第188位。

【经营概况】2023年，东风汽车财务有限公司（以下简称“公司”）实现表内外资产规模1596.35亿元；实现利润总额11.09亿元；成员单位存款规模939.41亿元；公司金融业务投放125.76亿元；汽车零售金融放款25.91万台，综合渗透率21.95%；各项业务累计投放合计467.47亿元，同比下降35.67%。

【司库管理】2023年，公司完成司库三期建设，围绕“建、管、用”完善司库管理制度体系和司库系统功能，加强司库掌上APP和结算模块应用推广，建立司库运营报告管理体系，挖掘数据价值，深化司库应用，基本建成“智能友好、穿透可视、功能强大、安全可靠”的司库信息系统。在2023年8月国资委司库体系建设中期验收中，公司被评定为优秀，在97家中央企业中排名第23位。公司司库系统已实现上线782家会计核算主体，实现100%全覆盖，资金可视率达到100%；结算功能覆盖424家单位，基本实现直属控股单位全覆盖，司库系统正逐步成为管理精益化、集约化、智能化以及防范风险的重要平台工具和抓手。

【资金结算】公司持续深化“四个平台”建设，辅助集团集中管理资金，新增开户46户，本外币存款日均余额889.47亿元，本外币结算6468亿元，办理收付汇共51笔、3.75亿元，实现5×12小时结算服务。制订公司资金池方案，深化跨境资金集中资金池、跨境双向人民币资金池“双池”运营，3月成功上线CIPS增值服务—支付透镜升级功能，累计18家成员单位加入跨境双向人民币资金池，跨境双向人民币资金池资金量创新高达166.30亿元。2023年末存款规模达933.16亿元，监管口径资金集中度达到75.54%。

【公司金融】公司全面推广司库和新一代票据系统应用，强化营销力度，落实信贷规模，为成员单位提供综合金融服务。新增成员单位授信38家，办理贷款25.05亿元；办理保理7.93亿元；办理开票130.85亿元；办理贴现92.78亿元。持续开展存款利率压降，与主机厂协商降低存款利率，综合收益由3%以上降至中国人民银行规定范围内。持续跟进集团关注9家单位融资余额压降，将6家单位的融资余额清零，融资余额由13.7亿元压降到6.80亿元。突破财务顾问服务，提供1家成员单位组织架构设计财务顾问服务，与国新咨询合作开展1家上市公司ESG顾问服务。根据公司资金计划及投资项目进度设计公司债额度注册方案，集合第三方机构资源，定期开展发行窗口期预测。

【汽车金融】公司聚焦服务主业，创新产品模式持续联合主机厂营销，协同资源提高精准营销有效性。商用车对标竞争对手下调终端利率，联合制订燃气车专项拓展方案，试点推动多种担保方式并存的新型渠道合作模式，评选127家核心经销商，制订一揽子支持方案。乘用车联合东风本田在一线城市试点对店贴息折现促销，开展微信公众号平台保客营销增购/置换URV，持续营销经营商集团店，对特定车型36期免息产品开展促销支持。2023年汽车零售金融合同数25.12万件，零售金融综合渗透率21.74%。

【供应链金融】公司搭建完善东风供应链金融平台，推进东风融E单全流程业务场景功能优化及验证，实现与司库系统对接、凭证到期在资金管理系统自动清分、核心企业签发凭证确权、多家银行资方对接，3家银行作为资方接入系统，完成集团下属3家核心企业及191家供应商入驻平台，其中，2家核心企业东风融E单开单已落地，开创了东风商用车开单东风融E单分润模式。2023年东风供应链金融平台累计开单71笔共1.29亿元，累计融资75笔共1.08亿元。根据监管新规继续清理“一头在外”延伸产业链金融业务，5月实现49户供应商2.38亿元余额清零，9月完成所有供应商账户销户。

【风险管理和内部控制】公司完善合规内控和风险防范化解体系机制，完善内控梳理分级授权221项，OA系统审批流程237项，输出505项风险识别清单，流程管控覆盖513个流程管控点、167条岗位合规职责清单。完善以大数据为支撑的智能审贷体系，商用车提升自主建模能力，乘用车与第三方供应商对接解析客户信用及行为评价信息优化审批策略。建立完善多层级、常态化风险监测机制，制定渠道风险管理策略，优化信贷政策及风险策略部署。监管评级为2A级，公司治理监管评估评级为B级。

【信息化建设】公司深化科技金融数字金融赋能转型升级，持续推进公司司库三期和东风金融云建设，开发上线数据中台、新一代票据、合同、采购等系统，持续推进汽车金融、资金管理、催收、统一身份认证、统一授信等系统迭代升级，推进OA系统与数字人才平台、催收系统、统一身份认证系统、资金管理系统集成，开展数据治理修复个人和法人数据。按照集团和监管要求做好双活数据中心、东风金融云、IPv6、互联网收敛、信创建设，推进金融板块成员单位应用上云。加强网络安全体系建设，完善数据分级分类安全管控策略，强化护网行动攻防演练，部署东风金融云主机安全防护，加固网络安全设备策略，保障东风金融云租户业务安全。

东航集团财务有限责任公司

【集团概况】东航集团财务有限责任公司（以下简称“公司”）母公司法定名称为中国东方航空集团有限公司（以下简称“集团”）。集团主营业务涵盖航空客运、航空物流、航空金融、航空地产、航空食品、融资租赁、进出口贸易、航空传媒、实业发展、产业投资等航空高相关产业。在建立起现代航空综合服务集成体系的基础上，全力打造全服务航空、创新经济型航空、航空物流三大主业，着力打造东航技术、东航食品、东航科创、东航资本、东航资产五大航空相关产业板块，是首家实现航空客运和航空物流两项核心主业“双上市”的国有大型航空运输集团。

【经营概况】公司坚持稳字当头、稳中求进的发展主基调，夯实“金融服务平台”功能，持续保障成员单位现金流稳定与安全生产经营。2023年共向成员单位发放贷款221.84亿元，日均贷款规模100.4亿元；2023年累计发放委托贷款210.09亿元，有力支持主业发展和稳定。

公司发挥资金归集平台功能。2023年日均吸收存款规模创历史新高，累计完成人民币结算业务超过60万笔，金额超过3.34万亿元。并探索传统业务的差异化发展与产业链金融服务优化。一是与成员单位达成绿色贷款协议，实现零突破；二是加大差旅总管服务力度，并创新推出民营企业“保函+信用”的金融保理授信模式，大力促进主业机票销售规模；三是积极拓展海关保函业务，为成员单位提供手续费优惠，极大地节约了成员单位资金成本。

【公司治理】公司加强中国特色现代企业制度建设，持续健全治理机制，提升治理水平。一是充分发挥党组织把方向、管大局、保落实的领导作用。将党建工作与公司治理有机结合，修订完成《公司章程》、“三重一大”决策制度及清单、总支部委员会议事决策规则、“三会一层”议事规则及决策事项清单，明确党总支和董事会、经理层等其他治理主体的关系，全方位提升治理运作高效规范。二是健全法人治理机制，修订股东会、董事会议事规则、董事会专门委员会议事规则等制度，优化外部董事履职支撑服务体系。三是落实治理监管评估结果整改。根据监管机构关于2022年度公司治理监管评估结果，于2023年底完成10项整改工作，其余整改项也在有序推进。

【服务实体】2023年，公司深度融入集团司库系统的设计与开发，上线运营多项模块功能。全集团账户的银企直连率由原先的59%大幅提高至95%；各板块结算流水及上收下拨数据实现实时查询，分类动态可视；公司核心系统与司库系统实现交互，提升成员单位对账的便捷性、及时性，防范资金风险。

【风险管理和内部控制】一是设计了全新客户消费能力预测模型并将其应用于授信额度矩阵策略，使消费信贷授信额度更精准。二是央行企业征信一代、二代数据顺利完成采集切换及上线，二代个人征信报送接入完成项目开发并运营。三是量化风控团队不断升级迭代风控策略，设计贷前申请信用评分模型，助力降低消费信贷业务不良率。四是强化依法治企与合规经营。健全法律审核制度，加强公司法律审核把关，确保将法律审核融入公司各经营决策环节。五是深化数据在风险管理中的应用，建立风险集市及监管集市等数据模型，激活风险指标，实现风险监控可视化，提升风险管控质效。六是增强检视整改实效，成效显著。

【信息化建设】公司加快推进数字化建设，强化信息技术顶层设计和统筹规划，持续提升业务信息化水平。一是推进数据标准、数据监管集市的建设工作，实现数据集中管理和统一管理；二是修订完成《数据治理管理办法》、开展数据治理专项自查，全面完善数据治理各项基础体系；三是建设具备自动化部署、配置化服务、可视化展现功能的运维平台，提升业务效率；四是统一监管报送平台已基本实现对现有监管报送的自动化覆盖；五是加强业务连续性网络安全与数据安全工作，对数据存储加密、数据脱敏及静态代码安全检查等开展整改，为全面实现业务信息化筑牢坚实安全基础。

【安全生产】公司将安全作为经营发展的根基。根据安全管理强化年行动方案及重大隐患专项排查整治方案，开展“安全生产月”专项工作，层层压实责任，确保风险防控和重大安全隐患“零容忍”。持续做好网络安全及业务连续性保障工作，日常开展信息系统监控及巡检工作和各类应急演练、漏洞扫描及渗透测试等网络安全检查，排除安全隐患；并实施部署异地数据级灾备，完成同城数据级灾备与堡垒机建设。

【企业文化建设】公司党总支部扎实推进《开展学习贯彻习近平新时代中国特色社会主义思想主题教育实施方案》的各项工作，深入开展两批主题教育。严格落实“第一议题”制度，构建“领导领学、党员讲学”学习链条；开展全体党员讲授“微党课”活动；举办行走党课，深度加强全体党员思想建设。

公司党总支部持续推进全面从严治党、党风廉政建设和反腐败工作，健全监督约束多维体系。开展谈心谈话、员工家访、员工异常行为排查覆盖全体员工、27名廉洁从业风险领域关键岗位人员签署廉洁从业承诺书；开展廉洁文化主题月活动，不断夯实廉洁文化建设成果。

东旭集团财务有限公司

【集团概况】 东旭集团有限公司（以下简称“集团”）成立于1997年，总部位于北京，是一家大型高科技企业集团，曾获得过国家科技进步一等奖、二等奖，业务涵盖成套装备制造、新产品研发、高科技产品生产、新兴产业投资、新能源开发应用、房地产和金融等多个重要领域。东旭集团旗下拥有东旭光电（000413）、东旭蓝天（000040）、嘉麟杰（002486）三家上市公司。

【经营概况】 2023年，东旭集团财务有限公司（以下简称“公司”）坚持“审慎经营、规范管理、提升服务、开拓创新”经营方针，牢记“立足集团、依托集团、服务集团”宗旨，坚持“夯实基础、稳步发展、开拓创新”的三大经营步骤策略，在严控风险的前提下，加快推进债务风险化解，目前核心业务平稳开展，整体运营良好，系统建设逐步完善，功能不断优化。截至2023年末，公司资产总计262.36亿元，负债合计224.34亿元，所有者权益合计38.01亿元。

【服务实体】 公司充分发挥资金集中管理平台优势，通过加大集团整体资金归集力度，调配各成员单位的资金余缺。2023年，公司累计为包括集团在内的多家成员单位发放贷款，定价方面在当期LPR基础上下降70个基点，进一步降低了集团实体经济的融资成本。

【信贷业务】 根据集团内各成员单位的现金流情况和资金支付特点，公司改变集团传统的支付结算方式，通过使用财务公司承兑汇票的方式支付采购款，逐步缓解了成员单位的资金压力。

【资金业务】 2023年公司持续推进内部债务压降工作，积极协调成员单位提取存款，大力压降一般存款规模。截至2023年末，吸收存款及同业存放余额为161.12亿元，较年初下降5.33亿元。

【资金集中】 公司积极调整吸收存款结构，在流动性监管指标允许的前提下，与成员单位协商，增加活期存款和协定存款余额，减少定期存款到期续存规模，降低吸收存款成本。截至2023年末，公司开户成员单位数为71家，全口径资金归集率83.57%。

【风险管理和内部控制】 2023年，公司风险审计部共实施了12个审计项目，范围覆盖信贷、结算、财务、风险、信息技术和公司治理等。公司风险审计部向被审计部门出具审计意见书，建立审计发现问题台账，对整改情况进行追踪，并及时向公司管理层报告审计结果。

2023年，公司继续深化风险管理和内控管理改革，提升内控管理水平，促进业务合规发展。公司加强与集团的沟通，采取各类措施，化解信用风险；不断完善内控制度，防范各类操作风险；积极引入资金，加强流动性管理，通过各种方式化解流动性风险；严格落实监管要求，夯实资产质量，压降不良贷款，确保不出现合规风险；落实反洗钱和案件防控的各项要求，确保不出现洗钱和案件风险。

【人力资源管理】 公司设置公司信贷部、财务管理部、风险审计部、结算管理部、金融同业部、综合管理部六个部门。公司建立健全干部选拔、培养、管理等体系，树立良好的用人导向，强化人才队伍建设，同时结合自身行业特点，安排组织相关部门员工进行各种形式的线上、线下有针对性的培训，提升员工的职业技能和综合素质，促进个人职业发展、提高公司的经营效率。

【信息化建设】 2023 年，公司对反洗钱二代系统与 EAST 监管数据生成系统进行融合。公司对重要设备系统及时进行更新、修补漏洞，提升了系统的安全性，保证相关业务系统平台的数据安全。

【企业文化建设】 公司秉承“感恩做人、敬业做事”的价值观，跟随集团二次创业的征途，围绕集团发展和公司年度重点工作，坚持将业务文化建设同经营管理工作有机结合。积极参与集团各类活动，增加了员工队伍稳定性，提升了公司团队的向心力和凝聚力。

鄂尔多斯财务有限公司

【集团概况】 鄂尔多斯财务有限公司（以下简称“公司”）所属集团为内蒙古鄂尔多斯羊绒集团有限责任公司（以下简称“集团”）。作为多元化控股企业，集团主要从事羊绒服装、铁合金冶炼、煤炭开采、发电、氯碱化工及 PVC 和多晶硅等业务，主要划分为羊绒服装和棋盘井循环经济两大板块。集团羊绒服装板块已发展成为世界最大的羊绒制品加工企业，在品牌、规模和羊绒原料资源方面优势显著。集团棋盘井循环经济板块产业链和上下游产业协同效能优势明显，硅铁产能规模处于全球首位，与大型钢铁企业建立了稳定的合作关系，自备电厂具有明显的成本优势。2023 年，集团位列“中国企业 500 强”第 328 位，“中国民营企业 500 强”第 144 位，“中国民营企业制造业 500 强”第 93 位，位列自治区民营企业第 2 位。

【经营概况】 公司紧扣集团“持续改进”的工作主题，各项业务平稳推进。截至 2023 年末，资产总额 58.02 亿元，负债总额 34.04 亿元，所有者权益 23.98 亿元；实现营业收入 1.66 亿元，全年实现利润总额 1.22 亿元。2023 年，公司继续保持不良资产和不良贷款零发生额和零余额，各项监管指标均符合监管要求。

【服务实体】 公司持续优化利率定价体系，及时重新签订协定存款协议，对以实体经济为主的成员企业继续实行大幅度的减费让利政策。通过多次召开专题会议，深入研究并及时调整利率定价策略，成员单位贷款利率下调 0.18%，每年让利成员单位贷款利息 1217.23 万元。2023 年 5 月，集团组织成员企业与公司和银行按照原利率重新续签协定存款协议，将高利率尽可能延期。另外，通过将集团外币资金存款利率进行竞价，促使存放美元的银行将所有美元账户活期利率上调 100～130 个基点不等，全年增加利息收入 20 多万美元。

【信贷业务】 2023 年，公司通过加强员工业务技能培训、持续优化规范业务流程、不断完善业务系统来提高信贷业务办理效率，防范操作风险。积极开展贷款、票据贴现、票据承兑、关税保函等各类信贷业务，充分满足成员单位的信贷业务需求，确保公司资金用于解决成员单位生产经营实际问题。截至 2023 年末，公司各项贷款余额为 29.99 亿元。

【外汇业务】 公司组织业务部门在成员单位现场进行有效对接，规范了外币业务单证传递流程，解决了入账及时性问题。针对国际贸易公司提出的涉及缅甸工厂委托加工新型离岸贸易需求，公司收集国家外汇管理局四川省分局做法，及时上报协调国家外汇管理局内蒙古自治区分局，最终获准开展业务。新型离岸贸易渠道的打通，缩短了业务流程，确保了贸易流、货物流、资金流一致，符合国家外汇管理局与海关数据核销要求，可以有效避免欧洲公司重复交税问题。

【业务创新】公司成功落地首笔银行间即期外汇买卖业务。2023年12月，公司开展了首笔银行间外汇市场交易业务，标志着财务公司即期结售汇功能由集团内部调剂扩大到外汇市场即期外汇买卖，借助公司平台降低汇差，有效节约集团外汇买卖成本，进一步增强了财务公司金融服务职能。

【资金业务】公司开展了资金管理系统用户和权限梳理自查工作，注销了离职人员账户，调整了不合理用户、角色和权限，严格执行不相容岗位相分离，严防资金管理操作风险。同时，公司要求成员单位各级财务部门在日常申请用户、开通业务权限时根据本部门实际人员情况认真把关，压实责任到岗到人，力求长效防范资金管理中的操作风险和舞弊风险，在确保资金高效运转的同时为集团资金管理筑牢安全底线。

【风险管理和内部控制】公司将2023年确立为“合规管理提升年”，持续开展合规管理建设和提升。持续开展宣贯培训，认真组织监管法规“大学习”，按季度开展员工行为排查，确保内控合规理念在全体员工中“内化于心、外化于行”。将监管检查和自查自纠工作做实做细，重点整治屡查屡犯问题，对历史问题“大起底”，建立问题台账，实施销号制管理，通过问题整改提高内控合规水平。结合党建工作，持续开展典型案例警示教育、党史学习教育等活动，进一步加大内部合规教育培训力度。按照监管要求，在各层级员工年度绩效考核中，完善指标体系，加大风险和合规指标的权重。开展内控制度“大建设”活动，截至2023年末，公司共有155项制度，当年新制定了23项，修订了40项。

【信息化建设】公司大力推动并完善信息系统建设，进一步提升报表数据的准确性，重新梳理各报表品种的取数逻辑。2023年结合公司业务情况推进了1104、人民银行大集中报送品种的系统上线工作。全力保障了财务公司及集团票据新旧系统如期切换，新一代票据系统进入试运行阶段，新一代票据系统实现与BPM系统、SAP系统、人力资源系统对接并实现数据互通、信息共享，提高了各部门协作效率，提升了集团内票据业务联动效率。完成了异地备份实施，将核心业务数据库全部顺利迁移至超融合平台，保障核心业务数据的可用性及可靠性，实现异地备份，确保发生重大突发事件时信息安全，增强业务系统连续性。

F

福建七匹狼集团财务有限公司

【集团概况】福建七匹狼集团财务有限公司（以下简称“公司”）是由大股东福建七匹狼集团有限公司（以下简称“集团”）及下属上市公司福建七匹狼实业股份有限公司发起设立。集团是一家经营规范、财务稳健、主业突出的知名民族服装品牌民营企业。尤其在休闲男装方面，“七匹狼”夹克综合市场占有率已经连续20多年位列行业第一；其自有品牌“七匹狼”为中国驰名商标，在行业内具有较高声誉。

【经营概况】2023年，公司全年投放信贷资金约22亿元，积极利用货币政策工具再贴现资金约3亿元，代理成员单位结算资金约2000万元，为成员单位经营发展提供有效金融支持。

【信贷业务】截至2023年末，公司成员单位共计107户，在信贷业务方面取得一定的成果。2023年公司赓续针对集团2022年拓展的调味制造行业、食品制造业板块提供金融信贷支持，加大对制造业企业的投放力度，2023年对调味品及食品制造业累计发放信贷资金7453万元，同比增长60.28%。其中，公司为四川清香园调味品股份有限公司提供流动资金支持7275万元，置换高利率银行贷款；为联华（厦门）

航空食品有限责任公司提供贷款178万元，补充其日常周转的资金需求；持续支持集团文旅板块业务发展，为泉州“钟楼百货大楼”项目改造提供资金支持1499.40万元；同时，为七匹狼集团新增贷款2亿元，进一步支持集团压降外部负债规模。

【资金业务】2023年，公司持续保持与同业有效互动，与各家同业交易对手开展资金交易业务，提高资金整体收益。此外，公司充分发挥资金归集平台作用，与商业银行开展存量利率谈判，2023年维系有效合作银行数量，在市场存款利率下行的环境下保持稳定较高的加权存款利率。2023年继续推进国债逆回购业务，全年累计办理国债逆回购业务金额达27亿元。

【投资业务】2023年，公司与农业银行开展业务合作，打通金融机构柜台投资通道，并首次开展国债和地方政府债投资业务，在拓展业务品种的同时，提升财务公司整体资金收益率。全年累计开展投资业务金额近40亿元，收益率实现高于同期市场主流银行理财产品，在满足成员单位整体流动性管理的情况下，有效提高了集团资金综合收益。

【票据业务】2023年，公司累计开立电子财务公司承兑汇票1384笔，全部为成员单位向上游支付货款，将公司承兑汇票应用场景拓展至大宗商品贸易之中。同时积极利用政策工具，通过办理再贴现业务，公司将再贴现资金完全用于支持实体企业，实现降本增效，全年累计开展再贴现业务约3.07亿元。

【资金集中】截至2023年12月末，按全口径统计，公司资金集中度预估为56.90%，比年初增加4.04个百分点；可归集资金集中度预估为82.82%，比年初增加1.60个百分点。在资金归集实操过程中，成员单位面临办理存单质押开立银行承兑汇票业务对资金集中度指标测算产生消极影响的挑战。

【风险管理和内部控制】2023年，公司持续推动建立有效的全面风险管理和风险防范机制，推动财务公司业务健康稳定发展。2023年，公司认真学习监管新规，持续完善内控制度。截至2023年末，新增制度10项、修订20项，修订新增操作规程3项、修订操作规程17项，不断夯实内控根基。严防信用风险。结合现场检查发现的问题，完善信贷管理制度，强化授信合规管理，并根据法规建立信用预期损失模型，控制流动性风险。做好流动性指标监测，2023年公司月均流动性比例均高于50%，月均流动性匹配率均高于监管要求的100%，全年开展四次流动性压力测试、一次流动性应急演练及流动性应急预案评估；强化操作风险管理。全年完成4次案防排查、4次员工行为排查及4次合规考试，完成业务连续性专项评估、外包风险评估，重视网络安全与数据安全，2023年采购新的防火墙设备，并初步实现对数据进行分级、加密、脱敏。

【人力资源管理】截至2023年12月末，公司在编员工中金融机构从业时间（含财务公司从业时间）达3年以上的员工人数为20人，占比80%；金融机构从业时间（含财务公司从业时间）达5年以上的员工人数为14人，占比56%。2023年新招聘银行从业背景人员3人，进一步充实人才队伍，银行从业背景员工由2022年的47.9%提升至52%，同时持续强化员工培训。员工整体高素质化及专业化程度进一步提升。

【信息化建设】2023年4月1104报表系统正式上线，9月初新一代票据系统正式上线，9月中旬上线监控运维工具，实现对应用、网络、基础设备实时监控并及时预警，提升了故障处置效率，10月初上线超融合平台，通过该平台建设解决服务器已至服务年限、容量冗余不足的问题，实现异地应用级容灾，进一步强化业务连续性风险管理。落实业务连续性及数据安全风险评估整改要求，完成业务连续性专项评估、完善应急演练计划、上线监控运维软件工具、票据系统代码安全检测、对机房开展消防检测，推进机房托管、数据分级分类及加密、脱敏整改等工作。

【党建工作】公司积极组织开展了系列党建

活动，通过联学共建、专题学习、特色实践活动等方式，加强党员的教育与管理。

截至2023年末，公司党支部共有5名正式党员、3名入党积极分子，公司将继续发展壮大党员队伍，切实有效发挥党组织领导核心和政治核心作用。

福建省港口集团财务有限公司

【集团概况】福建省港口集团有限责任公司（以下简称“集团”）成立于2020年8月，由福建省沿海各地市国有港口企业整合组建并入围“中国企业500强”。集团以港口及临港园区开发、交通运输及现代物流、商业贸易及供应链服务为主业，并经营发展工程建设和专业技术服务等业务，拥有全资及控股子公司350余家。集团以厦门港、福州港为核心，打造东南国际航运中心和国际大宗散货集散中心。2023年，集团实现营业收入672亿元，利润总额15.6亿元，资产总额1065亿元。

【经营概况】福建省港口集团财务有限公司（以下简称“公司”）是由福建省港口集团有限责任公司、厦门港务控股集团有限公司和福州港务集团有限公司共同出资设立，注册资本10亿元整。公司是集团资金归集、结算、监控和金融服务的平台，通过为集团成员企业提供资金管理和金融服务，服务于集团资金集中管理和提高企业资金使用效率。2023年，公司资产总额52.57亿元，实现营业收入1.20亿元、利润总额5031万元。

【服务实体】公司为集团系统内成员单位提供稳健、优质、高效的资金归集、资金结算、信贷业务、票据业务等资金管理和金融服务。

【信贷业务】截至2023年末，公司贷款余额达27.31亿元，保函余额达2.85亿元，均创公司开业以来新高。在表内贷款方面，公司2023年累计发放贷款71笔，合计贷款金额15.19亿元，贷款日均24.48亿元，同比增长26.32%。其中，公司充分发挥银团贷款金融杠杆作用，2023年累计发放银团贷款11笔，总金额6.17亿元，加权利率低于客户同期贷款利率。2023年新增信贷服务成员单位13家，公司成立以来已经累计为52家成员单位办理贷款等相关业务。2023年累计开立保函26笔合计2.98亿元，非融资性保函业务实现井喷式发展。在贷款质量管理方面，继续保持“零不良、零逾期”。

【资金业务】2023年多次降准降息，市场利率持续大幅下降，公司加强同银行协作，积极做好金融市场研判，克服利率剧烈波动和存款波动，在确保集团和公司流动性安全前提下，不同时点采取不同策略，积极小额高频议价锁价、高频办理约期等方式，整体资金存放收益率顶住市场下行压力，总体维持2022年水平。

【票据业务】2023年，公司票据业务规模大幅增长，总金额超过2亿元，同比增长超过4倍，其中承兑额近1亿元，同比增长6倍。公司通过积极钻研，加强走访营销，并借力集团内部业务对接会等方式积极宣传票据业务对集团、公司及各单位的价值，克服财票在市场上接受度、流通性和贴现利率等劣势，推动成员单位逐渐熟悉和运用财务票据，为下一阶段票据业务的进一步拓展奠定基础。

【资金集中】2023年，公司资金归集额再次实现突破，日均吸收存款余额达32.12亿元，2023年末吸收存款余额突破40亿元，达到41.24亿元，创开业以来新高。公司通过建立QQ群、电话等多渠道联络，上门调研面对面沟通，优化系统功能、提升结算效率等措施，快捷高效地为成员单位排忧解难，提升成员单位结算主动性。2023年，公司为269个成员单位结算账户提供结算服务，累计结算笔数 17.64 万笔，结算金额 701.18 亿元，节约结算费用 732.81 万元。

【业务创新】一是新增开发并成功办理首笔法人账户透支业务，深度匹配大宗货物贸易企业用款需求，有效助力集团“港贸结合、以贸促港”战略落地。二是新增开发项目营运期贷款新产品，为集团内重资产型成员单位量身定做，可缓解项目运营期间还本付息财务压力。三是新增抵质押贷款品种，适应了成员单位现有业务需要，使后续抵质押业务的管理和运行有章可依。四是积极推进同业合作，2023 年取得 7 家金融机构（其中 5 家银行）的同业授信共计 17 亿元，并正式启动票据转贴现业务，与多家银行建立了常态化的票据转贴现通道，办理转贴现业务 4980 万元，平均转贴现利率约为同期 LPR 的一半，通过转贴现的方式助力成员单位低成本融资，让利成员单位约 100 万元。

【风险管理和内部控制】2023 年，公司不断完善风险管理和内部控制工作：制定《合规管理办法》《内部控制评价办法（试行）》《风险防控手册》，修订《合同管理办法》，完善法律合规制度体系，健全公司合规管理架构和合规管理流程，常态化举办“合规课堂”活动 11 场，开展金融普法活动，持续筑牢合规文化；加强业务连续性管理；牵头成立业务连续性领导小组，组织各部门开展重要业务评估，督促完成业务连续性应急预案。

【人力资源管理】2023 年，公司进一步夯实员工队伍，通过内部招聘方式招聘 3 名员工。持续加强员工培训，2023 年自办培训 26 场次，选送外派员工参加外部培训 21 场次，进一步拓展员工视野，提升培训针对性。鼓励员工积极参加各类职业资格考试、职称评定，6 名员工通过银行业专业人员职业资格考试相关科目，3 名员工通过初级会计专业技术资格考试。

【信息化建设】2023 年，公司立足业务拓展需要，兼顾科技信息安全，审慎有序开展信息科技建设工作。一是进一步完善核心业务系统功能，完成了法人透支、约期存款台账、票据系统升级等功能的上线，为公司业务运行提供有力支撑。二是通过安全厂商针对信息系统开展了代码审计以及漏洞扫测，有效防范系统安全风险。三是采购并部署了态势感知设备和数据库存储加密设备，从内网防护以及数据保密两个层面加大信息系统安全的保障力度，守护资金安全。公司以科技赋能不断提升金融服务质效，为集团成员单位提供更加完善的金融服务平台。

F

福建省能源石化集团财务有限公司

【集团概况】福建省能源石化集团有限责任公司（以下简称“集团”）成立于2021 年8 月，由福建省能源集团有限责任公司和福建石油化工集团有限责任公司整合重组而成，是福建省属国有独资企业，注册资本金 121 亿元人民币，拥有全资及控股并表企业 200 家，资产总额逾 1500 亿元，主体信用评级为 AAA 级。集团作为福建省属大型国有企业，是福建省能源、石化产业一体化龙头企业，集团聚焦“清洁高效能源、石化产业、金融服务、新材料与建材建工”四大主业，着力推进传统能源化工升级和高端能源石化发展，大力推进能源、石化产业龙头和集群发展壮大，走绿色低碳高质量发展之路，打造“一流能源、千亿石化”集团。

【经营概况】福建省能源石化集团财务有限公司（原福建省能源集团财务有限公司，于 2023 年 4 月更名为现名称，以下简称“公司”）2023 年经营实现营业总收入 4.37 亿元，实现利润2.36亿元，实现业务经营“零差错、零纠纷、零事故、零违规、零案件”，公司领导班子连续12年被集团评为“四好”班子，公司连续11年纳税信用等级评价为A级，在人民银行福建省分行开展的2023年第二季度绿色金融评价中，获得最高等级A级评价，公司党支部再度被集团评为“五星级党支部”。

【服务实体】公司围绕集团打造“一流能源、千亿石化”的发展战略，积极服务集团产业转型升级发展，2023年共为25家成员单位提供145亿元综合授信融资方案，为三川风电、莆田平海湾海上风电、福海创、福化古雷、福能物流等企业的生产经营、项目建设、能源保供提供资金支持，持续做好服务实体经济工作。

【信贷业务】公司主动靠前服务，积极为成员单位提供流贷、票据、担保、结算等一揽子综合金融服务，加大信贷投放力度支持重点项目建设，2023年公司信贷余额62.04亿元，日均贷款62.64亿元，绿色金融业务实现长效发展，贷款投向新能源、石化、新材料等主业的占比达98.39%。

【资金业务】公司严格实施资金预算控制和计划管理，高效配置资金头寸，平滑集团季节性的流动性大额波动，协同增强企业集团“资金调峰”能力，减少沉淀资金，最大化地使用资金，提高资金的收益率。统筹协调了集团的金融资源分配，提升资金使用效率，2023年为集团成员单位纾困解困超过2000万元。

【投资业务】公司大胆探索、努力挖潜符合监管规定的投资产品，在省内同行中首次开展的“质押式报价逆回购”已达成29笔交易；首次打通二级市场，折价申购各类债券6笔，节省申购支出达82.41万元；首次开展AAA级公司债、金融债及国债投资新品种，2023年实现投资收益（含债券利息）3749万元。

【票据业务】公司不断深化产融协同，精准发力金融服务，主动对接资金需求、持续业务沟通接洽，不断加大资金支持力度，帮助企业缓解经营困境，全力支持企业的生产经营、项目建设工作。2023年，公司共为成员单位累计办理票据业务3笔，总金额1亿元。

【资金集中】公司做好资金归集的动态监测工作，及时通报资金归集情况，加强工作指导，做到应归尽归、颗粒归仓。2023年，集团考核口径资金归集率达95%以上，全口径资金集中度达77.79%，较年初提升2.53个百分点，位居全国先进行列。

【风险管理和内部控制】公司首次开展了公司治理自评估和信息科技风险评估两项工作，首次在系统中嵌入风险管理模块，首次构建人民银行风险监测数据库，开展了制度汇编和合规风险手册编制工作，修订了《反洗钱内部控制制度》等6项制度。同时，公司开展全面风险管理、投资业务、反洗钱等4项专项审计，制定了《合规管理建设实施方案》，聘任了首席合规官，成立了合规委员会，制定了《合规管理办法》，开展普法宣传和各类法务培训活动，提高依法履职能力。

【人力资源管理】公司持续推行全员绩效考核，每季按岗位责任、履职情况和业绩水平，进行工作绩效等级评定，使绩效考核与薪酬管理更臻完善。持续加强人才培育，两名试用期满的中层管理人员按期转正，对部分员工进行了调档，激发职工的干事创业热情。

【信息化建设】公司持续加强信息化建设，努力打造智能便捷高效的信息系统，2023年完成了新一代业务系统建设，实现系统自动化，资金支付效率提升70%；开展信息科技安全监测体系建设，建立了主机安全、终端安全、网络监测、入侵监测等安全监测系统；开展业务连续性建设，本异地灾备系统正式投入运行；信息系统通过了安全等级（二级）保护的复评。

【企业文化建设】以贯彻落实党的二十大精神为主线，结合主题教育，公司持续深化“党建+智慧金融”提升行动品牌建设，开展“链上党建—资金链”、党建共建、“达标创星”、“我为群众办实事”等活动，加强廉洁从业教育，推行清单管理，开展“一企一题”“小微权利”“重点领域”等专项督查活动，扎实开展纪检监察干部教育整顿工作，构建“亲”“清”工作关系；完善群团组织机构，推进民主管理，关心职工生活，解决员工实际困难，积极传递温暖，提升员工幸福感。

甘肃电投集团财务有限公司

【集团概况】甘肃省电力投资集团有限责任公司（以下简称“集团”）成立于1988年，是甘肃省国有资本投资公司改革试点单位、省电力产业和数据信息产业链链主企业、省第二大发电主体和省属发电龙头企业。多年来，集团投资涉及水电、火电、风电、光电、金融、大数据、地产、会展、铁路、煤炭、燃气等行业和领域，控股建成和在建“水火风光”电力项目55个，总装机1433万千瓦（清洁能源占比35%），设计年发电量674亿千瓦时。集团公司用工规模6500余人，下辖子公司59家（上市公司1家），资产总额861亿元。

【经营概况】2023年，甘肃电投集团财务有限公司（以下简称“公司”）聚焦集团主责主业、深入谋划经营发展思路、严格落实监管机构政策、坚决防范控制金融风险、持续提升公司金融服务质效。采用原股东同比例增资方式完成增资，公司注册资本金由5亿元增至10亿元。2023年末，公司资产总额42.54亿元，负债总额31.51亿元，所有者权益11.03亿元。2023年实现营业总收入9180万元，累计实现利润总额3126.01万元。为成员单位节约财务费用2545.50万元，实现整体财务效益贡献5671.51万元。无不良贷款，资产负债情况、流动性、资产质量等风险指标均优于监管目标值。

【服务实体】2023年，公司持续落实非银机构服务实体经济工作要求，积极发挥金融服务优势，落实减费让利政策，修订《服务价格管理办法》，存款利率“顶格”上浮，贴现和贷款利率平均下浮107个基点、95个基点。坚持一企一策、主动服务，完善财企沟通对接机制，及时掌握成员单位生产经营情况、金融服务需求，打出搭桥贷款、流动资金贷款、项目贷款、承兑汇票等产品“组合拳”，2023年累计发放自营贷款8.95亿元，发放委托贷款3.89亿元，办理票据承兑0.39亿元，办理票据贴现业务0.2亿元。

【信贷业务】2023年，公司聚焦集团主业，持续跟进火电企业生产经营、资金收付情况，做到“随报随审、能贷尽贷、可贷快贷”，发放循环额度贷款5000万元，落实“随借随还”业务模式，于供暖期结束后及时安排还款，有效支持民生能源保供；贯彻绿色发展理念，提升《金融服务协议》授信总额，积极对接资金需求，根据企业现金流状况，向集团新能源及清洁能源企业信贷投放4.28亿元；严格落实实贷实付要求，为集团内小微发电企业提供资金支持1395万元，弥补可再生能源补贴拖欠、产生的运营资金缺口；开展“金融助力企业集团绿色低碳转型发展”课题研究，探索符合所属集团实际的绿色金融举措，课题论文获得2023年度全省金融系统青年论坛专业征文优秀奖。

【资金业务】2023年，公司坚持“用足头寸、用好窗口、用活产品”策略，在满足日常结算和信贷需求的前提下，紧盯同业市场价格，强化与外部金融机构合作，及时争取同业高息政策，提高外源性价值创造能力。瞄准高利率配置同业约期、定期存款业务累计11亿元，增加同业利息收入41.67万元；锁定资金收益，完成同业拆出4亿元，进一步提高资金使用效率。规范同业机构准入管理，对进入失信名单、批复解散、申请破产、机构注销的同业合作机构进行动态调整，更新确定909家金融机构的同业准入机构。

【投资业务】2023 年，公司坚持审慎稳健投资原则，按照新《企业集团财务公司管理办法》要求，修订《有价证券投资业务管理办法》《有价证券投资业务操作规程》等制度，严格准入同业合作机构，确保投资业务合规开展。在保证资金安全性和流动性的前提下，审慎开展投资业务，完成 2000 万元固收类公募基金投资业务，投资年化收益率达 4. 28%；开展首笔 1 亿元国债逆回购业务，成交利率 5. 45%，共实现超额利息收入 16. 3 万元。在产品持有期间，公司每日跟踪产品净值，登记持仓收益变动情况，分析底层资产变化，产品赎回后及时开展投资业绩自查评价，确保投资业务风险管控到位。

【票据业务】2023 年，公司修订《电子商业汇票业务管理办法》《电子商业汇票业务操作规程》《商业汇票贴现管理办法》《商业汇票贴现操作规程》等制度，制定发布《票据承兑业务应急预案》，开展票据承兑业务应急演练。票据承兑业务纳入成员单位统一授信管理，在办理票据承兑、贴现等业务时，要求成员单位提供包括但不限于交易合同、运输单据、出入库单据、增值税发票等资料，严格审核业务交易关系及债权债务关系背景真实性，确保公司票据业务合规办理。2023 年累计办理票据承兑 0. 39 亿元，票据贴现业务 0. 2 亿元。

【资金集中】2023 年，公司紧扣资金精细化管理，不断提升资金运用效能。公司成立以来首次印发《资金管理业务指导手册》，实现资金池业务制度化、流程化、标准化。在全面掌握计提整体资金情况下，公司深化资金流量分析，丰富资金管理手段，做到资金应归尽归。对集团全级次资金运用实施“月统筹、周计划、日安排”，增加日间归集次数，高效、完整、灵活掌握成员单位资金账户、资金计划、资金头寸和融资信息，确保集团资金“看得见、管得住、调得动、用得好”。2023 年末，全口径资金集中度为 39. 34%，可归集资金集中度为 57. 36%。

【业务创新】2023 年，针对“公司同业存款报价和询价主要依靠微信、QQ、电话等线下方式，沟通、汇总合作机构报价占用经办人员大量时间，且存在一定管理缺陷”的问题，开展“金点子”合理化建议征集活动，通过创新运用“同业存款价格询价登记调查问卷”微信小程序，实现一键询价，自动汇总，有效节约时间成本。各机构每日更新问卷报价，填写的存款价格存入后台数据，且支持自动生成价格台账，工作效率明显提高。同时，各机构报价严格分离，无法相互查看，确保数据安全可追溯，业务流程更加透明。

【风险管理和内部控制】2023 年，公司修订《全面风险管理制度》，完善全面风险管理体系，编制《内控合规管理手册》，夯实合规管理基础。积极开展案防排查，常态化开展压力测试，落实金融资产风险分类，完善业务连续性管理。各项风险监管指标处于合理区间，无重大风险事件发生。2023 年公司共开展了信息科技外包服务（新一代票据系统）、反洗钱、案件防控、公司治理、业务连续性管理等专项审计评估工作，切实发挥内部控制日常监督作用，确保公司风险管理的有效性，确保业务记录、会计信息、财务信息和其他管理信息的真实、准确和完整。

【人力资源管理】2023 年，公司坚持人才强企，以激活金融服务“新动能”为主线，以铸就“创新型”金融人才队伍为目标，尊重员工首创精神，制定《2023 年度“菁英计划”实施方案》，引导员工立足财务公司功能定位和公司发展实际，以岗位职责为基础开展课题研究，完成课题研究 6 项，4 项已落地应用。其中，《企业集团财务公司金融统计标准化建设研究——基于甘电投财务公司的研究与分析》荣获 2023 年甘肃省金融学会重点研究课题三等奖；定期开展“合规讲堂”活动、董监高专题培训，倡导终身学习理念，员工职称（职业资格）取得率从 63% 提升至 74%，为公司高质量发展提供了人才保障。

【信息化建设】2023 年，公司完善金融科技治理体系，成立信息科技管理委员会，统筹规划、全面协调信息科技管理工作；部署落地利率报备、金数统计、人民银行大集中统计系统，实现数仓平台报表一键生成，数据报送及时准确，大幅提升业务部门金融监管数据报送效率和用户体验；完成数据加密存储改造，保障数据源头安全。

【企业文化建设】2023 年，公司坚持以习近平新时代中国特色社会主义思想为指导，严格落实“第一议题”，统筹抓好主题教育和“三抓三促”行动，各项“规定动作”有效落实。坚持党建引领，立足公司功能定位，积极创建“五心”“六融”特色党建品牌，围绕重点业务放大品牌效应，推进党建工作与经营管理深度融合，带动党建工作实现“点上有突破、面上有创新、整体上台阶”。

供销集团财务有限公司

【集团概况】中国供销集团（以下简称“集团”）是国务院批准成立的我国大型涉农流通产业集团，是中华全国供销合作总社全资企业。集团重点围绕农业生产端、城乡居民消费端、再生资源回收加工、电子商务、金融服务五大领域发力。在农资、棉花、再生资源、日用消费品、农产品批发市场等领域，集团经营规模和实力居于全国行业领军地位；在电子商务、冷链物流、农产品加工、粮食收储及农村金融服务等领域，集团经营规模和实力快速提升，后发优势凸显。集团坚持为农服务宗旨，致力成为“三农”领域重要领军企业和综合性、规模化、可持续发展的大型企业集团，在农业社会化服务和农村现代流通体系中发挥重要作用。

【经营概况】供销集团财务有限公司（以下简称“公司”）聚焦内部银行主责主业，围绕“资金监控、资金归集、支付结算、金融服务”四大平台目标，全力推进集团司库系统建设取得重大进展，持续加大对出资企业的支持力度，服务集团高质量发展。2023 年，公司发放自营贷款累计超过 36.44 亿元；委托贷款累计超过 133.34 亿元；开具承兑汇票 10 张，金额累计达 1 亿元；不良贷款保持为零。

【服务实体】公司全力支持集团实体经济发展，坚持服务集团主业降本增效，不断创新服务模式和产品，满足不同实体的多样化金融需求。公司全年累计发放贷款 36.44 亿元、承兑票据 1 亿元、开立非融资性保函 1873 万元，满足成员单位融资需求。同时，公司还积极为成员单位提供委托贷款等业务支持并减免手续费，降低企业财务费用，服务成员单位做好化肥、农机等农资采购，助力农资保供、春耕备耕、夏收夏种。

【信贷业务】公司克服市场压力，立足企业需求，强化内部银行职能，持续加大对出资企业的金融支持。突出贴身、专业、便捷的服务优势，做好一级出资企业金融服务的同时，逐步加大二三级出资企业客户开发，截至 2023 年末，流动资金贷款余额 22.54 亿元，全年日均贷款 19.06 亿元，无不良贷款。2023 年为 4 家新客户提供共计 1.25 亿元的授信支持。

【资金业务】公司一是持续不断优化资金管理，加强财银合作，在保障资金安全的前提下，争取优惠利率政策。全年获得建设银行、农业银行、中信银行、浦发银行等 11 家银行同业授信总额超过 30 亿元。二是在确保备付和流动性安全的前提下，合理安排存放同业期限结构。2023 年获 4 家财务公司同业授信额度 17 亿元。

【票据业务】公司票据业务包括票据承兑、贴现和转贴现及再贴现业务。公司一直以为成员单位提供优质票据服务为己任，2023 年开具电子银行承兑汇票 10 张，共 1 亿元。

【资金集中】公司持续加强资金集中管理。

一是全力推动账户直连和可视化。在25+6家的银企互联平台基础上，采用RPA技术实现非合作银行账户数据自动抓取。集团银行账户直连覆盖率、可视率较上年均有一定幅度的提升，达90%以上，为下一步资金“调得动”“管得住”“用得好”奠定了良好基础。二是内部银行职能持续强化，资金归集保持平稳增长，2023年日均归集额36.26亿元。三是因企制宜，设计不同的归集模式，协助企业实现了资金管理措施落地见效。

【风险管理和内部控制】公司坚持全面、全员、全程管理理念，持续强化风险内控。一是公司董事会、经营层遵循全面、全员、全程的风控理念并逐步深化认识、不断加以完善，持续强化内控工作。二是公司开展结算、信贷、同业、全面风险管理等9项内部审计，切实发挥审计的“第三道防线”作用。三是坚持制度审议机制，对制度“立改废”进行审议，坚持合同“凡签必审”，严格防范法律风险。2023年公司实现合规稳健经营，各项业务风险管控良好，未发生重大风险事件，各类风险监控指标符合监管要求。

【人力资源管理】公司持续深化“三项制度”改革，成立了“三项制度”改革工作领导小组，人力资源部牵头负责落实，建立和完善了竞聘上岗、绩效考核、契约化管理相关制度，引进专业人才，为司库转型、聚焦主业增添驱动力。

【信息化建设】公司持续强化系统建设投入，确保所有业务系统全年安全稳定运行。一是全力推进集团司库建设，加快集团财务数字化转型升级，配合集团做好司库转型和资金风险防控。二是公司成立了数字化领导小组，把好系统建设关。三是制订司库系统安全加固和同城容灾完善方案，提升应急处置能力，司库系统顺利通过测评并首次获得三级等保认证。四是公司核心业务系统连续六年获三级等保认证，在此基础上，公司对照数据库加密、网络安全等9大类46项子类合规指标，组织完成核心业务系统的升级加固，达到金融机构新标准。

【企业文化建设】公司始终坚持以党的政治建设为统领，坚持不懈用习近平新时代中国特色社会主义思想凝心铸魂，严格落实“第一议题”“三会一课”“主题党日”，创建“3引领+3促学”模式，开展“红色金融”“红色背篓”等系列特色主题教育实践活动，引导党员干部职工践行新时代供销精神，持续创新金融服务，在服务“三农”中展现新担当、新作为。公司坚持党建业务两手抓、两不误、两促进，把党的领导融入公司治理各环节。公司创建“支部书记与员工谈心谈话常态化”机制，开展青年座谈会，让党员干部职工为公司改革发展献计献策。公司强化清廉金融文化建设，开展纪检宣传日、宪法宣传周、反洗钱等活动，刊发《财廉专刊》，持之以恒正风肃纪，为公司高质量发展保驾护航。

G

光明食品集团财务有限公司

【集团概况】光明食品（集团）有限公司（以下简称“集团”）是集现代农业、食品加工制造、食品分销、城市服务等为一体的综合产业集团，以“四大引擎+六大支柱+两大管理平台”为产业布局，聚焦康养、乳业、肉业、城市服务、糖酒、城市保供、品牌食品、农业种业、海洋食品、资源开发等多样化领域，着力推动“产业+服务”融合共生，努力提升现代农业和食品产业专业化水平，打造光明城市服务品牌，在建设现代化产业体系、打造世界一流企业中，努力践行“让市民离不开光明”的奋斗目标，在服务全国和保障上海城市主副食品安全供给与价格稳定上持续发挥主力军作用。

【经营概况】光明食品集团财务有限公司（以下简称“公司”）成立以来，本着依托集团，服务集团的宗旨，为成员企业提供优质高效的金融服务。截至2023年末，公司存款余额297亿元，全年实现利润总额2.66亿元，不良贷款率为零，各项监管指标均符合监管要求。

【服务实体】公司始终将服务实体经济、支持集团主业作为公司经营发展的核心目标，坚持“产融结合，服务主业”的经营宗旨，在严守风险合规底线前提下，支持成员企业业务经营。秉持“守正创新，积健为雄”的经营理念开展多样化的业务服务工作，高质量满足成员企业筹融资和资金管理需求，实现金融资源的精准高效投入。截至2023年末，公司发放贷款及贴现余额150亿元，贷款投向均为实体企业，把“减费让利、反哺实业”作为企业经营的头等大事，采取降低贷款利率、提高存款利率、减免手续费用等多样化举措，切实为集团成员企业提供优惠服务，持续向成员企业输送资金支持，降低其财务成本，较好地贯彻了反哺实体经济的发展初心。此外，公司还发挥金融专业和资金数据优势，为成员企业提供各类信息咨询服务。

【资金业务】公司通过灵活配置资金，统筹安排及调度每日资金头寸，提高闲置资金的效率，在保持流动性及满足贷款需求的基础上，积极开展同业活期、定期存款及国债逆回购业务，提升整体同业收益。

【投资业务】2023年，公司进一步加强对基金组合的日常管理，通过优化流程、跟踪监测和定期复盘的方法提升了基金换仓效率。货币基金主要投放于风控良好及规模较大的公募货币基金，有效实现了较高的投资收益。

【外汇业务】公司为满足成员企业多样化的外汇需求，利用牌照优势积极开展外汇业务，结售汇牌价始终低于中国银行实时牌价，为企业节约了大量汇兑费用。公司进一步减免成员单位询证函手续费、票据承兑费、资信证明手续费、保证金保函手续费等金融服务费用，不断降低企业财务费用支出。

【资金集中】通过提供优质服务、考核和激励等手段，公司实现全年日均存款规模249亿元，全口径资金集中度69.24%，可归集资金集中度88.48%。

【风险管理和内部控制】公司不断完善涵盖公司治理、核心业务、风险管理、合规管理、审计监督互为支撑的内部控制体系，在制度、流程、人员等方面全面落实风险与合规管控要求，搭建起由前台部门、风险管理部门和审计部门组成的三道防线。将风险管理工作融入日常管理制度中，有效完善了授信业务（含低风险）、同业授信（资金业务）、投资业务、外汇结售汇及征信管理、反洗钱管理等方面，逐步完善了涵盖信用风险、操作风险、市场风险、合规风险、信息系统风险和声誉风险在内的风险管理体系。

【人力资源管理】2023年，公司在“党建+复合型人才队伍建设”的党建品牌指引下，开展有针对性、有专业性的人力资源建设工作；持续打造和培养不同人才梯队，特别是公司的骨干员工、青年员工和管培生三支队伍；做到因材用人，坚持按能力说话、按岗位定薪、按成绩考核，突出工作贡献的导向作用；不断输送人才，通过市场化、创新化、专业化的培养方式，为集团和成员企业建设持续输出人才支持。

【信息化建设】2023年，公司信息化建设完成新一代资金管理平台和新一代票据交易系统建设。新一代资金管理平台将所有账户立体化、网格化，实现资金的可视、可控、可用，同时结合数字化分析帮助集团和企业管理层决策。此外，新一代票据系统的上线提高了票据交易的效率，降低了票据交易风险、提升了用户的操作体验。

【党建工作】2023年，公司党支部坚持以习近平新时代中国特色社会主义思想为指导，深入学习贯彻党的二十大精神，贯彻落实党中央、市国资委和集团党委的各项工作部署，持续强化党建引领作用。公司党支部进一步发挥党组织领导核心和政治核心作用，坚持“把方向、管大局、保落实”的工作定位。围绕重点党建主题，高质量继续推动开展主题教育集中学习、研讨交流、专题党课等党建主题活动有效覆盖，努力把党的政治优势转化为公司改革发展优势。

【社会责任】公司积极履行社会责任。公司积极开展“党心民心心心相印，十万职工赠书”大家访活动。通过持续推动“家文化”建设，搭建光明“大家庭”与员工“小家庭”的连心桥，为有效实现光明集团高质量发展汇聚磅礴的力量源泉。公司成员积极参与各项进博会志愿服务工作，用实际行动传递光明温暖。

广东能源集团财务有限公司

【集团概况】广东省能源集团有限公司（以下简称“集团”）是由广东省政府和中国华能集团分别持有公司76%和24%的股权的能源企业，拥有火电、水电、风电、新能源、综合能源服务、天然气、燃料、航运、金融、贵州区域、境外投资11个业务板块，产业遍布广东全境，并延伸至省外和海外。集团注册资本230亿元，2023年末资产总额2750.17亿元。

【经营概况】广东能源集团财务有限公司（以下简称“公司”）成立于2006年6月。公司开业以来，全体人员以高度的责任感和使命感，“依托集团、服务集团、扎根基层、服务基层”，创新引领、稳健经营，现已成为拥有超过300亿元资产、经营业绩显著、内部管理优良的金融企业。截至2023年末，公司资产总额316.21亿元，其中贷款（含贴现）余额183.67亿元；负债总额273.04亿元，其中吸收存款余额270.84亿元，同比增加53.48亿元，增幅24.60%。2023年累计实现利润总额4.65亿元，净利润3.63亿元。

【信贷业务】公司紧紧围绕国家战略和集团公司发展规划谋篇布局，把金融资源聚焦到能源主业战略方向、重点领域和成员单位急难愁盼等需求上来，持续与各方强化战略协同，以最优质的金融服务护航项目开发建设与经营周转。一是紧盯省重点项目，灵活安排融资进度和融资节奏，推动大埔二期电厂、博贺二期电厂等火电项目银团贷款落地。二是充分研判集团内抽蓄项目的融资特性，量身定制融资方案，施巧劲，促突破，完成陆河抽蓄、云浮抽蓄的融资落地。三是高度重视集团新能源大发展的重要战略支点，创新援疆惠企方式，快审快批新疆公司莎车光伏项目5亿元授信。四是优化“新能源+绿色金融”融资模式，综合运用优惠利率、项目贷款、票据融资等多种方式，满足开发公司、风电公司和贵州公司在内等多家新能源板块公司融资需求。2023年末，公司绿色信贷余额为73.79亿元，占全部信贷资产的比重为40.17%，新能源行业贷款余额为62.46亿元，占全部信贷资产的比重为34.01%。

【资金业务】借鉴同业的先进管理经验，更新和完善资产负债管理方法和模型：通过梳理和更新资金池管理模型，构建“三池四备付”资产负债全面管理体系，通过每日编报的“ALM及流动性监测日报表”，构建流动性管理平滑机制及流动性比例指标“红绿灯”模型等管理措施，公司资产负债全面管理初获成效。财务公司流动性比例指标年度均值53.69%，峰值83.17%、谷值31.84%，2023年度内未触及监管红线。同时，公司通过一二级备付池的“双期”资金高质量收益机制，在确保安全性和流动性的前提下，提高公司同业业务收益。公司存放同业加权活期利率优于可比同业水平50个基点。

【投资业务】公司坚持“逐日盯市”制度，采用“择优申购、用足额度、提高效率、高频操作”的业务方式，挖掘效益潜力。2023 年货基投资实现收益约 4614.92 万元，收益率 2.2672%，较行业平均收益 1.9075% 高 35.97 个基点，考虑税收优惠的可比收益率 3.0229%；开展逆回购业务 60 亿元，较授权利率均值高约 126.98 个基点，共计取得利息收入约 583.73 万元。

【票据业务】公司新一代票据工作系统于 2023 年 12 月初成功上线，依托该系统，公司持续提升票据结算便捷性、安全性和资金周转效率，降低集团融资成本。2023 年末，公司票据贴现余额 2.75 亿元，承兑余额 2.15 亿元，票据业务保持稳健发展态势。公司全年完成 28 张商业承兑汇票的绿色票据认证，累计申请绿色票据再贴现资金达到 1.75 亿元，可为集团下属成员单位节约财务费用超过 200 万元，对应二氧化碳减排量达到 9.38 万吨，具有促进绿色发展和加强能源保供的双重意义。

【外汇业务】公司进一步发挥在外汇与跨境服务方面的独特优势，持续深化即期结售汇“外汇业务间接服务模式”服务功能，2023 年度内持续保持与银行的议价谈判，均较 2022 年争取更优报价，为燃料公司、天然气公司、航运公司降本增效取得实效。在此模式下，公司为单位服务规模达 2.16 亿美元，在单位直接议价基础上再节省汇率成本 67 万元人民币。此外，年内还对 CIPS 跨境人民币支付系统进行了支付透视镜服务升级，可实现“财务公司端—境内银行端—境外银行端—境外收款账户”全链条进度的监控，为今后开展跨境资金结算提供资金流向跟踪的功能。

【资金集中】公司从服务集团战略、支撑集团业务、为集团创造价值、对各类金融资源实现有效统筹调度管理利用的层面，结合现有共享中心系统、资金管理系统等集团财务管理网络对资金结算平台建设的战略目标和实现途径进行深入思考，包括对资金、账户、结算、票据、同业金融资源等各类金融资源的横向扩展，也包括对资金集中管理、风险集约管控、数据整合赋能、战略决策支持、增值价值创造等各方面管理功能的纵向延伸。公司主动构建“点、线、面”资金归集新路径。聚焦“关键点”，破除特殊资金归集难点；紧扣“动态线”，建立全过程、全链条、全方位的资金动态监管体系；拓宽“覆盖面”，加大账户管理、资金监控领域的建设力度，实现可视、可控、可用的目标。2023 年月均全口径资金归集率 82.40%，同比提升 0.87 个百分点。月均结算集中度为 97.45%，同比增长 0.38%；结算数量为 18.08 万笔，同比增长 19.50%，结算金额为 6896.55 亿元。

【风险管理和内部控制】公司一是持续强化风险审查力度，已完成信贷及同业授信审查 30 项，涉及金额 837.21 亿元，各类金融资产质量正常，没有发生风险事件；二是依托风险控制平台开展可量化风险指标日常监控预警，建立预警联动反馈机制；三是持续开展外规内化梳理工作；四是开展业务连续性管理的分析、定标、演练工作；五是开展专项制度全面合规检查，新增、修订制度 27 项，废止 11 项，现行有效制度文件 217 项；六是巩固合规管理体系建设成果，公司重大决策、规章制度、重要合同的法律合规审查率达到 100%。

【人力资源管理】公司深入学习贯彻习近平总书记关于激发市场主体活力、深化国有企业三项制度改革的重要指示精神，聚焦三项制度改革各个关键环节，锚定管理人员能上能下、员工能进能出、收入能增能减“三能”目标，通过推行任期制和契约化管理、建立经营业绩与职工工资总额联动机制、健全完善绩效考核机制、加大竞争性选人用人力度等有效措施，全面推动三项制度改革走深走实，激发内生动力，推动公司高质量发展。2023 年，公司公开招聘年轻专业化人员 50 人，同时积极参与集团公司“向日葵”人才培养工程计划，着力优化人才成长环境，为公司高质量发展储备人才力量。

【信息化建设】财务公司坚持“两条腿走

路”，一方面持续加强制度建设，强化业务连续性管理，规范信息系统需求和问题处理流程，确保现有“粤汇通”系统稳定运行，保证核心业务系统运行可用率大于99.9%，未发生网络安全事件；另一方面积极推动数字化转型，启动新一代票据系统建设项目，同时围绕“小核心、大外围”的系统架构有序开展新核心系统建设的启动工作。

广东省广晟财务有限公司

【集团概况】广东省广晟控股集团有限公司（以下简称“集团”）是广东省属国有独资重点企业，经过24年的改革发展，集团已成长为以矿产资源、电子信息为主业，环保、工程地产、金融协同发展的大型跨国企业集团。根据集团2023年末快报数，2023全年实现营业收入1330.81亿元；实现利润总额32.18亿元、净利润24.81亿元、归母净利润16.04亿元，各项主要经济指标均位居省属企业前列；控股6家上市公司及中国电信持股市值合计近1000亿元。集团荣列2023年“中国企业500强”第211位，2023年“中国服务业企业500强”第71位，2023年“中国战略性新兴产业领军企业100强”第24位，2023年“中国跨国公司100大”第82位。

【经营概况】2023年，广东省广晟财务有限公司（以下简称“公司”）资产总额93.79亿元，负债总额78.94亿元，所有者权益14.85亿元；累计实现营业总收入2.17亿元，净利润5291.57万元。

【服务实体】公司强化金融服务，助力集团主业和实业高质量发展。2023年，公司为15家制造业企业申请综合授信额度合计64.1亿元，2023年累计为制造业企业投放贷款合计33.57亿元。聚焦成员企业美丽乡村、拆旧复垦等“乡村振兴”项目，成功为华建集团下属晟龙公司汕头美丽乡村PPP项目开立履约保函100万元，并为中南建设发放拆旧复垦专项贷款1.2亿元，引金融活水助力集团制造业高质量发展。

【信贷业务】公司持续加大对成员企业的信贷支持力度，截至2023年末已为28家成员企业核定综合授信额度132.11亿元，较2022年增加了8家成员企业，授信额度增加了7.11亿元，信贷服务覆盖面持续扩大并下沉至更多的三级企业。

【资金业务】公司持续推动资金价值创造转型，资金营运展现新作为。一是强化同业协同赋能，深化与同业机构的良好合作关系，在同业授信资源赋能成员企业发展方面取得新突破。二是积极向集团外部要收益，抢抓市场关键窗口期积极拓展投资渠道及扩大投资规模，落地首笔固定收益类公开募集证券投资基金投资业务。

【票据业务】2023年，公司优化现有产品组合，创新“以财务公司承兑汇票为核心的银行票据池业务”，成功在中南建设与广晟冶金的贸易链条中落地首笔财务公司承兑汇票换开银行承兑汇票的“财司票票通”业务，实现集团内外部金融资源的有效整合。

【资金集中】公司狠抓归集，资金统管提质增效。2023年公司获批主办本外币跨境资金集中运营业务，首次实现跨境外币和NRA账户资金归集，年末成功归集5家境外企业资金，覆盖人民币、港元、美元、澳大利亚元等币种，折合人民币合计9400万元，实现境内外本外币一体化管理；强化“集中结算”，首次实现单季结算量破千亿元，2023年累计结算量达4113.14亿元，同比增长43.29%，日均吸收存款达60.29亿元，同比增长16.38%。

【业务创新】2023年，公司狠抓金融创新，筑牢金融服务“压舱石”。一是结算产品研发创新，开发对私批量支付产品并在9家企业落地使用，打造高效、安全、快捷的对私支付结算通道；上线超额存款自动回拨功能，严守上市公司关联交易合规底线，确保与上市公司的存款合作合法合规、安全安心。二是信贷产品开拓创新，先后为中金岭南落地财务公司首笔并购贷款，为株洲高力落地财务公司首笔科创贷，为风华新能落地财务公司首笔知识产权质押贷款，助力成员企业做强做优做大。

【风险管理和内部控制】2023年，公司坚守合规底线，强化内控管理。一是强化风险防控，围绕内部环境、风险评估等要素总结形成6个一级风险和18项重要业务流程图，针对2022年度监管评级存在的问题制定《监管评级提升方案》，组织开展突发事件应急演练和培训，全面提升风险管控能力。二是强化合规建设，组织完成20项制度的新增、23项制度的修订，根据新《企业集团财务公司管理办法》规定开展金融许可证变更、成员单位范围核对和新旧业务衔接等工作，强化监管指标预警管理，确保各项风险指标均满足监管要求。三是强化稽核审计，组织开展内部控制评价工作，全年开展信贷业务、公司治理、费用管理、流动性风险管理、反洗钱及绩效薪酬管理6项专项审计，聘请第三方机构完成首次信息科技全面审计，及时弥补制度漏洞与管理缺陷，筑牢公司风险管控“第三道防线”。

【人力资源管理】2023年，公司持续巩固和深化“三项制度”改革，激活干事创业动力。一是加大任期制与契约化管理力度，制定《中层管理人员任期制和契约化管理实施方案》，开展中层管理人员2023年度业绩目标责任书的签订，全面推动管理要求向中层干部覆盖。二是完善绩效考核评价体系，严格落实“一部门一考核、一人一张表”考核要求。

【信息化建设】2023年，公司狠抓科技，数字化赋能企业发展。持续推进网络与数据安全体系及防护能力建设，筑牢网络与数据安全“防火墙”；加强关键业务系统建设，完成新一代信贷业务系统和跨境资金综合服务平台部署上线，切实提升业务数字化应用能力；推进科技创新成果转化，获得国家计算机软件著作权登记证书两张，实现自有知识产权“零”的突破。

【企业文化建设】2023年，公司狠抓党业融合，探索实践独具财司特色的“党建+”新模式。一是聚焦“党建+服务”，组织开展“党建+”为主体的助力“百千万工程”新模式，服务镇属民营企业近30家，直接服务或间接服务群众超过5000人次。二是聚焦“党建+项目”，以问题为导向落地11个党员攻关项目，推动资金管控、金融服务、降本增效等重点工作落地见效。三是聚焦“党建+共建”，与同业机构、集团职能部门及成员企业等党组织建立结对共建机制，以“党建+”促经营管理质效提升。

G

广东省交通集团财务有限公司

【集团概况】2023年，广东省交通集团有限公司（以下简称“集团”）高速公路重点项目投资任务全面完成，国企改革创新和数字化转型向纵深推进。截至2023年末，集团管理的资产总额约7652亿元，投资运营管理的高速公路总里程突破8000千米，进一步打通路网瓶颈，畅顺交通“大动脉”。

【经营概况】2023年，广东省交通集团财务有限公司（以下简称“公司”）持续加强对成员单位的信贷支持，不断提高集团资金使用效益，全面落实合规内控风险管理。公司2023年实现营业总收入7.77亿元，利润总额2.80

亿元，净利润2.12亿元。公司资本充足、流动性良好、无不良资产，各项监管指标均符合规定要求。

【信贷业务】 2023年，公司立足金融本源，发挥贴近实业优势，坚持服务集团产业需求和发展战略，信贷投放精准助力集团高质量发展。一是积极向集团新建和在建高速公路项目提供贷款支持，助力粤港澳大湾区工程建设。全年共向大湾区成员单位发放贷款27.88亿元，占全年贷款投放总额的75%。二是从集团整体利益出发，积极配合推动成员单位新增及存量银行贷款利率联动下调，并使用银行贷款置换财务公司贷款，有效压降集团综合融资成本。三是坚决贯彻落实政府和监管机构有关防范化解金融风险等工作部署和要求，加强对出行服务相关企业贷款风险防控。2023年，公司日均自营贷款余额110.61亿元。

【投资业务】 2023年，公司高度重视数字经济与投资业务相结合，通过量化分析历史数据，探寻形成适合公司管理模式的交易策略与管理机制，同时在实践中完善提高，助力投资收益率不断实现新突破。公司在银行间市场产品收益率持续回落的情况下，获取了高于市场平均水平的资产收益。其中，货币基金全年收益率在市场同类货币基金中稳定处于前3%的位置。

【资金集中】 2023年，公司进一步拓展资金归集范围，推动成员单位新入池，向成员单位推广通知存款产品，增加让利规模。公司2023年月均全口径资金归集率50.9%；日均吸收存款283.60亿元，创历史新高；办理结算业务金额5229.96亿元，累计结算笔数33.15万笔。

【管理创新】 2023年，公司完成“基于电子档案单套制管理要求的OFD电子文件生成路径的研究”自主立项科研项目结题，取得国家版权局颁发的“符合电子档案单套制归档条件的OFD电子文档生成系统”计算机软件著作权1项。

【风险管理和内部控制】 2023年，公司根据监管机构和集团的部署要求，深入落实法治建设第一责任人职责，规范规章制度、重要合同及重要事项的法律审核流程，密切跟进重要合同履约情况，采取有效措施防范化解信用风险，全力推进监管意见落实整改。持续开展专项稽查审计、内部控制评价和监督，加强对重点岗位、重点人员监督管理，不断强化合规管理，防范经营风险，为生产经营和企业发展保驾护航。

【人力资源管理】 2023年，公司设置独立的稽核审计部门，不断优化组织架构；制定《管理人员末等调整和不胜任退出管理办法》，建设能上能下的选人用人机制；组织重要人员和关键岗位交流轮岗、强制休假等，全面落实合规要求；组织开展8期公司员工内部培训，全力打造政治过硬、能力够强的干部队伍。

【信息化建设】 2023年，公司正式印发《数字化转型战略规划》和《数字化转型战略实施方案》，开展核心业务管理系统更新换代，形成项目可行性研究报告和系统设计方案，完成项目立项。结合金融监管要求，完善业务连续性管理机制，将信息系统迁移至集团数据（灾备）中心和广交云，并在运营商A级机房内的独立机柜搭建重要系统容灾环境，保障信息系统稳定运行。常态化开展网络安全优化及自查评估、漏洞扫描、渗透测试、基线检查等安全评估，落实重大时点值班值守，确保公司整体网络安全。

【企业文化建设】 2023年，公司坚持贯彻落实“第一议题”学习制度，及时学习习近平总书记最新重要讲话和重要指示批示精神，确保在思想上、行动上时刻与党中央保持高度一致。扎实推进主题教育，坚持学思用贯通、知信行统一。开展以“协同推进财务公司自主可控云环境建设”等为主题的“开路先锋”工程，促进党建与生产经营深度融合。全面开展“一支部一品牌”创建活动，打造“五心服务，五星支部”“服务创造价值”“行稳致远”等党建品牌。组织开展纪律教育学习月活动和纪检干部队伍教育整顿等，开展网格化员工行为排查，落实员工家访。组织开展“竞标争先，全面提升金融统计数据质量”劳动竞赛、趣味运动会、秋游等活动，不断凝聚改革发展共识和力量。

【社会责任】2023 年，公司始终坚持金融工作的政治性和人民性，持续做好客户服务工作，提升金融服务质量。通过组织集中观影、线上答题、线下考试、现场培训、深入基层一线交流、编印常用监管制度等方式，面向公司内部和集团成员单位开展多样化的金融普法宣传活动，有力推动反洗钱、防诈骗、防范非法集资以及最新法律法规、监管政策在集团系统内贯彻执行。代表集团向广东省慈善总会捐赠人民币 1000 万元，累计捐款 4800 万元，全面履行国企社会责任。

广东省农垦集团财务有限公司

【集团概况】广东省农垦集团公司（以下简称“集团”）成立于 1951 年，是中央直属垦区之一，实行“部省共同管理、以省为主”的管理体制。天然橡胶、蔗糖、南药、剑麻、乳业、畜牧、粮油、团膳、旅游、金融、置业、流通、营销等多个领域，拥有土地面积 334.36 万亩，有湛江、茂名、阳江、揭阳、汕尾 5 个农垦集团有限公司，45 家国有农场公司，15 家直属企业，还有一批教育、医疗单位，境内外业务分布广泛，海外企业 28 家，生产经营项目 47 个。

集团现有 1 家上市公司（燕塘乳业），3 家农业产业化国家重点龙头企业，16 家广东省重点农业龙头企业，产业园及农业示范区众多，成为战略资源的保障者、现代农业的引领者及乡村振兴的践行者。

【经营概况】广东省农垦集团财务有限公司（以下简称“公司”）坚持以“集团利益最大化”为聚焦点和着力点，以服务集团发展大局、服务集团产业发展为主责主业，全面完成主要经营指标。2023 年公司实现营业收入 5835.85 万元，利润总额 2015.24 万元，贷款利率较上年降低 71 个基点，存款利率较上年增加 5 个基点，合计实现降本增效 76 个基点，各项监管指标均符合要求。

【服务实体】2023 年，公司坚持辅助集团管理和内部金融服务两大属性，一是充分发挥财务顾问职能，结合集团公司资金需求，2023 年注册各类债务工具 110 亿元，其中公司债 30 亿元、中期票据 30 亿元、超短融 50 亿元，为集团公司持续发展提供多元的资金来源保障。二是服务集团主业，向集团产业龙头企业发放贷款，稳定产业链，对于促进农民就业和农民增收发挥了积极作用。三是推进资金集中结算服务。2023 年累计办理支付业务 27.96 万笔，累计结算金额 1119.77 亿元，结算金额同比增长 40.10%。

【信贷业务】公司聚焦服务集团战略资源、绿色食品、城乡服务三大主业，加强信贷支持。2023 年末，公司贷款余额 27.98 亿元，同比增加 7.43 亿元，占集团压降外部融资 11.51 亿元中的 65%；向战略资源板块发放贷款 22.45 亿元，向绿色食品板块发放贷款 5.95 亿元，向城乡服务板块发放贷款 0.52 亿元；开展票据承兑 4.11 亿元，票据贴现 4.09 亿元，票据交易 1 亿元。票据业务的批量开展为垦区企业大幅降低了融资成本，同时也拓宽了公司流动性的补充渠道，提高集团整体资金使用效率和效益。同时，围绕集团发展战略，丰富融资品种，在前期推出“春耕贷”和“南药贷”的基础上，创新性推出“循环贷”，为“百千万工程”提供强有力的金融支持，公司被评为广州市“金融支持乡村振兴十佳机构”，产品进一步提高垦区企业贷款的灵活性与便利性，有力提升信贷服务产业发展的能力。

【资金业务】公司协助集团优化融资结构、增加授信规模、降低融资成本，做好流动性风险压力测试及应急处置方案，加强流动性风险管理，积极跟踪资金市场变化，努力提高存放同业收益。不断拓展同业授信，已取得8家银行同业授信额度累计26亿元，较上年末增加16亿元。加强与合作银行沟通，充分发挥同业拆入作为公司流动性有效补充的作用，累计开展同业拆入17笔，金额合计31亿元。

【资金集中】2023年，公司对成员单位境内银行账户的开立、变更、注销实施统一管控，实现线上审批和电子台账管理；定期开展低效、无效银行账户清理。截至2023年末，已上线成员单位340家，上线银行账户486个，归集资金余额37.33亿元，年末资金集中度达到77%。

【风险管理和内部控制】2023年，公司突出精、细、严、实，深入推进制度建设，持续开展各项内部规章制度的“立改废”工作。2023年，新增制度21个，修订制度91个，废止制度11个，有效在用制度148个，并结合同业拆借、票据承兑及贴现、票据交易等新业务的开展，印发实施2023年版《内控手册》。

【信息化建设】2023年，公司进一步完善信息系统建设，持续开展信息系统优化提升工作，实现信息化助力企业发展，提高工作效率。2023年监管部门首次将数据治理纳入监管评级，公司持续挖掘数据应用，强化数字化智能化方向转型工作，提升数据治理工作水平。

【企业文化建设】2023年，公司进一步推进企业文化建设，凝心聚力，打造一支团结奋进的员工队伍。坚持强根铸魂，持续开展主题教育与纪律教育，组织员工参观育廉馆；加强农垦精神教育，组织参观农垦展览馆与筑梦园，在70年历史的光辉中汲取奋斗精神；定期举办员工生日会及工会团结活动，提升员工的幸福感与获得感。公司积极引导员工彰显公司形象，增强公司凝聚力，经全员征集，公司确定以“正心诚意，奋进创新”作为核心价值观，弘扬思想端正、待人真诚、脚踏实地的公司与员工形象。公司上下将以核心价值观为指引，充分展现诚信、专业、高效、创新的精神面貌，为公司、为集团发展作出新的更大贡献。

广东温氏集团财务有限公司

【集团概况】温氏食品集团股份有限公司（以下简称“集团”）成立于1983年7月26日，是一家以畜禽养殖为主业、配套相关业务的跨地区现代农牧企业集团，是农业产业化国家重点龙头企业、国家级创新企业。2023年，集团畜禽大生产基本保持稳定，各业务总体运营情况良好，在市场不及预期的情况下，肉猪产量达到历史最高水平，年度收入创历史新高，企业高质量发展的基础不断夯实。

【经营概况】2023年，广东温氏集团财务有限公司（以下简称“公司”）坚持“固本强基，稳健发展”总基调，总体经营情况稳中向优，各项监管指标基本满足合规要求。公司全年通过多措并举，公司治理和内部管理得到明显改善，服务实体经济的水平再创新高，公司运营效率也保持增长，较好地完成了全年经营管理目标。

【服务实体】2023年，公司贯彻“依托集团，服务集团”原则，主动实行减费让利政策，累计为成员单位节省融资费用达千万元，有效辅助主产业降本增效，服务实体经济应对行业周期。

【信贷业务】公司积极发挥信贷业务赋能，通过开展资金业务培训、提供资金管理咨询服务等，帮助成员单位更好了解自身资金状况，合理制订资金筹划方案。2023 年，公司实现授信客户、贷款业务笔数同比增长 7 倍以上，授信客户数和贷款规模同创历史新高。

【资金集中】公司作为集团唯一资金结算平台，实现了对集团成员单位的资金归集、结算服务全覆盖，有效降低了资金成本及管控风险。2023 年，公司半年平均全口径资金集中度 59.5%，同比增长 23.28 个百分点。

【业务创新】2023 年，公司贯彻落实集团高质量发展理念，以服务战略、支撑业务、创造价值为导向，启动了现代企业司库管理体系建设，以对集团资金和其他相关金融资源进行更有效的筹划增值和风险管控。

【风险管理和内部控制】公司结合从严监管导向，全面加强合规与风险管理。一是建立健全内控制度体系，建立“外规内化”工作机制，对公司内部控制制度进行了全面评估并新增内控制度 18 份、修订制度 40 份，废止制度 6 份；二是强化内部监督，通过“常态化抽查 + 专项审计”方式，推动内部检查从聚焦合规向关注合规、风险、效率与效益四个方面价值转变，探索提升内部核查监督效能。

【人力资源管理】2023 年，公司持续强化人力资源管理。一是修订完善了绩效、薪酬管理办法，明确了公司关键岗位人员并贯彻落实绩效延期支付及追索扣回机制；二是发布了《岗位轮换、强制休假、履职回避管理办法》，推动内部轮岗 2 人；三是优化队伍梯队建设，完成了高级管理人员调整，选拔后备干部人才 5 人。

【信息化建设】2023 年，公司投入较大资源强化信息科技建设，先后完成了业务系统虚拟平台迁移，完善了业务连续性管理机制，新增数据中心 A 级机房异地灾备，健全了网络、主机、终端安全防护，并实现对重要业务数据加密储存和敏感数据脱敏梳理。

【企业文化建设】公司灵活运用思想管理工具，落实从严治企要求。一是坚持从严治企，签订了《廉洁从业承诺书》《保密承诺书》，做好利益关联人信息申报，强化履职信息的透明度；二是深入学习温氏精神、责任文化、温氏干部标准等，强化思想引领，辅以“三勉”谈话机制强化队伍建设；三是贯彻落实清廉金融文化常态化建设工作，增强职工合规意识，促进合规管理理念深入人心。

广西交通投资集团财务有限责任公司

【集团概况】广西交通投资集团有限公司（以下简称“集团”）成立于 2008 年 7 月，是广西交通建设的主力军和广西产业发展的重要力量，主要承担广西高速公路、铁路建设发展任务，是自治区重要投融资平台和国有资产经营主体。截至 2023 年 12 月 31 日，集团注册资本 305.55 亿元，总资产 7127 亿元。2023 年，集团完成营业收入 671 亿元，利润总额 27.15 亿元，是广西唯一获得 3 家国内评级机构给予 AAA 信用评级、第一家获得投资级（穆迪 Baa2、惠誉 BBB）国际评级的企业，2023 年“中国企业 500 强”排名第 344 位。

【经营概况】2023 年，广西交通投资集团财务有限责任公司（以下简称“公司”）实现营业收入 6.37 亿元，利润总额 6.31 亿元，资产总额 210.94 亿元，国有资产保值增值率为 110.35%，不良贷款率为零，各项监管指标持续优良。

【服务实体】公司贯彻国家交通强国战略，提升集团交通主业金融服务供给，为集团高速公路、铁路等重点成员单位下调贷款利率 20 ~ 70 个基点。2023 年推动实现 10 个项目银团落地，助力集团获得超过800亿元银行信贷资金支持集团交通项目建设。

【信贷业务】公司全力加快信贷投放力度，截至2023年末为35家成员单位提供授信支持405.20亿元，累计发放贷款81.5亿元，实现日均贷款114亿元，创历史新高，年末贷款余额为119.86亿元，不良贷款率持续为零。

【资金业务】公司积极推进同业资金精细化管理，与合作银行谈判稳定现行同业存款利率，优化利率品种配置策略，联动同业拆借、质押式回购等手段，统筹资金的灵活配置，有效兼顾资金的流动性和效益性。

【投资业务】公司稳步推进投资业务向新管理办法转型，克服收益率整体下行和投资范围受限的困难，严格执行“固定收益”策略，稳定投资规模，确保创利能力。2023年日均投资额27.55亿元，实现投资收益1.29亿元，同比增长48%。

【票据业务】公司打造集团票据集中管理双引擎，公司成功接入上海票据交易所“集票宝”信息服务平台，成为广西首家实现成员单位票据信息全量采集的机构。上线新一代票据业务系统，引入供应链票据品种，加速票据交易集成化、清算自动化，全面提升公司参与集团产业协同的金融服务能力。2023年，公司提供票据业务支持36.96亿元，全力支持集团交通主业发展及西部陆海新通道建设工作。

【外汇业务】公司通过跨境资金池的便利政策，实现外汇资金在集团内部的跨境调剂，助力集团提高资金运作效率，有效规避市场汇率风险。2023年，协助集团境内外成员单位集中调配外债额度1笔，累计金额1635万元人民币；集中境外放款2笔，累计金额660万美元；通过跨境资金池累计办理结算业务74笔，累计结算金额0.96亿美元。

【资金集中】公司破解资金归集难题，积极协调银团突破桂贺、富贺、钟贺、容梧4个公路项目前期贷资金归集障碍，归入前期贷资金21.88亿元，为归集资金池增加了新的资金来源。2023年，可归集口径资金归集度保持在90%以上。首次以超常规速度同时上线3家银行直连，集团银企平台接入金融机构25家，居广西国有企业集团首位；实现境外成员单位账户可视“零”的突破，集团成员单位银行账户直连率超过90%。

【业务创新】公司加强票据模式的创新和转变，实现首笔供应链票据贴现业务、直贴票据的质押式回购业务、供应链票据再贴现业务落地。创新打造全生命周期金融服务机制，为建设项目提供额外流动资金贷款支持，为全区范围内金融机构首次尝试运用流动资金贷款支持集团铁路项目运营。

【风险管理和内部控制】2023年，公司强化内控合规，开展41项风险排查和内审工作；加强制度体系建设，审议通过101个规章制度；开展全员参与的“我为制度找缺陷”活动；完成首次流动性风险压力测试、市场风险压力测试等有效性评估。2023年，公司未发生重大经营风险、案件风险事件和责任事故。

【人力资源管理】公司坚持“三抓三强”：抓招引，强队伍，落实公开竞聘上岗、社会招聘比例不低于50%的要求，公平、公正地选拔人才；抓培养，强素质，落实好高层次人才“导师带徒”工作，强化对“瞪羚人才”队伍的分类培养；抓保障，强服务，落实集团长期补充医疗保险工作，加强对职称申报工作的指导和材料报送的审核。

【信息化建设】公司完善信息科技治理架构，成立信息科技管理委员会，配齐配全信息科技人员；新一代票据业务系统和集团资金计划项目均成功上线运行；完善信息科技制度体系，上线应用监控平台和数据加密设备；完成同城灾备中心一期建设项目，启动同城灾备二期建设，增强信息科技工作的实效性。

【企业文化建设】公司党支部坚持党建引领，深化金融特色“品质党建 品质金服”品牌，带动“集票宝”、账户可视化、银企直连、票据创新等取得新突破，以高质量党建引领公司高质量发展。清廉金融成效显著，搭建“三

G

项联动”工作机制，构建“四性四力”清廉财司建设模式，公司获中国财协清廉征文组织奖，广西银协清廉建设“先进单位”，1 名员工获“清廉金融 勤廉榜样”工作者。公司推行金融特色积分制激励办法，在人民网广西频道等平台刊发作品同比增长 4 倍，荣获 2023 年广西银行业宣传工作先进单位“优胜奖”。

广州发展集团财务有限公司

【集团概况】广州发展集团财务有限公司（以下简称“公司”）母公司广州发展集团股份有限公司（以下简称“集团”）作为广州市大型国有控股上市公司，围绕建设国内领先的绿色低碳综合智慧能源企业集团战略定位，打造了电力、能源物流、燃气、新能源及能源金融等业务协同发展的产业体系，连续 11 年上榜《财富》中国 500 强，入围“第五届新财富最佳上市公司”50 强，取得国内评级中诚信 AAA、国际信用评级稳定在穆迪 A3。2023 年，集团完成发电量 189.58 亿千瓦时，同比增长 13.30%，煤炭销售量 4110.61 万吨，同比增长 12.77%，天然气供气量 51 亿立方米，同比增长 51%，新能源装机规模突破 400 万千瓦，同比增长 69%。

【经营概况】2023 年是“十四五”规划实施承前启后的关键一年，公司以“依托集团，服务集团”为宗旨，聚焦挖潜开源增效益，为集团能源保供、实现绿色低碳高质量发展构筑起坚强的金融服务支点。2023 年末，公司资产总额 63.68 亿元，负债总额 51.48 亿元，所有者权益 12.20 亿元。2023 年公司经营业绩良好，全年实现营业收入 1.51 亿元，利润总额 5114.83 万元，净利润 4241.61 万元，净资产收益率达 3.47%。

【服务实体】公司抓住粤港澳大湾区建设机遇，助力集团保障能源安全稳定供应，紧密贴合集团主业发展，坚持大力开展信贷、结算和资金等各项基础业务，稳步拓展保函、票据等表外业务，审慎开展有价证券投资、同业拆借和再贴现等外部业务，在不断做强传统业务的基础上，积极创新与丰富新的金融产品和服务，为集团和成员单位提供安全优质的金融服务，降低企业融资成本和集团财务成本。

【信贷业务】公司充分发挥金融平台作用，积极当好金融服务“主心骨”，加大信贷投放力度。2023 年，公司累计向成员单位发放贷款 22.18 亿元（含贴现），年末贷款余额（含贴现）35.81 亿元，日均存贷比达 74.51%，创历史新高，较好地实现了金融活水的持续滴灌，持续助力集团产业高质量发展。

【资金业务】公司及时关注流动性匹配率指标，合理安排资金投放，有效地提高资金头寸流动性管理能力。公司 2023 年月均流动性比例为 63.15%，月均贷款比例为 61.38%。公司通过适时开展同业拆入业务，有效地提高了资金头寸流动性管理能力，保证流动性充足，累计办理同业拆借 70 笔。

【投资业务】2023 年公司申购基金 7 亿元，赎回基金 5.4 亿元，有价证券投资累计收益 1638.13 万元，有价证券投资业务实现了良好的投资收益。

【票据业务】公司首次为成员单位开出商业承兑汇票 54 张，并进行了贴现，金额合计 2.32 亿元。此次票据业务的开展，实现了集团内部企业采用票据作为结算方式量的突破，创单次开票张数和金额之最。2023 年 6 月，公司成功办理了出票人为绿色企业的票据再贴现，从人民银行引入低成本资金 2.3 亿元，进一步提升了产融协同效益。同时，公司在强化金融支持小微企业方面进行积极尝试，成功引入首笔小微企业票据再贴现低成本资金。

G

【资金集中】公司致力为成员单位提供方便快捷的存款和结算服务，资金归集作用明显。2023年，公司吸收存款日均余额50.77亿元，截至2023年12月31日，在公司开户的成员单位共117家，共开立118个结算账户，可归集成员单位的银行账户共224个，可查询成员单位的银行账户有23个。2023年办理结算业务6.89万笔，金额合计4487.51亿元。

【业务创新】公司积极响应国家有关政策，为成员单位向工程承包方开具了支付款保函，是继常规履约保函、预付款保函后，公司表外业务品种新的创新和突破；公司积极响应成员单位开立关税保函的业务需求，申报并获批海关税款担保业务资质，成功开立了首笔海关税款担保保函，并执行零保证金，减轻了企业通关担保的资金压力和担保成本。海关税款担保保函实现了“先放行，后征税”，“一次办理，循环使用”的模式简化了保函办理手续，提高了货物通关效率。

【风险管理和内部控制】公司加强重点领域的风险防范，及时完善电票承兑、电子商票贴现等票据业务制度和风险管理措施，针对流动性风险管理，完善指标预警监控措施，提升流动性风险管理能力。持续加强对外业务风险管理，对年度资金业务策略和实施方案、有价证券投资计划等均严格事前审核，确保市场风险可控。公司以风险为导向，紧跟新业务发展情况及监管政策的变化更新，及时开展日常及专项稽核工作，确保稽核范围覆盖所有高风险业务，评价其内部控制的有效性，有效防范合规风险。2023年开展了10个专项稽核项目，并对监管机构提出意见，全力采取措施完成整改。

【人力资源管理】公司持续优化干部人才队伍结构，不断完善选、育、管、用、储干部工作机制，构建部门考核、全员考核结合的评价体系。健全薪酬约束机制，实现薪酬与贡献相匹配，收益与风险相适应，短期利益与长期可持续发展相协调的机制体制。完善考核分配、考核晋升等机制，保障管理人才和专业人才的职业发展通道，激励复合型金融人才发展成长。

【信息化建设】公司认真落实网络与信息安全各项工作任务，以高效、安全的信息科技运行平台为保障，确保网络与信息系统平稳运行。2023年累计实施信息化项目9项，完成了上海票据交易所新一代票据业务系统连线，网络预警及一体化运维平台实施项目，进行了核心业务系统厂商源代码整改，重要数据在存储过程中进行加密等工作，提高了系统可靠性。优化完善了拜特资金管理系统，为成员单位提供便捷信息化服务。

【企业文化建设】公司以集团“3456”党建工作模式、“赋能发展”党建品牌为指引，进一步夯实党建工作基础，持续推进党建与生产经营深度融合，充分发挥党建工作对企业发展的引领力和助推力。一是深学细研实干，推动主题教育见行见效，公司党支部坚持高标准严要求，把扎实有效开展主题教育作为重大政治任务，在以学铸魂、以学增智、以学正风、以学促干方面取得成效。二是坚持固本夯基，提升基层党建工作质效，深化党支部标准化建设。三是加强基层党建品牌建设，以“党建+”为抓手，持续打造“金融先锋”“党员攻坚”项目，突出党员先锋模范作用，多举措激励引导公司党员干部践行初心和使命。

G

广州港集团财务有限公司

【集团概况】广州港是千年海上丝绸之路始发港之一、华南最大综合性主枢纽港和集装箱干线港，是广州打造国际综合交通枢纽、建设国际化大都市的重要战略支撑，是华南地区联通世界的重要门户。广州港集团（以下简称“集团”）是广州港的核心龙头企业，2023年，集团完成货物吞吐量5.75亿吨，集装箱吞吐量2424.7万标准箱，同比分别增长2.9%和3.7%，拥有集装箱航线总数超过200条，班轮航线覆盖国内及世界主要港口，集团总资产近600亿元，控股参股公司近200家，现有员工近2万人。

【经营概况】广州港集团财务有限公司（以下简称“公司”）始终立足“四个平台”的功能定位，秉承服务集团、助力集团高质量发展理念，面对当前发展环境，公司充分发挥贴近产业的优势，深挖成员单位金融服务需求，主动提供符合成员单位经营特征的业务和产品，推进金融服务提质扩面，多措并举持续加强集团资金集中管理和提高集团资金使用效率。

【服务实体经济】2023年，公司紧跟集团战略部署，加大对成员单位的信贷支持力度。一是重点支持核心港口项目，深化绿色低碳建设，分别对成员单位进行信贷投放，为港口枢纽建设“存量升级、增量创新”增添新动能。二是积极支持冷链仓储，向冷链公司发放贷款，保障港口货物冷链仓储。三是灵活支持集团“引货入港”，向港口贸易类客户投放流动资金贷款，实现快速贸易周转，助力集团公司吸引大宗货源入港。

【信贷业务】2023年，公司在加大信贷投放力度的同时，积极让利成员单位，公司贷款利率明显优于市场融资水平，贷款利率均低于其市场融资水平10~20个基点。2023年，公司被广州市地方金融监督管理局、广州金融业协会评为广州市“绿色金融十佳机构”；公司的《“内部银行”助力南沙港四期绿色港口建设》入选广东金融学会、广州市绿色金融协会2023年度全省绿色金融改革创新推广案例。

【资金业务】2023年，公司资金业务主要为存放同业业务，整体运行较为稳健，发展质量较高。公司存放同业业务在保障贷款需求和成员单位支付的前提下，结合各家金融机构限额，采用报价优先的原则，以求在保障资金安全的同时提高资金收益。公司核心业务系统的预算管理模块逐渐完善，在提前掌握大额支付信息并结合贷款发放的情况下，合理匡算出开展同业业务的空间，逐步搭建起了资金预算管理体系，优化了资金运用结构，为同业业务开展提供了重要决策前提。

【票据业务】2023年12月9日，公司成功以直连方式接入上海票据交易所新一代票据业务系统，财务公司票据业务系统正式上线成功，成员单位均可通过财务公司系统开展各项票据业务。

【资金集中】2023年，公司紧密围绕提升资金效率与风险防控积极采取了有力措施强化资金集中的管理。通过不断优化财资系统，显著提高了成员单位的资金划转效率，同时，通过高效的现金流预算管理，加强对各业务板块的资金流入流出预测与控制，确保了资金链条的安全稳定。公司通过营销大力吸收成员单位沉淀资金，并运用好同业资源，实现集团内闲置资金的有效整合与高效利用。通过开展资金存量分析及效益评估，合理配置资产结构，有效提升了资金收益水平。截至2023年末，公司的全口径资金集中度达到了60.28%，这一成果体现了公司在强化资金管控、优化资源配置方面取得了重大进展。集中度的提高不仅增强了集团整体的资金实力，也降低了财务成本，为公司战略发展提供了坚实的财务支持和保障。

【业务创新】2023年5月，公司为成员单位开出首笔2000万元关税保函，该保函额度可循环使用，切实提高通关效率，加大金融支持力度。

【风险管理和内部控制】公司坚持“内控优先、合规为本”理念，以合规经营为基础、以创新发展为动力、以监管要求为抓手，不断加强风险管理体系建设，集“公司治理规范化、风险管理全程化、内部控制系统化、应急管理常态化”为一体，全面推进风险管理和内控合规体系建设。2023年持续完善内控制度管理体系，厚植合规经营发展根基；持续完善《风控管理手册》，制定风险应对策略、防范措施，明确责任分工，形成风险控制矩阵清单；将风险、合规、内控、审计要求嵌入业务流程，构建风险防控长效机制，持续提升风控管理水平，为公司稳健发展提供重要支撑和坚实保障。

【人力资源管理】高度重视队伍建设，大力加强人力资源管理。认真开展人才引进工作，做好应届毕业生招聘和社会人才招聘；完善内部机构设置，配强业务力量；根据监管要求和公司功能定位及业务特点，进一步健全激励约束机制，完善绩效考评和薪酬管理制度，以科学的机制充分调动员工积极性，提升各部门履职能力。制定并印发《广州港集团财务有限公司关于加强人才培养工作要点》，科学引育用留，积极搭建金融人才成长平台，加大金融人才培养的力度。

【信息方面】公司按照监管单位和自身业务开展的要求，加大信息化基础建设投入，持续完善信息化建设，确保公司网络及数据安全；通过科技赋能利用各种新产品和新技术，改变传统工作和运维模式，利用创新手段提升员工日常工作效率。完成商务智能报表管理平台建设项目，通过该平台实现公司报表从“电子化”转变到“平台化”管理，利用数据可视化技术搭建各业务部门主题大屏，为公司的运营发展“出谋划策”。完成数据库运行安全管理平台、同城灾备机房建设项目和数据库权限管控平台项目。通过这些项目的落地，丰富信息科技部门对数据库的自动运维手段，有效地对公司数据资产进行保护，确保数据安全性和完整性。

【企业文化建设】公司坚持以习近平新时代中国特色社会主义思想为指导，不断强化基层党组织建设，发挥好党支部战斗堡垒和党员干部先锋模范作用，将党的领导融入公司治理，以高质量党建引领高质量发展。大力开展反腐倡廉教育，强化作风建设，认真落实党风廉政建设责任制，抓好日常监督执纪，深入推进全面从严治党，努力营造风清气正的发展环境。

广州汽车集团财务有限公司

【集团概况】2023 年广州汽车集团股份有限公司（以下简称“集团”）始终以习近平新时代中国特色社会主义思想为指导，全面深入贯彻党的二十大精神，稳步推进“万亿广汽”各项行动措施，全面贯彻落实省委“1310”具体部署、市委“1312”思路举措，坚持稳中求进、沉着应对、积极施策，全力以赴拼市场、争订单、挖潜能、拓增量，总体保持了经营平稳发展态势。2023 年，集团汽车产销均超过 250 万辆，集团自主板块盈利面扩大，销售约 89 万辆，自主品牌中新能源汽车占比达 58%。

【经营概况】2023 年，广州汽车集团财务有限公司（以下简称“公司”）紧紧围绕“以事业计划为中心，开拓创新，凝心聚力，提升产业金融服务能力”的经营工作方针，持续夯实业务发展基础，不断提升金融服务水平。2023 年，公司存款日均余额 343 亿元，贷款日均余额 160 亿元。

【服务实体】2023 年，公司支持集团重点项目，为主机厂及其配套企业新发放贷款及贴现 55.95 亿元，同比增加 20.31 亿元。同时，支持主机厂销售，持续提升库融服务质量，满足经销商融资需求，2023 年库融业务累计合作经销店同比增长 19%，发放库存融资 604 亿元，同比增长 148 亿元。此外，公司深耕绿色金融服务，扩大绿色金融范围，2023 年积极向人民银行申请优惠政策支持，累计共新增 8 家绿色企业，累计办理再贴现 9.38 亿元。

【信贷业务】为积极应对成员企业资金需

求，2023年公司紧跟成员企业发展步伐，加大授信业务投放力度。截至2023年末，公司整体贷款余额达180.18亿元，贷款日均余额160亿元，同比增长22.51%。其中，公司为大力支持集团汽车销售，进一步推进库存融资贷款业务，提升经销商覆盖率和库融渗透率，并及时调整业务应对策略，快速响应经销商库存融资需求，2023年库存融资贷款日均余额超过78亿元。

【产业链金融】公司通过库存融资产品配合多项金融服务政策为各合作主机厂的经销商客户提供充足的授信保障，积极发挥集团内金融助推器作用，2023年库存融资业务累计合作经销店1458家，同比增长20%，支持主机厂销售量超过74万台。此外，为进一步缓解经销商的还款压力，公司出台额度延期政策，推出保证金优化等政策。

【资金与投资业务】2023年，同业市场资金利率较2022年总体呈现上调趋势。公司把握资金市场波动机会，综合比较存放同业、同业存单等不同运用方式的利率，灵活、合理、及时对短期/中长期资金进行配置，在满足资产负债指标的要求下，提高资金使用效益。同时，公司开展自营债券投资业务，并按监管要求完成投资业务调整。

【业务创新】公司面向集团成员单位，打造自助、快速、智能的特色产品——“月融易”。自2023年4月上线以来，公司累计为成员单位发放“月融易”约3亿元，并大幅降低成员单位的融资成本，助力集团成员单位高质量发展。

在新能源库存融资业务方面，守正创新，赋能广汽传祺新能源科技转型，推出广汽商贸新能源销售公司专属分段免息方案及针对交付门店“E祺贷”产品，展车、试乘试驾车、调拨车均可贷，满足直销模式下全场景融资需求。2023年末，新产品发布两个月内投放“E祺贷”贷款2254万元。

【风险管理和内部控制】2023年，面对复杂严峻的外部环境，公司坚持“审慎经营、稳健发展”的经营原则，持续完善风险管理体系，规范业务经营，强化重点领域风险防控，不断提升自身风险管控能力，继续以信用风险、流动性风险、市场风险为监测重点，持续落实全面风险管理要求，各项业务稳步推进，整体风险可控，未出现重大风险情形，全方位推进公司高质量发展。

【信息化建设】2023年，公司持续推动数字化转型，实现科技赋能。一是建设新应用系统支撑公司业务开展。二是持续优化和完善主要业务系统性能，改善用户体验，2023年共实施202个优化需求。三是夯实数据基础，推进数据运用。四是持续提升安全运营保障服务能力。

【党建文化】2023年，公司党支部坚持以习近平新时代中国特色社会主义思想为指导，把开展主题教育同学习贯彻党的二十大精神有机结合，同习近平总书记视察广东、广州、集团时的重要讲话和重要指示精神有机结合，同践行以金融助力汽车主业和实现“万亿广汽”战略的使命实践有机结合，以高质量党建引领公司党员干部、职工群众感恩奋进、砥砺前进、锐意共进，坚定不移走好汽车产业金融事业高质量发展之路。

贵州茅台集团财务有限公司

【集团概况】贵州茅台集团财务有限公司（以下简称“公司”）所属集团为中国贵州茅台酒厂（集团）有限责任公司（以下简称“集团”），集团以贵州茅台酒股份有限公司为核心企业，聚焦“酒产业、酒旅康养、综合金融”三大主业。其中，酒产业主导产品贵州茅台酒历史悠久、源远流长，具有深厚的文化内涵，1915年荣获巴拿马万国博览会金奖，与法国科涅克白兰地、英国苏格兰威士忌一起并称“世界三大（蒸馏）名酒”，其酿制技艺入选国家首批非物质文化遗产代表作名录，是一张香飘世界的“国家名片”。

【经营概况】2023年，公司坚持以高质量发展统揽全局，紧紧围绕作为茅台集团“资金平台”的功能定位，以集团司库管理为发展方向，提出并践行“一流司库管理、一流产融服务、一流风险管控”的战略实施路径，有效保障资金管理的安全性、流动性、收益性，积极发挥“美链接”作用。2023年，公司积极拓展工作思路，充分挖掘潜力，提升服务能力，始终坚持以“风险为本”制定战略与经营目标，在延续无不良贷款和不良资产的同时，圆满完成了各项经营目标。

【信贷业务】公司积极走访成员单位，深挖融资需求，根据生产经营实际为其设计定制化信贷方案；跟进集团重点项目进展，配合开展供应链平台金融模块搭建，通过信贷业务有效调配集团资金使用效率，为成员单位提供有效资金支持，优化成员单位的现金流情况。助力下游产业链发展，买方信贷业务实现突破，积极践行“大集团一盘棋”战略，通过信贷业务积极赋能于集团产业链，2023年公司新增拜访经销商客户70余户，覆盖全国19个省、市、自治区，买方信贷发放规模实现了2.83倍的同比增幅，有效实现了金融赋能作用。

【资金业务】公司依托对资金头寸的细致测算，于季末等利率较高的时间点开展国债逆回购业务，并拓展质押式报价回购、同业存单业务等新业务，实现对资金收益的增厚；建立以Shibor为基准的利率报价和定价机制，与交易对手充分议价；签署活期利率协议，提升资金收益率。

【投资业务】公司持续做优资产端业务，通过提高投资研判能力丰富投资组合、分散市场风险。2023年拓展了国债、地方政府债、货币市场基金等新投资品类，投资日均规模较上年同比增长约13倍。

【资金集中】公司持续做好成员单位资金归集及结算服务，2023年为成员单位节约手续费用125.12万元；响应集团业财一体化项目建设部署，推进银企直连升级和银行账户直连上挂；完成电子验印系统及境外账户可视功能上线，在提升业务效率的同时强化了风险控制能力。

【业务创新】公司紧跟集团国际化步伐，推进“跨境资金池+CIPS系统直连”业务创新，成功获得人民银行、国家外汇管理局备案批复可适时可开展境外放款业务、外债引入业务及集中收付业务，并于2023年落地首笔跨境人民币支付业务。

【风险管理和内部控制】公司完善全面风险管理体系，加强信用风险管理，推进预期信用减值模型及风险库信息建设，持续开展风险监测；提升法务及案防工作质效，加快构建与当前监管环境、集团管控力度要求相适应、与公司新发展时期的战略目标相适应的合规管理体制，组织开展形式多样的合规宣传活动；推进审计及问题整改，加强过程管控。

【人力资源管理】公司聘请第三方推动人力资源与薪酬体系改革，优化三定方案、职级晋升、薪酬管理、干部竞聘等工作；强化员工培训，积极参加人民银行、国家金融监督管理总局、中国财务公司协会和集团组织的各类业务培训，全面提高不同岗位、层次员工的职业素养。

【信息化建设】公司积极配合集团数字化建设，推进业财一体化项目，拓展公司在集团资金集中管理上的服务功能；完成新一代电子票据系统建设，为系统整合奠定基础，为公司票据业务发展创造必要条件；完善投资业务模块、完成电子验印系统上线，持续优化核心系统建设。

【企业文化建设】公司梳理并提出“链接茅台美生态”的使命和“成为独具‘酱心’的一流财务公司”的愿景。公司工会组织各项文体活动丰富职工生活，鼓励职工爱岗敬业，提升了职工对公司的认同感、归属感；引导全体员工坚定以金融服务赋能集团主业的理念，以“党建+业务”双融合、双提升、双促进，打造“金融先锋队·匠心”党建品牌，由党建引领工会工作，引导广大党员坚定永远跟党走的理想信念。

贵州能源集团财务有限公司

【集团概况】贵州能源集团有限公司（以下简称“集团”）是贵州省委、省政府于2022年12月对原盘江煤电集团和原乌江能源集团进行战略性重组成立的大型能源企业，是全国24户重点能源企业之一和我国长江以南最大的煤炭企业，拥有14家二级企业，2家上市公司。在2023年“中国500强企业”中排名第382位、“中国能源企业500强”排名第83位。

【经营概况】贵州能源集团财务有限公司（以下简称“公司”）2023年9月15日完成更名（原贵州盘江集团财务有限公司），公司2023年注重在扩大业务规模、增强服务质效、提高“内部银行”作用上下工夫，努力实现作为集团内部金融机构的价值。截至2023年12月31日，公司资产总额27.68亿元，负债总额21.88亿元；2023年实现营业收入8734.98万元，利润总额5218.22万元，净资产收益率6.76%；无不良贷款和不良资产，各项监管指标符合监管要求。

【服务实体】公司始终坚持对成员单位减费让利，2023年贷款利率较商业银行平均下降75个点差，为成员单位减少支出2033万元；减免委贷、结算及票据等业务手续费84.95万元；公司存款利率较商业银行增加34个点差，为成员单位增加利息收入863.43万元；成员单位在公司的综合融资成本较上年同期减少支出1785.24万元。

【信贷业务】公司坚持对成员单位实施优惠政策，免收其各项业务手续费用，降低保证金比例，大幅下调贷款利率。进一步降低成员单位的融资成本，提高集团资金使用效率，助力集团及成员单位的改革发展。同时，根据成员单位多样化金融服务需求，丰富担保种类。2023年，为成员单位办理矿权质押流动资金贷款1.4亿元，累计提供贷款支持13.58亿元，贷款余额15.33亿元。

【资金业务】公司积极拓展和充分利用同业资源，拓宽融资渠道，保障公司资金流动性。2023年，公司资金结算平台持续保持安全平稳高效运营，全年累计办理成员单位各类资金结算业务1351.71亿元，同比增长13.99%，通过资金集中结算，累计减免成员单位结算手续费63.93万元，共取得外部同业授信5亿元。

【票据业务】公司严格按照监管规定开展票据业务，2023年办理转贴现12笔，办理票据贴现14.71万元，办理贴现票据转出8.31亿元，办理票据承兑1.23亿元。票据业务的开展有效缓解成员单位经营资金周转压力，提高资金周转率。

【资金集中】公司抓住组建能源集团契机，紧盯集团组织架构调整情况，及时为成员单位开立结算账户，并办理资金归集。截至2023年12月31日，公司为成员单位开立账户119个，较年初新增21户，增长21.21%；吸收存款日均余额256563.18万元，较年初增长14.20%；成功直连成员单位银行账户301个，为集团资金监控功能的实现奠定了基础。

【业务创新】2023年，公司通过上海票据交易所系统办理商业汇票转贴现业务，这是公司成立以来第一笔转贴现业务，成功盘活票据融入外部资金，缓解流动性压力。转贴现业务落地，标志着公司成功开辟集团内外业务连接又一通道，将进一步增强集团盘活商业汇票能力。

【风险管理和内部控制】 公司围绕总体经营目标和服务集团发展要求，开展风险管理和内部控制工作，强化全面风险管理，提升金融服务质效。截至2023年12月31日，公司贷款拨备率、流动性比例、贷款比例、资本充足率等指标均高于监管要求，修订《金融资产风险分类管理办法》等制度31项、新建《贷后管理操作规程》等制度22项、废止制度2项，已建立覆盖现有的管理工作和所开展业务的制度及办法177项。

【人力资源管理】 公司坚持党管人才原则和“人才是第一资源”理念，积极推进人力资源相关工作。2023年，公司制定实施《人才工作高质量发展实施方案》，对4名高学历员工发放安家费并对职级进行认定，加大技术人才激励力度，提高技术津贴；制定实施公司《人才发展规划（2021—2025年）》，为建好建强人才队伍提供了决策依据；研究决定开展员工岗位轮换和调整工作，有利于强化岗位监督和约束，促进青年人才在工作实践中积累经验、增长才干。

【信息化建设】 公司强化网络与信息安全精细化管理，进一步提升信息科技品质。2023年，公司开展网络安全等保测评工作，达到网络安全三级等保的标准，进一步提高公司网络安全防护水平；推进加密系统、脱敏系统、安全软件授权、代码审计等相关工作，完成业务连续性计划制订和应急演练工作。

【企业文化建设】 公司坚持以习近平新时代中国特色社会主义思想为指导，充分发挥党建引领发展作用。2023年，公司扎实开展学习贯彻习近平新时代中国特色社会主义思想主题教育，切实推进为职工办实事；结合公司实际，积极开展党建联建共建助推乡村振兴、金融知识宣传进厂入矿服务、元旦春节送温暖活动，履行社会责任；组织红色教育、非遗体验、踏春、包饺子等形式多样的活动，营造和谐向上的氛围；更新公司标识，抓好公司企业文化建设。

国机财务有限责任公司

【集团概况】 中国机械工业集团有限公司（以下简称“集团”）是中央直接管理的国有重要骨干企业，作为一家多元化、国际化的综合性装备工业集团，聚焦产业基础研制与服务、先进装备制造、工程承包与供应链三大主业，拥有29家直接管理的二级企业，12家上市公司，列“世界500强企业”第279位、“中国机械工业百强”首位。

【经营概况】 2023年，国机财务有限责任公司（以下简称“公司”）坚持稳中求进工作总基调，强化四个平台功能建设，推进数字化转型步伐，持续服务集团高质量发展。公司资产总额480亿元，负债总额439亿元，实现利润总额3.18亿元，存贷款规模、资金集中度、结算规模等主要指标再创新高。2023年，河南分公司正式揭牌，公司服务集团战略能力进一步提升。

【服务实体】 公司紧跟集团战略需要，制定助力集团担当新型工业化建设主力军、推进落实碳达峰碳中和、助力振兴纺织机械等多项金融服务方案；重点服务集团总部及高端装备制造、科技研发等核心板块金融需求，重点领域信贷规模占比超过80%；积极对接绿色金融需求，扩大绿色信贷投放，获得人民银行绿色金融最高等级评价；深耕产业链金融服务，打造农业产业链金融服务样本，支持集团农机装备制造企业发展，产金业务规模增长16%。

【信贷业务】 公司深入对接企业需求，对二级企业进行全覆盖式走访调研，积极对接符合集团战略及公司信贷策略的需求，同时加大外部高息贷款的置换和内部贷款的挖潜。2023 年发放各类贷款 303 亿元，同比增加 53 亿元，增长 21%，年末信贷余额 190 亿元，同比增加 35 亿元，增长 23%。

【资金业务】公司贯彻“动态紧平衡”原则，保证资金安全、保持配置弹性。完善流动性指标监测机制，并合理控制备付资金；优化配置结构，抓住配置窗口，实现资金管理安全、收益双稳定，同业授信规模稳中有增，合作机构和授信品种进一步优化。

【投资业务】公司坚持审慎投资策略，发挥投资业务的流动性管理工具属性，提升公司整体资产配置效率。一是完善投资体系，构建债券和债券型基金的投资组合，建立债基定量评价模型，提升投资科学性和灵活性。二是优化业务结构，根据监管新规完成调整。

【票据业务】公司着力推广财务公司电票系统，2023 年办理承兑近 2 万张、约 80 亿元，分别增长 25% 和 28%。加强同业合作，办理转贴现约 7 亿元。上线产金系统电票买贷功能，实现电票买贷全流程线上化。组织成员企业办理“集票宝”，推动票据信息可视化。

【外汇业务】公司加强本外币一体化资金池政策应用，境外资金归集首次突破 10 亿元，开展意愿购汇业务，协助成员企业更加灵活规避汇率风险。开通外汇业务网银功能，打通银行直连渠道，提升业务办理时效。办理公司首笔外币存单及外币拆借，丰富外币运作产品及流动性管理工具。

【资金集中】公司积极拓展资金归集覆盖面、降低不可归集规模、制订个性化归集方案、加强动态分析，实现存款规模、资金集中度“双提升”，日均存款366 亿元，增长 9%。2023 年末可归集资金集中度 93%，较年初提高 3 个百分点。

【业务创新】公司发布“强基础锻所长”专项贷款产品，办理相关贷款 36 笔，约 5 亿元，支持关键核心技术项目及专精特新、制造业“单项冠军”等企业发展；开展首笔知识产权质押融资，赋能科技自立自强；探索同业合作新模式，创新“商票 + 转贴 + 保贴”并成功落地，服务成员企业上游贴现需求；全面推广信贷业务在线申请、签约，缩短业务办理周期及效率。

【风险管理和内部控制】公司持续完善内控合规体系，设立合规审查委员会，加强重要业务合规审查；开展内控专项提升行动，全面评估经营管理制度并组织修订更新；开展制度宣贯年活动，全面讲解公司制度；建立健全规章制度审核、合同库管理及线上签约管理机制，事前防范法律风险；完善风险管理体系，开展信息科技风险全面评估，建立日常监测评估机制，系统性提升信息科技风险管控。

【人力资源管理】公司加大制度改革推进力度，完善经理层任期制和契约化方案，修订薪酬、绩效管理办法，开展岗位价值评估，发挥薪酬激励与约束功能，体现绩效考核导向作用；加强干部队伍建设，制订优秀年轻干部队伍建设方案；加大员工多岗位锻炼力度，开展分层次培训，提升人才专业能力。

【信息化建设】公司完成数字化转型规划和“十四五”信息化中期规划调整，有序推进数字化转型。升级核心系统，大幅提升结算效率和自动化、线上化水平；全面完成司库管理系统自主可控建设，上线 20 余个功能模块；自主研发业务看板，实现存贷数据可视化。完成两地三中心数据备份建设，提升容灾和数据安全水平。搭建司库系统自动监控预警平台，降低系统宕机风险。

【企业文化建设】公司以主题教育作为企业文化建设切入点，组织职工围绕高质量金融服务集团高质量发展开展研讨，营造“大学习、大讨论”浓厚氛围。全员参与企业宣传片拍摄，开展首届辩论赛、乒羽比赛，强化职工对“合作共赢、专业致臻”文化的理解。把握新形势下职工思想脉搏和精神需求，开展多次健康讲座和节日活动等，帮助解决实际问题，营造共谋发展良好氛围。

国家电投集团财务有限公司

【集团概况】 国家电力投资集团有限公司（以下简称“集团”）成立于2015年7月，是中国五大发电集团之一，2023年度位列世界500强企业第262位。集团拥有光伏发电、风电、水电、核电、煤电、气电、生物质发电等全部电源品种，是全球最大的光伏发电企业，负责牵头实施“大型先进压水堆核电站”“重型燃气轮机”两个国家科技重大专项，是“能源工业互联网”平台建设任务主责单位，也是国务院国资委确定的国有资本投资公司试点企业。截至2023年12月末，集团总装机突破2.45亿千瓦，其中清洁能源占比70.85%；光伏发电、新能源发电、清洁能源装机规模均居世界第一。

【经营概况】 国家电投集团财务有限公司（以下简称“公司”）坚持创新引领，稳中求进，实现公司高质量发展，经营业绩再创历史新高。截至2023年末，公司注册资本金75亿元人民币，资产总额815.21亿元，不良资产率和不良贷款率均为零，各项指标均符合监管要求，荣获北京市西城区经济社会发展贡献奖。

【服务实体】 公司始终坚持金融服务集团实体经济发展的核心定位，提升产融协同质效。设立50亿元新兴产业专项资金池，重点支持集团新兴产业项目建设；以落实能源保供为要求，设立50亿元保供专项资金池，保障电力保供企业资金不断链；设立20亿元科创项目专项资金池，推动集团重大科研项目研发攻关和落地转化。发挥融资顾问专业优势，牵头组织完成山东核电二期、湛江核电、羊曲水电等清洁能源大基地银团贷款组建，融资额达728亿元，全力保障集团重大项目中长期资金支撑。

【信贷业务】 2023年，公司加大对清洁能源项目投放力度，全年累计发放清洁能源贷款911亿元，清洁能源投放占比超过70%。提升金融服务手段，全面推动集团下属综合智慧零碳电厂、大用户大基地、绿电转化等新兴产业建设，为集团新兴产业提供信贷投放超过27亿元，金融服务综合智慧能源规模累计超过300亿元。提供低利率债务优化专项资金池，帮助成员单位推动债务成本压降工作，2023年累计提供债务优化资金508亿元；“一企一策”为困难企业制订债务优化工作方案，为集团下属困难企业优化存量债务超过70亿元，贷款成本较年初下降49个基点，同比压降财务费用超过2600万元。

【资金业务】 公司主动应对市场变化，保障资金安全运作。扩充交易渠道，外部同业授信总额度626.20亿元；加强同业备付资金管理，不断提高公司流动性管理水平。

【投资业务】 公司探索金融服务模式创新，形成“以客户为中心”的一流客户服务体系，建立公司党委委员为首席客户经理的多层级全覆盖的客户服务机制。开展特色化金融产品创新，包括创新碳配额质押融资，盘活集团公司火电企业碳配额，开辟低成本融资途径。创新“打包”融资，联合工商银行突破“一项目一审批”传统机制，解决用户侧能源等新兴产业融资难题。坚持绿色创造价值，组织发布公司首份ESG报告，打造央企绿色金融服务新标杆。

【票据业务】 公司完成财务公司新一代票据系统开发上线，实现与上海票据交易所集票宝业务对接，完成与工商银行、招商银行票据查询直连工作。2023年累计办理财务公司承兑汇票5.4亿元，办理贴现2.1亿元。通过拓展同业票据资产合作渠道，完成票据转贴现24亿元，提高了集团票据资产流动性。

【外汇业务】 公司具备跨境资金集中运营管理业务资质，跨境资金集中运营管理备案企业221家，2023年累计办理跨境资金归集折合人民币 7.41 亿元。

【资金集中】公司开展低效无效账户清理，进一步加强银行账户管理，防范资金风险；强化资金集中日常管理，建立重大资金归集协调机制，定期开展检查监督，形成了一套较为完善的资金集中管理体系，2023 年末全口径资金集中度 78.75%，全年可归集资金集中度达 99% 以上。

【业务创新】公司创新金融服务模式，助力集团能源绿色转型。落地电力央企财务公司首单碳排放权质押贷款 2200 万元，有效降低火电企业融资成本，实现经济效益和社会效益双丰收，进一步鼓励成员单位减排降耗，拓展融资渠道。针对集团用户侧综合智慧能源项目分布“小、散、多”等特点，加强金融服务创新，突破“打包融资”新模式，首个示范样板项目落地重庆公司，获评集团公司创新成果奖。

集团作为首家能源央企获得外管局批准开展跨国公司本外币一体化资金池试点业务，公司为主办企业。打通了集团公司境内外两个资金池，当前已实现首笔 5000 万元上海电力跨境资金归集，助力集团公司国际化战略落地。

【风险管理和内部控制】公司严守合规发展底线，提升防范化解风险能力。严格落实监管要求，及时跟进最新监管动态，认真整改落实 2022 年监管意见书涉及问题，强化监管统计数据审核确保报送质效，公司连续 3 年获得行业数据统计优秀单位荣誉称号，连续 5 年获得监管最高评级，保持行业领先地位。扎实开展年度重大风险评估及季度动态检测，持续优化完善制度体系，开展存量客户信用风险排查专项工作，做实做细贷款三查，加强合同管理信息化风险管控能力建立，全力保障公司重大风险事件“零”发生。

【人力资源管理】公司加强高层次人才队伍建设，建立具有金融企业特色的专家体系，拓展员工发展平台；完善员工职业培训体系，加强创新型复合型人才培养，强化内外部学习交流和岗位轮换，强化多领域全方面专业技能培训；优化 JYKJ 考核激励机制，深化全员绩效管理，建立全员创先争优的良好导向。

【信息化建设】公司按照司库系统二期规划，全面推进一流司库系统建设。扩展升级 10 余个司库系统功能模块，全面提升司库系统生产运营能力；综合运用大数据、模型算法等先进技术，创新研发智慧监督系统，对资金收付业务进行全过程监督，有效提升资金风险防范能力；建立智慧中台系统，并开展数据资产盘点和数据标准制定，显著提高数据质量和数据服务能力；通过梳理制定资金标准化流程，深化与共享系统的融合，实现账户管理、融资管理和资金计划的全流程闭环管控，有效支撑集团业财一体化；建设同城和异地数据级灾备中心，全面提升公司业务连续性保障能力。

【企业文化建设】公司统一思想凝聚共识，组织召开公司宣传思想工作会议，持续构建宣传思想工作新格局。践履笃行社会责任，发布首份 ESG 报告，首次获评集团公司文明单位，绿色金融创新实践入选 2023 年度电力企业社会责任优秀案例，彰显了绿色金融服务绿色产业的使命担当。深入开展品牌建设推广，“天玑壹”品牌故事在“风光无限”高铁动车专列上广泛传播，“书香财务公司”等一批专题报道深入人心，《心新向融 智见未来》等作品荣获电力行业“能源奥斯卡”一二等奖。

G

国家能源集团财务有限公司

【集团概况】国家能源投资集团有限责任公司（以下简称“集团”）于 2017 年 11 月 28 日正式挂牌，是经党中央、国务院批准，由中国国电集团公司和神华集团有限责任公司联合重组而成的中央骨干能源企业，是国有资本投资公司改革、创建世界一流示范企业、国有企业公司治理示范的试点企业，2023年世界500强排名第76位。

【经营概况】2023年，国家能源集团财务有限公司（以下简称“公司”）实现创利创效77亿元，资产总额2756亿元，拨备前利润总额44亿元，吸收存款余额2413亿元，信贷资产余额（含贴现）2020亿元，累计结算量136万笔、金额近10万亿元，票据业务规模295亿元。以上指标均创历史最好水平，公司荣获“年度最佳财务公司”，被集团评为2023年度关键业绩考核A级。

【服务实体】公司坚持满图运行。以“百日大会战”为契机，扩大存贷规模，公司业务实现集团各区域、各产业及重大项目全覆盖。强化服务保障。助力能源保供，煤电企业信贷余额1067亿元；推动“双碳”转型，为水电和新能源企业提供资金653亿元、绿色票据36亿元；支持科技创新，提供资金65亿元；保障项目建设，贷款余额503亿元；协同扭亏治亏，困难企业贷款571亿元。助力降本增效。主动调降利率，结合外部高息贷款置换，为成员单位节约成本21亿元；以“银团+拼盘”方式为玛尔挡等9个项目定制融资方案，合计448亿元。深度融合协同。融入“国能e链”，开发专属金融产品，提升交易便利，降低运营成本；推动平台交易自动结算，巩固扩大煤炭购销金融协同试点成果。

【信贷业务】公司配合集团融资集中管理，加大内部资金融通，信贷规模突破2000亿元，自营贷款规模2007亿元，委托贷款规模999亿元，内部资金池上划规模2374亿元，帮助成员单位有效压降外部融资。

【资金业务】公司丰富投资、融资、资金一体化经营管理理念，系统整合投资、融资和资金头寸三个子系统，实现经营质效“1+1+1>3”，有力提升综合收益。加强财银合作，构建金融同业生态圈，提升公司品牌行业影响力和市场美誉度。

【投资业务】公司开展以国债为主的债券自营，深化“面向交易”债券投资理念，丰富投资策略，寻机开展规模化、策略化交易，提升经营绩效。强化市场风险管控，跟踪市场动态，定期开展投后检查，确保风险可控在控。上线投资管理系统，信息化建设迈上新台阶。

【票据业务】公司加强业务信息集中，开展全集团1978家成员单位“集票宝”材料收集和产品申请，并在日常业务中运用；加强业务集中，完成与招商银行、农业银行票据财银直连；加强融资集中，公司端“票据池”顺利上线。

【国际业务】公司推进即期结售汇资格及综合头寸限额报批，完成9项制度建设及系统测试准备；巩固跨境双通道服务能力，新增入池企业7家、累计71家，服务笔数创新高。

【司库建设】公司主动承担核心任务。聚焦集团“一网一库三平台”迭代升级，主动承担司库体系建设核心任务，助力集团高标准通过国资委中期验收，不断改进薄弱项，运营指标提升至央企先进水平。提升资金归集水平。上市公司资金归集增加至1001亿元，压减存量外部账户792个，可归集资金集中度保持100%，监管口径资金集中度超过80%。扩大资金结算规模。拆除全部5家单位外部资金池，完成3家单位内部资金池搭建，可入池单位全部入池稳定运行，每月压降外部结算资金1636亿元。增强资金监控覆盖。与集团21家战略合作商业银行直连互通，实现资金余额全部可视、资金流动全部可溯、归集资金全部可控；境内直连银行账户监控覆盖率95.8%，境外账户监控覆盖率97.4%。

【业务创新】公司完善创新管理制度机制，构建覆盖创新活动全过程的服务管理闭环；跟踪QC小组项目进展，举办QC项目发表赛，创新工作室迅速推进，1项成果获集团三等奖。

【风险管理和内部控制】公司深化依法治企，开展“以案释法、问题剖析”特色活动；健全制度体系，立改废制度96项；完善内控风险矩阵，编制金融行业手册；推动风险指标上线国能金服APP，实现多维监测；“三段式”审

G

计成效显著，“专班＋专人”形成整改落实工作闭环；监管评级进入行业第一梯队，持续保持违规事件、风险事件、负面舆情和资产减损“零纪录”。

【人力资源管理】公司完善“劳动合同＋岗位协议＋绩效考核”契约化管理体系，实现“一人一岗一责”；构建经营绩效与党建绩效相统一的综合绩效考核体系，实现部门绩效与员工薪酬硬挂钩、严兑现；打造实干型、复合型、领军型人才，建强金融管理、金融专业、金融青年三支队伍，选拔入库29人，首年度评选5人。

【信息化建设】公司专线接入人民银行电子凭证互联互通平台，助力集团成为首家开展财政部电子凭证会计数据标准全级次全员深化试点的央企；开发结算预约收款功能，上线新一代票据系统和中国人民银行二代征信系统，全力推进乐企直连；落地上市公司关联交易预警和超限存款自动划转；开展新核心业务系统压力测试和升级优化，获得CNAS认证；升级国能金服APP3.0，深化金融数据可视化大屏应用，建设金融数据管理驾驶舱。

【企业文化建设】公司一是强化党建领航。扎实开展主题教育，构建“五定、三见、六有”机制，解决92个具体问题；开展支部政治功能和组织功能“双提升”，实施“登高计划”，优化“红色旗帜”制度。二是凝聚发展共识。开展主题宣传，深化文明创建，获评集团文明单位和文明单位标兵；推动统战工作，坚持党建促工建带团建；深化“一杯两赛”“健康国能”工程。三是建设清廉文化。深化全面从严治党，实现内容上全涵盖、对象上全覆盖、责任上全链条、制度上全贯通；推动党内监督与业务监督融会贯通，常态化开展“六项严查”，落地清廉金融文化建设“23条措施”，保持零违纪、零违法纪录。

国联财务有限责任公司

【集团概况】无锡市国联发展（集团）有限公司（以下简称“集团”），成立于1999年5月8日，是无锡市人民政府出资设立并授予国有资产投资主体资格的国有独资企业集团，集团注册资本83.91亿元。2023年，集团实现营业收入261.67亿元、利润总额41.01亿元。截至2023年末，集团总资产2040亿元、净资产531亿元，分别较2022年增长12.1%和3.5%。2023年，集团荣获无锡市“真抓实干奖”“高质量发展季度考核流动红旗”等多项荣誉。

【经营概况】2023年，国联财务有限责任公司（以下简称“公司”）深入学习贯彻党的二十大精神，坚决贯彻落实集团决策部署，聚焦“绿色”和“数字化”两大转型，突出“金融服务”和“辅助管理”两大功能，积极围绕“金融服务中心”“共享服务中心”“司库管理中心”三中心建设，推动公司各项业务平稳发展。全年实现经营收入同比增长5.8%，利润同比增长6.08%，顺利完成年度经营目标任务。

【服务实体】公司强化成员企业服务，分板块为成员企业提供个性化综合金融服务方案，帮助企业拓宽融资渠道、降低融资成本，通过自身让利、带动银行降低贷款费率，积极降低集团资产负债率。全年累计帮助集团整体节约财务费用1.54亿元，助力成员企业做大做优做强，推动高质量发展。

【信贷业务】公司始终坚持让利成员单位，致力提供更优质的金融产品和服务。一是加大绿色信贷投放。截至2023年12月末，全口径绿色信贷余额达12.42亿元，同比提升81个百分点，占全部信贷余额的30%。二是坚持“一企一策”精准服务。为华光环能省外项目一周内完成业务流程，审批流程缩短3周；强化绿色普惠支持，为多家小微企业发放各类贷款合计1.4亿元。三是主动减费让利。服务成员单位绿色市政项目，开出首笔“乡村振兴”绿色环境保函，给予免收保证金、手续费减半；对符合条件的企业办理绿色再贴现，贴现利率较市场减少110个基点；为纺织板块成员企业发放流动资金贷款，最低贷款利率同比下降65个基点。

【资金业务】2023年，公司完善资金管理手段，进一步提升资金管理效率。一是推进银行账户管理，启用账户开销户线上系统，实现开销户线上备案及账户统计信息化。二是完善票据管理，实现票据台账电子化、票据明细可视化。三是公司正式上线网银系统，助力成员单位实现“一点接入”，有效降低资金管理成本，提升效率。

【票据业务】2023年，公司着力提升票据业务统筹管理和风险防范能力，助力成员企业降本增效。一是成功上线新一代票据业务系统，并于7月成功签发基于新一代票据业务系统的首批绿色电子承兑汇票，成为无锡首家、江苏省内首批正式投产的财务公司。二是通过利用绿色再贴现政策优惠，帮助绿色企业降低票据贴现价格110个基点。2023年累计办理票据贴现6638万元，办理绿色再贴现4616万元。

【资金集中】2023年，公司持续推进资金集中管理。一是监控大额资金进出，及时做好流动性备付管理。截至12月末，公司归集成员单位157家，归集账户数量244个。二是继续加大资金归集力度，扩大吸存资金来源。截至12月末，公司吸收各项存款余额54亿元，全年日均存款规模56.6亿元。三是资金结算再创新高，全年实现累计结算量、结算笔数分别同比增长33%、31%。

【业务创新】2023年10月，公司成功发放全国财务公司行业内首笔数字人民币贷款400万元，专项支持无锡市国联金属材料市场绿色智慧化园区改造与运营，助力成员企业绿色节能减排，推动可持续高质量发展。该笔贷款在同期同档贷款利率水平上降低了50个基点，主要用于绿色智慧园区分布式光伏发电项目建设，项目建成并网后预计每年可节约标准煤747.85吨、减排二氧化碳2273.16吨。

【风险管理和内部控制】2023年，公司积极贯彻新发展理念，着力完善全流程风险管理机制，助力集团进一步夯实资金风险防控。一是完善内控制度建设。全年修订制度10个，新增制度11个。二是加强信息科技风险防范。围绕“三中心”建设，完成公司统一风险管控系统进行优化升级，探索构建数字化防控体系，推进公司风险防控精细化转型。三是持续做好内部审计。强化审计整改跟踪，并督促完成整改。

【人力资源管理】2023年，公司紧跟转型发展需要，持续推进人才队伍建设。一是围绕“三中心”建设，做好人才盘点，完成公司现有人力资源结构现状梳理及下一步规划设想，并提出组织架构及人员调整建议。二是成立跨部门司库工作小组，由公司高管成员任组长，挑选公司中层、高级经理及员工为组员，承担司库建设工作。三是落实集团推进财务数智化升级要求，成立共享服务中心职能部门，全面对接集团财务共享中心建设、运营、优化、制度建设等。

【信息化建设】2023年，公司坚持业务导向、科技赋能，扎实推进智慧财司建设。一是加快数字化转型，完成集团司库管理中心建设规划，进入实质性实施阶段。二是持续夯实信息基础，公司完成官网迁移上云工作，并在官网上云的成功经验基础上依托“国联云”建立公司同城云灾备中心。三是加强协同，与集团数字赋能中心对接完成公司管理“驾驶舱”展示规划，实现公司与集团管理驾驶舱数据资源共治共享。

【企业文化建设】公司坚持党建引领，将公司“三中心”建设与党支部的建设要求齐抓共管、协同推进。一是公司治理不断完善，顺利完成公司同比例增资工作。二是扎实开展主题教育，通过支委班子做好示范领学、书记讲授专题党课、党员领读研学等，推动学习入脑、入心、入行。三是抓好意识形态管理，印发加强公司新闻宣传信息工作的意见，严格做好信息发布审核，落实各项工作责任。四是加强清廉财司建设，创新开展“5·10”思廉月系列活动，打造公司“财廉 ZHU 金”廉洁文化品牌，公司清廉金融文化案例获中国财协表彰。

国投财务有限公司

【集团概况】国家开发投资集团有限公司（以下简称“集团”）是中央直接管理的国有重要骨干企业。2023 年，集团实现营业总收入 2140 亿元，利润总额 252 亿元，连续 19 年在国务院国资委经营业绩考核中荣获 A 级，连续 6 个任期获得业绩优秀企业。

【经营概况】2023 年，国投财务有限公司（以下简称“公司”）坚持“稳中求进”工作总基调，紧密围绕落实集团管控和赋能成员企业发展工作要求，持续深化“四个平台”功能作用，不断提升金融服务能力水平，高质量发展再上新台阶。截至 2023 年 12 月 31 日，公司本部资产总额 464 亿元，所有者权益 77 亿元；2023 年，公司本部实现总收入 12.48 亿元，利润总额 4.91 亿元。

【服务实体】公司认真落实中央金融工作会议要求，聚焦主责主业，服务集团实业发展。一是协调各大银行金融机构，协助成员单位引入外部资金，解决企业外部融资难、贵问题。参与 13 个电力新建项目融资，承贷总金额 41.42 亿元，助力企业锁定优惠利率条件。二是发挥债券发行财务顾问作用，协助集团成员单位发行债券 122 亿元。三是为 16 个电力新能源项目及时提供 30.81 亿元搭桥贷款，保障项目建设资金快速到位。

【信贷业务】公司信贷业务紧贴需求导向，优化资源配置，服务集团高质量发展。一是加大对集团成员单位资金支持力度，2023 年累计投放信贷 429 亿元，日均贷款规模 265 亿元，同比增加 32 亿元。二是优化信贷资源配置，对电力、战略新兴等集团重点支持领域成员单位的贷款规模同比增加 35 亿元。三是契合新能源企业发展特点，形成长短结合的“票据融资 + 搭桥贷款 + 银团贷款”的信贷模式，绿色贷款余额 86.11 亿元，同比增加 18.59 亿元。

【资金业务】公司开展同业拆入、债券和票据质押式正回购等融入资金 142 亿元，有效补充资金流动性。深耕细作加强备付金管理，在保证流动性安全的基础上，全面提升短期资金运作效率和效益。公司货币基金加权平均收益率 2.29%。

【投资业务】公司充分发挥金融牌照价值，积极参与集团内企业债券发行，2023 年自营参与认购规模 6 亿元，年末持有债券总额 27.10 亿元，降低企业发债成本 560 万元。2023 年，公司日均中长期投资规模 24.27 亿元。

【票据业务】2023 年，公司办理票据承兑 188 笔，承兑金额 2.61 亿元；办理票据贴现 115 笔，发放金额 7.31 亿元，重点支持集团战略性新兴产业、制造业及涉农企业资金需求。

【外汇业务】公司在平稳发展外汇业务的基础上，保持创新活力和思路。一是充分运用银行间市场会员资质，为成员企业争取优质汇率价格，节约财务费用，2023 年办理代客即期结售汇 0.77 亿美元。二是在不新增公司外币账户的情况下，推进集团外币账户可视，将外币账户授权范围拓展至 8 个币种 15 家银行。

【资金集中】公司全面融入集团司库管理体系，聚焦重点，资金集中管理取得有效突破。2023 年日均存款 347.86 亿元，同比增加 44.98

G

亿元，增幅为14.85%。一是聚焦重点难点，持续攻坚克难。深入分析资金归集难点企业经营模式、资金结构，逐笔监控核实大额资金同名划转，提高资金集中稳定性。二是夯实重要存款客户的稳定性，优化上市辅导期成员单位金融服务方案。三是资金归集与资金结算协同联动。以推进账户授权查询转归集、授权归集账户配置和提高结算集中度为抓手，进一步提升资金归集质量。

【业务创新】公司创新设立“迎峰保供贷”产品，2023年累计发放19.50亿元，有效解决火电企业短期流动资金周转需求；创新设立“科创贷”产品，2023年累计发放3.43亿元，为相关企业加权平均降低融资成本80个基点，“一企一策”帮助企业解决制约科技创新的资金难题。

【风险管理和内部控制】公司持续建立健全全面风险管理体系、制度与内控管理体系。一是优化信贷流程，强化贷款“贷前调查、贷中审查、贷后检查”管理，提升风险预研预判能力。二是初步搭建风险预警模型和工作机制，将虚假贸易、信用风险、评级调整、资产分类、账户冻结及司库相关系统异常提示纳入预警模型。

【人力资源管理】公司坚持党管干部，在选人用人工作中，严把政治关、品行关、能力关、作风关、廉洁关，严格遵守干部选拔任用工作程序。坚持以干代训，注重在基层一线和困难艰苦地区培养锻炼干部，增强青年干部解决实际问题的能力。高质量推进干部员工培训工作，全面提升干部员工综合素质和专业能力。持续优化人力资源机制，做实绩效考核，落实闭环管理，不断激发干事创业的热情和活力。

【信息化建设】公司一是发布公司“十四五”信息化、数字化规划；二是上线新银企平台，打造“超级网银”，实现票据、融资、薪资代发等银企功能；三是建设投产新一代票据业务系统，支持等分化票据业务；四是启动新一代核心业务系统、数据治理与数据应用项目建设，加快公司数字化转型；五是投产数据加密脱敏系统。

【企业文化建设】公司紧紧围绕经营管理中心工作，强化思想政治建设，注重人文关怀和心理疏导，引导广大职工求真务实促改革、凝心聚力谋发展。坚持党建带工建、团建、妇建，扎实开展“五必知五必谈五必访”，坚持为职工做好事、办实事、解难事，丰富文体活动，注重团队建设，精心打造“家”文化。

国新集团财务有限责任公司

【集团概况】中国国新控股有限责任公司（以下简称“集团”）成立于2010年12月22日，是国务院国资委直接监管的中央企业，2016年初被国务院国有企业改革领导小组确定为国有资本运营公司试点单位。2023年，集团经营绩效总体平稳、功能作用有力发挥、转型升级提档加速、深化改革见行见效、管理质效持续提升、党的建设全面加强，高质量发展基础持续夯实，世界一流企业建设迈出新步伐。截至2023年末，集团资产总额达到9000亿元，实现利润总额约202亿元、净利润约182亿元，利润规模稳居央企中上游，“一利五率”指标总体符合“一增一稳四提升”要求。

【经营概况】国新集团财务有限责任公司（以下简称“公司”）成立于2018年5月8日，注册资本人民币20亿元，由集团全额出资成立。2023年，公司深入学习贯彻党的二十大和习近平总书记系列重要指示批示精神，全面贯彻落实中国国新党委工作要求和决策部署，紧密围绕国有资本运营深化发展新阶段中的新任务、新要求，坚持立足“四个平台”，不断升级完善综合金融服务平台建设，积极借力新一轮国企改革行动，公司经营效益稳步提升，2023年实现利润总额约9000万元。

【服务实体】2023年，公司一是全面升级综合金融服务平台功能。持续加强资金集中管理，持续提升资金监控能力，可监控账户数提高82.46%；公司日均贷款规模同比增长16.7%，通过发放低成本贷款，全年为总部和成员单位节省利息支出超过7400万元。二是辅助集团财务管控能力不断升级。积极响应集团工作部署，高效推进司库管理体系建设，协助集团顺利完成国资委司库建设中期验收。

【信贷业务】公司紧跟政策导向，积极推进普惠金融，为小微企业客户提供信贷支持和融资咨询服务，助推小微企业发展，服务实体经济。公司持续推进特色财务顾问业务，并深入开展调查研究摸排成员单位业务需求和服务满意度。持续加强贷前贷后尽职调查，严格业务准入，持续加强合规建设，根据最新监管政策和业务实际，及时修订业务管理制度，作业效率及合规性进一步提升，严格执行资产风险分类制度，有效保障信贷资产质量稳定。

【资金业务】公司在确保备付金和流动性安全的前提下，合理安排存放同业期限结构，增强同业存单交易主动性，稳住同业收益基本盘。每日测算资金净头寸和流动性比例，如遇短期流动性不足，通过正回购、同业拆借等主动负债工具补充流动性。2023年拆借渠道进一步丰富，主动负债能力有效提升。

【投资业务】公司坚持投资业务是流动性管理工具的基本属性，投资规模严格控制在资本净额的70%以内，投资品种以国债、地方政府债、政策性银行债、货币基金、纯债基金、AAA信用债等低风险产品为主。积极参与成员单位一级市场发债，协助发行人和主承销商开展营销工作，增强市场信心。

【资金集中】公司稳步推进“四个平台”建设，全面协助集团推进司库体系建设，一是推进所属企业账户直连，以加强账户管理为基础，实现境内企业全部纳入司库管理，账户资金可视、可控。二是协助集团开展司库体系制度建设、境内企业司库检查、统计计算资金集中度等考核指标，深化辅助集团财务管控功能发挥。

【风险管理和内部控制】公司加强政策研判工作，分析新《财务公司监管评级管理办法》对公司影响，评估新规下公司需完善提升事项，开展监管评级对标提升工作，制定完善提升措施，全方位提升公司经营管理水平。继续立足国有资本运营集团财务公司的定位，结合新版《企业集团财务公司管理办法》，持续开展全面风险评估，确定风险偏好，指导风险管理政策和各项监测指标阈值调整。研究制定法律审核手册，对规章制度、经济合同、重大决策法律审核的制度要求、审核要点和操作流程进行了分类汇总，有效推动了法律合规管理的科学化、精细化和标准化水平提升。扎实开展合规管理体系有效性评价，对公司合规管理体系进行全面自检，制定公司重要岗位合规职责清单，压紧压实合规责任，进一步提升合规管理精细化水平。开展制度回溯重检和制度建设与执行情况自查，不断强化内控制度建设。

【人力资源管理】公司立足岗位职责、专业能力和实际业绩选人用人，引导干部职工树立正确业绩观。组织开展岗位公开竞聘，持续加强新任职管理人员考察；首次组织开展专业序列评审答辩，进一步提高经理层成员任期制和契约化管理工作质量；根据员工过往绩效考核结果进行差异化“提低”，既全面提高低收入员工的人均薪酬标准，又切实避免“高水平大锅饭”。

【信息化建设】公司在“数字国新”建设行动方案引领下，以“业务流程化、流程自动化”为建设目标，全力推进数字化转型工作。2023年公司持续提升IT基础架构保障能力，完成私有云建设，开展网络安全体系完善，推动完成业务连续性及网络与数据安全问题整改；启动金融数据中心搭建，持续优化公司数据治理体系；组织完成统一支付结算系统、核心业务系统三期、投资业务系统升级、核算系统替换等项目建设，有效提升公司数字化、智能化服务水平。

【企业文化建设】一是深入开展学习贯彻习近平新时代中国特色社会主义思想主题教育，认真贯彻落实习近平总书记系列重要讲话和重要指示批示精神，一体推进理论学习、调查研究、推动发展、检视整改，主题教育取得阶段性成效。二是不断丰富党建活动内容，推进党建与业务深度融合，充分发挥党员积极性，激发群团组织活力。三是深入推进全面从严治党，提升纪检工作规范性，严格落实全面从严治党责任各项制度，锲而不舍落实中央八项规定精神。四是进一步践行社会责任，通过向定点帮扶地湖北省利川市诸天村进行捐赠、党建交流等多种形式为乡村振兴工作作出贡献。

国药集团财务有限公司

【集团概况】中国医药集团有限公司（以下简称“集团”）是由国务院国资委直接管理的以生命健康为主业的中央企业，拥有科技研发、工业制造、物流分销、零售连锁、医疗健康、工程技术、专业会展、国际经营、金融投资大健康全产业链。集团旗下有1700余家子公司和9家上市公司，员工总人数23万人。集团秉承“护佑生命、关爱健康”的企业理念，大力实施“四梁八柱、百强万亿”创新驱动型全生命周期、全产业链、全生态圈总体发展战略规划，打造卓越的具有全球竞争力的世界一流综合性医药健康产业集团。

【经营概况】2023年，国药集团财务有限公司（以下简称“公司”）坚持“以融促产、服务集团”的经营宗旨，健全公司治理体系，提升金融服务能力，加快数字化转型进程，强化风险防范管理，有序推进经营管理工作目标达成。截至2023年末，公司资产规模363.48亿元，实现营业收入2.17亿元，利润总额1.83亿元，资产质量保持优良，各项监管指标均符合监管要求。

【信贷业务】公司持续完善客户服务体系，拓展信贷服务范围，落实让利实体政策，灵活定价、精准营销、错位竞争、加大投放，2023年季均信贷余额同比增长13.46%；建立绿色信贷服务制度与机制，调整信用评价模型及风控措施，对接集团科研板块提供信贷支持，助力产业转型升级；优化金融资讯发布渠道，增加金融政策、市场价格、风险信息的发布频次，积极为企业提供金融智库支持。

【资金集中】公司持续强化集团资金集中管理政策引导宣传，与上市公司一同克服困难，协同推进金融服务协议续订工作，推动关联交易限额提升，扩大可归集资金基数；发挥金融运营管理和金融信息科技建设优势，深入参与集团司库系统运营服务及二期系统建设，推进银企直连通道建设和账户授权进程，发挥金融专业服务支撑作用；稳步拓展综合业务服务系统核心功能，开展网银专项优化升级项目，提升日常结算效率，以平台的使用提升结算资金的留存；开展客户培训交流会，实施差异化存款吸存策略，提升信贷服务质效，通过提升客户服务满意度引存，存款规模、资金集中度稳中有升。

【风险管理和内部控制】公司贯彻监管要求，开展公司治理自评价，建立“三会一层”授权清单，不断强化公司治理质效；评估内控流程智能化水平，明确后期登高改进点线，不断精细风险管控手段；补齐科技短板，完善业务连续性管理工作计划、应急预案，开展应急演练，修调校准监管报表取数逻辑，监管报表自动化提取率超过95%，不断提升数控效能；

深化依法治企，聘任首席合规官，健全《合规管理三项清单》，搭建以业务审核库、合规学习库、风险案例库、法规制度库“四库一体”的内控合规资源管理平台，不断健全法律合规体系。各项业务风险管控良好，金融风险指标全面达标，无金融案件、行政处罚和声誉风险发生，实现合规、稳健运营。

【信息化建设】公司有序开展新一代综合业务系统升级、新一代票据系统及二代征信系统的切换上线、人民银行准备金系统代理接入、“集票宝”系统直连等系统升级优化工作；强化项目管理，建立项目周报、例会制度，对重难点问题开展专项治理，全范围、高质量满足系统使用需求和监管数据报送要求；加强信息科技基础管理，启动网络安全加固、数字证书管理系统建设项目，实现信息安全管理零事故。

【人力资源管理】公司健全市场化经营和选聘机制，完善延期支付和追索扣回管理制度，提供岗位轮换机会，用好“双通道”职业发展机制；优化绩效考核方式方法，增强创新创效绩效考核权重，收入分配进一步向“勤、能、优”员工倾斜，激发企业内生动力和活力；加强后备干部培养选拔，遴选业务后备和业务骨干“两级”重点培养对象，推动“全人培养”实践探索，增设员工成长训练，强化多领域全方面专业培训，全力提供人才支撑和保障。

【企业文化建设】公司党支部扎实开展主题教育取得明显成效，在理论学习上，实行集中学与自主学相结合、全面学与重点学相结合、领导带头学与党员跟进学相结合，筑牢同以习近平同志为核心的党中央保持高度一致的理论基础和思想根基；在结合金融实践上，围绕守牢金融风险底线、提升金融服务实体能力、提升公司治理质效、加快推进数字化转型等主题，对标 15 家财务公司、40 余家成员企业开展调研，确定短板弱项，形成工作举措；在推进整改上，建立督办工作机制，明确责任部门、整改时限，实行线上跟踪闭环管理，扎实推进政治巡视、主题教育整改落实，促进整改成果运行常态化；在党建融合上，继续实施“党员 + 项目”管理，鼓励党员在一线建功立业；在清廉生态建设上，开展纪检干部队伍教育整顿，不断强化政治监督、日常监督、作风监督，驰而不息正风肃纪。

哈尔滨电气集团财务有限责任公司

【集团概况】哈尔滨电气集团有限公司（以下简称“集团”）是中国建设最早的发电设备研究制造基地，是中央管理的关系国家安全和国民经济命脉的国有重要骨干企业。集团历经 70 多年的发展积淀，累计创造 200 余项“共和国第一”，走出了一条独具特色的引进、消化、吸收、再创新的创新发展之路。集团始终以国家战略为引领，以改革创新为动力，以客户满意为目标，围绕新型电力系统、绿色低碳的驱动系统、清洁高效的工业系统优化产业布局，加快建设世界一流装备制造企业，为全面建设社会主义现代化国家贡献力量。

【经营概况】2023 年，哈尔滨电气集团财务有限责任公司（以下简称“公司”）深入践行集团“金融支持实体经济发展”工作要求，立足首要职能，优化金融服务，防范金融风险，深化改革，精准服务，跳起摸高，全年实现营业收入 4.71 亿元、同比增长 21.21%，利润总额 2.26 亿元、同比增长 14.96%；年末资产总额 220.96 亿元。

【服务实体】公司充分发挥金融服务平台作用，健全多元化金融服务，2023 年成员企业评级授信工作中累计为 24 家成员企业提供了 11 个授信品种，授信额度同比增加 37.89 亿元，不断提高成员企业金融服务获得感。

【信贷业务】绿色信贷业务持续赋能，把更多金融资源用于推动“三个系统”产业布局及集团“三步走”工作安排落实落地，公司研究制定了《绿色低碳信贷业务管理办法》，分层分类规范了绿色信贷、“三商转型”信贷业务，明确了对集团9个产业、4大类产品、3个发展重点、60多项业务在信用评级、授信额度、利率定价、业务审批等方面予以金融支持。

【资金业务】公司密切关注市场变化，创建《每日资讯》简报，强化与金融机构合作，充分利用同业竞价机制有效应对市场利率低迷的不利影响，在严控金融风险以及风险偏好中立的前提下，取得了高出市场基准的较好成绩。

【票据业务】2023年3月，公司成功与工商银行、中信银行、兴业银行、华夏银行、平安银行签署了《票据贴现业务合作协议》，就票据贴现业务强化合作内容、提升合作价值，开启了“财银”票据合作的新篇章。

【外汇业务】2023年，公司按照结售汇“三步走”规划，积极筹备美元购汇业务，提前布局欧元结售汇业务，完成建设银行美元账户开立、中国银行欧元账户开立及现金管理协议签署等工作。公司有效降低了集团外汇资金兑换成本，提高了外汇资金使用效率，强化了公司服务实体经济质效，助力成员企业全面提升国际竞争力。

【资金集中】2023年，集团成员企业资金归集呈较高集中水平，年内可归集资金集中度约为88.80%，主要成员企业基本达到集团公司资金归集比例要求，资金聚集效益不断显现。

【业务创新】公司不断创新开拓金融业务，为成员单位提供多样性金融服务，一是创新开展了“财票保贴”财银合作模式，取得了关税保函新业务资质，研究规划了绿色低碳信贷新业务品种；二是推进落实了贷款资金受托支付、票据池存单质押、新电票系统、循环贷款4项新业务模式；三是为集团撰写了“中央企业金融创新”“供应链金融”“企业财务公司新办法影响”三份专题研究报告，拓展了公司为集团主业服务的深度与广度。

【风险管理和内部控制】2023年，公司各项金融业务合规稳健开展，获得国家金融监督管理总局黑龙江监管局2A等级优良评价，同时在2023年国家金融监督管理总局首次开展的公司治理评估中取得B级，在2023年“中国金融机构金牌榜·金龙奖”中荣获“年度最佳风险管理财务公司”奖。公司始终坚持“应审尽审、凡审必严”，不断拓展审计监督广度和深度，坚持聚焦重点工作、重要环节、重要人员，实现了同一年度内核心业务审计全覆盖，审计监督效能不断提升。

【人力资源管理】公司高度重视人才工作，以岗位职级为基础，以绩效能力为导向，完成员工绩效考核、薪酬、发展双通道三项制度优化及双通道评聘，强化刚性兑现，拉开合理差距，推动薪酬能增能减，做到奖优罚劣、奖罚分明，真正做到效益决定薪酬、效率决定用工、效果决定用人，通过制度改革有效激发人才活力。

【信息化建设】公司持续探索新技术应用，一是成为黑龙江省内首家接入中国人民银行ACS系统的财务公司，管理质效和风险防控管理水平大幅提升；二是利用RPA技术在公司金融统计管理、企业账户管理和结售汇业务审核等方面实现节省人力约15小时/周，通过数智转型赋能公司管理能力再提升；三是集团司库系统（二期）顺利上线投产应用，顺利完成电子档案系统基础模块建设、电票新一代系统建设、网络数据安全及业务连续性能力提升项目以及核心业务系统、征信系统、1104报送系统的完善优化，数智化转型初见成效。

【企业文化建设】2023年，公司党支部扎实开展学习贯彻习近平新时代中国特色社会主义思想主题教育，在理论学习、调查研究、推动发展、整改整治等方面颇具成效。促进党建与中心工作深度融合，以“党建+金融服务”“党建+金融业务”为载体，积极与集团成员企业建立常态化学习交流机制，通过专题培训、现场教学、讲专题党课等形式多样的学习模式，持续加大对集团成员企业的金融服务力度。

海尔集团财务有限责任公司

【集团概况】海尔集团公司（以下简称“集团”）作为实体经济的代表，持续聚焦实业，始终以用户为中心，坚持原创科技，布局智慧住居和产业互联网两大主赛道，在全球设立了10大研发中心、71个研究院、35个工业园、143个制造中心和23万个销售网络，连续5年作为全球唯一物联网生态品牌蝉联“BrandZ最具价值全球品牌100强”，连续15年稳居“欧睿国际全球大型家电品牌零售量”第一名。

【经营概况】2023年，海尔集团财务有限责任公司（以下简称“公司”）作为集团内部筹资、结算、融资和管理中心，秉承“立足集团、服务集团”的理念，以支持集团实体经济发展为己任，承接集团生态品牌战略，以夯实平台能力、服务产业用户为宗旨，以产业为中心，立足首要职能，不断创新金融产品，有效控制风险，实现稳健经营目标，全年累计实现营业收入16.99亿元，截至2023年末，公司资产规模达756.87亿元。

【服务实体】集团主业为家电制造业，作为集团财务公司，公司始终坚持服务集团主业，为集团产业链发展提供创新的金融产品与服务。2023年，公司立足于为集团海内外产业用户发展提供创新金融产品与服务，为集团发展提供有力的资金支持和优质的金融服务，确保成员企业资金充足及有效利用；利用科技手段提升运营效率和客户体验，推动金融发展提质增效，缓解制造业发展压力，助力实体经济高质量发展。

【信贷业务】2023年，在集团成员单位信贷业务开展方面，公司以产业需求为导向，优化金融资源配置，满足集团成员单位资金需求。截至2023年末，流动资金贷款余额折合人民币约291.49亿元，其中，人民币贷款余额为272.65亿元，外币贷款余额为2.66亿美元，折合人民币约18.84亿元；2023年流动资金贷款投放额折合人民币约122.81亿元，其中，人民币贷款投放额为99.44亿元，外币贷款投放额为3.3亿美元，折合人民币约23.37亿元。

【产业链金融】2023年，公司不断提高金融服务水平，为集团下游产业链客户提供优质的供应链金融服务，扶持实体产业发展，累计为353家下游经销商客户提供了19.55亿元的信贷服务，其中，九成以上客户为小微企业。公司全线上信用类产品“融e贷”实现了智能审批、秒批秒放，截至2023年末，累计赋能经销商企业490家，累计投放规模17.22亿元，年度投放金额约7.9亿元。

【资金业务】2023年，公司深入了解集团产业资金需求，合理安排资金头寸，充分保证流动性合理充裕，实现有效满足集团企业资金需求和资金运营效率最大化的共赢。一方面，在资金短缺的情况下，通过债券正回购、同业拆入等方式，及时低成本融入资金，全年累计融资1.26万亿元，充分保证了集团和公司各项业务顺利开展；另一方面，在资金盈余的情况下，通过债券逆回购、同业存单、同业存款等业务，累计投放超过1300亿元，有效提高了资金运营效率。

【投资业务】2023年，在充分保证集团整体流动性需求及投资安全性的前提下，公司审慎合规开展各类投资业务，主要投资业务品种为国债和政策性金融债等。2023年在利率债收益率整体呈现波动下行的行情下，公司密切关注宏观经济政策，研判市场走势，择机开展投资业务，配置流动性较好的政策性金融债和同业存单，一是通过持有获取稳定的票息收益，提高集团资金使用效率；二是可以及时质押融入低成本资金，满足集团日常资金需求，充分保证集团资金流动性。

【票据业务】2023 年，公司以“科技 + 专业”双轮驱动赋能集团、牵头搭建集团统一的票据集成管理平台，对票据开立、签收、背书、质押、贴现、托收、票据风险管理等实现了产融一体的全流程数字化管理，大大提升了票据服务质效；实现全场景全流程数字化及风险管理、企业信息报备一点接入自动化处理，为客户提供更高效、更高质量的票据金融服务。其中，集团托管票据 425 亿元，100% 到账零风险；赋能覆盖全国 17 个省 68 个市的 130 家中小微企业，盘活票据资产 419 万元。

【外汇业务】2023 年，公司发挥外汇政策、交易和清算一体化的综合优势，通过高效专业的外汇产品赋能产业客户全业务场景，管理外汇敞口规模 20.6 亿美元，约占集团跨境外汇敞口总量的 60%。公司连接外部优质资源，通过为产业客户提供外汇政策解读、外汇市场分析和较强竞争力的产品方案，为产业客户提供全流程的外币资金解决方案，帮助产业客户提高资金使用效率和降低资金成本，产融结合赋能集团海外业务高质量发展。

【资金集中】2023 年，公司实现了归集资金人民币 3315 亿元，同比增长 20.1%；结算量 3.86 万亿元，同比上升 14%；结算笔数 309.99 万笔，同比上升 3.946%。为加强资金集中管理，公司推进多银行、多渠道的归集搭建，提升客户体验；持续推进月度外部银行账户资金清理机制，监督账户及时签约归集；高度重视信息科技以及数字转型的建设应用，搭建银财直连平台和财企直连平台，建立全域数智化的清算体系，提高集团对账户及资金的运用管理效率，降低资金管理风险。

【业务创新】2023 年，公司在数币结算和人民币跨境支付方面进行积极创新和拓展。公司积极探索设计了适配财务公司行业的数币应用模式并开发测试上线，依托产业在财务公司的账户，实现数币子账户即时便捷的收付，赋能集团数币账户资金可视、流水可查，赋能集团提升产业资金运营效率。公司不断推进人民币跨境渠道能力建设，打通人民币境内—境外、境外—境内、境外—境外的全域支付渠道应用，上线 CIPS 跨境直通车 API 模式、支付可视透镜功能，缩短跨境清算流程，提升跨境清算的透明度，为集团提供安全、高效、便捷、可靠、低成本的人民币跨境支付清算。

【风险管理和内部控制】2023 年，公司紧跟市场环境及监管政策的变化，深化全面风险管理体系建设，通过数字化转型，在贷前、贷中、贷后等多个环节，不断提升风险识别、治理能力。公司建立了内部控制的评价制度，对内部控制的制度建设、执行情况定期进行回顾和检视，并根据国家法律规定、公司组织结构、经营状况、市场环境的变化进行修订和完善。

海亮集团财务有限责任公司

【集团概况】海亮集团有限公司（以下简称“集团”）1989 年创办于浙江省诸暨市，管理总部位于杭州滨江区。现有 2 家境内外上市公司，员工 2.7 万余名，产业布局 12 个国家和地区，以有色材料智造、教育事业、健康产业为主体的大型国际化现代企业集团。2023 年，集团营业收入 2450.80 亿元，净利润 13.08 亿元，资产总额 745.44 亿元，净资产 383.37 亿元，资产负债率 48.57%。连续 4 年上榜“世界 500 强”，连续 20 年上榜“中国企业 500 强”。

【经营概况】海亮集团财务有限责任公司（以下简称“公司”）始终坚持“立足企业集团、服务企业集团、服务实体经济”为核心，紧扣集团需求，围绕回归本源，抓基础强管理，为集团及旗下成员单位提供高效便捷的金融服务。截至2023年末，公司资产规模91.68亿元，全年实现利息净收入2.46亿元，净利润2.09亿元，资产质量良好。

【服务实体】公司充分发挥“内部银行”功能，确保成员单位资金需求，全面支持集团发展。2023年，公司通过调整信贷政策、优化金融服务和完善评价机制等多种措施，助力集团产业调整、推动降低融资成本、惠企减负，切实提高服务实体经济质效。

【信贷业务】2023年，公司首先加大调研力度，深入掌握成员单位资金情况，确保信贷资金投放稳定。截至2023年末，公司贷款余额为75亿元。其次，公司积极响应减息助企号召，做好资金融通，通过合理定价降低企业融资成本3400万元。

【资金集中】公司继续加强成员单位账户管理，提高成员单位开户和资金归集主动性，强化成员单位银行账户监控。2023年末，公司开户单位415家，全年累计归集2698.42亿元人民币，年末公司资金集中度为60.77%，全年月末平均资金集中度61.11%。

【风险管理和内部控制】2023年，公司通过健全风险管理组织架构、完善制度流程及风险合规排查，风险管理进一步加强。一是完善公司制度。梳理公司制度105项（新增6项、废止2项、修订21项），并迁入集团飞书知识库方便员工查阅。二是加强内部专项审计。通过履行内部审计的日常监督和专项监督职能，发挥内部审计在完善内部控制环境、提高操作风险及案件风险评估能力、改善操作风险及案件风险控制措施和手段的作用。三是定期展开员工异常行为动态等风险排查工作，重视合规管理、风险教育，开展常态化学习培训。

【资本管理】在资本补充规划方面，公司一直坚持内生积累为主、外源补充为辅的原则，多渠道、多方式筹措资本来源，努力保持资本水平充足。2023年末，公司资本充足率36.41%，比年初上升5.69个百分点。公司资本实力及抗风险能力较强。一是保持合理利润促进内生资本积累；二是坚守风险管理底线，加强抵御风险能力及准备，保持相对充足的拨备水平；三是股东有对资本补充的承诺与支持，公司资本水平与当前业务规模匹配。

【人力资源管理】公司继续加强培训教育工作。2023年组织公司内部培训与宣传教育活动14次，如反洗钱培训、防范非法集资宣教活动等；向员工和成员单位发送“合规园地”期刊；同时积极参与外部机构组织的培训讲座，促进员工综合素质和业务水平的提高。

【信息化建设】公司继续加强信息设施建设和提高信息服务水平。2023年，公司部署了智能运维监控平台，更新安全硬件设备，完成系统优化、运行维护，完善软件开发和科技外包服务，进一步保障系统安全。完成新一代票据系统建设，为实现全集团票据集中管理夯实基础，为风险管控提供保障；完成监管报送平台二期建设，实现了监管1104报表、EAST数据、中国人民银行大集中和中国人民银行金融基础数据取数自动化，提升了监管报表报送工作效率。

【企业文化建设】2023年，公司积极开展党日活动，如组织党员学习新时代“枫桥经验”、参与“清廉金融文化建设宣传月活动”等，以高质量党建引领高质量发展。

海马财务有限公司

【集团概况】海马汽车股份有限公司（以下简称“集团”）创始于1988年，注册资本为16.50亿元。主营业务为汽车及动力总成的研发、制造、销售及服务，生产的主要产品为海马7X、海马7X－E和海马8S。已实现在埃及、智利、菲律宾、越南等多个国家和地区的整车出口，在“一带一路”沿线建设KD（散件组装）工厂，海外销量不断突破，展示了“中国制造”新形象。2023年，集团根据抓出口、转出行、打造零碳汽车生态体的战略目标，紧紧围绕“转型和出口”两条工作主线，积极寻求新转机。2023年确保完成年度海外订单交付，努力实现从“走出去”到“走进去”。同时，围绕海南自由贸易港全产业链零碳排放汽车生态体车辆产品需求，在氢燃料电池汽车等新能源汽车产品领域持续创新。

【经营概况】2023年，海马财务有限公司（以下简称“公司”）始终践行“立足集团，服务集团”的宗旨，秉持“先风控、后盈利；先智能、后人工；先品类、后额度；先流动、后奖惩”经营理念。截至2023年12月31日，公司资产总额33.41亿元，2023年实现营业收入7447万元，净利润4380万元，不良贷款率0.02%，公司资本充足率、拨备覆盖率、流动性比例等各类监管指标均满足监管要求。

【服务实体】公司作为对接实体经济最紧密的金融机构，承担着以金融支持集团汽车产业发展的重任，助推汽车产业低碳转型，为“三农”领域提供更全面的支持，助力集团整体效益提升。同时，深入了解成员单位经营状况和业务需求，点对点解决客户融资痛点难点，为客户提供一站式全方位服务，支持成员单位持续转型升级。

【信贷业务】2023年，公司为海口基地续贷9000万元，为郑州基地续贷1.5亿元，维持集团南北两基地7.3亿元贷款余额，为海口基地出口、郑州基地平稳生产提供了有力资金保障。同时紧随汽车“双碳”战略转型，发挥财务公司专业性，对海口基地出口业务全流程进行分析，配合南北基地出具金融支持方案，参与集团“马邦出行”公司的业务转型，配合研究“出行”的业务模型，提出优化运营建议，为马邦出行发放新能源车按揭贷款500万元。

【资金业务】公司资金计划统一管理，成员单位做实周、月资金收支计划，促使管理者保持账户资金的流动性，2023年共进行压力测试4次，2023年未发生支付流动性风险。2023年末，公司流动性比例为109%、流动性匹配率为106%，符合监管要求。在确保流动性的基础上，积极询价议价，开展精益化的头寸管理，将盈余资金有效存放，2023年存放同业收益率达到2.28%，同比增加13个基点。及时跟进大额资金轨迹，增加日均存款规模，2023年吸收存款同比增长52%，存放同业日均余额同比增加3.1亿元。

【资金集中】公司通过对集团资金的集中管理，加强内部统一调配和集成化运作，提高了资金使用效率，减少集团整体财务费用支出。2023年公司资金集中力度约为77%。

【风险管理和内部控制】2023年，公司各项风险监管指标均满足监管要求，公司以董事会为全面风险管理决策机构，制定与公司规模、风险水平相适应的风险管理政策，建立完善的风险管理组织体系，并将全面风险管理纳入内部审计范畴。同时，以风控智能化为目标，形成以“信用评分＋反欺诈”为核心的风控模型，并创新性以违约概率和逻辑回归技术构建新的信用评分表，使风控模型更加智能，并成为公司的核心竞争力。

【人力资源管理】对目前面临的业务量断崖式下跌，公司并未采取裁员措施，在确保公司的稳定运营和员工就业安全的情况下，将人员输送到海南海田小额贷款有限公司，利用他们的工作经验及优势，开展小额抵押贷款业务，既稳定了金融员工队伍，又使小额贷款公司注入活力。

【信息化建设】公司扎实推进基础支撑工程，深入实施数据治理，优化EAST监管报表全线自动化报送，数字整合项目实现数据资产统一管理。通过加强信息系统建设，优化业务流程，提高运营效率，降低成本，从而推动公司的发展。聚焦在报表自动化、批量数据提取、信贷产品、风控升级等产品研发，各项业务的处理能力和处理效率大幅提升，并将风险管控嵌入各业务流程中，逐步推进内控合规信息化。

【企业文化建设】2023年，公司完善了相关党务工作管理制度，拟定了支部委员会议事规则。通过专题交流、调研座谈、头脑风暴等多样化方式推动主题教育成果的转化；坚守金融安全底线，落实监管要求，着力防范金融监管局通报案例指出的经营风险点，强化全面风险管理；锚定目标任务，以更加优质高效的金融服务做好“五篇大文章”，以高质量党建引领公司高质量发展。同时，引领党员干部加强思想淬炼，保持对党的忠诚，绷紧廉洁之弦，筑牢思想防线，将清廉文化建设融入日常工作中，引导员工树立正确的世界观、人生观和价值观。

海南农垦集团财务有限公司

【集团概况】海南省农垦投资控股集团有限公司（以下简称“集团”）是海南省政府直属国有独资企业，孕育于1952年1月创建的海南农垦，前身是海南省农垦总局和海南省农垦集团有限公司，属中国第三大垦区。2015年12月29日根据党中央、国务院和海南省委、省政府的重大决策部署，在原海南省农垦总局、原海南省农垦集团有限公司基础上组建成立，并承接上述两家单位的经营性国有资产权益，具有良好的天然橡胶、热带农业、畜牧养殖、旅游地产、商贸物流、金融服务等产业基础。2023年，集团实现营业收入556亿元、利润总额14.78亿元，资产总额2062亿元。

【经营概况】2023年，海南农垦集团财务有限公司（以下简称“公司”）紧紧围绕海南自贸区（港）建设、集团发展战略和企业年度经营目标，发挥功能优势，优化金融服务，防范金融风险，积极助力集团战略发展，不断提升服务实体经济质效。注册资本金由5亿元增加到10亿元，所有者权益13.90亿元，资本充足率由10.45%提高到15.74%。全年累计实现营业收入3.37亿元，同比增长3.06%；实现利润总额1.93亿元，同比增长18.4%。

【信贷业务】截至2023年末，公司累计发放自营贷款同比增长90.92%；自营贷款余额同比增长24.82%。新增贷款加权平均利率为3.70%，与同期限LPR相比累计为集团成员单位节约财务成本1620.73万元。多次走访集团八大产业板块企业，积极对接下游买方客户业务需求，并形成买方信贷专题调研报告，为成员企业下游客户提供3000万元买方信贷额度并实现投放，实现了集团内部首笔买方信贷业务落地。

【投资业务】2022年，公司多措并举提高资金收益。开发券商报价式回购新业务模式，全年开展业务5笔，规模达6.8亿元，累计期限为3个月，加权平均收益率为2.62%；探索信用债波段交易，在海南银行绿色债估值较高

H

点卖出获取价差收益，折算年化收益4.03%，较票面利率3.60%高43个基点；积极开展同业协定存款利率协商，活期存款利率由1.9%提高到2.2%。截至2023年12月末，同业及投资日均额为30.47亿元，实现收入9324.35万元，收益率为3.06%。

【票据业务】2023年，办理票据承兑3笔金额0.25亿元，票据承兑余额0.25亿元。办理票据贴现293笔，金额合计7915.36万元，贴现利率为2.8%。

【资金集中】2022年，新增归集成员单位45家，可归集口径资金归集率稳定在90%以上。同时，在监管合规、集团整体利益最大化原则下，通过最大限度上浮存款利率等方式，累计为成员企业增加利息收入6339.75万元。

【业务创新】2022年11月18日，公司为海胶集团成功办理首笔实体资金池业务，以海南橡胶开立的内部账户为主账户，将其下属企业纳入资金池进行集中管理，加强资金的集中归集和统一调配，提高资金管控和使用效率。

【风险管理和内部控制】2023年，公司持续加强合规管理体系建设。严格落实案件防控与安全生产工作责任制，实现风险责任“横到边、纵到底”全覆盖；累计完善公司治理、信贷业务、数据治理等制度35项；聘请常年法律顾问，参与重大经营决策以及开展合规审核工作；不断强化业务风险监测能力，加强信贷风险管理，审慎开展投前产品风险评估。同时，强化内部审计监督，内容覆盖结算、信贷、投资等核心业务和薪酬、风险管理、信息系统、反洗钱等关键环节。截至12月末，累计开展30次常规稽核、6项专项审计。

【人力资源管理】公司进一步增强团队建设，加大员工教育培训力度，实施分级分类培训，鼓励业务骨干走上讲台，全年共开展各类培训23次，参训参赛365人次，员工素质得到提升。

【信息化建设】2023年公司持续优化核心业务系统，不断升级现金管理平台、金融服务平台、代理收款、监管数据报送、投资业务和BI等功能，实现将新一代票据系统成功接入上海票据交易所系统，使系统更好地服务于生产工作。

【企业文化建设】公司积极倡导“快乐工作、健康生活”的理念，通过组织开展防灾减灾演练、团体植树、羽毛球赛、篮球赛、茶话会等一系列形式多样的文体活动，有效增强了团队凝聚力和向心力。

海信集团财务有限公司

【集团概况】海信集团控股股份有限公司（以下简称“集团”）拥有海信视像、海信家电、三电控股、乾照光电四家在上海、深圳、香港、东京四地的上市公司，旗下有海信（Hisense）、东芝电视（Toshiba TV）、容声（Ronshen）、gorenje、ASKO与Vidda等多个品牌。集团始终坚持“诚实正直、务实创新、用户至上、永续经营”的核心价值观和“技术立企、稳健经营”的发展战略，业务涵盖多媒体、家电、IT智能信息系统和现代服务业等多个领域。

【经营概况】2023年，海信集团财务有限公司（以下简称“公司”）坚定发展信心、坚守风险防控底线，持续推动各项业务纵深发展。截至2023年末，公司资产总额237.92亿元，负债总额189.15亿元，资本充足率32.21%，流动性比例121.03%；全年累计实现营业收入4.01亿元，利润总额3.80亿元，净利润2.90亿元。

【服务实体】2023年，公司通过优化资金配置、提供多元化金融服务、降低成员单位融资成本等方式，积极支持实体经济，为集团成员单位节省贷款利息 83.39 万元。同时，积极探索买方信贷业务，发放买方信贷贷款 40 万元，帮助成员单位维护其销售渠道的稳定发展，服务产业链下游实体企业。

【信贷业务】截至 2023 年末，公司各项信贷余额 107.13 亿元，为集团产业发展提供了金融支持。同时，积极拓展新业务范围，2023 年办理个人消费贷款两笔，用于购买成员单位产品，推动产业升级和消费升级。

【资金业务】公司负责集团资金统筹管理，在确保资金安全性、流动性前提下实现集团资金的保值增值。一是完善制度、规范流程，确保岗位工作人员的资金操作规范。选取国有银行等安全性高的银行作为资金托管机构，保证资金安全。二是成员单位支出实行计划管理，公司通过合理配置资金，完善流动性应急措施等，满足成员单位资金需求，保障集团资金流动性。定期开展流动性压力测试，掌握公司流动性风险抗压能力。三是根据集团付款规律，部分活期资金用于备付，其他资金通过合理安排到期时间，实现稳定的现金流入。增配存单、利率债等流动性较高的产品，在有机会获取长期资产的高收益的情况下又保持了变现能力，满足了安全性、流动性、收益性的需求。

【票据业务】2023 年，公司联合成员单位完成新一代票据系统切换，截至 2023 年 10 月末，成员单位财承付款全部使用新一代票据支付。公司不断优化升级系统，提升票据服务效率和质量，全年累计签发电票 396.55 亿元，累计为成员单位办理票据贴现 6.50 亿元，有效缓解了成员单位经营资金周转压力，降低了短期融资成本，提高了资金周转效率。

【外汇业务】2023 年，公司通过跨国公司本外币一体化资金池，创新信贷业务并搭配外汇衍生品金融工具，通过操作对外放款 + 套期保值的组合方案，锁定利率及汇率风险，合理调配境内外资金，助力实体经济良性发展。汇率管理方面，积极引导集团坚持汇率风险中性原则，督导成员单位科学管理外汇敞口，同时，建议集团变革汇率管理思路及汇率管理评判标准，协助集团取得了良好的汇率管理成果。

【业务创新】2023 年，公司主动探索金融服务模式创新，创造性推出“金融合伙人”服务模式，参照银行客户经理制度，打造一支服务集团成员单位和供应商客户，提供综合金融服务方案及相关的咨询服务的专业金融团队。协助成员单位管理层做好金融决策，将服务成员单位、服务供应商、对接银行的综合金融服务职能提升到一个新高度。

【风险管理和内部控制】2023 年，公司持续完善全面风险管理体系，加强内部控制体系建设与监督，严格落实监管要求，夯实风险管理运行基础，不断提升公司全面风险管理工作水平。公司构建严谨的制度体系，始终坚持制度先行，定期梳理并不断修订完善，明确岗位职责及各部门操作流程，保障公司稳健有序经营；开展内控合规专项检查，跟踪整改问题，切实提升内控管理质效；持续加强内控环境建设，开展内控合规培训，提升员工风险识别能力。

【人力资源管理】公司通过人才晋升、人才赋能、人才储备、薪酬激励等多举措，激活组织活力。为充分发挥薪酬绩效在公司治理和风险管控中的导向作用，公司实施绩效薪酬与风险挂钩的模式，并兼顾战略目标实施、竞争能力、持续能力建设，为公司稳健、长远发展贡献积极力量。

【信息化建设】2023 年，公司正式设立信息科技部，完善信息科技管理体系，夯实信息科技治理基础，围绕公司业务转型发展目标，顺利投产上线二代企业征信查询前置系统、电子询证系统，持续加强现有信息系统的运维和优化，在确保信息系统安全、平稳运行的基础上，使信息科技成为提升公司核心竞争力的“牵引力”，打造“金融 + 科技”的综合金融服务平台。

【企业文化建设】2023 年，公司继续坚持“诚实正直”的核心价值观，通过《变革管理简报》优中推优，在公司范围内表彰业务骨干，用其闪光的精神、默默无闻的耕耘态度，引领务实向上的工作氛围；通过苦练内功，夯实基础管理，不断提高长期经营意识和能力；通过持续推进清廉金融文化建设，打造清廉金融文化品牌，建立了风清气正的廉洁文化，助力公司以昂扬奋进的姿态迈上高质量发展新征程。

杭州锦江集团财务有限责任公司

【集团概况】杭州锦江集团有限公司（以下简称“集团”）创立于1983年，历经40年发展和三次产业结构调整，成为主营环保能源、有色金属、化工新材料，集贸易、金融于一体的现代大型民营企业集团。集团根植中国，产业遍及全国30多个省级行政区，并在新加坡、英属开曼群岛、印度尼西亚、越南、印度、巴西等投资兴业，为企业全球化发展战略奠定基础。此外，集团多年上榜“中国企业500强”“中国制造业企业500强”“中国民营企业500强”“中国能源集团500强”。2023年，集团荣登“中国民营企业500强”第113位，“中国制造业民营企业500强”第72位，“中国企业500强”第294位，“中国制造业企业500强”第146位。

【经营概况】2023年，杭州锦江集团财务有限公司（以下简称“公司”）紧紧围绕金融服务集团实体经济这一主线，依托集团及其成员单位的战略规划，充分发挥财务公司的职能和作用。公司主动以减息、补息的方式降低集团成员单位的财务费用，支持集团、助力集团发展。2023年12月末，公司资产总额29.10亿元，负债总额15.11亿元，所有者权益13.99亿元；全年实现营业收入7055.59万元，利润总额3134.59万元，实现净利润2314.30万元。各项指标符合监管要求。

【服务实体】2023年，公司持续落实“三服务”工作，结合集团经营现状及未来发展方向，梳理成员单位的融资需求，为成员单位制定个性化授信支持。在监管部门各项政策的指导意见及了解成员企业实际的经营情况下，实施了诸如降低贷款利率、降低保证金比例、提高审批效率、稳定信贷投放规模、合规开展创新信贷业务等措施，切实减费让利成员单位，服务实体企业。同时，公司不断提升金融服务质效，坚持实行免收结算手续费、询证函费用、存款利率上浮等为优惠措施为成员单位降本增效。

【信贷业务】2023年，公司贯彻全年信贷计划，保持稳健的信贷投放。截至2023年，公司贷款余额19.75亿元，较上年增加1.75亿元，增幅为9.72%。公司通过降低贷款利率、减免部分贷款利息等手段降低企业融资成本。同时，票据承兑基本为零保证金，零手续费；贯彻落实各级监管机构减费减负的指导意见，大力支持实体经济的发展，降低成员单位的融资成本。公司立足“依托集团，服务集团”的功能定位，大力支持实体经济的发展。

【资金业务】公司建立资金头寸表等监测台账，将资金安全作为重中之重。同时，通过与银行、成员单位、集团等多方沟通合作，提高资金的归集率和收益率。

【资金集中】公司紧跟集团战略方针，定期梳理集团下属企业股权变动情况，对符合条件的及时开立账户，并通过银企直连等手段加强对其资金账户的监测，特别是对重点企业及大额资金情况的跟踪。同时，紧跟成员单位资金预算执行节奏，通过及时归集收入，妥善安排支出节点，实现资金归集最大化。

【业务创新】一是首次开展项目贷款业务，

H

2023年7月公司完成了一笔6500万元的项目贷款投放工作。二是首次开展银团贷款业务，在稳定发展信贷业务的基础上，公司加强与商业银行、投资银行等外部金融机构的业务合作，拓宽融资渠道，撬动更多社会资本服务集团主业。2023年10月公司与商业银行完成一笔合同总额为2亿元的银团贷款的投放工作，该笔贷款公司承贷比例为50%。

【票据业务】公司继续与商业银行开展同业票据业务合作，2023年开立6笔承兑票据业务共2.50亿元，年末票据余额1.50亿元。依托金融牌照创造信用的功能，公司积极与集团成员单位沟通，为成员单位提供强有力的资金保障。除此之外，票据承兑基本为零保证金、零手续费，极大降低了成员单位的财务费用，实现了对实体企业的成本减负，提升竞争力。

【风险管理和内部控制】2023年，公司严格按照监管指引和政策要求，将信息科技风险纳入全面风险管理体系，持续完善涵盖信用风险、市场风险、操作风险、流动性风险、洗钱风险、信息科技风险等主要风险的全面风险管理架构，坚持稳中求进的工作总基调，切实防范化解各类风险，牢牢守住风险底线。具体表现为风险管理治理架构各层级能较好履行职责；信用风险、信息科技风险、流动性风险、操作风险、洗钱风险水平较低，资本充足率水平、流动性比例等各项监管指标均优于监管标准；业务经营规范有序，员工合规意识较强，公司风险防控能力与管理水平稳步提升。

【人力资源管理】2023年，公司吸收集团内优秀管培生，打造青年员工后备力量，营造良好的企业文化氛围，提升员工队伍的稳定性和忠诚度。积极开展员工培训，着重开展法律法规、监管政策的学习，全面提升员工的综合能力，打造爱岗敬业、团结和谐、服务至上的金融企业专业化团队，并不断完善公司绩效考核机制，实施季度、年度双绩效考核。

【信息化建设】2023年，公司信息安全管理工作有序开展，全年信息系统安全稳定运行。近三年来，公司以数据治理为底盘，大力发展科技创新，数字资产的数字化利用带来的效益显著。在公司自建的数据仓平台中，实现了业务分析、业务管控和监管报送等数据的自动抽取和展示，保障了监管报送数据的及时性、准确性，提高了相关岗位人员的工作效率。未来公司将加强与同行和外部供应商学习和交流，借鉴先进的技术和经验，不断提高信息系统集成化能力，扩大信息系统的支撑力。

航天科工财务有限责任公司

【集团概况】中国航天科工集团有限公司（以下简称“集团”）是我国航天事业和国防科技工业的中坚力量、航天强国建设和国防武器装备建设的主力军、中国工业信息化发展的领军企业。经过60多年的发展，集团现已成为一家战略性、高科技、创新型中央骨干企业。集团总部位于北京，现辖属23家二级企业，控股7家上市公司，企事业单位500余户，在职职工近15万人，拥有包括10名两院院士、200余名国家级科技英才在内的一大批知名专家和学者。2023年，集团公司始终坚守政治定力、党的领导全面加强，忠诚履行强军首责、核心功能不断增强，加大强基补短力度、战略支撑作用明显，全面深化改革攻坚、活力效率稳步提升，积极服务国家战略、责任担当充分彰显，注重统筹集团监管、企业治理得到改善，发挥党建引领作用、党建基础更加扎实，全年工作取得了一定成效。

【经营概况】2023年，航天科工财务有限责任公司（以下简称“公司”）实现营业收入

32.56 亿元，利润总额 17.18 亿元，经济增加值 8.37 亿元，经营业绩稳步增长。资本充足率为 16.64%，贷款拨备率为 5.35%，流动性比例为 80.47%，各项监管指标符合监管要求。净资产收益率为 16.69%，成本费用利润率为 134.80%，全员劳动生产率为 2329.35 万元/人年，圆满完成年度各项经营任务目标，获得 2022 年度“征信系统数据质量工作优秀机构”“最佳资金管理财务公司”，2023 年度金融统计工作 A 级评价等荣誉。

【服务实体】公司持续加大对集团公司实体产业的支持，全年累计发放贷款 234.91 亿元，日均信贷规模 176.31 亿元，信贷业务余额 233.83 亿元，平均贷款集中度 66.24%，日均信贷规模和信贷业务余额均创历史新高。持续完善评级授信模型，突出对集团主责主业的支持力度，突出航天产业特色。紧跟集团公司产业发展和重点领域，持续优化信贷政策，完善供给侧结构性改革，创新出台科技创新研发贷、数字航天专项贷、产业集群牵引贷、专精特新“小巨人”贷、专精特新项目支撑贷、乡村振兴支持贷、中小微企业优惠贷、中长期建设优惠贷、中期流动资金优惠贷等 10 项优惠贷款政策工具包。2023 年全年办理各类优惠贷款 222.95 亿元，优惠贷款占比 93.96%，平均利率 2.50%，同比降低 33 个基点，低于年初一年期 LPR 115 个基点，有效降低成员单位融资成本。

【资金业务】在资金规模持续减少，同业利率持续走低的叠加影响下，公司加强与集团公司战略合作银行，尤其是国有商业银行的深度合作，充分发挥资金集中优势，提升议价能力；在确保资金流动性的基础上，强化长期存款业务配比，实现同业存放收入 22.05 亿元。

【投资业务】公司紧密跟踪宏观经济运行情况，稳步推进债券配置，拓展低风险品种投资，持续优化收入结构，积极构建以国债、政策性金融债、货币基金、债券型基金为主的稳健固定收益投资组合，全年实现投资收益 1.31 亿元。

【资金集中】公司深入实施“直接归集”资金集中模式与全面代理结算模式，全年新增成员单位银行账户直接归集近 100 个，同比增长 3.23%。全面开展境内外币直接归集，进一步拓宽财务公司吸收存款范围。全年平均资金集中度 89.7%，创历史新高。

【风险管理和内部控制】公司持续强化“三道防线”建设，严格执行信贷与投资业务“4 + 4 + 1 + 1”审批模式，充分发挥各级主体在业务开展过程中的风险防控作用。严格执行重大决策、经济合同、规章制度“三个 100%”法律审核。建立重大决策事项风险合规审查机制，强化核心业务领域合规管理。严格在监管核准的范围内开展业务，稳妥完成委托投资和保险代理业务的清理退出，持续推进金融股权投资和信托产品投资业务清退。积极落实监管现场检查发现问题及年度监管意见书整改工作要求，推进业务流程优化、管理制度修订、存量风险化解等工作。坚持审计“部门全覆盖”，持续加强业务领域规章制度执行情况的监督力度。强化整改跟踪审计和“回头看”检查，按季度召开审计发现问题整改工作例会，持续督导跟踪各类审计发现问题整改，狠抓整改落实，实现闭环管理。

【人力资源管理】公司积极践行新时代党的组织路线，坚持党管干部、党管人才原则，选人用人工作满意度持续向好，连续三年高于集团公司平均水平。以“双通道”人才发展机制识别、培养、开发人才，加大领导人员及骨干职工岗位工作交流力度，交流比率达到全员的 18%，6 名员工专业技术职务得到晋升，为财务公司“四大平台”功能发挥提供人才保障。紧抓党员党性教育培训和员工业务能力培训，全方位立体化多覆盖开展近 200 人次教育培训，为新时期人才队伍建设提效赋能打下坚实基础。

【信息化建设】2023 年，公司认真落实国资委司库管理体系建设部署，持续开展司库系统功能拓展升级，实现全集团资金信息动态反映、业务信息全面监控、资金风险有效控制，助力集团公司在国资委司库系统建设中期评价中获得优秀。新一代票据业务系统顺利通过上海票据交易所验收并成功上线。完成效能管理、合同管理、监管评级等系统上线，基础管理数字化水平显著提高。“两地三中心”运行更趋完善，业务连续性保障能力达到行业领先。“一机两用”虚拟化桌面解决方案顺利通过集团公司验收并投入使用，监控系统平台案例成功入选国资委智能监管业务模型创新活动。圆满完成同城灾备中心应急演练，突发事件应急处置能力得到了锻炼和提高，业务连续性保障能力进一步提升。

【企业文化建设】公司深入学习贯彻习近平新时代中国特色社会主义思想，高质量开展主题教育读书班，扩大读书班参与人员范围，巩固主题教育成果。积极联合集团公司财务部党支部、海淀区金融办开展主题党日和专题座谈，领导班子成员带头讲主题教育专题党课、弘扬航天精神专题党课，主题教育成效得到职工群众的肯定和认可。大力传承弘扬航天精神，组织广大党员赴航天三线工业基地参观等活动，强化党性教育和航天精神培训。加大新闻媒体宣传力度，丰富宣传内容，创新宣传方式，宣传量实现新的突破。聚焦中心工作、金融服务、法治合规、财税知识、身心健康、子女教育等策划开展30余场次职工团体活动，群团组织向心力有效发挥。纵深推进“青马工程”，加快青年人才教育培养，勉励团员青年在航天金融事业发展新征程中勇挑重担、建功立业。

航天科技财务有限责任公司

【集团概况】中国航天科技集团有限公司（以下简称“集团”）是我国航天科技工业的主导力量，国家首批创新型企业，主要从事运载火箭、各类卫星、载人飞船、货运飞船、深空探测器、空间站等宇航产品和战略、战术导弹武器系统的研究、设计、生产、试验和发射服务。2023年，集团实现利润总额114.3亿元，营业收入2901亿元。

【经营概况】航天科技财务有限责任公司（以下简称“公司”）立足功能定位、锐意进取、勇于担当，聚焦航天主业让利成员单位，严控风险按监管要求退出高风险投资业务，努力化解北京信托风险，大力推动司库转型。公司对政策环境变化的适应性和业务转型的适配性明显加强。2023年，公司实现营业收入41.18亿元，营业净收入18.85亿元。在集团经营业绩考核中，在专业公司中名列前茅。

【服务实体】公司为航天科研生产单位、产业链链长和专精特新单位分别提供优惠贷款115亿元、48亿元。对中国火箭、航天模塑的发展提供有力支持。全年置换到期企业债和外部商业银行贷款41亿元，有效降低集团融资成本。贷款让利由2022年的0.7亿元提升至1.68亿元。

【信贷业务】公司在集团内部信贷市场占有率提升至70%。首次设定信贷目标和策略，信贷团队践行从金融人向产融人转变，创新建立四类产品线优惠贷款，2023年末信贷余额达到445亿元，全年信贷日均规模293亿元。

【资金业务】公司开展同业业务精细化管理，设定边界和权限；改善同业资产到期的月度均衡性，保障成员单位用款需求；定期开展同业交易对手信用风险跟踪监测，对指标、舆情变化进行关注并同银行沟通获得反馈。

【投资业务】公司建立市场利率观测模型，准确把握利率走势。制定资产运营业务目标及策略，建立国债投资框架，开展国债配置。强化投后跟踪和风险监测，落实投后跟踪报告。

【票据业务】公司牵头公司票据新一代需求方案，提出票据新一代信息化需求，相关需求已由盈科票据开发，并做好与集团公司司库票据对接管理的准备。

【外汇业务】全面推进境内直连行外币账户纳入司库可视，并打通境外工行、建行、交行3家直连行账户司库可视渠道，促进境内外币及境外资金纳入“全球可视”。全年公司共为21家成员单位办理即期结售汇业务185笔共计折合1.96亿元人民币，办理集中收付汇业务264笔共计折合1.2亿元人民币，公司开展跨境人民币收付汇业务16笔共计4600万余元。

【资金集中】公司月均全口径资金集中度91.28%，可归集口径资金集中度100%，集团公司全口径账户可视率85%，整体保持了较高的资金集中度水平。

【业务创新】公司对接航天彩虹外汇衍生品业务需求，组织航天彩虹、财务公司以及合作银行进行业务交流，推动形成航天彩虹外汇衍生品业务代理方案，试点开展远期代理业务。完成航天机电跨境人民币业务办理。按照分工完成外汇贷款及跨境贷款业务相关指引，结合远期代理试点业务完成外汇远期业务操作规范并推动落实。

【风险管理和内部控制】公司规章制度体系的系统性、健全性、协调性、适用性得到明显提升。制定公司《内控体系优化方案》并分阶段实施，重点解决设计缺陷、重点领域关键环节覆盖和信息化流程控制三大问题。完善六大中台控制模型及操作策略，优化完善客户信用评级、授信额度测算等模型工具，首次开展信息科技风险全面评估。

【人力资源管理】公司持续优化人员配置，推进岗位体系建设。实施员工业务职务体系套改方案。制订2023—2025年三项制度改革实施方案，推进“三能”机制常态化运行。

【信息化建设】公司系统建设稳步推进，数字化转型工作初见成效。司库二期系统建设任务顺利推进，实现债务融资、票据管理等业务在线管理，新一代票据系统与司库系统完成对接，研究RPA新技术场景化应用。开展数字化转型论证，首次建立业务、应用、数据、技术、安全等五类架构域共同构成的“V”模型。

【企业文化建设】公司落实集团三大识别系统，按要求开展了集团公司标志专项检查；弘扬航天精神，组织员工代表参加集团公司“航天精神大讲堂”宣讲会，结合疫情防控因素，利用线上开展中国航天日宣传视频学习；组织员工代表赴珠海观看航展，开展司庆日文化活动，提升员工归属感和凝聚力。

河北港口集团财务有限公司

【集团概况】河北港口集团有限公司（以下简称“集团”）作为河北省属重要骨干企业，拥有秦皇岛港、唐山京唐港区、唐山曹妃甸港区和黄骅港“三港四区”，年设计通过能力11.58亿吨，主要货类是煤炭和矿石等大宗散货。现有资产总额1460亿元，有港口运营、现代物流、投资运营、园区经济四个主营业务板块，旗下有“秦港股份（A+H股）”和“唐山港（A股）”两家港口类上市公司。集团在秦皇岛建设国际知名旅游港和现代贸易港，在唐山建设服务国家重大战略的能源原材料主枢纽港、综合贸易大港、面向东北亚开放的桥头堡、区域性集装箱航运中心，在黄骅建设多功能、综合性、现代化大港、国际贸易港、“一带一路”重要枢纽、雄安新区便捷出海口，建立“立足京津冀、面向东北亚、联通全世界”的港口集疏运网络，致力于打造多功能、综合性、现代化世界一流港口集团。

【经营概况】2023年，河北港口集团财务有限公司（以下简称“公司”）坚守“立足集团，服务集团，合规经营，稳健发展”的经营宗旨，积极落实新集团发展战略和新金融监管政策，充分发挥集团资金归集平台、资金结算平台、资金监控平台和金融服务平台四大平台功能，不断夯实公司治理根基，在做好风险控制基础上，紧抓集团整合新发展机遇，积极拓展唐曹片区经营业务，不断提升资金管理水平和金融服务能力，为成员企业提供了高质量的金融支持。2023 年末，公司资产总额达到 127.00 亿元，较上年末增长 75.75%；吸收存款规模达到 108.72 亿元，较上年末增长 101.14%；贷款业务规模达到 63.40 亿元，较上年末增长 56.33%；全年实现营业总收入 2.45 亿元，发生营业总成本 1.51 亿元，实现投资收益 0.03 亿元，实现集团考核清算利润总额 1.05 亿元，较上年增长 16.23%。净资产收益率达到 4.39%，资本充足率为 24.16%，全面完成公司“十四五”规划既定目标，年度监管评级保持在 2A 级。

【服务实体】公司积极响应集团整合发展战略，2023 年 2 月初启动唐曹片区 60 余家新成员单位的开户及资金归集工作，制订周密工作计划，分批分步推进实施。截至 2023 年末，新增开户 52 户，新增归集资金 52.08 亿元。结合唐曹片区新成员单位和资金的加入，公司积极开展业务走访调研，为新成员单位量身定制融资方案，提供优质贷款支持。截至 2023 年末，已为曹港股份及其子公司提供流动资金贷款 8.58 亿元，为京唐港首钢码头公司办理贴现业务 0.54 亿元。

【信贷业务】公司坚持“重点突出、有扶有控”的信贷政策，精准排布资金和信贷结构，加大对集团重点战略板块的贷款投放，建立了流动资金贷款、固定资产贷款、银团贷款、票据承兑与贴现等多品种、多期限的信贷业务组合，满足集团重点项目、紧急项目、战略性项目的融资需求。2023 全年累计投放自营贷款 67.52 亿元，较上年增长 51.32%。逐步完善存贷款利率市场化定价机制，坚持最大幅度让利成员单位，主动下调成员单位存量项目贷款利率 80 个基点，助力集团降低融资成本，实现整体效益最大化。全年通过内部信贷有效降低集团整体外部融资成本 1.40 亿元。

【资金集中】公司优化日常资金结算服务，精细化资金收支管理，在做强做优基础服务的同时，密切关注资金来源稳定性，做好资金变动预测，合理匹配结算性资金头寸，强化资金归集。截至 2023 年末，公司拥有开户成员单位 114 户，资金集中度保持在 55% 左右。

【风险管理和内部控制】公司一是制定了全面风险管理策略，明确了审慎稳健的风险偏好、“无案件、无事故、无重大资金损失”的风险控制总目标以及风险分散、风险规避和风险补偿三大风控策略，夯实风险管理顶层设计，为审慎开展经营业务、防范化解各类风险提供了遵循和指导。二是细化各类风险防控措施，通过按季度召开风控会议、案防分析会以及投贷后分析会，扎实开展重点风险领域的分析和把控；通过签订《金融服务框架协议》，严控上市公司关联交易风险；通过定期开展流动性压力测试，加强日常业务风险监测；通过定期开展案件警示教育、员工行为排查及公共金融法规宣传教育，加强风控意识形态建设，有效防范合规风险。三是强化内部稽核审计作用，坚持审结算、审财务、审管理、审质量、审绩效“五审并举”的审计思路，采用日常稽核与专项审计相结合的稽核方式，全面筛查公司经营管理、运营监管、风险防控、信息化建设中存在的短板弱项和盲区死角，提出改进建议，并结合内部制度更新情况梳理完善稽核要点库，强化制度执行的检查，促使各项内控制度和措施落实到位。

【信息化建设】公司一是结合业务实际及监管要求，持续优化核心业务系统、综合分析系统、投资业务系统功能，建成新一代票据业务系统，并实现了与集团及唐港股份财务共享中心系统的数据对接，进一步提升了金融业务和数据的精细化管理和智能化运用水平。二是开展了关于智慧财务公司建设的调研，公司领导班子组织调研团队对公司现有业务在数字化、自动化和人工智能方面的应用场景和实际需求进行深入研究，为进一步提高业务效率、提升用户体验、降低运行成本及风险、实现由技术创新推动金融创新打下坚实基础。三是坚持预防为主，定期开展机房巡检、网络与信息安全自查和灾备切换演练，有效确保信息系统安全平稳运行。

【企业文化建设】公司一是扎实开展中心组学习、第一议题学习和“三会一课”，加强对党的方针政策的学习，通过开展党建调研、形势任务教育、固定党日等活动，促进党建与经营工作的有效融合，保证公司经营发展方向不走偏。二是将党的领导融入公司治理各环节，凡涉及“三重一大”事项，均先提交支委会讨论研究，确保党的路线方针政策及时贯彻落实到日常经营管理中。三是扎实推动学习贯彻习近平新时代中国特色社会主义思想主题教育各环节工作，进一步强化党员干部责任担当，统一思想、凝心聚力。四是全面落实年度教育培训计划，通过开展多元化的专业培训、加强同业间交流学习、开展金融课题评选等方式，提升从业人员专业能力，强化合规意识和服务意识，激发创新发展思维，打造一专多能复合型人才，提升公司发展软实力。

河北建投集团财务有限公司

【集团概况】河北建设投资集团有限责任公司（以下简称“集团”）是河北省政府聚合、融通、引导社会资本和金融资本，支持河北省经济发展的资本运营、基础设施建设和投融资平台，由河北省国资委履行监管职责的国有资本运营机构和投资主体。

【经营概况】2023 年，河北建投集团财务有限公司（以下简称“公司”）在集团和公司董事会的正确领导和大力支持下，以习近平新时代中国特色社会主义思想为指导，扎实推进各项重点工作，持续强化公司治理和合规管理，截至 2023 年末，公司资产总额 118.1 亿元，实现营业收入 3.6 亿元，圆满完成年度各项目标任务。

【服务实体】2023 年，公司切实提高政治站位，扎实做好服务实体经济融资工作。一是公司持续加大信贷投放力度，大力满足成员单位在日常经营周转、置换高成本融资等方面的资金需求，有力保障电力、热力、水务、天然气等成员单位平稳运营，助力高质量发展；二是公司密切关注集团重点在建项目进展情况，认真分析项目转运营过渡期间资金需求，不断加大信贷投放力度，有效解决项目阶段性融资缺口，保障项目顺利投产；三是公司高度重视金融产品与政策的研究工作，在丰富金融产品、优化资源配置、提高运营效率等方面进行一系列深入研究和大胆尝试，为集团新兴产业拓展融资渠道，满足前期资金需求。

【资金业务】2023 年，公司以保证集团及成员单位的流动性安全为底线，以提升资金使用效益为目标，以资金计划管理为抓手，不断提高资金管理水平。一方面，动态监控资金流动情况，积极询问成员单位大额收付款详情，提升资金计划管理的主动性。另一方面，优化资产配置结构，合理规划资产配置期限，最大限度地降低因保证流动性安全导致的投资规模缩减；同时根据公司制度要求，每天对公司活期账户资金进行统一安排，切实实现了活期利率不降反升，最大限度地维护了公司权益。

【投资业务】2023 年，公司严格按照监管要求制订投资方案，对多个产品类型进行调研，积极拓展投资业务品种；在现有业务方面，积极提升业务效率，发挥投资业务流动性管理的“蓄水”“放水”功能，较好地配合了公司整体资金调配使用。

【票据业务】2023 年，公司新一代票据业务系统成功通过上海票据交易所的验收，为深化票据管控、提升服务质效带来突破性改变。新一代票据业务系统支持可拆分的票据，同时引入成员单位信息报备、账户主动管理等功能，丰富了票据清算自动化处理功能，使成员单位票据支付更加灵活便捷。

【资金集中】2023 年，在集团领导下，对成员单位资金进行归集管理，通过加强与成员单位、直连银行日常沟通联系，梳理不可归集资金性质和金额，细化资金支付计划，增加资金沉淀时间。2023 年全年日均存款达 95.83 亿元，较上年增长 12.22%，创公司成立以来新高。

【风险管理和内部控制】2023 年，公司坚持风险管理"早识别、早预警、早发现、早应对"工作机制，切实防范化解风险隐患。一是开展年度风险识别评估，组织制订各类风险应对方案，为公司做好全面风险管理工作提供方向和依据。二是做好金融资产分类工作，及时分析公司资产质量状况，全面掌握借款人的真实财务状况和影响贷款偿还的非财务因素。三是抓好风险监测预警工作，结合公司各项业务发展和管理情况，动态分析各类风险状况，提升风险管理的前瞻性。四是开展流动性压力测试，准确评估分析公司流动性状况，有效提升防范潜在流动性风险发生的能力。在内部控制管理方面，一是推进内控制度体系完善，持续对关键的规章制度按照新监管要求、新发展趋势、新业务需要进行全面修订完善；二是开展内控评价工作，不断提高公司内控管理的有效性和执行力。

【人力资源管理】2023 年，公司扎实推进经理层成员任期制契约化管理工作，按期完成经理层成员年度《经营业绩责任书》的签订工作；严格履行干部任用程序，做好公司干部管理工作；持续加大员工培训力度，多元化开展各类培训，促进员工综合素质和业务水平不断提升。

【信息化建设】2023 年，公司积极做好核心业务系统持续优化升级、信息系统建设、风险管理及网络安全等工作。完成监管机构信息科技评级事宜，不断提升信息科技二三道防线管理水平，提高信息科技安全能力，优化信息科技管理架构。

【企业文化建设】2023 年，公司党支部紧紧围绕公司中心工作，抓紧抓实政治建设、组织建设、队伍建设、作风建设，持续推动公司高质量发展。一是深入学习贯彻习近平新时代中国特色社会主义思想和党的二十大精神，大力开展学习贯彻习近平新时代中国特色社会主义思想主题教育活动。二是开展"凝心铸魂跟党走，团结奋斗新征程"系列活动。进一步增强党员的党性修养和党员意识，增强公司党支部的凝聚力、向心力、号召力。三是组织团员青年开展"学雷锋践承诺 志愿服务我先行"系列活动，组织青年员工外出开展志愿服务活动，进一步增强党员领导干部及职工群众的政治责任感和历史使命感。

河钢集团财务有限公司

【集团概况】河钢集团有限公司（以下简称"集团"）坚持"高端化、绿色化、智能化"发展，纵向推进钢铁产业链条向高端制造延伸，横向推进同类业务结构性重组，加快实现"钢铁向材料、制造向服务"转型，致力于建设最具竞争力钢铁企业，成为具有世界品牌影响力，钢铁材料、新兴产业、海外事业与金融服务协同发展的跨国工业集团。集团已经成为中国第一大家电用钢、第二大汽车用钢制造商，世界第二大钒钛材料制造商，海洋工程、建筑桥梁用钢领军企业，在钢铁行业综合竞争力评估中获“竞争力极强”最高评级。截至2023年末，集团资产总额达5476.29亿元，营业收入达4050.37亿元，在2023年“世界企业500强”中排名第229位。

【经营概况】2023年，河钢集团财务有限公司（以下简称“公司”）坚持审慎合规经营理念，秉承“立足集团、服务产业、规范运营、稳健发展”的经营宗旨，在严监管、强监管、深监管的大背景下，妥善推进风险防范，化解问题工作，深植“服务至上”意识，充分发挥金融牌照优势，保障公司健康稳定发展。截至2023年末，公司资产总额246.13亿元，负债总额173.84亿元，所有者权益72.29亿元；累计实现营业收入11.86亿元，利润总额7.72亿元。无不良贷款、不良资产，各项监管指标均符合监管要求。

【信贷业务】2023年，公司本着服务集团成员单位的宗旨，在风险可控、商业可持续原则前提下，保持合理的信贷投放，为实体经济发展提供有效的融资需求，贷款形式包括额度循环贷款、短期贷款、中长期贷款、委托贷款、银团贷款等多种形式，贷款期限灵活，贷款投向为符合国家政策导向的制造业、采矿业和交通运输业。

【票据业务】2023年，公司紧密结合监管要求，合理规划财务公司承兑和转贴现规模，持续拓展票据业务，积极申请再贴现低成本资金，为集团和成员单位提供支付结算和资金支持，累计开具财务公司承兑汇票64.99亿元、办理贴现41.26亿元、转贴现3亿元，办理再贴现30亿元，年末再贴现余额15亿元，实现再贴现规模突破，有效支持小微、涉农、绿色及科创成员企业发展。同时，随着新《商业汇票承兑、贴现与再贴现管理办法》和《企业集团财务公司管理办法》发布，公司及时调整各项业务发展方向，有序推进相关指标压降，严格把控风险。

【投资业务】2023年，公司在合法合规、防控风险和保障资金资产安全的基础上，一方面，根据新施行的《企业集团财务公司管理办法》，对存续业务进行审查，根据要求进行整改；另一方面，持续对金融市场行情进行跟踪研究，结合多家金融机构的投资分析，锚定投资收益率，把握投资机会，实现收益818.19万元。

【外汇业务】2023年，公司在发展中完善外汇业务职能，确保国际业务稳中求进。一是在坚持服务为主、市场导向的运行机制下，国际业务部不断拓展外汇参与成员单位，争取集团外汇优惠政策覆盖更全面。二是通过账户结构设计，实现不改变成员单位外汇主办行下，最大程度方便成员单位结售汇全程便利化。三是2023年5月取得外币拆借和外币同业业务资质，进一步丰富了集团外币资产负债管理工具，为集团提高外币资金使用效率和增加资金收益开拓了新途径。四是随着集团议价能力不断提高，有效引导省内主办行进行价格评定竞价，也助推集团内单位积极主动关注市场变化，实现企业和同业双主体协同，整体效应不断增强。

【风险管理和内部控制】公司健全公司法人治理结构，增补公司董事，优化董事、监事职能，完善董事监事履职评价机制，精准有效履职。持续做好制度“立改废”工作，有效促进制度前后衔接、上下配套、标准明确、覆盖全面、责任清晰。完善信息科技部、稽核审计部岗位设置，促进信科内部审计工作有效开展。开展员工行为排查，增强合规主动性、自觉性。落实反洗钱责任，完善反洗钱工作机制和业务制度，优化自评估指标模型和方法，持续加强洗钱风险内控体系建设。

坚持稳健型风险偏好，实施安全稳健风险管理政策。以主动负债为工作重点，从监管指标合规、合理及相互之间勾连和影响入手，科学兼顾资金运营安全性、流动性、盈利性，统筹加强资产负债管理，确保集团资金链安全。

【信息化建设】公司紧密结合业务发展需要，持续升级与完善信息系统，促进信息技术平台创新与金融服务创新的深度融合。搭建全新架构的新财资系统、超级网银和票据采集系

H

统。上线超级网银服务平台，升级结算平台，大幅提升支付结算效率。开展信科风险全面评估，健全信科制度体系。根据业务连续性和网络安全指引，进行公司网络和硬件设备全面升级，提升基础硬件设施的计算能力、稳定性和网络安全防护水平，进而为业务开展提供安全稳定高效的系统技术支持。

【企业文化建设】公司持之以恒抓好全员信仰、信念、信心教育。创新学习形式，与国家外汇管理局、浦发银行、中信银行等单位开展共建联学活动，通过共建联学，公司与国家外汇管理局及各金融机构增强了有效沟通，突破了业务瓶颈，打通了业务渠道。公司党支部积极开展“双带三单”主题先锋赛专项攻关行动，党员带头扛责任、攻难关、讲担当、做贡献，进一步凝聚全员共识，激发干事创业活力。

河南能源集团财务有限公司

【集团概况】河南能源集团有限公司（以下简称“集团”）是经河南省委、省政府批准组建的大型能源集团。2008 年 12 月 5 日，由原永煤集团、焦煤集团、鹤煤集团、中原大化、河南省煤气集团战略重组成立河南煤化集团；2013 年 9 月 12 日与原义煤集团战略重组为河南能源化工集团；2022 年 7 月 8 日，经省政府同意正式更名为河南能源集团。集团注册资本金为 210 亿元，拥有职工 15 万人。产业涉及能源、化工新材料、现代物贸、金融服务、智能制造等，主要分布在河南 14 个省辖市，以及新疆、贵州、内蒙古、陕西、青海等省（区）和澳大利亚。拥有煤炭资源储量 318 亿吨，产能近 1 亿吨/年，品种以无烟高炉喷吹煤、炼焦精煤为主；化工产品产能近 1000 万吨，产品主要涉及甲醇、乙二醇、醋酸、二甲醚以及化工新材料碳纤维、聚甲醛、1，4 - 丁二醇、PET、PBT 等 18 个种类。集团控股大有能源、九天化工 2 家上市公司和濮阳绿宇新材料 1 家新三板挂牌公司。

【经营概况】河南能源集团财务有限公司（以下简称“公司”）是经监管部门批准于 2009 年收购洛玻财务公司 100% 股权，并增资扩股后成立。公司原名为河南煤业化工集团财务有限公司，2013 年更名为河南能源化工集团财务有限公司，2022 年更改为现名。2023 年 9 月，经国家金融监督管理总局河南监管局核准，注册资本金由人民币 300000 万元增资为 440000 万元。

2023 年，在集团党委的正确领导下，公司深入学习贯彻习近平新时代中国特色社会主义思想和党的二十大精神，紧紧围绕国家金融监督管理总局河南监管局监管要求，着力强化公司治理，规范业务运作流程。以党建为引领，以优化业务为主线，着力提升公司治理、金融服务和风险管控能力，积极融入产融结合发展新格局。较好完成了各项任务：实现营业收入 39105 万元，实现利润总额 26724 万元。

截至 2023 年末，公司现有员工 42 人，其中经理层 3 人、总经理 1 人、副总经理 2 人、高级经理及总经理助理 3 人，董事会及经理层人员任免均由集团统一任免。公司按职能设立 7 个部门，分别为结算管理部、信贷管理部、审计稽核部、风险管理部、财务会计部、综合管理部、信息科技部。

【风险控制】2023 年，公司始终把讲政治、把方向、管大局作为首要任务，充分发挥“集团资金归集平台、集团资金结算平台、集团资金监控平台、集团金融服务平台”四个平台功能，采取多种措施化解各类风险：一是持续推进指标达标及担保业务的清理工作。积极与相关银行和企业沟通，配合提供相关资料：一方面努力压降贷款比例，通过加大银企直连及提高资金集中情况，增加成员单位存款以及新增外部融资等方式持续加以解决。另一方面积极推进担保业务清理工作，公司通过变更担保人、提前还款续借、签署补充协议等方式，先后完成了民生银行、浙商银行、交通银行等担保业务的清理，金额较年初下降 10.99 亿元。二是持续强化风险防控，认真梳理公司各项内控制度，规范业务流程设计，持续推进公司制度“废改立”，及时准确将国家现行法律法规、行业监管政策规定转化为内部规章制度。充分发挥由业务部门、风险管理部门、审计稽核部门形成的内控管理“三道防线”作用，加强内控检查和业务审计，确保内控制度和监管要求落实到位。加强对各类风险的监测预警，做到风险的早发现、早预警、早暴露、早处置。

【经营管理】2023 年，公司充分发挥金融机构优势，节约成员单位财务成本。一是始终坚持“效率高于银行，价格优于银行”的服务理念，在政策允许的条件下，通过提高成员单位存款利率，减免结算业务手续费、担保业务手续费，降低全资成员单位及持股比例较高成员单位贷款利率等措施，减轻集团财务费用支出，最大限度节约集团公司和成员单位财务成本。全年累计为成员单位节约财务费用 12000 万元。二是严格账户管理，加强资金管控。公司严格执行中国人民银行账户管理规定，对资金收付是否符合账户用途和账户性质严格把关。指定专人不定期地检查各成员单位外部支出账户资金存款情况，确保对成员单位外部支出账户的资金管控。三是实施差异化存款利率政策，根据上年度日均存款余额适当上浮存款利率(不超过中国人民银行指导定价)，最大限度提高成员单位的存款收益，以提高成员单位资金归集的积极性，进一步提高集团资金的使用效率。四是持续优化资金收支流程，完善资金信息系统，实现非监管受限资金的流量精益管理，为成员单位提供优质安全有效的对外资金结算和对内清算服务。五是在确保还债和还贷的刚性兑付前提下，严格执行集团资金预算，做好资金收支计划和头寸调拨，合理安排各成员单位经营支出，奠定资金精准调度、资金曲线“削峰填谷”的管控基础。

【业务发展】2023 年，公司充分发挥金融服务平台职能，助力集团高质量发展。一是积极推进银企直连资金归集和资金可视化功能。通过分析成员单位的业务性质、开户情况、用款规律，积极与成员单位沟通，加强成员单位外部银企直连账户监管，做到外部账户资金应归尽归。截至 2023 年 12 月末，除部分单位存在法人未变更、资金不管控等原因未办理账户授权外，其他大部分已完成。二是倾力拓展金融服务广度、深度。积极发挥人员、行业等优势，不断建设完善金融服务机制和队伍，加快推进数字化转型，切实提升金融服务实体经济质效。深入各成员单位进行调研，根据成员单位不同需求，量身打造出专属产品、专有流程、专职队伍“三专”机制，充分发挥财务公司服务集团和成员单位“主力军”作用。

【党建工作】2023 年，在集团党委的正确领导下，公司党总支始终把讲政治、把方向、管大局作为首要任务，深入学习党的重要思想、重要观点、重大判断、重大举措，全面准确把握习近平总书记重要讲话精神实质，积极探索改革发展新时期党建工作和业务发展的新方法和新路子。在严监管、控风险的双重考验下，严格落实集团推动高质量发展的要求，以党建为引领，着力提升公司治理、金融服务和风险管控能力，积极融入产融结合发展新格局，使党的创新理论入心入脑，见行见效。公司坚持把问题整改贯穿始终，聚焦实际工作和现实问题，以自我革命精神、从严从实作风科学有效方法抓整改，不断用解决问题成效强化主题教育效果。

河南双汇集团财务有限公司

【集团概况】河南双汇投资发展股份有限公司（以下简称“集团”）是农业产业化国家重点龙头企业，总部在河南省漯河市。集团在全国18个省（市）建有30个现代化肉类加工基地和配套产业，形成了饲料、养殖、屠宰、肉制品加工、调味品生产、新材料包装、冷链物流、商业外贸等完善的产业链，拥有100多万个销售终端，每天有1万多吨产品销往全国各地，在全国绝大部分省份均可实现朝发夕至。双汇品牌价值806.69亿元，连续多年领跑中国肉类行业。

【经营概况】河南双汇集团财务有限公司（以下简称“公司”）认真贯彻落实国家监管政策法规，坚守功能定位，依法合规经营，实现稳健发展。截至2023年末，公司资产总额93.2亿元，负债总额69.81亿元，实现利润2.02亿元，所有者权益23.39亿元，各项监管指标均符合要求，没有出现风险事件。

【服务实体】公司坚持“立足集团，服务集团”的经营宗旨，充分发挥资金管理平台优势，不断优化系统功能，增加科技投入，为成员单位提供优质高效的金融服务，支持集团屠宰、肉制品、外贸、养殖、餐饮等产业发展。全年向成员单位授信113.39亿元，其中流动资金贷款授信111.6亿元，固定资产贷款授信1.79亿元；全年累计发放贷款83.99亿元，其中流动资金贷款61.94亿元，固定资产贷款7.85亿元，票据贴现14.2亿元。

围绕集团“产业化、多元化、国际化、数字化”的四化战略，公司开展股权整合、产业并购、资产管理等业务，研究政策，开拓新兴业务赛道，为集团产业链完善、产品结构调整、市场网点倍增提供金融动能，贡献金融智慧。

【产业链金融】公司认真落实国家“支农、支小、扶助小微”普惠金融政策，支持集团下游经销商客户发展。积极推广买方信贷系统，实现买方信贷客户信息自动化采集，买方信贷客户遍及全国27个省市区，全年为228户经销商发放买方信贷5.08亿元，年末贷款余额2.66亿元，同比增长17.15%。买方信贷业务开展以来，累计投放买方信贷贷款14.23亿元，无不良，无损失。同时，积极协调外部金融机构开展集团下游经销商贷款投放，2023年外部金融机构对140户经销商投放贷款1.61亿元，贷款余额1.77亿元，支持经销商开拓渠道、旺产旺销。

【资金业务】公司对成员单位资金进行统筹规划、统一调度，每日跟踪资金收支情况，制订资金周计划、月计划，提升资金精细化管理程度，全年结算量23万笔，金额1.38万亿元，实现收付款零差错。充分发挥资金集中管理平台优势，加强头寸管理，优化资金结构，提高资金运作效率，保障公司资金流动性、安全性。

【投资业务】公司坚持“安全第一、收益第二”的原则，审慎开展各项投资业务，在合作机构选择上，优先选择信誉高的国有大型银行、优质股份制银行和头部券商机构。在业务品种选择上，重点选择风险低的同业存款、同业存单、质押式报价回购等产品，保障投资业务零风险、零损失。

【票据业务】公司严格执行票据业务监管要求，严格审查票据业务贸易背景真实性，强化内控管理，规范操作流程，严控操作风险，审慎开展票据业务。2023年，公司办理成员单位票据贴现14.2亿元，办理转贴现4.53亿元，未开展票据承兑业务。

【资金集中】公司与国内8家重要银行开通银企直连服务，对成员单位银行账户进行实时监控管理，每天采用手工归集和系统自动归集相结合的方式，对成员单位的资金应收尽收，2023 年资金集中度超过 80%；日常定期对银行账户进行排查，减少外部银行账户开立个数，将能纳入资金系统管理的账户全部纳入直连管理，有效提升资金集中度，减少外部银行资金沉淀，提升集团资金集中管理水平。

【风险管理和内部控制】公司贯彻落实“风险为本”的理念，健全风险管控措施，筑牢风险底线，为公司稳健经营保驾护航。一是制定策略清晰、架构合理、控制得当、监督有力的风险管理政策，保障风险管理工作有效实施；二是完善公司 11 大类 198 项标准化管理制度，确保各项业务开展有据可依、有章可循；三是加强流动性风险管理，开展流动性压力测试，保证合理的流动性水平；四是开展合规检查，加强风险案例培训，开展警示教育活动，组织员工行为排查，防范合规风险；五是开展全面风险评估，完善内控体系，规范操作流程，提升风控水平。

【信息化建设】公司一是不断优化新一代资金管理系统，拓展个性化需求，升级系统安全，保证系统稳定；二是组织研发、上线买方信贷业务系统，提升买方信贷管理水平，实现客户凭“一码两证”即可申贷，提升信贷管理智能化水平；三是通过中国人民银行征信中心数据上传测试和验收，于 2023 年 12 月加入二代征信系统，利用科技赋能支持信贷业务持续健康发展。

【企业文化建设】公司坚持“立足集团、服务集团”的功能定位，秉承“按标准做事、用数据说话、看结果评判”的经营理念，践行“诚信立企，德行天下”的发展文化，依法合规经营，有效防范风险，建设廉洁队伍，促进公司治理完善，支持集团做大做强。

亨通财务有限公司

【集团概况】亨通集团有限公司（以下简称“集团”）是中国光纤光网、能源互联网、大数据物联网、新能源新材料等领域的国家创新型企业、高科技国际化产业集团，拥有控股公司 70 余家，其中 5 家公司在境内外上市，产业遍布全国 15 个省份，并在欧洲、南美洲、非洲、亚洲等地区创建 12 个海外产业基地，40 多家营销技术服务公司，业务覆盖 150 多个国家和地区，全球光纤网络市场占有超过 15%，跻身全球光纤通信前三强，入围“中国企业 500 强”“中国民营企业百强”。2023 年，全集团实现产值 1740 亿元，同比增长 12%。

【经营概况】2023 年，亨通财务有限公司（以下简称“公司”）各项核心发展指标总体完成情况较好。截至 2023 年末，公司总资产 66 亿元，全年实现营业收入 1.6 亿元、净利润近 1 亿元。2023 年，公司积极调整业务策略，提高资金归集水平，保证成员单位资金应归尽归。

【服务实体】2023 年，公司加强信贷投放、聚焦重点领域、提供多种信贷产品和融资辅导服务，加大先进制造业、绿色产业信贷支持，积极支持实体经济高质量发展。

【信贷业务】2023 年，公司积极发挥信贷杠杆的支持和调节作用，在授信政策和信贷投向上重点加大对光纤通信、电力、新材料、储能等核心主业的信贷支持力度，公司信贷结构不断优化调整，有效支持了集团各项业务的稳健快速发展。

【资金业务】2023 年，公司继续扩大与各家商业银行的战略合作，政策性银行和国有大型商业银行合作占比提高，集团债务期限结构不断优化。2023 年，集团主体信用评级（中诚信国际）继续保持 AA + 级（展望：稳定），合作金融机构超过40家。

【投资业务】2023年，公司优化业务结构，审慎开展固定收益类有价证券投资业务，先后投资了货币基金、AAA企业债、金融债等投资品种。

【票据业务】2023年，公司利用同业合作渠道，提高财票认可度，财务公司承兑汇票均到期正常兑付，同时利用同业资质开展转贴现业务，降低企业贴现成本。

【外汇业务】2023年，公司不断加强集团外汇风险管控，规范外汇交易操作、完善外汇风险应对策略、加强外汇风险文化建设。

【资金集中】2023年，公司积极调整业务策略，提高资金归集水平，保证成员单位资金应归尽归。

【业务创新】2023年，公司加大对绿色产业的信贷支持力度，提供绿色贷款、绿色保函等业务支持集团绿色产业发展。

【风险管理和内部控制】公司建立风险管控长效机制，明确界定“三道防线”职能边界，着力推进风险处置化解，加强资本管理和流动性风险管理，夯实风险管理基础工作。同时建立分工合理、责任明确、报告关系清晰的内控合规治理架构，加强内部监督检查工作，持续完善内部制度体系，建立精细化授权体系，实施差异化授权管理。

【人力资源管理】2023年，公司持续建设符合监管导向和转型发展的公司绩效考核体系，合规经营类和风险管理类指标权重的占比进一步提升至48%。

【信息化建设】2023年，公司顺利完成利率报备、征信二代等信息系统建设，进一步做好公司系统安全、网络安全以及信息安全管理，根据江苏金融监管局要求完成金融专网态势感知项目，持续推进业务连续性与数据安全风险管理达标整改工作。

红豆集团财务有限公司

【集团概况】2023年红豆集团有限公司（以下简称“集团”）坚持以高质量党建引领企业高质量发展，完整、准确、全面贯彻新发展理念，积极培育生产力，以自身高质量发展的确定性应对外部环境的不确定性，以“三自六化”方针加快企业提质增效，赓续奋斗、破浪前行，集团国际化、高端化、绿色化齐发力，经营业绩抢眼，全年申请专利337件，纳税同比增长4.18亿元，为推进中国式现代化建设贡献了“红豆力量”。

【经营概况】红豆集团财务有限公司（以下简称“公司”）聚焦服务集团的功能定位，坚持监管导向，不断增强自身防风险能力，于2023年4月完成未分配利润转增资本工作，将实收资本增加至156000万元，有效夯实资本基础。截至2023年12月末，公司实现营业收入（含投资收益）18884.79万元，较2022年同期减少7.63%，净利润为9625.90万元，较2022年同期减少9.18%。

【服务实体】集团紧紧抓住国家“走出去”“一带一路”等倡议，加快国际化发展战略，公司积极发挥金融服务平台优势，为集团柬埔寨西哈努克港经济特区、通用股份泰国、柬埔寨轮胎海外生产基地项目的发展提供融资服务、政策咨询、财务顾问等全方位的金融支持。西港特区2023年全区企业实现进出口总额33.62亿美元，同比增长34.86%；通用海外公司三年来销售收入连续增长，2023年营业收入超过27亿元。

【信贷业务】公司优化信贷结构，加大对集团内制造业、小微企业、绿色企业、专精特新企业的服务力度，提升制造业服务水平。

2023年12月末制造业表内融资规模占比82.88%，公司有效支持了制造业企业发展，优化小微企业服务，为小微企业客户提供表内外融资共7.57亿元，有效支持了小微企业的运营发展。公司推动绿色产业发展，为红豆杉健康科技股份有限公司提供信贷支持，用于充实红豆杉种植养护的流动资金。公司积极服务集团内专精特新企业，办理了专精特新成员单位贴现业务2000万元。

【资金业务】公司坚持提升结算功能，优化结算系统，提效率，控风险，不断提高结算业务处理能力，实现结算资金零在途、零风险、零损失，满足成员单位资金划拨需求。截至2023年12月末，结算金额2315.19亿元，结算笔数91466笔。公司根据成员单位需求做好外币资金池业务及人民币资金池业务，不断提高资金使用效率及安全性。2023年，共开展15笔人民币资金池流入业务，8笔流出业务；归还对外放款1笔，归还外债1笔。

【业务创新】公司深挖金融需求，开展新业务，加强对成员单位的精准支持。公司于2023年6月获得南京海关同意开展海关税款担保业务的函，并于6月29日成功办理首笔海关税款担保保函业务600万元；2023年9月，为制造业企业办理知识产权质押贷款7500万元，进一步提升了服务制造企业的能力。

【风险管理和内部控制】公司完善内控制度，开展现有内部制度的“立改废”工作，2023年度完成了《关联交易管理办法》等9项制度的制定以及章程等26项制度的修订。实施全面风险管理，实行稳健审慎的风险偏好，制定了2023年度风险偏好陈述书，明确了各项风险的定性及定量管理，设置风险限额，并持续跟踪监控。结合监管要求，开展12次常规稽核、18次专项稽核、3次临时稽核，针对检查发现的问题和提出的改进建议按季度开展整改复查，总体整改效果较好，整改率达100%。

【人力资源管理】公司坚持做好人力资源规划，优化调整人力资源结构，为公司发展提供人才保障。2023年，公司引进了1名财务专业人员，聘雇6人，进行岗位调整轮换4名。开展合规、信贷、统计、征信方面的专业化培训，开展实际工作心得体会的分享活动。2023年公司组织参加内外部培训共计61场次，提升员工专业素养和工作能力，加强员工行为管理，落实案件防控重点风险排查、全额金融资产质押排查等工作，通过警示教育、强制休假、签订承诺书、谈心谈话、家属访谈、客户回访、征信报告、查询公开网站等方式，对员工行为进行排查。

【企业文化建设】公司结合红豆党建特色和清廉金融监管要求，推进公司文化建设。发挥党建引领作用，结合党组织“三会一课”、谈心谈话、专题党课等活动，开展廉政教育工作，引导员工廉洁从业，合规履职。积极配合监管活动，营造清廉金融文化氛围，公司获得行业清廉金融文化征文活动组织奖。持续深入学习红豆企业文化、学习党员先锋先进事迹，发挥党员先锋模范作用，营造感恩文化氛围，和谐员工关系，提升团队凝聚力。

红星美凯龙家居集团财务有限责任公司

【集团概况】红星美凯龙家居集团股份有限公司（以下简称“集团”）是国内领先的家居装饰及家具商场运营商和泛家居业务平台服务商，主要通过经营和管理自营商场、委管商场、特许经营商场和战略合作商场，为商户、消费者和合作方提供全面服务。同时，集团还提供包括互联网零售、家装、设计等泛家居消费服务。集团于2023年6月引入新股东建发股份、联发集团，股东结构的优化，将让公司逐步向更多元化的领域发展。截至2023年12月31日，集团经营了87家自营商场，275家委管商场，通过战略合作经营8家家居商场。此外，集团以特许经营方式授权46家特许经营家居建材项目，共包括448家家居建材店/产业街。

【经营概况】红星美凯龙家居集团财务有限责任公司（以下简称“公司”）依照集团的整体发展战略，结合公司业务实际，严格落实监管要求，持续强化合规风险管理，积极服务成员单位和实体经济，实现公司有序经营，稳健发展。截至2023年末，公司资产总额26.57亿元，其中各项贷款余额24.69亿元；负债总额17.31亿元，其中单位存款余额17.12亿元；2023年实现利润总额8553.01万元。

【服务实体】2023年，公司结算业务稳健运行，基本发挥了作为集团结算主渠道的功能和作用。在公司成员单位中，小微企业占比达93%，日均解决结算问题30余次。公司通过银票业务，降低集团综合财务成本，有效解决了成员单位融资难的问题，优化集团经营性现金流。2023年公司实现结息、贷款、定存、通知存款、保证金、手续费等明细可查，提高成员单位结算业务线上处理能力和便捷性。

【信贷业务】公司遵守监管机构对金融市场的政策指引，持续对成员单位提供信贷支持，2023年有效授信金额24.60亿元，业务品种涵盖流动资金贷款、经营性物业贷款（银团贷款）、银行承兑汇票贴现、保函、电票承兑等；全年实现表内信贷投放金额74.66亿元，表外业务金额522万元。

【资金业务】2023年，公司对重点客户保持密切沟通，不断挖掘有潜力的成员单位，积极推进各项资金归集工作。公司在保证流动性管理的前提下，严格执行资金计划管理，确保各成员单位结算正常。同时，公司通过统一调度与划拨，将闲置资金合理配置，从而保证资金的收益性。2023年，公司合作银行类金融机构数量达到14家。

【票据业务】2023年，公司根据成员单位业务特色和实际需求，积极开展承兑汇票业务，业务发生金额522万元，在助力集团业务快速发展和成员单位降本增效的同时，展现了财务公司作为集团金融服务平台的功能属性。

【资金集中】2023年，公司在不断巩固存量账户的同时，密切关注集团新开业商场、新成立公司情况，积极拓展增量客户；公司依托工商银行、中国银行、交通银行、民生银行、建设银行5家银行的资金池，不断提高金融服务能力，提升客户满意度和依存度，夯实资金归集规模。截至2023年12月，公司有效账户数达468户，已初步实现自营商场的全覆盖、委管商场和新业态企业的基本覆盖。

【风险管理和内部控制】2023年，公司共计修订9项制度，新增2项制度，开展了一系列合规培训及自查工作，包括案防教育培训、反洗钱政策宣传、征信合规培训、防范非法集资宣传，及员工异常行为排查等，通过全方位的风险与合规管理，有效防范可能由内部产生的合规及案件风险。公司对各业务内部控制设计与运行的有效性评价开展了审计工作。公司对纳入评价的业务与事项均已建立了内部控制，并得以有效执行，保证了业务活动的有序、高效进行，保护了资产的安全、完整，能有效防止、发现和纠正重大错误与舞弊，保证了会计资料的真实、准确、合法、完整。

【人力资源管理】2023年，公司继续实施月度绩效考评工作，利用差异化、综合化、自主化管理的方式开展人力资源管理，和公司一起进行变革与转型。基于整个公司的发展现状，制订切实可行的保障培训计划。2023年，公司组织培训18场，182人次参与，维护人才与岗位之间的匹配性，使员工在合适自己的岗位上发光发热。

【信息化建设】2023年，公司根据非银机构业务连续性及网络与数据安全风险管理评估指引，优化业务连续性管理策略，确认重要业务及信息系统识别之间的依赖关系，恢复级别，完善业务连续性演练计划。基础设施方面，替换更新了UPS1号电池组，整理和优化灾备中心和部分重要系统的备份作业和任务。核心业务系统增加反洗钱可疑交易监测功能。新一代监管报送平台启用中国人民银行二代企业征信报送系统，升级与完善中国人民银行金融基础数据采集、金融监管 EAST 4.0 报送系统。

湖北交投集团财务有限公司

【集团概况】湖北交通投资集团有限公司（以下简称“集团”）是湖北省人民政府出资组建的国有独资交通投融资企业。集团成立于2010年10月28日，注册资本金209亿元。集团业务涵盖规划设计、工程建设、现代物流、区域开发、交通服务、交通科技、交通金融等板块。2020年6月集团被省政府确定为湖北省首家国有资本投资公司改革试点企业。2023年集团位列“中国企业500强”排名第360位。集团总资产近7000亿元，各级子公司200余家，企业信用等级为AAA级。

【经营概况】湖北交投集团财务有限公司（以下简称“公司”）坚持以“立足集团主业，服务产业发展”为宗旨。2023年公司实现营业收入5.21亿元，净利润1.27亿元。在中国银保监会年度监管评级中获评2A级，荣获金融时报“2023年中国金融机构金牌榜——年度最具创新力财务公司”、金融支持武汉经济发展突出贡献单位、金融基础数据统计工作先进集体。

【服务实体】公司创新“搭桥贷款+供应链金融”综合融资方案，主动融入武汉都市圈发展战略，针对古一北项目建设实施“一企一策”，发挥金融持牌优势，高效投放传统信贷资金0.87亿元，用于支付电、网等迁改工程；同步联动供应链金融资金1.43亿元，解决其阶段性资金短缺，保障项目的持续建设。

【信贷业务】公司面对利率下行、产业承压、需求不足等多重压力，累计投放贷款117笔90.39亿元。积极优化信贷结构，短期贷款比例由2023年初72%下降至16%，投向成员单位贷款较2023年初净增12.43亿元，增幅44.42%。主动对接中南岩土、豫南高速、捷龙交通等企业，通过提前置换贷款、下调存量贷款利率等方式，全面助力成员单位降低存量债务融资成本。为各类重点项目开辟绿色通道，高效完成授信项目的发起、决策、审批等流程，授用信时效显著提升，较同期平均缩短15天。

【产业链金融】2023年，“楚道云链”供应链金融平台成功纳入湖北省供应链金融创新试点项目。平台上线企业突破900家，通过核心企业优质信用的跨级传递，有效解决链上中小企业融资难题，融资年化利率最低2.5%，平均融资成本仅2.68%，低于同期全省小微贷款1.8个百分点，降低链上企业资金成本超过5000万元。累计开单规模79.52亿元，融资规模64.04亿元，获批省级财政专项奖补1030万元。

【投资业务】公司主动借鉴同业经验、研判市场走势、关注政策形势，落地二级市场政金债、同业存单等投资业务24笔31.48亿元，进一步提高资产配置效率，全力打造公司新的利润增长点，投资营收4709万元，创历史新高。实现全国首笔非银金融机构境外人民币拆出、全省首笔境外人民币拆入业务，打通“利率债+质押式回购”“同业存单+质押式回购”交易模式，丰富公司投资业务和流动性管理“复合工具包”。

【资金集中】2023年，公司通过深入研究政策、借鉴同行做法、强化制度宣贯，实现了重难点单位的资金归集破冰，吸收存款日均159.48亿元，同比增长19.40亿元，增幅13.85%，创历史新高。实现银企直连实时查询授权1667户，账户可视率达95.69%。2023年结算笔数近20万笔，结算金额超过1.4万亿

H

元，均破历史纪录。45 天完成通行费智能收款模块规划、开发上线，为集团通行费资金集约化管理打下坚实基础。

【风险管理和内部控制】2023 年，公司聚焦重点领域、短板弱项，以创新思维、数字思维融入风险管理，风险治理水平有效提升。着力风险指标敏捷监测，对照风险偏好上线、同业均值中线、监管指标底线，按日监测 18 项风险指标，按月分析 4 类重点指标变动影响，推动风险预警模型进入实用阶段。持续提升风险审查效率，2023 年审查 93 项授信议题，较 2022 年增长 60. 34%；完成 298 笔用信风险审查，较 2022 年增长 112. 86%，在支持经营发展的同时，信用风险管控持续健康良好。

【人力资源管理】2023 年，公司实施“楚道聚 CAI”人才培养计划，强化人才培养的顶层设计和系统整合，全面增强人才队伍战略适应性、全面提高员工队伍价值创造能力。制定并发布了《专业技术序列人才发展通道管理办法（试行）》，建立并畅通了管理序列和专业技术序列双向晋升通道，实现同序列上下贯通和双序列横向联通，拓宽员工职业发展通道，充分发挥各类人才专业特长。

【信息化建设】2023 年，公司出台了信息科技三年规划方案，系统规划了多项重点工作，数据支撑业务管理效能大幅提升。成功上线“超级网银”、出品“掌上司库”，有效保障全场景资金、债务动态可视，风险全流程可控，积极落实《国家网络空间安全战略》，灾备中心全面建成，业务连续性保障能力及安全管控能力显著增强。

【业务创新】2023 年 2 月，公司优化授信方案，助力集团产业布局新赛道，推出新产品项目前期贷款，更符合集团项目建设需求，期限由搭桥贷款 1 年调整至项目前期贷款 3 年，推迟集团银团贷款的提款节奏，有效降低集团未来 2 年的融资成本 100 个基点，同时通过贷款期限调整，缓解集团还款高峰期。

【企业文化建设】公司深入推进学习贯彻习近平新时代中国特色社会主义思想主题教育，总结提炼“聚融 · Plus”党建文化品牌，发布年度新闻 251 篇，阅读量超过 4 万次，更新公司文化长廊，营造浓厚党建工作氛围。与浙江省交通投资集团财务有限责任公司、交通银行等行业头部企业，结对建立“党建联盟”，分享行业经验，实现业务联动，打造党建引领新样板。

湖北宜化集团财务有限责任公司

【集团概况】湖北宜化集团有限责任公司（以下简称“集团”）成立于 1995 年 4 月 16 日，2023 年 6 月 16 日公司股东由宜昌市人民政府国有资产监督管理委员会持股 81. 44%、宜昌财富投资管理有限公司持股 18. 56% 变更为宜昌市人民政府国有资产监督管理委员会持股 100%，2023 年 10 月 31 日，集团注册资本增资到 50 亿元。在金沙酒业、双环集团重组出表的情况下，2023 年集团实现营业收入 280. 72 亿元，营业成本 245. 76 亿元，利润总额 111. 31 亿元、净利润 92. 37 亿元，扣非净利润 5. 24 亿元。集团总资产 338. 16 亿元、负债 174. 94 亿元、净资产 163. 22 亿元，资产负债率 51. 73%。集团主要产品产量累计完成 4712 万吨，总体完成预算目标，同比增长 9. 3%。

【经营概况】2023 年，湖北宜化集团财务有限责任公司（以下简称“公司”）整体运行状况良好，截至 12 月末，公司资产总额 41. 9 亿元，其中贷款 30. 08 亿元；负债总额 29. 92 亿元，其中存款 29. 78 亿元；净资产 11. 97 亿元；利润总额 0. 4 亿元。公司资本充足率 40. 67%，流动性比例 51. 01%，贷款比例

75.62%，贷款拨备率 1.54%，不良贷款为零，半年度全口径资金集中度 49.18%，主要指标符合监管标准。

【服务实体】公司累计创效 5524 万元，其中争取财政、金融优惠政策降低财务费用 1788 万元，争取低于同期 LPR 利率的贷款、净还贷款减少财务费用 2984 万元，提高同业存款利率增加收入 738 万元，开展再贴现降低融资成本 13 万元。推动债委会机制退出，同时成立支持宜化高质量发展金融指导小组，全集团所有贷款分类调整正常。支持金沙酒业重组，配合完成 4 个成员单位资金转出及销户。紧紧围绕新疆宜化回表，向新疆宜化发放 5 亿元贷款用于置换宜昌高投的高息借款。围绕湖北宜化定向增发，调整公司增资与股权转让事宜，确保上市公司资本运作顺利实施。

【信贷业务】公司 2023 年 12 月末长期贷款余额 3.84 亿元，较年初增加 1.24 亿元，长期贷款占总贷款比重由 10.34% 提升至 12.77%。降低单一客户贷款余额，压缩海利外贸贷款 1 亿元和集团贷款 0.55 亿元。参与实施氨醇项目 1.9 亿元银团贷款落地，利率优惠降至 3.2%，项目年实现节能 11139.9 吨标准煤。

【资金业务】牵头落实集团和上市公司外部评级。科学谋划实施新疆宜化 15 亿元贷款平移，新增落地新疆宜化 24 亿元融资租赁、湖北大江 12 亿元并购贷款，完成对平台公司股权收购，同步结清平台公司借款。由财务公司考核资金计划执行偏差率，协助集团有效进行预算管理。全年完成集团及子公司还款 322 笔，金额 136.45 亿元，提款 59 笔，金额 126.3 亿元，并对资金计划执行偏差较大的进行通报和问责。

【票据业务】2023 年 2 月，公司新一代票据系统上线。10 月，圆满完成与集团 ERP 票据接口的需求调研、测试、对接等一系列工作。2023 年，成员单位线上累计完成新票签收 3031 张合计金额 13.18 亿元，背书转让 3939 张合计金额 20.70 亿元。

【资金集中】2023 年清理银行账户销户 132 户，新增直连账户 17 户，公司管理集团账户 439 户，其中直连账户 168 户，境内账户集中比例 72.33%，半年全口径资金集中度达到 49.18%。实现新一代票据系统与集团 ERP 成功对接上线，成员单位通过 ERP 系统即可完成新票据全生命周期业务操作和账务处理。2023 年结算笔数 100101 笔，结算金额 3187.68 亿元，票据业务量 398.42 亿元，全年公司为成员单位节约汇划费用 261.90 万元，免费为成员单位开具资金证明 15 份，回复询证函 72 份。

【业务创新】2023 年新开发循环额度贷款、订单融资和项目前期贷款 3 个创新产品，新增订单融资贷款 0.44 亿元；开展循环贷款，实现“一次审批、循环使用、余额控制、随贷随还”，发放循环额度贷款 13 笔 6.5 亿元。

【风险管理和内部控制】2023 年，公司开展尽职调查 54 次，实地走访成员单位 35 次；召开风委会 21 次，审议发放贷款 24.19 亿元，签发保函 3 笔 4638 万元，按季度对资产质量分类进行认定。实现流动性指标按日监测，按季度开展压力测试。修订后公司制度分 10 大类共 109 个，邀请集团合规运营部对公司 2 大类 17 种合同文本进行集中评审并定稿。2023 年下发管理通报 2 期，考核通报 3 期，问责人员 19 人次，日常考核 11 人次，处罚金额 4452 元。开展“强内控合规守清廉底线”活动。

【人力资源管理】公司加强对薪酬延期支付整改，修订《薪酬管理制度》《绩效考核管理办法》。按季度开展员工行为排查，签订防止利益冲突承诺书、案件防控责任状、合规从业、拒绝酒驾醉驾承诺书、按章操作承诺书等，提示禁止事项。年度内轮岗 7 人次，强制休假 2 人次，员工家访 3 人次。

【信息化建设】公司信息化建设投入 633 万元，公司新一代信贷和票据系统、二代征信、管理信息系统正式投产上线，取得公安部门颁发的信息系统安全等级保护三级备案证明。实现新一代票据系统与集团 ERP 成功对接上线。

【企业文化建设】公司对董监高选举、股东调整、信息披露等 38 项重大事项进行研究。2023 年参加集团中心组学习 17 次、召开支委会

12次、主题党日活动12次、党员大会6次、组织生活会1次，开展支部书记讲党课4次，开展党纪法规教育、党史学习教育、警示教育12次。公司认真落实《财务公司行业从业人员廉洁行为准则》规定，开展清廉金融文化建设自评，组织全体员工到廉政教育基地进行参观。

湖南出版投资控股集团财务有限公司

【集团概况】2023年，湖南出版投资控股集团有限公司（以下简称“集团”）以新发展理念引领高质量发展，行业第一方阵地位持续夯实，连续十五届入选全国文化企业30强，在“全球出版50强”中国企业中排名第2位；产业运营持续向好，根据集团未审合并报表数据，截至2023年末，资产总额333.38亿元，较上年同期增长4.54%；负债总额86.06亿元，较上年同期下降0.30%；资产负债率25.81%，较上年同期下降1.25个百分点；利润总额17.55亿元，较上年同期增长9%。

【经营概况】截至2023年末，湖南出版投资控股集团财务有限公司（以下简称“公司”）实现营业收入20988.15万元，实现净利润8278.16万元，各项风险管理指标符合监管要求，继续保持稳健前行步伐。

【信贷业务】公司推动降低成员单位融资成本，对成员单位提供比LPR低20%的优惠利率流动资金贷款支持和随借随还便捷信贷服务。截至2023年末，流动资金贷款余额4500万元，全年共发放贷款10笔，金额合计21000万元，还款14笔，金额合计19500万元，通过优惠利率为成员单位节约34.35万元利息支出。此外，公司组织相关人员赴成员单位开展交流调研，深入了解金融服务需求，定期做好贷后管理工作。

【资金业务】公司完善以线下存放为主，以同业存单业务、报价回购业务、国债逆回购业务为辅的业务模式，实现线上线下业务全覆盖。积极扩大交易对手范围，提前布局业务，做到期限搭配合理、提前锁定利率，灵活运营办理同业资金业务19笔，金额72.5亿元。稳步发展质押式报价回购业务，将资金优先存放于有价格优势的券商，拉长久期锁定收益，通过国债逆回购业务在关键时点提升短期收益。全年办理质押式报价回购业务51笔，金额78.5亿元；办理国债逆回购25笔，发生额28.49亿元。

【投资业务】2023年，公司扎实推进业务清理。提前对存量业务进行系统梳理，清理各类资管产品，实现收益水平最大化。拓展债券布局，落地商业银行二级资本债业务。筛选开展债券投资顾问业务。

【资金集中】公司深度服务集团司库系统建设，参与集团资金及账户管理工作，不断提升资金集中管理水平。协助集团修订《资金管理制度》，明确集团总部、公司和成员单位的职责、账户管理和现金管理相关要求。协助集团对成员单位银行账户全面清理。坚持“收支两条线”资金管理模式，指派专人关注成员单位资金变动情况，督促支出户沉淀资金较多的成员单位归集资金。通过集团整体授信和成员单位单独授信降低银行承兑汇票、保函保证金比例，增加吸收存款余额。2023年，公司吸收存款平均余额92.49亿元，较2022年增长3.42%。截至2023年末，全口径资金集中度为62.69%，可归集口径资金集中度为72.77%。

【风险管理和内部控制】2023年，公司继续健全风险管理制度。制定完善的风险管理制度，明确审慎的风险偏好，细化风险定量指标并强化定性阐述。开展业务连续性演练，细化场景设计，还原真实环境，通过模拟实际工作

H

环境识别潜在问题，检验其实用性和可操作性；通过压力测试、资本评估等多措并举提高风险管理水平。收集整理2023年度与公司所处行业相关的监管文件、制度，汇编成册并下发给所有员工，提升员工风险管理素养。

【人力资源管理】公司以优化团队构成、抓实培训教育为驱动，提升人力资源管理效能。顺利完成董事会、监事会换届，确保公司管理的连续性和稳定性。新聘1名副总经理，完成经营班子一正两副配备，重新确定班子成员职责分工，建立分工明确、职责清晰、相互制衡、运行高效的经营架构。选拔3名中层干部。组织员工参加集团、监管机构以及相关协会等举办的培训47场，83人次；组织4批次，共20人分赴南京、上海、北京等地，走访调研15家公司，并请“走出去”取经借智的同志分享汲取的先进经验、展示调研和学习成果。

【信息化建设】公司以防范风险为抓手，提质信息技术服务。采取新型备份方式。采购NBU备份软件，通过加密算法备份系统、数据库的数据，保护数据安全，进而保证系统应用的安全运行。通过配置全量备份、增量备份、差异备份、定期备份等方式，涵盖公司各业务系统数据，增加备份多样性，提升备份效率。通过异地部署避开自然灾难和生产机房故障的影响，将数据副本远程备份至异地服务器中，保障数据安全。全面评估网络数据安全。对标“非银机构业务连续性及网络与数据安全风险管理评估评价指引（2023）指标清单”，统筹做好网络数据安全评估整体工作规划和相应准备，通过各项指标清单发现问题、排查隐患，健全信息科技风险管理体系，防范信息科技风险。配合集团做好司库建设相关工作。配合集团完成近20家银行银企直连和RPA机器人取数的前期准备工作；完成所有银行前置机的网络的连通性测试；完成司库系统、用友财务系统、九恒星系统、同业投资系统和数据驾驶舱等相关接口的需求、配置以及取数逻辑的沟通协调。

【企业文化建设】公司坚持不懈正风肃纪，推动清廉文化建设走深走实。定期组织观看警示教育片，以警示促警醒。组织赴烈士公园幽兰苑优良家风长廊，聆听优良家风故事，重温传家训树家风的传统文化；组织观看家风教育宣传片，引导党员干部树清正家风，养浩然正气。通过领导干部讲授党风廉政专题党课、发放《湖湘清廉金融读本》，教育员工悟初心、养正气、筑防线；组织参观濂溪书院和烈士公园廉洁文化教育基地，引导全员深刻感悟湖湘廉洁文化发源传承脉络和湖湘革命先烈、先进楷模的勤廉事迹和崇高风尚，进而自觉严守廉洁规定，绷紧廉政之弦，以高度的政治自觉廉洁从业。

湖南钢铁集团财务有限公司

【集团概况】湖南钢铁集团有限公司（以下简称“集团”）是1997年底由湖南省人民政府批准成立的第一家国有特大型企业集团公司。2023年，集团实现营业收入2360亿元、利润120亿元，连续两年入围《财富》世界500强榜单。

【经营概况】2023年，湖南钢铁集团财务有限公司（以下简称“公司”）强化合规风险管理，立足“集团资金保障”和“集团资金创效”两大职能，以“打造好集团公司资金链安全的‘最后一道防线’”为己任，发挥金融资源的协同作用，努力开拓外部融资，全力盘活集团内部资金，积极服务成员单位和实体经济。2023年，公司实现收入47244万元、利润总额16140万元。

【服务实体】公司坚持“金融服务实体经

济”的经营方针，紧密围绕集团公司的战略目标，以服务为核心，以风控为导向，以管理为抓手，全力提升金融服务规模，降低融资成本，2023 年信贷服务总额创历史新高。公司根据客户实际金融服务需求，开发设计定制化服务，在政策合规、风险可控的前提下，创新性开展业务，如根据某成员单位资金使用特点，设计短期随借随还、循环额度流贷产品，提高其资金使用效率，节约财务费用。

【信贷业务】公司通过极具优势的价格体系、高效快捷的工作流程、灵活有效的担保方式和期限设置等手段，提升金融服务质量，开展产品创新，并抓住财务公司增资的契机，实现信贷业务规模大幅增长。

2023 年，公司共发放贷款和票据贴现累计 295.83 亿元，较上年增长 35.5%；日均信贷余额 97.86 亿元，较上年增长 55%，均为历史最高水平。公司顺应市场变化，积极发挥价格引导和示范作用，主动下调成员单位信贷价格，2023 年贷款加权平均利率 2.55%，较上年降低 63 个基点。

【资金业务】公司通过持续优化资金运营管理，坚持“年预算、月计划、周更新、日调整”的动态资金管理体系，同时持续推动外部融资能力建设，不断拓展银行间市场交易渠道，资金运营能力持续提升。2023 年，公司管理资产规模近 400 亿元，银行间市场资金交易超过 3000 亿元，公司各项业务总量达 4000 亿元，资金结算量超过 40000 亿元，资金运营成效显著。

【投资业务】公司坚持研究监管政策导向和金融环境变化，跟踪市场报价，优化资产配置策略、持续提升投资研判、资金议价及资金交易创效三项核心能力水平。2023 年，公司结合集团钢铁主业行业周期性因素，主动加大同业存单及金融债等具有“高流动性、中短久期、固定收益”特征的资产的配置的优质金融资产。2023 年，公司管理金融资产的日均规模近 90 亿元，实现同业及投资收益超过 2.2 亿元，投资能力稳步提升。

【票据业务】2023 年，公司开展票据承兑业务 19.7 亿元，票据贴现总额 22.35 亿元，其中小微企业贴现占比 90% 以上，平均贴现价格 1.3%，有效帮助集团内小微企业经营发展，并通过中国人民银行再贴现补充流动性，保障贴现业务持续开展。

【资金集中】公司贯彻执行集团资金管理办法中对资金归集的相关要求，加强与集团内部各成员单位的主动沟通协调力度，提升成员单位主动归集资金意识，定期清查账户联网情况，提高成员单位新设账户联网的及时性，资金归集率有效提升。2023 年，公司全口径归集率平均达到 71.7%，可归集但未归集资金同比减少 4.8 亿元，减幅为 67.6%。

【风险管理和内部控制】风险管理方面，公司坚持事前防控、事中审查、事后检查的原则，2023 年实现业务零风险；重新设定 54 项监管指标，确保合规经营；定期开展各类风险压力测试，确保风险可控。

内部控制方面，2023 年公司修订、新增及废止制度 67 份，梳理明确全公司 114 个流程，从源头上强化业务流程合规性；高质量完成监管机构 4 项年度考核，开展案件风险等排查 20 余次，无风险事件；组织全体员工签订《员工合规承诺书》，组织合规培训 11 次。

【人力资源管理】公司持续深化“三项制度”改革，优化组织机构设置、薪酬绩效结构，完善考核激励机制；深化现代企业制度和市场化的体制、机制，决策效率、管理质效大幅提升；全方位开展内部培训，推动员工素质提升；规范员工行为管理，全员签订《合规承诺书》和《廉洁承诺书》。

【信息化建设】一是对公司原 N6 核心业务系统进行全面升级改造，为集团及成员单位提供更安全、高效、快捷的资金集中管理和支付结算服务保驾护航。二是建设新一代票据业务系统，对传统票据的签发和流转形式进行优化升级，为提升企业支付效率和降低集团融资成本提供了有效支撑。三是建设同城数据级灾备中心，在电信服务商 A 级机房符合 GB50174（2017） –A 级建设标准的磐云数据中心租赁服务器机柜存放灾备数据，实现灾备数据实时加密同步传输。

【企业文化建设】公司大力弘扬“以奋斗者为本”的企业文化，积极倡导和培育员工的核心价值观，营造和谐发展氛围。全面落实“五化建设”，把提高经营效益、增强产业链金融服务能力、实现国有资产保值增值作为党建工作的出发点和落脚点；牢牢把握“学思想、强党性、重实践、建新功”总要求，高标准、严要求、实作风开展主题教育；实施“党员先锋行”和“书记联项目”，推进党建工作与业务工作双促进、双提升。

湖南高速集团财务有限公司

【集团概况】湖南高速集团财务有限公司（以下简称“公司”）所属集团为湖南省高速公路集团有限公司（以下简称“集团”）。2018 年 9 月，湖南省政府批复湖南省高速公路建设开发总公司改制为湖南省高速公路集团有限公司，主要负责高速公路投资、建设、运营及其相关产业经营。截至 2023 年 12 月末，集团经营管理省内高速公路达 78 条、6286 千米，占全省已通车高速公路 7530 千米的 83.5%；在建高速公路 12 条，总里程 1167 千米，总投资 1825 亿元；资产总额约 6900 亿元，是湖南省资产规模最大的非金融类国有企业，国内信用评级保持 AAA 级。

【经营概况】公司以立足金融服务，助力集团发展为使命，继续加快业务拓展，优化业务结构，提高业务水平，各项经营指标呈现稳步增长的态势。截至 2023 年 12 月末，公司资产总额 114.48 亿元，同比增长 3.63%；负债总额 102.76 亿元，所有者权益 11.72 亿元，实现经营总收入 19532.43 万元，报表利润 5343.35 万元。

【服务实体】公司专注集团主业，以“服务实体经济、助力防范风险”为目标。一方面，通过提高资金配置效率、降低融资成本、保障融资安全等多种方式，促进集团资金成本降低和风险防范能力提升，有力地支持了实体经济发展；另一方面，通过贷款、保理、票据等方式缓解了成员单位融资难、融资贵问题，资金周转速度加快，有效提高了企业集团资金使用效率和周转速度。

【信贷业务】公司积极拓展信贷业务，助力集团经营发展。2023 年公司依托新一代票据系统成功签发了首笔商业承兑汇票，完成了首笔电子商业汇票贴现业务，实现了票据业务零的突破，为成员单位信贷需求提供了多样化的品种选择。截至 2023 年 12 月，公司信贷余额 38.91 亿元，较 2022 年新增 9.81 亿元，增幅为 33.71%，2023 年实现信贷业务收入共计 10920.10 万元，较 2022 年同期增长 4764.78 万元，增幅为 77.41%。2023 年不良贷款率为零，在服务集团发展战略的同时，有效控制了风险，有力支持了湖南交通基础设施建设。

【资金业务】公司着力提升议价能力，积极拓展外部授信。2023 年国家多次降准降息，各家银行存款利率不断下调。公司积极与各家银行沟通协调，多措并举，稳定了存放同业收益率，较 2022 年仅下降 9 个基点。为拓宽融资渠道，公司 2023 年获得 9 家金融机构同业授信，总额度 49 亿元。截至 2023 年 12 月，公司存放同业日均余额 40.1 亿元，实现同业收入 8897.54 万元。

【投资业务】公司认真贯彻监管指导意见，制订了与政策、监管导向相一致的年度投资计划与方案，明确了投资业务采取稳健的基本策略，在确保资金安全性、流动性的前提下，对投资的品种、额度、期限、投资回报、交易对象等提出了具体要求和管控措施。

【资金集中】公司全力推动集团发展，形成以集团为核心、涵盖各个成员单位的“资金池”体系。充分发挥资金归集平台作用。进一步加大资金归集力度，积极优化和完善现有的资金集中管控体系，提高资金运作水平，增强风险防控能力。截至2023年12月末，公司吸收存款余额共计102.59亿元，日均吸收存款68.60亿元，比2022年同期增加4.75亿元，增长7.44%。

【风险管理和内部控制】公司坚持风险防控贯穿始终，建立内控合规长效机制。2023年，公司全面梳理各项业务流程，制定管理权限核决清单228项。开展制度完善工作，全年共修订制度53项，新增62项，废止7项。对合同、制度、重要决策及方案等实现100%法务审查，持续推进合规体系建设。搭建风险指标监控体系，全面落实授权管理，实现管理制度化、制度表单化、表单流程化、流程信息化。同时，通过强化内部审计，覆盖公司各职能部门，配合外部审计，保障公司业务有序开展。

【人力资源管理】公司牢记以人为本，以员工培养与成才为重点，致力于员工成长与公司发展进一步融合。一是拓展管理和技术晋升“双通道”，实现专业技术岗位与管理岗位“双通道”互通互认机制。二是不断强化员工队伍专业化建设，以全员培训为基础，以“复合型”人才培养为切入点，全面提高员工综合素质、业务水平和风险防控能力，确保公司持续健康发展。

【信息化建设】2023年，公司通过数智赋能巩固了科技成效，持续优化核心业务系统，按期完成集团与国资委资金监管平台对接，公司与集团财务金蝶系统对接及灾备机房建设，顺利实现新一代票据系统与上海票据交易所直连。通过集成资金归集、资金结算等应用系统，建成一体化业务运营管理平台和资金数据资源库，数字化服务集团的功能进一步发挥，公司服务集团财资管理管控体系更加有力。

【企业文化建设】公司以党建为引领，致力于建设有财务公司特色的企业文化，推进“守·创”文化在公司落地生根。通过加强政治建设，扎实开展主题教育，推动党员干部坚定拥护“两个确立”、坚决做到“两个维护”；发挥支部战斗堡垒和党员先锋模范作用，以党建带团建；加强廉政文化建设，深入贯彻落实党风廉政建设责任制，大力开展警示教育、纪律教育、家风教育。通过开展文化建设活动，提升员工队伍素质，增强向心力和凝聚力，为公司的持续健康发展注入强大的精神动力和文化支撑。

华联财务有限责任公司

【集团概况】北京华联集团投资控股有限公司（以下简称“集团”）成立于1993年，业务涵盖高端时尚百货店、综合超市及购物中心等多种零售业态。集团拥有SKP、BHG超市、BHG Mall等商业品牌，截至2023年末共有6家SKP百货、24家社区购物中心、168家超市，就业人数共计约10万人，年上缴国家税收18亿元。

【经营概况】2023年，华联财务有限责任公司（以下简称“公司”）本着“依托集团、服务集团”的宗旨，发挥自身功能定位，为集团成员单位提供了优质的财务服务和金融服务。截至2023年12月31日，公司资产总额65.86亿元，负债总额36.48亿元，所有者权益总额29.38亿元，公司实现营业收入1.07亿元，实现利润总额1.44亿元，净利润1.08亿元。

【信贷业务】截至2023年12月31日，公司为成员单位发放贷款161笔，发放贷款余额

43.03 亿元。

【结算业务】截至 2023 年 12 月 31 日，公司吸收成员单位存款 30.26 亿元，公司结算笔数 39 万余笔，日均处理约 1068 笔，结算金额 3529.5 亿元，满足了成员单位的资金支付需求。

【资金和投资业务】2023 年，公司合理、充分地配置资金投向，有效利用银行间等市场，优化资金运作，提升收益水平，并加强与各类金融机构的沟通合作，开拓新思路，为集团打造综合化金融服务平台。

【风险管理和内部控制】2023 年，公司认真落实《企业集团财务公司管理办法》要求，在监管规定的过渡期内完成了保险兼业代理及担保业务的清理和监管指标的整改；按照监管要求，完成了监管评级清单资料报送；组织、指导开展流动性压力测试；完成了中小企业账款支付工作的自查报告、修订恢复计划、案件风险排查等工作；完成了员工异常行为排查工作；完成了反洗钱宣传教育及扫黑除恶等工作。同时，为了健全内部控制制度和内部操作流程，公司年内组织全面修订各项制度，根据新的监管法规修订公司章程、各项管理制度，结合实际业务操作修订各项业务操作流程，并完成了汇编。

【人力资源管理】2023 年，公司完成了第一届管培生集中培养阶段工作，将管培生纳入后备干部培养队伍。同时，继续推进后备干部培养工作，通过为后备人才指定一对一培养导师、制订并落实培养目标和计划、定期复盘培养效果等措施，保持不间断、高密度、高质量的后备人才培养工作安排，全面加强公司人才梯队建设。

【信息化建设】2023 年，根据公司规划和业务需求，公司先后完成了新一代电票和二代征信模块上线，EAST、利率报备、金融基础数据模块的优化，完善了核心业务系统功能，提高了系统安全性，为公司业务发展提供了稳定的系统安全保障；公司聘请外部机构对信息系统信息安全进行全面风险评估，从物理安全、网络安全、硬件安全、软件安全、数据安全、备份恢复、制度建设等方面进行全面的安全评测，并通过了公安部网络安全三级等保认证，运用运维审计设备、网络安全设备、存储日志硬件设备等，确保系统信息安全。

【党建引领】2023 年，公司党支部进一步夯实基层党建工作，充分发挥党组织的战斗堡垒作用和党员先锋模范作用，积极探索符合新时代要求、特色鲜明、内涵丰富的党建工作新路径，促进党建与业务深度融合。通过政治理论学习、业务研讨交流等各种形式，定期组织开展党支部活动。

【企业文化建设】2023 年，公司积极组织各部门关键岗位员工参加各业务条线的业务知识培训；积极拓展员工线上学习渠道，收集与业务相关的培训课件并分享给全体员工学习；继续组织员工专业知识分享会，加强公司内部业务学习与交流，提升员工岗位技能和业务知识储备；每季度开展一次工会活动，加强员工凝聚力，培育良好的企业文化。

H

华泰集团财务有限公司

【集团概况】华泰集团有限公司（以下简称“集团”）成立于 1997 年 1 月 17 日，注册地址为山东省东营市广饶县大王镇，为民营企业，注册资本 9 亿元，主要经营纸品印刷、塑料印刷、液氯、火碱等。华泰集团是以造纸、化工为主导产业，集印刷、热电、物流、林业、环保、商贸、房地产等十大产业于一体的中国 500 强企业，是全球单厂最大的新闻纸生产基地和全国最大的盐化工生产基地。

【经营概况】华泰集团财务有限公司（以下简称“公司”）注册资金为人民币10亿元（含500万美元），其中华泰集团出资6亿元，出资比例为60%；华泰股份出资4亿元（含500万美元），出资比例为40%。截至2023年末，公司资产总额28.66亿元，所有者权益10.72亿元。2023年全年营业净收入4706.06万元，利润总额3069.93万元。

【信贷业务】2023年末，公司贷款余额为17.5亿元，开立保函余额123.74万元，办理贴现余额2.39亿元（含转贴现1.5亿元），开立财司承兑汇票余额2.65亿元。各项业务稳步开展，有效解决了集团的资金需求，降低了集团的融资成本，为公司再贴现和转贴现业务的开展提供了票源保障。

【资金业务】公司服务各成员单位资金正常归集和支付，确保资金按时调拨。2023年业务量33320笔，结算总金额1373.37亿元。其中，公司结算付款20976笔，金额455.77亿元；结算收款6371笔，金额447.04亿元。

【票据承兑】公司统计成员单位现有承兑汇票信息，并形成月度收支对比分析，按承兑到期日期进行分类整理，便于及时掌握各成员单位承兑收支变化，以及收支承兑时间变化等情况。2023年上半年全集团公司共计收取承兑25.8亿元，支付承兑26.51亿元。

【风险管理和内部控制】公司注重建章立制，强化内控合规管理；强化风险管理，提升风险管理能力；加强审计监督，提高审计稽核效能；理顺工作秩序，推进管理的规范化、精细化。

【人力资源管理】公司制订公司部门、岗位、人员“三定”方案，各部门、各岗位间严格遵循“责任分离、相互制约”的原则，实行前中后台分离，明确了AB角工作制度；制定绩效考核体系，推进完善激励约束机制；推进“三学”活动，提升员工业务素养。

【信息化建设】2023年，公司全力做好信息化项目建设，顺利完成了新一代票据管理系统的上线，实现了新一代票据的开立、贴现、再贴现功能；更新升级了公司与集团之间的财企直连系统，新一代票据能够自动推送到成员单位NCC系统中，完成自动记账。完成利率报备、金融数据统计、广义信贷、大集中报送等系统的升级，及时处理系统中存在的不足或问题，保障公司各信息系统始终稳定高效运行。

【企业文化建设】公司党支部按照集团党委的统一安排，每月认真组织主题党日，并将党日活动内容与公司业务开展紧密结合，不断探索提升服务成员单位质效的途径；为提高员工的团队意识，增强凝聚力和向心力，公司利用三八妇女节、植树节、清明节、学雷锋纪念日、建党节、国庆节等契机，组织员工开展了跳绳、拉练健身、公益捐助等活动，并观看了《离开雷锋的日子》《榜样7》《〈创新实干、事争一流〉黄三角早报记者采访集团李主席报道》等影片；通过开展各种公司活动，提升了员工的综合素质及工作热情。

H

淮北矿业集团财务有限公司

【集团概况】淮北矿业（集团）有限责任公司（以下简称“集团”）是以煤电、化工、现代服务为主导产业的大型能源化工集团，拥有淮北矿业、华塑股份2家上市公司，生产矿井17对、在建矿井1对，化工企业4家，在岗员工4.8万人，年产商品煤2300万吨、焦炭440万吨、甲醇90万吨、聚氯乙烯64万吨，电力总装机规模200万千瓦。连续22年进入“中国企业500强”，位列2023年“中国企业500强”第305位、2022年“中国煤炭企业50强”第13位。60多年来，累计生产煤炭10亿多吨，上缴利税700多亿元。

【经营概况】 2023年，淮北矿业集团财务有限公司（以下简称“公司”）资产总额154.86亿元，吸收存款130.51亿元，各项贷款余额71.76亿元，实现营业收入3.69亿元，较上年增幅16.83%；实现拨备前利润2.80亿元，较上年增幅18.83%，在岗职工30人，开户成员单位189家。

【服务实体】 公司紧扣集团和所在行业的发展需求，不断加大对成员单位的信贷支持力度，支持实体经济成绩较为显著。2023年各项贷款余额为71.74亿元，同比增长23%，其中信用贷款高达63.79亿元。聚焦集团重点项目，提升服务能力，全年共计为7家成员单位发放项目贷款8笔，参与银团3笔，独立操作5笔，金额合计8.17亿元。

【信贷业务】 2023年公司办理信贷业务309笔，发放各项贷款83.93亿元。办理票据承兑34笔，总额31.59亿元；保函10笔，金额0.63亿元；委托贷款2笔，金额2.8亿元。积极组织研究绿色金融、转型金融政策理论和典型案例，创新了“碳指标挂钩贷”“碳排放权履约贷”“林碳贷”等转型金融信贷产品，丰富了公司信贷产品体系，推动信贷规模增长和信贷质量的提升。

【资金业务】 资金管理实现新突破。集团司库管理平台（一期）上线试运行，成为第一家上线的省属企业，跑出了淮北矿业“加速度”，项目覆盖集团188家单位、1047个内外部账户，实现对账户、资金、票据、融资等金融资源的线上可视、穿透监控，集团资金管理进入新的阶段。

【投资业务】 公司坚持投资业务作为“流动性管理工具”的定位，强化合规和流动性管理，调整和优化资产结构，构建了存放同业与投资债券、公募基金、同业存单、回购业务1+4资金运营模式，2023年实现外部资金收入2.36亿元，同比增长47.3%，占全部收入的52%，平均年化收益率2.63%，首次实现外部收入超过内部收入。

【票据业务】 2023年公司累计办理票据贴现66笔，共1292张，合计24.48亿元，票据承兑34笔，共4424张，合计31.59亿元。扩大同业授信范围及额度，公司承兑汇票流转、贴现认可度逐年提升。司库系统（一期）上线运行，全集团票据线上可视、穿透监控。新一代票据系统上线，实现票据“找零支付”和风险票据提醒，丰富了票据系统新的功能。

【资金集中】 公司加强直连行建设，新建徽商银行、招商银行、省联社3家直连行，直连行达到10家。加强账户管理，办理直连行查询账户282个，实现自动归集账户191个。加强资金归集，2023年12月全口径资金集中度为86.19%，1～12月平均全口径资金集中度为86.83%，可归集口径在98%以上，在全国财务公司行业排名较为靠前。

【业务创新】 公司加入中国金融学会绿色金融专业委员会，统筹推进绿色转型金融服务，相继发放“碳指标挂钩贷”0.8亿元、“碳排放权履约贷”0.3亿元、“林碳贷”10万元、知识产权质押贷款0.38亿元，发放绿色贷款1.79亿元。研发“碳核算”工具，建立碳账户。制定和修订《碳指标挂钩贷款规范》等4个企业标准，争当省内及行业“金融领域企业标准领跑者”。

【风险管理和内部控制】 健全合规治理体系，成立“合规管理提升行动领导小组”，设立首席合规官，细化合规管理部门和风险合规管理委员会职责。进一步完善风险管理偏好、关联交易管理、加强表外业务核算，建立减值准备计提模型，强化信息科技风险管控和数据治理体系建设，不断向“风险管控一流”的管理目标大步迈进。

【人力资源管理】 全面深化人才队伍建设，公司从集团内部公开招聘3名新员工，开展部门负责人竞聘上岗，组织信贷部客户经理与徽商银行人员“双向挂职”2人，推进公司人才培养新模式，为高质量发展提供人才保障。严格执行轮岗和强制休假制度，2023年强制休假3人次，轮岗6人次，其中副科级以上轮岗2人次。

【信息化建设】公司将数字化转型作为改造提升传统动能、培育发展新动能的重要手段，核心是凭借金融信息科技理念和技术，夯实信息科技战略，加强制度管理建设，搭建新一代“金融云”等一系列生态平台，上线新一代票据系统，扩建银企直连立交桥，引入低代码平台，实现交易行为线上化、业务流程数字化和风险控制智能化。开展多次应急预案演练，完成网络安全三级等保与信息系统风险评估。

【企业文化建设】强化思想领航，全面加强党的领导，突出党建对金融工作的引领作用，实施党员主动担当作为，创新实施“堡垒工程”，扎实推进党建工作“领航”计划，实施“清风工程”，着力完善“10+N”监督体系，扎实推进全面从严治党重点任务清单落实。抓好“廉可寄财”品牌建设，2023年入选集团党建“领航计划”培育库。公司党支部在2022年、2023年连续两年被集团授予“直属先进基层党组织”光荣称号。

淮南矿业集团财务有限公司

【集团概况】淮南矿业（集团）有限责任公司（以下简称“集团”）是安徽省国资委监管的大型国有企业，以煤、电、气为主业，合理产业布局、优化产业结构、强化产业协同，是“中国企业500强”、“中国煤炭企业50强”和安徽省重点企业之一。2023年，集团积极落实“党建引领+推动高质量发展、服务职工群众、防范化解风险、科技创新、进一步深化改革”工作格局，步调一致向前进，团结一心一起拼，多项指标取得历史性突破，创造安全生产历史最长周期，实现营业收入676亿元，利润总额84.5亿元，创历史新高。

【经营概况】2023年，淮南矿业集团财务有限公司（以下简称“公司”）围绕“管资金、保供给、提服务、促发展”中心任务，抓好抓实服务煤电保供、服务集团战略发展、服务集团双碳目标、支持集团绿色高质量发展等“三服一支”工作，圆满完成了各项任务指标。截至2023年末，公司资产总额144.86亿元，其中贷款余额68.76亿元；吸收存款余额111.53亿元；所有者权益33.05亿元。实现营业收入4.09亿元，利润总额3.69亿元。

【服务实体】2023年，公司对煤电气三大能源主业贷款投放总额为50亿元，占各项贷款投放总量的92.8%。成功完成苏布尔嘎43.78亿元并购贷款投放，利率为2.85%，创并购贷款历史价格最低。一个月完成募集118亿元苏布尔嘎股权收购资金，确保集团公司战略发展重点项目收购顺利完成。完成丁集矿采煤沉陷区一期、潘集电厂二期、谢桥电厂银团项目银团组建，为项目顺利建设提供资金保障。日均结算量达1000笔以上，创历史新高。

【投资业务】做细压实资金预算，精排每日可运作资金，为短期投资业务提供资金支持，2023年开展货币基金、国债逆回购、同业存单等产品，短期投资收益0.32亿元。在同业利率不断下行情况下，与交通银行开展活期稳存产品锁定价格，综合利率为2.5%，较当时国有商业银行最高同业利率高出50个基点，到期增加收益412.5万元。

【代理融资】2023年公司代理集团货币资金融资441.82亿元，创2018年以来最高融资额。累计综合融资成本3.06%，创历史新低，节约利息支出2.47亿元。累计完成78.83亿元高成本融资置换，为集团公司节约利息支出1009万元。

【资金集中】公司加强资金集中管理，通过联动账户实时归集资金、加强对各单位外部商业银行开户及资金存放情况的监管等手段，强化资金集中管理严肃性，保持较高的资金归集效率，2023年可归集资金集中度保持在96%以上。

【业务创新】公司创新发债新主体，累计发行10期债券，发行债券135亿元，控股集团发债实现招标的超短融、中票、永续中票三个品种成功发行，打通了控股集团在银行间市场发债渠道，实现历史性突破，确保控股集团、淮南矿业集团后续资金安全供给主渠道。

【风险管理和内部控制】公司建立“1+1+1+（1）+N”风险防控体系，即政治与意识形态+安全生产+廉洁从业+（监管风险）+4类专项风险和战略、投资、财务、市场、运营、法律合规、人力资源、信访稳定8类专业风险。建立公司风险信息库，按照高中低三类风险等级，梳理风险点133个，并制定针对性防控措施，动态跟踪管控。建立月调度季点评机制，研究部署风险隐患防控工作。

【信息化建设】公司实现票据风险管理数据与集团风险管理系统对接融合，提升票据风险的研判力和分析力。推进新一代票据系统改造。完成签名验签服务器项目，实现与新版票据系统联调融合。完成信息化大屏项目建设，实现结算、信贷、代理融资、投资、风险业务可视化在线展示。自主完成集团数据中台接入设计，得到集团公司充分肯定。

【企业文化建设】2023年公司投入6.31万元，开展过生日送祝福活动46人次、慰问活动4人次，为退休职工发放纪念品，不断增强职工的幸福感、归属感。安排职工疗休养5人，完成健康体检工作。为职工更换办公桌椅，进一步优化办公环境。建成职工书屋，购置书籍122册。2023年不断线下举办各类文体活动，不断满足职工精神文化需求。

冀中能源集团财务有限责任公司

【集团概况】冀中能源集团有限责任公司（以下简称“集团”）是2008年6月经河北省政府批准，由河北金能集团与峰峰集团联合组建而成。目前，公司下辖峰峰集团、冀中能源股份公司、邢台矿业集团、邯郸矿业集团、张家口矿业集团、井陉矿业集团、山西冀中能源公司7家产煤子公司，华北制药、国际物流、河北物流、装备集团、华北医疗5家非煤子公司，控股“冀中能源”“华北制药”两家上市公司，拥有一家财务公司，产业分布在河北、山西、陕西、内蒙古、新疆等14个省区，涵盖煤炭与新能源、医药健康、化工与新材料、现代服务等领域。

【经营概况】冀中能源集团财务有限责任公司（以下简称“公司”）围绕“增量合规”总基调，聚焦全年重点工作和关键任务，勇于创新，改善监管指标，经营指标超额完成，数字化进程快速推进，合规经营进一步深化。2023年实现营业收入和利润总额同比继续增长。

【服务实体】公司坚持回归本源服务实体经济，以集团整体效益最大化为根本宗旨，让利成员单位，提升服务质量。一是信贷政策向符合国家产业政策的低碳环保、中小微企业倾斜；二是通过降率减费让利成员单位；三是加强走访调研改进服务，为企业提供直接咨询服务和临时资金周转支持；四是提高结算服务效率，实现了系统24小时自动支付、自动记账、无盾查询等，满足客户资金使用和对账时效性。

【信贷业务】公司坚持回归本源、服务实体，围绕集团整体战略目标，探索分散业务主体、拓展绿色信贷客户，收回部分集团公司贷款，降低单一客户贷款集中度。积极与符合国家产业政策的专精特新和涉农企业展开合作，探索新业务方向。

【资金业务】公司充分发挥金融服务平台作用，持续加强银企直连资金归集，加快建成资金池管理系统。有效运用归集资金，为成员单位临时性资金周转提供支持。加强数据治理和数据应用，对资金进行分类，重点监控大客户及大额资金变动情况，通过资金分析和头寸调拨管理，保障成员单位业务资金合理需要。

【投资业务】固收类有价证券投资业务获得中国人民银行备案许可，并获监管审批。

【票据业务】公司在省内同行中首家完成了新一代票据系统上线并成功投入使用，显著提高了结算服务能力，为集团票据池建设和“两池”互通提供了技术支持平台。获得了中国人民银行再贴现额度支持，成功办理了史上首笔电子商票再贴现业务，为降低集团内部应收账款提供了新业务模式。

【资金集中】公司持续扩大账户归集范围，配合集团财务共享信息建设，优化账户管理，加速资金池建设，扩大银企直连家数，挂接账户达到 969 个，可归集口径资金集中度达到 96% 以上。同时，通过强化数据治理和 RPA 技术应用，协同共享中心加强资金管控，为集团提供及时有效的管理信息。

【风险管理和内部控制】公司不断完善风险治理架构，持续强化风险管理职能，优化风险管理制度体系，加强风险指标监测和控制。一是深化全面预算管理。财务预算向全面预算不断深化，深挖财务数据价值。二是深化风险控制措施。深化贷款“三查”，做实贷前尽调、贷中把关、贷后追踪和风险资产评价，全面控制信贷风险；强化合规管理，通过员工培训、制定合规手册、签订合规承诺书等措施不断强化员工合规意识。三是强化内外部审计全流程监督。前移审计监督关口，紧盯物资采购、招投标管理、选人用人等问题多发领域，堵塞流程管控前端漏洞。四是开展内控制度建设年活动，全面梳理和修订公司制度。

【人力资源管理】为保证公司长远发展动力，公司继续加强人才建设，多措并举促进员工价值提升。一是年度内外派人员参加中国财协、省国资委、财政厅、银行业协会、金融行业协会等机构组织的各类培训，加大内外培训力度，着力提高员工素质，拓宽员工视野，改善专业结构。二是加大考核力度，提高绩效薪酬占比，对完成年度重点工作的人员实行专项奖励。三是引进人才，招录责任心强、专业对口的应届硕士毕业生。

【信息化建设】公司快速推进 RPA 技术应用，年度内 RPA 项目共成功开发主要包括数据治理的 18 类业务场景共 191 张报表。“数字员工”的使用，不仅越来越多地替代了人工，还提高了数据处理的准确性和时效性。《创新管理模式 构建“数字化＋”内控体系》成为河北省国资委内控体系建设典型案例，《RPA 数字化平台＋数字化员工》成果获河北省金融市场协会颁发的“2023 年度金融科技创新奖”。

【企业文化建设】公司继续秉持“依托集团、服务集团、创新发展”的经营理念，不断提升服务水平、员工素质、企业形象。2023 年是公司金融资质获批 30 周年，公司开展了“不断超越 成就梦想”征文活动，增强企业凝聚力、向心力；积极参与了河北省金融市场协会“十年风化、携手同行”初心回顾主题文化活动，被授予优秀组织奖三等奖；开展多种形式的团建活动，活跃职工文化生活，增强员工归属感和幸福感。

江铃汽车集团财务有限公司

【集团概况】2023年，江铃汽车集团有限公司（以下简称“集团”）全力践行“新产品、新体验、强转型、强联合”的发展方针，坚持以科技创新推动产业转型升级，全面加快产品更新、品牌焕新，推出了大道全新皮卡系列、福特Ranger皮卡系列、D－MAX V－CROSS皮卡、全顺T8轻客、全新一代凯运＋轻卡、易至EV3青春版纯电轿车、长安启源A07新能源轿车等27款战略新品，覆盖轻客、皮卡、轻卡、轿车等全系主打产品，其中10款为新能源汽车。2023年，集团实现整车销售39.8万辆，同比增长11%；实现营业收入1124.4亿元，同比增长8.7%；实现利润总额16.72亿元。

【经营概况】江铃汽车集团财务有限公司（以下简称“公司”）围绕“聚主业、稳增长、控风险、促改革、转作风、优管理、提质量”的工作主线，在爬坡过坎中实现了稳步发展。2023年实现营业收入3.25亿元，同比增长28.46%；利润总额1.39亿元，信贷业务规模47.97亿元。

【服务实体】公司聚焦集团发展战略，用心服务实体经济。公司借助产业链上下游企业的紧密联系，以企业应收账款作为抓手，为中小企业提供快速、灵活的贷款融资业务，充分满足中小微企业资金需求。2023年累计向中小企业发放贷款额占目前信贷投放的88.48%，其中小型企业占比24.55%。

【信贷业务】公司以集团整体利益最大化为出发点，在稳健经营自营信贷业务的前提下，协同合作银行开展成员企业融资授信业务，利用规模效应提升集团整体融资议价能力，降低融资成本。2023年累计解决江铃集团成员企业资金需求44.74亿元。

【产业链金融】公司“库存融资＋消费贷款”双翼联动，促进业务蓬勃发展。一方面，灵活运用金融产品解决困扰经销商经营所需的资金问题，将金融活水注入实体经济。2023年末，公司融资的经销商客户销量占集团总销量达63%，库存融资业务投放99.13亿元。另一方面，履行“厂家金融”使命，在优化金融产品、升级渠道政策、推进汽车金融数字化转型上下工夫，提升渠道及终端客户服务能力。2023年末，已合作渠道销量覆盖率达到93%，已开通渠道数同比增长7%。

【资金业务】公司通过对集团资金的集中管理，加强内部统一调配和集成化运作，提高了资金使用效率，减少了集团整体财务费用支出。在集团资金高度归集的基础上，以资金实时监控平台为抓手，准确获取集团成员单位资金流向信息，防范资金安全风险。

【风险管理和内部控制】一是推动公司治理“规范化”。稳步推进国企改革创新攻坚与对标一流价值创造工作；有序组织三会会议，召开现场董事会7次，现场监事会4次；扎实推进6个重大事项监管报批，修订公司章程，建立董监高职业道德准则，逐步提升公司治理水平。二是质量管理体系“精简化”。推动制度精简优化，切实提高管理质效，2023年完成制度修订83次、新增13个、删除22个。三是强化数智风控赋能。整合贯通内外部数据，风控平台迭代升级，审批质效持续提升；完善消费金融贷后自动化风险监控，反哺审批与贷后管理。四是全面深化数据治理。多频次、常态化监测监管指标，重点管控关键指标，完成监管统计系统二期上线。

【人力资源管理】一是梳理组织架构体系，完成各岗位职责汇编，部门职责及人才画像梳理，明晰职责并厘清边界。二是扎实开展合规风险类、专业技能类、管理能力类培训，着力提升员工素质。2023年公司共组织培训76场次，参训率99%。

【信息化建设】一是优化业务配套。成功实施消费金融附加品、消费金融APP融合、新一代票据系统、新一代信贷系统等19个项目，为公司数字化转型发展提供坚实技术支撑。二是共建金融价值链。完成新能源逐车贷对接及江铃云商通管理平台建设，有力推动公司金融价值链的优化。三是优化信息科技内控机制。完成30项信息科技风险优化建设，提升信息安全水平和管理效率，逐步夯实信息安全壁垒。

【企业文化建设】一是聚焦政治建设，把好方向大局。完善党组织前置研究讨论“三重一大”事项清单，深度推进加强党的领导与完善公司治理有机统一，并按要求完成“三重一大”在线监管平台工作。全面落实意识形态工作责任制，强化网络意识形态，严防声誉风险，全年未发生重大舆情事件。二是聚焦群团建设，凝聚奋进合力。开展“劳动竞赛、入司周年纪念”等创造性活动20余次，增强员工归属感和凝聚力。落实平安建设责任，着力推进平安建设工作，守稳筑牢安全防线。三是提升金融品牌形象。宣传内容聚民心、暖人心、促业务，金融品牌系列宣传观看阅读超过百万人次，各平台粉丝合计超过12万人。

江苏凤凰出版传媒集团财务有限公司

【集团概况】江苏凤凰出版传媒集团有限公司（以下简称“集团”）总部位于南京，注册资金70亿元，产业领域主要是出版、发行、印务、影视、文化地产、金融投资等板块。集团旗下拥有6家国家一级出版社，集团大众出版位列国内出版业第一阵营，是全国中小学教材第二大出版企业。2023年全年实现营业收入169.34亿元，增长0.16%，实现利润总额48.69亿元，增长25.49%，主业营业收入占比超过90%，经营质态持续向好。集团连续15届入选“全国文化企业30强”，凤凰传媒连续3年入选“全球出版50强”前十、继续位居全国入选企业第一。

【经营概况】2023年，江苏凤凰出版传媒集团财务有限公司（以下简称“公司”）整体发展稳健，全年实现营业收入0.85亿元，利润5381万元；全年结算超过56万笔，累计结算金额超2341亿元。资产质量稳健，拨备计提充足，各项监管指标均处于正常水平。

【信贷业务】在集团整体信贷需求乏力的环境下，信贷业务开展主要以提高服务质量为抓手，力争做优做细，专业高效地为有需求的成员单位提供信贷服务，切实提高信贷客户服务体验。截至2023年末，贷款余额3亿元，未发生不良贷款，贷款业务全年带来利息收入约1000万元。2023年全年为7家成员单位授信14.95亿元，累计发放贷款18笔，共计5.42亿元，开立保函2笔，金额70.23万元。

【投资业务】2023年作为“新规元年”，公司投资业务的转型在大量的产品跟踪、业务学习、宏观研究等基础上，完成了中债登、上清所渠道搭建、交易员资格获取等准备工作后，首次实现了债券直投业务落地。2023年，累计开展二级资本债券投资业务26笔，金额6.1亿元。

【资金业务】截至2023年末，公司资金运用范围主要为存放央行、存放同业、贷款、交易所国债逆回购以及拆出业务。在满足央行存款准备金考核制度和投资比率要求的前提下，公司结合资金流动性、安全性、效益性考虑，存放同业业务为主要的资金运用方向。

【资金集中】集团高度重视资金集中管理工作，通过拟定《资金集中管理办法》等相关制度，明确资金集中管理机制及各单位职责。公司采用“收支两条线”的资金管理模式，在实施资金归集过程中，综合考虑各单位的实际情况，注重实效。通过免除手续费等形式提高成员单位使用公司账户进行结算的积极性；通过参与管理集团及上市公司金融产品投资方式，加强对大额投资类资金的管理；通过增加银企直连渠道，拓宽归集银行账户覆盖范围，进一步提升资金归集率。上述各途径多措并举，公司全口径资金归集率年末达到69%，全年平均达到65%。

【风险管理和内部控制】公司践行全面风险管理，在经营中严格执行风险偏好、风险限额及风险管理策略，持之以恒完善内控制度体系。加强制度建设，建立健全关联交易、信息披露等机制，新增声誉风险、员工行为处置等方面制度，修订流动性风险、财务管理等方面制度，多维提升合规工作质效，彰显金融属性。完成覆盖账户管理、结算、贷款、金融统计等共计7大类、26项业务流程操作手册（SOP）编写，有效防范操作风险。着力发挥检查效能。统筹风险、审计、纪检三方联动，强化信息系统、数据治理等方面检查、审计力度，筑牢“三道防线”，落实以检查促提升。

【人力资源管理】公司以“金融+”人才储备库为目标导向打造高质量复合型金融团队。干部梯队建设初见成效，现有中层管理人员中，35岁左右年轻干部占比达37.5%。积极组织内部培训的同时，聘请专家授课培训，不断提升业务水平，有序提升团队金融投研能力。鼓励员工参加与工作相关的各类专业资格、职称、学历学位学习，年内共有5位员工获得注册会计师、国际注册内部审计师、特许金融分析师和金融风险管理师资格。公司已获得专业职称人员比例达75.9%。

【信息化建设】2023年，公司全面提升公司数字化赋能成果。强化信息科技顶层设计。建立信息科技管理委员会机制，统筹推进各项系统建设和运营管理工作。实现业务全覆盖项目全面投产。完成8大业务模块实际运行中的测试和验证，并及时根据实际情况进行针对性优化，年内已基本完成各项目投产使用。基本完成业务连续性工作指标。完成灾备机房搬迁，从软硬件两个层面大幅提升风险预警和应急处置能力。

【企业文化建设】公司着重营造风清气正的工作氛围。创新开展廉洁警示教育，贯彻落实廉政谈话制度，制定《贯彻落实中央八项规定精神实施办法》，持续推动清廉金融文化建设。联合金融同业机构赴韶山毛泽东纪念馆开展“培根铸魂，启智润心”主题党建活动，与15家合作金融机构签订、续签《廉洁合作共建协议》。公司党支部连续两年获评党建工作示范单位，纪检工作连续三年获评年度集团纪检工作考核“第一等次”。

江苏国泰财务有限公司

【集团概况】江苏国泰国际集团（以下简称“集团”）成立于1997年，总部位于江苏张家港。集团是一家以消费品进出口贸易为主业，集研发设计、生产实体、金融投资、新能源新材料为一体的大型国际化企业集团。在2023年“中国企业500强”中，集团位列第323位。

【经营概况】江苏国泰财务有限公司（以下简称“公司”）牢固树立“依托集团，服务集团”的宗旨，围绕集团发展战略，在防范集团及公司风险的前提下，主要开展吸收存款、结算、存放同业、贷款、即期结售汇等业务。截至2023年12月31日，公司资产规模93.02亿元，实现营业收入6942万元。

【服务实体】公司围绕集团战略，服务集团发展，着力于优化财务资源配置、提高资金使用效率。为协助各成员单位顺利开展经营工作，一方面公司积极与银行沟通，争取更好的存款存放利息，2023 年总计为集团存款优惠 864 万元，为集团节约财务成本发挥了积极作用；另一方面为成员单位提供资金收付、结算服务时，免除相应的手续费和服务费。通过全面协调各成员单位的资金结余和需求，进一步提高集团资金的使用效率。

【信贷业务】2023 年，公司发放自营贷款 3 笔，总金额 0.45 亿元，无不良贷款。办理委托贷款业务 1 笔，金额 800 万元。公司共给 1 家成员单位办理授信，截至 2023 年 12 月 31 日有效授信总额 0.56 亿元。

【资金业务】公司充分挖掘集团和成员单位资金潜力，最大限度地归集集团和成员单位的资金。同时加强资金计划管理，提高资金运作效率，充分利用金融同业系统资源，积极办理同业定期存款，提高公司收益。2023 年开展存放同业定期 12 笔，存放资金量 15.5 亿元。

【外汇业务】为更好地服务集团进出口主营业务，公司积极开展即期结售汇业务，通过进入上海外汇交易市场进行银行间外汇交易，为成员单位争取到具有竞争力的结售汇价格，降低成员单位汇兑成本。2023 年累计为成员单位办理结售汇业务 314 笔，累计金额 1.09 亿美元。为集团整体节约汇兑财务成本、增加收益约 49 万元人民币。

【资金集中】公司根据集团要求，对集团内账户进行梳理，有效监控账户资金。截至 2023 年 12 月 31 日，公司归集资金 77.01 亿元，本外币资金结算量为 2745.48 亿元。2023 年一级公司和本地二级公司可归集账户的归集率 100%，异地公司可归集账户归集率约 60%，对非归集账户已实行有效的账户监控，已实现了 6 家银行外币归集，基本涵盖了集团成员单位本、外币可归集账户。

【风险管理和内部控制】2023 年，公司深入开展重大事故隐患专项排查整治行动，认真落实案件专题警示教育和风险排查工作，常态化开展“内控合规管理建设年”等专项行动，持续弘扬清廉金融文化，提升全公司合规从业意识。同时公司不断筑牢业务源头、风险合规、内审稽核“三道防线”，紧盯关键环节和重要岗位，扎实开展合规宣讲等活动，优化员工案件防控管理，完善风险防控体系建设。

2023 年制定和修订 55 项内控制度和管理办法，开展了 30 次稽核检查。在合规建设方面，加强日常业务管理，落实合规审查，严格执行贷审会制度，把“审贷分离”落到实处，2023 年公司组织召开了 6 次贷审会，其中包括 1 次授信审查贷审会，4 次资产五级分类贷审会和 1 次客户信用评级贷审会，通过贷审会审查的各授信项下的各项业务均处于正常状态，未发现异常。

【人力资源管理】公司对新进员工进行入职培训，积极组织员工参加内外部各类会议和培训，并督促员工参加职称考试，提升员工业务水平和综合素质。

【信息化建设】2023 年，根据监管要求及公司实际情况，成立了信息部。重点关注网络信息化安全，落实信息技术安全责任制，对公司网络进行了核心杀毒软件正版化更新、内网主机安全风险及主动漏洞扫描、信息化病毒态势感知处理并整理内部网络架构。根据监管要求完成了金融专网态势感知平台上线工作。同时，根据《非银机构业务连续性及网络与数据安全风险管理评估评价指引》要求，公司对业务连续性管理策略、数据中心、监控与运维管理、应急预案及演练等进行自评估及整改，重点完成了核心业务关键数据同城异地备份工作，实现数据灾难冗余，切实有效保障数据安全和业务可延续性，2023 年无信息安全事故发生。

【企业文化建设】公司党支部严格贯彻落实习近平新时代中国特色社会主义思想，积极加强新时代廉洁文化建设，坚持“三会一课”制度，有效加强和规范党内政治生活，提高党员队伍素质。坚持依法决策、集体决策、民主决策和科学决策的原则，保证各项决策的民主性和科学性，有效提升公司治理能力。

江苏华西集团财务有限公司

【集团概况】 江苏华西集团有限公司（以下简称“集团”）是江苏省江阴市华西村的综合性大型企业集团，注册资本为90亿元，法人代表吴协恩。集团业务涉及农产品、纺织、商贸、冶金、房地产、金融服务和旅游等领域，截至2023年12月末，集团的资产总额为208.24亿元，负债总额为179.91亿元，营业总收入25.7亿元，利润总额2.72亿元。

【经营概况】 截至2023年12月31日，江苏华西集团财务有限公司（以下简称“公司”）资产总额16.37亿元，负债总额7.36亿元，全年实现利润总额0.18亿元。截至2023年末流动性比例120.61%，资本充足率70.87%，贷款拨备率2.5%，不良资产率为零，拆入资金比例为零，担保比例为零。

【服务实体】 公司利用信贷杠杆扶优限劣，加大符合产业政策、市场竞争力强、占有率导向一致产业的支持，控制对过剩产能、落后产能的授信，促进企业集团将资源优先向先进产能转移，淘汰落后产能，优化产业结构。公司配合集团混改进程，截至2023年末，剥离钢铁板块企业13家。公司发放流动资金贷款利率由4.7%逐步降至2%，降幅57.45%，截至2023年第四季度末，累计为成员企业减免息费9064.3万元。

【信贷业务】 2023年全年累计发放贷款70笔，累计发放贷款资金51.24亿元，办理票据贴现融资2笔，贴现金额0.4亿元。2023年通过调整信贷规模等措施，公司信贷结构改善向好。

【资金业务】 2023年末公司流动性比例120.61%，比2022年末下降23.05%。2023年为集团及成员企业办理资金结算24691笔，办理结算资金1052.08亿元。全年同业拆入发生额0亿元，年末无余额。

【票据业务】 2023年，公司办理票据贴现融资2笔，贴现金额0.4亿元，期末存量余额0亿元，为成员企业提供了低成本资金支持。

【资金集中】 2023年，公司全面分析集团资金结构，积极主动协助集团调整融资结构，有效降低保证金存款占用，提高资金归集比例。截至2023年末，公司已累计归集成员企业57家，累计归集企业账户64户。

【风险管理和内部控制】 公司有效对风险进行防范、控制和监督，年内各项经营活动稳健、有序，不良资产保持零余额。对委托贷款、担保类等表外业务等情况，经风险排查和日常监测，基于较强的信用风险缓释能力，整体资产风险状况良好，信用风险总体可控。各主体严格按照内部控制要求，通过职责分离控制、授权审批控制、核对与监控控制、应急处置控制、风险管控以及内部审计控制等管控措施，有效履行内部控制职责；公司进一步梳理和完善内控制度，新增及修订多项管理制度，更好地完善内控体系。

【信息化建设】 2023年在信息化建设方面，公司通过信息科技人员进行服务功能拓展，通过新一代核心系统开发自动过天功能减少人为操作，业务上增加多部门复核功能，减少人为操作失误。另外积极开发完善各类业务情况报表，对公司业务情况统计汇总，不断完善核心系统功能。在保证原有基础功能上更加完善系统各类功能，并不断完善相关征信、数据报表、EAST、金数系统等功能，通过数仓展示不断完善监管的相关要求，并提高自身相关数据质量。

【企业文化建设】 2023年公司配合监管部门积极开展“吴韵清风廉润初心教育活动”“扫黑除恶”“吴韵润初心清廉伴我行主题廉政教育

活动”“金融知识万里行”“防范非法集资”“反电信诈骗”“案件专题警示教育”“防范非法集资集中宣传”“金融消费者权益保护教育宣传月”“ 案件防控重点环节风险排查”“关于开展征信合规业务现场核查工作”“反电信诈骗法贯彻实施”等各项活动，通过自查与排查，提升公司的风险管理水平。公司采用多种形式宣传，同时增加了合规方面在员工年度考核晋升中的比重，从而进一步增强全员职业道德和合规操作意识，加强了合规风险文化教育。

江苏交通控股集团财务有限公司

【集团概况】江苏交通控股集团有限公司（以下简称“集团”）成立于2000年，是江苏重点交通基础设施建设项目省级投融资平台，主要承担全省交通基础设施投融资“主渠道”和全省高速路网运营管理“主平台”两项核心功能，现管理全省高速公路5109千米，下辖企事业单位35家，控股宁沪高速、江苏租赁、通行宝等上市企业3家，共有员工2.6万人。截至2023年底，集团总资产8401.06亿元、净资产3248亿元。

【经营概况】2023年，江苏交通控股集团财务有限公司（以下简称“公司”）实现营业收入4.52亿元，利润总额1.91亿元。截至2023年末，共计105家企业在公司开立账户255户，公司资产总额212.63亿元，净资产28.63亿元，存款余额183.01亿元，自营贷款余额96.14亿元。

【资金集中】2023年，公司坚持“集团利益最大化、成员单位效益最优化”的原则，全面分析成员单位资金存放情况，为成员单位提供了协定存款、定期存款和通知存款等多品种选择，在政策限度内上浮存款利率，月均可归集资金集中度达到92.7%。

【信贷业务】2023年，公司实时做到有融资需求的集团成员单位授信全覆盖，累计为38家成员单位授信225.84亿元，累计发放自营贷款83.12亿元，日均自营贷款96.65亿元，较2022年同期增长3.71%。为京沪扩建、常泰大桥、连宿高速等13个项目办理电票承兑34.63亿元，并充分发挥金融杠杆作用，创新实施银行代开电票模式和银行直开电票模式，为保障重点交通建设项目票据结算提供更加丰富的业务渠道和信用支持。

【结算业务】2023年，公司高质高效推进高速路网通行费、服务区、加油站资金结算支付，主动对接了解成员单位结算需求，加快结算产品创新，实现小额代理支付不落地处理，累计发生结算业务21.22万笔，金额共计6916.69亿元，较2022年同期增长36.46%、3.44%。

【融资业务】2023年，公司加强集团债务规模、融资结构、融资成本等方面的分析，积极协助落实具体融资事项，2023年协助安排外部融资1308.06亿元，融资计划执行度98.52%，集团整体融资成本、资金使用效率等指标持续保持国内同行业最优水平。

【公司治理】2023年，公司修订章程和董事会各专门委员会、监事会议事规则，进一步理顺各治理主体的职责权限；制定《股权管理办法》，建设股权信息系统，强化股东行为评估；引进外部专家担任独立董事，健全法人治理结构；优化董监高履职评价体系，提升履职评价独立性和专业性；修订《员工薪酬管理办法》《管理人员选拔任用管理办法》，制定《绩效薪酬延期支付及追索扣回管理暂行办法》，加强激励与约束机制建设。

【内部控制】2023年，公司完善关联交易管理、资产风险管理、结算账户管理、数据治理、业务连续性、突发事件应急处置等制度，完成风险管理系统、态势感知平台上线运营，深化风险监控监测指标和压力测试机制，加强各类风险定量分析，不断提高风险预警及在线监测水平，将表外业务纳入流动性压力分析框架，实现流动性比例每半小时频次实时监测。

【合规管理】 2023 年，公司制定《合规管理提升行动实施方案（2023—2025 年）》，修订《合规管理办法》《三项法律合规审核专项指引》《员工行为规范》，开展合规管理样板评比、“合规明星”评选，编制重点业务合规清单和流程图，并开展关键业务内控自查，常态化抓实抓细内控合规文化建设工作。

【信息科技】 2023 年，公司以“科技项目 + 人才 + 激励”机制为抓手，滚动推进 2023—2025 年信息科技建设行动计划，完成新一代电票、风险管理系统和投资管理系统等上线运行，推进 TMS2.0 融资管理系统优化升级，实现自营贷款、委托贷款业务流程全线上化处理，进一步提升对成员单位的精准服务和专业服务能力。

【党的建设】 2023 年，公司深入开展学习贯彻习近平新时代中国特色社会主义思想主题教育活动，建设党建展厅，强化微信公众号、网站等宣传阵地建设，组织开展与江苏省交建局、招商银行南京分行等党建共建活动，持续完善具有金融特色、交控基因的企业文化体系，深化“两优一先”主题活动，选树一批“优秀共产党员”“服务明星”“党员示范岗”等叫得响、立得住、过得硬的模范员工，引导广大党员奋勇争先做贡献。

【社会责任】 2023 年，公司积极开展春季户外拓展、“‘金陵蓝’下的风雅与精致”三八节主题活动、中秋游江健步走等文体活动，不断巩固“健康、快乐、幸福、活力”的文化氛围；深入开展“城乡结对、文明共建”活动，帮扶连云港市东海县东山后村建设实施“便民路”硬化、路灯安装等工程，并组织开展慈善一日捐、无偿献血、公益捐书、环保卫士、夏送清凉志愿服务、消费扶贫等活动，不断树立公司作为省级文明单位的良好形象。

江苏省国信集团财务有限公司

【集团概况】 江苏省国信集团有限公司（以下简称“集团”）成立于 2001 年 8 月，是江苏省属大型国有独资企业集团，主要从事省政府授权范围内的国有资本投资、管理、经营、转让，企业托管、资产重组、管理咨询等业务，注册资本金为人民币 309 亿元。集团拥有江苏国信股份有限公司、江苏省新能源开发股份有限公司 2 家上市公司。截至 2023 年末，集团总资产 2238 亿元，净资产 1119 亿元，集团实现营业收入 536 亿元。

【经营概况】 江苏省国信集团财务有限公司（以下简称“公司”）聚焦集团主业，积极服务实体经济发展，2023 年围绕服务集团能源保供任务和重大项目建设，充分发挥金融纽带作用，为集团顺利完成江苏省能源保供任务以及有序开展“十四五”期间重大项目建设保驾护航。截至 2023 年 12 月末，公司总资产 259.53 亿元，表内外资产规模达到 295.53 亿元，实现营业总收入 6.27 亿元，实现利润总额 1.62 亿元。吸收存款余额 227.84 亿元，为成员单位提供融资总额 113.53 亿元。

【服务实体】 2023 年，公司围绕集团能源保供工作，全年累计为集团能源企业提供煤炭采购借款发生额超过 55 亿元，为集团发电用煤和火电企业的流动性安全提供了坚实的资金保障。协助做好集团重点项目的综合金融支持，在以质优价廉的资金满足成员单位需求的同时，先后助力集团多个重点项目的贷款招标、置换工作，在协助集团与外部银行的谈判中，充分运用好自营贷款信贷的利率撬动作用，压低集团重点项目的外部融资利率，多措并举地降低集团重点项目建设成本。同时，积极发挥资金流向监控功能，对60余笔可疑支付进行了拦截，涉及金额超过12亿元，确保成员单位资金使用安全合规。

【信贷业务】公司坚持以多元化的优质金融服务支持集团实体发展，围绕集团的发展战略，以核心金融资源服务集团主业发展。截至2023年12月末，为集团能源主业提供的融资余额约为108.52亿元，占总信贷余额的95.59%，保障了集团重点项目建设的顺利推进。

【投资业务】公司充分发挥金融牌照赋予的各项业务功能，提升在外部市场的收益能力，2023年，公司与南方、建信、嘉实、博时等基金公司开展深度合作，通过开展固定收益类有价证券投资业务，盘活公司空闲资金，实现了收益1345.16万元。同时紧盯同业市场行情，实现了同业定期业务收益在资金价格下行的市场行情实现逆势上扬，利息收益较2022年增长20.95%。

【资金集中】2023年，公司在集团的支持下，不断拓展归集渠道，积极推动政策性银行的专项贷款资金归集和金融企业的不可归集资金压降，实现了最高24亿元的项目贷款专项资金归集，压降了13亿元的金融企业不可归集资金，促进集团整体资金集中能力的不断提升，截至12月末，集团全口径资金归集率超过95.58%。2023年在由中国人民银行主管的《金融时报》所主办的“中国金融机构金牌榜·金龙奖”评选中，荣获“2023年最佳资金集中管理财务公司”。

【降本增效】公司始终以服务成员单位经营发展，确保集团整体利益最大化为目标，积极让利成员单位，通过降低贷款利率、费用减免等措施，助力成员单位“轻装上阵”，2023年公司进一步下调对成员单位贷款利率，最大降幅达150个基点，更好地帮助成员单位实现了贷款结构优化，同时对成员单位支付手续费全免，委贷手续费全免，票据承兑手续费基本全免，切实助力成员单位降低运营成本，2023年，公司为集团整体节约财务费用约6134万元。

【风险管理和内部控制】根据新《企业集团财务公司管理办法》要求，公司在规定时限内完成了延伸产业链金融业务清退，完成了修订业务范围、变更公司章程等工作；结合制度“废改立”行动，对公司制度进行梳理并编制岗位合规职责清单和流程合规管控清单。同时对接了国家金融监督管理总局的公司治理现场评级、信息科技治理现场、公司年度评级以及中国人民银行的现场评级等多项检查，切实根据要求，强化治理，完善流程，不断提升公司风险管理水平。

【人力资源管理】2023年公司再次修订了员工绩效考核管理制度，进一步强化月度考核管理，提升了科学性和实操性，切实起到了激励员工，奖优罚劣的作用。同时，根据公司发展及人才需求实际，制定了种类丰富的培训内容，对新入职员工，制定了包括入职学习、轮岗锻炼、重点培训、导师指导等为期一年的系列培训；创新性地开展了“大讲堂”体系和内训师建设，首次开展“金动力”专题培训，尝试邀请985高校专家上门送学，进一步将学术理论与公司发展实际结合，切实提升经营效率，同时充分运用好财协组织的各项外部培训，先后组织员工参加了公司治理、同业业务、绿色金融发展等多个专题培训，不断增强员工的业务水平。全年公司累计参加培训600余人次。

【信息化建设】公司不断深化金融科技改革，提升集团司库管理功能。2023年完成了新一代网银和新一代票据系统的上线，为成员企业用户提供操作界面更加友好，业务功能更加完善、系统架构更加安全牢固的全新系统体验。完成公司超级网银系统主体开发，通过账户开、销、变全流程管控，余额明细实时查看更新，以及待清理账户进度跟踪，实现集团资金账户全面可视、可查、可控。根据最新监管政策和集团资金要求，进一步完善资金监控平台和风险管控系统功能，进行跨平台数据梳理和融合，对关键资金和风险管理指标进行多维度呈现和展示。

【企业文化建设】公司党委坚持以习近平新时代中国特色社会主义思想为指导，以宣传贯彻党的二十大精神为主线，认真学习集团第一次党代会精神，切实履行全面从严治党主体责任，深入推进具有财务公司特色的清廉金融文化建设，用清廉金融文化助守金融政治生态的“绿水青山”。在集团党委的坚强领导下，将党建工作与中心业务深度融合，聚焦集团主业，不断筑牢意识形态阵地。以党建带工团建设，厚植“家”文化，聚焦民生清单，组织参与集团运动会，开展“溧水踏春行”、健身跑等系列品牌活动，以优质服务“更进一步”达到幸福指数“再升一度”；持续创新服务青年方式，组织参加集团青创大赛、歌咏比赛等，立足“青”需求，拓展提升“金彩青年学习社”，组建“金彩向日葵”志愿队，积极响应团省委号召打造“共筑爱心小屋”新项目，全方位引领公司团员青年拼搏向上。

江苏悦达集团财务有限公司

【集团概况】江苏悦达集团有限公司（以下简称“集团”）创业于1979年，创业40多年来，始终坚持服务盐城经济社会发展不动摇，始终坚守实体经济，成为全省重点国有骨干企业。目前，集团在境内外控股悦达投资、悦达国际2家上市公司，实际运营企业150余户，拥有4万多名员工，注册资本75亿元，资产总额超过800亿元，主体长期信用评级为双AAA。近年来，集团坚持面向市场求发展，跨越转型做典范，以服务地方经济发展为己任，大力弘扬“同喜悦、共发达”的企业文化，努力开辟悦达高质量发展新境界，逐步发展形成以汽车及智能制造、能源、地产、供应链金融等为主的产业格局，走出了一条国际化、市场化、专业化的高质量发展之路。

【经营概况】截至2023年12月31日，江苏悦达集团财务有限公司（以下简称“公司”）资产总额47.42亿元，负债总额34.87亿元，所有者权益总额12.55亿元，资本充足率为31.92%，流动性比例为50.61%。2023年公司实现营业收入1.36亿元，净利润0.54亿元，为集团节约财务费用1.25亿元。

【服务实体】公司秉持审慎经营的理念，积极应对经济新常态，持续推进信贷结构调整，不断完善金融服务制度，优化信贷审批流程。2023年，公司进一步让利成员单位，实现实体经济支持最大化，主要举措有：一是确保存量授信稳定，二是满足合理新增授信需求，三是制订个性化金融服务方案，四是建立金融服务绿色通道。

【信贷业务】截至2023年12月31日，公司自营信贷规模29.8亿元，委托贷款余额1.77亿元，非融资性保函余额3934.48万元。2023年累计发放流动资金贷款54.4亿元、委托贷款12.92亿元，保函2482.3万元。

【资金业务】公司充分发挥持牌金融机构作用，积极拓展和充分利用同业资源，拓宽融资渠道，保障公司资金流动性，完善集团流动性管理协同机制，2023年公司共取得外部同业授信16.5亿元。

【投资业务】公司积极研究同业业务，灵活利用利率波段性操作，配置了流动性较好的国债，2023年累计办理同业拆借5.5亿元、存放同业4.5亿元、债券投资1.39亿元、转贴现业务3.48亿元，在公司流动性充裕时适当提高了资产收益。

【票据业务】 截至2023年12月31日，公司银票承兑余额6亿元。2023年累计办理票据贴现3.48亿元，办理银票承兑10.5亿元，同业票据转贴现融资3.48亿元。

【外汇业务】 截至2023年12月31日，公司共有外汇资金池合作银行10家，协助集团完成15亿元人民币自贸区债，9000万欧元保函和2728万美元内保外贷业务。

【资金集中】 公司持续强化银企直连账户管理、资金归集跟踪及考核措施，进一步提升资金集中管理水平，集团全资及控股企业日均可归集资金集中度较上年同比提高近0.9个百分点。2023年累计发生资金结算量82911笔，结算金额3048亿元。

【业务创新】 2023年公司首次办理柜台债和质押式逆回购业务，资金收益率最高达5%，提升公司保底资金使用效率。搭建集团票据池，完成10家可归集单位票据池协议签订，截至2023年末，票据池最高余额达1.05亿元。

【风险管理和内部控制】 2023年，公司坚持"业务开展、制度先行"的原则，全年累计修订46项，新增14项，废止3项，形成现有制度153项。积极搭建法律法规数据库和操作风险数据库，全年形成9大类1540项监管法律制度汇编，累计梳理信贷、投资、结算等业务类操作风险点372项。建立每日金融资讯发布机制，充分利用政府、监管部门等机构平台，及时普及公司全员最新金融知识，切实提升全员综合素质。强化内部监督力度，全年累计开展案防合规检查6次和审计稽核检查26次，并对检查提出的意见持续跟进整改。

【人力资源管理】 2023年，公司常态化开展内外部培训，全年组织34场179人次外训、21场328人次内训，系统开展全员规章制度学习教育专题活动、举办首届员工业务技能集中考核活动，进一步提升员工综合素质。完善关键岗位轮换制度和岗位交接机制，强化人才岗位管理，年内完成12名人员轮岗、2名人才引进，进一步优化梯队建设。

【信息化建设】 2023年，公司继续强化在信息安全的投入及建设，并结合财务公司软硬件资源老旧现状，分别完成态势感知部署、运行环境软硬保障项目等多个项目的实施，较好地完成了新老之间的过渡，加强了业务系统运行底层架构的稳定性。在信息系统方面推动新一代票据业务系统顺利上线、核心数据库迁移升级、国资委大额资金监测系统的数据自动化报送系统建设、结算系统整体优化项目的落地。

【企业文化建设】 2023年，公司持续加强企业文化建设，内部组织开展创新创效活动，外部组织员工积极参加各类比赛活动，发表通讯稿32篇，荣获财协微课大赛优秀组织奖和作品二等奖，塑造公司对外良好形象；以持续培训、考核、系统等方面为抓手，有效提升数据质量管理水平。2023年获评江苏省金融统计"四星统计单位"，是省内唯一获此殊荣的财务公司。

江西省交通投资集团财务有限公司

【集团概况】 江西省交通投资集团有限责任公司（以下简称"集团"）是经省政府批准成立的大型国有全资企业，省国资委根据省政府授权依法履行出资人职责。集团于2009年11月28日挂牌成立，2010年1月1日正式运作。经省政府批准同意，2020年12月30日，原江西省高速公路投资集团有限责任公司更名为江西省交通投资集团有限责任公司，开启了打造国内一流综合交通国有资本投资公司的新征程。

【经营概况】 江西省交通投资集团财务有限公司（以下简称"公司"）成立于2018年12月26日，由江西省交通投资集团有限责任公司、江西高速传媒有限公司和江西省天驰高速科技发展有限公司共同出资成立，注册资本 51 亿元。截至 2023 年 12 月 31 日，公司总资产 156.94 亿元，总负债 99.79 亿元，所有者权益 57.15 亿元。2023 年实现营业收入 3.58 亿元，利润总额 2.04 亿元，净利润 1.53 亿元，无不良贷款。

【服务实体】公司 2023 年完成对 24 家成员单位授信，2023 年末综合授信总额度为 242.33 亿元，其中保函授信额度 77.68 亿元，流贷授信额度 103.65 亿元，银团贷款授信额度 51 亿元，信用债授信额度 10 亿元。成功办理了省内财务公司首笔无追索权公开型保理业务，有效缓解了集团内部各单位应收账款对资金的占用，拓宽成员单位的融资渠道，加快成员单位资金周转，提高资金使用效益。

【信贷业务】2023 年公司累计发放贷款 79 笔，累计发放金额 75.32 亿元，平均贷款利率较 2022 年同期下降了 44 个基点。其中为集团重点建设项目发放了固定资产贷款共计 19.30 亿元，进一步优化了公司的信贷资产结构，为成员单位极大节约了财务费用。2023 年开立保函 73 笔，同比增长 22%，其中成功办理了 6 笔外部保函，进一步提升公司工程项目服务能力。

【资金业务】公司为降低集团融资规模及成本，在集团财务部的指导下，设计推出“资金控制 + 预算管控”的双向管控模式，通过资金归集实现预算拨款单位账户余额实时清零，将预算单位资金进行内部调剂及精准化管理；对内实现了“预算 + 资金”的双向管控，做到了“无预算不开支”。

【投资业务】信用债投资方面，2023 年 4 月公司申购集团发行的 5 年期 AAA 级企业债券 2 亿元，引导债券发行利率下行，有效降低了集团融资成本。利率债投资方面，2023 年债券买入业务 32 笔，账面金额 13.37 亿元；债券卖出业务 38 笔，账面金额 9.52 亿元。2023 年底存续账面金额 9.52 亿元，实现账面投资收益 1840 万元。

【资金集中】2023 年公司资金归集成效显著，日均吸收存款 78.48 亿元，同比增长 37.76%，2023 年末客户存款余额 99.26 亿元，同比增长 12.3%。公司资金结算量 5270.46 亿元，同比增长 48.82%。随着“财薪通”业务产品的全面推广，公司的结算业务实现了全品种覆盖，解决了成员单位“二级公司资金归集难，多银行账户代发工资难”等问题。

【业务创新】公司创新保理业务在国家金融监督管理总局江西监管局备案成功后，主动对接成员单位在 3 个工作日内完成了保理业务对接、应收账款确认、协议签署和应收账款转让等工作，降低了成员单位的融资成本，极大缓解了集团工程施工单位资金紧张的压力，充分破解了制约成员单位经营发展的资金问题，服务成员单位融资渠道迈上新台阶。

【风险管理和内部控制】公司完善“四位一体”监督模式，构建“检查—整改—监督”常态化机制，对监管指标、公司治理等 117 项风险预警指标进行日常监测，各项指标均表现良好。完善全面风险管理体系，梳理 286 个控制单元，制定流程手册 81 项，识别风险点 2158 个，切实防范化解公司重大风险。公司成立合规委员会，落实省国资委及集团合规建设工作部署，完成法治宣传教育 8 次；坚持公司制度“立改废”工作，完成 2023 年度制度汇编 159 项；完成监管检查、监管会谈等共计 55 个问题整改，落实各类监管专项工作 69 项。

【人力资源管理】2023 年公司选拔录用了 9 名毕业生，其中“985”高层次人才占比超过 44%，进一步发挥公司作为集团金融财会专业人才储备库作用。完成青年人才选拔工作，向集团推荐 2 名青年人才，开展职工职称聘用及职称资格层级备案相关工作，健全公司人才发展治理体系，形成更具竞争力的人才优势。

【信息化建设】聚焦公司发展关键问题，组织申报集团本级科技项目 1 项并成功立项，组织完成公司本级科技项目 3 项，组织申报集团微创新项目 2 项。自主开发应用《金融数据仓储系统》等应用软件，开发债券市场行情数据采集等接口程序，累计获得软件著作权证书 3

份，每年为公司节约10%信息科技投入。在数据中心现有资源基础上，使用x86服务器和超融合软件（分布式存储模块）替代传统的控制器架构SAN存储，较改造前提高资源利用率30%、降低资源扩展成本50%。

【企业文化建设】2023年，公司开展中心组学习14次、党支部“三会一课”64次、主题党日14次。签订党风廉政建设责任书17份，组织开展廉洁从业教育活动10场，举办合规培训及法律知识竞答11次。开展社区公益环保活动1次，开展困难帮扶3次，获得省财政厅省级金融企业先进单位、第十九届南昌市文明单位荣誉称号，营造了公司合规经营、风清气正的良好文化氛围。

江西铜业集团财务有限公司

【集团概况】江西铜业集团有限公司（以下简称“集团”）成立于1979年，是一家集采、选、冶、加、贸易为一体的铜生产和加工的大型企业集团，主要从事铜、金、银、铅锌、钼等矿产资源的勘查、开采、冶炼、加工及相关有色金属产品的生产、销售，并经营来料加工、对外贸易和转口贸易。经过几十年的努力，集团已确立自己的行业地位，资产总额、销售收入、净利润等方面均位于国内铜行业前列，且连续多年入选世界500强企业。2023年《财富》世界500强排行榜发布，集团有限公司以2022年度749.272亿美元的营业收入排名第171位，比上年前移5位。2023年全年实现销售收入5539亿元，同比增长9.9%。

【经营概况】2023年，江西铜业集团财务有限公司（以下简称“公司”）坚持“立足集团、服务集团”的经营宗旨，坚守资金归集、资金结算、资金监控和金融服务4个平台功能定位，积极开拓外部市场，规范开展经营管理各项工作。截至2023年末，公司资产总额达300.91亿元，净资产达45.64亿元，2023年实现营业收入5.21亿元，累计实现经营利润5.08亿元。

【党的建设】2023年公司党支部引导全体党员聚焦学深悟透笃行，坚持“第一议题”学习制度，年内学习习近平总书记重要讲话和相关指示批示精神共计38次。全面推进财司“心”服务支部品牌创建工作，以推动中心工作为落脚点从六大板块齐发力，强管理、抓转型、谋发展，全方位冲刺促成46项创建措施落地见效。在产业链党建共建上下工夫，重点推进与两家共建单位的深入合作，2023年内共计开展了7次党建共建活动，并且推动拓展买方信贷业务落地1.01亿元，以党建促业务成效日趋凸显。

【服务实体】2023年，一是进一步推动制造业高质量发展，2023年末制造业信贷规模余额86.95亿元，较2023年初上升10.77亿元，2023年末制造业贷款占比达69.55%，较2023年初提升10.36个百分点。二是积极推动绿色金融工作走深走实，2023年发放绿色贷款1.71亿元，绿色贷款余额达到3.68亿元，同时发放的绿色贷款利率下行超过30个基点。三是进一步提升科技金融服务质效，2023年发放高新技术企业贷款28.97亿元，余额为30.62亿元；2023年发放专精特新企业贷款3.99亿元，余额为3.42亿元。

【产业链金融】公司通过完善业务制度、客户准入、总结梳理风控模式的基础上，重点摸排走访主要成员单位下游优质客户，与成员单位进行协同展业、组合营销，截至2023年末，已完成买方信贷7家客户尽调、3家客户立项，授信准入3家，累计投放1.01亿元。

【资金业务】2023年，在结算服务方面，公司通过核心系统更新升级，实现了服务能力和质量的持续提升，2023 年新增 7 家直连行，完成结算金额 2.2 万亿元，同比增长近 23%。在资金管理方面，公司通过不断优化头寸管理，充分利用票据正回购和国债质押式回购等融资工具，强化市场机会，在保障结算业务有序开展的前提下，2023 年活期存款规模同比压降 33%，备付金整体效益同比增加 38 个基点。

【投资业务】公司成立市场化团队，建立激励机制，通过公募债券基金、国债、同业存单、买入返售等组合投资，取得理想的投资收益。2023 年实现投资业务收益 1.06 亿元、同业业务收益 1.45 亿元，其中国债投资实现年化收益率约 7%；公募债券型基金年化收益率 3.51%。此外，结合投资实操经验，对相关业务包括有价证券投资、同业授信等方面的制度进行及时、系统地调整和完善。

【外汇业务】2023 年，公司共办理 71 笔即期结售汇业务，累计金额达 6.26 亿美元，累计为成员单位节省成本 829 万元人民币。在跨境资金集中运营管理方面，积极扩展成员单位范围，全年新增 3 家成员单位，累计为境内外成员单位调剂资金 27.98 亿元人民币。公司在努力拓宽业务渠道的同时，增加跨境资金集中运营合作银行，由 2023 年初的 6 家合作银行增至 10 家，对成员单位境内外资金调剂服务提供了强有力的保障。

【业务创新】2023 年，充分研究吃透海关总署发布的关于推广企业集团财务公司担保的惠企政策，2023 年 4 月成功获批 4.4 亿元海关税款保函额度，成为江西首家具有海关税款保函业务资质的财务公司，并在 2023 年累计为成员单位开具 2.35 亿元海关税款保函，帮助成员单位节约财务费用的同时提高进口货物通关效率。

【风险管理和内部控制】2023 年，公司严格按照集团公司大风控体系建设的管理要求，系统地构造了风险闭环管理的良性管理机制，2023 年未新增风险事件。

【人力资源管理】2023 年，公司坚持党管干部、党管人才原则。年内通过社会招聘、校园招聘等渠道引进高素质专业人才 3 名，提拔中层正职 1 名、中层副职 2 名，为公司建设年轻化、专业化干部队伍夯实基础；实现 4 名中层干部跨部门交流，2 名高管、2 名中层、2 名一般员工跨单位交流，形成了“高层—中层—一般员工”各层次的全面人才流动的良好局面。

【信息化建设】2023 年，公司持续推进数字化转型升级。完成核心业务系统更换，全面升级投资与监管报送系统，实现了新一代业务系统上线运行；完成驾驶舱、预算分析、多维分析与 APP 移动端等功能，推进全面预算系统深化应用；开展业务连续性管理咨询，完善业务连续性管理体系，进一步强化网络和数据安全管理措施，实现了业务连续性管理与网络和数据安全风险评估达标。

J

金川集团财务有限公司

【集团概况】金川集团股份有限公司（以下简称“集团”）是甘肃省人民政府控股的特大型采、选、冶、化、深加工联合企业，主要生产镍、铜、钴、铂族贵金属及有色金属压延加工产品、化工产品、有色金属化学品、有色金属新材料等。拥有世界第三大硫化镍铜矿床，是中国最大、世界领先的镍钴生产基地和铂族金属提炼中心，在全球同行业中具有较强竞争力和影响力。2023 年位列“世界 500 强”第 289 位，“中国企业 500 强”第 84 位，“中国制造业企业 500 强”第 32 位，有色金属行业第 4 位。

【经营概况】金川集团财务有限公司（以下

简称“公司”）2023 年各项业务规模稳步增加，金融服务能力持续增强，累计实现营业收入 31282.09 万元，利润总额 6572.73 万元，净资产收益率 2.38%，实现减费让利 8119.84 万元，不良资产额和率持续为零。

【服务实体】公司突出行业差异、业务模式和征信评级，差异化调整测算模型参数，提升评级授信模型适用性，健全信用管理标准。利用内部信息优势和“现场走访”便捷通道，挖掘成员单位潜在需求，扩大授信服务网络，及时调整授信额度，全力支持集团各产业发展。2023 年，给予成员单位授信额度 192.09 亿元。聚焦实体产业信贷投放，加大对集团镍铜、新能源动力电池、氯碱化工等主要产业链的金融支持，保障原料采购、产品生产、能源供应和销售运输等环节资金需求，助力产业基础高级化、产业链现代化。2023 年为实体子公司办理贷款及贴现 135.05 亿元，其中：为铜业公司等镍铜产业链单位提供信贷资金 79.92 亿元，促进主产业快速发展；为动力电池前驱体产业链单位提供信贷资金 31.64 亿元，助力提升产能利用率；为化工新材料公司等氯碱化工产业链单位提供信贷资金 5.9 亿元，缓解化工行业周期性低迷资金压力；为热力、电力、物流等能源及服务供应辅助产业提供信贷支持 4.8 亿元。2023 年共办理售汇业务 15.56 亿美元、结汇 1093 万美元。

【资金业务】2023 年，公司加强与集团财务部、成员单位的联动协同，统一资金收付统计口径，准确测算信贷投放规模，合理安排备付金头寸，最大限度提高资金池效率。协助集团实现境内单位资金“颗粒归仓、应归尽归”，境内账户资金全部入池。2023 年全口径资金集中度为 60.80%。

【票据业务】公司配合集团完成票据信息集中与可视化管理，实现成员单位票据的收付、存量及票据质量等全流程信息共享。持续监测成员单位票据交易路径，确保成员单位票据签收在财务公司系统，实现票据出入口的统一。严格执行票据管理制度，审查票据业务背景真实性审查、贴现资金流向审查等监管要点，确保票据业务合规开展。

【风险管理和内部控制】公司结合监管新要求和集团发展新形势，及时调整制度修订、制订并严格落实，完善全面风险管理制度和业务风险管理办法为框架的制度体系，不断以新理念、新机制确保制度体系新常态、新长效，确保风控有规可依、按规执行；开展“关键点、业务线、经营面”的风险研判和评估，构建以“服务战略决策、保障经营管理、严守风险底线”为核心的重大风险防控机制；发挥风险管理部门职能，由监督执行向主动辅导转变，保证风险限额指标不逾监管红线；优化审计方法，完成 9 项审计项目，确保全面风险管理的充分性和有效性；适时安排操作风险突击检查和审计问题整改“回头看”检查；强化对内审问题整改的跟踪检查，发挥审计监督和服务作用；针对内审问题提出管理建议，增加政策理解能力和识别风险能力，发挥内审作用。

【人力资源管理】公司组织 2023 届校园招聘和社会化人才引进，补充新员工 8 名，加强人才梯队建设。坚持内部培训与外部培训学习相结合，邀请行业专家专题授课，联合外部金融机构举办学习分享会，开展学习研讨，拓宽员工视野，激发创新思维，深化对理论和业务知识的理解把握，推进学习型组织建设。通过集体学习、主题党日或线上学习等方式，不断拓展学习渠道和内容，加强与业务工作的联动，实现了党建与业务同向而行、互促互进。

【信息化建设】2023 年，公司完成基础设施升级项目，建立高可用性应用级灾备系统，充分调动内外部技术力量，结合系统实际运行情况，分析评估建设项目实现成效，最大限度发挥设备设施效能，提升业务连续性保障能力和数据安全防护能力；加强信息人员力量，切实发挥数据中心和信息科技委员会的作用，完善信息科技规划，努力提升运维实施和数据治理能力。完善数据管理制度，形成职责清晰、运转流畅的数据治理体系。

【党建工作】公司深入学习贯彻党的二十大

精神，扎实开展主题教育，严格落实“三抓三促”相关工作要求，工作作风持续改善，严格落实“三会一课”和组织生活会等党的组织生活制度，提高党员干部政治意识和政治能力，坚持从讲政治的高度认识、谋划和推动金融服务升级、高质量发展、改革创新等各项工作，把党中央、集团党委关于加强党的政治建设的部署要求贯彻到公司党建全过程。2023 年荣获集团总部机关党委先进党支部、优秀团支部、甘肃省团工委青年论坛优秀组织奖等荣誉。

锦江国际集团财务有限责任公司

【集团概况】2023 年锦江国际（集团）有限公司（以下简称“集团”）资产规模为 1129 亿元，净资产规模为 312 亿元，营业总收入实现 335 亿元。截至 2023 年末，集团在全球范围内拥有或管理的已开业酒店共 13249 家，客房总数约 135 万余间，分布于全球 100 多个国家。此外，在全球拥有的筹建中的酒店超过 4000 家。

【经营概况】2023 年锦江国际集团财务有限责任公司（以下简称“公司”）实现营业收入约 2.44 亿元，实现账面净利润 0.5 亿元，截至 2023 年末公司向集团成员单位发放贷款约为 63.12 亿元，吸收集团成员单位存款约为 99.47 亿元。2023 年后公司三类资产迁徙率为零，不良资产率继续保持为零，资金集中度保持在 40% 以上，均符合监管要求和集团经营目标责任考核指标，经营情况稳健。

【党建引领】2023 年公司党支部在上级党委的正确领导下，深入学习贯彻党的二十大精神，积极开展贯彻习近平新时代中国特色社会主义思想主题教育活动，以学促干，以集团“十四五”规划为蓝图，围绕重点工作，做到“五个聚焦”，强化公司党支部“三化”工作，加强党建“三基”工作，不断增强支部凝聚力和战斗力，为持续深化企业市场化改革，强化集团司库功能，赋动能促主业，为推动产业创新发展提供坚强的政治保证。

【法人治理】2023 年公司根据金融监管部门对公司法人治理的相关要求，完成董事会换届工作、新任董事长和董事任职资格的申报等工作；完成公司法人治理自我评估工作，更新金融许可证、公司章程修订工作；对 2022 年监管意见进行逐项对照；定期召开董事会、监事会，出台董监事评价制度，及时完成董监事评价报告；出台公司股权管理办法，并按监管要求及时完成股东资质评价报告等。

【风险管理和内部控制】第一，推动合规建设。一是组织相关合规培训 6 次，其中涉及业务制度、业务连续性管理、软件正版化、案件防控等内容，从而不断提高员工合规意识，营造合规氛围。二是通过制度更新进一步体现制度的政策性和专业性、提高制度的针对性和适时性、强化制度的责任性和操作性。2023 年新增制度 23 项、修订 9 项、废除 2 项。三是通过全面落实监管现场检查要求，从提升合规经营意识、压实履职责任、委托贷款与自营贷款风险隔离、贷款业务全流程管理等 7 个方面进行全面、逐条对照，有方案措施、有时间节点、责任到岗、处罚到人。四是通过政策培训、业务穿透、风险联防等措施为传统存贷业务、产业链金融服务，创新金融工具使用提供政策支持、风险防控、合规把关。

第二，加强稽核力度。执行全面内控合规稽核检查，强化公司内部稽核力度，转变稽核工作重心，从被动接任务转变为主动找目标，从重形式过程转变为重责任问责，扩大稽核范围、加强稽核培训、加大稽核力度。聚焦重要业务制度完善、重要岗位风险排查、重要人员离职审计、重要项目专项稽核、重要过失严厉处罚。配合监管现场检查，进一步加强内部控制、有效防范实质性经营风险。

【“一基两延伸”经营格局】第一，明确公司战略定位，打造司库型财务公司。一是面向集团成员企业提供金融业务，在符合监管规定的前提下，充分发挥资金调配功能，利用资金的杠杆，提升资金的使用效率，降低成员企业财务成本，服务并支持集团主业发展。二是协助集团管理资金，统筹集团境内外融资及流动性管理，合理控制集团整体融资成本。三是面向集团产业提供产业链金融服务，聚焦并推动集团核心产业酒店加盟业务的发展。

第二，加强资金集中管理，提升金融服务质效。一是充分发挥财务公司资金集中管理职能，强化集团资金管理手段，降低资金风险，提高资金使用效率。二是丰富拓展融资渠道，服务推动主业发展充分利用财务公司非银金融机构特点，为集团、成员单位提供便捷灵活的融资渠道，解决成员单位社会融资资格受限，融资方式单一的问题。三是多措并举有效运作、服务集团降本增效，完善利率定价机制建设，充分发挥财务管理职能。四是通过贷款展期、存量贷款置换等方式减少企业还款压力，减少外部借款，降低融资成本。

第三，拓展产业链金融业务、加快创新业务发展。结合公司产业链金融服务管理职能以及疫情后加盟酒店市场的恢复情况，全面推进产业链金融业务发展。实现“锦上 e 购”金融产品的优化、金融服务管理系统的优化。

第四，发挥集团司库作用，创新多样融资服务。2023 年公司协助集团通过注册发行超短融、中票、申请可交换债券额度等，2023 年共为集团降低财务成本 0.4 亿元。

【安全生产】公司高度重视安全生产，2023 年未发生安全生产事故。公司有序组织党政班子专题学习，主要领导带队深入一线，进行节前安全生产大检查；扎实开展各类宣传教育活动，提高安全生产意识，组织消防、急救、防灾、信息化等方面的安全培训演练，全面推进重点领域重点工作，落实整改到位；聚焦生命通道畅通、消防设备建设管理、提升疏散救援能力等，年内组织全体员工进行消防疏散演练等。

晋煤集团财务有限公司

【集团概况】晋能控股装备制造集团有限公司（原山西晋城无烟煤矿业集团有限责任公司，以下简称“集团”）是晋能控股集团三大板块之一，由原同煤、晋煤、晋能、阳煤、潞安等企业装备制造相关资产重组整合成立，是一家跨区域、跨产业、跨所有制的现代企业集团。集团以装备制造产业为主业，同时涵盖煤化工、多种经营及新兴等产业，是山西省高端装备制造的“主力军”。

【经营概况】2023 年末，晋煤集团财务有限公司（以下简称“公司”）资产总额 139.55 亿元，负债总额 121.39 亿元，吸收存款余额 118.62 亿元，贷款余额 70.69 亿元，全口径资金集中度 36.88%。2023 年，完成营业收入 4.15 亿元，实现利润总额 3.88 亿元。2023 年，公司资产收益率 1.93%，净资产收益率 16.28%，资本充足率 18.77%，流动性比例 55.31%，贷款比例 54.96%，投资比例 8.04%，不良贷款及不良资产率为零，各项指标符合监管要求，全年安全无事故。

【服务实体】公司一是加大对成员单位融资支持。2023 年累计办理流动资金贷款 71.69 亿元，委托贷款 40.53 亿元，票据承兑 17.89 亿元，年末各项贷款余额 70.69 亿元。二是积极为成员单位降低财务费用。2023年度继续执行免收成员单位委托贷款手续费政策，进一步降低了贷款利率，截至12月31日，日均贷款利率较上年度降低57个基点，充分让利于成员单位。

【信贷业务】2023年，公司充分发挥内部金融资源配置功能，根据集团战略部署，结合整合重组实际，加大对成员单位的融资支持力度，积极为成员单位办理贷款等各项业务。2023年累计办理流动资金贷款71.69亿元，委托贷款40.53亿元，票据承兑17.89亿元，截至2023年12月末各项贷款余额70.69亿元，较年初增加3.82亿元。

【投资业务】公司制定《2023年投资业务计划》，实行投资限额管理，优化投资业务资产结构。积极稳健开展中短期投资业务，采用滚动交易和趋势性波段交易策略，2023年实现收益762.89万元，投资业务收益率为4.75%，同业业务收益率3.11%。2023年未发生投资业务风险事件。

【票据业务】2023年12月9日，新一代票据业务系统上线，新票和旧票系统双线并行。截至2023年12月末，旧票系统累计189家成员单位，托管电票系统内共有电票854张，年末票据余额4.77亿元。

【资金集中】一是公司制定《2023年度资金集中工作安排》，明确年度工作任务和目标，日常归集采用实时加定时归集模式，做到直连银行资金应归尽归，月末重点关注同名户付款，避免资金流向成员单位外部账户，切实提升归集效果。二是结合集团煤款结算规律，及时跟踪煤款资金到账情况，保证及时归集。三是强化账户管理，重点对冗余账户进行了清理。截至2023年12月末，归集授权账户为725个，账户管控力度不断加强；共有352家成员单位在财务公司开户，吸收存款时点余额118.62亿元；吸收存款日均余额124.05亿元，同比增加7.03亿元，增幅为6.01%。2023年末，公司全口径资金集中度36.88%，较年初上升了3.38个百分点。

【风险管理和内部控制】一是积极推进风控管理项目实施，编印《风险与内控手册》《流程风险控制》《内部控制矩阵》，形成了包含风控管理目标、原则和策略，内部控制环境，风险识别与评估，内部控制实施与运行，监测评价与持续改进和重大风险事件通报机制等内容的风控管理规范性文件，从公司、职能和业务三个维度确定了22项一级流程，49项流程图，389个风险环节（其中，廉洁风险点66个），形成具有财务公司特点的全面风险管理体系；二是扎实推进业务风险审查和业务稽核，对疑似可疑交易进行风险排除；三是开展风险管理部门、纪检部门协同完成的常规稽核和专项稽核；四是坚决落实监管工作要求，实施员工异常行为排查、反洗钱等多方面工作，坚决守牢风险底线。

【信息化建设】一是大力推进新一代资金管理信息系统项目建设，3月实施项目招标，12月完成项目建设并上线投产，用业界最新的设计理念和最先进的技术架构建设生产系统，实现功能性和可靠性等方面极大提升；二是按照公安、网信部门要求，加快实施信息系统安全等级提升，完成信息安全等级保护（三级）测评与整改工作，在网络信息安全管理方面取得重大进展。

【企业文化建设】一是坚持把党的政治建设摆在首位，深入落实“第一议题”制度，牢牢把握“学思想、强党性、重实践、建新功”总要求，聚焦理论学习、调查研究、推动发展、检视整改、组织领导各环节，推动主题教育走深走实；二是加强宣传引导，围绕党建引领、经营管理、廉洁教育等方面，撰写新闻报道70余篇；三是积极探索党支部建设新模式，以“193”构建思路推进党支部标准化、规范化、制度化建设；四是严格落实集团纪律作风要求，严密部署党风廉政建设和反腐败工作，抓好日常监督、精准监督，加强制度体系建设，制订廉洁文化建设实施方案，编发《清风廉语》，组织红色教育，开展警示教育，一体推进“三不腐”，为公司稳健运行提供坚强纪律保证。

京能集团财务有限公司

【集团概况】北京能源集团有限责任公司（以下简称“集团”）成立于2004年，由原北京国际电力开发投资公司和原北京市综合投资公司合并而成，2011年、2014年先后又与北京市热力集团有限责任公司、北京京煤集团有限责任公司实施合并重组，实现了产业链条融合互补，发展为热力、电力、煤炭、健康文旅等多业态产业格局，控股京能清洁能源、京能电力、昊华能源、京能置业、北京能源国际、京能热力6家上市公司。2023年，集团资产规模4641亿元，营业收入920亿元，实现利润总额78亿元，综合实力稳步增强，位列“中国企业500强”第253位、“中国服务企业500强”第87位。

【经营概况】2023年，京能集团财务有限公司（以下简称“公司”）存贷款规模、利润总额等主要经济指标均创历史最好水平，其中资产总额467.66亿元，同比增长10.46%；日均贷款规模228.25亿元，同比增长17.19%，创历史新高；营业收入9.59亿元，同比基本持平；利润总额实现7.16亿元，同比增长5.2%；年末资金归集率再创新高，处于市属行业一流；实现贷款本息回收率100%，不良贷款率长期保持为零。

【服务实体】2023年，公司聚焦集团主业，落实“党建+双碳”工作要求、加大绿色能源融资支持力度、助力京津冀协同发展，深化信贷服务助力集团高质量发展。2023年累计对集团系统融资支持376.23亿元，其中累计对京津冀地区成员单位融资支持239.77亿元，累计向绿色能源企业发放贷款182.79亿元。2023年服务客户数达528家，本币结算量10980.53亿元，较上年同期增幅为7.56%，资金结算笔数40.37万笔，较上年同期增幅为4.46%。

【信贷业务】2023年，公司加大金融服务力度，提高信贷资产质量，自营贷款日均规模228.25亿元，同比增长17.19%。聚焦绿色降碳协同增效，以加大绿色信贷支持力度，扩大绿色项目授信额度，提升绿色信贷规模和占比为重点目标任务，加强对绿色信贷项目和集团重点项目的支持力度，助力集团“双碳”落地，截至2023年末，自营贷款余额268.84亿元，其中绿色能源企业贷款余额152.39亿元。

【资金业务】2023年，公司坚持以提高资金的安全性、流动性和收益性为根本出发点，通过制订资金调度管理方案，跟踪资金计划执行情况，将归集资金在优先满足结算和信贷需求的基础上，均衡同业资金配置，提高资金收益，提升公司紧急情况下的外源融资能力，积极履行资金管理职责，提升资金管控效能。

【投资业务】2023年，公司投资业务严格按照年度投资计划的要求，在均衡资产配置、提高资金收益方面取得了突出成绩，同时通过加快业务创新，丰富业务品种不断提升金融服务水平。在保证流动性的前提下，针对市场变化及时调整资产配置，提高货币基金投资业务规模，取得了较高的资金收益。在业务创新方面，针对债券基金业务进行了充分同业调研、市场分析和政策研究，并完成信息系统开发，为下一步债券基金业务办理奠定基础。

【票据业务】2023年，公司根据上海票据交易所新一代票据业务系统建设要求，积极推进公司票据业务系统及衍生信息化项目的建设，已完成项目需求确认等工作。

【资金集中】2023年，公司认真落实集团资金管控要求，通过完善机制体制建设，夯实资金管控基础，深挖资金归集潜力，助推资金集中管理水平迈上新台阶。一是通过资金集中管理与成员单位共享效益，合力提升集团整体资金运作水平；二是依靠优质高效的金融服务，增加客户黏性，提升成员单位资金归集的积极性。2023 年月均全口径资金归集率，自公司成立以来首次实现年末资金归集率达到 80% 以上。

【风险管理和内部控制】2023 年，公司面对各项新政出台和管理精细化、精准性要求，全面投入风险管理与内部控制的技术提升领域，根据监管新指标及时更新风险预警体系，调整预警阈值，提高指标应用实效，提高风险指标监测准确性、及时性，同时不断优化风险指标提示机制。积极开展同业调研，研究债券型基金新业务品种，从信用风险、利率风险、流动性风险、洗钱和恐怖融资风险、操作风险五种风险维度，评估其风险级别。注重提升内部控制管理体系的适用性、有效性、准确性，首次实现标准计划管理机制，完善内控体系文件，结合各项管理标准修订内容、监管要求、党组织建制调整等内容，修订完善相应《内部控制管理手册》《内部控制自我评价手册》《授权管理手册》《内控预警体系》，修订内容共涉及 54 个内控流程。

【人力资源管理】2023 年，公司贯彻落实金融服务保障定位，持续以助力集团高质量发展为根本目标，以为集团储备高级金融财务管理人才、打造高素质的经营管理人才队伍为根本方针，助力集团建设国际一流的首都综合能源服务体。坚持党管干部、党管人才原则，坚持人才强企、人才兴企发展战略为原则的整体目标，在“十四五”人力资源发展规划的引领下，进一步深化劳动用工、收入分配改革工作，优化全员绩效考核及内部薪酬分配方案，系统完善配套制度体系建设，完善人才工作机制，全面升级管理效能，做到工作有标准、管理全覆盖、考核无盲区、奖惩有依据，全面激发企业活力、员工干事创业动力。

【信息化建设】2023 年，公司完成生产数据中心和灾备中心“一地两中心”建设，信息科技基础支撑与防风险能力迈上新台阶。推广应用 RPA 数字员工，实现业务流程自动化和效率提升，数字化转型获新成果。大力开展基础设施自主可控国产化替代工作，逐步重构 IT 软硬件环境，在机房搬迁、灾备系统和数据保护等重点项目中均取得突破性进展，成功规划、实施了多个国产自主可控产品的落地项目。持续建设完善应用系统，推进新一代票据系统建设，开展核心系统优化项目，广泛调研数据平台建设，不断提升业务信息化水平。部署数据脱敏和数据加密系统，完善网络安全防护体系，进一步夯实网络和数据安全根基。

【党建工作】2023 年，公司党总支坚持以习近平新时代中国特色社会主义思想为指导，全面贯彻党的二十大精神，扎实开展学习贯彻习近平新时代中国特色社会主义思想主题教育。坚持党建引领经营，深化“党建 + 双碳”行动，积极助力“三个京能”建设，促进党建与经营深度融合发展。坚持夯实党建基础，提升党组织规范化建设，成立新一届党总支，下设党支部，完善党建制度体系。坚持把主体责任和监督责任相结合，全面落实综合治理工作，以全面从严治党推进全面从严治企。坚持正风肃纪，落实党员先锋工程，强化警示教育，紧扎制度“笼子”。

【企业文化建设】2023 年，公司坚持“文化兴企”，关心关爱员工发展，围绕企业文化理念开展知识竞赛、书香京能、法治诗朗诵、主人翁、篮球等内容丰富、形式多样的企业文化活动。深入推进职工之家建设，广泛开展树典型、学先进评选表彰活动。深化精神文明建设，大力弘扬志愿服务精神，组建“能小青”志愿服务队参与房山区灾后重建、建外街道路口文明引导等志愿服务行动；扎实推进乡村振兴工作，充分发挥党员先锋模范作用，完成年度任务的 117.3%，努力践行国企社会责任。

【业务创新】2023 年，为了满足成员单位业务需求，公司通过与农业银行签订代理收款的结算模式，优化了成员单位必须通过实体账户实现归集的传统方式。代理收款一方面拓宽了资金归集渠道，有效提升资金归集效率，另一方面，有利于控制成员单位账户数量，降低管理成本，进一步完善了对成员单位的结算服务体系，提高了对成员单位的服务能力，受到成员单位认可与好评。

酒钢集团财务有限公司

【集团概况】酒泉钢铁（集团）有限责任公司（以下简称“集团”）1958年成立，注册资金144亿元，是国家最早规划建设的第四家钢铁联合企业，也是我国西北地区建设最早、规模最大、黑色与有色并举的多元化现代企业集团。集团坚持以习近平新时代中国特色社会主义思想为指导，根据七届三次职代会确定的各项目标任务、“三新一高”发展要求，坚定不移推进“四强”行动。2023年，年生产钢材891.6万吨，电解铝169.2万吨，发电量222.5亿千瓦时，实现利税总额50.3亿元。

【经营概况】截至2023年末，酒钢集团财务有限公司（以下简称“公司”）完成营业收入31076.24万元，实现利润总额20164.27万元，资产收益率为1.66%，净资产收益率为4.64%，流动性比例为65.85%，不良资产率为零，不良贷款率为零，各项指标符合监管要求。

【服务实体】公司以服务集团公司战略发展和服务实体经济作为经营宗旨，充分发挥非银行金融机构资金融通、资源整合、价值增值的“金融纽带”作用，在加强集团资金集中管理、提高资金使用效率、降低财务成本等方面起到了重要的作用，全方位服务于集团公司的转型发展，促进实体经济的增长。

【信贷业务】公司发挥资金融通职能，为集团公司高质量发展提供支撑，每月为重点目标客户形成资金需求分析及相关配套服务方案，“一企一策”跟进服务，持续优化信贷资产结构，重点对集团公司钢铁、有色、电力能源和能源保供企业加大支持力度，助力集团公司高质量发展。

【投资业务】公司始终保持投行业务职能发挥，以实现集团公司带息负债规模的压缩为目标，加大对集团公司的服务力度，在助力债券顺利发行的同时，为集团公司节省更多财务费用。坚持合规、审慎、稳健的投资策略，并根据需要适时调整投资产品结构。不断提升政策分析能力，在资本市场、金融货币政策、融资工具、财税政策等方面，切实履行财务顾问职能，助力集团资本运营战略的实施。

【票据业务】公司不断通过票据贴现业务、再贴现业务，强化票据运作力度，积极深挖与同业金融机构合作渠道，拓展同业交易对手，开发票据贴现线上平台，助力成员单位盘活利用票据资源。

【资金集中】公司多措并举强化资金归集，推进账户可视化管理。积极加强同业合作，持续推进银企直连工作，实现了19家合作银行银企直连。推进境外账户的可视化管理，通过合作银行SWIFT会员资质，做到对成员单位境外账户的可视化管理，集团银行账户管理迈上新台阶。

【风险管理和内部控制】公司持续推进全面风险管理体系建设，将风险和合规管理融入经营管理与业务开展的各个环节，践行穿透式风险管控理念，强化全过程风险识别、监测、计量与评估管理机制。加强公司经营管理相关规章制度合法合规性审核，明确重要业务和重要领域，完善同业业务、信贷业务、投资业务、重大事项、全面预算、财务报告六大领域风险控制清单及权限指引表，进一步强化风险管控措施，着力提高对集团成员单位金融服务质效。

【人力资源管理】公司坚持以习近平新时代中国特色社会主义思想为指导，坚持稳中求进工作总基调，完整、准确、全面贯彻新发展理念，坚持以新时代首都发展为统领，紧扣促进高质量人才培养，完善学习型组织建设，坚持把提升职工业务素质提高到战略高度并通盘考虑。完善人才发展机制，加强金融、技术人才队伍建设，助力打造高水平人才高地。不断健全劳动关系管理体系，全力维护劳动关系和谐稳定。

【信息化建设】公司不断加强信息科技治理，全面提升支撑业务能力。一是加强系统运维管理，实时监控系统风险，对核心业务数据进行分类分级管理，厘清数据资产，重要业务敏感数据采取加密存储和脱敏，保障数据安全。二是持续加强系统平台建设，对设备进行更新换代，升级改造，解决系统平台提升的瓶颈问题，全面提升系统平台的高可用性和网络安全防御能力。三是完成资金管理信息系统升级改造项目建设和系统平台升级改造，打造智能、安全、高效的资金管理平台，为财务公司经营、管理和决策信息化提供全方位的信息化服务和支撑，并与集团财务共享中心互联互通，实现财务业务高度集成融合，为集团及其成员单位提供更安全、高效、快捷的资金集中管理和支付结算平台。

【企业文化建设】公司“三个纳入”抓好统筹部署，把廉洁文化建设纳入企业全面从严治党、党风廉政建设和反腐败工作要点；把廉洁文化建设纳入履行管党治党责任、领导干部述责述廉重要内容；把廉洁文化建设纳入企业生产经营管理、改革发展稳定工作，形成党组统一领导、部门各负其责、职工积极参与的工作格局。“三个层面”抓好制度保障，健全“三重一大”决策等制度体系；在重要部门和重要岗位人员层面，建立完善管人管钱管物工作规程、岗位职责和廉洁自律制度和规定；在一般员工层面，完善职业道德、行为准则等规定和守则。“一个督促”抓好组织推动，督促推动党员领导干部特别是“一把手”和领导班子成员带头学法用法、模范遵纪守法，廉洁从业、廉洁用权。

巨化集团财务有限责任公司

【集团概况】巨化集团有限公司（以下简称“集团”）是浙江省国资委下属的国有控股企业。集团下设12个事业部和6大中心，化工主业涵盖氟化工、氯碱化工、石化材料、电子化学材料、精细化工等；环保产业涵盖城市与工业污水处理、危废与垃圾焚烧填埋等；兼有功能性新材料、装备制造、公用配套、物流商贸等生产性服务业。

【经营概况】巨化集团财务有限责任公司（以下简称“公司”）坚持以习近平新时代中国特色社会主义思想为指导，深入贯彻落实党的二十大、省第十五次党代会和集团第十三次党代会精神，聚焦“绿色化发展、数智化变革、新巨化远航”工作主线，始终坚持“立足集团战略、服务集团产业”的功能定位，大力弘扬“一个巨化”文化，助力集团产业转型升级和绿色发展，提升金融服务实体经济质效，取得了较好的经营业绩。

2023年，公司实现营业收入14713.51万元，利润总额9460.13万元，吸收存款余额48.81亿元，资金归集率为73.33%，发放各类贷款余额36.5亿元，完成结算业务量31.45万笔，结算金额3129.65亿元。

【服务实体】公司紧紧围绕年初工作计划，以服务集团战略发展和服务实体经济为经营的首要宗旨，进一步下沉服务，从做透“让利惠企”、做深“赋能助企”、做细“服务提效”三个方面入手，不断加大对成员单位的金融服务支持力度。

【信贷业务】2023 年末，公司自营贷款规模 36.50 亿元，与年初持平，超年初规模预算 2 亿元。公司全年发放自营贷款 25.98 亿元，发放境内委托贷款 4584 万元、发放境外委托放款 1716.87 万元人民币、3100 万美元，全年开立承兑汇票 16820.04 万元、非融资性保函 2792.84 万元。全年公司贷款利率执行最高不超过 LPR 利率，办理委托贷款免收手续费，有力地支持了集团实体经济的发展。

【资金业务】为防范资金支付风险，做好大额、特殊资金和商贸资金等支付审核，完成集团应收固定收益产品付息兑付、协同支付浙江富浙集成电路产业发展有限公司投资款、巨元矿业公司增资款、巨化股份公司 2022 年度分红等共计 210.16 亿元。

【投资业务】2023 年，公司固定收益投资业务平均投资额 6.33 亿元，实现投资收益 1436.06 万元，平均税后收益率为 2.26%，折合税前收益为 3.19%。

【票据业务】公司积极做好公司票据池入池、出票、兑付工作，全年累计入池总额 32.59 亿元、出票总额 24.35 亿元，盘活存量票据，降低集团财务费用约 3000 万元。

【外汇业务】通过公司跨境资金池，完成巨化股份公司向全球氟化工有限公司境外放款 1716 万元人民币、3100 万美元。

【资金集中】公司不断深化资金集中管理各项工作，进一步降低集团资金成本，力争发挥资金最大集约效益。2023 年 12 月末吸收存款 48.81 亿元，1～12 月平均吸收存款达 38.98 亿元，降低集团资金成本约 1.27 亿元。

【业务创新】2023 年 6 月，公司通过杭州海关审核，获准为巨化集团及成员单位开展海关税款担保业务，从而成为自《海关总署关于推广企业集团财务公司担保的公告》（2022 年第 56 号）发布后浙江省第四家、衢州市首家获得海关税款担保业务资质的财务公司。半年来，公司为巨化进出口公司开具了 2300 万元全年可滚动使用的税款担保保函，已使用该保函通关 176 单，税款金额达 8081.11 万元，累计节约财务成本约 70 万元。

【风险管理和内部控制】公司以建设完善、快速、有效的全流程风险防控体系为目标，积极查漏洞、抓整改、严监督，进一步提升公司全面风险管理水平，实现全年无案件、无重大责任事故、无不良“三无”目标。

【人力资源管理】公司通过参加中国人民银行、银保监部门、中国财务公司协会等组织的多层次、多样化的培训，提高全体员工的综合素质，提高工作绩效，增强业务管理创新能力。

【信息化建设】2023 年，公司加大信息化投入，引进信息化专业人才一名，通过搭建公司虚拟化云平台，将计算、存储、网络等资源整合在多物理节点中，实现对服务器资源的云化管理。7 月，新一代票据系统完成上海票据交易所的验收并成功上线。积极组织完成电力消防演练、超融合虚拟化平台演练、新一代票据数据库恢复演练、监管报送双机切换演练、ECDS 票据前置机切换演练、网络故障演练等应急演练项目。

【企业文化建设】2023 年 6 月，公司成立了党支部。党支部以党建工作为引领，落实“三会一课”制度，不断加强廉政建设，充分发挥好基层党组织的作用。组织和市人民银行、云南云天化财务公司和浙江物产中大财务公司开展业务交流。荣获市财贸工会、市人民银行工会组织的金融系统气排球比赛女子组二等奖。获得财协组织的清廉金融文化征文活动组织奖、市财协清廉演讲比赛及清廉作品优胜奖员工各一名。

公司作为杭州亚运会、亚残运会捐赠企业，派出一名亚残运会火炬手，高质量完成各项服务保障工作，向衢州市慈善总会捐赠利息 60 万元。向甘肃省积石山县地震灾区捐赠 84 套活动样板房，并租用吊车连夜送往灾区，切实为灾区群众送去一份温暖。

开滦集团财务有限责任公司

【集团概况】 开滦（集团）有限责任公司（以下简称“集团”）是中国特大型能源化工企业，始建于1878年，已有145年的历史，以建设“中国第一佳矿”唐山矿为肇始，托举了唐山、秦皇岛两座城市的兴起，被誉为“中国煤炭工业源头”“中国近代工业摇篮”，在中国民族工业发展史上具有十分重要的地位。目前，集团已成为综合性的大型能源集团，下设37家分公司、182家子公司，包括1家上市公司。

【经营概况】 2023年，开滦集团财务有限责任公司（以下简称“公司”）深入贯彻落实上级党政各项决策部署，站位集团发展大局，深挖金融资源优势，强服务、防风险、促发展，各项工作取得了积极成效，全年实现营业收入4.07亿元，利润总额1.9亿元，在助力集团拓宽融资渠道、降低融资成本中发挥了突出作用。

【服务实体】 2023年，公司坚持聚焦集团改革发展中心任务，充分发挥持牌金融机构平台作用，通过贷款、贴现等有效途径，举全力为集团及时提供资金支持130亿元，在助力集团保资金链安全中发挥了不可替代的作用。同时，通过优于市场存贷款利率等方式最大限度让利集团成员单位，全年累计助力集团及成员单位降低融资成本5682万元。

【信贷业务】 2023年，公司全年有序压降信贷规模24亿元，有效提升各类监管指标。支持集团实体经济发展资金需求，全年累计发放各类贷款97.34亿元，截至2023年末，信贷余额94.67亿元。

【资金业务】 2023年，公司坚持以资金年度预算为统领，逐层细化分解到月预算、周计划、日安排，坚持大额收支逐日逐笔列示安排，提升头寸管理精细度和精准度，保证成员单位结算需求，提升资金使用效率。优化集团资金结算体系，实现资金预算、资金结算、资金核算全流程贯通，并通过资金大屏实现了智能化、可视化，资金集中管控格局更加清晰完善，资金管理支持决策效果初显。

【票据业务】 2023年，公司新一代票据业务系统成功上线，提升了票据全生命周期管理水平，特别是通过科技赋能，引入“找零支付”功能，实现票据自主拆分，为票据业务管理掀开新篇章。持续做大再贴现规模，通过人民银行再贴现政策为集团引入低成本资金18.13亿元，2023年末，公司再贴现余额6.92亿元，其中商票占比60%，比2022年末增加15个百分点，增幅为33%。

【资金集中】 2023年，公司在全集团范围内成功推行银行账户线上管理，建立规范化电子台账，实现各类账户动态管理、实时查看，做实了账户集中，提升了管理效率。夯实资金集中管理基础，通过扩大归集范围、提升归集效率、加大归集力度等有效举措，不断提升资金集中水平。2023年末，公司吸收存款112.18亿元，全口径资金集中度73.59%，位居全行业领先水平。

【风险管理和内部控制】 2023年，公司强化风险管理与业务紧密结合，与监管要求紧密结合，组织开展全面业务检查回头看、季度员工行为排查、季度风险评估等工作，多维度夯实日常风险管控基础。开展声誉风险排查、安全生产隐患排查、涉刑案件排查等强化重点领域风险管控。同时，聘请专业机构对信息系统进行全面评估，按监管要求对业务连续性及网络数据安全进行全面优化，极大提升了系统风险防控能力。公司狠抓制度建设，完善内控机制，规范业务范围，优化业务流程，深入开展第五版制度汇编工作，结合政策变化与管理需要，对18项相关制度进行讨论、修订、完善，保证了内控制度的全面性、有效性。

【人力资源管理】立足于金融人才孵化基地的使命担当和作用发挥，制订实施公司人才培养三年规划和年度落实计划，通过金融大讲堂、资格考试、课题调研等形式持续加大培训培养力度，全力打造高素质金融团队。2023年，公司共有10项课题成果获集团以上表彰，3人实现职务晋升，7人实现职称晋升，1人获评集团劳动模范，1人入选省级财会监督专家人才库，1人获评省级金融市场业务专家，1人位列集团青年技能竞赛财务专业第4名，8人被输送到金融板块各单位，为集团高质量发展提供了不竭动力。

【信息化建设】2023年，公司信息科技工作主要围绕防控信息科技风险能力提升展开。根据国家金融监督管理总局要求，投入资金，开展信息科技风险全面评估，对业务连续性及网络与数据安全风险管理能力进行优化升级，防控风险能力得到显著提升。持续完善新一代票据业务系统，确保系统按时上线，保证了票据业务有效衔接。持续优化云平台建设，通过使用安全可控优质产品建设公司数据中心云平台，加强系统的可靠性、先进性、包容性与开放性，支撑业务开展的作用更为明显。

【企业文化建设】公司党支部在上级党委坚强领导下，坚持围绕中心工作抓党建，学习贯彻习近平新时代中国特色社会主义思想和党的二十大精神，严格履行重大事项党支部前置程序，全力推进领导人员综合考核评价等工作，组织开展主题教育，开展党建共建、为员工办实事等活动，金融团队建设进一步提质提效，公司荣获集团创建二星级文明单位称号。

浪潮集团财务有限公司

【集团概况】浪潮集团有限公司（以下简称“集团”）是中国领先的云计算、大数据服务商，拥有浪潮信息、浪潮软件、浪潮数字企业3家上市公司，主要业务涉及计算装备、软件、云计算服务、新一代通信、大数据及若干应用场景，已为全球120多个国家和地区提供IT产品和服务。

【经营概况】浪潮集团财务有限公司（以下简称“公司”）秉承“依托集团、服务产业”的宗旨，践行“1457”公司发展战略，坚持目标导向、问题导向，外拓资源、内强管理，全面提升金融服务质效。截至2023年末，公司资产总额130.61亿元，实现营业总收入3.48亿元，不良贷款率为零，各项指标均符合监管要求。

【服务实体】公司积极践行金融服务实体经济的政策要求。一是拓宽授信覆盖面。2023年新增17家授信客户，为14家客户提供首笔信贷支持。二是践行普惠金融，助力科技创新。为16家科创企业及小微企业提供专属融资辅导，发放专项贷款61.07亿元。三是深化双融双促，优化顾问服务。组建以“党建引领，双融双促”为主题的产业单位专属服务团队，量身定制金融服务方案，实现党建与业务有机结合。创新发布37期《金融周报》，持续为产业单位和集团职工提供前沿财金资讯。

【信贷业务】公司一是服务关口前移，增强金融需求保障，完成对集团二级单位的财司授信全覆盖。截至2023年末，贷款规模84.57亿元，降低集团资产负债率1.55个百分点。二是聚焦降本增效，丰富业务产品。实现保函增量扩面，完成首笔投标保函业务，直开关税保函额度由3亿元增至6亿元，关区由5个拓展至8个，降低通关成本近千万元。

【资金业务】公司提升同业合作能力，发挥资金规模效益。一是推动股东增资，提升资本规模。2023年6月完成首轮增资，注册资本由10亿元增至20亿元。二是加快银行与财务公司双推进，扩大同业合作朋友圈。授信银行达到13家，授信额度达到53亿元，累计拆入外部资金63亿元；与4家财务公司签署战略合作协议，储备授信额度13亿元，外部融资能力持续增强。

【资金集中】公司推进财务公司外部资金“应归尽归”，保障集团资金的安全性、流动性与收益性。一是2023年推动2家拟上市公司启动关联交易审批。二是通过账户清单索引，坚持账户管理与银企直连双轮驱动，实现资金“看得见、调得动”。2023年，加入银企直连的银行数量达到16家，银企直连率90%，账户集中度77%。

【业务创新】2023年，公司获批中国外汇交易中心外币同业拆借业务资质，落地首笔外币拆借业务500万美元；获批国家外汇管理局“跨国公司跨境资金集中运营”业务资格，通过外债通道实现境外资金入境2000万元。公司丰富票据品种，完成首笔票据质押式回购、票据贴现直转闭环业务，盘活集团内票据资产，办理票据转贴及保贴业务6亿余元。

【国际业务】为持续深化国际业务发展，公司制定“1235”国际业务规划，以1个统一跨境资金池为基础，打通跨境人民币CIPS和美元SWIFT双向接口，依托资金池集中外债、集中放款、集中收付3项功能，叠加金融机构即期结售汇、外币对、外币拆借、外币存贷款、金融衍生品交易5项资质，为集团提供全产品条线国际业务服务。

【风险管理和内部控制】公司将风险合规理念融入业务管理全流程。一是新编作业流程121项，形成《流程与作业指导书汇编》，开展制度重检，梳理制度190项，修订完善制度97项。二是坚持将风险合规融入业务管理全流程，持续丰富合规管理、业务审查、风险预警、风控模型、风险培训等六大体系。三是精细化评级授信模型，重点向国家及集团鼓励的业务发展方向加大信贷支持力度，引导产业单位践行上级政策导向。截至2023年末，形成风险管理模型21个。

【人力资源管理】公司一是完善组织建设，成立信息科技部、纪检部。二是抓好选人用人，完成省级人才认定2人，博士人才储备1人，2023年新入职人员中研究生占比达91%；提拔年轻干部5人。三是重视人才教育，开展培训54场，组织员工参加职称认定评测。四是强化人才激励。探索岗位薪酬与专项薪酬相结合，实行全员目标年薪制，积极开展评先树优。

【信息化建设】公司遵循“3个一体化”的发展理念，持续推动“数字财司”建设。一是坚持目标导向，以“一体化”发展规划为引领，锚定2027年财务公司信息化达到国内一流水平，制定分阶段的年度数字化转型发展规划；二是坚持产业协同，使用“一体化”技术底座支撑，支持浪潮数字企业打造好以海岳平台为基础的财务公司业务系统；三是构建“一体化”系统平台呈现，上线新一代票据业务系统、风险指标监测系统、大数据分析等系统，实现业财资一体化平台管理及“一站式”监管数据报送。2023年，公司“产融协同打造财务公司一体化金融信息平台案例”获第六届金融业年度品牌案例大赛“金融科技年度案例奖”。

【党的领导】公司持续完善公司党建工作机制。一是班子成员切实履行管党治党主体责任。二是深入开展主题教育活动。三是创建并持续打造“红色党建、金色服务、青色育才、蓝色科技、绿色清廉”为主体的“‘五色’智慧金融服务平台”党建品牌。四是夯实党组织建设提档升级，2023年集团过硬党支部评定中，两个党支部分别获评五星级党支部和四星级党支部。五是进一步提高组织生活的规范性和实效性。六是深入推进“双培养”工程，把业务骨干培养成党员，把党员培养成业务骨干。

连云港港口集团财务有限公司

【集团概况】连云港港口集团有限公司（以下简称“集团”）是国有独资港口企业，主要从事港口码头装卸与仓储、港口物流与贸易、港口工程与开发、航运交易与服务、资本运作及口岸信息服务。2023 年是连云港开港 90 周年，集团以高质量发展为首要任务，突出双向开放、海陆枢纽的特色功能定位，创新打造标杆和示范，加速融入长三角发展，聚力做足陇海线文章，全港吞吐量超过 3.2 亿吨、集装箱量达到 613.7 万标箱，完成吞吐量、集装箱量的增幅分别为 6.7% 和 10.2%。

【经营概况】连云港港口集团财务有限公司（以下简称“公司”）秉持“立足集团、服务集团”宗旨，围绕推进“国际枢纽海港”建设目标和“十四五”发展规划，不断优化服务、严控风险、挖潜增效，切实提升发展质量，为集团经营和实体经济发展提供了重要的支撑作用。截至 2023 年末，公司资产总额 36.62 亿元，负债总额 23.44 亿元，所有者权益 13.17 亿元；实现营业收入 1.21 亿元，利润总额 0.93 亿元。

【服务实体】公司围绕人民银行利率下降政策的相关要求，通过更优惠的贷款利率，降低或减免服务费、手续费，为集团及成员单位减费让利，使贷款加权平均利率较 2022 年下降超过 22 个基点。充分发挥司库管理职能，指导集团及成员单位与各家金融机构进行商谈，协助“国际集散粮食中心”“旗台作业区混矿堆场”“管廊二期”等项目获得金融机构授信支持。公司精准预测和把握市场动态，成功注册并发行 30 亿元可续期私募公司债，降低了集团融资成本，优化了资本结构，为集团合并报表降低 3% 的负债率。

【信贷业务】以主动服务、精准服务、高质服务为驱动，着力挖掘客户融资需求，量身定制金融服务方案，提高金融服务质效。完成对 13 家成员单位 39.40 亿元授信，日均贷款余额 21.30 亿元，全年自营贷款（不含贴现）时点余额 23.69 亿元。

【同业业务】公司在保证流动性及安全性情况下，积极拓宽同业合作渠道。2023 年，完成 20 家银行的主动授信，共计 628 亿元，与悦达财务公司相互授信 2 亿元。

【资金业务】有效发挥集团资金归集平台作用，加强资金集中管理，提高资金使用效率。公司共为 120 家成员单位（其中办理资金归集家数 98 家）开立活期账户 177 户，通知存款户 27 家，定期账户 16 户，委存账户 4 户，保证金账户 21 户，自营贷款账户 25 户；吸收存款时点余额为 23.30 亿元，日均存款余额 22.95 亿元，共办理结算笔数 123866 笔，累计金额 1662.25 亿元，为成员单位节约结算手续费约 34.04 万元。

【业务创新】探索引入票据模式作为项目结算辅助手段，创新打造“项目贷 + 票据”的适配性特色金融产品，兼顾了借款人项目融资和票据结算的特殊需求，节约了承兑期间的融资成本。创新专利权和商标质押融资模式，助力集团实现知识产权金融化。探索“电力 + 金融”的创新模式，成功推出“电费证”业务，通过“电力 + 金融”的新模式创新集团供应链融资方式，每年至少为集团节约资金成本 60 万元。

【风险管理和内部控制】坚持风险指标统计与监测，充实风险指标数据库，挖掘相关信息，探测风险易发点，为公司决策、业务规划提供数据支撑。强化人员行为动态管理，扎实开展员工行为排查，压实排查责任，并体现在员工入职合规审查中，实现全员覆盖。2023 年公司新出台制度 17 项、修订制度 15 项、废止制度 4

项，涵盖了公司治理、信息科技、价格管理、风险管理等多个方面，公司制度体系更加健全，制度基础更加坚实。

【人力资源管理】进一步完善和落实绩效薪酬延期支付制度和实施方案，不断建立健全激励约束机制。制定、完善中层管理人员综合考核管理体系，实现对员工的思想品德、政治纪律、业绩能力等全面、科学的评价。结合监管要求和公司转型发展规划，编制人力资源改革方案，推动公司部门设置和岗位编制改革落地。将培训重心转移到部门内部培训，突出培训的实效性；选配人员参加外部培训，充实业务知识储备；2023 年公司组织开展公司内部培训 24 项次，累计参培人数 161 人次；组织参加集团一级内部培训 20 项次，累计 56 人次；组织参加各类外部培训 21 项次，累计 61 人次，不断提升员工技能水平，确保每位员工都有学习提升的机会。

【信息化建设】公司加强信息科技治理、网络数据安全、业务连续性等方面的保障能力，建立顶层决策、实施运行、考核评测和改进完善的内部循环控制机制，形成信息科技治理闭环。扎实推进系统开发投产，完成二代征信报送系统开发验收、数字人民币支付系统需求分析、人民银行金融基础数据报送系统开发等，不断提高数据治理能力和数据质量。完成接入省局金融专网态势感知系统建设和监管报送室建设，强化金融专网的网络安全保障水平，提升公司信息安全保障能力。

【党的建设与公司治理】公司充分发扬党支部的领导作用，组织带领全体党员深入学习党的二十大精神，编制党支部主题教育实施方案和理论学习安排，采取集中学习与自主学习相结合的方式，持续推动党员读原著、学原文、悟原理，确保主题教育常态化开展。坚决贯彻执行“三重一大”决策制度、党组织前置研究讨论重大事项规程、“第一议题”等制度，并顺利完成支部换届选举工作；认真推进公司治理主体换届，如期完成董事会、监事会、专门委员会换届和高管、董事会秘书的聘任工作。妥善做好金融许可证、营业执照变更以及公司章程修订工作；首次开展公司治理监管评估工作，对公司治理工作进行全面审视，逐步完善公司治理内容。

联通集团财务有限公司

【集团概况】中国联合网络通信集团有限公司（以下简称“集团”）于 2009 年 1 月 6 日在原中国网通和原中国联通的基础上合并组建而成，在国内 31 个省（自治区、直辖市）和境外多个国家地区设分支机构。2023 年，集团聚焦网络强国、数字中国建设主责，推进联网通信、算网数智两类主营业务协调发展，实现质的有效提升和量的合理增长。

【经营概况】2023 年，联通集团财务有限公司（以下简称“公司”）持续锻造“金融 + 科技”能力内核，以专业的金融服务深度服务集团主责主业，以金融科技建设助力财务数智化转型取得新的突破，在建设一流央企财务公司和建成一流央企司库体系道路上取得新进步。截至 2023 年末，公司资产规模 618 亿元，累计实现收入 10.84 亿元，拨备前利润总额 2.58 亿元。

【服务实体】输出定制化金融服务，服务实体经济有力有效。2023 年，公司优化评级授信模型，为 8 家创新类公司完成评级授信，多措并举助力参股公司能力打造。创建参股公司金融服务新模式，帮助云启智慧等参股公司获得低成本的外部银行融资，解决其业务发展资金诉求。

【司库体系建设】实现筹融资系统分子公司推广上线，票据全流程贯通、银行名单制管理、风险管控模块等功能上线应用；完成工会二批275家单位推广以及资金系统银企直连切换，实现境内结算支付和银企直连司库全面纳管；深化境内外资金一体化管理，形成境外资金一体化管理工作方案并加速推进具体建设；作为首批银行电子凭证互联互通平台接入试点单位，实现标准化电子回单和对账单线上对接；联通司库体系建设在国资委中期评价验收中取得“优秀”评价，自主创新的业务数据贯通应用得到国资委书面表扬，荣获集团公司2023年科技进步“优秀奖”。

【信贷业务】打造阶梯化信贷产品体系，提供个性化信贷服务。2023年，保函业务量同比增幅达124%，保函业务区域覆盖度达到96.77%，新增服务客户主体42家，拓展代开银行保函合作银行4家，为集团主责主业政企项目在投标、预收及项目履约过程的资金回款提供了高效便利的保证，减少集团外部资金占用4.81亿元。

【资金业务】与集团财务部密切协作，建立“年度大类资产配置—月计划—日运作—运作复盘和市场展望”总体闭环管理思路，有效保障资金流动性合理充裕。完善资金运作机制，形成由吸收存款极端值、流动性比例、资金集中度等多指标控制的资金配置模型，精准预测资金规模，把控资金变动规律。发挥公司对金融市场的敏感性，协同集团加大企业侧资金运作力度，强化期限类资产配置，确保流动性管理和资金收益水平进一步提高。截至2023年末，集团整体资金运作规模832.2亿元，同比增长19%。

【投资业务】2023年，人民银行两次降准降息，资金面宽松，收益率曲线逐步平坦化，公司把握收益率底部区间，积极开展债券交易，调整持仓债券久期并获得资本利得。开展债基业务可行性研究并推动制度及系统建设，实现业务落地，有效丰富公司投资业务产品工具箱。发挥货币基金品种流动性、收益性和免税三重优势，打造投资收益安全垫。截至2023年末，投资业务余额44.2亿元，同比增长2.6%，投资业务结构进一步优化，整体收益率较公司其他资产有明显优势。

【票据业务】2023年，公司累计为成员单位开立票据301.64亿元，减免手续费388余万元，其中银票开立规模77.60亿元，同比减少10.74%，商票开立规模224.04亿元，同比增长38.53%，为集团节约资金成本约3亿元。完成新票据系统上线及司库票据全流程贯通，推动“集票宝”产品落地，实现集团票据收付“一点看全、一点管理”。

【资金集中】公司推广成员单位之间资金结算的内部转账功能，2023年全年内部转账笔数占比91.27%，同比提升53个百分点，金额占比95.11%，同比提升31个百分点。积极应对集团资金统筹安排对公司资金集中度的影响，根据业务需求动态调整资金集中度测算模型，多措并举确保资金集中度达到监管评级满分要求。

【风险管理和内部控制】对标监管新规要求，落实业务范围调整、集团成员单位名录梳理、风险指标监测、延伸产业链金融业务清理等新旧办法衔接工作；按照监管新规关于信息科技风险治理的要求，研究分析形成信息科技风险管理思路，加强业务连续性管理，完成业务系统角色不相容矩阵梳理工作。

【信息化建设】以司库、头寸、数据平台和基础平台建设为抓手，提升关键核心技术自主掌控程度，实现司库系统及金融服务平台共23个应用、146个实例的开发测试环境整体迁至联通云环境。打造以联通司库为主的7大产品，协助集团打造“数字财司”和“联通金融云”2大系列产品，丰富了集团财资和金融类产品体系。

【人力资源管理】优化绩效管理和薪酬分配激励机制，强化绩效考核对公司专精特新能力打造的引领作用，持续激发队伍活力。持续强化管理人员队伍建设和金融科技复合型人才培养，通过多种形式的培养、培训不断提高管理人员的综合素质和履职能力，迭代“周五讲堂”

2.0，通过40余门课程引导员工总结沉淀工作经验，推进互学互促。截至2023年末，金融、科技人员占比为40%和48%，初、中、高、资深各层级人员占比分别为6%、56%、31%和7%，员工队伍整体状态积极、结构合理、进出有序。

潞安集团财务有限公司

【集团概况】山西潞安矿业（集团）有限责任公司（以下简称“集团”）是潞安化工集团有限公司的全资子公司，潞安化工集团以原潞安矿业集团煤化产业为主体，整合重组相关省属企业化工资产和配套煤矿组建而成，于2020年7月组建，注册资本200亿元，旗下有180余家各级子公司，在册职工12万人，拥有6个国家级创新平台、13户国家高新技术企业、15个省级科技创新机构。2023年，集团实现利润103亿元，营业现金比率超过全国国企平均水平，原煤产量、煤炭总销量，以及效益煤、喷吹煤销量均创历史新高。

【经营概况】2023年，潞安集团财务有限公司（以下简称“公司”）以精益思想指导下的“算账”文化为统领，立足功能定位，深耕价值创造，树牢“实现集团利益最大化”理念，圆满完成了集团下达的各项指标任务，为金融助力集团高质量发展作出了新的贡献。截至2023年末，资产总额282.63亿元，负债总额244.84亿元，所有者权益37.79亿元。全年实现营业收入8.73亿元，利润总额3.99亿元。

【服务实体】公司秉承“实现集团利益最大化”经营理念，不断巩固和提升金融服务质效。一是通过自营贷款置换成员单位高利率贷款或内部借款，扩大公司自营贷款在客户融资需求中的占比。二是及时对潞安煤基清洁能源公司新增信贷支持15.7亿元，并执行3.65%的优惠贷款利率，切实降低企业融资成本，进一步缓解企业融资压力。三是充分研究国家利率政策，主动让利成员单位，通过提高成员单位存款利率和压降贷款利率，全年共让利6300余万元。

【信贷业务】一是贷款规模进一步增加，截至2023年12月末，公司对成员单位的资金支持规模为155.55亿元，较预算指标135亿元超额完成20.55亿元。及时对煤基清洁能源公司新增信贷支持15.7亿元，执行3.65%的优惠贷款利率，积极落实集团“扭亏脱困”工作安排，切实降低企业融资成本，进一步缓解了企业融资压力。二是票据业务进一步开展，全年累计办理票据承兑业务34.27亿元，有效满足了集团内部结算需求。三是绿色金融实现零突破，加大对绿色低碳转型项目金融支持力度，完成对一家成员单位提供300万元的绿色信贷支持。

【资金业务】稳健开展同业业务，持续加强同业合作，在确保流动性风险可控前提下，关注国家政策及利率走势，合理配置资源，积极与银行同业协商提高活期存款利率，争取较高的资金收益；持续加强流动性风险管理，配合上市公司潞安环能开展流动性压力测试，确保资金风险可控；按照年度资金计划和工作实际，合理配置资产负债期限，提高资金运用质效。截至2023年末，公司共获得资金收益4.1亿元。

【投资业务】公司坚持将有价证券投资业务作为公司流动性管理工具的功能定位，锚定“固定收益类”产品投资方向，以投资货币基金、省内AAA级煤企债券为主，加强逐日盯市，管控投资风险，做精货币市场基金和债券配置投资，全年实现投资收益7000余万元。按照新版《企业集团财务公司管理办法》要求，完成股票业务清理工作。不断拓展投资品种，推进投资业务创新，完成一笔商票转贴业务。

【票据业务】按照《潞安化工集团有限公司票据集中管理办法（试行）》要求，积极推进成员单位开通财务公司票据系统，截至2023年末，在财务公司开立账户的单位有234家（不含划出单位），应开通票据系统的单位143家，已开通票据系统的单位141家，票据系统开通率98.60%。积极推进成员单位应收票据信息集中全年票据信息集中合计金额47.95亿元，票据上线集中率36.14%。

【资金集中】持续加强资金归集力度，提升经营发展实力。一是加强账户管理，加快推进账户直连，进一步夯实资金归集基础。全年共直连账户110个、清理310个，账户直连率达67.60%。二是通过强化集团成员单位资金的日常监测分析、预算管理和上收力度，提高资金管控质效。三是对成员单位账户进行全面检查，截至12月末账户检查问题涉及5家单位45个账户已全部整改，除受限资金外，已将全量资金纳入资金监测范围内。截至12月末，公司日均归集资金306.63亿元，在2022年的高起点上实现了新突破。

【风险管理和内部控制】公司持续提高业务“三查”风险管控能力，做好按日核实信息数据备份情况、按周检点中高风险业务状况，紧盯年度常态化工作落实进度，推进新版《企业集团财务公司管理办法》落实落地，积极配合监管部门开展现场检查和非现场监管，公司监管评级维持较高水平，合规管理工作卓有成效。积极发挥稽核审计效能，运用常规稽核与专项稽核相结合，积极配合做好各项外部审计工作，着力推动年度稽核审计计划落地见效。全面升级密钥管理，完成智能密钥柜的安装，全面实现了领用记录可视、使用痕迹可追、密钥安全管控。防治并举，全年实现“零案件”“零事故”“零处罚”的目标，公司“大安全”管理体系建设进一步深化。

【人力资源管理】公司扎实推进价值创造一体化融合管理，积极发挥人力资源对经营绩效的促进作用，结合公司实际，修订完善公司薪酬管理办法，全面营造“绩效考核、奖罚分明”的浓厚氛围，将“以效益衡量英雄、凭业绩使用干部、靠效益赢得地位”的经营管理理念贯穿薪酬分配的每个环节，建立和完善以业绩为导向，与经营成果、责任风险、绩效贡献等相匹配的薪酬激励与约束机制。积极运用“5+2”维度考核，强考核、严兑现，体现以“真金白银论英雄”的价值导向。

【信息化建设】公司持续推进科技创新，信息保障能力不断提升。2023年3月，如期完成新一代票据系统上线，为下一步加强票据集中管理奠定基础。积极开展信息系统安全三级等级保护备案工作，获得“等保三级证书”，公司信息系统的安全性、稳定性获得专业认证。选址中国联通公司太原数据中心，完成异地灾备中心建设，在保障公司数据安全方面迈出坚实步伐。

【党建工作】2023年，公司党支部深入贯彻习近平总书记对金融工作的重要指示批示精神，以“1146”党建工作法作为切入点，以主题教育为抓手，以对标挖潜目标明确工作内容、融合机制、落实举措、责任分工、完成时限形成“一表作战图”，创建4个党员责任区、22个党员示范岗，探索形成业务目标“党建工程化”管理压实党建责任，业务管理“党建网格化”夯实党建基础，业务创新“党建矩阵化”打造创新红色引擎，推动党建工作走深走实。2023年形成深化主题教育调研报告3项，建立完善38项工作举措、优化制度10项，推动解决14个专项问题，各项经济指标稳步提升。

美的集团财务有限公司

【集团概况】美的集团股份有限公司（以下简称“集团”）是一家覆盖智能家居、楼宇科技、工业技术、机器人与自动化和创新型业务五大业务板块为一体的全球化科技集团，在全球拥有约200家子公司、31个研发中心和40个主要生产基地，员工超过16万人，业务覆盖200多个国家和地区，每年为全球超过4亿用户及各领域的重要客户与战略合作伙伴提供满意的产品和服务，致力创造美好生活。2023年，集团位居《财富》世界500强榜单第278位，连续8年跻身世界500强企业行列。

【经营概况】美的集团财务有限公司（以下简称“公司”）坚守“依托集团、服务集团”定位，积极发挥资金归集、资金结算、资金监控及金融服务平台功能，以集团成员单位为目标客户群，深入挖掘客户服务需求，为企业创新升级提供资金支持，推动资金与实体经济需求有效对接。截至2023年末，公司资产总额357.41亿元，负债总额285.38亿元，净利润3.35亿元。公司信贷资产分类均为正常类，无不良资产，各项指标符合监管要求，实现稳健、合规运营。

【服务实体】2023年，公司紧密围绕集团家电制造业主业，坚守财务公司功能定位，发挥金融资源优势，支持制造业高质量发展。截至2023年末，公司各项贷款余额31.61亿元，其中，投向于制造业贷款余额31.49亿元，占各项贷款余额的99.62%；信息传输、计算机服务和软件业0.12亿元，占各项贷款余额的0.38%。

【信贷业务】2023年，基于海关总署关于推广财务公司担保的公告，公司继续向全国范围内的成员单位推广关税保函，积极引导成员单位开立财务公司海关关税保函，全年累计为22个成员单位开立关税保函，合计开立金额超过亿元，进一步帮助成员单位压缩通关时间，提高通关效率，享受汇总征税政策优惠，降低企业资金运营成本。

【业务创新】2023年，公司根据集团金融资产资源充裕，整体资金流动性较好的特点，结合银行承兑汇票业务占用风险加权资产及保证金比例较高的情况，提出了通过运用集团金融资源组成“金融资产池”，用于质押办理银行承兑汇票的担保方案，实现银企双赢。截至2023年末，成员单位通过“金融资产池”方式开出承兑汇票超过100亿元，节约保证金财务费用超过千万元，有效缓解了成员单位的票据结算周转和财务成本支出控制的压力。

【财务顾问服务】2023年，公司在获悉集团下属单位对日本的一家集团参股公司开展贷款业务时，协助单位进行了汇率风险、利率风险分析，基于美联储加息的大背景下，预测未来港元利率走势与日元加息的可能性，推荐单位操作贷款币种对应的日元港元货币互换，降低整体贷款融资成本，并有效控制汇率和利率波动所带来的风险。

【风险管理和内部控制】2023年，公司通过推进内控制度的更新、完善，对照学习相关监管制度与工作指引，培育良好的清廉合规管理文化，推动内控合规管理长效体系建设。全年公司共修订制度23份，涉及公司治理、内控合规、信息科技、人力资源、案件防控等方面，有效提高公司管理水平和风险控制能力，对防范各种风险起到了积极的作用。

【信息化建设】2023年，公司按照上海票据交易所市场应用新一代等分票据推广的要求，积极组织供应商开通新一代票据的功能签约，完善企业信息报备工作，实现新一代票据开票、收票、背书、贴现、托收的全票据生命流程的闭环。

【企业文化建设】2023 年，公司坚持党对金融工作的统一领导，多措并举开展党建共建活动，通过丰富党组织生活，促进行业交流，以党建引领公司业务高质量发展。在公司内部，公司开展主题为“树廉洁家风 树幸福家庭”的主题党日活动，活动中员工积极分享身边的廉洁故事，培育良好的清廉合规管理文化；在财务公司同业间，公司联合广东能源集团财务有限公司联合开展了党建共建活动，通过对系统的数字化建设进行交流，促进数字化时代党建建设；在金融行业内，与工商银行开展党建共建活动，组织篮球比赛，在运动中塑造积极向上的品质和价值观，培养合作精神、团队意识和公平竞争的观念。

南方电网财务有限公司

【集团概况】中国南方电网公司（以下简称“集团”）是中央管理的国有重要骨干企业，负责投资、建设和经营管理南方区域电网，参与投资、建设和经营相关的跨区域输变电和联网工程，为广东、广西、云南、贵州、海南五省区和港澳地区提供电力供应服务保障。集团覆盖五省区，并与中国香港、澳门地区以及东南亚国家的电网相连，供电面积 100 万平方千米，供电人口 2.73 亿人，供电客户 1.14 亿户。截至 2023 年末，集团连续 17 年在国务院国资委经营业绩考核中位列 A 级；连续 19 年入围“世界 500 强企业”，在 2023 年公布的榜单中位列第 83 位。

【经营概况】2023 年，南方电网财务有限公司（以下简称“公司”）资产总额 702.70 亿元，其中各项贷款余额 440.09 亿元；负债总额 567.03 亿元，其中，吸收存款金额 562.56 亿元。2023 年实现营业收入 23.18 亿元，利润总额达 14.30 亿元。

【服务实体】2023 年，公司新增各项绿色金融业务 259.96 亿元，同比增长 30.29%，其中为跨地区清洁能源输送、高效储能项目等提供 113.96 亿元绿色贷款。开展绿色统一融资，协助集团使用 124 亿元绿色银团贷款、发行 7 亿元绿色债券，引入 15 亿元碳减排支持工具。构建覆盖全集团全级次的统一结算通道，覆盖全网近 400 家客户单位，累计办理代理批量支付业务 18.14 万笔，全网系统结算率提升至 95% 以上，成员单位经常项目即期结售汇业务规模 13.21 亿元，同比增长 20.59%，为成员单位节省汇兑成本折合人民币 210.75 万元。累计开展票据结算 522 亿元，全年开展用电企业票据缴费 46.75 亿元，引流产业链上下游客户至平台办理业务 70.05 亿元，服务触达实体企业 500 余家。围绕国资委关于司库管理“信息集中、资金集中”要求，开展以财务公司为主体的跨行资金管理，创新采取“一点接入 + 远程部署”的技术模式、“集中授权 + 单独授权”业务模式，助力集团实现全部可视、资金流动全部可溯、归集资金全部可控。全力服务“双碳目标”和能源绿色低碳转型，用好用足各项国家利好政策，推进碳减排等绿色金融工具应用，为新型电力系统建设引入绿色“金融活水”超过 200 亿元。

【信贷业务】主动服务集团，服务“两区一港”、新时代西部大开发等国家发展战略，引导信贷资金精准投向电网项目建设，2023 年发放各项贷款 276.4 亿元，其中支持粤港澳大湾区建设发放贷款 5 亿元，支持新时代西部大开发发放贷款 118.55 亿元，支持海南自贸港建设发放贷款 23 亿元，支持超高压、南网储能发放贷款 13.7 亿元，办理票据贴现 116.15 亿元。加

N

大金融纾困力度，调降超高压公司 58.92 亿元西电东送项目、南网储能公司 32.37 亿元抽水蓄能项目贷款利率，办理五省电网公司 125.57 亿元高利率贷款提前还款，助力成员单位优化负债结构。创新开展法人账户透支业务，丰富公司信贷产品体系，核定 60 亿元法透专项授信额度，满足电网公司日常经营性资金需要，进一步助力成员单位提高资金周转效率，降低融资成本。

【产融协同】公司创新产融协同服务模式，组建五省一市联合营销团队，协同各省电网公司及南网互联网公司推动“南网融 e”平台承接产业链上下游票据贴现，从单纯推广票据产品向全方位服务营销转变，推动“南网融 e”平台承接产业链上下游票据贴现，协助南网互联网公司引入 5 家优质银行，持续提升“南网融 e”平台融资价格竞争力。建立“南网融 e”与金融业务系统接口，支持核心企业买方付息智能化、自动化处理，有效提升供应商票据融资效率。

【资金业务】公司主动应对人民银行降准降息、资金利率走低的市场环境，推动公司经营质效提升。充分调动五省区同业资源，2023 年日均存放资金 253.33 亿元，加权收益率 2.43%。全年累计融出资金 3046.63 亿元。紧盯中期借贷便利（MLF）政策利率，把握同业存单配置窗口，锁定高利率运作收益，2023 年存单加权收益率达 2.47%。强化集团资金集中管理，采用现场跟进、一对一解答的服务方式，推动成员单位控股子公司等纳入自动归集体系。2023 年末，全口径资金集中度 95%；可归集口径资金集中度 99%。

【投资业务】公司围绕对标一流企业价值创造行动，搭建投研一体化运作新体系，持续提升同业投资管理效能。2023 年发布月报、周报、专题报告和资金日历 58 篇，每个持仓产品每月至少 1 次路演，全力助推前瞻性研判利率走势。结合公司资金特点和投资策略，采用多元化策略配置利率、信用、摊余、指数、定开、日开等多类产品分散风险，构建以中短久期为主、适度拉久期提效益的攻守平衡的分层次投资组合。2023 年开展债券、公募基金等高流动性投资产品日均规模 68.97 亿元，加权收益率 3.16%，有效提升资金效益。

【票据业务】厚植构建全网统一票据池服务优势，公司融合应用票据市场基础设施前沿技术，创新打造“南网智票”平台，将“智能运营、智汇数据、智控风险、智享信息”融入票据业务各个环节，提供票据全生命周期的综合性金融管理服务，充分挖掘票据“结算 + 融资”双重功能，直连上海票据交易所开通“集票宝”功能，为全网 570 个票据账户设置主动管理，累计开展票据结算 522 亿元、票据融资 73.44 亿元，实现全网票据资源“看得见、管得住、调得动、用得好”，推动管理决策链、生产经营链、客户服务链更加敏捷高效，打造能源行业票据管理“南网样本”。

【国际结算】公司将集团司库管理与代客结售汇服务有机结合，密切跟踪成员单位外汇收入变化，及时掌握成员单位结售汇需求，充分发挥公司作为银行间外汇交易市场成员的专业优势，坚持让利成员单位，向成员单位提供优于商业银行的结售汇价格，有效降低成员单位汇兑成本，为集团深化粤港澳电力合作、防范汇率风险提供金融服务。2023 年，成员单位经常项目即期结售汇业务规模 13.21 亿元，同比增长 20.59%，为成员单位节省汇兑成本折合人民币 210.75 万元。

【风险管控】公司识别关键业务流程及风险点，逐条明确风控措施，汇编形成公司《关键业务流程风险库》《关键业务流程法律法规库》。优化 1104 报表、EAST 数据采集系统取数规则，实现报表数据自动生成、自动校验、自动预警。逐月监控流动性比例、贷款比例等 15 个关键风险指标，确保各项指标符合监管要求。完善“1 + 13”应急预案，构建各类突发事件应急场景，提升应急预案实用性。公司获评“中国金融机构金牌榜·金龙奖——年度最佳风险管理财务公司”。公司未发生资金安全事故，不良资产率、不良贷款率为零。

【人力资源】公司坚持选贤任能，着力打造堪当一流企业重任、具备领导现代化建设能力的高素质干部队伍。坚持党管干部、党管人才原则，坚持实干实绩的用人导向，做深、做细、做实政治素质考察，大力发现培养选拔优秀年轻干部，持续完善选人用人机制。全力推进新一轮国企改革深化提升行动各项重点改革任务举措落地见效。扎实推进机构岗位管理改革，完善部门职责、岗位设置和岗位编制，持续提升组织效能。印发综合考核评价方案，激发内部活力，持续引导薪酬向价值创造倾斜。深化任期制和契约化管理，建立覆盖各岗位层级的全员新型经营责任制，“一人一表”签订考核“契约”。建立高效配置的劳动用工模式，健全干部员工交流轮岗机制，干部员工整体交流轮岗比例超过31%，干部员工队伍活力有效激发。

【数字化转型】全面推进公司司库数字化建设，构建集同行、跨行和内部资金池于一体的金融业务系统，打通全网统一资金结算技术通道，直连上海票据交易所，创新开发南网智票功能，获国资委中期检查认可，达到央企一流水平。打通并完善与平安银行、招商银行、广州银行等多家商业银行业务互联通道，实现全业务、全过程和全数据管理，促进金融数字服务和运营从“业务在线”向“数据驱动”和“数智赋能”演进。持续加强数据应用建设，实现贷款比例、流动性比例等23个监管指标的线上实时监控。2023年网络与信息系统安全稳定运行，网络与信息系统运行可用率达到99.99%，未发生三级及以上网络安全事件。

【企业文化】加强“立足南网　融会贯通”品牌建设，明确使用场景、规范审核流程，通过客户座谈会、客户走访等多场景进一步深化公司品牌在客户群体中的普及和使用。公司“南网智票”品牌案例入选中国金融业年度十大人气品牌案例，获得品牌传播年度案例奖。加强清廉金融文化建设，出台系统内首个加强清廉金融文化建设举措，在《南网知行》刊发清廉金融文化专题文章。修订《公司新闻宣传工作管理细则（2023年版）》，进一步规范了公司新闻宣传工作。不断拓宽公司新闻宣传途径载体、挖掘新闻线索热点亮点，在公司官方微信公众号、官方网站刊发新闻稿件130余篇，在南网新闻联播刊播新闻10期，在中国财务公司协会、广州金融业协会等行业媒体刊发稿件30余篇，“金融防诈骗”等金融科普宣传在“南网在线”官方微信公众号上刊发。

【党建工作】公司高举思想旗帜，不断将学习宣传贯彻习近平新时代中国特色社会主义思想和党的二十大精神引向深入。推动学习贯彻习近平新时代中国特色社会主义思想的深化、内化、转化。牢牢把握主题教育的总要求，制订实施方案，成立并运转领导机构和工作机构，做好第一批、第二批主题教育衔接联动。围绕共享服务支撑类企业的新定位，深化“一区两队三岗”建设，在服务一线、攻关项目、管理前沿划区组队设岗，成立党员责任区5个，党团员突击队3支，党团员服务队5支，党团员示范岗15个，推动党建与业务深度融合在攻坚一线形成生动实践。《提升党建工作质量与推动“六个金融”建设深度融合研究》被广东省党的建设研究会评为2022年度自选调研课题成果三等奖，《深度融合提质聚力 集中攻坚现代司库体系建设》文章被《南网党建》刊发。在团员青年中认真落实主题教育要求，持续建强团青“四个平台”，按季度举办具有财务公司特色的“金融青年成长论坛”3期，28名青年进行了现场分享，举办“金融青年红色读书会”3期，开展各类青年学习、关爱、志愿活动25批次。加强员工关心关爱，持续为员工办实事，员工满意率保持为100%。

N

南山集团财务有限公司

【集团概况】 南山集团有限公司（以下简称“集团”）始创于改革开放初期，经过40多年发展，形成了以铝产业、纺织产业、物流产业、石化产业及其他产业等多产业并举的发展格局。2023年综合实力位居“中国企业500强”第197位、“中国制造业企业500强”第95位。

【经营概况】 2023年，南山集团财务有限公司（以下简称“公司”）紧密围绕董事会的决策部署，积极应对内外部形势的变化，不断提升经营管理水平，充分发挥金融服务职能，为支持集团实体经济发展发挥了应有的作用。截至2023年末，公司总资产260.72亿元，负债229.78亿元；实现净利润3.17亿元，流动性比例44.29%，贷款损失准备充足率304.14%，不良率为零，继续保持稳健发展态势。

【服务实体】 2023年，公司充分发挥金融服务职能，助力集团实体经济发展。一是发挥资金调剂职能，抓好信贷业务管理，满足企业资金需求；二是持续开展降费让利，下调贷款利率20个基点，降低企业财务成本；三是加强与合作银行的沟通，确保资金枢纽畅通，全年累计办理结算业务15万笔，安全快捷无疏漏；四是通过信息科技手段，强化财务监控职能，保障集团资金安全。

【资产负债业务】 2023年，公司加强资产负债管理，提高发展质量。一是发挥好资金集中管理职能，不断扩大存款规模，壮大资金实力；二是提升资产配置能力，适度调整资产负债结构，使之达到最优状态；三是加强资金计划性、安全性管理，全面掌握集团生产经营及资金运作情况，完善资金流测算和分析框架，每日做好流动性比率、资本充足率等指标监测，确保运营安全；四是稳健开展金融市场业务，在保证安全性和流动性的基础上，提高资金收益。

【外汇业务】 2023年，公司深入发挥外汇专业优势，提高外汇服务水平。一是立足企业需求，做好结售汇服务，业务覆盖面100%；二是为企业做好外汇知识培训，引导企业树立汇率风险中性的管理理念；三是指导企业办理远期结汇和外汇衍生品业务，做好汇率风险防控；四是主动做好政策研究和市场研判，为企业提供综合性方案，满足企业个性化业务需求。

【风险管理和内部控制】 2023年，公司不断强化内控与全面风险管理，严格规范运作。一是围绕合规管理、数据治理等开展自查自纠活动，筑牢规范发展根基；二是坚持“内控优先、制度先行”的原则，修订完善60余项制度，确保制度与时俱进；三是重点修订金融资产风险分类制度、完善预期信用损失模型和表外业务管理办法等，强化减值准备计提管理和表外业务风险管控；四是加大监督检查力度，对重点业务开展专项检查36次，严格日常管理，严肃劳动纪律，规范业务操作，确保公司始终保持零案件、零不良。

【信息化建设】 2023年，公司持续推进信息化建设工作，满足业务发展需要。一是规范信息科技治理，完善五年发展规划，推动各项工作有序开展；二是认真学习监管部门有关要求，狠抓信息科技安全建设工作，开展等保三级复测评、渗透测试、网络攻防演练等，及时消除风险隐患；三是统筹做好系统开发、测试和运维工作，完成新一代票据系统开发上线等，满足业务发展需要；四是强化业务连续性和外包管理工作，不间断开展应急演练，确保系统安全稳定运行。

【人力资源管理】 2023年，公司狠抓队伍建设工作，提高团队战斗力。一是针对业务发展和员工特点，开展集中培训80多个小时，组织员工参加专业资格考试，提高专业能力；二是发挥薪酬激励导向作用，引导员工进步，同时做好新员工招聘工作，补充新鲜血液；三是通过组织业务差错剖析、案例警示教育等方式，深化合规文化建设，防范各类业务风险；四是加强员工行为管理，不定期开展岗位回避、异常行为、参与民间借贷及非法集资等排查工作，防范道德风险。

【党建工作】2023年，公司重点抓好党建工作，引领正确的发展方向。一是发挥党组织的核心领导作用，坚决贯彻党的理论和路线方针政策，做好重大决策、重要干部任免、重要项目安排及大额资金使用等决策；二是定期开展主题党日学习活动，强化党员思想政治教育工作，加强政治引领，建设先进企业文化，促进公司持续健康发展；三是对党建制度进行梳理、完善，促使党组织作用发挥组织化、制度化、具体化；四是做好党员发展工作，新发展1名正式党员，补充1名预备党员，充实壮大党组织。

内蒙古电力集团财务有限责任公司

【集团概况】内蒙古电力（集团）有限责任公司（以下简称“集团”）是内蒙古自治区直属国有独资特大型电网企业，负责建设运营内蒙古自治区中西部电网，供电区域72万平方千米，承担着8个市（盟）工农牧业生产及城乡1400多万居民生活供电任务。全力保障华北及北京首都供电安全的同时，向陕西榆林和蒙古国跨省区、跨国境供电。所属单位38家，员工总数3.6万人。连续12年获评内蒙古自治区国资委业绩考核A级企业，位列“中国企业500强”第231位、“全国能源企业500强”第48位。

【经营概况】2023年，内蒙古电力集团财务有限责任公司（以下简称“公司”）坚持以习近平新时代中国特色社会主义思想为指导，全面贯彻落实自治区和集团的要求部署，迎难而上、砥砺前行，控风险、提收益、优服务、强运营，圆满完成了各项目标任务。截至2023年末，公司资产总额183.4亿元，负债总额138.92亿元，所有者权益44.48亿元，实现营业收入4.89亿元，利润总额3.61亿元，为集团年度经营指标作出重要贡献。公司服务成员单位75家，管理成员单位账户251个，累计办理结算业务66.18万笔，累计结算金额7600.65亿元，2023年未发生支付安全事件，有力保障集团资金安全。

【服务实体】2023年，公司金融服务实体作用高效发挥，成功推动集团首笔10亿元超短融债券发行，为集团节省资金成本1000万元，并持续为集团后续债券发行提供顾问服务，有效引导社会资本向集团投资。协助集团推动子公司上市计划，完成集团子公司上市方案编制和辅导机构遴选，为乌海供电分公司、阿拉善供电分公司等5家成员单位办理非融资性保函，降低企业在外部金融机构授信占用，进一步增强成员单位经营风险应对能力。公司精准做好信贷支撑，完成呼和浩特市抽水蓄能公司6.06亿元外部高息贷款置换，带动利率下调161个基点，为呼和浩特市抽水蓄能公司每年节约财务成本900多万元。公司密切关注集团新建抽水蓄能项目，为美岱、太阳沟抽水蓄能项目出具银团贷款专项服务方案，贴身服务集团重点工程各个阶段。

【资金业务】2023年，公司深度强化资金管控，开展资金监控及头寸执行统计，将成员单位资金计划偏离情况纳入集团考核体系，全年偏差率同比下降20%，资金使用效率明显提高。精细化开展账户管理，结合支付规律合理安排头寸账户资金分布，2023年节约手续费65.69万元，节约集约管理效能凸显。自动收款成功上线，自动收款率达到50%以上，有效延长资金沉淀时间。自动支付率达到65%以上，结算业务自动化水平稳步提升。精细控制工程款支付，利用自动化机器人（RPA）技术对工程款支付进行校验，确保工程款与资金计划相匹配。协助开展集中支付，围绕集团资金管理要求，开展系统功能改造，有力保障集中支付平稳推开，资金调度计划性更强，进一步拓展了资金运作空间。根据资金规模及市场利率，深入开展资产负债匹配研究，积极开展同业活期、定期、同业存单等业务，“以量补价”显著提高资金收益，营业收入同比增长21.04%，实现“十四五”以来的营收新高。

【票据业务】2023年公司完成集团子公司票据迁移工作，34家成员单位票据业务由公司托管，新一代票据系统与上海票据交易所顺利直连，票据资产调度更加灵活。

【资金归集】2023年公司持续改进资金自动归集策略，为成员单位逐家定制归集方案，公司日均吸收存款达到165.32亿元，资金归集度超过85%。

【风险管理和内部控制】2023年公司结合金融行业特点，引入外部法律服务机构，在完善公司治理中发挥重要作用。修订“十四五”规划，完善风险防控、合规管理，开展公司全面自查，合规管理成果《以电力金融业务为核心的合规管理体系》，在中国企业评价协会首届合规管理成果推荐活动中，荣获全国一等奖。

【信息化建设】2023年，综合运营管理系统完成主体开发，自动收款、利息计提、电子对账和银行回单等10项优化功能按期上线，信息系统的支撑保障能力大幅提升。加强系统运维和网络安全防控，完成数据库存储迁移和扩容工作，客户使用体验大幅提升。

【党建工作】2023年，公司认真学习贯彻习近平新时代中国特色社会主义思想，以“五个强化”推动主题教育与中心工作紧密结合，期间举办读书班3次，开展专题研讨35人次，确定调研课题7个，形成调研成果7个，切实解决公司经营中的实际问题。坚决落实党建进章程要求，动态修订各类治理主体权责清单、“三重一大”事项清单和党总支前置审议事项清单，确保各治理主体边界清晰，权责有效衔接。加强宣传阵地建设，打造党总支理论中心组“精品示范课”，完成公司系统宣传统战互观互学工作。

内蒙古伊泰财务有限公司

【集团概况】内蒙古伊泰集团有限公司（以下简称“集团”）成立于1988年3月，是以煤炭生产、运输、销售为基础，集铁路、煤化工为一体，房地产开发、生态修复及有机农业等非煤产业为互补的大型清洁能源企业。集团在2023年度“中国企业500强”中排名第371位，在“中国民营企业500强”中排名第174位，在内蒙古地方煤炭企业中排名首位，是我国动力煤大型煤炭企业和煤炭行业协会协调机制成员单位。企业经济贡献率连续多年位居鄂尔多斯市地方企业之首，经济效益、安全生产在行业中名列前茅。

【经营概况】2023年内蒙古伊泰财务有限公司（以下简称“公司”）坚守自身依托集团、服务集团、为集团主业和实体经济做贡献的使命职责，发挥贴近产业、了解产业、量身服务、综合服务的独特优势，持续深化拓展产融结合与综合性金融服务效能。截至2023年末，公司资产总额为143.28亿元，负债总额为128.13亿元，全年累计实现收入总额5.10亿元，累计实现净利润1.50亿元。

【信贷业务】截至2023年末，公司自营贷款余额59.69亿元，当年累计投放贷款40.83亿元，累计收回贷款31.93亿元，较上年增长17.52%。目前不良贷款和不良率均为零，贷款五级分类均为正常。

【服务实体】2023年公司精准投放高新技术企业先进制造业，投放了12.8亿元流动资金贷款，及时帮助成员单位解决了流动资金贷款还贷资金缺口和项目贷款还贷资金缺口。

【票据业务】公司累计签发财务公司承兑汇票0.13亿元，累计办理商票贴现29.7亿元，累计办理再贴现21.38亿元。

【资金集中】2023年，集团公司成员单位92家，在财务公司开户成员单位73家，全口径资金归集率为76.71%。累计为成员单位办理各类结算业务60226笔，结算金额5797.03亿元。

【风险管理和内部控制】2023年公司严格执行风险管理流程，按日监测流动性指标，定期开展压力测试，确保公司稳健经营；严格按照信贷管理要求规范开展各类信贷业务。通过不断强化风险监测与防控，各项业务风险管控良好，风险指标均满足监管要求；作为公司治理的重要环节，审计工作提升自身的高度，聚焦重点业务和关键环节审计监督力度，提高内审工作质效，着力提升公司内部控制和管理水平，保障公司合规有序平稳发展；2023年度对所有制度办法进行梳理，共梳理制度140项，其中新增制度9项，更新制度16项，为公司合规运营提供制度保障。

【信息化建设】2023年公司系统建设全面提速，科技水平显著提升。一是根据上海票据交易所的要求及公司实际需要，完成了新一代票据系统建设工作，成功办理新一代票据开具、贴现、再贴现业务，保证了公司新一代票据业务及时顺利开展。二是完成资金系统浙商银行接口上线，交通银行、招商银行等4家银行接口国密改造工作，确保支付结算工作持续稳定运行。三是完成了人民银行金融城域网升级工作，由小微平台升级为MSTP专线直连，提高了人民银行文件数据交互工作效率，并为利率报备系统数据直连报送奠定了基础。四是优化了监管报送系统，更新客商主数据信息3万余条，并建立新增客商处理机制，提高了报送数据准确性及系统取数率。

【企业文化建设】2022年党支部初步建立以来，积极贯彻落实党中央精神，加强党的领导，以集团公司党委2023年党建工作要点为纲领，从公司实际情况出发，将坚持党的领导与完善公司治理相结合，合理划分支委成员分工，开展党建活动。截至12月末，党支部共组织召开党员大会2次、开展“三会一课”6次，开展主题党日活动6次，积极开展精神文明建设活动10次，积极组织开展民主生活会和廉政专题会议，参与外部门组织党建活动6次，借助伊泰现场云平台发布18项党建活动动态，突出“融于心，优于行”的党建品牌，深入开展“两学一做”学习教育、服务型党组织建设、党建品牌打造等工作。

Q

青岛啤酒财务有限责任公司

【集团概况】2023年，青岛啤酒集团有限公司（以下简称“集团”）加快推进企业创新驱动和数字化转型，推进高端化、智能化、绿色化发展；同时积极开源节流、控本降费、提质增效，实现了经营业绩的持续快速增长。2023年是青岛啤酒百廿华诞，青啤公司改制上市30周年，提出并启动实施“百廿再启航”战略，通过规模化、智能化、数字化助力运营等战略，增强企业市场竞争力，加快迈向“产品卓越、品牌卓著、创新领先、治理现代”的世界一流企业。

【经营概况】 2023年，青岛啤酒财务有限责任公司（以下简称“公司”）重点发力买方信贷和有价证券投资等专项业务，积极走访市场、大力拓展买方信贷，协调各方形成“冬储酒专项贷款方案”并落地实施，年度经销商贷款投放创历史新高；新开拓金融债券投资品种，全年金融投资业务累计开办额及累计实现投资收益均创历史新高；经营绩效水平实现新的提升，顺利完成全年经营目标。

【服务实体】 2023年，公司为成员单位提供个性化的资金服务，提高资金使用效率；实施结算手续费、承兑手续费及票据系统使用费减免优惠，在合理范围内实施贷款利率优惠，持续减费让利支持主业。

【信贷业务】 2023年，公司通过开展自营贷款、委托贷款等内部融资业务，最大限度满足成员单位金融服务需求。积极拓展买方信贷业务，向销售单位发送融资调查问卷，择优储备有融资意向的经销商客户并进行实地走访调研；通过流程梳理、过往业务复盘，优化担保合作模式，积极协调营销业务单位和合作担保公司形成经销商“冬储酒专项贷款方案”并顺利落地实施。

【资金业务】 2023年，公司采取多种措施降低市场利率持续低位等因素的影响：储备同业存单等高流动性资产，优化存放同业结构，以长期产品为主，把握时机锁定高点利率；在严控流动性风险的前提下，用极少的资金留存实现资金备付；积极拓展同业合作，增强了比价、议价能力，提高了资金运营收益；灵活运用融资工具，调节资金头寸，提高资金使用效率。

【投资业务】 2023年，公司与券商等金融同业充分沟通、调研，顺利打通债券投资业务渠道，通过银行间市场投资商业银行二级资本债14亿元。同时，稳健拓展纯债类公募基金投资业务，有效择时并实现良好收益。2023年，金融投资业务累计开办25.22亿元，累计实现投资收益1.08亿元，较上年同期增长166%，创历史新高。

【票据业务】 2023年，公司推进电子票据专项服务，持续实施减免票据承兑手续费和电票系统使用费等优惠措施，激发成员单位电票使用积极性。积极推进商业承兑汇票信息披露工作。

【资金集中】 公司积极开展新建账户开立及资金归集，关注专项账户资金变动，确保资金财务公司存放的最大化，提升资金精细化水平，节约管理成本，确保资金集中度再上新台阶。截至2023年末，公司已实现对分布全国各地111家成员单位资金集中管理，账面集中度76.40%。

【风险管理和内部控制】 2023年，公司强化资料合规性审查，确保贸易背景真实，严防逾期贷款和票据逾期垫款风险；严格坚持买方信贷业务“三查”，进行现场核保，确保贷款条件完全落实后再放款；对加强投资类业务信用排查力度，强化“穿透”原则。开展“合规管理月”活动。举办合规案防警示教育、法律知识培训和考试，加强员工行为管理；组织开展扫黑除恶专项斗争工作及内外部检查及专项风险排查。

【人力资源管理】 2023年，公司组织完成绩效目标的层层分解并按时组织完成年度、季度公司各级绩效目标回顾及评估工作；完善绩效薪酬制度，对绩效薪酬延期支付和追索扣回的范围和要求进行了更新和细化；有序推进前中后台分离、岗位职责梳理；积极整合资源开展员工培训，通过中财协平台、集团平台等多个线上平台，采用线上、线下相结合的方式，为公司发展夯实人力资源基础，保证组织学习的持续性。

【信息化建设】 2023年，公司组织实施了新一代票据业务系统项目，同时完成内部系统接口改造工作；完成了邮储银行、农业银行、交通银行、工商银行银企直连升级及证书更新工作，同时根据业务需求完成10余项系统零星开发。硬件方面，完成了会议大屏、办公电脑等日常信息资产的更新配置，同时根据工作计划组织了网络及服务器更新维保项目，更好实现对日常业务运行的支持与保障。

【企业文化建设】2023年，党建工作方面，持续加强支部组织建设，通过“三会一课”、主题党日、集中学习等形式发挥党建引领作用。对事关公司发展的重大问题，将党支部研究讨论作为董事会、经理层决策重大问题的前置程序，通过充分讨论由支部委员会集体作出决定。通过支部书记讲党课、集中学习习近平总书记重要讲话、党章、党的二十大系列材料等学习活动，不断深化理论知识理解，保持党员先进性；积极推进“党员1+N”活动，党员发挥先锋模范作用，引领带动广大党员群众攻坚克难，为客户解决销售啤酒过程中的资金难点、痛点、堵点，促进公司党建与业务的深度融合，为青啤公司高质量发展助力；组织清廉金融文化建设系列活动，通过各类合规案防警示教育加强廉洁文化宣传与教育，组织重点领域和关键环节廉洁风险点梳理，多方面引导员工提升廉洁自律意识。企业文化建设不断深化，进一步凝聚起全体员工聚焦公司高质量发展战略及财务公司年度经营目标的奋斗激情与不竭动力。在思想引领方面，充分发挥工会联系职工群众桥梁纽带的作用，带领职工与党保持一致的政治站位，大力弘扬劳模精神及工匠精神，展现出爱岗敬业、争创一流、勇于创新的职业精神。在关爱员工方面，通过帮扶慰问困难员工、做好传统节日慰问、做好女员工及职工子女等特殊群体关爱、办理职工互助保险等多措并举，持续为保障员工权益而努力。同时，打造文化阵地，深入宣传财务公司良好企业文化，宣传财务公司各项方针政策和工作成果，及时报道公司动态。

青建集团财务有限责任公司

【集团概况】青建集团股份公司（以下简称“集团”）始于1952年，主要从事国内外工程和基础设施建设、项目开发、产业投资、设计咨询、物流贸易等业务。2023年，集团位列“中国企业500强”第338位，列“青岛百强企业”第5位，列青岛民营企业第2位，列“ENR全球最大250强国际承包商”第87位。集团是山东省第一家房屋建筑总承包特级资质企业，在全省建筑行业内第一家设立国家级技术中心、博士后科研工作站，荣获国家科技进步奖3项，省部级以上科技奖400余项，授权专利500余项，100余项研发科技成果达到国内领先水平。

【经营概况】2023年，青建集团财务有限责任公司（以下简称“公司”）以集团下达的六大任务为抓手、以有效发展为目标，积极推进各项工作，确保了年度稳健有效运营。公司聚焦主责主业，将服务产业作为根本，整合内外部资源满足成员单位资金需求。2023年，公司累计实现信贷投放5.01亿元，累计办理承兑汇票3.22亿元，累计办理自营保函960万元。

【服务实体】公司协助成员单位开展贸易业务，实行下沉式服务，深入一线了解产业实际需求，针对初创企业制订专属化金融服务方案，延伸供应链金融业务，将钢材贸易等供货账期延长至2~3个月，初步获得循环额度1亿元，不占用集团授信额度。持续让利成员单位和集团，在存贷款利息方面，公司执行存款利率是行业基准的1.5倍，贷款利率是行业基准的0.5倍，自2023年8月1日利率调整后，贷款利息让利成员单位全年达600余万元。

【信贷业务】公司通过走访成员单位，了解成员单位相关需求，创新业务品种，提高服务能力，为成员单位提供资金支持。2023年，公司保函和分离式保函接受度逐渐提高，为产业节省了保证金并缓解了资金压力，新增落地保函业务8857万元，其中财务公司保函960万元，分离式保函7897万元，并首次开展海外斯里兰卡水厂项目保函390万元。截至2023年末，公司信贷余额10.71亿元，贷款五级分类均为正常。

【资金业务】公司加强结算管理，将集团资金安全放在首位，2023年，公司结算量累计3.37万笔，结算金额807.43亿元，日均结算金额3.24亿元，累计解付票据6874张，金额约20.27亿元，未出现任何差错。

【票据业务】2023年，公司办理票据贴现12笔，金额2.83亿元。向人民银行申请办理再贴现业务，全年累计办理7笔，金额4.92亿元，再贴现日均余额为2.59亿元。持续推进与类金融机构合作，为集团内持有公司票据的单位增加融通渠道，降低融资成本。实现新一代票据系统上线，票据业务由分散管理向集约化管控持续迈进。

【资金集中】公司积极发挥集团资金归集平台的作用，实现产业资本与金融资本的有效融合，对集团内部资金盈余和短缺进行调剂，减少资金闲置，提升资金的使用效益。为提高资金归集度，公司定期梳理成员单位账户，开展存量结算账户风险排查及久悬结算账户清理工作。2023年，公司服务成员单位68家，结算账户249户，年度内开立账户55户，新增账户归集24户，销户51户。

【风险管理和内部控制】按照《全面风险管理指引》要求，公司全面风险管理体系持续完善中，主要包含风险治理架构、管理政策、风险偏好和限额、风险政策和程序、内部控制和审计体系等方面，对公司平稳发展起到关键的风险防控作用。在内控方面，组织开展制度、流程的梳理及增删、修订工作，制度流程体系进一步完善；编纂并发布实施内控手册，规范了财务公司内控机制，合理界定了岗位职责，梳理优化了业务及管理流程；组织合规培训及合规检查，提升全员合规意识，降低操作风险。各项业务保持稳健发展，资产质量管控较好，信用风险、市场风险、流动性风险均控制在合理范围；公司未发生重大风险事项，2023年完成了新《企业集团财务公司管理办法》的整改事项，各项监管指标满足管理要求。

【人力资源管理】公司加强人力资源精细化管理，2023年，根据发展规划、经营战略以及监管要求，对人员进行梳理，重新完善部门职责，并根据人员的年龄、学历、经验等调整岗位，淘劣2名员工，优化人员配置。高质量开展公司内外部培训工作，年度内共开展培训21次，不断提高员工的业务水平和专业技能，为公司战略目标的实现奠定基础。

【信息化建设】在满足监管及集团要求、公司基础需求的基础上，公司信息化建设方面主要完成了新一代票据软硬件项目的建设，并于2023年7月10日实现了系统的正式上线应用，在全新梳理及优化业务办理的同时，进一步加强了风险控制等方面的功能；完成了公司核心系统的优化，在系统功能及问题解决等方面得到了较大的提升；完成了国家金融监督管理总局《非银机构业务连续性及网络与数据安全风险管理评估评价指引》的整改。

【企业文化建设】2023年4月，公司完成党支部改组，改组后的党支部积极发挥作用，重点引导公司前台助力资金压力较大的成员单位，引导公司强化团队建设。公司严格执行集团管理要求，通过自查、互查、清单管理、民主生活会等方式，认真开展“十要十不要”、“严真细实快”作风能力建设，对存在的问题限期整改，班子自我约束能力、精细化能力有所提高，不断提升员工的职业操守，推动公司高质量发展。

清华控股集团财务有限公司

【集团概况】天府清源控股有限公司（以下简称“集团”），前身为清华控股有限公司（以下简称“清华控股”）。清华控股是清华大学在整合清华产业的基础上，经国务院批准，于2003年出资设立的国有独资公司。2022年，集团100%股权划转至四川省能源投资集团有限责任公司，实际控制人变更为四川省国资委。集团注册资本27亿元人民币，产业布局涵盖高端半导体装备制造（华海清科）、生物医药（博奥生物集团）、金融（清控资管、财务公司、诺德基金）、信息技术（华环电子、诚志重科技）、建筑设计（清控人居）等产业板块。

【经营概况】清华控股集团财务有限公司（以下简称“公司”）本着“依托集团资源，服务集团发展”的宗旨，合规经营、稳健发展，在服务集团主业发展的道路上稳步前行。截至2023年末，公司总资产44.4亿元、净资产32.3亿元。2023年，公司实现营业收入1.4亿元、利润总额0.8亿元，整体运行有序，各项管理规范。

【服务实体】2023年，坚持以“金融服务实体经济”思想为指导，坚决贯彻落实国家金融政策导向和监管机构相关工作部署，在集团改革完成后新旧过渡的大背景下，迎难而上，积极调整，努力开拓新客户并尽力维护成员单位资金链稳定，充分发挥财务公司作为集团内部银行在特殊时期的逆向调节作用。公司为成员单位中受疫情影响困难行业企业、制造业及科技型企业提供了金融支持。

【信贷业务】2023年，公司发放贷款17.01亿元，较上年发放贷款增加了5.45亿元，同比增长47%。公司牢牢把握集团产业整合基本完成，各成员单位经营逐步转好的契机，在严控风险的前提下扩大优质资产项目营销和投放。公司开展了包括集团、清控人居、华环电子、清能继控等一批优质资产的授信工作，年度新增授信总额29.34亿元。截至2023年12月31日，公司信贷资产余额24.62亿元，较上年末同比增长40%。

【资金业务】2023年度，公司资金结算业务平稳。公司加紧完善资金结算平台，为成员单位资金收支提供支持和服务。全年开展资金结算9670余笔，累计结算金额达530亿元。全年未发生业务风险事件，未发生客户投诉案件。

【资金集中】2023年，一是存款规模大幅提升。公司积极向集团、成员单位传导资金集中管理价值，优化存款定价机制，实施“个性化营销”，提升存款价格竞争力。截至2023年12月31日，公司吸收存款总额11.62亿元，较上年同期6.6亿元同比增长75%。二是积极加强账户管理。2023年，公司加强成员单位账户管理效力，清理无效内部账户38家。截至2023年12月31日，公司开户53家，开立账户163个，监控和归集户数43个。

【业务创新】2023年，公司首次开展同业资金业务、大幅提升资金收益。公司搭建了专门的同业业务团队，建立了同业业务制度体系和操作流程，积极设计合规业务品种的同时积极开发客户资源，同业业务年内取得突破。自公司成立以来，首次实现同业拆出业务零突破。与9家头部银行系金融租赁公司进行授信对接，实现了品种全覆盖，全年共进行14笔，共计35.7亿元资金拆出，实现利息收入1223.46万元，加权平均收益率达2.52%。

【风险管理和内部控制】2023年，公司经营管理层以集团和财务公司战略目标为导向，以监管机构下发的各级监管意见为参考，搭建了公司全面风险管理架构，将风险管理嵌入各部门日常工作中，确保了风险管理与业务发展相辅相成，形成了合规风险、信用风险、市场风险、操作风险、流动性风险、战略风险和信息科技风险的七大风险管理体系。我们加强了对内部控制和合规程序的建设和监督，全年新增、修订168次公司制度和流程，通过两次大范围的全面制度梳理，确定了公司141项管理办法和操作细则，消除了制度之间的冲突，确保了与现行法律法规和监管要求的一致性，提高了组织的经营合规性。

【人力资源管理】2023年，公司通过开展工会慰问、团队建设活动，增强员工归属感和认同感，增进团队信任和协作，实现了员工队伍在磨合中不断成长进步，加快新老团队融合。同时开展市场化选聘工作，引进高素质优秀人才。首先，公司引进高级管理人员2人、中层人员3人、骨干员工4人，其中6人具有8年以上金融行业从业经验，优化了员工队伍结构。其次加大培训力度，2023年公司组织内外部培训共计16次，有效提高了员工专业技能和综合素养。

【信息化建设】2023年，公司对标信息科技监管评级开展自查和整改工作，在科技治理、开发测试、运行维护、安全管理、业务连续性、科技外包等领域制订整改计划并开展整改工作，提升了科技管理水平。持续优化核心业务系统、建设二代征信系统、启动科技基础设施升级工程、加强网络与信息安全工作等，有效保障了业务顺利开展。全年信息科技投入774.12万元，较2022年度信息科技投入682.7万元提升了13.39%。

【企业文化建设】公司坚持以“集团整体价值最大化”为导向，坚守“资金管理、风险管控”基本职责，提升“资源配置、金融服务、价值创造”核心能力，强化“资金归集中心、资金结算中心、资金筹融中心、金融服务中心”功能，打造中西部地区一流、具有四川能投特色的集团内部银行。

日立（中国）财务有限公司

【集团概况】日立（中国）财务有限公司（以下简称“公司”）所服务的日立集团（以下简称“集团”），是全球名列前茅的电气集团，列“世界500强”第153位，在世界范围内有着很高的声誉。集团的事业主要有六大板块，分别为数字系统及服务板块，产业互联板块，绿色能源及城市建设板块，汽车系统板块，日立建机板块，日立金属板块等。作为一家业务范围广泛的跨国集团企业，自1910年创业以来，集团始终秉承“和”“诚”“开拓者精神”的创业精神，以及“通过优秀的自主技术及产品开发贡献于社会”的企业理念，不断为社会发展贡献力量。

【经营概况】公司由监管部门批准，成立于2007年11月14日，注册地在上海，注册资本金为3亿元人民币。2023年度，公司继续坚持“依法经营、优质服务、提高效益、和谐发展”的经营方针，结合实际情况，紧紧围绕日立集团的主业和战略目标，合规经营、稳健发展；公司整体运行良好，各项监控和监测指标均符合监管规定。截至2023年末，公司资产总额为66.83亿元人民币，负债总额为60.67亿元人民币，所有者权益为6.16亿元人民币，资本充足率为43.89%，无不良资产。

【服务实体】公司全力支持集团内中小微企业，服务实体经济，在合法合规的前提下，提供融资服务，加强融资支持。

【信贷业务】公司为集团内成员单位提供信贷业务，截至2023年末，公司无不良贷款。

【资金集中】公司根据集团指导，持续做好对成员单位的服务，监测资金集中度，为集团的稳健发展提供保障。截至2023年末，公司资金集中度为35.55%。

【业务创新】2023年，公司继续开展全功能型跨境双向人民币资金池业务，通过开展此业务，扩大了公司业务规模，开拓创新的同时，对自贸区建设起到了一定的积极作用。

【风险管理和内部控制】2023年，公司在监管部门的指导下，健全公司组织架构，完善绩效考核评价体系，继续做好对董事的履职评估工作。同时，公司根据相关法规规章，结合公司实际情况，持续完善基本规章制度及业务管理办法。

【人力资源管理】2023年度，公司在人力资源管理上持续完善培训和考核工作。通过对外部法规规章以及公司内部管理办法的讲解，加强了员工的合规意识及业务操作水平。在考核时，坚持“突出稳健的发展战略、注重合规经营、兼顾各方利益、体现公平公正、强化激励约束”的原则，以目标管理评价的方式公开、公平、公正、合理地对员工进行有效评价。

【信息化建设】2023年，公司进一步加强了自身信息科技风险管理能力，持续确保核心系统的安全、畅通运行。

【企业文化建设】公司坚持以人为本，提倡日立企业文化，自上而下地贯彻培养企业文化，企业文化得到了全体员工的认同。公司要求员工在工作中要将合法合规作为大前提，所有业务都要在风险可控的前提下开展。在面对成员单位时则强调服务意识与效率标准，尽公司所能向其提供高质贴心的服务。在内部员工培养方面，公司重视员工与企业的共同成长，给员工提供各种进修提升的机会，大力提倡员工自我学习、自我提升，形成了浓厚的学习氛围。同时，公司注重公司内部的和谐管理，充分发挥工会等组织的作用，听取员工的心声，解决员工实际困难，改善员工福利，并通过新年联欢、工会文体活动等形式，提升员工对于公司的归属感，增强企业凝聚力，争建和谐企业。

S

三环集团财务有限公司

【集团概况】三环集团有限公司（以下简称“集团”）是湖北省大型制造企业，资产总额240亿元，主要从事专用汽车、汽车零部件和数控锻压机床产品的生产和经营，其“襄阳轴承”在深圳上市，所属子公司分布在武汉、十堰、襄阳、随州、黄石、咸宁、黄冈、深圳等地，在波兰拥有汽车轴承研发制造基地。集团是国家汽车零部件出口基地企业，连续多年荣列“中国制造业企业500强”“中国汽车工业30强”和全国“守合同重信用企业”，是湖北省属机械汽车行业的龙头企业。

【经营概况】三环集团财务有限公司（以下简称“公司”）2023年积极应对新的监管要求和市场变化，扎实推进金融服务，各项业务稳中有进，多项指标创历史新高。截至2023年12月31日，公司资产规模27.72亿元，净资产11.43亿元，利息净收入0.60亿元，贷款规模19.64亿元，净利润0.33亿元。

【服务实体】2023年，公司围绕客户需求，精准施策，为成员企业提供个性化金融服务，业务产品创新实现多点突破。为三环新能源开创性办理新能源汽车合格证质押贷款产品，首次采用循环贷模式发放，助力绿色产业发展；满足劲通存款质押贷款的需求，开创性办理单位定期存单质押贷款；为铸造股份开创性办理汽车零部件铸造生产线优化更新改造项目贷款，取得较好生态效益与社会效益和经济效益。

【信贷业务】截至2023年12月31日，对成员企业授信金额共计38.90亿元；在保障信贷资金安全、合法合规的前提下，优化信贷投放处窗口，对成员企业全年发放各项贷款金额合计38.55亿元。

【资金集中】2023年，公司日均资金归集率（可归集口径）达到79.40%，日均吸收存款14.30亿元。公司不断探索资金集中管理的新方式，新增6家直连银行，扩大账户归集覆盖范围，提高成员企业资金归集效率。

【风险管理和内部控制】2023年，公司补充董事高管人员，完善公司治理架构，董事会下设风险管理委员会和审计委员会，经营管理层下设有信贷审查委员会和预算管理委员会，审查公司日常信贷业务，以预算为抓手加强内部控制。严格落实贷款“三查”制度，严格遵守国家金融监督管理总局、人民银行监管要求，全年监管指标均达标。

【信息化建设】公司充分发挥信息科技优势，提升信息科技评级，组织内敏捷响应，全面提升客户体验。建设新一代电票系统，提升票据流通便利性。建设私有云，实现存储双活部署，保障数据安全。成立信息技术部，统筹金融科技工作，充分发挥信息科技和专业人才优势，做实信息科技支撑业务、科技引领业务的功能定位。

【企业文化建设】公司开展“我为‘50020’建言献策”“党员项目攻关”“‘奋进新征程 建功新时代’书记讲堂”等系列活动。结合公司特点，制订公司党支部学习计划，每月组织专题学习，由支部委员领学，全体党员及公司骨干参与，提升党员党性修养。

S

三峡财务有限责任公司

【集团概况】中国长江三峡集团有限公司（以下简称“集团”），是世界最大水电开发运营企业和中国领先的清洁能源集团，是国务院国资委确定的首批创建世界一流示范企业之一。截至2023年末，集团可控装机1.46亿千瓦，资产总额1.38万亿元，继续保持最高的国际信用评级。

【经营概况】三峡财务有限责任公司（以下简称“公司”）深入学习贯彻习近平总书记对集团重要讲话指示批示和中央金融工作会议精神，认真贯彻落实集团党组决策部署，以高质量推进行业领先的司库型财务公司建设为主题，紧紧围绕辅助管理和金融服务两条主线，聚焦提高核心竞争力、增强核心功能，积极应对发展过程中的风险挑战，合规经营、稳健展业，全面完成年度生产经营各项目标任务，高标准建成集团“新一代”司库系统，迈出了高质量发展道路上的坚实一步。截至2023年末，公司管理的各类金融资产超过2800亿元。

【资金集中】公司全面梳理成员单位外部资金账户情况，定期对资金归集中存在的难点问题进行专题研究分析，建立成员单位资金集中度情况统计报告机制，对资金集中度偏低的成员单位及时提醒，抓住月末等关键时间节点加强资金归集。截至2023年末，集团境内全口径资金集中度、可归集口径资金集中度同比均实现提升。

【资金业务】2023年公司结算业务量创历史新高，办理成员单位支付结算业务同比增长36.68%。公司优化结算业务流程，减少手工操作环节，实现资金池业务自动处理。公司新增国家开发银行等3家直连接口银行，有效提升资金周转效率和结算业务质量。

【服务实体】公司综合运用自营贷款、委托贷款、银团贷款、票据等业务手段为集团主业发展提供优质金融服务，2023年为集团主业提供资金支持超过1800亿元。公司持续让利成员单位，为成员单位办理存量贷款合同利率调降。公司充分发挥内外部金融市场联通作用，积极为集团主业引入外部资金。公司大力发展财务顾问业务，为成员单位提供债券发行专业服务。

【投资业务】公司稳健合规开展自营证券投资和短期资金运作，把握金融市场机遇开展资产轮动，适时开展国债逆回购、同业存单配置等市场化业务，在确保资金安全和流动性的前提下努力提高投资收益水平。2023年，公司证券投资收益率和短期资金收益率均高于市场收益水平。

【业务创新】公司创新“三峡财票通”业务模式，实现16家主要商业银行对公司承兑汇票的“见票即贴”，较好满足成员单位及外部持票人票据业务需求。

【信息化建设】公司认真落实国务院国资委司库体系建设要求，充分学习借鉴同业先进经验做法，结合集团业务特点和资金特征，高标准建成符合国务院国资委要求、具有三峡特色的“新一代”司库系统，实现银行账户全部可视、资金流动全部可溯、归集资金全部可控，有效提升金融资源管理和资金风险防控能力。公司高标准建设完成资金管理、资金结算等数字化金融服务平台，统一技术标准、数据标准和应用框架，“数字财司、智慧司库”建设取得积极进展。公司优化数据中心布局，落实自主可控战略要求，实现核心业务系统CPU、服务器、操作系统、中间件、数据库等全技术栈的自主可控适配，基本建成适应数字化转型和金融科技创新需要、具备内生安全能力的公司级金融云环境。公司稳步推进数据治理平台建设，实现上线试运行。

【风险管理和内部控制】公司扎实开展监管意见书整改和监管评级提升，逐一对照监管意见和评级满分标准，全面梳理、查漏补缺，确保金融监管要求在公司有效落实落地。公司持续加强监管合规指标监控，引导业务发展、确保指标合规。公司持续健全风险内控部门主责推动、监督部门协同配合、业务和职能部门相互联动的风险内控工作格局。公司开展操作风险事件专项排查分析，加强案例警示教育，提升操作风险防控能力。公司优化完善关键风险监测预警指标体系，不断提升风险监测预警的准确性、及时性、有效性。公司开展322项内控要点的自评测试，持续提升内控评价质效。

【人力资源管理】公司补齐配强干部队伍，积极选拔各层级干部。公司深入落实人才强企战略，加强产业人才引进，强化金融业务基础工作考核，加大人才引进交流力度，加强人才内部交流轮岗以及与集团之间的交流锻炼。

【企业文化建设】公司积极打造大宣传格局，围绕主题教育、战略发展、重点工作等加大宣传工作力度，2023年，在内外部宣传平台发布各类信息43篇次。公司大力弘扬劳动精神、劳模精神，2023年组织开展劳动和技能竞赛、职业技能培训等活动5次，1名职工荣获“感动海淀、巾帼榜样”荣誉称号。

沙钢财务有限公司

【集团概况】江苏沙钢集团有限公司（以下简称“集团”）拥有5大生产基地。集团以钢铁为主业，产业领域拓展至资源能源、延伸加工、贸易物流、金融投资、信息科技等多元产业，成为跨行业、跨地区和跨国界的企业集团。2023年，集团位列“世界企业500强”排行榜第348位，连续上榜第15年。

【经营概况】2023年，沙钢财务有限公司（以下简称“公司”）资产总额208.85亿元，负债总额185.83亿元，所有者权益23.02亿元；

实现营业收入2.11亿元，利润总额1.52亿元，净利润1.14亿元。截至2023年末，公司资本充足率为30.58%，流动性比率88.46%，投资比率为零，拆入资金比率为零，担保比率为零，公司无不良贷款。

【服务实体】公司充分发挥金融服务功能，主动为成员单位办理资金归集、业务结算、发放流动资金贷款、办理票据贴现、保函等业务。2023年，累计办理人民币结算量18.22万笔，金额33504亿元；美元结算量230笔，金额48.73亿元。另外，通过下调贷款利率、减免保函手续费等措施，有效降低成员单位融资成本。公司积极主动做好资金集中管理工作，代理集团资金计划管理、融资管理、理财管理等工作。

【信贷业务】2023年，公司累计为成员单位发放流动资金贷款29笔，金额63.34亿元；开具保函3笔，金额6亿元；开具财务公司电票1笔，金额100万元。截至2023年末，公司人民币贷款余额37亿元。

【资金业务】公司严格落实“事前预算、事中控制、事后检查”的要求，有效实施集团资金计划管理，制订年、月、周计划，为集团各阶段资金使用提供有力保障。公司择机办理同业拆借，增加短期资金收益。2023年，公司累计办理拆入资金7亿元，实现收入2.28万元。

【票据业务】2023年，公司新一代票据业务系统正式上线，实现票据业务一体化管理，并成功开具了财务公司电票1笔，金额100万元。公司代理好集团电子银行承兑汇票管理工作，负责集团电子银行承兑汇票管理的具体操作和实施，每日做好集团电子银行承兑汇票的内部调拨、到期托收、自开票和销售回笼票据的接收以及核对等工作。

【资金集中】2023年，公司持续严格账户及网银管理，严格账户开立审批，督导成员企业账户信息完整，及时清理注销长期不动户，同时每月对各企业账户进行抽查，每季度对集团账户进行全面检查，通过检查发现问题，制订整改计划，落实考核责任，跟踪整改进度，确保资金风险得到有效控制，进一步加强资金管控力度，做好应归尽归。截至2023年末，集团全口径资金归集率为61.20%。

【风险管理和内部控制】2023年，公司根据年度监管意见、年度监管评级意见及公司治理监管评估意见，认真制定整改措施，逐条落实整改，并根据新的《企业集团财务公司监管评级办法》《企业集团财务公司管理办法》等系列监管文件，组织各部门对公司内控制度进行全面梳理，修订了《章程》《制度制定与修订管理办法》等83个制度，新增了《主要股东承诺管理制度》《关联交易管理制度》等4个制度，并对不适用的制度进行了废止。

2023年，公司持续开展财务公司自营业务常规审计和专项审计工作，共组织开展审计项目13项，其中常规业务审计4项、专项审计9项，检查发现问题44个，提出整改建议34条。并加大整改力度，实时跟踪整改情况，确保审计工作的有效性。同时做好延伸检查工作，强化财务条线资金业务合规检查，根据年度制订的资金业务检查计划，每月安排不少于一次专项检查，针对检查中发现的问题提出整改意见，督促财务条线按制度要求合规运行。

【人力资源管理】2023年，通过外部招聘和集团内部竞聘的方式入职6名员工，扩充了信贷管理、资金管理、基础管理、信息科技管理岗位队伍，为公司业务开展及公司管理提供了人力资源保障。在扩充人才队伍的同时也组织开展了涵盖金融监管统计、征信知识、反洗钱知识、廉洁从业教育、网络安全知识、合规等内容的内部培训活动，共计29期，进一步提升了员工业务素质，建设公司人才梯队。

【信息化建设】2023年，公司为提升数字信息化水平和网络安全管理建设，组织开展了一系列工作。一是积极推进新一代票据业务系统上线工作，从年初就抓好新一代票据业务系统的调研、联调测试等，于8月成功上线，实现票据流程整合，票据业务一体化管理；二是加快征信二代数据综合报送系统的验收、上线，经人民银行征信中心验收通过，于8月正式上线；三是推进新增银企直连上线工作，经联调测试，成功投产上线 11 家银企，实现了本部 150 个银行账户的直连，有效提升了结算效率和安全；四是根据监管部门下发的《非银机构业务连续性及网络与数据安全风险管理评估评价指引》积极推进自评估及达标整改工作，并于 2023 年 12 月 31 日前全面完成。

【党建工作】2023 年，充分发挥金融党支部作用，与金融机构组织开展党建交流、主题教育等活动。2023 年 12 月，公司组织参加 2023 年爱满港城捐款活动，号召公司全体员工通过腾讯公益一起捐为爱满港城情暖沙洲苏州市慈善基金会献爱心进行线上捐款，共计线上捐款 4910 元。

山东晨鸣集团财务有限公司

【集团概况】山东晨鸣纸业集团股份有限公司（以下简称“集团”）成立于 1958 年，是以制浆、造纸为主的现代化大型综合企业集团。产品涵盖高档胶版纸、白卡纸、铜版纸、轻涂纸、生活纸、静电复印纸、热敏纸等系列。

S

【经营概况】山东晨鸣集团财务有限公司（以下简称“公司”）以“适应新形势、拓展新思路”为工作理念，提升服务能力，加强内部管理，尽最大可能发挥金融平台职能，助力集团实体经济发展。全年共实现总收入 1.44 亿元，净利润 0.86 亿元，年末资产总额 64.85 亿元。

【服务实体】公司始终坚持“提升对集团的金融服务核心”和“强化财务公司内部管理核心”两个核心的工作思路不动摇。通过调整贷款规模、贷款结构、降低贷款利率等，为集团及成员单位让利 1.06 亿元；通过强化账户管理、推行价格优惠等措施，提升综合结算服务能力；深度挖潜同业业务，保证资金收益；积极推进关税汇总征税保函业务，成功为成员单位开立关税汇总征税保函，累计担保金额 1.23 亿元，节约财务费用近 40 万元。

【信贷业务】2023 年，公司立足金融本源，发挥贴近实业优势，坚持服务集团产业需求和发展战略。2023 年，共计发放贷款金额 70.46 亿元，累计办理贴现票面金额 2.06 亿元，累计办理再贴现金额合计 2.1 亿元。

【票据业务】截至 2023 年末，共开立电子财务公司承兑汇票、电子商业承兑汇票累计 5115 笔，金额 49.59 亿元。其中开具电子财务公司承兑汇票 2628 张，金额 32.7 亿元；累计为成员单位向 537 家外部供应商通过票据支付款项，在重要时间节点有效缓解集团付款资金压力。

【外汇业务】公司整合外汇资源，提高国际结算服务水平。全年办理结售汇业务 49 笔，金额 8202.33 万美元；办理代理收付汇业务 34 笔，金额 756.03 万美元，节约外汇成本 110.41 万元。

【资金集中】结合公司实际，采用多种措施增加资金归集。紧盯月、季、年末等关键时点，全力增加资金归集；积极配合集团融资协商合作银行，以同业存款置换企业存款；做好资金归集的事前预测、事中落实和事后分析，按月形成数据预测及分析报告。

【风险管理和内部控制】2023 年公司结合《企业集团财务公司管理办法》实施要求，推进落实清理规范工作；结合经营实际，明确层级授权管理，持续细化授权内容；根据外部法律及监管要求变化修订完善各项制度体系，确保部门、岗位之间相互监督制衡，推进各层级合规履职；持续开展日常风险监测、授信业务审查、合规检查、风险提示及预警、合规培训，营造合规管理文化氛围，引导全体员工遵章守业，为依法合规经营提供保障。

【人力资源管理】公司人力资源管理工作稳中求进，持续强化基础管理，为公司发展提供人力资源保障。进一步稳定优化干部员工队伍“能者上、弱者下”，打造综合素质高、履职能力强的专业队伍；修订完善绩效考核制度，优化考核指标，明确考核标准。

【信息化建设】公司新一代票据业务系统于2023年1月开始实施，于2023年7月完成上线。该系统实现了票据直连、线上清算，以及全流程线上审批管理等功能，满足了公司票据统一管理、线上化管理、全生命周期管理的发展要求，进一步提升了财务公司票据服务质量。

【企业文化建设】2023年，公司以高质量党建引领公司高质量发展。一是严格落实“三重一大”事项集体决策程序，坚决执行重大事项党的前置研究程序，依照规定讨论和决定公司重大事项。对部门设立、干部任命、干部薪酬调整等议题进行了前置研究。二是加强习近平新时代中国特色社会主义思想主题教育等内容学习。组织党员前往山东省银行保险业红色金融教育基地、孟良崮战役纪念馆、台儿庄战役纪念馆等处学习，弘扬北海银行精神、赓续红色精神血脉。三是公司营造浓郁的特色节日气氛，三八妇女节向全体女员工致以节日的问候，送上祝福的鲜花和甜蜜的巧克力，充分肯定了女员工在各岗位上的辛勤耕耘、自强不息的精神。

山东东明石化集团财务有限公司

【集团概况】山东东明石化集团有限公司（以下简称“集团”）现有员工8000余人，原油一次加工能力1050万吨/年，是以基础炼油、高端化工为主，集国际贸易、国际物流、终端销售等为一体的、产业链条化的、特大型石油化工企业集团。2023年实现销售收入1485亿元，同比增长7%，列“中国企业500强”第186位，列“山东民营企业100强”第3位。

【经营概况】2023年，山东东明石化集团财务有限公司（以下简称“公司”）注册资本30亿元，先后开展票据、即期结售汇业务等，服务集团能力稳步提升。截至2023年末，公司资产总额110.67亿元，负债总额79.36亿元，实现营业收入1.57亿元，各项指标符合监管要求。

【服务实体】公司始终坚持“依托集团、服务集团”的发展定位，积极提升金融服务能力。积极推广票据业务，通过新一代票据业务系统显著降低集团财务费用；坚持服务集团海外及国际化业务的发展，利用多种国际业务为集团及成员单位的对外贸易提供有力支持；协调银行开通银企直连功能，丰富资金结算渠道；做好项目贷款统筹和推进，为集团UPC和烯烃新材项目做好资金保障。

【信贷业务】2023年，公司在符合监管要求的条件下，合理调剂集团成员单位之间的资金余缺，为集团节省财务费用1.34亿元。为19家成员单位授信113亿元，较上年增长18%；向成员单位发放各项贷款34笔，金额108.29亿元，增长165%。

【资金业务】公司加强同业利率询价，全年累计调拨资金838笔，同比增长36%，调拨资金1691亿元，同比增长56%。

【票据业务】公司与银行沟通同业授信、与有财务公司的供应商联系票据互认，与成员单位对接，向供应商推广票据结算；通过制定票据业务推广方案，2023年通过新一代票据业务系统签发票据16笔，金额2.51亿元，办理贴现3.8亿元，集团成员单位通过使用票据对外支付货款4.83亿元，票据使用量较2022年提升9.12%。

【外汇业务】公司加强全球财资创新管理，海关税款担保备案额度提升至10亿元人民币，全年开立海关税款担保4笔，金额12亿元，累计实现税款担保49亿元，涉及进口货值400亿元；境内外本外币联动运作资金池持续优化，全年跨境资金集中运营累计业务量达376亿元；CIPS创新产品应用服务升级，累计办理业务27亿元，有效提高跨境人民币支付结算效率；即期结售汇业务落地，降低集团整体汇兑成本。

【资金集中】公司结合成员单位收付款特点及业务需求，合理设置资金归集策略，持续优化资金归集模式，采用差异化方式，不断提高资金归集率，切实提升集团资金管控能力。全年业务发生额8014.95亿元，较上年增长67.31%，共计63486笔，较上年增长44.03%。2023年末全口径资金归集率70.35%，剔除口径归集率99.47%。

【业务创新】公司正式获批国家外汇管理局即期结售汇业务资格，8月7日起正式成为银行间外汇市场会员，9月15日正式落地首笔即期结售汇和首笔银行间外汇市场交易业务，成功实现集团从本币到外币经营范围的实质性跨越。公司新一代票据系统成功上线，全面提升了票据服务实体经济的能力。

【风险管理和内部控制】开展监管评估问题整改，针对公司治理监管评估问题整改报告中提出的问题，公司逐条进行研究，制定相应整改措施，完善公司治理行为。持续提高内部审计有效性和针对性，年度共开展审计项目11项，开展新业务风险评估1项，有效识别公司潜在风险。公司经营决策机制运行顺畅，业务经营稳健审慎，从未发生违法违规行为，各项监管指标全部优良，无风险隐患发生。

【人力资源管理】大力加强人力资源建设和人才梯队建设，通过校园与市场招聘相结合的方式，不断提升员工队伍素质，截至2023年末，公司拥有正式员工29人，其中，硕士13人，占比为44.82%。建立充分发挥员工主观能动性和积极性的绩效考核机制。进一步提升专业培训的比重，切实提高培训工作有效性，全年组织参加各类培训28次，参加培训168人次。

【信息化建设】公司积极开展数字化转型，完成电票系统的新一代升级工作；更换人民银行ACS综合前置系统；落地财务公司即期结售汇业务系统、CFETS银行间外汇交易系统，搭建外汇交易VPDN网络环境，完成国家外汇管理局专线对接和MTS消息传输系统的配置、联调与投产工作。全年开展信息安全演练8次、信息安全培训教育48期。

【企业文化建设】公司坚持以党建为引领，以党建促发展，按时召开主题党日活动，设立“党员义务劳动日”，积极发挥党支部战斗堡垒作用。深入学习贯彻中央金融工作会议、中央经济工作会议精神，将加强党的全面领导和党的建设贯穿到工作全过程各方面。通过加强廉洁勤政机制建设，塑造了一支清正廉洁的金融队伍。

山东钢铁集团财务有限公司

【集团概况】山东钢铁集团有限公司（以下简称“集团”）由中国宝武钢铁集团有限公司、山东省人民政府国有资产监督管理委员会、山东国惠投资控股集团有限公司、山东省财欣资产运营有限公司分别持有49%、35.7%、10.2%、5.1%的股权。截至2023年末，集团注册资本119.69亿元，资产总额1858.36亿元，企业信用等级AAA。连续五年跻身中国钢企综合竞争力排名 A +（竞争力极强）行列，钢铁主业位列 2023 年《财富》中国上市公司 500 强第 133 位、中国制造业综合实力 200 强第 65 位、中国装备制造业 100 强第 42 位，荣获“中国钢铁企业高质量发展 AAA 企业”“山东社会责任企业”等称号。

【经营概况】山东钢铁集团财务有限公司（以下简称“公司”）2023 年实现营业收入 4.21 亿元，账面利润 2.69 亿元，净利润 2.10 亿元，公司资产总额 141.93 亿元，负债总额 102.99 亿元，所有者权益 38.94 亿元，资产负债率 72.56%。日均吸收存款 100.70 亿元、信贷资产 95.66 亿元、债券投资余额 13.40 亿元，不良资产率和不良贷款率均为零，各项指标符合监管规定。

【信贷业务】公司发挥金融平台作用，助力成员企业资金链安全。2023 年为集团和成员企业提供贷款、贴现、保函、承兑等信贷支持 197.41 亿元。跨境双向人民币资金池业务年度首次突破百亿元大关，达到 102.72 亿元。

【资金业务】公司加强集团资金统筹运作，强化资金预算管理，拓宽外部融资渠道，保障集团资金链安全与经营稳定。2023 年末，平均融资成本 3.70%，较年初降低 63 个基点，减少财务支出 5 亿元；商业计划书口径银行融资占比 54.18%，较年初提高 6 个百分点；中长期融资占比 44.48%，较年初提高 10.84 个百分点；4% 以下融资占比 72.75%，较年初提高 16.47 个百分点；发行永续中票 100 亿元，并表信托业务 35 亿元，权益性融资余额 166.90 亿元，降低集团资产负债率 9 个百分点。

【投资业务】公司协助集团一级市场发债融资，助力集团资金链安全并实现高额投资收益。通过多元化金融模式，2023 年累计购买集团公司债券 24.26 亿元，降低债券发行成本，维护集团公司资本市场形象。

【票据业务】公司扩大集团融资渠道，与多家商业银行及财务公司申请票据授信，背书转让、到期托收及商业银行贴现、转贴现比例大幅提高。2023 年为成员企业办理票据承兑业务 37.29 亿元，同比上年 35.36 亿元增加 1.93 亿元，增幅为 5.46%，办理再贴现 0.3 亿元。

【外汇业务】公司积极推进结售汇业务资格申办，建立外汇交易室，完成规章制度、可行性调研申请报告等工作，完成全流程测试，做好现场验收准备工作。

【资金集中】按照山东省国资委要求制定《山东钢铁集团银行账户专项清理工作方案》，组织各级权属公司扎实开展自查摸底，全面梳理各权属公司账户情况制订清理计划，拟保留账户 972 个、撤销账户 220 个。强化资金归集，提升资金使用效率和效益，年度月均全口径资金归集度为 55.40%，完成任务目标的 100.87%。

【业务创新】公司不断探索金融创新，向济南海关提交开展关税担保的申请，并成功获批。2023 年 6 月 14 日完成济南海关关区第一笔总担保模式海关关税保函备案，金额 1 亿元，期限 1 年。2023 年成员企业以“先放后征”方式使用保函额度 6800 万元，加快了通关效率，减少了资金占用，提高了资金周转效率。

【风险管理和内部控制】本着“精简、高效、实用”的原则，公司对 214 项经营类制度进行了梳理修订，最终确定经营类制度 138 项，着力构建“制度合规、流程规范、体系完备、执行有力”的制度体系，为全面提升公司运营管理工作水平夯实了基础。严格落实“风险防控一流”要求，不断强化风险管理，扎实开展洗钱和恐怖融资风险自评估工作，持续推进公司合规文化建设。

【人力资源管理】公司建立“一人一表”考核评价机制，全员赛马，制定 10 张“一部门一表”部门考核表和 48 张员工“一人一表”评价表，并纳入绩效考核，真正做到“岗位靠竞争，收入靠贡献”，进一步激发员工动力活力。开展岗位梳理和业务流程整理工作，进一步明晰部门分工、优化岗位职责，为提升工作质效，夯实基础。搭建员工成长平台，开展青年员工“雏鹰计划”，为公司培优储能。

S

【信息化建设】公司全面推进云桌面、RPA机器人、态势感知系统、驾驶舱等项目，通过全业务上云、全过程管数、全场景赋智，数据驱动运营，大幅提升工作效率，实现从经营资金向经营资源转型，打造智慧金融运营平台，提升数智化水平，为企业发展提供有力支撑。

【企业文化建设】强化党建引领，融入中心工作，党建服务发展实现新突破，公司党总支荣获省属企业先进基层党组织。全力推进“幸福和谐新山钢”升级版建设，公司党总支提出“满心满意创和谐”工作目标，恪守为民情怀，千方百计为职工办实事、做好事、解难事。2023年，安排职工参加疗休养，节假日发放职工福利，完善女职工活动室及妈妈小屋设施建设，开展普法知识讲座，开展单身职工婚恋联谊活动，开展劳动竞赛，通过一系列活动，温暖建“家”，凝聚力量，增进职工群众的获得感和满足感，共筑幸福和谐“大家庭”。

山东港口集团财务有限责任公司

S

【集团概况】山东港口集团有限公司（以下简称“集团”）积极打造“依托港口的一流的供应链综合服务体系”，聚焦“港口服务、链条融合、数字赋能、生态共建”，加速由“单一港口运营商”向“供应链综合服务商”转型升级。集团共拥有3345千米海岸线，主要港区21个、生产性泊位360余个；航线总数340余条，密度和数量居北方港口首位；内陆港43个、开通班列93条，海铁联运箱量稳居全国港口第一；货物吞吐量达17.1亿吨，位居全球第一；集装箱吞吐量达4132万标准箱，位居全球第二；骨干货种市场份额居全国领先位置，原油、铁矿石、铝矾土、粮食等进口量分别占全国1/3、1/4、3/5、1/5。

【经营概况】山东港口集团财务有限责任公司（以下简称“公司”）坚持“依托集团、服务集团”的功能定位，践行“专业、高效、创新、共赢”的发展理念，聚焦“五个国际领先”港口建设，助力集团公司建设世界一流的海洋港口，公司积极融合发展，不断提升服务质效，实现“运营模式、产品体系、场景金融”三大服务创新。公司荣获山东省省属企业“先进基层党组织”荣誉称号；连续7年获金融企业绩效评价AA级及以上。截至2023年末，公司资产总额300亿元，存款余额253亿元，信贷余额154.8亿元。

【服务实体】依托港口优势，聚焦核心产业，公司紧密贴合成员单位实际需求，把握山东港口一体化改革机遇，积极响应国家支持绿色、海洋与物流产业，支持小微企业等政策，持续加大对贸易、物流、装备制造、码头建设等重点领域的金融支持，全年信贷投放132.32亿元，实现同比增长30%。关注“自动化码头”、油气管道、粮食筒仓等智慧绿色重点项目建设，开辟高效融资绿色通道，在服务集团发展战略上取得了显著成效。

【外汇业务】持续推广外币经常项目一站式跨境结算服务，提升成员单位外币业务办理时效，公司全年付汇4132万美元；新入外币资金池公司30家，为更多单位提供高效、便捷的外币支付业务；为多家成员单位提供境外直接投资、股权收购等各类咨询，助力集团海外业务发展。

【业务创新】公司业务流程进一步优化，创新集团化授信额度灵活调剂机制，提高成员单位授信占用效率；特色产品进一步完善，创新“单贷联动”，成功打通贷款兑付港易单（线上应收账款凭证）通道，贷款资金依托清分体系自动清算兑付，提高支付环节的效率性和准确性；产业链触角进一步延伸，“油链通”系列产品助力成员单位“两金”压降，通过保理、票据等盘活油品码头账款回笼，为供应链服务“强链、补链、延链”。

【风险管理和内部控制】公司坚守风险底线，夯实内控合规建设，业务持续稳健发展。公司共有制度127项，2023年新增、修订制度31项，制定发布标准化流程2项，新增、修订标准化合同文本5项，标准化建设取得积极成效；注重合规文化建设，组织开展内部培训20期次，引入外部专家授课，有效提升培训质效；完善内控合规机制，编制岗位职责、合规义务、合规风险“三张清单”，优化风险合规指标；持续分析市场动态，发布财资行业简报12期次，解读监管政策及市场风险近40项，提出公司发展建议30项，不断提升公司合规运营能力。

【信息化建设】公司坚持科技创新助力业务创新发展，主动承担集团司库体系建设重任，不断深化业务应用场景，挖掘数据资产价值，实现企业账户管理、授信担保、融资借款、融资债券、融资租赁、银行存款等管理功能上线，达到金融资源“看得见、管得住、调得动、用得好”的目标；搭建集“全面业务管理、网上金融服务、监督决策于一体”的新一代财资核心业务系统，实现金融服务专业化、自动化，监督决策的智能化；构建数据综合应用平台，以业务系统数据为源头，实现数据建设与业务需求的深度融合，满足公司数据治理、监管数据统计、内控风险监测等需求，奠定监管数字化转型基础；打造新一代票据系统，创新等分化票据开立、票据拆分的场景，开启票据服务新时代。

【企业文化建设】公司坚持党建引领，擦亮“融享财资”特色党建品牌，发挥7个特色党建子品牌作用，将党建与业务深度融合；通过密集学习、现场参观、社区结合、党建共建等形式丰富的活动，让理论学习“勤起来”、支部建设“活起来”，夯实政治建设；发挥先锋作用，开展“三个一”服务行动，切实解决成员单位发展痛点，主动践行担当；组织开展“奋战四季度 冲刺满堂红”“公司整合一周年庆典”等活动，激励全体职工凝心聚力、勇毅前行，以更加昂扬的姿态奋进新征程。

山东黄金集团财务有限公司

【集团概况】山东黄金集团有限公司（以下简称“集团”）成立于1996年，黄金产量、资源储备、经济效益、技术实力、智能化水平及人才优势均居全国黄金行业前列，获得“全国文明单位”“全国五一劳动奖状”“中国工业大奖”“中华慈善奖”等多项荣誉。集团现为世界黄金协会正式会员，2019年、2020年，黄金产量连续两年位列全球黄金企业第10位，成为全球黄金领域具有重要影响力的标志性企业。2023年集团实现营业收入1881.32亿元，利润总额40.22亿元。

【经营概况】2023年，山东黄金集团财务有限公司（以下简称“公司”）锚定“内外联动、跨越提升”年度目标，以需求导向提升服务质效，持续巩固境内资金集中水平，大力拓展国际业务职能，统筹规划资源配置效率，加快创新破解规模瓶颈，推动公司经营跨越式发展。截至2023年末，公司资产总额133.23亿元，负债总额97.29亿元，存款余额96.64亿元，贷款余额（含贴现）69.19亿元，不良贷款率为零。公司获得集团2023年度资金保障团队、品牌创建团队等重点工作突破团队奖、中国人民银行山东省分行营业管理部颁发的2023年度驻济银行业金融机构统计工作先进集体三等奖。

【信贷业务】公司合理利用有限的信贷规

模，统筹安排成员企业额度及放款时间，积极加大信贷资金投放力度，2023 年累计发放流贷 61.08 亿元、法透 78.82 亿元，有效满足了一线矿山成员企业的资金需求。

【资金业务】2023 年，公司资金结算平台持续保持安全平稳高效运营，累计办理成员企业各类资金结算业务 7350.32 亿元，通过资金集中结算，累计减免成员企业结算手续费 239.56 万元。

【资金集中】公司对资金归集工作紧抓不懈，紧盯集团成员企业调整情况，及时为成员单位开立结算账户并实现资金归集。2023 年境内成员企业开户归集覆盖率持续保持 100%，可归集口径集中度平均保持在 99% 以上的高位水平。

【票据业务】公司统筹安排成员企业承兑额度和时间，引导企业发挥自身信用价值以商票进行支付结算。协同供应链票据平台开发方深入成员单位调研，积极宣传供应链票据功能和优势，客户数量及开票量快速增长，实现了试点带动全局的示范效应。依托集团供应链票据平台，成功签发了首笔供应链财司票据，成为山东省内首家开办此业务的财务公司，为成员单位支付结算及融资开辟了新渠道。2023 年公司开出商票 31.98 亿元，办理商票贴现 21.98 亿元，在山金供应链平台注册的客户新增 36 家，开票金额 13.70 亿元。

【业务创新】公司依托金融牌照优势，以自身信用首次开办保函业务，助力成员单位扩展勘查投标业务，实质性减少成员单位投标保证金支出，缓解了企业的资金周转压力和投标资金支付风险，提升了集团整体资金使用效益。

【风险管理和内部控制】公司按照监管部门、集团要求，组织开展 2023 年风险识别和评估、流动性压力测试、员工异常行为排查、合规检查等工作，紧盯内部控制薄弱环节，组织开展 2023 年制度建设，增补修订制度 29 项。

【企业文化建设】2023 年，公司突出政治引领作用，加强党建业务融合互促，为工作高质量发展赋能增效。严肃党内政治生活，发挥支部战斗堡垒作用，持续在推进党内组织生活标准化规范化用心用力，着力让党建工作更有深度、更有温度。严格落实“三会一课”、主题党日等制度，扎实做好“第一议题”制度，开展丰富多彩的主题党日活动。

S

山东能源集团财务有限公司

【集团概况】山东能源集团有限公司（以下简称“集团”）是由原兖矿集团和原山东能源集团联合重组成立的山东省属大型能源企业集团，以矿业、高端化工、电力、新能源新材料、高端装备制造、现代物流贸易为主导产业，拥有兖矿能源、新矿集团、枣矿集团等 20 多个二级公司，权属企业 973 余家。2023 年，集团资产总额突破 1 万亿元、营业收入 8520 亿元，收入、利润、上缴税金均位居省属企业首位，位居“中国煤炭企业 50 强”第 1 位、“中国企业 500 强”第 22 位、“世界企业 500 强”第 72 位。

【经营概况】2023 年 7 月，经国家金融监督管理总局批复，山东能源集团财务有限公司（以下简称“公司”）与兖矿集团财务有限公司（以下简称“兖矿财司”）实施整合工作，2023 年 12 月，兖矿财司完成注销。合并后，公司注册资本变更为 70 亿元，年末资产总额 454.24 亿元，负债总额 341.75 亿元，全年实现营业收入 13.63 亿元，利润总额 5.36 亿元，授信总金额 914 亿元，年末贷款余额 255.11 亿元，资本充足率 33.5%，流动性比例 67.43%，不良资产率、不良贷款率均为零，各项指标均符合监管要求。

【资金业务】对内最大化让利成员单位，对外强化同业议价竞价，优化资金配置，2023年，成员单位贷款综合利率同比降低10个基点，存款均执行上浮到顶利率、较四大行高45～55个基点，助力集团整体资金创效最大化。巩固“资金计划—头寸预测—缺口测算—预警管理”流动性管控体系，做好大额资金支付时点头寸及流动性压力滚动预测，流动性始终保持在40%～79%合理区间，保障集团重点项目支出及大额资金及时划拨。

【票据业务】公司充分发挥票据业务融资功能，在成员单位中积极推广财务公司票据付款模式，坚持用专业高效的手段服务客户，通过优化业务流程、升级服务系统、降低开票保证金等措施，拓宽票据业务流通渠道，支持实体经济的发展，2023年全年票据承兑71.24亿元，节约财务费用3000多万元。

【信贷业务】挖掘金融服务深度、广度、精度。公司组建“银团贷款”，以自有资金撬动外部银行资金27亿元，实现外部金融资源效用最大化；紧跟集团战略发展部署，重点支持资源收购、区域整合等资金需求，贷款规模稳步增长，全年累计投放贷款307.47亿元，积极扩展客户范围，全年新增授信客户11户，新增授信40亿元；结合司库系统平台建设要求，对省内外成员单位现场调研，深入了解成员单位经营难点，收集解决问题15条，精准化解难点痛点。

【资金集中】公司以账户管理为抓手，开展账户清理工作，精准排查清理无效账户900余个，外部账户开立更加规范；坚持“财司结算账户为主，外部银行账户为辅”开户原则，直连开户行均开通查询、归集功能，直连账户应挂尽挂，实现资金管理全流程实时监控，进一步加强集团资金集中管理。

【业务创新】利用两家财司整合契机，保障“金融服务不间断、资金结算保顺畅”，重新搭建了软通资金系统，外接12家直连银行，首创济南、济宁“双顶点”银行账户，开创双顶点账户管理模式国内先例，分期完成596家成员单位上线切换，业务有序处理，实现自动化、标准化、智能化，为业务平稳衔接提供稳健技术支撑。

【风险管理和内部控制】根据监管政策要求，结合经营管理现状，公司修订管理制度156项，确保整合前业务合规、高效开展，整合后业务及时、稳妥推进；落实山东金融监管局风险排查有关要求，清理业务范围、完善公司治理、优化内控流程，不断夯实风险管控基石，荣获金融行业2022年度声誉管理年度案例奖，人民银行评级连续12个季度位居辖区最高水平。

【人力资源管理】优化员工队伍，充分尊重个人意愿，公平公正开展人员竞聘上岗，优中选优，公司平稳有序完成16名中层正副职及29名一般管理人员竞聘上岗，配齐精兵强将；组织财务知识学习培训，业务能力和综合能力得到双提升，4名人员被选拔进入集团中级人才库，5名人员获得高级职称，7名人员通过山东大学申硕选拔考试，荣获兖矿能源“财务人员综合素质竞赛优秀团队”。

【信息化建设】公司助力集团司库系统逐一打通工商银行、农业银行、中国银行、建设银行等57家银行与招商银行CBS数据传输通道，实时获取境内800余家成员单位、4200余个银行账户数据信息，确保集团自动化、可视化获取账户体系资金流向；配合构建集团资金预算体系、多级资金池体系，资金预算做到“年、月、日”全周期管控，成员单位资金按日逐笔归集，实现集团金融资源“看得见、管得住、调得动、用得好”。

【企业文化建设】聚焦党建引领，干事创业氛围得到新增强。公司开展“牢记嘱托跟党走，挺膺担当勇作为”“清晨读书打卡”等专题活动，推动主题教育往深走、往心走、往实走。凝聚团结奋发强大力量。开展“二十大知识竞赛”、井冈山、大峰山等党建活动，召开公司成立十周年座谈会，引导干部员工珍惜岗位来之不易，激发广大党员干部群众昂扬向上奋斗精神。

山东省商业集团财务有限公司

【集团概况】山东省商业集团有限公司（以下简称“集团”）是由山东省商业厅整建制转体组建而成的国有企业，以全面打造综合竞争力强的现代商业服务领军企业为目标，聚焦品质消费引领者，聚焦美好生活服务商。集团直属单位22家，权属单位349家。目前拥有3家上市公司和4所高校、9个国家级研发平台、6个院士工作站、4个中国驰名商标，多次荣获“山东社会责任企业”称号。2023年，集团资产总额1308.99亿元，营业收入464.87亿元，年纳税30亿元。

【经营概况】山东省商业集团财务有限公司（以下简称“公司”）紧紧围绕“依托集团、服务集团”的宗旨，以集团“转型年”战略为指引，强化金融创新，提升服务质效，高质量完成各项工作。截至2023年末，公司资产总额为99.43亿元，营业收入2.58亿元，利润总额1.54亿元，纳税6682.65万元，资本充足率31.83%、不良资产率、不良贷款率均为零，各类监管指标均达标。

【服务实体】公司一是深入调研了解集团各业务板块发展趋势和金融需求。走访成员单位，有针对性地提供金融服务方案。二是简化业务流程，提高金融服务效率。根据成员单位交易资金密集，交易频繁等特点，量身定制便利贷产品，从申请到放款平均2个小时以内，提高了资金使用效率。三是对新兴业务大宗贸易、生物科技产业园等项目提供信贷支持5.88亿元。四是加强信息技术建设。打造供应链平台，上线新一代票据系统；搭建二代征信接口报送系统，提升公司金融服务的效率和质量，实现金融服务与业务发展的有机结合。

【信贷业务】公司充分合理开展贷款、电票承兑、电票贴现、关税保函等多项业务，积极践行国家重大战略决策，充分满足成员单位需求。一是贷款业务。2023年，累计为成员单位发放贷款105.72亿元。二是成员单位电票承兑业务。截至2023年末，办理承兑金额为10.77亿元。三是成员单位贴现业务。2023年累计办理电票贴现0.65亿元，办理转贴现0.88亿元。四是2023年为成员单位办理关税保函业务1亿元。

【投资业务】2023年公司新增政金债等固定收益类有价证券投资，大幅提高资产流动性。2023年新增交易对手34家，融出资金56.7亿元，创公司历史新高；融入资金18.95亿元，平均融资成本创公司历史新低。

【资金集中】公司充分发挥资金监控平台优势，持续扩大直连范围，截至2023年末，银企直连行已上线18家，提升了公司的金融服务质效。2023年末，全口径资金集中度较年初上升8.57个百分点。

【外汇业务】公司成功获批即期结售汇业务资质，为成员企业节约汇兑成本，提升多元化金融服务。充分利用跨境人民币资金池优势，打通境内外资金融通渠道，提升集团资金集中管理质效。截至2023年12月31日，办理人民币资金池跨境业务36.49亿元。

【风险管理和内部控制】公司一是开展员工异常行为排查、合规培训10余次、全员合规考试、风险排查5次，已将合规文化贯穿到公司发展战略中，内化为员工的职业态度和工作习惯。二是通过提升资金归集和优化资产负债期限结构等措施，加强流动性风险管理，2023年末流动性比例为63.31%，较上年同期增长13.24个百分点。三是按照年度审计计划，完成内部审计11项，其中开展全面审计2项，绩效考核及薪酬内部审计、离任离岗审计等专项审

S

计9项。四是修订董事会及下设委员会等议事规则，明确其在风险管理和内部控制中的职责，为提升内控及风险管理提供有力保障。五是依据法律法规对公司各项制度进行重检，2023年，共修订制度102项，新增制度13项。

【人力资源管理】2023年，公司自组织开展“三项制度”改革工作以来，取得积极成效，一是建立管理职级和技术职级的“双通道”模式，进一步优化人力资源配置。压缩管理岗位编制，对应管理序列岗位增加6个等级的技术序列岗位职级，根据各部门各自的业务性质、管理需要以及员工的职业发展方向设置管理序列与技术序列相结合的岗位编制。二是公开透明开展全员竞聘工作，全员竞聘结合管理职级和技术职级的双通道模式，拓宽员工晋升通道，帮助员工确立职业发展目标、激发员工比学赶超工作热情，在完善公司人才激励约束机制方面起到积极推动作用。

【信息化建设】2023年，新一代票据业务系统成功投产上线，开启公司票据管理、服务成员企业客户票据业务的新征程。在助力集团信息化建设方面，公司基于“服务核心成员单位，面向直接交易对手，促进企业集团主业发展”为原则建设投产产业链金融服务平台。结售汇业务系统成功通过外汇总局验收，公司结售汇系统已正式上线。开展集团司库体系建设，形成《山东省商业集团有限公司司库体系建设规划方案》。

【企业文化建设】2023年，公司全面落实新时代党的建设总要求，以党建工作整体跃升引领保障公司高质量发展。一是深入学习习近平新时代中国特色社会主义思想，扎实学深悟透，务实调查研究，突出问题整改，踏实推动发展，持续推动主题教育走深走实。二是建立自上而下的“党建＋经营”目标体系，深入开展“党旗在一线高高飘扬”活动，开设党业融合沙盘课程，开展对标提升，选树“党员先锋岗”，成立攻坚小组，促进党建业务深度融合。三是秉承“以人为本、关爱员工”的理念，打造“有温度”的企业。

S

山东招金集团财务有限公司

【集团概况】山东招金集团有限公司（以下简称“集团”）注册资本12亿元，为招远市国有控股公司，是集聚黄金矿业、非金矿业、黄金交易及深加工业、高新技术产业、房地产业、金融业六大产业的大型综合性集团公司。截至2023年12月31日，集团总资产近684亿元，总负债约478亿元，销售收入达到674亿元。

【经营概况】2023年，山东招金集团财务有限公司（以下简称“公司”）以“立足集团、服务集团”为宗旨，聚力“业绩优异、管理优胜、创新优势、团队优化、环境优美”五大领域攻坚，坚持走“有速度、有广度、有厚度、有温度”的发展道路。截至2023年12月31日，公司总资产59.12亿元，总负债42.44亿元，所有者权益16.69亿元，拨备前利润3679.36万元。

【服务实体】公司不断强化主动服务意识，通过利率优惠和费用减免为成员企业增收节支6160万元；坚守“想客户所想，急客户所急”服务理念，特事特办快速为成员企业办理各类保函，利用公司信用为成员企业办理零保证金电子商业汇票承兑业务；允许成员企业利用日间透支满足临时资金需求，资金池价值得到充分发挥。

【信贷业务】高效支持成员企业的临时资金需求，2023年资金投放量达到273亿元，同比增长41%，年度信贷资金周转9次，为成员企业节约了成本的同时，高效满足了成员企业的临时资金需求。

【资金业务】强化同业合作，丰富合作品种、扩大交易量。2023 年银行间市场交易量达到 1007.33 亿元，品种涵盖人民币信用拆入、债券买入返售、债券卖出回购，为业务发展、流动性管理提供了强有力的资金支持。

【投资业务】2023 年，公司投资业务交易量达到 14.43 亿元，品种包括国债、国开债、农发债、口行债。2023 年末投资余额 5.8 亿元，全部投资于国债、国开债、农发债、口行债。

【票据业务】2023 年，公司票据业务交易量达到 19.92 亿元，品种包括贴现、再贴现、转贴现、承兑等。

【外汇业务】公司外汇交易集中管理不断加力。提供优惠汇率办理即期结售汇业务 5270 万美元，为成员企业节省外汇成本；为成员企业提供跨境资金池服务，实现境内、境外成员企业资金互联互通，2023 年外币跨境运营池资金清算量 9 笔，金额 19201.24 万美元。借助公司外汇市场交易商优势，为成员企业出具综合解决方案，提高结售汇服务占比。

【资金集中】2023 年，不断强化对已开账户的使用监督，优化外部账户数量，不断提升账户集中比，公司账户集中比达到 57.24%；考核口径资金归集度 101.47%；累计完成资金清算 96172 笔，金额累计 12492 亿元，累计完成跨境双向人民币资金池资金 61 笔，金额 53.52 亿元，安全快捷无差错。

【业务创新】2023 年，公司首次为成员企业办理投标保函业务，助力成员企业项目中标；2023 年累计为成员企业开立投标保函 2 笔，金额 1.55 亿元。

【风险管理和内部控制】公司党、政、工、团、纪组织持续发挥作用，完成了公司章程修订工作，法人治理结构不断优化完善；坚持“制度优先”原则，不断完善“四位一体”制度体系，2023 年修订各项规章制度 10 项，新出台金字塔思维操作课件 101 项，保障公司合规制度与时俱进；通过“工作清单”和“零基思维”的高效运转体系，不断提高行政质效；坚持“慎小、慎初、慎独”的管理理念，持续发挥火眼金睛“问题提报平台及奖励机制”作用，业务自我监督覆盖 100%；2023 年开展应急演练 9 次，压力测试 5 次，风险的识别和处理措施得到进一步完善，合规管理理念得到有效贯彻和执行。

【人力资源管理】公司不断完善“岗位工作清单、周例会调度、督办平台展示和绩效考核点评”执行体系，持续推进“执行力”建设，工作效率不断提高。公司持续推进“学习型组织”建设，强化 AB 角制度和工作清单建设，围绕提档升级不断提升知识储备和应用能力，坚持“线上理论 + 线下实习”育人机制，提升干部职工在不同岗位上的实践能力和公司抗压能力。

【信息化建设】2023 年，公司顺利上线新一代票据业务系统，为成员企业提供服务的能力再上新台阶；自主搭建并上线了“系统运维可视化平台”，不断对核心业务系统的稳定性和界面友好性进行优化，连续性生产得到有效保障；借助 RPA 技术平台分别在信用风险监测、报表自动加工处理、数据加工分析方面进行了创新应用，提高了统计分析的质效，节省了人力物力；启动了数据治理工作和司库功能作用研讨，为下一步数字化建设储备动能。

【企业文化建设】公司持续打造学习型组织，在工作中学习，在学习中工作，不断提高员工履职能力。2023 年每月开展“听书”“敬业、专业、职业”“金字塔思维任务讲解”等固定的团建项目，不断提高全员职业素养，打造有利于提升内控管理和推崇合规文化的工作氛围；通过“生日会”“入职周年庆”等活动丰富员工的生活，不断打造有温度的团队；通过为每一名员工交纳企业年金，不断提升员工归属感，进一步推动打造有温度公司。

山东重工集团财务有限公司

【集团概况】山东重工集团有限公司（以下简称“集团”）是中国领先、在全球具有重要影响力的工业装备跨国集团。主营业务涵盖动力系统、商用车、农业装备、工程机械、智慧物流、海洋交通装备六大板块。重型发动机、重型变速器、重型卡车销量全球第一，工业叉车、豪华游艇全球领先，农业装备、推土机等销量中国第一。产品销往全球150多个国家和地区。2023年全年累计实现营业收入3182.89亿元，利润总额218.45亿元。

【经营概况】2023年，山东重工集团财务有限公司（以下简称“公司”）存款余额352.26亿元，信贷余额109.96亿元，资金余额284.99亿元，实现收入9.13亿元，利润总额4.31亿元。

【信贷业务】2023年，公司支持集团高端品牌转型，向整车整机、动力系统等企业倾斜优质信贷资源，全年新发放贷款127.28亿元，平均融资利率仅为2.86%，累计让利6439万元。支持类贷款融资余额68.70亿元，占成员单位贷款比重的63.09%，贷款结构进一步优化。贷款余额占集团国内贷款比重达51.29%，集团国内融资主渠道的地位进一步凸显。

【资金业务】2023年，公司以资金“三性”管理为核心，进一步提升资金管理水平。一是以流动性为基础，保证日常支付需求，持续完善资金计划管理体系，提高资金计划的准确性和有效性，实现了公司流动性平稳运行。二是以市场化为导向，合理把握资金配置时点，提高资金收益，全年资金交易业务发生额352.64亿元，资金交易业务平均收益率达到2.48%。三是以安全性为底线，保证交易资产安全，严格开展授信管理，投资业务品种由公司投资管理委员会及董事会进行审定，确保业务合规开展。

【票据业务】2023年，公司银行承兑票据开票规模达31.29亿元，票据池新开票据269.34亿元，减少存放银行保证金72.04亿元。公司推进新一代票据业务，一方面开展票据池系统建设，针对潍柴业务需求，按照业务紧急程度优先开发直连接口，保障成员单位票据业务正常开展，另一方面做好系统切换的准备工作，多次开展票据业务培训与交流，“一对一”指导，保障票据业务顺畅办理。

【外汇业务】为做好进出口企业的配套需求，公司不断巩固结售汇机制建设，研判外汇市场走势，提高清算效率，增加客户黏性，主要成员单位结售汇业务占比达99%，结售汇业务量突破10亿美元、结售汇收入突破850万元，均创历史新高。公司新增外债和境外放款业务资质，打通集团跨境资金通道，提高集团跨境资金集中管理水平，2023年累计办理1.06亿美元集中收付汇、34亿元境外放款。

【资金集中】2023年，公司立足于“账户开立、账户授权、限额管理”的成熟机制，实现账户开立应开尽开、外部账户授权应授尽授、集团资金应收尽收。公司坚持以财务公司为主导，银企财三方共赢的票据池合作模式，票据池业务有效运转；重点加大了市场化结算产品推介力度，提升结算协同效益；不断完善信息化建设，进一步提升了结算自动化水平和风险控制能力；实现“7×24”小时不间断结算服务，全年实现结算量98.33万笔，结算金额达3.16万亿元，集团结算服务中心作用进一步强化。

【风险管理和内部控制】2023年，公司完善制度体系，确保依法合规稳健经营。坚持制度定期评估与优化，以落实监管检查问题整改为契机，推进制度的“立改废”，共立项制度12项，修订制度59项，废止制度9项；巩固风险合规管理成果，持续开展“风险合规提升年”活动，做实部门自查自纠，筑牢“一道防线”，由单项重点制度检查调整为条线检查，开展8项次条线检查，跟踪落实问题精准整改，强化“三道防线”，公司严守风险底线，保持稳健发展。

【人力资源管理】公司根据经营管理需要，进一步深化制度改革，梳理整合组织架构、精简管理人员编制、实行强制考核，持续开展员工培训、履岗评价等。2023年共组织公司培训46次，其中外出培训20次，员工人均学时达92时/人，具有各类专业资格的人员占比达87.50%，员工素质得到了进一步提升。

【信息化建设】2023年，公司以优化原有系统为重点，实现了主要应用系统的全覆盖，达成了“三保障”的目的，即保障市场化业务的开展、保障监管报送数据质量、保障服务提质提效。公司持续加大在业务连续性和安全基础方面的投入，切实做好“三完善”，即完善两城三中心建设，完善运维体系建设，完善安全体系建设，为公司生产经营活动提供了坚实的科技安全保障。

【企业文化建设】公司连续7年对接潍柴大学，开展企业文化脱产培训。公司与重汽财务公司共享培训资源，聘请外部优秀讲师，引入先进人才测评体系，丰富现场参观形式，学习兄弟企业优秀文化，达到了传承企业文化，强化集体认同的良好效果。公司在办公区域显著位置设置企业文化展板，重点宣贯集团相关核心文化理念，并通过定期组织企业文化考试，强化日常培训学习成果，确保文化理念宣贯到位。

S

山西焦煤集团财务有限责任公司

【集团概况】山西焦煤集团有限责任公司（以下简称“集团”）是具有国际影响力的炼焦煤生产加工企业和市场供应商，炼焦煤产销量居于世界前列。集团组建于2001年10月，总部位于山西省会太原市，以煤炭、焦炭为主业，煤焦产品销往全国各地，并出口多个国家和地区。集团全力打造高质量发展的示范样板，加速建设世界一流炼焦煤企业。

【经营概况】2023年，山西焦煤集团财务有限责任公司（以下简称“公司”）实现营业收入12.59亿元，利润总额8.74亿元，净利润7.18亿元，年末资本充足率为15.01%，流动性比例为48.49%，无不良贷款。

【风险管理和内部控制】公司严格遵照新下发的《企业集团财务公司管理办法》规范开展各项业务，以《关于加强2023年度风险防控工作的决定》（山焦财务发〔2023〕1号）为工作指导，按照《全面风险管理办法》将各类风险纳入全面统一管理。加强统一评级授信管理，严格事前、事中、事后审核，充分发挥三道防线作用，通过资产五级分类计提损失准备，提高资产质量。严格执行授权、轮岗、对账管理措施，加强合同、密钥、台账、印鉴和重要空白凭证规范管理，开展全员异常行为排查，加强案防警示教育。定期组织应急演练，加强业务连续性管理，努力降低风险损失。2023年共召开6次内部控制委员会、3次风险委员会，完成公司治理内控评价，修订制度13项，新增制度5项，废止制度15项，其中包括《全面风险管理办法》《风险隔离规定》《金融资产风险分类管理办法（试行）》等，共完成专项审计6项。

【信息化建设】2023年，公司新一代票据业务系统于3月18日正式上线，并同步完成新一代票据业务系统与N6系统的各项对接。全集团成员单位可对票据数据、票据信息、票据资源的集中统一管理，解决了票据可视、可控、可用、付款四大关键问题，公司可为成员单位提供更加安全、高效、便捷的票据服务；公司完成了浙商银行、山西银行、山西省农村信用社直连上线、受托支付功能上线、公司与线上支付结算系统直连（二期）相关功能的上线工作。拓宽了公司直连合作银行渠道范围，提高了资金归集率，满足了监管要求，提升了服务成员单位水平。

【信贷业务】2023 年公司对 33 户成员单位开展信用评级，提供 438.71 亿元的综合授信额度。全年累计办理流动资金贷款 230.68 亿元，项目贷款 0.5 亿元。贷款本息收回率达 100%，无不良贷款。自营贷款余额为 248.76 亿元，委托贷款余额 311.56 亿元。

【服务实体】2023 年公司累计发放流动资金贷款 230.68 亿元，项目贷款 0.5 亿元，贴现 0.3 亿元；累计为成员单位办理委托贷款 216.38 亿元，累计办理电子银行承兑汇票业务 71.99 亿元，有效缓解了成员单位的资金压力，支持了实体经济的发展。为降低企业融资成本，规范服务收费，公司累计减免手续费 114.23 万元；持续降低成员单位流动资金贷款成本，贷款整体加权平均利率 3.66%，较成员单位在外部商业银行贷款利率水平降低约 10 个基点。

【票据业务】为能进一步给成员单位提供最优业务场景，提升服务效率，公司 2023 年结合票据交易所系统升级要求，针对现有业务系统进行了迭代升级。公司下一代票据业务系统结合上海票据交易所业务规则，优化了操作界面，系统流程；新增了票据等分化功能（实现以 0.01 元为单位票据拆分）；优化了票据到期清算方式，即银票、财票、商票全面实行“线上清算”；优化了统计功能；新增了业务“可视化”功能；优化了清算、结算速度。票据资金投放方面，公司加强对集团所属企业的走访、调研和评估，严格把控风险，确保了票据业务的稳健发展。2023 年票据资金累计投放额达 72.29 亿元（其中承兑 71.99 亿元；贴现 0.3 亿元）。

【投资业务】2023 年，公司投资业务继续保持了货币基金的高持仓比重（70% 以上），同时适度增加了一些中长期信用债。货币基金的选择主要从管理风格、管理规模、中长期收益、成立年限等指标进行筛选，数据跟踪分析表明，2023 年持有的货币基金整体表现较好，回报率均超越市场平均水平；信用债主要投放于本省重点国有企业的中长期债券，重点选择对企业信用状况有一定把握（以煤炭行业为主），资金安全有较大保障，定价相对合理的一二级市场债券。2023 年，煤炭债券的持仓比重超过 50% 以上。投资组合较上年度，继续保持高流动性、期限结构分散、信用水平提升、久期适度增加等特点。

【资金业务】2023 年公司实现同业业务收入 4.1 亿元，存放同业年化收益率达 2.2% 以上。继续扩大公司存放同业业务在商业银行间收益导向的影响，增强对各商业银行优惠利率政策的吸引力，巩固省内利率收益的领先地位。对于存放同业业务，在整体提升利率水平的基础上，防止资金过分集中，充分考量不同银行不同业务选项，分银行整体计算收益，不仅仅进行单一存放品种的价格对标，来保证公司资金的安全性、流动性和盈利性。进一步加大同业授信额度，并规划好授信变现盈利模式、通道，丰富外部创效手段。适时、适度开展同业拆借业务，即有利差资金拆入、资金富余资金拆出，提升头寸资金收益率。

【资金归集】公司配合省国运公司完成省属企业国有资本穿透式监管平台集团端“资金类”数据报送，搭建浙商银行、山西银行、省联社三家银行核心系统，持续推进账户直连办理。修订集团内部《商业银行账户管理办法》，进一步规范银行账户管理，保障资金安全，助力资金归集。全年审批开设银行账户 115 个，直连银行账户 190 个，清理各类商业银行账户 113 个。新增成员单位 69 个，注销公司账户 48 个，累计共有 663 个成员单位在公司开设了 814 个账户。日均归集资金 396 亿元，与上年同口径持平。全年累计办理各类资金结算业务 45 万笔，同比增长 25%；结算资金量 26000 亿元，同比增长 12%。

【企业文化建设】2023 年公司党支部在上级党委的领导下，坚持以习近平新时代中国特色社会主义思想为指导，全面贯彻落实党的二十大精神，坚持党建统领，突出抓好理论武装，夯实基础建设，推进改革变革，防范金融风险，构建清廉企业等方面工作，一年来公司党支部凝聚力、战斗力、执行力得到进一步提升，政治建设取得新进展、新成效。同时认真开展巡视、巡察整改落实工作，做好巡视、巡察整改“后半篇文章”和成果转化工作。

陕西煤业化工集团财务有限公司

【集团概况】陕西煤业化工集团有限责任公司（以下简称“集团”）是陕西省能源化工产业的骨干企业，也是省内煤炭大基地开发建设的主体。集团旗下二级全资、控股、参股企业 60 多个，上市公司 5 家，资产总额达到 7200 亿元，形成了“煤炭开采、煤化工、燃煤发电、钢铁冶炼、机械制造、建筑施工、铁路物流、科技、金融、现代服务”等相关多元互补、协调发展的产业格局。2023 年，集团实现营业收入 5293 亿元，利润 431 亿元，位列 2023 年“世界企业 500 强”榜单 169 位，连续 9 年入榜，排名稳步提升。

【经营概况】2023 年，陕西煤业化工集团财务有限公司（以下简称“公司”）充分发挥自身优势，扩大金融服务规模、加强资金集中管理、提高资金使用效率，信贷规模再创新高，服务质效切实提升，不断提升服务和管理价值创造。截至 2023 年 12 月 31 日，公司资产总额 478 亿元，存款余额 430 亿元，自营贷款余额 312 亿元，全年实现营业收入 11.61 亿元，利润总额 5.97 亿元，净利润 4.47 亿元。公司荣获集团“创新发展优秀企业”“业财融合先进单位”等多项荣誉，连续三年获 AAA 主体信用最高评级。

【服务实体】2023 年，公司为集团整体节约财务费用 3.5 亿元，节约结算手续费 547 万元，协助集团降低资产负债率 1.44 个百分点。充分发挥同业优势，协助成员单位与银行共同议价，以低于同期市场利率的价格为成员单位办理贴现业务，降低融资成本。全年为成员单位签发票据 63.8 亿元，办理各类保函 35 笔，金额 2.45 亿元。协助集团开展授信管理及融资咨询工作，做好外部授信、用信、信用维护的助手，持续关注金融市场动态变化，为集团发行债券提供建议。

【信贷业务】2023 年，公司完成信贷服务规模 549 亿元，同比增长 9.1%，服务规模再创新高。自营贷款发生额 544 亿元，同比增长 13.75%。深入成员单位调研走访，不断调整信贷产品期限和结构，优化业务流程，持续提升信贷服务能力、业务办理效率。全面完善授信评级及贷款定价管理，主动让利成员单位，助力实体产业降本增效。自营贷款加权平均利率同比下降 52 个基点。

【结算业务】2023 年，公司持续提升结算效率，公司结算笔数、批量对私结算金额等指标不断攀升。截至 2023 年 12 月 31 日，在财务公司开立结算账户的成员单位数量 624 家，结算账户数量达 2694 个。全年累计结算笔数 83.55 万笔，同比增长 19.30%，结算金额 3.25 万亿元，同比基本持平。问需于成员单位，结合远程协助、线上解答，增强服务意识和服务质量，保持基础结算业务零差错和零操作风险。

【资金业务】2023 年，公司在同业存款利率不断下降背景下，抢抓市场机遇，密切关注利率变化，与各家银行开展谈判，寻找高收益存放渠道，争取最有利的同业存款利率，存放收益率维持在行业较高水平。审慎开展逆回购业务和同业拆借业务。与工商银行、农业银行、中国银行、建设银行、交通银行五大行建立同业拆借渠道，是全国首家与建行总行开展同业拆借业务的省属企业集团财务公司。

【资金集中】公司深入分析、梳理成员单位各类外部银行资金情况，致力实现资金应归尽归。协助集团制定年度资金集中度考核细则。第一时间推动新单位账户资金归集，认真落实集团资金管理和票据管理各项要求，资金集中管理工作成效稳步提升。

【业务创新】公司推进财务报表自动化平台的应用，实现了80%财务报表自动生成，大幅提高工作效率。报表自动化应用项目作为创新成果在行业进行交流展示，荣获第二十九届陕西省企业管理现代化财务管理类创新成果三等奖。

【风险管理和内部控制】公司建立授信动态评估机制，完善贷前、贷中、贷后授信审查，密切跟踪成员单位经营状况、财务情况及重大事项变动情况，及时更新授信方案。推动风险管理与经营活动更加紧密结合，优化提升风险管理架构设计、流程管理、控制措施和人员配置，风险监管指标总体保持优良。认真落实人民银行征信管理要求，是陕西省唯一一家获得征信A类评级的财务公司。

【人力资源管理】2023年，公司建立健全全员绩效考核体系。实行中层竞聘上岗、末等调整和不胜任退出，组织多个中层岗位开展公开竞聘。以“分类培训、精准培养”为指导，制订年度培训工作计划，开展差异化培训。

【信息化建设】公司以打造行业标杆信息化项目为目标，推进新一代信息系统建设。新系统包括核心业务系统、网银系统、信贷系统、票据系统、资金管理系统等模块。新一代票据业务管理系统成功上线，极大便利成员单位结算需求。

【企业文化建设】2023年，公司以创建党建品牌为目标，着力打造具有特色的党支部标准化示范点，在上级党组织检查考核中保持前列。加强党员干部政治理论学习，推动主题教育成果转化，开展调研走访、意见征集等工作，扎实推进“五型”总部建设，推动党建与业务深度融合。开展“党员先锋岗”评选，发挥党员先锋模范作用。紧盯关键环节、关键人员、关键岗位，将纪检工作融入企业经营管理全过程，加强执纪监督，运用四种形态，规范开展监督问责，构建不敢腐、不能腐、不想腐的有效机制。开展书画、摄影、视频、征文等廉洁文化系列活动，推动崇廉尚洁的新风正气不断充盈。

陕西投资集团财务有限责任公司

【集团概况】陕西投资集团财务有限责任公司（以下简称“公司”）所属集团为陕西投资集团有限公司（以下简称“集团”）。集团是陕西省首家国有资本投资运营公司，隶属于陕西省人民政府，注册资本100亿元，股东为陕西省人民政府国有资产监督管理委员会，股权比例100%。集团投资领域涉及国民经济16个行业，实业方面，涵盖地勘、煤炭、电力、航空、房地产酒店、物流、化工、新能源及新兴产业等板块；金融方面，涉及证券、信托、基金、期货、保险、融资租赁、财务公司等业务。集团自2019年以来连续五次跻身“中国企业500强”榜单，2023年位列第288位。

【经营概况】公司严格落实各项监管规定，

切实发挥司库管理职能，狠抓资金集中管理，夯实功能定位，资金运营效率稳步提升，各项业务指标再攀新高，金融服务职能日益深化。截至2023年末，公司资产总额118亿元，同比增长24.51%；负债总额106亿元，同比增长27.16%；全年实现营业收入24630万元，利润总额16449万元；资本充足率为21.96%，流动性比例为71.65%，不良贷款率和不良资产率均为零。

【服务实体】公司坚持以服务集团成员单位为宗旨，不断提升金融服务实体的力度、广度和深度，充分发挥信贷专业优势，积极建立集团产业与外部金融市场的“桥梁”，为成员单位提供“一揽子”综合金融服务。通过分析研究各成员单位生产周期及资金使用特点，合理搭配流动资金贷款、固定资产贷款、财务公司承兑汇票等组合金融产品，切实解决成员单位经营中的资金周转压力。同时，促进成员单位融资模式由债权转向股权，融资渠道由间接转为直接，协助集团成员单位保债置换融资，2023年累计节约融资成本约5.22亿元。

【信贷业务】公司聚焦集团主业，主动对接集团重点项目建设。2023年走访、调研成员单位38家，累计年发放自营贷款8.42亿元，发放委托贷款2亿元。2023年，公司办理首单非融资性保函业务，保函金额为1.10亿元。

【资金业务】公司持续强化资金运营管理，在保证资金安全性、流动性的基础上，不断提高资金使用效率。密切关注每日资金情况，根据各账户利率差异，结合成员单位资金计划，及时进行资金调拨，合理安排资金头寸；并与多家银行建立询价与报价机制，及时掌握货币市场资金价格变动趋势；积极与各合作银行议价，争取较高的同业活期存款利率，并结合协定存款、活期稳定存款、大额活期存款等业务，提高资金收益；同时，不断加强同业合作，畅通融资渠道，2023年累计取得同业授信额度26.50亿元。

【票据业务】公司稳健开展票据业务，有效发挥票据功能。一方面，持续做好集团票据业务集中管理工作。2023年累计办理票据业务26.31亿元，累计办理池内票据贴现3.84亿元，平均贴现利率1.94%。另一方面，实现新一代票据业务系统如期上线运行，进一步提升票据业务服务效率。2023年累计为成员单位办理票据贴现0.28亿元。

【资金集中】公司严格落实集团资金集中管理要求，积极稳妥、因企制宜，不断拓宽资金归集广度与深度，以打造“司库”型财务公司为目标，围绕财务共享中心的建立，进一步调整和优化资金管控模式，提升资金使用效率，确保集团资金的安全性与流动性，实现资金高效运营。

【风险管理和内部控制】公司不断完善强化内控合规体系工作，切实提升全面风险管理水平。2023年，公司持续深入开展风险识别工作，针对不同类型风险点明确应对措施和预案，全面更新完善风险信息库，将风险预防关口有效前移；组织制定和修订《风险管理目标及基本政策》等多项制度，强化内部控制基础，不断完善风险管理制度体系；持续针对重要业务风险开展压力测试，识别全面风险管理体系薄弱环节，提升风险管理水平；积极营造合规文化宣传氛围，提升员工规范化、专业化水平。

【人力资源管理】公司立足实际情况，推进培训机制改革，量化年度教育培训目标，积极参加监管部门和集团组织的各项培训活动，建立以公司战略与员工职业发展相融合为导向的教育培训体系。以构建学习型团队为目标，结合企业不同时期阶段性目标和员工综合素质，精准、客观地制订短期培训计划和长期培训计划。针对管理类、专业技术类员工，分别设计不同的职业发展通道，并以此制订不同的培训计划，满足各职级各职位的培训需求。

【信息化建设】公司紧盯一流财务管理体系建设目标，按照集团财务数字化战略整体布局，以集团司库体系顶层设计和信息系统优化为重点，全力构建与集团管控和发展相匹配的司库管理体系。2023年，公司完成了集团司库信息系统一期建设任务，实现了对集团账户、资金计划以及融资、授信、担保、借款集中统一管理。系统通过持续优化和完善，功能进一步覆盖全业务，用户进一步覆盖全集团。同时，按照监管要求完成业务连续性及网络安全和数据安全2023年度达标任务，持续提升公司业务连续性及网络信息系统安全管理水平。

【企业文化建设】公司党总支在集团党委的正确领导下，2023年紧紧围绕“学思想、强党性、重实践、建新功”总要求，深入开展学习贯彻习近平新时代中国特色社会主义思想主题教育，推进党建示范工程、文明单位创建工程、“幸福陕投”打造工程落地；荣获“陕西省国资委文明单位标兵”称号，营造重道德、讲文明、树新风的浓厚氛围。完整、准确、全面贯彻新发展理念，更好地服务和融入集团新发展格局，为实现公司高质量发展凝心聚力。

陕西延长石油财务有限公司

【集团概况】2023年，陕西延长石油（集团）有限责任公司（以下简称“集团”）贯彻落实党的二十大精神和习近平总书记来陕考察重要讲话和重要指示，全力稳增长、调结构、保供应、防风险，总体保持稳中有进、结构趋优、质效提升良好态势，全年实现营业收入3850.23亿元、同比增长3.75%，利润总额140.07亿元、同比增长68.3%，实现税费431.76亿元，为全省工业经济发展作出积极贡献，获省国资委稳增长突出贡献奖、科技创新奖、改革发展提升奖。

【经营概况】2023年，陕西延长石油财务有限公司（以下简称“公司”）主要经营指标超额完成，整体呈现稳中向好的发展局面。2023年末，资产总额252.78亿元，全年实现营业收入6.20亿元，利润总额5.80亿元，净利润4.38亿元，各项资产质量良好，不良贷款率为零，各项风险控制指标均符合监管要求。

【服务实体】公司一是信贷投放规模增加。2023年全年累计向集团及成员单位发放贷款253.39亿元，较上年同期增加48.89亿元，增幅为23.91%。二是制造业企业支持力度持续提升。2023年全年累计对制造业企业发放贷款53.96亿元，较上年同期增加16.54亿元，增幅44.20%。三是中长期贷款比例大幅增长。2023年末，中长期贷款余额10.98亿元，占比9.18%，较上年同期增幅449%。四是持续开展票据、保函业务产品。全年累计开票金额合计4.79亿元，较上年同期增加0.11亿元。全年累计开立保函1.31亿元，较上年同期增加0.5亿元。五是免收支付结算手续费，2023年为集团成员单位节约手续费472.55万元。

【信贷业务】2023年公司新增信贷业务客户3家，年末贷款余额119.65亿元，较上年同期增加0.5亿元，累计信贷投放253.39亿元，较上年同期增加48.89亿元。落实人民银行LPR贷款利率政策，全年自营贷款平均利率2.39%，同比下降18.71%，较最新1YLPR（3.45%）利率减少106个基点。

【资金业务】公司一是积极议价，稳定资金池执行利率水平。多家主要资金池银行执行利率高于2022年末。二是有效提升同业存单投资市场化运作水平。2023年日均同业存单43.94亿元，日均持仓同比增加17亿元，同业存单投资收益率2.56%，收益水平较2022年（2.51%）进一步提高。

【投资业务】公司一是全年累计撰写《金融市场周报》21期；二是年内多次抢抓市场有利时机，多次果断加仓，提高配置规模，提升组合剩余期限，主动优化投资组合。公司自营债券投资业务收益率3.16%，高于2023年全市场债券型公募基金平均投资收益率（2.97%）19

S

个基点。

【票据业务】公司成功上线新一代票据业务系统。联系多家银行作为公司票据的保贴行。全年累计开立电子银行承兑汇票4.79亿元，较上年同期增加0.11亿元。

【资金集中】在日常管理中，公司运用货币资金效能比对长效化监督管控措施，按月开展比对工作，同时不定期开展资金归集专项检查。全年对9家单位开展资金归集专项检查，下发资金归集督办函4份，通过督办和查找未归集账户累计归集资金3.56亿元。截至2023年12月末公司新增客户11家，新增结算账户27个，注销客户6家，注销结算账户13个，新增归集银行账户32个。2023年可归集资金归集率平均97%以上。

【业务创新】公司积极对接成员单位和外部银行等金融机构，首次开展财务顾问业务，同3家成员单位签订财务顾问协议，提供项目融资和外部融资顾问服务。

【风险管理和内部控制】公司一是严格贯彻落实各项监管要求，不断细化业务管理要求，优化业务操作流程，强化合规管理基础建设，深化完善制度体系，优化公司风控预警机制，实时监控公司各项监管指标。二是整合监管发现问题、同业违规处罚等数据，分析识别违规问题易发多发环节，及时进行问题通报和风险提示。三是紧紧围绕监管要求和年度审计计划，组织实施了6项内部审计，发现问题26项，提出审计建议24条，并有效推进整改落实。

【人力资源管理】公司分层分类精准开展培训。坚持“学干相融、赋能提升”，充分利用在线培训、内部培训等多种方式实施培训项目10余项，员工业务能力和专业素养进一步提升。强化管理改进作风，持续为员工办实事，加强补充医保政策宣贯，充分利用保险来解决门诊及住院等产生的医疗费用。

【信息化建设】2023年，公司围绕“小核心、大外围”信息系统建设思路，成功上线新一代核心业务系统和网银系统，采用先进的设计理念和领先的技术架构，以客户为中心，以产品为主线，以数据为驱动实现业务参数化，交易、核算相分离，新增网上银行电票三合一功能、7×24小时在线交易服务等多项自动化处理机制，并全力推动财务管理系统、投资业务系统、数据仓库、监管报送系统等外围系统配套升级，建立与核心业务系统相匹配的业务管理流程、数据传输模式以及数据共享机制。

【企业文化建设】公司拓展“融资+融信+融智+党建共建+安全联建”党建模式，开展主题党日4次、交流座谈5次、党建联盟1次。丰富以“四正”从业理念为内核的企业文化，开展“全民反诈在行动”集中宣传月、宪法宣传周等活动7次，发放宣传单600余份。高质量运行“两微一网”，实现网上网下共享、线上线下互动，发布新闻稿33篇，推送微信公众号265期。开展干部作风能力提升年，解决作风能力问题6项，荣获2023年陕西金融系统职工篮球赛B组亚军、精神文明奖。

商飞集团财务有限责任公司

【集团概况】2023年，中国商用飞机有限责任公司（以下简称“集团”）推进大飞机事业取得新的重要进展。ARJ21新支线飞机在海外正式投入商业运营，顺利完成印度尼西亚雅加达至巴厘岛的首航，开始为印度尼西亚民众和各国游客提供安全、舒适和经济实惠的航空旅行服务；C919大型客机圆满完成首次商业飞行，正式进入民航市场，开启市场化运营、产业化发展新征程。

【经营概况】2023年，商飞集团财务有限责任公司（以下简称“公司”）坚守“服务集团、服务主业”定位，狠抓“企业经营能力、风险管理能力和信息科技保障能力”建设，司库建设结算模块上线，银企直连平台完成搭建，跨境支付业务落地，数字人民币试点成功，以特色金融助力大飞机规模化系列化发展。全年实现营业收入 22399.74 万元，实现利润总额 3685.61 万元，各项经营指标符合监管要求。

【服务实体】公司首次与南航开展合作，完成3架 ARJ21 飞机共计 4.29 亿元的融资支持。2023 年累计对成员单位开展 30 余次调研及上门服务，累计为飞机研制批产提供 5.71 亿元资金支持。优化循环贷款提前还款功能，满足多场景多样化还款需求。确定非融资性保函业务方案，支持各成员单位在包括商务服务、工程项目履约等场景下的保函开立需求。

【信贷业务】公司及时掌握成员单位资金需求，做到应授信尽授信，应贷尽贷，并大力支持 ARJ21 飞机销售融资。2023 年累计授信额度 34.46 亿元，累计发放贷款 9.99 亿元，截至 12 月 31 日贷款余额 20.58 亿元。

【资金业务】公司结合中资商业银行综合实力，形成投融资性同业存款合作银行名单，实现合作银行名单制管理，与名单内 15 家银行开展同业合作，加强同业信用风险管控。落地首单同业拆入业务，丰富流动性管理工具，提升资金保障服务能力。

【外汇业务】公司完成即期结售汇业务制度、流程方案编制；向国家外汇管理局上海市分局提交结售汇业务资质申请初审材料，为扩宽外汇结算业务能力夯实基础。

【资金集中】截至 2023 年 12 月 31 日，公司累计完成 20 家成员单位客户 32 个账户的开立及资金集中管理，归集资金 122.50 亿元，半年平均全口径资金集中度 54.28%。全年累计办理 21 笔约 769 万元跨境人民币集中收付，发挥人民币跨境支付清算“主渠道”作用。助力集团司库建设，搭建银企直连平台，实现境内集团并表单位账户 100% 直连，账户余额明细实时可视；构建统一对外结算接口，实现全过程监控；通过银企直连对境外单位的 FTN 账户和银行账户实时可视，实现境外资金动态监控。

【业务创新】公司落地首笔 CIPS 跨境人民币付款业务，支持首架交付海外 ARJ21 飞机运营。试点数字人民币跨境支付，为成员单位向海外航司支付服务贸易款项并开展数字人民币跨境支付业务，丰富跨境结算工具。

【风险管理和内部控制】公司对标新版《企业集团财务公司管理办法》和监管评级，形成管理提升计划 58 项，2023 年 44 项任务全部完成；对监管文件开展专题分析和集中学习，全年组织案防合规讲座 9 期；开通企业征信查询功能，提升信用风险管控能力；修订金融资产风险分类制度，准确判定资产质量，2023 年公司金融资产风险分类均为正常类。全年完成共计 10 项审计项目，通过审计监督，促进提升公司在飞机买方信贷、信息科技管理、存款准备金以及薪酬管理等方面的风险防控水平。

【人力资源管理】公司围绕综合素养、专业能力、经营管理三个模块，共召开 9 期专题干部专题培训；定期举办金融讲堂 4 讲，组织骨干员工参加外部专题培训 6 期，提高员工金融专业水平。开展外汇人员社会招聘，招录外汇业务岗、外汇业务主管各 1 人，满足外汇业务资质申请需要；开展资金结算部副部长竞争上岗工作，选优配强干部人才。

【信息化建设】公司上线五级分类、完善固定资产贷款、循环贷款多借据提前还款功能，逐步提升核心业务系统的合规性和对业务开展的支撑能力。新增 13 家银行网络专线、完成 19 家银企直连平台搭建，优化机房设备容量管理，加强基础设施建设。开展信息安全培训，完成应用安全设备部署，完成 UPS 空调等重点风险排查，健全信息安全防御体系。升级同城灾备系统，扩充存储备份空间，降低数据丢失风险，开展磁带级数据备份恢复应急演，提升业务连续性水平。制定信息科技风险管控措施，量化信息科技风险关键技术指标，形成信息风险指标库。

【企业文化建设】公司党总支部以“聚焦

主业，优化服务”专项行动为抓手，在“党业搭台，业务唱戏”上谋创新，在提升党员干部落实力、执行力上见实效；以廉洁文化共建活动为抓手，与成员单位、同行业单位的党组织开展党风廉政联学联建；创新主题党日形式，丰富主题党日内容，赴江西方志敏干部学院等开展7次参观学习，以高质量党建保障公司安全发展高质量发展。学深悟透力行习近平文化思想，学习贯彻全国宣传思想文化工作会议精神，遵循视觉识别系统使用规范，落实《员工文明行为规范》。开展上海市文明单位创建，接受文明单位创建实地检查。落实集团环境治理提升三年行动，促进公司公共区域环境品质提升。

上海城投集团财务有限公司

【集团概况】上海城投（集团）有限公司（以下简称“集团”）前身是成立于1992年的上海市城市建设投资开发总公司，于2014年改制为有限责任公司，是一家专业从事城市基础设施投资、建设、运营管理的国有特大型企业集团。集团聚焦路桥、水务、环境、置业四大业务板块，传承“创新、专业、诚信、负责”的发展理念，传承“让城市生活更美好”的愿景，坚定不移推进“集团化、市场化、国际化、专业化”改革，着力建成“卓越的基础设施和公共服务整体解决方案提供商”，当好城市建设和运营管理的主力军，当好服务全市重大任务的突击队，争做国企改革和创新发展的先行者。

【经营概况】上海城投集团财务有限公司（以下简称“公司”）2023年全年新增贷款投放量达到34.78亿元，日均贷款规模同比增长2.33%，有力支持了集团生产经营需求和减少了集团的对外融资支出。全年实现营业利润6767万元，税后利润5069万元。

【服务实体】公司为多家成员单位提供融资业务咨询服务，包括上海环境“松江危废项目”、公路集团“崇明越江项目银团”、水务集团“水厂深度处理项目银团”、上海中心“经营性物业项目银团”和城投控股“新泾镇房地产项目”融资比选工作。公路集团崇明越江通道再融资项目、上海中心经营性物业项目银团均为成员单位获取到最优的资金成本，全程参与并协助上海中心落实2022年末付息资金安排及完成2023年贷款置换。

【信贷业务】截至2023年末，公司共向10家成员单位授信54.40亿元，年末信贷余额首次突破40亿元大关，达到40.08亿元，创下公司成立以来新高。同时，公司向成员单位累计发放各类贷款34.78亿元，日均贷款余额34.11亿元，双双创下历史新高。

【资金业务】截至2023年末，全年完成资金调拨及投放超过800笔，金额达996亿元，全年流动性比例64.79%，达成同业放款金额约563亿元。在第二、第三季度市场震荡下行期间，通过与同业开展以季度存放协议为主，结合适时投放短期同业约期业务的方式，跑赢同期的对标市场利率。

【资金集中】公司继续做好资金集中管理，开发并推广自动归集功能，以优质服务提升成员单位满意度，资金归集率稳步提升，截至2023年末归集资金超过百亿元；同时持续推进账户可视化工作，已完成13家银行的银企直连挂接业务。利用银行的银企直连产品累计接入各类账户共计1018户，约占集团境内银行账户的81.90%。

【业务创新】2023年7月，公司发放成立以来首笔绿色金融贷款，主要用于集团瀛洲生活垃圾处置有限公司崇明固体废弃物处置综合利用中心二期工程建设。该项目累计授信

11200.80 万元，截至 2023 年末已提款 8250 万元。

【风险管理和内部控制】公司结合业务实际运营需求，及时修订完善各类管理制度，2023 年新增《关联交易管理办法》《数据分级分类管理办法》等 5 个制度，修订制度 12 个，废止制度 1 个。组织 5 场业务合规培训，开展合规专项检查、案防排查、员工异常行为排查及履职回避排查等，从严抓实各项合规风险管理工作。进一步强化内部控制，防范内控风险，开展公司治理管理自评估和整改工作，持续提升信息科技风险防控的体系化建设水平，积极做好反洗钱可疑案例排查和日常宣贯工作，开展法治宣传，提升全员守法合规意识。

【人力资源管理】截至 2023 年末，公司员工 29 名，平均年龄 40 岁，其中：研究生学历占比 58.62%，具有中级及以上职称占比为 72.41%，从事金融或财务工作 5 年及以上占比 72.41%。持续完善人才激励机制，实施员工职级晋升管理办法，推进人才队伍建设，做好人才储备工作，初步形成《城投财务公司人才工作三年行动计划（2023—2025）》。加强干部队伍建设，锻造高素质干部人才队伍，组织开展中高层管理人员赋能领导力的专项培训，为公司高质量发展提供强有力的人才支撑。提高员工队伍整体素质，提升员工专业技能水平，实施员工教育培训管理办法，2023 年度开展培训活动 41 项，培训人次达到 681 人次。

【信息化建设】公司完成核心业务系统贷后管理、资金计划模块优化；资金管控系统开发完成账户余额补录功能优化。完成二代征信和人民银行征信中心的联调工作，正式接入二代征信生产系统。网络安全方面，核心业务系统、资金管控系统等级保护分数稳步提升；部署了准入设备和终端管理系统、数据静态脱敏系统，进一步提高系统的安全检查策略。信息科技治理方面，修订了信息系统安全管理办法等 6 项制度，并新制定了数据分级分类管理办法，为公司数据的正规化使用打好了坚实基础。

【企业文化建设】公司扎实开展主题教育，创新组织活动方式，采取专家辅导、红色寻访、现场教学、电影党课、知识竞赛等方式，提高针对性、时代性和实效性。开展清廉合规金融文化建设课题研究，积极参加上海城投集团廉洁文化品牌评选活动，“清扬城财”品牌获集团优秀廉洁文化品牌称号。牢牢把握意识形态工作领导权，强化宣传思想引领，成功申请加入上海国资企业思想政治（企业文化）研究会。深化“我为群众办实事”活动，组织开展职工疗休养、充实职工医药箱、因地制宜购置便携式运动器材、举办职工趣味运动会等，职工获得感、幸福感更加充实。

S

上海电气集团财务有限责任公司

【集团概况】上海电气集团（以下简称“集团”）是全球领先的工业级绿色智能系统解决方案提供商，专注于智慧能源、智能制造、数智集成三大业务领域，聚焦高端、智能、绿色的发展方向，以科技赋能推动中国及全球工业高质量发展。2023 年，集团持续夯实产业发展基础，加大科技创新力度，提升经济运行水平，持续探索管理深化变革，积极推进“十四五”战略落地见效。

【经营概况】2023 年，上海电气集团财务有限责任公司（以下简称“公司”）以监管政策导向为指引，按照集团“稳中求进、守正创新，坚定不移走高质量发展之路”的工作总基调，进一步统一思想、强化落实，聚焦重点工作关键举措，强化客户服务能力，加快金融科技赋能，努力培育发展新动能，助力集团实体产业转型发展。

【信贷业务】2023 年，公司以集团融资预算为准绳，确保信贷投放精准发力，深耕集团新产业投资机会和战略转型过程中的资金需求，全年信贷投放较大幅度提升，信贷日均规模创历史新高。同时贷款利率实现了一定幅度的下降，充分帮助集团企业实现减费增效。此外，公司举办了“双十一”线上营销活动，结合司库建设和促进集团内配套业务，大幅降低了票据贴现利率，积极践行金融向实体让利的承诺。

【投资业务】2023 年，公司坚持绝对收益投资理念，增加固定收益业务和同业业务投资规模，着力完成金融资产的保值增值。在固定收益投资方面持续优化配置结构，有效应对市场变化；在同业业务方面积极捕捉市场机会，保证流动性比例稳定的同时稳步增强收益。

【票据业务】2023 年，公司持续完善票据系统和产品体系，进一步提升票据服务能力，助力集团强化融资管控。公司以集团票据可视可控为着力点，有效辅助票据承兑管控，成为了全国最早一批对接上海票据交易所“集票宝”产品的金融机构，基本全覆盖集团有票据业务的成员单位，实现了票据账户的每日信息可视以及对集团成员企业票据信息的全覆盖，为集团深化票据管控、提升服务质效带来了突破性变化。

【资金集中】2023 年，公司夯实司库管理职能，强化资金集中管理。一是从维护存款存量和吸收存款增量两方面入手，加强数据跟踪和分析，坚持差异化定价策略，提升服务精细度，有效提升了存款规模和资金集中水平，公司人民币存款日均规模创历史新高。二是持续深化账户直连工作，成立了直连工作专项小组，与 14 家银行建立了高效协同合作机制，切实保障直连工作推进。2023 年，通过银企直连、司库系统基本实现电气股份所属企业主体账户可视可控。

【外汇业务】充分发挥外汇业务专业性优势，成为集团外汇业务统一办理的“入口”，外汇业务整体服务方案的“出口”以及深化外汇管理政策对外咨询的“窗口”。2023 年，公司完成了对跨境双向人民币资金池的结构调整，紧跟集团跨境融资需求设计制订了多种跨境资金融通方案，有效提高了跨境资金通道的自营放款能力，实现对集团跨境资金流动需求的响应率达 100%。此外，公司举办了“共创电气智‘汇’，拓展全球视野”为主题的外汇业务研讨会，为跨境业务的合规开展和外汇风险的有效管控提供了方向。

【业务创新】2023 年，公司在集团并购项目中主动作为，为集团定制了专项业务方案，创新设计了并购贷款业务产品，并同时配套了相应的业务管理制度。公司通过与银行组建银团贷款方式，发放了并购贷款，实现了首单并购贷款业务的落地，助力集团成功完成重要项目并购。

【投行业务】2023 年，公司发挥自身专业优势，深耕财务顾问服务，强化内外部资源整合。在投资领域帮助集团实现清洁能源、光伏等生产领域的项目布局，在融资领域助力集团探索新型融资工具，在智库领域与集团职能部门紧密合作开展项目研究，全面支撑了集团“十四五”战略规划的有效落地。此外，公司举办了以“探索绿色金融产品，助力新型电力系统”为主题的投行沙龙活动，特邀集团内外部专家，聚焦行业发展现状及前景、新型电力系统、绿色金融产品等话题研讨。

【风险管理和内部控制】2023 年，公司构建智能风控模型体系，一方面新开发了票据承兑预警模型、信贷资金用途智能化监测、行业景气度模型以及模拟了内部评级模型，另一方面运维优化了财务体检、存款智能预测、存贷款定价、集中度分析等模型，累计开发 9 个模型，在资产配置、资信评估、风险管理、定价管理等领域发挥了积极作用。其中财务体检模型是首个自主研发模型 + 自主开发平台的结合，实现以集团 KOA 平台为入口，以线上化的方式向集团、产业集团及各企业财务领导、非财务管理层定期提供，成为集团财务风险预警的重要参考之一。

S

【信息化建设】2023 年，公司一方面建立一个自主可控、可持续优化的软件系统开发平台，新增了贷后管理、财务体检评估、财务指标分析预警、五级分类等多个模块。另一方面，深化 RPA 智能机器人自主开发平台建设，将工业机器人变身智能软件机器人，可以 7×24 小时开展金融工厂工作。截至年末，公司组建了 10 个 RPA 机器人团队，上线 70 多条 RPA 流程，自主开发比例提升至 90%，累计发出了 2 万封邮件。还引进了 RPA 机器人后台管理平台，在优化程序后实现了“机器人动态管理机器人”的运营模式。此外，公司以“AI 赋能，智创未来”为主题开展了 RPA + AI 培训课程。

【公司治理】2023 年，公司积极构建决策科学、执行有力、监督有效的公司治理体系。一是夯实资本实力，将注册资本由人民币 22 亿元增加至 30 亿元。二是加强制度体系建设，新增《股权管理办法》，完成了公司章程以及涉及董监事会的议事规则和履职评价相关办法的修订工作。三是不断加强股东管理，上线了依托自开发平台搭建的股权管理系统，深化股东履职档案建设，促进股东单位切实践行承诺事项。四是构建了完善精准的董监事年度履职档案，有效促进董监事履职行权。

上海复星高科技集团财务有限公司

【集团概况】上海复星高科技集团财务有限公司（以下简称“公司”）所属集团为上海复星高科技（集团）有限公司（以下简称“集团”），集团作为一家植根中国的全球化企业，深耕健康、快乐、富足、智造四大板块。

2023 年，集团持续积极落实投管及运营策略，实现了多元化、专业化经营。集团主营业务包括了医药健康、房地产、矿业、零售、文化产业、服务业及其他投资，涵盖范围较广。2023 年，集团旗下产业包括复星医药、豫园股份、复星旅文、复宏汉霖、复地、海南矿业、三亚亚特兰蒂斯、Club Med、复星保德信人寿、舍得酒业等知名企业。

【经营概况】截至 2023 年末，公司资产总额 121.15 亿元，负债总额 99.41 亿元，所有者权益 21.74 亿元。全年实现营业收入 4.14 亿元，税后净利润 2.78 亿元。

【服务实体】2023 年，公司作为集团下属专业金融服务提供者，紧跟集团发展脚步，在维系并增进与集团核心企业的长期合作关系的同时，积极拓展新的存贷款客户。公司也紧跟集团战略，助力实体产业发展，向集团内不同板块不同业态特别是小微、新兴、民生消费、智能制造等成员企业提供不同程度的信贷支持，促进产业保持发展动力，帮助推动实体产业经济发展。

【信贷业务】2023 年，公司精准有力地加大逆周期调节力度，切实服务集团及成员企业，更是助力各核心成员企业在经营周转中的流动性支持。截至 2023 年末，公司向成员企业授信总额合计 277.08 亿元，年末贷款余额 112.46 亿元，贷款规模稳步提升。

【产业链金融】公司积极响应国家号召，根据养老服务业发展导向和经营特点，开发针对养老服务业的特色信贷产品。养老消费信贷业务能够通过金融服务满足消费者日益增长的养老需求，正面激励和引导养老产业消费，对提升我国社会养老保障水平具有关键作用。公司消费信贷业务有序开展，严格执行监管要求，所有贷款客户贷后情况良好，未出现逾期或其他不良情况。

【资金业务】2023 年公司强化资金运作管理，资金用款计划制，提升流动性监测管理，在流动性总体平稳可控的情况下，确保信贷、投资等业务的有序开展。同时，通过分析资产及负债端的期限结构，在流动性及资金充裕的情况下，将可用资金按照可配置的期限进行活期、定期等配置。

【投资业务】2023 年公司根据资金和流动性情况，开展了货币基金、债券交易等投资业务。公司投资的货币基金品种规模较大，流动性较好，收益比较稳定。公司加强投研分析和风险评估，投资高评级债券，持仓债券均按时收到还本付息。全年投资业务累计交易金额 16 亿元，实现收益 1047 万元。

【票据业务】2023 年公司的电票业务在支持实体企业资金周转的同时，也配合降低客户的财务成本。此外，公司积极联系票据保贴银行，在贴现额度、成本及流程上尽可能为客户提供最便捷高效的服务，丰富了客户的融资手段，提高了资金利用效率。所有电票均根据成员企业贸易用款需求及时开立，且到期兑付正常。全年累计开票 2.99 亿元，出票 211 笔。

【资金集中】2023 年本公司持续深度了解集团产业结构调整情况，跟踪新投企业，挖掘符合成员单位条件的公司。在客户开拓方面取得显著成绩，并与集团资金部高效协同，完成资金归集工作。公司 2023 年半年平均全口径资金集中度近 30%，本公司在提升资金归集方面做了诸多工作，在保障成员单位运营方面发挥了重要作用。

【业务创新】2023 年，公司为进一步配合集团产业发展规划，节约集团资金跨境收支的汇兑成本，本公司积极探索即期结售汇业务。年内，即期结售汇业务资质通过外管复审，取得阶段性成果。

根据国家外汇管理局要求，公司投入研发结售汇监管数据报送系统，一期项目已基本完成建设。该系统完成与外管联调并上线后，将实现批量、定期采集外币账户以及结售汇业务数据，按照规范要求生成数据接口文件，并通过消息传输系统（MTS）报送到国家外汇管理局。2023 年，公司为降低集团内部担保成本，提升企业通关效率，丰富财务公司产品矩阵，更好地服务集团内有进出口贸易需求的成员企业。公司对集团涉及货物进口业务的成员企业开展专项调研。结果显示，被调查成员单位进口环节涉税额较大，存在通关效率不高以及资金挤占的情况。在此基础上，公司开展了海关税款担保业务可行性研究，明确该项业务符合海关多元化税款担保改革政策导向，且财务公司具备业务开展基础，经直属海关审核同意后，可开展海关多元化税款担保业务。目前，公司已向上海海关提交了资质申请并持续跟踪进展情况。

【风险管理和内部控制】2023 年，公司定期开展案防、扫黑除恶、行为规范等自查工作；根据内外环境变化及时开展各项风险自查；梳理完善董事会及公司内部授权体系。公司年内积极开展包括电票、信贷、内控合规、操作风险等多项风险评估和内部自查工作，并根据监管的外部事件提示风险点进行对照分析，制定防控措施，完善内控机制，确保公司稳健合规经营。

【人力资源管理】2023 年人力资源部积极支持公司业务发展，完善并落实公司人力资源发展机制，并积极配合集团人才管理要求，保障公司生产经营正常有序开展。团队建设方面，人员稳定性良好，人员数量同比上年持平。公司对组织架构层级的规划进一步完善，公司高管团队实行轮岗管理，为企业长期发展打下良好基础，各部门人员配置得到优化，提拔一批优秀骨干充实中层管理队伍，人员梯队合理。

【信息化建设】2023 年公司持续在“小核心、大外围”的系统建设架构指引下，稳中有进地开展各项信息化建设工作。系统建设方面，本年度重点完成了二代征信报送系统投运；复星汇批量转账功能上线；授信信贷系统流动贷款到期当天分批还款功能投运；数据中间库对接资金系统同步授信数据投运；结算核算系统结售汇报送报表开发；上市公司数据查询项目上线运行；人民银行金数系统版本迭代升级等项目工作。

同时，在数字赋能方面，完成了流动性预

S

测指标功能的投运，借助该预测功能，分析现金流量和头寸缺口，展现未来40天内的流动性比例的预测数值，为相关部门进行业务开展提供决策支持。

【企业文化建设】2023年，公司继续加强企业文化建设，开展基层员工慰问家访，充分听取员工意见，推进财务公司内部民主文化建设。公司重视党建工作，落实组织内部“双向进入、交叉任职”领导体制，组织财务公司全员政治理论学习、爱国主义学习，提高员工政治素质，增强向心力、凝聚力。公司始终坚持企业的整体核心价值——“修身、齐家、立业、助天下”，谋求个人、团队、公司、社会、环境的综合全面可持续发展。

上海华谊集团财务有限责任公司

【集团概况】上海华谊控股集团有限公司［原上海华谊（集团）公司，以下简称“集团”］旗下有“能源化工、绿色轮胎、先进材料、精细化工和化工服务”五大核心业务，并已基本形成“制造+服务”双核驱动的业务发展模式，以及上下游产业链一体化发展体系。近年来，集团围绕五大核心业务，坚持“绿色发展、创新发展、高端发展、跨市发展、一体化发展”五大发展战略，“一个华谊、全国业务、海外发展”的业务布局取得重大突破，“优势业务、新兴业务、海外业务”的三元业务发展格局初步形成。

【经营概况】2023年，上海华谊集团财务有限责任公司（以下简称“公司”）实现营业收入5.44亿元，利润总额1.19亿元，年度吸收存款和发放贷款日均数分别达到202.03亿元和80.01亿元。

【服务实体】公司始终把为实体经济服务作为出发点和落脚点，持续发挥贴近实体、了解产业、量身服务、融合管理的独特优势，以精准投放、重点支持和品种丰富为主线，主动贴近企业，深挖了解金融需求，公司继续深度参与集团重大项目融资，通过牵头启动钦州五大项目利率重定价等工作，不断整合金融资源为集团企业重大项目融资提供更多选择。

【信贷业务】公司继续优化信贷结构，强化金融服务质效，结合企业的实际需求，助力集团企业降本增效。2023年，公司累计发放贷款173笔，总计117.98亿元，年末余额97.47亿元，同比增长47.50%。公司围绕集团战略，发挥财务顾问作用，重点协助集团组建和运行多个项目银团，为集团重大项目提供资金保障和智库支持。

【资金业务】2023年，公司持续关注市场流动性状况，在资金面较为宽松时保留了较多的短期限头寸，并在资金价格上扬后适当延长存款期限，锁定收益。

【投资业务】2023年，全年参与公募货币基金和债券型基金的投资，在市场偏弱的情况下较好地实现了一定的投资收益。

【票据业务】公司结合集团票据特点，持续推进电票贴现业务，并根据市场情况调整贴现策略，实现集团利益最大化。2023年，累计实现票据贴现23笔，金额7.52亿元。公司持续协助集团开展票据风险警示，全年共发布票据警示34次，有效降低集团企业票据风险。公司开展买断式转贴现业务2笔，转贴金额8501万元。

【外汇业务】2023年，公司在前期结汇业务取得较好经验和成果的基础上，继续努力拓展结售汇业务客群，打通企业购汇业务通道。年内共为企业代客结售汇2.9亿余美元，通过让利、盯盘等方式切实帮助企业降低了结售汇成本。

【资金集中】公司对成员企业的资金量进行动态分析跟踪，个别企业不可归集资金取得突破。2023 年，新增开户 25 户，管理口径资金集中度月度保持在 96% 以上，全口径资金集中度月度保持在 75% 以上，并在第三季度首次突破 80%。

【业务创新】公司为集团及相关成员企业提供相关行业报告，助力企业通过事先预判，进一步提高市场敏锐度。公司依托智库增值服务功能的扩展，不断做好为集团提供综合高效的决策支持服务。

【风险管理和内部控制】2023 年，公司深入开展“合规文化宣贯年”活动，在保持高度风险意识、保证合规发展、确保资金安全的前提下，推动合规与经营深度融合。全面执行新办法，完成过渡期整改；落实监管要求完成问题整改，压实业务合规性；内化监管政策，保持审慎合规经营；强化公司治理，明确履职路径；搭建风险事件数据库，多措并举有效防范操作风险；加强合规培训，厚植合规文化。

【人力资源管理】公司持续不断促进金融业务发展所需要的复合型产业金融人才队伍不断壮大。通过小“之”字型轮岗锻炼和考察，以服务集团实体经济、协助集团风险管控为出发点和落脚点，逐步形成“产业中最懂金融，金融中最懂产业”的人才生态优势。同时，持续畅通“双通道”发展新机制，为推动公司高质量发展提供坚实人才队伍保障。

【信息化建设】2023 年，公司持续强化基础设施、运行维护、信息安全等基础信息科技工作，完成新一代票据系统通过上海票据交易所验收上线；完成基于数据治理的信息系统项目中征信二代验收上线；推动 RPA 建设，完成 5 个新场景（共 17 个）流程，提升运管效率；完成集团安全大检查对核心及企财通系统渗透性测试工作；完成交通银行外币余额同步的上线工作。此外，公司大力推进数字看板建设，全景展示金融资源指标、数据，为集团对外谈判、扩表缩表等决策提供支持。

【企业文化建设】一是通过向全员发放无记名问卷调查，广泛听取群众意见，推进完成卫生间改造项目，积极解决群众急难愁盼问题。二是将党风廉政建设与清廉文化一体推进，把廉洁风险防控的理念融入公司各专业条线日常工作，形成公司《重点领域廉洁风险防控手册》。三是公司通过组织“徒步滨江 · 沿着习近平总书记上海足迹——红色之旅活动”等各类活动，引领公司全员将习近平新时代中国特色社会主义思想充分内化为踔厉奋发、勇毅前行服务集团主责主业，推动公司高质量转型发展的强劲动力。

上海浦东发展集团财务有限责任公司

【集团概况】上海浦东发展（集团）有限公司（以下简称“集团”）是 1996 年经上海市人民政府批准设立、1997 年 11 月 14 日注册成立的国有独资有限责任公司，注册资本为 39.9 亿元。

2023 年，集团全面贯彻落实党的二十大精神，立足服务引领区建设，市场与功能同步发力，主业与新业融合发展，全力推进区国资国企十大专项行动落实，较好完成全年目标任务，保持良好发展态势。

【经营概况】2023 年，上海浦东发展集团财务有限责任公司（以下简称“公司”）实现营业总收入 4.43 亿元，净利润 2.34 亿元，净资产收益率达 8.70%。

公司紧紧围绕集团“3 + 2”战略布局，以党建引领企业高质量发展、以新办法筑牢合规底线，在巩固存量、拓展增量、延伸服务、提高附加值上下工夫，全面推进公司“十四五”发展规划稳步实施，以服务无时不有、关怀无微不至、创新无处不在、管理无所不至、引领无所不见的“五无”精神，确保公司各项工作目标顺利完成。

【服务实体】公司积极协调及参与多项浦发集团重点项目，深入探讨工程建设板块资金及项目等金融需求情况；推动光伏项目融资业务落地，以高品质的服务支撑高质量的发展，推动资金效益最大化。

协助集团和成员企业完成三期公司债和九期超短融的发行工作，满足集团市场化发行需求，为集团节约债券融资成本；公司围绕集团“3+2”战略布局，为三大主业量身定制智慧方案，提供优质的金融保障服务。

【信贷业务】截至2023年末，公司贷款余额76.69亿元，贷款日均规模为80.13亿元，贷款投向主要为保障性住房建设、生物质发电以及城中村改造等领域。2023年公司在银团贷款的利率、期限、担保措施以及提款条件等各项边界条件中为成员单位争取最优待遇，有效保障了集团及成员企业的资金需求。

【资金业务】通过科学统筹、合理配置，在保障集团及成员企业流动性的前提下，适当开展存放同业、同业存单投资和买入返售、卖出回购等同业业务，运作规模日均达126.71亿元，实现资金运营安全合规、计划有序及灵活高效。

【投资业务】延续稳健的投资策略，受《企业集团财务公司管理办法》影响，公司对于存量的混合型基金及固定收益类资产管理计划在规定时间内完成清理工作。2023年下半年，投资范围以债券型基金为主，通过货币基金为公司提供流动性，根据集团整体战略安排阶段性配置债券。

【资金集中】根据集团进一步实现资金统筹调配，提升资金使用效率的指导意见，公司积极配合排摸外部银行资金规模，根据不同企业的资金结算特点，量身定制资金集中管理系统，提供了可配置的资金管理模式，有效提升了成员单位的资金风险管控能力和资金使用效率。

【业务创新】浦发—浦养集团智慧停车项目ABS资产支持专项计划方案：公司研究ABS资产证券化融资特点，助力企业有效盘活存量资产，形成存量资产和新增投资的良性循环，对于提升基础设施运营管理水平、降低企业负债水平等具有重要意义。

集团商业房地产抵押贷款支持证券CMBS方案：公司根据其资产的地理位置和经营情况，为集团获得更有效、成本更低的融资来源，同时可将其相对不流动的固定资产变成流动的、可交易的金融资产，补充其资金来源。

【风险管理和内部控制】通过开展年度同业及非同业法人客户评级和授信、信贷投向指引及银行资金存放限额管理，结合公司业务系统刚性额度控制及压力测试等完善公司全面授信管理体系，强化公司风险防控措施；紧跟新《企业集团财务公司管理办法》合规要求，结合公司内控治理层级等要素，全面梳理并优化公司内控制度体系建设，形成合规管理长效机制；定期分析新监管政策影响、实时测算风险监管指标、集中梳理业务内控规则，审慎评估各类风险对公司经营决策影响，有效提升公司全面风险管理水平。

【人力资源管理】围绕国企三项制度改革要求与集团综合金融服务商的管理定位，公司立足原有人力资源管理体系，启动人力资源管理优化项目，进一步深化公司人力资源管理体系质量变革、效率变革和动力变革。进一步完善公司职级发展体系、薪酬绩效激励规则，并形成相配套的人力资源管理制度。

【信息化建设】公司定期组织开展灾备演练，持续加强网络安全工作；根据最新监管指引和网安态势，采购包括新型堡垒机等网络安全软硬件设备；在开展常规漏洞扫描、网络安全培训及网络安全应急演练等工作基础上，组织对重要信息系统的三级等保评测并制订问题整改计划和方案；实施OA流程改造项目，不断深化业务管理数字化转型，提升线上流程的实用性；推动业务系统的二次开发工作，不断完善业务系统功能，更好地支持业务开展。

【企业文化建设】公司坚持以党建品牌联盟为抓手，致力于集团“新发展”下的“四个转变”用心做好服务，即服务理念向强化“风险意识、创新精神”转变；服务方向向深化“集约化资金管理、集成式金融支持”转变；服务路径向打造“多元化金融产品、个性化解决方案”转变；服务模式向探索“持牌司库型、综合服务型”转变，为集团整体协同发展，夯实党建聚合力，提供更加高效高质的有力支持。

上海汽车集团财务有限责任公司

【集团概况】上海汽车集团股份有限公司（以下简称“集团”）目前主要业务包括整车（含乘用车、商用车）的研发、生产和销售，围绕“碳达峰、碳中和”国家战略目标和汽车行业变革趋势，全力冲刺“电动智能网联”新赛道；零部件（含动力驱动系统、底盘系统、内外饰系统，以及电池、电驱、电力电子等新能源汽车核心零部件和智能产品系统）的研发、生产、销售；物流、汽车电商、出行服务、节能和充电服务等移动出行服务业务；汽车相关金融、保险和投资业务；海外经营和国际商贸业务；并在产业大数据和人工智能领域积极布局。2023 年，集团整车销量 502.1 万辆，连续 18 年保持国内行业第一，集团新能源车和海外销量继 2022 年率先站上“双百万辆”台阶后，再创历史新高，分别达到 112.3 万辆和 120.8 万辆。2023 年 8 月，集团以 2022 年度合并报表 1106 亿美元的营业收入，位列《财富》杂志世界 500 强第 84 位，连续 10 年进入百强榜单。

【经营概况】上海汽车集团财务有限责任公司（以下简称“公司”）成立于 1994 年 4 月，2023 年末，公司注册资本人民币 153.80 亿元（含 1000 万美元），2023 年实现合并归母净利润 57.02 亿元；完成合并营业收入 193.02 亿元；年末合并资产总额达 3011.37 亿元。公司治理结构完善，股东会、董事会（下设 3 个专门委员会）、监事会各司其职。公司共设有 21 个部门，实行董事会领导下的总经理负责制。

【汽车金融】2023 年，公司以高效服务 + 多层次组合策略进行应对，维护合理市场份额，2023 年零售信贷放款近 52 万单；年末业务已覆盖全国超过 310 个地级市的 3600 余家经销商。公司在全球客户满意度调查权威机构 J. D. Power 中国汽车金融满意度调研中获得库存融资满意度年度第一，零售信贷满意度年度第三。

公司打造的“好车 e 贷”一站式线上金融服务平台，年末累计注册用户总数已超过 835 万，年内总浏览量达到 1.4 亿人次。平台通过站内传播和外部垂直媒体引流助力新车宣导，2023 年集团品牌车型内容的曝光量达 300 万人次。

公司全力支持集团内智己汽车、飞凡汽车、大众 ID、上汽奥迪等新赛道品牌发展，为集团转型发展提供全方位、个性化的汽车金融服务。同时，公司坚持以多元化的举措扶助集团品牌经销商运营，精准分层管理提升其流动性；推广特色金融产品提升其盈利性；政策优化为经销商二级网点建设提供便利性。

【公司金融】2023 年，公司紧密围绕集团转型发展的总体战略，为集团各成员企业提供多元金融支持。持续通过银团和票据业务协助企业降低融资成本，年内智己汽车 50 亿元银团完成签约，新电票业务系统签约超过 170 家。公司协助集团企业提升外币资产管理能效，助力国际业务发展。提升互联网支付功能，满足集团新赛道品牌、整车电商平台和移动出行平台的个性化业务需求。

公司搭建境内本外币跨行资金管理平台，通过账户授权模式下的数据级交互，实现成员企业在境内各主要合作银行人民币及外币账户的查询、转账等功能；并为特定用户量身定制了“账户驾驶舱”功能，通过可视化图谱将资金信息一点式输出，协助企业提升财务管理效率。

【投资业务】2023 年，资本市场大幅波动，投资操作难度加大。公司一方面严格遵守监管要求，调整投资范围，清理高风险产品，另一方面在严格控制风险的前提下，通过多元化投资，把握时机，精选产品，踏准节奏，波段操作，依然保持了超越市场的投资收益水平。

【合规风控】2023 年，公司不断强化业务风险管理，批发业务推进经销商风险标签体系建设和贷后分层管理；零售业务贷前审批和贷后催收两手抓，提升资产质量。根据监管规定，持续完善数据治理体系，提升数据安全管理能力。加强公司治理体系建设，修订包括公司章程在内的各项制度，持续落实各项监管要求。

【社会责任】2023 年，公司继续从爱用户、爱员工、爱社会等多维度践行社会责任工作。对用户，公司聚焦客户需求及痛点，提供全方位的金融服务方案；通过数字化转型，全面提升客户体验和满意度；坚持以人为本，服务至上，保护金融消费者合法权益。对员工，公司将“成长关爱、健康关爱、外勤关爱、女工关爱”四个关爱工程品牌化、机制化，营造企业正能量，提升员工满意度和归属感。对社会，公司紧密围绕集团新能源发展战略，优化绿色金融产品方案和政策，促进新能源汽车销售；连续 26 年持续援建井冈山畔田希望小学，针对性做好捐助工作，扩大受益群体覆盖面。

上海上实集团财务有限公司

【集团概况】上海上实（集团）有限公司（以下简称“集团”）成立于 1996 年，是上海实业（集团）有限公司（以下简称“上实集团”）的境内平台。上实集团于 1981 年由上海市人民政府在香港注册设立，现由上海市国资委全资控股，拥有上实控股、上海医药、上实环境、上实发展、上实城开 5 家境内外上市公司，涉及医药、环保、房地产和城市更新、金融投资、消费品等业务，是上海在境外规模最大、实力最强的综合性企业集团和香港最具地方代表性的中资企业之一。

【经营概况】上海上实集团财务有限公司（以下简称“公司”）聚焦集团“两大三新”发展战略和年度重点工作，按照“稳中求进”的总基调，紧抓监管政策落地，大力服务集团财务管控，明确自身战略定位，统筹抓好经营发展和风险防控，经营工作有序推进。2023 年末，公司总资产 120.84 亿元，当年实现营业收入 1.18 亿元，净利润 0.55 亿元。

【服务实体】公司积极服务集团实体产业发展，加大对集团主业的信贷投放。连续三年开展信贷“开门红”活动，协助成员单位降低融资成本。服务成员单位重大项目，快速响应高效放款，为成员单位提供可靠且快捷的融资渠道。运用人民银行票据再贴现工具，助力小微成员单位降低票据融资成本，提高票据流动性。

【信贷业务】公司紧跟集团打造绿色健康产业的战略目标，加大对医药大健康和清洁能源业务的信贷投放，全年累计发放贷款 45 亿元，同比增长 38%。加大实地调研走访频率，深入了解成员单位经营状况，广泛听取信贷需求，积极构建特色化精品型的信贷服务能力。

【资金业务】公司持续加强同业合作，在确保流动性风险可控的前提下，合理分配资源，积极寻求新的交易对手，通过同业拆出、同业存单、逆回购等业务，努力提升资金收益。不断加强流动性风险管理，通过流动性压力测试、监管指标动态监控等措施严控风险。

【投资业务】根据《企业集团财务公司管理办法》要求，公司及时完成存量债券业务的规范工作。投资品种以基金为主，严格遴选投资产品及交易对手，加强投前调研和投后跟踪。在确保流动性的基础上，分散化配置，审慎开展投资业务。持续关注资本市场动态，编撰《每日投资资讯》，为集团和成员单位及时提供信息支持。

【资金集中】公司坚持以“服务质量提升促资金集中”，多措并举开展资金归集工作，2023 年日均存款同比增长 20%。全力配合集团“上实财务通”资金信息平台建设，实现集团全级次的资金信息可视，进一步提升集团资金集中管理和资金风险管控能力。

【风险管理和内部控制】公司扎实推进《企业集团财务公司管理办法》的落地实施，修订完善章程，调整投资业务范围、梳理成员单位名册，修订内控制度。强化信用风险防控，优化信用评级和授信模型，加强信贷资金用途和支付管理。加强流动性风险管控，修订流动性风险指标和优化流动性压力测试模板。完善信息科技风险管理，开展业务影响分析专项评估，提升业务连续性管理能力。

【人力资源管理】公司加强人才培养力度，持续开展员工培训工作。开展“内训师”选拔计划，全年开展“内训师”培训 16 期，建立内部培训队伍，持续推进学习型组织建设。强化重要岗位关键人员约束，落实岗位轮岗、任职回避、绩效薪酬延期支付等监管要求，开展员工家访和风险行为排查。

【信息化建设】公司顺利完成新一代票据系统的上线投产，为成员单位票据业务提供更加高效的业务处理平台。优化业务线上审批流程，完成电子印章上线。搭建集中监控平台，对核心系统所有重要设备的可用性进行监测和预警，提升业务连续性管理和自动化运维水平。网络安全方面，完成信息安全等级保护三级的年度续评工作。

【企业文化建设】公司党支部加强党建引领，发挥定向把舵作用，提升党建工作实效。持续深化党建品牌建设工作，以“聚沙成塔”品牌建设为原动力，加强与成员单位、金融同业的党建联建，坚持党建工作主动服务和融入公司经营发展，2023 年获评上海市国资委系统“党支部建设示范点”。

上海外高桥集团财务有限公司

【集团概况】上海外高桥集团（以下简称“集团”）成立于 1992 年 12 月，母公司上海外高桥资产管理有限公司由上海浦东创新投资发展（集团）有限公司出资占比 100%，注册资本 130050.76 万元，实际控制人为上海市浦东新区国有资产监督管理委员会。集团设立至今主要负责上海市外高桥保税区、外高桥保税物流园区、森兰·外高桥及周边区域共约 28 平方千米的区域开发和运营，承担了区域开发、招商引资、功能培育和产业引领的任务。截至 2023 年 9 月末，资产规模为 748.99 亿元。

【经营概况】上海外高桥集团财务有限公司（以下简称“公司”）紧紧围绕集团“创新自由贸易园区运营商和全产业链集成服务供应商”定位，不断夯实基础业务，加强风险防控能力，拓展创新业务，提升服务水平，已逐步建立能够全面覆盖及服务所有成员单位的金融服务新格局。2023 年，公司资产总额 92.24 亿元，实现主营业务收入18379.27万元（含投资收益），净利润3612.86万元。资本充足率、不良贷款率等重要经营资产质量指标符合监管机构的监管要求。

【服务实体】根据集团内租赁与商务服务业、交通运输、仓储和邮政业、制造业企业在疫情后时期内遇到不同程度的困难情况，包括物业出租率的下降以及对小微企业的租金减免、上游的结算周期加长、下游市场萎靡等，公司给予这些企业信贷上的大力支持以及利率上的让利让惠，积极打通金融助企纾困政策落地的“最后一公里”，帮助集团内上述行业企业恢复发展，精准滴灌金融活水，助推实体经济高质量发展。

【信贷业务】公司对集团系统贷款利率进行了全面梳理，全年下调利率的有息负债规模超过200亿元，上市公司板块融资平均利率下降16个基点；非上市公司板块融资平均利率下降35个基点。2023年，公司发放各类贷款45笔，累计金额24.06亿元，期末余额23.86亿元；开立财务公司保函81笔（含展期），累计金额21.45亿元，期末余额15.30亿元。

【资金业务】公司坚持在风险可控的前提下，提高资金使用效率，最终实现集团整体降本增效。公司全面融入集团资金管理工作，充分应用财务公司网银资金计划申报平台，将资金计划细化到年、月、周、日全覆盖。2023年，公司开展的资金业务主要包括存放同业活期、定期等，存放同业日均规模49.22亿元，通过合理安排资金头寸，充分保证流动性合理充裕，实现了成员单位资金需求有效满足和资金运营效率最大化的双赢局面。

【投资业务】公司严格遵照监管要求，根据资金计划及流动性情况，审慎开展固定收益类有价证券投资业务。投资品种为货币市场基金，日均投资余额3.40亿元。货币市场基金风险较低，流动性较强，收益免征所得税和增值税，在满足流动性管理需要的同时兼顾收益，有助于提高公司投资业务的税后利润。

【外汇业务】公司稳步推进外汇业务，为成员单位办理结售汇业务113笔，共计7941.34万美元。公司时刻以服务成员单位为宗旨，给予成员单位最优的价格帮助其有效降低购付汇成本，摆脱了成员单位结售汇业务与优惠只能靠银行办理及向银行申请的模式，公司即可集中办理，有效降低成员单位的管理成本和财务成本。

【资金集中】公司协助集团修订《资金存放实施细则》和《账户管理实施细则》，为集团资金集中管理打下制度基础。此外，公司协助集团进行全面银行账户梳理工作，一方面配合集团开展低效、无效银行账户清理，另一方面积极推进新开账户的归集和挂接、排查存量账户归集挂接难点，实现银行账户“应归尽归、应挂尽挂”。通过财务公司资金集中管理平台，充分发挥资金归集、结算、监控功能，提高集团整体资金使用效率。2023年，公司完成资金结算26.59万笔，结算量1.30万亿元。2023年末，公司预估全口径资金归集率63.28%，可归集口径资金归集率80.53%，账户监控比例约75%。

【风险管理和内部控制】根据新《企业集团财务公司管理办法》等监管文件、监管意见及工作实际情况，公司对各项制度的合规性、可操作性进行了梳理，因规范业务操作等事项新增制度6项，修订制度36项，归并废止制度1项，年末公司内部制度合计104项。公司同步做好《内部控制管理手册》更新工作，进一步梳理各项内部控制流程，查漏补缺，持续加强内部控制管理体系建设并通过执行重要岗位关键人员岗位轮换、重要岗位关键人员强制休假，进一步强化岗位监督和约束，防范操作风险和道德风险。同时，公司紧密围绕风险防控、合规经营，不断拓宽审计广度、拓展审计深度，切实发挥审计监督作用。

【人力资源管理】公司进一步优化人才队伍结构，以培养人才发展为导向，推荐青年骨干纳入公司储备人才库管理，培养未来优秀干部。年内完善了公司薪酬管理及绩效考核管理机制，严格按照监管要求及法人治理规范，履行对风

S

险有重要影响的关键岗位人员绩效薪酬延期支付及绩效考核管理体系工作。此外，继续推进公司发现人才、培养人才、使用人才的长效机制，2023年公司通过社会招聘引进青年人才3人，组织员工开展业务讲座及参加培训共85课次，全年累计培训397人次，打造公司金融专业高素质人才队伍。

【信息化建设】公司圆满完成新数据中心机房建设及信息系统迁移。通过持续优化升级债务管理系统、与集团资金支付系统对接、新一代银企通平台多银行直连、征信二代系统上线等举措进一步加强系统建设，赋能资金管理。此外，公司制定了《信息科技战略规划（2023—2025年）》并加以分阶段实施，在业务连续性及网络与数据安全风险管理上采取A级灾备机房变更、数据防泄露和数据脱敏实施、全方位应急演练等措施加强了机房与数据安全等级，提升安全基础。同时，通过修订、新增信息科技管理制度，完善了信息科技制度管理体系并通过开展信息科技专项审计、外包服务商尽职调查及服务评估等强化了信息科技风险管理。

【企业文化建设】公司党支部依托“三会一课”“主题党日”，加强党员学习教育。全年，围绕党章、党的二十大报告等内容开展集中学习逾12次。通过党员自学、班子领学、在线学、共建联学、课题研究等多种举措，掀起主题教育学习热潮，进一步坚定党员理想信念，更有力助推学习成效转化为工作成效。公司积极践行国企责任，落实志愿帮扶。认养新区祝桥镇新营村爱心菜地，走访调研祝桥镇薛洪村困难情况，建立帮扶常态机制。此外，公司还配合保税区公安处拍摄反诈宣传片《消失的老板》，强化普法宣传，该作品荣获中国财务公司协会第二届财务公司行业“智慧共享”微课大赛三等奖。

上海文化广播影视集团财务有限公司

【集团概况】上海广播电视台、上海文化广播影视集团有限公司（以下简称“集团”）是国内领先的全媒体综合文化产业集团。业务涵盖媒体运营及网络传输、内容制作及版权经营、互联网新媒体、现场演艺、文化旅游及地产、文化金融与投资、视频购物等领域。多年来，集团打造了一大批有影响力的文化品牌、内容经典、标志性建筑，参与完成了多个国家级的重大活动，已成为上海城市文化品牌的重要组成部分和全国文化传媒行业的领军企业，连续跻身“世界媒体500强”行列。2023年，集团营业总收入约130亿元，增幅为14%。截至2023年12月末，资产总额609亿元。

【经营概况】2023年，上海文化广播影视集团财务有限公司（以下简称“公司”）营业收入4833.12万元，营业支出3988.23万元，营业利润844.89万元，净利润633.40万元，年末资产总额79.16亿元，较好完成各项KPI指标，并获得了2022年度上海中资金融机构金融统计工作一等奖。

【服务实体】公司坚守“依托集团、服务集团”的原则，践行社会责任，助力实体经济发展。有效满足融资需求。2023年为集团及成员单位提供约54亿元授信额度，平均贷款利率较上年下降32个基点。拓宽金融服务场景。发挥资金优势，叙做三笔合计7500万元委托贷款业务；为成员单位提供各类金融咨询，为集团发行10亿元债务融资工具提供财务顾问服务。加大产融拓展力度。为数十家成员单位和13家商业银行搭建信息互通平台、打通合作通道，更好地赋能成员单位产业发展。做好金融教育宣传。开展消费者权益保护教育、国家安全教育、防范电信诈骗、金融产品宣推等活动。

【信贷业务】 截至2023年末，公司时点贷款余额26.66亿元，较上年增加7.42亿元；日均贷款余额26.40亿元，较上年增加7.70亿元。做好集团存量流贷的承接、新增贷款的跟踪挖潜，全年为集团本部发放贷款23.65亿元，余额约占其贷款总额的30.76%，提供有力的信贷融资支持；并根据需求在2024年将集团授信额度扩大至40亿元，以更好地满足其融资需要。积极跟踪成员单位资金需求，为其提供适合的融资方案；重点支持上市板块重大项目建设，全年为智媒城发放合计2.56亿元贷款，帮助成员单位及时解决付款压力。

【资金业务】 公司借助司库建设契机，全面提升资金集中管理效能。2023年末，时点存款余额67.05亿元，日均存款余额51.58亿元，较上年增加8.18亿元。超过百家成员单位在财务公司开户。同时，通过开展同业存放业务进一步增加资金收益。面对整体低利率局面，加强资金计划管理、关注市场行情，在做好资金备付的情况下抓住窗口期价格，提高同业资金收益。2023年，财务公司存放同业75笔，累计存放金额99.90亿元；日均规模34.68亿元，同比增长1.58%。

【资金集中】 公司根据集团《资金集中管理办法》履行集团资金管理职能。组织成员单位开展结算账户清查，开通民生银行、光大银行、浦发银行、交通银行及上海银行资金结算及归集平台，全盘管理集团结算账户，将各单位主要结算账户应接尽接，纳入公司结算平台。基本实现非上市板块账户余额实时可看，资金支付实时可控。截至2023年末，公司共计开户169户，较年初增长36.29%。2023年全年吸收成员单位存款67.05亿元，日均规模约51.58亿元，较年初增长18.85%。

【风险管理和内部控制】 公司全年新增修订了55项制度，进一步加强制度管理。年内完成了政策库1.0的搭建工作，涵盖法律法规、监管条例及监管来文400余项。年内开展章程修订工作，并报送至监管。建立风险管理策略（2023年版），涵盖流动性、信用、市场、操作、风险抵补能力等方面。通过上述措施不断强化风险合规控制能力，保障业务发展行稳致远。

【人力资源管理】 公司通过年初人才盘点，分析现状、痛点，建立人才靶向图，集中关键资源解决人才发展的要点。通过向集团输送优秀人才、内部选拔补充管理层、设置挂职管理岗位等方式，完善人才梯队建设；持续推进有主题、有针对性的内训，提升员工能力。派出8名骨干员工参加公司治理、信息化建设、结算、统计、财会等业务培训，并进行内部分享。全年培训435人次，人均培训时长70个小时。2023年，公司承办的培训项目“头雁计划”获得中欧商业在线最佳数字化学习项目奖。同时，公司不断完善激励约束机制、落实薪酬延期支付，充分发挥机制留人的刚性约束。

【信息化建设】 公司修订、完善了在系统运行、系统安全和系统建设等方面的管理制度；根据监管要求开展网络安全自查，完成非银机构业务连续性及《网络与数据安全风险管理评估评价指引（2023年）》指标清单相关的整改；按照年度应急演练计划，完成涵盖动力、网络、系统、数据等方面的应急演练；为落实监管在信息科技外包管理方面的要求，对九恒星公司开展了科技外包风险实地调查。

【企业文化建设】 公司强化清廉文化建设，不断推动清廉金融文化与党建、公司治理相结合。支部换届的第一时间，新书记就上了廉政专题党课，要求党员增强政治责任，风清气正、带头遵守财务公司从业人员道德公约。同时，公司秉持“合规创造价值、风控赢得未来”的理念，不断推进合规文化建设。围绕合规建设年先后举办了四期“金财课堂”，由总经理、风险总监、风险部负责人、审计负责人带头讲合规、讲风险，并定期由中层轮流解读最新业务政策法规，不断推行诚信正直的职业操守，进一步增强员工风险合规意识。

申能集团财务有限公司

【集团概况】申能（集团）有限公司（以下简称“集团”）创建于1987年，注册资本280亿元，是上海市国有资产监督管理委员会出资监管的国有独资企业集团。始终坚持保障能源安全和国资保值增值，秉持“锐意开拓、稳健运作”的经营理念，产融并举、多元创新、协同共赢，集团逐步发展为一家涉足电力、燃气、金融、战略性新兴业务等领域的综合性能源企业集团。

【经营概况】申能集团财务有限公司（以下简称“公司”）扎实做好存贷款、结算和外汇服务，积极开展绿色金融创新，支持集团主业发展。截至2023年末，公司总资产263.46亿元，净资产32.28亿元，全年实现净利润2.61亿元。

【司库建设】公司以系统承建者角色，全程参与集团司库管理系统的设计、开发，配合集团司库体系搭建，完成系统一期的建设工作以及系统的切换工作。系统整体由资金风险监控平台、分析管理平台两大平台组成，包含了存款及账户管理、融资管理、票据管理、资金结算管理等共13项功能模块，将可视化模块与操作界面融合，兼具管理、分析与操作功能。

【服务实体】公司支持集团重点板块项目建设，主动靠前提供金融服务，牵头组建银团贷款，配套提供多品种组合融资。公司根据贷款的金额、期限、客户信用评级等因素，实行差异化利率定价，支持小微企业降低成本。2023年公司累计投放小微企业贷款超过90亿元，贷款余额超过120亿元。

【信贷业务】2023年，公司信贷投放近100亿元。公司着力加大对集团可再生能源及战略性新兴产业信贷支持力度，年内为上述领域的成员单位信贷投放超过10亿元，支持集团绿色低碳重点项目建设及业务拓展。

【投资业务】2023年，公司以稳健收益为原则开展投资，配置以类摊余成本法持有到期为主要策略的定开债基作为核心资产。在A股市场大幅下跌的环境下，公司严格控制含权资产的仓位，整体投资收益良好且波动小，组合实现了安全性、流动性和收益性的较好平衡。

【票据业务】2023年，公司电子商业汇票累计出票量7.20亿元，贴现业务量6.99亿元。公司积极响应人民银行上海总部工作部署，对系统内高新技术企业和专精特新企业进行需求排摸，落地首笔“沪科专贴”再贴现业务，为集团系统高新技术企业、专精特新企业和小微绿色企业进行项目支持。

【外汇业务】2023年，公司发生代客购汇交易累计金额超过8亿美元，全部为经常项目下购汇，为集团节约汇兑成本约1300万元。公司坚持实行零敞口头寸管理原则，采取先在银行间市场平盘再与集团内成员单位成交的做法，既保证了企业的结售汇需求又有效地防范了风险。

【业务创新】2023年9月，公司发放了首笔“减碳贷”·碳减排激励贷款，为上海地区金融机构同类绿色金融创新信贷产品首单。在原FTP贷款定价机制基础上综合考量该项目的碳减排效应，创新设计了充分体现可量化碳减排效应并与之挂钩的贷款定价模型。通过将项目不同达产率情形下的碳减排情况与贷款定价关联，激励项目优化运营管理，提高生产效率，实现项目达产能力和碳减排效应共同提升。

【风险管理和内部控制】在风险管理方面，公司有效落实了监管机构的各项整改要求，提升了风险精细化管理水平。在内部控制方面，公司加强了对风险的监测和预警。结合经营实际有序推进专项审计与内控检查事项，强化审计整改监督，加大检查力度，规范内控管理流程，进一步健全了公司的内控管理体系。

【人力资源管理】2023 年，公司通过完善制度、宣传教育和检查监督等手段，不断增强全体从业人员规矩意识，为公司高质量发展奠定良好的基础。同时，公司与上海交通大学上海高级金融学院战略签约，架起沟通企业和高校的桥梁纽带，推动校企合作产教融合打造高素质技能型人才培养的通道。

【信息化建设】公司积极探索数字化转型，完成两化融合管理体系评定，获 AA 级认定证书。持续推进数据治理工作，完善统一数据质量校核平台数据校核规则的满地实施，完成元数据管理系统的搭建工作，进一步完善数据治理基础设施建设。加强公司网络安全管理，切实保障重要时间网络完全，加强安全培训和安全演练，提升安全事件处置能力。积极响应国家战略，扎实推进信创工作计划，从操作系统和数据库入手，开始实现信创零的突破。

【企业文化建设】2023 年，公司通过与监管机构、金融同业、集团系统成员单位及合作企业广泛开展联学共建活动，搭建交流互动平台，树立品牌企业文化，丰富党建交流形式。此外，公司举办羽毛球友谊赛，营造朝气蓬勃、坚韧不拔、拼搏向上的良好氛围，为集团系统成员企业打造了增进感情、加强融合的又一新平台。并且公司对活动的场地用能、参赛人员交通出行所产生的碳排放进行核算，并采购核证自愿减排量进行碳中和，使本次友谊赛实现了零碳排放。

【社会责任】2023 年 8 月，公司再次以实际行动践行低碳发展理念，运用国内、国际温室气体排放核算标准，对公司 2021 年 9 月至 2023 年 6 月生产经营活动所产生的温室气体排放总量进行核算，并使用水电、风电、生物质能发电、光伏发电、沼气等 CCER 项目进行碳中和，让“绿色”不断成为公司高质量发展的鲜明底色。在 2023 年进博会国际碳中和与绿色投资大会暨第二届零碳中国城市峰会，公司获得 2023 年度“零碳中国”特别贡献单位表彰。

深圳华强集团财务有限公司

【集团概况】深圳华强集团有限公司（以下简称“集团”）创建于 1979 年，是一家以高科技产业为主导的多元化投资控股集团，产业涵盖文化科技、电子信息、产城融合、新能源和产业金融等领域，拥有 100 多家全资及控股企业，其中包括多家国家高新技术企业和国家企业技术中心，集团及下属企业连续多年位列“中国电子信息 100 强”“全国文化企业 30 强”。

【经营概况】2023 年，深圳华强集团财务有限公司（以下简称“公司”）充分利用金融机构的牌照优势，以降低集团整体财务成本为目标，继续为集团内的各成员企业提供优质的金融服务，加强风险管理和内部控制，有序地推进各项预定工作的开展。

【服务实体】2023 年，集团经营及各产业板块发展仍面临一定挑战。公司坚持贯彻集团的经营方针，在做好疫情防控的同时，主动了解集团内成员企业经营状况，积极助力集团核心主业稳定发展。公司快速响应电子信息产业板块对汇率敏感的需求，并充分利用跨境人民币双向资金池保障其境内外资金高效划转。

【信贷业务】2023 年，公司根据集团战略规划由盈利性导向回归服务性，聚焦于服务集团两大主业板块发展。

【资金业务】公司加强集团整体的流动性管

理、资金管理，切实提高资金效益，最大限度减少活期资金沉淀。利用金融机构优势，积极加强与各同业机构的交流对接，争取获得相对具有优势的同业存放利率，吸引成员企业在公司办理存款类业务，在保证流动性和安全性的前提下提高了资金收益水平。

【资金集中】2023 年，公司调研了集团成员单位资金情况及相关需求，并针对定期存款产品、七天通知存款产品等适度调整存款利率，增强企业归集意愿；积极提高公司资金结算服务效率，吸引成员企业在公司办理资金结算业务，通过结算带动资金归集沉淀。

【风险管理和内部控制】公司逐步健全风险管理体系，把风险管理和内部控制作为一项核心的工作持续开展。2023 年，公司通过完善内部规章制度、强化业务审核、开展各类风险排查、推进合规文化建设、严格落实非现场监管要求等各项举措，风险管理的有效性持续提升。

【信息化建设】2023 年，公司信息科技建设紧密围绕“满足业务需求、充分把控风险、紧密贴合实际、持续完善体系”的总体思路，针对公司电子票据、资金管理、征信查询、监管报送的工作要求，在信息科技方面加强相关系统的建设，并持续推进非银机构业务连续性及网络与数据安全建设工作。

【企业文化建设】公司每月举办员工生日分享会，关爱员工生活，加强团队建设，促进员工交流。

S

深圳能源财务有限公司

【集团概况】深圳能源集团股份有限公司（以下简称“集团”）成立于 1991 年 6 月，1993 年 9 月在深圳证券交易所上市。2023 年 6 月底，集团总资产 1536 亿元，归母净资产为 475 亿元，由深圳市国资委直接持股 43.91%，华能国际持股 25.02%。集团可控发电装机容量达 1800 万千瓦，清洁能源装机占比 63.16%，可再生能源装机占比 36.93%；截至 2023 年 6 月末，已投产风电、光伏装机合计 456.53 万千瓦，占总装机容量的 25.35%。新能源新增核准备案项目合计 124.60 万千瓦，包括鄂托克旗 50 万千瓦风光制氢一体化合成绿氨项目、深能尉犁县 45 万千瓦火光储一体化项目、禄劝县茂山镇 16 万千瓦光伏电站项目、天镇深能 10 万千瓦风电项目等合计 7 个新能源项目；同时，取得广东河源岑田 120 万千瓦抽水蓄能电站核准，推进已核准的河北阜平 120 万千瓦抽水蓄能电站筹建期工作。

【经营概况】2023 年，深圳能源财务有限公司（以下简称“公司”）全年累计实现拨备前利润总额 16681.33 万元，完成全年目标值的 164.92%。2023 年公司积极推广票据业务，挖掘成员企业各项资金需求，努力做好各项金融服务。保持资金收益率维持在 2.11%，高于市场平均收益率 1.46%。在此影响下，截至 2023 年 12 月末，公司累计实现营业收入 6.27 亿元，完成年初预算的 101%。

【服务实体】金融赋能，助力绿色能源发展。公司开展“绿票通”再贴现业务截至 2023 年 12 月末累计 42.45 亿元，实际融入金额 42.15 亿元，有效补充了公司短期流动性资金头寸，为企业节约资金支出的同时，加快了燃料物资公司和燃控公司的资金回笼速度，深受企业青睐。

【信贷业务】2023 年公司为邢台永联、汉能邳州和淮安中能环等太阳能发电项目提供固定资产贷款支持 15.70 亿元；为通道新能源、邳州风电等风电项目提供固定资产贷款资金支持 8.86 亿元；为鱼台环保、大连环保和西能湟水等垃圾或生物质发电厂项目提供固定资产贷款资金支持10.93亿元。

【票据业务】再贴现业务方面，2023年公司"绿票通"再贴现累计开展金额为42.45亿元，实际融入金额为42.15亿元。再贴现融资成本年化利率2%，比1年期LPR利率3.45%低145个基点，按集团年化融资成本3.56%计算，为集团节约财务融资成本3287.65万元；转贴现业务方面，主动与同业交流票据业务合作模式开展1笔转贴业务，合计金额2948.05万元，综合转贴利率为1.9%。

【资金集中】2023年公司继续强化资金筹措力度，通过系统内资源优化配置实现降本增效。截至2023年末，公司吸收存款规模为157.98亿元，较年初减少35.90亿元，减幅为18.52%，公司资金归集度为91.26%，符合监管要求，高于KPI指标85%目标值。

【服务质效】2023年，立足集团整体发展战略，充分发挥集团金融资本中的核心作用，打造金融智库为集团决策提供参考。扎实稳进维护四大信息平台（财务简报、金融咨询、业务周报、公司月度分析），动态跟踪金融市场信息，向集团定期提供能源行业金融资讯、绿色金融信息、央行资金投放计划、降准降息及税务（率）等政策汇总、全国各地碳交易市场（价格和成交量）等内容。此外，截至2023年末，公司已承接成员企业项目可行性研究顾问服务共11项。充分发挥财务公司自身优势，积极参与集团项目收购方案洽谈及设计，此项业务本年不仅实现首次创收，且按内外咨询费价差计算，为成员企业节约业务费用200多万元。

【碳资产管理】2023年公司积极配合集团开展碳资产价值管理，除开展碳账户管理及交易执行外，持续关注碳市场动态、及时跟进成员单位碳管理需求，围绕盘活碳资产、提高碳效益多次与碳交易市场主体、运营商接洽交流，推动探索集团碳价值管理有效方法和途径。2023年共为集团企业出售广东碳配额约6.8万吨，成交金额总计573万元；出售深圳碳排放权配额共计2.4万吨，成交金额约138万元；出售全国碳排放权配额共计60万吨，成交金额约4000万元；以较低的价格从广东微碳购入CCER约5万吨，成交金额约388万元以便将来置换为价值较高的全国碳配额（CEA）。

【人力资源管理】为满足公司战略发展需要，公司一是按照监管及集团财务管理体系优化要求，优化公司组织架构；二是建设高素质专业化人才队伍，分类分级开展新任、在职培训，强化党性教育、领导力、专业能力、通用能力课程学习。截至2023年12月末共完成培训项目52个，完成全年培训计划的100%，参加培训286人次。建立了内部培训师师资队伍并进行公开授课4次，为公司人才队伍的培养传承提供支撑；委托湖南大学开展了两期公司干部及业务骨干管理能力提升培训班，参训29人次；组织了2位领导及1位中层干部参加深圳市金融领军人才研修班。

【信息化建设】根据国资、监管的相关要求和集团数智化转型的总体指导意见，公司大胆探索，积极推动公司数字化转型系列工作。新核心系统方面，公司及时收集成员单位的运行情况反馈并快速响应解决方案，2023年协同解决了近400项成员单位操作问题，113项原开发问题，以及4项临时增加的紧急任务；强力推进网络安全与数据治理，通过管理驾驶舱建设、容灾基础平台搭建、态势感知探针及EDR部署和等级保护测评等工作，构建数字金融安全新格局。

【企业文化建设】截至2023年12月末，公司党支部共召开支委会21次、党员大会4次，把关定向决策"三重一大"事项57次；发挥党建带动工青妇，凝聚企业向心力，在公司党支委带动指导下公司工青妇组织开展了9次活动，以工作之余丰富多彩的集体活动，有力增强员工的幸福感、获得感和满意度。

S

首都机场集团财务有限公司

【集团概况】首都机场集团有限公司（以下简称“集团”）隶属于中国民用航空局，是一家以机场业为核心的跨地域的大型中央管理的国有法人独资公司，于2002年12月28日正式成立，管理北京、天津、河北、江西、吉林、内蒙古、黑龙江7个省、市、自治区54个干支机场，形成了机场运营、机场保障、机场商业、临空生态4个板块协同发展的业务布局。

【经营概况】截至2023年12月31日，首都机场集团财务有限公司（以下简称“公司”）吸收存款规模为82.79亿元、累计日均规模为101.88亿元，自营贷款日均规模14.45亿元。公司资产总额102.45亿元，负债总额85.10亿元，所有者权益17.35亿元。累计实现营业总收入2.74亿元、利润总额0.67亿元、净利润0.52亿元。公司资本充足率25.98%，流动性比例91.58%，存贷比23.55%，不良贷款及不良资产率均为零，符合监管要求。

【服务实体】公司扎实推进金融服务实体经济，持续实施存款利率差异化定价机制，存款利率与国有商业银行相比具有定价优势；继续免收结算手续费、询证函费用、开立资金存款证明费用等优惠措施，发挥财务公司“内部银行作用”，助力成员单位降本增效。

【信贷业务】公司服务“四型机场”建设，保障大兴国际机场建成投运，支持成员单位经营发展，自营贷款日均规模14.45亿元。

【资金业务】公司强化头寸预估能力、加大资金匡算力度，大幅压缩结算账户备付规模，同比压降54%，头寸精细化管理水平进一步提高。

【投资业务】公司保持基金产品组合投资规模，稳定年度投资收益。

【资金集中】公司对成员单位银行账户的沉淀资金持续进行统计与分析，加强客户沟通，推进沉淀资金归集。助力集团开展账户汇总统计、核对，持续推进账户上线及清理，进一步强化资金及账户的集中管理。截至2023年末，公司上线成员单位90家（法人口径），成功归集及监控成员单位银行账户612户，累计日均规模为86.12亿元。2023年结算业务笔数9.41万笔，同比增长11%，创公司成立以来新高。2023年4个季度的有效对账率均为100%，资金集中管理卓有成效。

【风险管理和内部控制】公司持续优化制度体系、公司治理架构、风险合规管控，通过线上线下的方式对反洗钱及反恐怖融资、各项监管法规进行宣传。修订制度6项，新增制度1项，制度总数为179项，组织制度宣贯，贯彻执行。积极排查风险隐患，对业务流程风险点进行梳理，制定管控措施，对发现的隐患建立隐患库。持续发挥公司治理在内部控制中的作用，年内召开董事会7次，召开股东会6次，风控会4次，审计委员会4次及证券投资委员会3次，审议事项包括修订章程、财务决算、预算、合规、风险、审计、投资及监管意见整改等，充分发挥公司治理机制和专业委员会的议事机制。

【人力资源管理】公司持续加强人力资源建设，严格落实人力制度要求，积极完善绩效考核机制，规范开展选人用人、引进人才、考核评价等工作。根据公司人才培养计划，通过高潜质人才遴选方式储备人才。开展行政管理岗、信贷岗应届毕业生招聘及社会化招聘工作，补充2名青年人才，厚植人力资源建设。分级分类、全面覆盖，按照年度培训计划，组织开展内、外部培训20次，参训员工220人次。开启人力资源管理体系优化工作，就薪酬福利、绩效考核、职业发展等开展研究。按照监管机构要求，推动设立信息科技部。充分发挥正向激励引导作用，提高组织的公平性和透明度，修订绩效考核管理办法，优化年度绩效考核实施方案。

【信息化建设】公司重点提升了网络安全和数据安全能力，部署旁路阻断系统，配置安全访问控制策略，实现对攻击行为的监测和自动拦截功能；采购数据存储加密和脱敏设备，调研公司数据加密和脱敏需求，制订了数据安全实施方案并开展测试工作。上线自动化运维系统，带来运维效率的提升，运维人员能全面掌握信息系统运行状况，保障信息系统的高可用性。优化改造 NBU 备份系统，扩容后更加适应数据备份需求，为公司规范业务连续性管理打好了基础。

【企业文化建设】党委开展专题学习 5 次，组织专题研讨、阶段成果总结、调研成果交流会议 3 次，领导班子讲授专题党课 3 次，通过内网、微信公众号、党员微信群推送学习内容 100 余篇，发放学习资料 126 册。领导班子成员通过谈心谈话机制，充分倾听员工心声，了解员工对公司发展的意见建议，及时释疑解惑、排忧解难，把矛盾解决在萌芽状态。坚持把“凝心工程”作为党建工作的重要内容和抓手，围绕“思想政治建设、领导班子建设、党支部建设、宣传思想和企业文化建设、干部人才队伍建设、党风廉政建设和作风建设”6 个方面，统筹推进 28 项重点任务，以务实举措解决员工“急难愁盼”问题，切实提升员工获得感、幸福感、安全感。

S

首钢集团财务有限公司

【集团概况】2023 年，首钢集团有限公司（以下简称“集团”）全面落实“八个注重”经营方针，紧紧围绕“六个基础”迎难而上、反复冲锋，企业改革取得新的成效，国务院国资委公布“双百企业”评估结果，首钢集团获评“优秀”；钢铁板块综合实力稳步提升，汽车板、电工钢、镀锡板三大战略产品国内市场占有率保持领先；北京园区热度亮度进一步提升，主导产业体系初步形成，圆满完成服贸会服务保障任务，受到市委、市政府充分肯定；新产业培育稳中有进，运营水平不断提高，市场拓展扎实推进。集团已发展成为跨行业、跨地区、跨所有制、跨国经营的综合性企业集团，全资、控股、参股企业 600 余家，总资产 5000 多亿元，连续上榜“世界企业 500 强”。

【经营概况】首钢集团财务有限公司（以下简称“公司”）持续贯彻落实监管要求及集团决策部署，立足集团发展战略，服务集团产业发展，坚守风险合规底线，深入贯彻监管新规，推进公司治理和合规体系标准化、规范化建设，抓实抓细资金归集和票据管控，聚焦数字化转型，助推司库体系建设，2023 年公司收入、拨备前利润、综合贡献分别比 2022 年增加 1.37 亿元、0.42 亿元、1.78 亿元，年末资产规模 581.32 亿元。在保证让利成员单位的同时，持续提升集团资金效率，增强金融服务产业能力。

【公司治理】公司落实监管要求，完善公司治理顶层设计，完成章程修订，优化支委会、董事会、经办会议事清单并实施“多单一表”管理，明确各治理主体权责界面。开展董事会换届，实现外部董事占多数，发挥外部董事专业优势配强专委会，提升决策能力；健全公司制度体系建设，建立外部董事履职支持服务机制，推进董事会高效运行。

【司库体系建设】公司协同集团完成司库体

系上线运行，配合完成集团司库体系现状调研、概要设计咨询和框架功能方案设计，推进账户管理、资金集中、票据管理、外汇管理4个模块制度修订、指标分析等内容，为司库体系上线运行提供保障。

【资金归集】公司建立资金集中分析、资金监控常态化机制，按月出具集团资金及票据分析报告；加强财经纪律宣贯和合规检查，按日跟踪大额资金流向和留存情况。2023年全口径资金归集度实现历史突破。

【支付结算】公司持续拓展支付结算渠道，丰富金融服务功能。打造集团“一站式”薪资发放平台，实现集团系统间的数据打通；接入人民币跨境支付系统（CIPS）标准收发器，连接多家合作银行，为跨境结算业务奠定基础；建立RPA机器人、跨境银企直连、SWIFT授权、超级网银等账户可视渠道，提升银行账户自动可视化率；搭建“京票”资金清算平台，助力集团供应链业务顺稳运行。

【票据管理】公司强化票据管理和风险管控，组织完成338家成员单位集票宝授权上线工作，实现对集团全量票据信息的整合与分析；建立月度常态化分析机制，对各单位收票、商票、贴现、开票情况动态统计；开展各单位存量票据承兑行结构和分布分析，强化风险管控。

【本外币一体化】公司推进本外币一体化业务，进一步扩大资金归集范围和归集规模。与上市公司签订金融服务协议并实现资金归集；助力人民币国际化，跨境人民币业务实现突破，实现境内外企业跨境资金调剂。外汇结算总量持续提升，外币资金归集度实现历史突破。

【信贷业务】公司发挥资金融通功能，全力支持集团转型发展和重点项目建设，实施信贷精准投放；服务集团低碳转型发展，加大绿色信贷投放力度；创设科技创新贷款，专项用于技研院科研开发投入；促进知识产权与金融资源试点融合，为成员单位办理知识产权质押贷款；推动海关关税保函业务资格落地，节约成员单位进口关税资金占压。

【数字化转型】公司深入推进数据中台建设，盘点核心系统明细台账，梳理运营监控指标、经营报表、智能报告，推进全域数据“一网统管、一屏尽览、一键直达”，实现业务规模全景展示、经营效益精准分析、资产负债高效配置、风险指标监控预警，赋能集团管控、管理提升和业务协同。深耕金融科技赋能，搭建具有准商业银行特色的全方位薪酬综合服务平台，实现薪酬发放“足不出户、线上自助、业财一体”办理，并运用数据脱敏技术实现“密薪支付”。

【风险管理】公司加强信用风险管理，抓好贷后管理，监控资金用途，每月通报资产质量五级分类，加大现场检查频次；加强流动性风险管理，开展流动性事前预测、事中监控和事后分析，完善流动性指标实时监控、压力测试和预警体系建设；开展信息科技风险、流动性风险、操作风险专项评估，风险管控能力得到持续提升。

【内部控制】公司强化重要领域及重点环节审计监督，2023年完成内控评价、结算业务、财务管理、同业业务、信贷业务等8个项目专项审计，针对发现问题组织整改，保证业务在法规和监管允许范围内稳健运营。

【企业文化建设】公司常态化开展“我为群众办实事”活动，及时回应职工关切；修订公司福利管理办法，开展职工慰问，组织球类活动，落实企业年金，及时对先进员工进行表彰宣传，切实增强职工获得感、归属感和幸福感。

顺丰控股集团财务有限公司

【集团概况】 深圳顺丰泰森控股（集团）有限公司（以下简称“集团”）是中国及亚洲最大、全球第四大的综合物流服务提供商。集团业务拓展至时效快递、经济快递、快运、冷运及医药、同城即时配送、国际快递、国际货运及代理、供应链等物流板块，为客户提供国内及国际端到端一站式供应链服务；依托领先的科技研发能力，致力于构建数字化供应链生态，成为全球智慧供应链的领导者。

【经营概况】 2023 年顺丰控股集团财务有限公司（以下简称“公司”）实现营业收入 3.57 亿元、净利润 1.54 亿元，资产总额 364.29 亿元，存款余额 328.47 亿元，贷款余额 135.01 亿元。

【服务实体】 2023 年，公司通过加大信贷投放、重点行业金融支持、降低贷款利率、减免征收委托贷款手续费，降低客户融资成本等多项措施，助力企业经营发展，提升金融服务质量。2023 年，主动降低部分企业贷款利率超过 200 个基点。截至 2023 年末，公司全年为货运物流行业成员单位累计减免息费 968 万元。

【信贷业务】 2023 年，公司通过加大对物流运输行业的信贷支持力度，助力集团主业，充分发挥金融后盾作用。截至 2023 年末，公司为货运物流行业成员单位提供的自营贷款余额为 119 亿元，较上年末增加 49 亿元。

【产业链金融】 2023 年，公司持续加大对小微企业及个体工商户纾困资金支持力度，严格落实收费减免政策，未对小微企业贷款收取承诺费、资金管理费、财务顾问费、咨询费等，减轻小微企业融资成本。2023 年，累计发放小微贷款近 15 亿元，服务小微企业 26 户。

【投资业务】 2023 年，公司积极与同业合作机构保持互动交流，紧跟市场行情，抓住价格窗口期，锁定优势利率，极大地降低成员单位财务费用，提升集团整体资金收益。同时主动与同业沟通交流，为成员单位提供金融市场咨询服务，设计成员单位投资理财方案。

【票据及担保业务】 2023 年，公司持续推进票据贴现业务，完成新一代电票系统升级改造，助力票据业务管理的现代化、智能化，为子公司开票、贴现等业务提供更严谨的支持，提高贴现业务投放力度，为成员单位提供低成本融资服务。同时，关注人民银行再贴现窗口，积极运用人民银行再贴现工具手段，降低公司资金成本。

【外汇业务】 公司建立外汇风险管理机制，统一量化分析外汇敞口及其风险，积极为成员单位提供外币合同条款优化、轧差结算、跨境业务资金路径评估、套期保值等外汇风险管理可行方案，提高外汇风险管理的能力。2023 年公司依托于服贸便利化、跨境本外币一体化资金池等政策，统筹成员单位参与外汇收支便利化试点，提高了成员单位跨境服贸业务的结算效率。2023 年公司降低集团外汇敞口，节省换汇成本约 600 万元。

【资金集中】 2023 年，公司通过采用资金集中管理模式，协助成员单位实现集约型交易款项的收付，支持通过联动支付、代理支付、关联支付等多种结算方式，为集团成员单位简化结算手续，提高资金收付效率，降低结算成本，2023 年累计为成员企业节约结算手续费 2740 万元。

【风险管理和内部控制】 公司加强监督检查，明确风险和收益相平衡的风险偏好，持续全面完善风险管理体系。2023 年公司开展 15 项内审稽核检查工作，内容覆盖结算管理审计、公司治理审计、反洗钱审计、征信审计、内部

S

控制审计、薪酬管理审计、预期信用损失审计、关联交易审计、信息科技审计等各领域；组织政策解读4次、案防检查4次、合规培训5次，各项合规机制有效运行。

【人力资源管理】基于集团战略发展方向，公司动态审视人才结构，通过具有市场竞争力的考核与激励机制提高人才质量。同时，加快外部新鲜血液的输入，特别在高阶人才引入方面为重点导向，如海外资金管理等。

【信息化建设】2023年，公司以提升数据底盘及数据可视化能力、强化信息监管提升风险应对能力、巩固资金管理底盘加强业务系统应用效率为目标，重点建设了财务公司数据仓库数据模型及数据可视化预警看板，上线了监管报送平台、新一代票据系统，实现了电子合同线上化、外汇交易线上化、第三方账户全流程管控、核心系统业务全面化，全面提升公司资金业务管理及应用效率、数据管理能力及应用质量，加强了监管报送数据质量及报送时效、规避监管相关风险，实现业务数据共享及提升资金管控效率。

【企业文化建设】紧扣集团核心价值观，公司对“球队文化”精神进一步升级管理，通过日常工作行为解读文化价值观底线与标准，为更全面、客观地了解员工践行表现，全员不定期进行价值观践行评估，协助企业检视、赋能，推动文化价值观深入践行。公司坚持和完善“双向进入，交叉任职”的领导体制，充分发挥了党的政治核心作用和政治引领作用。公司党支部积极开展专题党建活动，联合银行与同业单位通过党建共建等各种形式，丰富党建活动形式，提高党建活动质量，以高质量党建引领组织发展。公司组织建设了党建阵地，为党员及群众创造了良好的党建学习环境，宣传贯彻党的路线方针政策，团结凝聚职工群众。

S

四川长虹集团财务有限公司

【集团概况】长虹集团（以下简称“集团”）成立于1958年，是三线建设时期成立的一家军工企业，历经保军转民、相关多元化、国际化三次转型，已发展成为集智能家电、核心部件、ICT服务、新能源、半导体等产业的综合型千亿元级跨国企业集团。

【经营概况】截至2023年末，四川长虹集团财务有限公司（以下简称“公司”）资产总额221.39亿元，同比增长22.70%，各项贷款余额97.97亿元，同比下降11.13%，资产规模再创历史新高。负债总额184.35亿元，同比增长27.86%，其中各项存款余额160.97亿元，同比增长21.57%。所有者权益37.04亿元，同比增长2.15%。全年累计实现净利润1.74亿元，同比增长4.04%。公司各项外部监管指标及内部考核指标均全面达标，超额完成年初预定目标，公司经营质效明显提升。

【服务实体】2023年，公司紧紧围绕集团产业持续做好金融支持实体经济发展的工作，坚决贯彻落实各级监管机构的决策部署，充分发挥内部金融机构职能优势，通过减免结算手续费、开票手续费、提供优惠利率贷款、优化业务流程等方式大力推动产融结合，促进实体经济快速发展。

【信贷业务】2023年，公司主动靠前，采取下沉式服务机制，积极作为，在各成员单位的协同下，通过实地拜访、座谈会、金融知识进企业等形式进行了业务宣讲与培训，将最贴心的融资服务以最快的速度传递给各成员单位。截至2023年末，公司服务成员单位182家，主要为成员单位办理了存款、贷款、票据承兑与贴现、委托贷款、非融资性保函、日常经营交易款项结算等业务，累计发放贷款 206.49 亿元，贷款余额 97.97 亿元。

【资金业务】公司资金业务主要以存放同业、回购业务为主，公司资金流动性充裕。公司资金基本存放同业机构，同业市场以回购方式进行资金流通，全年少量进行信用拆借业务。2023 年末，公司存放同业余额为 100.52 亿元。

【票据业务】如今，票据已经成为集支付、结算、融资等功能为一体的重要金融工具，公司始终坚持发挥票据业务在金融服务中的作用。一是新规下稳健开展电票业务。全年签发承兑汇票 13835 笔，金额 50.05 亿元，年末余额 26.10 亿元。二是提升成员单位融资获取能力。2023 年，票据贴现量达到 134.60 亿元。公司通过不断优化产品服务，持续为成员单位提供优质的融资服务。三是助推金融科技服务能力再上新台阶。2023 年 5 月，公司成功上线新一代票据系统，成为四川省内首批上线并开出新一代票据的财务公司。四是加大票据客户服务力度。深入分析成员单位用票场景，打造“票据管家”品牌，致力于为成员单位提供覆盖承兑、贴现、支付结算的全方位一站式服务，有效解决成员单位用票需求。

【外汇业务】一直以来，公司始终把发挥金融业务服务实体经济的作用作为工作的重点，积极谋划支持集团公司发展的金融政策措施，不断深挖探索跨境业务，为集团创建更好的金融环境。截至 2023 年末，公司跨境人民币双向资金池和跨国公司跨境资金池业务平稳开展，跨境双资金池跨境收付 2252 笔，折合人民币共 190.43 亿元；跨国公司跨境资金池办理对外放款 17 笔，合计 0.26 亿欧元。2024 年将紧跟市场趋势和动态、重视成员企业需求与体验，充分发挥财务公司优势，持续创新拓宽业务范围。

【资金集中】2023 年，公司密切跟踪、分析各成员单位的货币资金变动情况、资金构成、结算特点等，从未归集资金情况入手，同时，不断提高产品创新能力，满足成员单位的新需求，降低成员单位对外部银行保证金类业务的依赖程度，进而减少成员单位在外部银行的业务保证金存放量，将释放出的资金进行集中管理，助推资金归集度提升。2023 年末，长虹财务公司全口径资金集中度为 70.76%。

【业务创新】近年来，公司坚持开展全员课题研究，对锻炼员工能力、提升经营管理水平发挥了重要作用。2023 年，对于课题研究形成的课题论文，择优推荐到行业期刊进行发表，进一步提升公司行业影响力。公司推荐的关于金融碳核算和决策模型课题，顺利通过绵阳市金融学会专家匿名评审，列入结项名单并获得 1000 元研究经费补助；参与《ISSB 可持续披露准则对金融机构环境信息披露的影响与建议》调研论文的撰写，在人民银行内部刊物中进行发表，并获人民银行书面表扬。

【风险管理和内部控制】2023 年，公司开展了“合规管理建设年”专项行动，将全体员工纳入合规建设规划中，全面锤炼合规文化，营造良好合规氛围。一是坚持“制度先行”原则，建立各项业务制度，及时、主动关注法律、规则和准则以及各级监管要求的最新变化，并根据实际情况及时修订制度。二是组织开展多次合规培训，提升员工合规意识，同时进行闭卷考试，全体员工均通过测验，培训效果显著。三是建立专项检查和不定期检查机制，对信息科技突发事件风险、网络和数据安全管理风险、影子银行和交叉金融业务等重点领域开展排查，摸排隐患。四是建立问题整改台账，定期跟踪和通报问题整改情况，及时督促相关部门完成整改。五是组织定期合规风险防控例会，结合风险防控案例，启示公司自身做好风险管理、完善审批流程等各项工作，及时发现风险点，做好风险防控。总体来看，公司内部控制机制运行正常，能够有效开展内部控制活动。

【人力资源管理】2023 年度，公司不断优化员工考核模式，加大高素质人才引入力度。不断提升员工综合能力，建立适应公司发展的人才梯队，促进公司经营管理能力进一步提升。

【信息化建设】2023年以来，公司对照监管要求全面梳理IT工作中的薄弱环节，并梳理形成长效措施，推动相关问题整改。针对机房等保A级、运维监控、安全审计、机房设置使用年限等问题，推动完成机房搬迁项目立项，借助运营商专业基础运维能力，实现相关要求的全面达标，为后续信息科技管理规范化提供了良好的基础。

【企业文化建设】公司常态化开展晨会微党课，专题学习习近平新时代中国特色社会主义思想和党的二十大精神；设立党员责任区、党员示范岗，扎实推进“一线创优年”活动，开展以“迎七一·金融助力企业加速跑”活动和“党建引领强服务、礼仪服务促提升”为主题的礼仪培训系列活动，提升日常服务行为规范。积极履行社会责任，深入社区开展“弘扬雷锋精神·共建美丽绵阳”志愿服务月活动。党建工作受到集团和市国资委肯定，三个党员责任区被集团党委和市国资委表彰为“党员示范责任区”，党支部被集团表彰为“先进基层党组织”，两名党员被集团和市国资委表彰为“优秀共产党员”“优秀党务工作者”。

四川省宜宾五粮液集团财务有限公司

【集团概况】四川省宜宾五粮液集团财务有限公司（以下简称“公司”）隶属于四川省宜宾五粮液集团有限公司（以下简称“集团”）。集团是一家以酒业为核心，涉及现代制造、现代包装、现代物流、金融投资、健康产业等领域的特大型国有企业集团。拥有两家A股上市公司，现有职工4.6万余人。“十四五”期间，集团实施“做强主业、做优多元、做大平台”发展战略，加快实现“5111”发展目标，即创建世界500强、酒业主业销售收入超过1000亿元、多元产业销售收入超过1000亿元、打造世界一流企业。

【经营概况】2023年，公司围绕“综合金融服务平台”战略定位，聚焦“主责主业”持续优化金融服务。截至2023年末，公司资产总额529.14亿元，总负债480.86亿元，所有者权益48.28亿元。公司各项存款余额473.58亿元，贷款余额286.04亿元。2023年，实现营业收入15.35亿元，实现利润3.55亿元。

【党的建设】公司强化政治引领，坚定以习近平新时代中国特色社会主义思想和习近平总书记来川来宜视察重要指示精神为指导，以党的二十大精神为根本遵循，在集团党委领导下，扎实开展主题教育，统筹推进理论学习、调查研究、检视整改、经营发展各项任务落地落实。党的领导有效融入公司治理各个环节，完善“双向进入、交叉任职”领导机制，完成党建入章优化工作，党性教育活动深入开展。强化从严治党，大力开展党风廉政建设和廉洁合规教育，积极推动“清廉金融”文化深入人心。

【服务实体】2023年，公司坚持科技赋能，注重客户体验，上线了“银行代理收款”“财企直连”等特色服务功能，打通7×24小时支付结算通道，通过定期举办财企对接会，成立项目专班实地走访经销商，高质量为集团及多元子公司、主业经销商提供优质高效的金融服务。公司主动对优质经销商让利的同时，通过下调贷款利率、维持存款利率、实现贴现优惠利率、推行承兑汇票“双免”政策等多种措施服务成员单位，全年累计为服务对象节约利息支出4800万元，为多元子公司减少保证金支出3.06亿元。

【信贷业务】2023年，公司创新推出“供应链融资”特色金融产品，全年为多元子公司供应链业务提供融资48.34亿元，为集团多元产业融资总额达到86.66亿元，同比增长28.73%。公司牵头推动交通银行等6家外部银行，为集团重点项目和光同程光伏科技项目成功牵头组建银团贷款，为合美健康投资提供贷款支持，宜宾纸业、川红茶业集团、普什集团等的融资需求得到有效满足。

【产业链金融】2023年，公司新出台仙林果酒、五谷春酒等产品买方信贷政策，全面满足经销商融资需求。全年共为216户经销商办理贷款150.15亿元，贷款余额同比增长33.71%。

【金融市场业务】2023年，公司主动拓展金融同业合作渠道和业务模式，联合银行推出财票换银票、财票加银保服务，化解财务公司票据使用难题。有效运用同业拆借、银行间质押式回购、存放同业、同业存单、交易所逆回购、债券业务等金融工具，全年融通资金超过5000亿元，融资成本较其他交易对手融资成本下降7个基点，并且成为首家与国家开发银行合作的财务公司。

【资金集中】截至2023年12月31日，公司资金归集率为39.53%，较年初提高0.94个百分点。

【风险管理和内部控制】公司持续建立完善风险防控机制，健全不良资产处置管理制度，加强重点领域、重点客户风险防控，启动全员风险防控落标定责，切实筑牢前台合规经营、中台风控有效、后台审计监督“三道防线”，防范金融风险。公司不断完善内控管理机制，从加强员工行为管理，完善授权体系管理、强化内部控制评价、开展制度建设后评价等方面，持续构建内控合规体系。公司现有制度221个，制度体系逐年健全完善，基本实现了核心业务流程和管理流程的制度全覆盖。

【人力资源管理】公司持续完善选人用人机制，畅通员工晋升渠道，认真落实后备人才、主办员工、中层管理人员选聘制度，履行选任程序，坚持对优秀人才进行定期考察、考核评定。截至2023年末，公司共有员工48人，其中，硕士研究生学历13人，大学本科学历32人，大学本科及以上学历占比为94%；具有高级职称人员2人，具有中级职称人员18人，具有初级职称人员4人。中高级职称人员占比为42%。从事金融工作3年及以上人员39人，占比78%；从事金融工作5年及以上人员34人，占比为68%。

【信息化建设】2023年，公司积极推进数据治理项目，推动数字化转型发展，全面谋划数字化转型的业务模式和实施路径，快速推进金融科技建设。公司坚持科技赋能，以数字化为新的信息系统建设方向。有序推进新一代信贷管理系统、新一代票据业务系统建设，进一步完善和改进系统功能，满足异地客户远程化、线上化办理业务需求，提升资金结算、账务处理及核对效率。

S

松下电器（中国）财务有限公司

【集团概况】松下电器（中国）财务有限公司（以下简称“公司”）是由松下电器（中国）有限公司100%投资的法人机构，所属集团为松下控股株式会社（以下简称“集团”）。集团是全球领先的电子产品制造商，主要从事为住宅空间、移动领域以及个人领域的消费者提供先进的电子技术和系统解决方案。集团不断增强在中国地区的各类生产与销售，以创造物质与精神两方面充裕的“理想社会”为己任，制定面向2050年集团长期环境愿景：绿“智造”创未来，强化各事业部竞争力，进一步支持中国实体产业的发展。

【经营概况】公司始终坚持服务实体经济的理念、集团利益最大化为目标，较好地达成了2023年的监管要求和经营计划。公司主要经营的业务有：本外币的一般存贷款和委托存贷款、集中代理收付汇和即期结售汇业务。

截至2023年末，公司被批准的集团成员单位为55家，资产总额为114.45亿元，负债总额为101.34亿元。2023年，实现营业收入0.85亿元，利润总额0.76亿元。

【信贷业务】公司信贷业务均为流动资金贷款，在确保流动性的前提下，最大限度地提高资金使用效率，合理安排信贷投放。截至2023年末，贷款余额为0.35亿美元，折合人民币为2.47亿元。2023年，累计发放贷款1.21亿美元，折合人民币为8.54亿元，为集团资金有效配置和成员单位融资提供有力支持。公司信贷资产质量保持稳定，资产五级分类均为正常类，无不良贷款。

【外汇业务】公司已开展的外汇业务有集中代理收付汇和即期结售汇业务等。2023年，共有39家集团成员单位办理了即期结售汇业务，同比增长达11%。公司通过开展此项业务，为协助集团与成员单位降本增效，为集团规避外汇风险提供了有力支援。

【资金集中】公司持续加大资金集中管理力度，不断夯实资金集中管理基础，与旗下各成员单位加强沟通，努力争取吸收成员单位的存款。截至2023年末，资金集中度达到47.57%。

【风险管理和内部控制】在风险管理方面，董事会及高管层对公司的风险管理工作起主导作用，高管层下设有风险管理委员会和信贷委员会，并组织每季度召开一次会议，及时发现和防范化解各类风险及隐患，确保公司依法合规经营。2023年，公司有序推进风险管理工作，监督风险指标限额的遵守情况，组织开展风险压力测试，并完成了监管要求的其他工作。

在内部控制方面，公司不断完善内控制度，2023年对共计81项管理规定及实施细则进行了全盘回顾，完成了共15项制度的修订及制定，切实做到业务流程规范化、内部控制健全化，夯实了岗位操作规程基础。

【人力资源管理】公司重视团队建设，不断完善管理结构。2023年，公司设置了独立的信息科技岗位，专人专职负责信息系统的管理及日常维护；追加了一名内部审计人员，内部审计人员为由1人变更为2人，以进一步提升审计有效性。公司通过新员工培训及定向培养等方式加强人才队伍建设，使各重要岗位有效分离，团队综合素质已稳步提升。

公司建立了有效的激励约束机制，对员工能力及业绩进行考核；明确责任分工，根据内部问责规定进行责任认定与追究；加强从业人员行为管理，规范员工的基本行为，在日常管理工作中做到严格遵守制度规范和操作守则。公司坚持以监管法规作为标尺，为共建合规文化氛围持续奋斗。

【信息化建设】2023年，公司继续加大信息化建设力度，提升信息化建设水平，实现了二代征信系统的开发及上线、重要监管指标的系统自动化、统计业务系统化功能的提升，以提高工作效率和服务质量，为公司业务开展和经营管理提供支撑。

苏州创元集团财务有限公司

【集团概况】苏州创元投资发展（集团）有限公司（以下简称“集团”）是1995年6月经苏州市人民政府批准设立的国有独资有限责任公司，2023年12月注册资本为32.71亿元，其中苏州国有资本投资集团有限公司持股90%、江苏省财政厅持股10%。集团聚焦主责主业，构建以“先进制造”为主体、以“产业科技创新服务”和“产业金融服务”为两翼的“一体两翼”现代产业发展格局。2023 年集团营业收入 119.03 亿元，利润总额 6.19 亿元，净利润 5.14 亿元；总资产和净资产分别为 288.39 亿元、103.95 亿元，同比增长 7.38%、5.06%；资产负债率为 63.95%，总体比较稳健。

集团拥有创元科技股份有限公司、苏州轴承厂股份有限公司 2 家控股上市公司，创元期货股份有限公司、苏州电瓷厂股份有限公司、江苏创元数码股份有限公司、上海北分科技股份有限公司 4 家“新三板”挂牌企业。

【经营概况】2023 年，苏州创元集团财务有限公司（以下简称“公司”）受存贷利差持续收窄和集团酒店主业整合退出等影响，营业收入、利润均有不同程度下降。全年实现营业收入 7678.07 万元，较上年同期减少 435.17 万元，减幅为 5.36%；利润总额 4422.84 万元，较上年同期减少 147.06 万元，减幅为 3.22%；净利润 3401.21 万元，较上年同期减少 66.98 万元，减幅为 1.93%。2023 年，公司注册资本由 6 亿元增加至 10 亿元；年末总资产为 29.36 亿元，同比增长 13.14%，达到历史最高。

【服务实体】2023 年，公司继续维持创元科技、海格电控、远东砂轮等先进制造业企业授信规模，贯彻落实新发展理念，提升苏净集团、吴中固废等领域的资金投放比例，以满足绿色、低碳、环保产业发展的需求。参加苏州市重点产业项目开工暨银企对接活动，对创元产业园授信 2 亿元，支持集团重大项目建设。对信贷定价体系进行调整和优化，以 Shibor 利率为基准，每月进行信贷价格的调整，以保证信贷价格的调整趋势与货币市场的价格波动同步。全年贷款加权平均利率较上年同期下降 23 个基点。

【信贷业务】2023 年，公司新增“创科贷”信贷产品，支持制造企业科技创新、智改数转和绿色发展，全年投放 4500 万元。支持集团重大项目建设，为“创园壹号产业园”项目提供 2 亿元 12 年期授信额度，并投放 4043 万元，创下公司历史上信贷期限最长和长期贷款价格最低双项纪录；助力创元数码电商节备货需求，助推企业快速发展；首次探索以并购加银团贷款的模式，支持企业产业扩张。

【资金业务】公司开展同业竞价存放模式，包括活期存放和购买大额定期存单等，实现同业存款利息收益提升；在做好传统货币基金的基础上，与多家券商合作探索其他固定收益类有价证券投资模式，实现投资规模提升和资金收益提高。

【投资业务】关注货币市场基金情况，借助银行同业平台，公司全面分析基金收益和规模等因素，精心筛选和比较优秀的货币市场基金产品，最终挑选出 16 款优质产品。基于货币市场基金税收优惠的优势，确保资金备付充分且符合监管要求的情况下，开展投资操作，获取投资收益。

【票据业务】公司利用票据新系统上线、补强票据业务风险防控手段的契机，助力企业在商务服务、工程项目、产品质量等层面的工作进度和质量提升。摸索质量保函、付款保函、关税保函等替代保证金的方法，盘活受限资金。致力于构建公司特色鲜明、得到成员单位信赖的非融资性保函业务，实现内部信息交流、互惠共赢。

【外汇业务】公司抓住“跨境本外币一体化资金集中运营业务”获批契机，完成苏州电瓷、远东砂轮、创元科技等 5 家单位外币账户开立，并形成外币资金有效归集和跨国信贷投放试点，为成员单位的跨境业务提供了更加便捷和高效的资金支持，有力地促进了成员单位在国际市场上的竞争力。

【资金集中】2023 年，公司优化升级了核心系统“建信财司云”功能模块，加强内部结算账户管理，关注成员单位现金流状况，推进内部资金往来数币化，强化员工对于资金管控意识，推动实施结算集中度和资金归集度两手推进，发挥公司“四个平台”功能，全年合并口径资金归集度 70%，其中全资企业资金归集度超过 85%。

【风险管理和内部控制】修订公司章程，建立股东承诺机制，明确“五会一层”治理边界。公司调整优化各专业委员会工作职责和工作机制，明确任职回避机制。落实贷款“三查”要求，深入分析企业经营和资信状况，严格执行贷款特别是项目贷款受托支付要求；定期评估信贷企业履约能力及信贷风险，采取相应的风险管控措施。日常经营业务发挥市场、风控和稽核三道防线的作用。

【人力资源管理】公司支持集团人才双向挂职锻炼，推荐 3 人到成员单位挂职，引进成员单位 2 人，探索财务金融人才培养模式；下发并实施《职务职级并行暂行办法》，形成职级职务能上能下、薪酬待遇能高能低，有效推进人才分类管理。修订完善绩效考核管理办法并严格执行，引导公司利益与职工利益一致；新增绩效薪酬追索扣回制度和关键岗位绩效薪酬延期 3 年兑付机制，明确风险管理责任。

【信息化建设】根据《非银机构业务连续性及网络与数据安全风险管理评估评价指引（2023）》的基本要求，完成信息科技风险管理咨询服务项目招标，推进公司业务连续性及网络与数据安全风险管理整改。上线中国人民银行二代征信系统，提升了信息数据报送的准确性和完整性。设置独立的 EAST 报送室，保证数据传送的及时性和准确性。增强信息安全意识，加强信息安全防护，实施信创提升行动。

【企业文化建设】深入学习开展习近平新时代中国特色社会主义思想主题教育，围绕“学思想、强党性、重实践、建新功”的总要求，落实党建强企责任。将党建引领融入企业文化建设，形成“创元财司”党建文化品牌；制定公司清廉金融文化建设重点工作任务，打造“创元清廉金融”廉洁品牌。充分利用本地红色资源，组织走访中共苏州独立支部，重忆入党初心，牢记使命担当；以学习身边的榜样，到中亿丰红石榴党建基地和苏州高铁新城产业党建党群服务站进行现场教学。用心办好《创元公司信息》，反映公司党建、重大经营管理等信息被集团、中国财协等官网采纳 10 余次。

特变电工集团财务有限公司

【集团概况】特变电工股份有限公司（以下简称“集团”）是国家级高新技术企业和中国大型能源装备制造企业集团。创业 36 年来，集团培育了以优势清洁能源资源为基础，输变电高端装备智造、硅基新能源、铝电子新材料“一高两新”三大国家战略性循环经济产业链，成功构建了特变电工、新疆众和、新特能源三家上市公司，发展为中国输变电行业核心骨干企业，多晶硅新材料研制生产基地，大型铝电子新材料出口基地，大型太阳能光伏、风电系统集成商。在国内外建设 21 个高端制造业产业基地，输变电产业、新能源产业、新材料产业、能源产业四大产业总部全部扎根新疆。变压器年产量达 3.6 亿千伏安，光伏 EPC 装机总量近 25 吉瓦，均位居全球前列。集团综合实力位居“世界一流机械企业 500 强”第 25 位，“中国机械工业企业 500 强”第 4 位。

【经营概况】特变电工集团财务有限公司（以下简称“公司”）2023 年实现利润 2.46 亿元，完成年度计划的 102.70%；人均利润实现 948 万元，完成年度计划的 110.60%；净资产收益率 14.70%，完成年度计划的 122.50%，同比增长 3.40 个百分点，各项监管指标均符合监管要求。2023 年以来，LPR 持续走低，1 年期 LPR 两次下调至 3.45%，5 年期及以上 LPR 一次下调至 4.20%，对公司信贷业务产生较大冲击，利差空间进一步收窄。为持续提升集团整体资金收益，公司不断调整经营策略，调优业务结构，保障公司平稳运营。

【服务实体】2023 年，公司一是持续为企业重点项目建设融资保驾护航，主动跟进各成员单位重点项目建设进度，为集团多个重点项目提供项目前期贷款 38 笔，金额 16.49 亿元，充分保障各重点项目按节点推进。二是及时为企业日常经营资金周转提供动能，积极与各成员单位建立常态化交流机制，发放流动资金贷款 14 笔，金额 14.28 亿元，有效缓解各企业日常资金备付压力。三是切实为企业降低整体融资成本作出贡献，顺应贷款利率下行趋势，与各成员单位研究商议整体融资成本压降措施，为成员单位及其下属 5 家项目公司办理提前还款 18 笔，金额 30 亿元，协助抢占外部银行低息贷款，压降了公司整体负债成本。

【信贷业务】截至 2023 年末，公司贷款余额 75.02 亿元，其中绿色贷款余额 18.38 亿元，制造业贷款余额 70.24 亿元；2023 年自营贷款均采用 LPR 基准利率下浮优惠，帮助成员单位累计实现利息降本 4012 万元。年末承兑业务余额 8.85 亿元，承兑业务全年累计发生额 16.60 亿元，均采用纯信用担保方式，帮助成员单位释放保证金占压（按 20% 比例测算）超过 3.32 亿元。保函业务方面，共计开立质量保函 4 笔，金额 1304.83 万元；保函业务余额 130.88 万元。

【资金业务】2023 年，同业市场呈现由高到低的变动趋势，公司通过研判市场价格走向，累计办理同业约期存款 30 笔，在同业市场利率持续低位时期保证了部分资金收益。不断加强与同业机构的合作力度，积极办理邮储银行、华夏银行、平安银行、农村商业银行等新增合作机构授信，为公司推广承兑汇票和票据转贴等业务打开了更广泛的渠道。

【资金集中】2023 年，公司开户 382 户，较 2019 年 114 户增长 235%，账户直连 832 户，直连率达到 70%；吸收存款 118.62 亿元，较 2019 年 41.25 亿元增长 187.56%，全年累计交易 25.87 万笔，较 2019 年 13.29 万笔增长 118.53%，成员单位的账户直连率、结算覆盖率大幅提升。

【业务创新】2023 年，公司成功上线新一代票据业务系统，并于 12 月 20 日为成员单位新疆天池能源销售有限公司开出首笔可拆分财务公司承兑汇票，票面金额共计 5000 万元。新一代票据业务系统具备支付灵活、高效便捷、风控严格等特点，实现了票据等分化签发和拆包流转，持票客户可依据实际业务场景需要，在相应环节将持有票据包按实际交易金额灵活支付。同时，新系统升级了统一提示付款流程、资金批量清算等功能，强化开票企业信息校验，形成多措并举的风控体系，提升了服务便利性及灵活性，丰富了业务应用场景。

【风险管理和内部控制】公司全面提升合规发展水平，在人民银行昌吉州分行年度央行评级等级为 4 级，全州法人金融机构中排名第一；监管评级工作评定等级为 2B 级，得分较上年增加 7 分。2023 年高质量完成公司治理评估工作，从完善制度体系建设、加强股东管理、风险管理、监督机制等方面全面梳理后期工作要求，推动公司在公司治理、数据治理、内部控制和风险防控等方面的体系建设。通过科学方法把控操作风险、信用风险、流动性风险和市场风险防控的方向，运用敏感分析法，搭建压力测试模型，明确业务发展规模的边界，为实现公司高质量发展奠定基础。

【信息化建设】公司助力推动司库系统上线，聚焦业务自动化及数字化改造，成功上线反洗钱系统、合同管理信息、电子验印系统，在提升自动化工作效率的同时有效控制了操作风险。同时，完善信息科技管理体系，强化业务连续性保障能力，完成机房灾备项目，与集团备份平台相互连接，形成了与集团数据中心、北京数据中心的“两地三中心”的灾备平台，达到了 RPO 趋近于 0，RTO 分钟级的业务连续性要求，保障了公司业务基础数据的安全。完善财务公司与股份公司网络监控 NPM、应用监控 APM 的连通，实时进行监控预警，保证了业务系统连续稳定运行。

天津渤海集团财务有限责任公司

【集团概况】天津渤海化工集团有限责任公司（以下简称“集团”）隶属于天津市国资委，是天津市绿色石化重点产业链的龙头企业，主要从事石油化工产品的生产制造，产品涵盖海洋化工、石油化工、碳一化工和精细化工四条产业路线，涉及生产37个大类，1000余种产品，总计产品年产规模达到1146万吨。集团注册资本85.75亿元，国有及国有控股企业134户。2023年国有及国有控股企业实现营业收入561亿元，利润总额5.59亿元，资产总额1298.57亿元，资产负债率54.35%。集团现有三大产业园区，经过多年的发展已形成“布局基地化、产品系列化、产业多元化”和“港化一体”的发展格局。

【经营概况】天津渤海集团财务有限责任公司（以下简称“公司”）积极应对金融市场形势的不断变化，为集团成员企业创新改革、提质增效提供了有力支持。截至2023年末，公司资产总额60.26亿元，负债总额45.23亿元，所有者权益合计15.03亿元，实现营业收入约1.81亿元，实现利润总额约1亿元，资本充足率37.39%，不良贷款率和不良贷款额持续保持为零。

【服务实体】一是公司全年下厂对接98次，增加调研频率深挖企业需求。为企业风力发电项目，量身打造绿电采购融资方案，完成首笔贷款发放，支持企业绿色清洁能源使用。二是成功与上市公司签署金融服务协议。三是向人民银行天津市分行争取再贴现政策，为成员企业落实低成本贴现资金，有效盘活成员企业存量票据。四是重新梳理定价体系，结合监管新规和企业实际情况，进一步优化公司贷款定价工作。2023年为成员企业让利合计4685万元，比上年同期累计增加526万元，增幅为12.65%。

【信贷业务】公司积极落实“十项行动”要求，2023年度为22家成员企业核定综合敞口授信额度48.85亿元，全年累计为成员企业受理各类信贷业务664笔，共计170.51亿元。加大重点领域投放，制造业贷款占比84.92%，高新技术企业贷款占比64.89%，小微企业贷款占比18.61%。

【资金集中】2023年，公司积极协助集团建立了成员单位货币资金构成明细统计报送工作机制，监测资金集中效果，明确资金集中工作重点和方向。2023年度月日均存款29.62亿元，较上年同期20.11亿元增加9.51亿元，增幅为47.29%。

【投融资业务】公司进一步加强了与商业银行、证券公司、基金公司等不同类型机构的合作力度，就同业授信、同业存款、票据转贴现、同业投资、质押回购等业务开展了沟通交流。2023年，取得外部收入3172.69万元，达到历史最好水平，取得同业机构对公司同业授信金额22.72亿元，实现邮储银行、工商银行、建设银行、中国进出口银行等国有大行的授信突破。

【业务创新】一是公司实现共享关税保函业务品种零突破，为集团内两家企业开立共享模式关税保函0.5亿元。二是公司首次开展年度环境信息自评估工作，助推公司转型金融发展进程。三是金融信息服务领域实现零突破，发布21期《渤海财务金融资讯》，涵盖要闻资讯、行业资讯、央行动态、金融市场等12个板块信息。

【风险管理和内部控制】公司建立健全多维度风险监测体系，实现各类风险监测指标符合监管要求，扎实重点领域风险防范。推动合规体系建设，针对重点领域及合规风险较高的业务，制定操作手册，定期开展各类监督检查和合规培训。对公司制度展开全面梳理，建立“科学严谨、标准统一”且符合公司经营管理的制度体系，根据制度标准化建设方案，对公司全部制度进行修订，建立公司制度全生命周期管理机制。

【人力资源管理】通过多维度改革促发展，公司精简部门设置，提升行政管理质效，将原有8个职能部门调整为6个，形成中层、助理和高级主管的全级次选拔、管理制度。首次开展全员竞聘，两名“90后”骨干员工进入中层岗位，中层干部平均年龄39岁。从日常行为（BPI）、重点工作（PPI）以及关键指标（KPI）三个维度对员工进行考核，完善考核体系。

【信息化建设】公司完成《非银机构业务连续性及网络与数据安全风险管理评估评价指引（2023年）》指标清单的各项工作内容，夯实信息科技基础工作。特别是在数据治理方面，制定数据标准，推进公司数据标准化建设，部署数据集市，完成统一监管报送平台建设，包括基础平台搭建和各类业务数据采集加工，实现报表的自动批量加工，提供更准确、全面的数据分析和报告。

【企业文化建设】2023年11月，公司成立31周年之际举办文化月系列活动，围绕“渤财正礼 融泽兴化”的公司发展理念，先后举办了跳棋、五子棋、乒乓球、朗诵比赛及宪法宣传知识竞赛等文体活动，营造出积极向上、锐意进取的氛围，丰富公司文化生活，全面展现公司职工的风采和精神面貌。

天津港财务有限公司

【集团概况】天津港是我国重要的现代化综合性港口、是国家重要的战略资源。天津港（集团）有限公司（以下简称“集团”）作为天津港的运营主体，资产总额超过1400亿元。2023年，实现全球首个智慧零碳码头引领行业迈入自动化2.0阶段，发布全球首个港口全面数字孪生技术底座“津鸿”系统，推出“海上高速—FAST”内贸运输新模式，跨境陆桥运量稳居沿海港口首位。全年完成货物吞吐量5.58亿吨，集装箱吞吐量突破2218.7万标准箱，稳居全球港口前列。

【经营概况】天津港财务有限公司（以下简称“公司”）坚守“依托集团、服务集团”的功能定位，以提供优质高效金融服务和辅助集团加强资金管理为目标，有效发挥“四个平台”功能，坚持将公司经营与集团发展紧密协同，为集团发展贡献金融力量。截至2023年末，公司资产规模121.18亿元，负债规模93.7亿元，所有者权益27.48亿元，实现收入3.34亿元，实现利润2.48亿元，各项指标均符合监管要求。

【服务实体】2023年，公司全年走访成员单位70家次以上，时刻关注成员单位经营情况及融资需求，精准制订融资方案；创新开展循环贷款，丰富贷款品种，加强金融服务力度；持续推动集团绿色港口重点项目落地，“一企一策”制订贷款方案助力困难企业复产脱困；主动落实集团战略部署，积极实施《存贷款让利工作方案》，做好集团及成员单位让利，确保集团实现利益最大化。

【信贷业务】2023年，公司持续拓展金融服务覆盖范围，年内完成44家成员单位年度授信工作，新增授信成员单位11户；通过流动资金贷款、银团贷款等方式，为成员单位发放贷款85笔，金额38.05亿元，发放委托贷款156笔，金额210.8亿元。截至2023年末，信贷规模59.42亿元，实现信贷收入3.03亿元，年内信贷规模时点余额最高达到65.3亿元，创历史最高水平。

【同业业务】2023 年，公司持续加强资金头寸管理工作，深化与金融同业合作，全年开展 9 笔同业定期存款业务，金额 6 亿元，开展 15 笔国债逆回购业务，金额 11.23 亿元，实现金融机构往来收入 7718.64 万元；深入谋划投资布局，建立专业的量化投资准入机制，全年实现投资收益 5779.68 万元，较 2022 年增长 190.59%。

【票据业务】2023 年，公司顺利完成新一代票据系统项目的实施工作，实现与上海票据交易所新一代票据业务系统的全面接入，通过新一代票据系统开立 13 笔银行承兑汇票，金额 0.16 亿元，为成员单位提供了便捷的融资渠道，进一步提升票据市场服务实体经济能力。公司全年开立银行承兑汇票 265 笔，金额 2.47 亿元。

【结算业务】公司与 13 家银行搭建了银企直连通道；启用招商银行 CBS 跨银行资金系统；建立 6 家银行的公网银企直连，覆盖集团成员单位银行账户的 94.6%，实现银行账户的“应连尽连”；利用银企直连通道持续开展成员单位境内人民币账户上挂，研究并开展外币账户上挂，搭建境外银企直连。为 144 家成员单位上挂人民币账户 368 个，外币账户 39 个，实现成员单位账户的“应挂尽挂”；通过上收模式，每日日终自动归集成员单位银行账户资金；通过代理收款模式，实现成员单位收款资金自动实时归集；通过调降银行账户备付金额度，实现成员单位资金的“应归尽归”。截至 2023 年末，资金集中度为 70.93%，创年末时点历史新高。全年累计为 144 家成员单位开展资金结算 140270 笔，结算金额 12556.48 亿元。

【业务创新】2023 年，公司坚持以成员单位实际需求为出发点，把握政策导向和监管要求，首笔落地了 1900 万元循环贷款业务；公司创新研发上线系统自动开关机功能，全面实施 7×24 小时结算服务，与银行结算时间同步，进一步完善结算平台功能，提升结算效率。

【风险管理和内部控制】公司推动大合规体系建设，对制度实施动态管理，全年共修编完成 41 项制度，结合合规体系评估结果持续巩固完善“一套制度汇编、一套内控手册、一套内控流程图”的“三个一”工作成果；持续推动《信息科技风险管理办法》《金融资产风险分类管理办法》等制度的出台和修订，建立健全风险管理机制；充分发挥内审监督检查，全年开展各项审计稽核检查 56 项次，首次开展公司信息科技全面审计工作。

【人力资源管理】公司坚持党管人才理念，着力加强金融人才队伍建设，组建内部培训师团队，围绕金融合规、金融投资等主题，组织开展各类培训 50 余次，有效提升金融人才专业能力；搭建“以干代培”培养平台，打造复合型人才队伍；全面上线综合管理系统人力子系统，有效提升人力资源管理水平。

【信息化建设】公司顺利完成综合业务管理系统外围项目验收工作，有效拓展业务系统覆盖范围，提高监管数据报送质量；完成新一代票据系统信息化项目验收工作，通过搭建票据处理全生命周期系统平台，实现票据分化签发和拆包流转，进一步加强对风险票据的有效管控，实现以数字化支撑优质金融服务，推动公司稳健发展。

【企业文化建设】公司党支部打造“党建引领，金融创效”党建品牌，坚持党对一切工作的领导，以“党建 + 金融”两条主线贯穿全部工作，强化“星级党支部”创建、党员“攀高”、党建网格化管理三个协同推进，推动公司“四个平台”作用发挥，形成“12345”党建系统工程，打响具有金融特色的党建品牌。公司党支部被评为天津港集团“先进党支部”、“五星级”党支部、“红色品牌示范点”。

天津能源集团财务有限公司

【集团概况】 天津能源投资集团有限公司（以下简称“集团”）成立于2013年5月30日，经天津市委、市政府批准，由天津市津能投资公司和天津市燃气集团有限公司重组而成，是天津市国资委监管的国有法人独资公司，注册资本为100.85亿元。作为天津市能源项目投资建设与运行管理主体，集团以“四源”，即电源、气源、热源、新能源为主营业务，承担着保障天津市能源安全稳定供应和推动能源结构调整优化的重任。

【经营概况】 天津能源集团财务有限公司（以下简称“公司”）始终秉持“服务集团、规范经营、稳健发展、创造价值”的经营方针，立足集团主业发展，服务集团成员单位，积极发挥“资金归集平台、资金结算平台、资金监控平台、金融服务平台”的作用。截至2023年末，公司资产总额为73.84亿元，所有者权益为12.27亿元，实现净利润6523.93万元。

【服务实体】 公司将常态化走访成员单位融入日常业务中，通过推行新型的服务模式和务实的服务举措，切实提高服务成员单位能力；在关键时点为成员单位提供延时服务，保障成员单位资金收付；发放调查问卷，形成分析报告，制定提升和优化清单，并转化为成果清单。2023年，公司对集团内能源企业提供信贷资金支持，用于电煤、天然气等原材料采购和日常运营，有力地保障了能源保供等民生服务，共为成员单位发放贷款16.65亿元。

【信贷业务】 公司稳健推进信贷业务发展，合理安排放款进度。截至2023年末，公司贷款余额为18.55亿元，日均贷款余额为17.41亿元，全部贷款均为流动资金贷款。公司充分发挥金融平台优势，优化集团资金配置，在合规经营的情况下，合理安排放款进度，从而达到集团整体融资“去杠杆”的作用。以服务集团为宗旨，以优于市场水平的利率价格为成员单位提供信贷支持。通过降低成员单位的贷款利率，提升成员单位外部融资的议价能力，引导商业银行贷款利率下行。

【资金业务】 公司主要的资金运作方式为办理同业定期存款和固定收益类有价证券业务。2023年度累计实现存放同业利息收入11120.94万元、实现投资收益87.38万元。公司加强对大额资金审核力度，大额资金审核率100%，有效防范资金风险。

【业务创新】 公司积极研究搭建投资业务体系，针对不同投资品种，制定相应制度，完善业务流程，加大与银行金融机构的合作，搭建投资业务平台，为公司投资业务的开展提供平台系统支持。公司审批通过《国债产品管理方案》《固定资产贷款管理办法》，持续走访成员单位，积极跟进项目最新情况。

【资金集中】 公司将资金集中管理、集团资金计划管理同经营业绩考核管理深度融合，通过主动对接集团资金管理体系，为集团及成员单位提供全方位咨询管理服务，了解集团整体资金流向和资金盈缺情况，以最优成本满足集团及成员单位资金需求，有效应对市场价格和规模紧缩。辅助集团将资金集中度纳入成员单位经营业绩考核，有效提高了财务公司资金集中度和资金管理水平。2023年，公司资金集中度达70.86%，较2022年增长4.71个百分点。

【风险管理】 公司不断完善全面风险管理体系，修订一系列风险管控制度；建立健全风险监测机制，制定关键风险指标监测表，设置合规底线、风险预警线和监测频率；持续运行法治合规例会机制，出具《法治合规提示》；搭建公司合规义务风险库；编制《员工岗位诚信合规手册》。

【内部审计】公司充分发挥第三道防线作用，由内审稽核部对公司内部业务进行检查、监督，独立行使内部监督权力。2023 年开展内部专项审计 9 项，覆盖公司治理、全面风险管理、信贷及结算业务、“三重一大”事项等方面，深挖问题根源，积极推动整改，为企业稳健发展提供有效保障。

【人力资源管理】公司强化人才队伍建设，着力优化人力资源管理体系。加快建立公司后备人才队伍，加强内部人员轮岗以及集团内交流锻炼。坚持多岗位任职，实现人才队伍业务能力的全方面提升。完善绩效考核体系，充分发挥薪酬激励导向作用。选树公司涌现出来的典型人物、典型事迹，大力弘扬争先奋进良好氛围。

【信息化建设】公司聚焦信息化建设工作，设立信息科技管理委员会，成立信息科技部，建立信息科技工作专班，多管齐下，立体推进信息科技工作及各项目建设，提升“数字化”关键驱动力。公司制订科技创新攻坚三年行动、信创替代方案，有序开展核心业务系统升级换代、OA 系统整体升级、防火墙更换、动环及监控系统改造等项目，进一步优化公司信息化软硬件基础环境。

【党建工作】坚持以习近平新时代中国特色社会主义思想为指引，深入学习贯彻党的二十大精神，以党的政治建设为统领，不断夯实全面从严治党主体责任，切实推动全面从严治党向纵深发展，牢固树立围绕中心抓党建、抓好党建促业务的理念，公司党支部的凝聚力和战斗力进一步增强。

天津天保财务有限公司

【集团概况】天津保税区投资控股集团有限公司（以下简称“集团”）是天津港保税区管委会下属国有公司。作为滨海新区大型国有控股集团，坚持区域功能服务与企业经济效益相统一，致力于为区域提供安全、稳定、优质的基础设施建设、运营与服务，形成了涵盖区域开发建设、基础设施运营、物流及汽车展贸、金融与投资四大主业板块的多元化产业发展格局。集团将持续倾力打造“治理规范、主业突出、管控有力、业绩优良”的一流投资管理型公司。

【经营概况】2023 年，天津天保财务有限公司（以下简称“公司”）致力于资金管控，以资金为纽带，围绕资金管理和融资服务业务主线，发挥金融牌照优势，稳健推进各项业务，持续提升公司风险防控能力，较好承担了集团内部“四个平台”功能。截至2023 年末，公司资产总额 68.32 亿元，负债总额 32.88 亿元，所有者权益合计 35.44 亿元。全年实现营业收入 2.13 亿元，实现利润总额 2.07 亿元。

【服务实体】2023 年，公司持续发挥金融机构撬动作用，参与出资组建商业银行银团贷款 6 亿元；发挥跨境金融服务作用，全年实现跨境资金池收支 11.4 亿元；发挥专业咨询作用，为成员单位债券转售、外保内贷、普惠贷款等业务提供金融方案设计；对成员单位主动减费让利，对日常金融收费应免尽免，全年共为成员单位节约财务费用 1.2 亿元，助力成员单位降本增效。

【信贷业务】2023 年，面对集团内不同类型、不同行业的成员单位资金需求，公司积极通过各项信贷产品为成员单位提供信贷资金支持，2023 年全年累计为成员单位发放贷款

44.32 亿元，信贷业务余额 39.62 亿元。

【资金业务】2023 年，公司在资金运作方面，兼顾公司整体营业收入、利润和流动性管理，适时开展债券正、逆回购业务。全年正回购业务累计规模 182.75 亿元、质押式逆回购业务累计规模 20.78 亿元。

【投资业务】2023 年，公司在投资范围内，对债券投资规模实施限额管理，在安全性基础上，根据公司流动性实际状况，通过投资资产配置增强资金收益。年末债券投资余额 2.13 亿元，全年实现投资收益 290 万元。

【资金集中】2023 年，公司不断优化资金归集业务流程，提高资金归集效率。全年公司结算业务共 1.29 万笔，金额 1908 亿元，日均归集资金 21.45 亿元，年末全口径资金集中度 23.73%，可归集口径资金集中度 87.61%。

【风险管理和内部控制】2023 年，公司持续提升内部控制的规范性、科学性和有效性，充分发挥内部控制在经营管理活动中的防范功能、纠偏功能和促进功能。梳理更新风险清单、定期开展重大风险点排查工作；不断完善全面风险管理体系，将信息科技、新产品新业务管理和关联交易管理纳入全面风险管理，建立相应风险治理架构和风险识别监控机制；对内控机制进行常态化监督与自我完善，组织开展制度管理、合同管理、印章管理、授信管理、金融市场业务管理等专项合规检查，督促内控落实到位；更新内部控制手册，对公司制度进行逐项重检完善，强化关键岗位、关键环节和重点业务的风险防控。

【人力资源管理】2023 年，公司持续推进薪酬分配制度的深化改革，探索完善科学的薪酬分配机制，先后修订了公司聘任制经理层人员薪酬管理办法、员工薪酬管理办法、绩效考核管理办法、绩效薪酬延期支付管理办法、绩效薪酬追索扣回管理办法等。同时，公司进一步加大业绩挂钩薪酬力度，强化绩效考核结果应用，绩效薪酬分配倾向于工作业绩优、岗位价值大的员工，实行差异化奖励，向贡献突出、一线岗位人员倾斜，加大员工间专项奖励差距倍数，充分发挥考核“指挥棒”的积极作用。

【信息化建设】2023 年，公司以推动传统业务数字化转型和新技术应用、加强网络安全防护和提升业务连续性保障为建设方向，为公司更安全高效地开展金融服务提供信息化支撑。通过业信融合手段，提高资金使用安全性和业务处理及时性；坚持科技创新，通过实时备份及虚拟化等新技术应用提升 RPO 及 RTO 指标，为公司生产经营提供应急保障；开展数据中心自动消防系统建设，实现自动灭火功能，对公司防范火灾事故，降低事故可能造成的影响起到关键作用；落实业务连续性管理要求，切实提升公司业务连续性保障能力；开展真实接管业务的应急演练，对应急指标进行量化，检验公司应对突发事件的应急处置能力。

【企业文化建设】2023 年，公司党支部坚持以习近平新时代中国特色社会主义思想为指导，聚焦“党建＋金融服务”主题，推动党建与金融服务提质增效。一是全面贯彻新时代党的建设总要求，牢牢把握“学思想、强党性、重实践、建新功”的总要求，充分发挥党支部理论学习“头雁”带动作用；二是开展“凝聚奋进新征程力量，金融服务高质量发展”金融特色党建活动，学习习近平总书记对金融方面重要论述，讲读监管政策要点，研究金融服务举措；三是成立党员服务队，与银行、券商等金融机构合作交流、联学共建、业务切磋，共谋发展。

天津医药集团财务有限公司

【集团概况】天津市医药集团有限公司（以下简称“集团”）是中国医药产业链条较为完整的大型医药集团，连续多年入选“中国医药工业百强企业”。集团控股津药达仁堂、津药药业两家主板上市企业，拥有迈达科技、科炬生物两家新三板挂牌企业。集团拥有天津达仁堂、六中药、隆顺榕、乐仁堂、京万红、津药药业股份、金耀药业、津药郁美净等十余家重点工业生产企业，拥有中新医药公司、津药太平和津药津一堂连锁等多家医药商业企业。

天津医药集团拥有“达仁堂”“隆顺榕”“乐仁堂”“京万红”等5个中华老字号，“松柏”“双燕”“郁美净”等多个中国知名品牌；拥有产品批文1000余个，独家产品120余个；拥有皮质激素和氨基酸原料药生产基地，以及全国急抢药品生产基地。基于自身优势，集团致力于打造中国现代化中药典范产品中国第一滴丸——速效救心丸，上市40年，累计销售超过1100亿粒；打造中国皮肤创面修复第一品牌——京万红软膏；同时拥有非遗项目产品清宫寿桃丸、安宫牛黄丸、牛黄清心丸等精品国药，以及以尤卓尔为代表的全系列皮肤科外用膏剂产品。此外，集团还形成了以痹祺胶囊为代表的风湿专科；以癃清片为代表的泌尿专科；以乌鸡白凤片为代表的妇儿系列；以胃肠安为代表的消化专科；以清咽滴丸、清肺消炎丸为代表的呼吸专科；以尤金、尤米乐为代表的激素类药品；以溴芬酸钠滴眼液为代表的眼科用药等产品品类。在大健康领域，中国儿童霜领军品牌“郁美净”，儿童霜单品40多年累计销量超过40亿袋。

【经营概况】2023年，天津医药集团财务有限公司（以下简称“公司”）迎势而上、顺势而为，围绕统筹金融资源、优化资源配置、降低资金成本等目标，深入落实产融双驱、降本增效，不断做强做实集团金融资金管理服务平台。2023年公司实现营业收入7277万元，营业利润4785万元，利润总额4785万元。

【信贷业务】一是统筹集团资金资源，不断降低集团外部融资规模。公司在实现自身利润的同时，更通过资金贷款利率优惠、票据业务市场价格优势、提前接续贷款等方式为成员单位有效降低融资成本。二是充分发挥财务公司内部银行高效、便捷优势，全年为集团成员单位提供应急资金超过5亿元，及时帮助成员单位解决资金周转问题。

【资金业务】一方面公司紧抓存款利率下行调整过渡期机遇，及时增加并锁定一定期限的银行高收益活期存款产品，在保证资金流动性充裕的基础上，深入开展同业存款业务，不断提升同业存款收益。另一方面积极拓展投资渠道，增加短期纯债基金产品的投放，投资收益不仅优于已开展的同业存款、货币基金等同期限投资产品的收益水平，且超过同类型基金产品平均收益水平。

【资金集中】通过制订合理资金归集方案、为企业申请上调定期类存款产品利率等举措，公司完成集团新增下属企业郁美净集团全部企业账户开立及资金归集工作，归集资金达整体资金总量的97%，实现分公司、子公司全归集；经过多次交易所通函答辩以及顺利通过股东会审议，完成集团上市公司达仁堂及药业《金融服务协议》续签，并进一步提升了达仁堂资金归集额度，经过不断努力，资金归集度已高于行业平均水平。

【风险管理和内部控制】一是对风险“零”容忍，确保资金安全。加强信贷业务信用风险管理，按照监管要求调整资产风险分类，强化风险资产管控，同时严格选择交易对手，确保公司信贷和投资资产安全。二是按照金融机构强监管要求，妥善做好各项合规工作，顺利完成各项评级。在做好数据治理、公司治理、业务连续性等各项提升工作的基础上，顺利完成监管、公司治理等四项评级，评级结果均在中上等水平。

【信息化建设】公司持续加强信息系统建设工作，不断提升金融服务安全性和便捷性。一是完成支付结算“双平台”建设，测试连通全部直连银行主要业务功能。二是打造 7×24 小时不间断结算服务，满足企业非工作时间支付需求，并将支付时间延长至 22:00、单笔付款限额提高到 100 万元。三是对现有管理体系、网络环境、软硬件平台进行全面深度补漏整改，完成网络安全等级保护测评。

【企业文化建设】公司党支部结合自身作为小型金融企业的实际情况，聚焦重点，围绕公司主体经营工作，扎实推进“融心＋”党建品牌建设。一是强党心，组织全体党员“争做津药先锋”，敢于肩负集团发展重任；二是聚人心，多形式积极开展集团企业文化宣传宣贯工作，通过企业文化将员工与集团凝聚在一起；三是促发展，在急难险重任务中激励骨干党员勇挑重担，积极开展支部共建、访问学习等活动为企业提供更优质金融服务。

天瑞集团财务有限责任公司

【集团概况】天瑞集团股份有限公司（以下简称“集团”）是一家集水泥、铸造、旅游、煤焦化、矿业、商贸物流、金融等产业为一体的大型企业集团，产业遍布河南、辽宁、山东、安徽和天津等地。集团是河南省重点支持的百户工业企业之一，2010 年 1 月“天瑞”商标被国家工商总局商标评审委员会认定为中国驰名商标。2023 年集团列“中国企业 500 强”第 380 位、“中国民营企业 500 强”第 181 位、“中国制造业企业 500 强”第 195 位、“河南企业 100 强”第 10 位。

【经营概况】天瑞集团财务有限责任公司（以下简称“公司”）是由天瑞集团股份有限公司发起设立、经原中国银行保险监督管理委员会批准设立的银行业金融机构，注册及营业地位于郑州市郑东新区商务外环路 20 号“海联大厦”，法定代表人：李凤娈，注册资本 10 亿元人民币。公司坚持“依托集团、服务集团”为宗旨，严格落实监管要求，强化公司治理和合规管理。截至 2023 年 12 月末，公司资产总额 26.04 亿元，负债总额 14.51 亿元，所有者权益 11.52 亿元，其中：吸收存款余额 14.47 亿元，各项贷款余额 25.10 亿元。当年累计结算资金 3655.77 亿元，累计结算 31.33 万笔。

【服务实体】截至 2023 年 12 月末，公司累计发放贷款余额 22.8 亿元，投向战略性新兴产业贷款余额 16.8 亿元。公司服务高新技术企业存量业务户数 5 户，存量业务贷款余额 14 亿元。公司将根据成员单位需求加大对战略性新兴产业及高新技术产业贷款投放力度，加快网上对接、线上审批、线上投放，降低融资成本，切实服务实体经济。

【信贷业务】截至 2023 年 12 月末，公司各项贷款余额 25.10 亿元，全年累计发放各项贷款 34.30 亿元，按照信贷资产质量五级分类标准，全部为正常类贷款，无不良贷款。公司始终坚持以稳健的经营思路开展信贷业务，以完善的制度流程来控制和管理信贷业务过程中的风险，制度涵盖授信管理、贷前调查、贷中审查以及贷后检查等，实行统一集中授信、审贷分离、分级审批相结合的审批制度。公司紧紧围绕集团战略和重点企业，创新信贷产品，合理筹划金融业务规模和信贷投放配比，进一步优化资产收益率和单一客户贷款集中度，提升信贷服务能力。

【票据业务】 截至2023年12月末，公司累计签发电子银行承兑汇票2215笔，票面金额总计5.91亿元；累计兑付到期银行承兑汇票2070笔，总计7.17亿元。公司合规审慎开展票据业务，严格按照监管要求及公司内控制度，审核票据贸易背景真实性及票据保证金资金来源并实行专户管理。将票据承兑业务纳入整体流动性风险管理框架，切实提高流动性风险的预警、防范和处置能力。

【风险管理和内部控制】 公司始终坚持“制度先行”原则，持续做好内控体系建设。2023年梳理各项内控制度，优化完善内控制度流程，根据相关法律法规，全年修订制度6项，新增制度4项，废止制度1项，公司现行制度达177项，提高了内控制度体系的规范性和科学性，巩固了防范风险能力。2023年公司以监管部门风险管理规范为依据，重点聚焦合规业务开展，将信用风险、操作风险、流动性风险等风险控制和管理贯穿于日常工作。加强对重点领域、重点环节的管理，增强员工合规风险意识，强化关键风险的日常监控和风险应对措施落实。结合公司的实际情况和监管导向，不断完善公司治理架构和风险体系建设，不断健全风险管理和内部控制机制，持续完善内控制度流程。加强合规管理，严格落实各项监管要求，强化合规检查监督和各类风险的事前防控。全面提升风险管理水平，确保业务开展的合规性，促使财务公司健康稳健运行。

T

通号集团财务有限公司

【集团概况】 中国铁路通信信号集团有限公司（以下简称“集团”）是国资委直接监管的大型中央企业，是以轨道交通控制技术为特色的高科技产业集团，全球领先的轨道交通控制系统提供商；集团拥有投融资、设计研发、系统集成、装备制造、工程服务、运营维护完整产业链，是中国轨道交通控制系统设备制式、技术标准及产品标准的归口单位。

【经营概况】 通号集团财务有限公司（以下简称“公司”）成立于2022年8月16日，注册资本金20亿元。公司设有资金管理部、信贷管理部、风险管理部、结算业务部、综合管理部、计划财务部、信息管理部和审计稽核部8个部门，职工人数24人。截至2023年12月31日，公司资产总额97.95亿元，利润总额0.52亿元。

【服务实体】 公司将自身业务建设与集团司库建设相结合，以“系统推广、服务决策”为目标，持续深化司库系统建设，强化司库系统应用。组织成员单位通过财务公司高效安全地办理款项支付结算，全面减免成员单位结算费用降低财务成本。全年开立有效结算账户163户，结算金额超过1100亿元，日均办理成员单位款项结算300余笔。加大与商业银行的费用减免谈判，减免结算业务手续费100多万元。

【信贷业务】 2023年，作为集团内部金融机构，公司围绕集团战略开发金融产品、创新金融服务，发挥以融助产功能，为集团高质量发展提供服务保障。一是全年发放内部贷款6.15亿元，节约资金成本925万元。通过司库系统加强借款企业的资金流水监控，增强企业到期还款的硬约束。二是积极推广公司非融资性保函替代，8月实现首单业务突破，全年为成员企业免费办理财务公司保函金额3724万元，释放银行授信额度，有效降低银行保函成本费用。

【资金业务】 公司严控金融机构业务风险，参照人民银行发布的系统重要性银行清单，

2023 年将 25 家金融机构纳入金融机构业务合作准入名单，对 24 家金融机构进行了授信管理。根据公司银行账户特点与金融机构充分协商、定期询价，根据询价情况分析利率周期，开展存放业务。

【票据业务】2023 年，公司取得上海票据交易所会员资质，上线新一代票据系统，实现票据信息“全要素”管理，利用集票宝等产品，实现全集团全级次全量商业票据管理，为成员单位办理首笔票据转贴现业务，实现金融交易新突破。全年为集团成员企业零费用办理票据贴现业务约 3000 万元，盘活存量票据，降低资金成本。

【资金集中】公司开展吸收成员单位存款、代理成员单位款项结算业务，根据各单位实际用款需求，按日对成员单位资金进行归集，资金集中度达到 31.70%。

【风险管理和内部控制】2023 年，公司以风险管理为导向、合规管理为重点、规章制度建设为抓手，将风险管理和合规管理要求嵌入制度和流程。一是加强内控体系建设，建立管理制度 149 项。二是强化风险管理与业务融合，通过贷审会、风险管理委员会等形式实现决策与风控作用有效发挥。三是强化风险信息化管理，实现重要风险指标系统监测。四是强化信息科技风险管理，开展信息科技风险评估及审计。五是筑牢内审监督防线，通过专项审计、日常稽核和内控评价等多种形式，改善业务经营、风险管理、内控合规和公司治理效果。

【人力资源管理】2023 年，公司始终坚持“人才是第一资源”，为人才搭建平台、创建舞台，建立人才激励、保障体系。一是做好考察，选用人才。做好部门负责人考察谈话等工作。二是制定绩效，激励人才。施行经理层任期制契约化并覆盖至中层。三是营造文化，塑造人才，通过主题教育，日常活动、制度建设，塑造员工行为。四是完善福利，保障人才。完善企业年金、职工体检、补充医疗、员工福利等人力资源制度 7 项。五是加大培训，造就人才。邀请合作银行、律师事务所到公司开展行业政策辅导、业务交流，促进公司业务开展。

【信息化建设】公司一是编制《通号集团财务有限公司信息科技“十四五”发展规划》，为加快金融数字化转型、科学稳妥开展信息化建设提供战略指引。二是上线新一代票据系统。实现汇票业务相关关键指标及监管报表自动上报，为汇票业务归口管理打好信息基础。三是部署 ACS 综合前置系统、实现人民银行存款准备金线上办理、线上对账等功能。四是优化监管数据报送平台、与新一代票据系统打通，实现报送业务范围全覆盖。五是开展核心系统二期建设工作，全面覆盖公司业务要求，无缝衔接司库系统业务申请流程，稳固提升金融核心系统服务。六是核心业务系统通过等级保护三级测评，确保信息安全。

【企业文化建设】2023 年，公司一是以政治建设为统领，强化思想武装、提升政治意识；不断加强党的建设，以“七抓”建设为主线，不断夯实党建基础，提高党建引领力。二是加大企业宣传，通过橱窗展示、楼道文化、主题活动凝心聚力，塑造积极向上的企业文化。三是制定《通号集团财务有限公司清廉金融文化管理办法》，用制度立法保障企业文化建设开展，营造风清气正的良好文化氛围。

通用技术集团财务有限责任公司

【集团概况】中国通用技术（集团）控股有限责任公司（以下简称“集团”）是中央直接管理的国有重要骨干企业，成立于 1998 年，以先进制造与技术服务、医药医疗健康、贸易与工程服务为核心主业。2018 年 12 月，集团公司获批成为国有资本投资公司试点企业，目前拥有沈机股份、环球医疗、中国医药、中纺标 4 家上市公司。2023 年营业收入同比增长 10.4%，利润总额同比增长 13.5%，为稳定宏观经济大盘、保持经济运行在合理区间作出了积极贡献。

【经营概况】2023 年，通用技术集团财务有限责任公司（以下简称“公司”）紧密围绕平台建设及功能发挥，持续强化管理能力和服务能力，统筹管理内外部金融资源，提高资源配置水平和资金使用效率，同时不断加大筹融资服务和减费让利力度，在夯实已有业务基础上，实现司库主要模块全面上线、“机床票”深化运用、“健康票”顺利推广、CIPS 创新应用等一系列成果，各项核心指标持续稳定增长，全面超额完成了年度经营目标。

【司库建设】一是公司系统功能基本构建完成。二是数据质量和服务功能有效提升。业务、财务、资金全链条数据得以贯通，构建了集团统一的数据仓库和数据集市，充分利用司库平台功能，提供准确、高效、多维高质量信息，推动财务管理从信息化向数字化、智能化转型。三是系统使用的便利度与友好性持续提升。

【资金集中】一是公司账户管理成效显著。截至 2023 年末，境内账户可视率达 84%，结算集中比例 86%。二是存款规模创历史新高，日均归集资金规模 418 亿元，全口径资金集中度 83%，资金归集始终维持在较高水平。三是存款利率上浮到顶，经人民银行窗口指导对存款利率进行调整，在政策允许范围内最大限度为成员单位让利。

【信贷业务】一是充分发挥资源配置平台作用，2023 年公司累计发放贷款 208 亿元，累计发放贷款超过 200 笔，其中小于 500 万元的贷款 53 笔，最大限度满足成员单位支付需求。二是创新业务品种，开拓业务需求。年内落地多项首笔贷款授信业务。三是开展绿色金融业务，2023 年为某成员单位分布式光伏发电项目提供 1500 万元绿色贷款，为成员单位累计开立超过 9000 万元绿色票据，以绿色金融助力绿色低碳发展。

【票据业务】2023 年，公司有的放矢推进票据业务，将票据业务作为践行普惠金融的重要抓手，累计开立承兑汇票 72 亿元，累计开立承兑汇票近 7700 张，累计服务超过 1100 家中小微供应商。此外，公司立足集团主责主业，创新推出“通用技术机床票”“健康票”，其中，“机床票”已成为集团装备制造板块最主要的支付手段；“健康票”于 2023 年实现了辖内各医疗平台的全覆盖，为集团机床和健康板块成员单位进一步提升产业链地位提供金融支持。

【国际业务】一是在 CIPS 推广与运用方面取得突出成效。公司首创的“CIPS + 司库”银企连接模式成效显著。2023 年，公司与跨境清算公司继续携手前行，已实现境外账户集中可视、同户名线上资金调拨、全额汇划业务落地。二是打通与境外金融机构同业拆借资金融通渠道。通过中国银行澳门分行完成首笔跨境人民币拆入业务，是全国第 6 家、北京第 3 家开展此项业务的财务公司。三是协助集团开展外汇风险管理工作。公司协助起草《集团汇率风险管理操作指引》，实现集团外汇风险管理指引全覆盖，通过定期培训、日常汇率信息分享等方式，帮助成员企业树立汇率风险中性理念，并为成员单位提供汇率避险方案与建议。

【风险管理和内部控制】一是做好合规管理工作。公司加强与监管部门的沟通，做好业务合规审查，配合业务部门进一步完善风险控制措施，保障公司各项业务合规开展。二是做好业务风险管理。对业务风险管理政策、风险限额指标等进行适时调整，现场走访重点信贷客户，深入了解客户实际情况，跟踪信贷风险缓释措施落实情况，跟踪投资业务投资规模、止盈止损执行情况。三是持续完善公司内控制度体系建设。2023 年共修订制度 38 项，新增制度 24 项，废止制度 9 项，并及时修订内部控制管理手册与评价手册；做好日常合同审查、反洗钱与普法工作，获评“集团 2022 年度普法工作先进集体”。

【信息化建设】公司一是全力推进新核心系统建设。二是抓好数据治理与应用，搭建大数据平台，运用“五个统一”（统一的数据集成平台、统一的分析应用平台、统一的数据模型、统一的数据管控体系、统一的指标体系），深入挖掘数据价值，初步实现数据驱动的业务价值创造。三是夯实云服务和信息安全体系建设与维护工作，建成国标A级的新数据中心机房，对数据中心机房实施虚拟化平台扩容，参与公安部组织的网络攻防演练并获评“集团网络安全优秀单位”；做好信息系统设备日常维保、巡检及演练，2023年实现信息安全零事故。

【企业文化建设】2023年，一是公司通过深化宣传引导、积极主动发声、践行社会责任等方式，在集团外媒体、网站发稿110余篇，在重要媒体平台发布宣传稿件7篇。二是对集团、上级单位授予公司的10余项荣誉、获得集团和公司党内评选表彰的先进事迹开展集中宣传，发挥榜样示范带动作用。三是持续履行社会责任。2023年，公司员工自发为北京门头沟斋堂中心小学捐助图书近300册，内容涵盖科普、文学、历史、艺术等多个领域。

铜陵有色金属集团财务有限公司

【集团概况】铜陵有色金属集团控股有限公司（以下简称“集团”）是以有色金属及非金属采选、冶炼、加工和以金融贸易为核心的现代服务业为主业，集精细化工、科研设计、建筑安装、井巷施工等相关产业多元化发展的大型企业集团。2023年，集团位列《财富》世界500强排行榜第436位、“中国企业500强”第119位、“中国制造业企业500强”第49位。

【经营概况】2023年，铜陵有色金属集团财务有限公司（以下简称“公司”）保持了良好发展势头，在经营管理、服务质效、党的建设等方面取得了显著的成绩，围绕集团打造世界一流企业价值创造行动，积极发挥企业集团金融平台作用，持续提升服务质效，经营业绩较好完成年度目标。公司累计实现营业收入2.23亿元、利润总额1.64亿元、净利润1.30亿元，日均资产规模95.36亿元，可归集资金集中度96.81%，资本充足率为20.98%，流动性比率为32.55%，不良资产率和不良贷款率均为零。各项指标符合监管要求。

【服务实体】围绕集团打造世界一流企业价值创造行动，公司积极发挥企业集团金融平台作用，持续提升服务质效。实现成员单位票据业务全线上清算、自动做账，提高成员单位票据兑付效率。贷款平均利率同比下降59个基点，各类金融服务共为企业节约资金成本3596万元。

【信贷业务】公司加强对集团成员企业的上门走访，通过实地调研沟通，了解企业经营情况和资金需求，为企业量身定制金融服务方案13个，提供优于同期商业银行的贷款利率和政策，切实引导成员企业综合融资成本持续降低。2023年共发放贷款38亿元，贴现金额43亿元。

【资金业务】2023年公司新增9家开户企业，累计直连账户306个，其中人民币账户282个、外币账户24个。提升成员单位对外付款免审上限，实现90%以上付款业务便利化，年结算业务量1.34万亿元，结算业务18.23万笔。

【投资业务】2023年公司投资业务实现较好收益，公司着力加强对市场的研究，通过选择更具投资价值的产品，加大对优质资产的配置，投资业务实现较好收益。投资收益共计4439万元，同比增长51.86%。

【外汇业务】面对集团海外业务高速发展的新形势，公司开展跨境资金集中运营，陆续开展资金归集、集中付汇、境外放款业务。公司成功办理了一笔经常项目资金集中收汇业务，成为安徽省内第一家开办该项业务的财务公司。

2023年公司共办理代客结售汇业务910笔，同比增长18.8%；累计金额85.64亿美元，同比增长15.87%。在全国银行间市场即期结售汇交易额排名96位，持续跻身全国百强行列。在财务公司行业稳居前10名。

【业务创新】2023年，公司尝试开展了交易所国债逆回购业务，交易综合收益率3.74%，超存放同业利率174个基点；配置交易存单综合收益率超过存放同业利率57个基点。

【风险管理和内部控制】公司聚焦合规建设，落实监管要求，重点在制度建设、公司治理、业务活动、风险控制、数据治理等持续提升合规管理水平。2023年修订内控制度210项，全流程严控信用风险；开展稽核工作9次，深入排查业务风险点；组织开展各类监管政策培训，培育良好合规文化。

【信息化建设】2023年，公司信息科技投入710多万元。上线新一代票据系统、统计系统、投资系统平台，不断提高数据报送质量。新一代网银系统及客户管理模块、新一代信贷业务模块全面优化升级。通过加大数据科技投入，提升业务敏捷性，实时掌握存量资源，有利于盘活资产，进一步降低企业成本。同时跟踪经营风险数据，满足财务公司管理风险与内控合规的要求。

【企业文化建设】公司扎实开展习近平新时代中国特色社会主义思想主题教育，开设读书班学习研讨交流；为职工办实事4件，将主题教育成果真正体现到关心员工具体行动上；建设廉洁从业宣传走廊，营造风清气正的廉洁氛围，将学习成果转化为推动企业发展的具体实践。

万向财务有限公司

【集团概况】万向集团（以下简称“集团”）创建于1969年，致力于清洁能源和动行智控领域前沿研究、技术开发和应用制造，实现全球化运营。是中国战略性新兴产业领军企业，2023年入选浙江省首批产业领航型雄鹰企业。在新时代下，集团坚持科技至上、人才至上，全力打造万向创新聚能城，力求在新能源、新材料、新制造等领域突破关键核心技术，推进科技成果转化，抢占世界工业科技制高点。

【经营概况】2023年，万向财务有限公司（以下简称“公司”）以习近平新时代中国特色社会主义思想为指导，落实中央经济工作会议、中央金融工作会议精神，以融促产强主业，以优质金融服务助力集团高质量发展。2023年，公司实现营业收入6.70亿元，利润总额2.86亿元，年末资产规模达236.76亿元。

【服务实体】2023年，公司走访企业覆盖95%以上信贷客户，积极组织区块链与智能制造、汇率避险、绿色金融等专题交流会，针对性出具筹融资财顾方案和ESG报告。公司延续实施“稳经济促发展”让利政策，存贷利差连续6年下降，2023年为成员单位节约成本费用5.47亿元，助力集团营收同比增长6.14%，净利润同比增长16.19%。

【信贷业务】2023年，公司围绕国家政策和集团战略发展，累计发放自营人民币贷款373.61亿元，年末各项贷款余额175.39亿元。积极践行国家双碳战略和集团“让空气更清新”愿景，深化绿色金融服务，年末绿色信贷余额同比增长81.77%，第二、第三季度人民银行绿色金融评价蝉联省内财务公司第1名。

【资金业务】2023年，公司有效统筹资金流动性、安全性和收益性。月均流动性比例保持在50%以上；完成5家银行的同业授信工作，累计授信额25.20亿元，实现同业业务收入1.13亿元，同比增长133.82%。

【票据业务】2023年，公司上线新一代票据系统，有效提升成员企业票据使用效益，新系统上累计开票1000多张，金额超过9亿元。“新一代票据融合项目”案例获第六届金融业年度品牌案例大赛“金融科技年度案例奖”。2023年公司累计开展票据承兑35.79亿元，票据贴现5.43亿元。

【外汇业务】公司资金池业务入池企业规模位居全国前列，经常项下结售汇业务量稳居省内财务公司第一。2023年，公司落地首笔境外企业境外集中付汇业务；所有外汇业务成员单位均进入银行贸易外汇便利化名单。“双循环格局下财务公司国际业务发展研究”课题研究成果获浙江省金融学会年度重点研究课题优秀奖。

【资金集中】2023年，公司稳步清理成员单位外部银行账户，积极推进闲置账户最小化、资金集中最大化，年末每家成员企业平均外部银行账户仅为2.5个。实现网银账户全覆盖，年末公司账户可视化程度为98.34%，本外币网银可归集口径覆盖率为96.85%，全口径资金集中度为65.54%。

【业务创新】2023年，公司携手工商银行首创银企互联本外币合一账户集中收付服务，将不同币种国内资金主账户整合为一个本外币合一账户，打通了银企集中付汇业务系统联动“最后一公里”，大大提升本外币资金集中管理质效。公司本外币一体化资金池业务创新与实践案例入选“中国普惠金融典型案例（2023）”。

【风险管理和内部控制】2023年，公司进一步夯实“金字塔”式全面风险管理体系，在三道防线基础上，贯彻稳健风险偏好、管理策略及限额，全面促进数智转型、推动制衡性治理、完善制度流程、强化专业性风控工具。

【人力资源管理】2023年，公司在年轻化、专业化管理层队伍带领下，人才体系建设更上一层，高管层平均年龄38.25岁，公司“90后”占比53.13%，“95后”占比40.63%，现有6名部门主管均为“95后”，新入司员工均为985、211、QS前50、强专业人才。完善培训体系，2023年共组织培训51次，总课时达3275时，覆盖率为100%，让培训真正为人才赋能，助力公司发展和战略目标实现。

【信息化建设】2023年公司积极建设以客户为中心的“基础设施”，开展了本外币一体化项目落地、共享中心直连接口开发、网银应用双活建设、安全态势感知平台项目和综合监控平台升级等工作。“后疫情时期的财务公司科创金融研究”课题研究成果获浙江省金融学会年度重点研究课题优秀奖。

【企业文化建设】2023年，公司以习近平新时代中国特色社会主义思想为指导，贯彻党的二十大、二十届二中全会精神，将“围绕中心抓党建 抓好党建促发展”持续进行，制定4项支部建设制度，大力开展书记上党课、党员政治责任区、党员先锋队各项特色工作，组织主题教育、习近平总书记“四德”论述、中央金融工作会议等主题党课共计8次，组织开展“枫桥经验”主题党日、参观浙江展览馆温故企业家精神等党工团妇活动共计8次，充分发挥了党支部的战斗堡垒作用。

五矿集团财务有限责任公司

【集团概况】2023年，中国五矿集团有限公司（以下简称“集团”）以贯彻落实习近平总书记重要指示批示精神为统领，坚决贯彻党中央、国务院各项决策部署，牢牢把握高质量发展首要任务，切实扛起矿业报国、矿业强国初心使命，深入落实“五大核心要义”，加快推动“五大行动计划”“五型五矿”建设，取得了一系列可喜成绩。

【经营概况】2023年，五矿集团财务有限责任公司（以下简称“公司”）2023年末资产总额、营业收入分别同比增长34%、14%，双创历史新高；围绕集团主业优化金融服务，利润总额及让利同比增长16%；坚守服务初心，结算量同比增长26%；持续强化金融风险防控能力，各项监管指标保持安全可控区间。

【服务实体】为持续提升金融服务集团主业质效，赋能集团高质量发展，公司开展金融服务提升行动，依托京内、京外、同业三个协同工作小组，赴8省12城与20家成员单位“面对面交流、零距离服务”，提供精准高效的服务方案。在规模上寻求突破，存款、贷款规模大幅提升；价格上寻求让利，向成员单位提供较有竞争力的存、贷款利率，切实有效为降低集团整体财务费用、提升归集资金使用效率贡献重要力量。

【信贷业务】2023年，围绕集团公司资源接续、“一图一库一树”、战略性新兴产业培育等方向持续发力，积极增加信贷投放，2023年末各项贷款再创新高；聚焦高新技术企业、“专精特新”企业有针对性地寻找业务突破点，成功拓展三家制造业新客户；聚焦绿色产业做好“绿色金融”大文章，成功向获评国家级“绿色工厂”的公司发放流动资金贷款，标志着公司在助推集团公司实现“碳达峰、碳中和”目标上迈出了重要一步。

【资金业务】公司加强对银行间市场走势的分析和预判，准确把握市场节奏，适时进行同业业务操作。落地首笔跨境人民币拆借业务，并通过CIPS完成到期还款，打通境外同业资金融资渠道。

【投资业务】公司适时掌握国际国内宏观经济形势，结合监管新规、集团管控、公司整体情况，处理好规模和风险的关系，在满足整体流动性的前提下，积极用好资金，最大限度地增厚收益。同时，加快转让金融股权以满足三重监管要求，在北京产权交易所正式公开挂牌，为完成金融股权清理工作迈出关键一步。

【票据业务】2023年公司推广开展票据自承自贴业务，同时，新增两家合作银行，引入竞争机制，压缩银行手续费用，为成员单位节约贴现成本。自2020年开展“五矿财票新模式”以来，累计开立财票规模成功突破百亿元大关。

【外汇业务】2023年，公司紧抓机遇，国际业务实现突破，CIPS处理业务规模持续稳定增长，累计总规模超过300亿元人民币；持续推进意愿购汇政策落地应用，为成员单位节约汇兑成本百万元，以《美元汇率市场观察》、产业金融快报等形式助力成员单位汇率风险管理。

【资金集中】2023年，公司坚持深入创新，一是通过司库项目以信息技术为支撑持续优化系统功能，为资金集中提供了便捷的渠道、高效的手段和有力的抓手。二是积极研究资金集中度计算相关问题，分析探索财务公司的资金集中度提升空间。三是持续加强与成员单位联动沟通，激发成员单位资金归集积极性和主动性，成功拓展跨境资金池成员范围和美元现金池成员范围，提升外币资金归集规模。

【业务创新】公司创新开展境外放款业务，利用财务公司跨境资金通道，成功协助集团境内成员企业向境外成员企业发放贷款，进一步便利境内外各成员单位资金余缺调剂。持续推进CIPS创新实践，成为全国第一家参与CIPS数据服务试点的财务公司；全国第一批上线新一代票据业务系统，并推进实现多项创新功能。

【风险管理和内部控制】2023年公司准确把握监管导向，编制《监管政策文件汇编》；有序推进章程修订、股东评估及董事会规范建设等工作；充分发挥内部审计作用，开展涵盖全面风险管理、绩效薪酬、反洗钱等关键领域的8项内部审计工作，配合集团公司完成信息系统专项审计工作。

【人力资源管理】公司实施领“财”计划第四期，加强中层干部和优秀年轻干部治企兴企能力培养；通过内部大讲堂开展制度宣贯和业务精讲系列培训，鼓励干部在多岗位历练中增长才干、加速成长。2023 年实现了与总部部门、其他直管企业、京外基层企业间的人才交流互动，先后选派 5 名骨干参与集团公司两优一控、巡视巡察、干部监督等专项工作。

【信息化建设】公司领会国务院国资委司库建设决策部署，全面落实集团公司党组工作要求，着力做好司库项目建设和推广工作，在国务院国资委司库体系中期验收中获得“优秀”评价结果；高度重视将信息系统安全贯穿于司库建设全过程，“两地三中心”灾备体系建设等先进做法得到国资委通报表扬。

【企业文化建设】2023 年，公司党委坚持以习近平新时代中国特色社会主义思想和党的二十大精神为指导，以开展一次外出参观见学、一次红色观影活动、一场书画摄影展、一次专题知识竞赛和一批专题精品党课的“五个一”系列活动，扎实开展了学习贯彻习近平新时代中国特色社会主义思想主题教育；持续开展“两个先锋、三个起来”活动，推进党建工作与经营管理中心工作深度融合。通过做好集团公司核心文化理念宣贯、参与企业文化线上演讲比赛、录制企业文化大讲堂授课视频、与兄弟企业开展“同心筑梦”企业文化交流活动、开展财务公司成立30周年专题文艺作品征集活动等方式，积极做好企业文化培育工作，营造积极健康的企业文化。

物产中大集团财务有限公司

【集团概况】物产中大集团股份有限公司（以下简称“集团”）是浙江省省属特大型国有控股上市公司，业务范围覆盖全球 90 多个国家和地区，自 2011 年起连续 13 年入围“世界企业 500 强”，2023 年列 138 位。2023 年，集团持续深化“一体两翼”发展战略，强化产业投资，持续改革创新，健全风控管理，着力推动上市公司治理体系和治理能力现代化，统筹提升企业价值创造力、核心竞争力、战略支撑力，持续打造“大而强、富而美”受人尊敬的优秀上市公司，为助力“两个先行”、奋力谱写中国式现代化浙江篇章作出新的更大贡献。

【经营概况】物产中大集团财务有限公司（以下简称“公司”）秉承“立足集团，服务集团”宗旨，坚持以精准化服务策略助推集团产业结构优化和供应链主业发展。2023 年，公司实现营业收入 1.86 亿元，利润总额 1.64 亿元，年末公司资产总额 124.6 亿元，资本充足率为 21.05%，流动性比例为 72.49%，各项风险指标符合监管要求。

【服务实体】2023 年，在利率下行和需求下降的双重压力下，公司积极贯彻落实“大走访大调研大服务大解题”工作部署，通过优惠利率、专项贷款、个性化方案等有力举措不断提升服务实体经济质效。2023 年，公司累计投放各类信贷资金 408.22 亿元，有效覆盖集团供应链集成服务、实业制造、医药健康、轮胎制造板块的核心成员单位，充分满足成员单位经营发展的资金需求。

【信贷业务】2023 年，公司持续深化“一企一策”服务内涵，为缓解成员单位资金时效高、波动大、沉淀高的痛点，持续深化运用法人透支业务，累计发放法人透支借款 18.07 亿元，同比增长 88.82%；不断延伸海关保函的运用，累计为 4 家成员单位办理海关保函 2.77 亿元，节约财务费用 77.62 万元，累计担保税额达 21.1 亿元，较好地满足成员单位经营发展需求；持续深化公司电票的流转运用，累计为成员单位承兑 13.76 亿元，节约保证金资金成本 123.33 万元，有效支持集团整体降本增效。

【资金业务】2023 年，公司积极履行司库管理职能，强化资金集约化管理，提高资金使用效率。一是集聚金融资源，强化资金集中管理。每月分析并跟踪资金集中度数据，规范执行集团内上市成员单位资金归集；加强基层单位调研走访，消除资金归集薄弱单位；适度调整资金池运营策略，匹配成员单位用款需求及资金规律；开发核心系统自动开关机功能，延展公司账务日终处理时间，实现成员单位夜间收款归集和记账。二是盘活资金存量，增强资金流动性管理。发挥战略银行体系的支撑优势，进一步拓展银企直连数据平台规模；加强存放同业资金精细化管理，积极运作买入返售、CEFETS 同业存款、购置同业存单等银行间市场业务，为日间沉淀资金增效；切实做好流动性风险管理，开展流动性风险实战演练，风险防范与资金增效能力同步提升。

【外汇业务】2023 年，公司持续优化结售汇业务交易体系，共计代客结售汇 4.46 亿美元；完成跨境资金集中运营业务变更备案，进一步扩大跨境资金池服务对象；充分发挥“双池”功能，便利境内成员单位经常项目跨境收支，助力成员单位灵活调剂境内外资金余缺。

【业务创新】2023 年，公司以参贷行身份成功发放首笔银团并购贷款 7800 万元，为集团收购浙江柒鑫合金材料有限公司（已更名为物产中大柒鑫合金材料有限公司）提供充足的资金支持，为集团补链、延链、强链和高端制造高质效发展提供了新的综合金融解决方案，具有积极的产融协同示范作用。

【风险管理和内部控制】2023 年，公司以筑牢风险屏障为目标，积极贯彻落实监管要求，持续完善公司治理和授权管理工作，做实重点领域的审计监督，强化问题缺陷的跟踪整改，实现更高水平的依法合规经营。

【人力资源管理】2023 年，公司积极推动创新培育工作，组织参加第二届财务公司“智慧共享”微课大赛，荣获优秀组织奖，选送作品获一等奖、三等奖、优秀奖；深化同业交流，累计组织“流动的智慧”同业交流会 10 余次，扩大员工业务“社交圈”，有效助力员工成长成才。

【信息化建设】2023 年，公司以科技创新赋能业务发展、风险防控等各领域，部署启动集团资金管理平台项目二期上线，持续优化财司金融综合管理平台，实现新一代票据系统上线与投产，搭建以资金管理和风险防控为监测重点的“金财保”数字化监督平台，为公司高质量发展提供强劲动力。

【企业文化建设】2023 年，公司积极践行“合规高效、团结奋进、勇于奉献、争创一流”的企业文化，深入开展学习贯彻习近平新时代中国特色社会主义思想主题教育；持续开展 12345“活力 +”系列活动，多维建设员工活力之家；创新开展廉洁风险大排查、大学习等系列活动，推进清廉金融文化建设；建好“一微一刊”，编发公众号原创文章及企业内刊，多次在外部媒体平台刊登报道，传播企业最美之声。

物美商业财务有限责任公司

【集团概况】北京物美商业集团股份有限公司（以下简称“集团”）是国内最早以连锁方式经营超市的专业集团公司之一。集团由经营超市业务转型发展为现代商业服务型公司，主要业务包括物业租赁、对供应商提供的配套服务以及对加盟店提供的配送服务等。主要营业收入包括将大型超市、购物中心中部分商铺和区域通过招商出租给商业经营者和品牌厂商以获取租金收益；向供应商提供的配套服务包括陈列商品宣传、物流配送等。

【经营概况】物美商业财务有限责任公司（以下简称“公司”）2023年为44家成员单位提供包括资金结算、基础信贷等金融服务，资产总额7.41亿元，负债总额2.05亿元。2023年，公司累计实现利润总额688.71万元，税后净利润517.06万元。

【服务实体】公司通过为成员单位提供资金结算、基础信贷等金融服务，促进商品流通和中小型供应商健康成长，进一步服务于京津冀百姓的“菜篮子”和“米袋子”等民生工程，在支持集团良性发展和支持重点工程建设方面发挥了自身的间接辅助功能。集团作为京津冀地区拥有店铺数量最多的商业连锁企业，坚持实施数字化驱动民生的商业战略，以消费者为中心，施行线上线下一体化、到店到家一体化、店仓一体化，运用数字化的理念与方法、技术与工具来解构重构、精益运营覆盖城市民生商品与服务的强大网络和基础设施。

【信贷业务】2023年，公司始终围绕支持集团主业发展的工作重心，积极发挥集团金融服务平台的功能，向2家成员单位提供综合授信业务。2023年累计发放贷款6亿元，全部为短期流动贷款，加权利率3%；收回信贷资金10.50亿元，全部为短期流动资金贷款10.50亿元。未办理票据承兑、票据贴现、委托贷款、担保等业务。2023年末，贷款余额为3亿元，无不良贷款。

【资金业务】2023年，公司累计完成结算业务5.81万笔，结算金额715.12亿元，其中代理结算3.07万笔，金额66.76亿元。

【资金集中】2023年，集团持续加强进行资金集中管理，进一步强化统收统支水平。公司通过搭建资金归集账户体系，全力配合集团资金集中运作要求，截至2023年12月31日，集团合并口径货币资金7.31亿元，公司各项存款2.05亿元，存放中央银行款项0.13亿元，存放同业款项4.52亿元，全口径资金集中度43.52%。

【公司治理】2023年，公司治理的核心工作是通过开展制度“立改废”工作，建立和完善股东、董事会、监事会等组织机构之间的权力制衡、信息披露和利益分配等关系的管理机制。一是在股东治理方面，修订公司章程进一步补充和明确股东义务，加强股东承诺制和股东评估工作实施；二是在关联交易方面，结合公司实际对关联交易建立规范的管控流程和有效的控制措施，规范公司关联交易行为，初步实现关联方和关联交易识别以及风险控制；三是在内控管理方面，全面修订公司制度，共完成100余项制度的修订和制定工作，一定程度上提升了公司治理、内控管理及合规管理的总体水平。

【风险管理和内部控制】2023年，公司根据内外部经营环境的现状，立足于总体战略发展规划和经营目标，构建了涵盖信用风险、操作风险、流动性风险等多类风险的全面风险管理体系。各职能严格按照风险管理要求落实日常风险防范工作，识别、分析、计量、评估、监控，对重要风险实施动态监测和定期报告，结合监管要求建立包括信用风险、流动性风险等关键风险指标的量化标准，动态监测指标异动情况，有效判断风险水平是否已经达到公司设定的警戒值，进而采取有效控制或缓释方案，合理处置风险。

【信息化建设】2023年，针对所面临的信息科技风险，公司对现有的信息科技风险管理体系进行了全方位的补充与优化。一是加强信息科技管理委员会工作组织，通过定期的风险评估、监控和报告，确保公司的信息科技工作始终在可控的范围内进行；二是全面修订信息科技制度，完善内控管理措施，加强措施执行力度，结合自身实际状况，形成了独具特色的信息科技风险监测与保障体系；三是加强了对外包服务商的管理，制定服务商准入标准和项目管理机制，对服务商能力，项目的进度、质量和成本进行严格的控制；四是完善了业务连续性管理，组织全面的业务识别和影响分析，对公司的各项业务进行了深入的了解和评估。

【企业文化建设】公司贯彻落实集团六大价

值观，根据集团企业文化建设的指导思想和基本原则，结合公司实际，积极探索建立以“诚信为本、服务至上、规范高效、开拓创新”为主要内涵的物美金融企业文化，更好地发挥企业文化对公司经营管理和改革发展的引领和支撑作用。

西部矿业集团财务有限公司

【集团概况】西部矿业集团有限公司（以下简称“集团”）在全国11个省、市、自治区拥有40余家分公司、子公司，业务范围涉及有色金属矿采选冶炼、盐湖化工、新型绿色建筑及地产开发、旅游资源开发、金融及信息技术等产业板块，产业多元，是青海省唯一一家入围“中国企业500强”的企业。

【经营概况】截至2023年12月31日，西部矿业集团财务有限公司（以下简称“公司”）资产总额111.09亿元，负债合计73.29亿元，所有者权益37.80亿元，实现拨备前利润总额2.13亿元。

【服务实体】自集团、股份公司授权财务公司负责全集团资金管理融资管理工作以来，公司一是优化调整组织机构，增加资金监控、金融政策研究职能，完善风险审核流程，提高资金运营效率，着力降低成员单位整体资金风险。二是按照“调结构、降成本”的原则，不断优化融资方式、拓宽长期限融资渠道，防控债务风险，统筹降低集团融资成本。2023年，集团合并对外平均融资成本4.02%，较年初4.21%下降19个基点，续贷融资成本全年下降36个基点。三是结合LPR下行趋势，统筹下调成员单位贷款利率，2023年，累计让利成员单位超过4000万元。

【信贷业务】2023年，在确保合规的前提下开展信贷业务，公司集中优势资源，优化金融资源配置，发挥绿色金融力量，落实助企纾困政策，全力支持集团重点项目、关键工程建设。2023年，累计发放贷款68.41亿元，贷款余额74.68亿元，较年初增加3.29亿元。

【资金业务】2023年，公司发挥预算管控作用，以安全性、流动性原则合理安排资金头寸，持续提升议价能力，努力实现资金收益最大化。2023年，公司存放同业活期款项平均收益率2.23%，存放同业定期款项平均收益率3.10%。

【票据业务】公司积极挖掘票据资源，盘活票据价值，助力成员单位降低融资成本。2023年，公司累计签发财司承兑汇票30.26亿元，承兑余额14.12亿元，较年初下降13.43亿元。累计办理贴现4510.78万元。

【资金集中】公司优化资金监控职责，强化资金结算和过程管控，充分发挥资金监控一道、二道防线职能，落实资金计划合规性审查，做到对成员单位、银行账户、资金收支及相关要素全流程、全要素监控，不断提高资金管理合规水平和风险防控能力。加强资金预测分析，结合资金归集、资金运用、外部融资情况，严审月度资金计划，从保持合理流动性、压降外部带息债务，合理编制月度资产负债计划，分析资产负债规模，不断提高资金头寸预测的精确度，全面提升经营管理水平和辅助资金管理能力。2023年，公司日均归集资金78.66亿元，全口径资金归集率达到73.55%，资金代付率超过95%。

【风险管理和内部控制】公司紧紧围绕新颁布的《企业集团财务公司管理办法》和业务连续性等监管指导意见，结合操作实际，梳理优化制度流程，全面落实制度执行。全年修订完善114项管理制度（修订68项、废止20项、新增26项）。建立联动机制，提高审计站位、拓宽审计视角，积极融入集团，参与集团审计检查项目，协助集团做好账户管理、资金管理等专项审计工作。全年参加集团审计检查项目3项。加强合规机制建设，形成与集团法律合规中心开展联动的合规审查机制，充分发挥合规管理职能。

【人力资源管理】公司持续优化薪酬结构，完善福利体系。根据集团薪酬优化方案，全面提高员工企业贡献津贴、职业资格津贴等。

【信息化建设】以“穿透式资金监控”为出发点，公司促进业务管理与信息科技的融合，优化了资金计划系统、账户监控系统和核心业务系统，实现了对私支付批量导入、支付策略调整等功能。建设了新一代票据业务和集团银行账户主数据平台等应用系统，部署了数据加密、数据脱敏、动态感知、系统监控等设备，有效保障了集团资金安全，为强化资金管理提供了有力信息化支撑。

【企业文化建设】2023年，公司直属党支部聚合主题教育激发的强大力量，在监管机构和集团公司党委的正确指导下，紧跟集团高质量发展步伐，持续强化政治引领，认真履行全面从严治党责任，深入推进党风廉政建设工作，将清廉金融文化建设纳入公司章程，不断压实压紧“一岗双责”，以党建促业务、以党建助发展工作思路，切实将主题教育成果转化为推动落实的具体行动，助力集团转型发展，以实干实效书写中国式现代化国企新答卷。

西电集团财务有限责任公司

【集团概况】中国电气装备集团有限公司（以下简称“集团”）于2021年9月25日在上海正式揭牌成立，是由中国西电集团有限公司、许继集团有限公司、平高集团有限公司、山东电工电气集团有限公司等重组整合而成，是国务院国资委监管的国有重要骨干企业。集团始终践行“赋能智慧电气、创引绿色能源”企业使命，打造原创技术策源地和现代产业链链长，着眼于电气装备高端制造和综合解决方案，支撑中国能源电力实现“碳达峰、碳中和”目标和能源清洁低碳转型。

【经营概况】2023年，西电集团财务有限责任公司（以下简称“公司”）完成股权变更及增资扩股事项，注册资本从15亿元增至36.55亿元，正式纳入中国电气装备集团二级子企业管理，资产规模大幅提升，截至2023年末，公司资产总额256.90亿元，同比增加157.06亿元，增幅为157.31%；负债总额203.21亿元，同比增加125.01亿元，增幅为159.86%；所有者权益53.69亿元，同比增加32.05亿元，增幅为148.11%。

【服务实体】2023年，公司制定金融让利措施，连续3次下调融资利率，降幅超过30%，全年向成员企业让利3253万元；优化存款定价方案，为新归集企业办理各类存款业务，进一步提升企业存款收益，协助成员企业推进上海合作银行结算费用减免工作；制定《关于减免财司保函、银行承兑汇票手续费及保证金的方案》，进一步为成员企业减费让利，支持企业高质量发展。

【信贷业务】公司一是落实集团资金集约化管理要求，制定新的《综合授信服务方案》，向集团135户成员企业提供授信总额约600亿元，较上年同期增长166%，创历史新高；二是发挥集团金融平台作用，针对整合后新纳入服务范围成员企业的外部带息负债情况，制定《贷款置换方案》，压降外部带息负债规模，及时置换外部贷款54.23亿元，为集团整体降低财务费用年化约1.20亿元；三是制定《绿色信贷管理办法》《绿色金融评价体系》，全年向集团绿色低碳产业提供授信支持约100亿元，推动集团产业转型升级。

【资金业务】强化资金统筹运用能力方面，充分发挥整合后“资金池”功能，合理安排资金头寸，保障集团公司解决“存贷双高”的流动性资金需求。强化外部获利创效能力方面，开展定期存款、同业存单业务26.50亿元，灵活滚动开展国债逆回购业务30.60亿元，提升资金使用效益近5700万元。

【投资业务】强化金融价值创造能力方面，在风险可控的前提下公司开展自营投资业务28.76亿元，实现投资收益7475万元，同比增长160.5%。强化资金安全管理能力方面，定期对持有产品进行持续跟踪分析，掌握产品运行情况和收益情况，确保投资资产的安全性。

【票据业务】公司制定《关于落实集团司库体系建设票据信息集中的工作方案》，成功开通“集票宝”业务专线，实现对集团201家成员企业票据信息的全量采集，为集团建立统一“票据池”提供有力支撑；通过减免票据签发手续费、保证金缴纳等方式，增强客户体验感，利用金融同业协同优势，持续与合作银行对接票据业务，调节票据需求。

【外汇业务】公司一是利用金融专业优势，编制《金融市场研究简报》，加大对影响集团成员企业、财务公司生产经营与发展的大宗商品、汇率、利率等针对性研究，增强金融咨询服务，提升价值贡献；二是关注外汇市场走势变化和市场政策信息，与同业机构和成员企业建立汇率分析分享机制，编写《外汇衍生品研究报告》《集团衍生品业务开展建议方案》，为企业抵御汇率风险保驾护航；三是利用“跨国公司跨境资金集中运营”资质，为新成员企业办理备案入池，助力集团境内外汇资金集中管理工作。

【资金集中】建立跨账户、跨单位、跨层级、跨区域的全量资金归集管理体系，打通上市与非上市资金融通“梗阻点”，2023年公司开立结算账户139个，许继电气、平高电气累计归集资金242.20亿元，新增成员企业资金归集率高达98%；构建契合集团资金管理要求的支付结算体系，建成“司库管理系统—财务公司核心系统—12家合作银行”支付通道；完成12家银行资金池投产及新增上市单位97个归集账户挂接，账户挂接率达到97%。

【业务创新】公司一是贴合企业业务发展融资需求，创新“E付融资”产品，为供应链科技公司提供3.17亿元保理融资；二是创新“项目前期贷”融资产品，为西电智慧园发放2.15亿元贷款，助力企业重点项目顺利开展。

【风险管理和内部控制】一是公司治理更加规范。全面修订《公司章程》，编制《关于公司治理监管评估的提升方案》，完善“三会一层”治理制衡体系，健全董事会下设专门委员会，为公司实现高质量发展奠定基础；二是法人治理更加完善。完成5名新董事任职申报，选聘1名职工监事，有效发挥董事会、监事会作用；三是管理机制更加健全。完善“三重一大”事项决策程序，推动形成各治理主体权责法定、协调运转、有效制衡的公司治理机制；四是风险防控更加有效。深化业务风险评估与预警机制，持续健全稳定有效的合规管理体系，加强对投资业务、信息科技的风险监测和审查。

【人力资源管理】公司一是完善薪酬绩效考核机制。制定《经理层成员薪酬管理办法》及《经理层成员业绩考核管理办法》，推进经理层任期制和契约化管理工作；制定《高级管理人员及关键岗位人员绩效薪酬延期兑付管理办法》，深化金融薪酬激励约束与风险业绩匹配。二是落实金融人才强企战略。推进中层干部轮岗及选拔竞聘工作，以公开竞聘的方式从员工中选拔中层干部1名，推进干部轮岗1名、转为正式任职2名，以竞争促激励，激发党员干部的积极性和创造性；2023年组织各类培训65次，参加行业交流会11批次，开展同业合作交流19次，做实做好新时代人才队伍建设工作。

【信息化建设】围绕金融服务扩容需要，完成公司对提级管理、承接客户、司库系统对接等信息系统的配套开发和升级工作；上线新一代票据业务系统，进一步提升企业票据结算便捷性、安全性和资金周转效率。持续强化信息风险体系建设；完成信息科技风险识别清单、新一代核心系统建设评估、数据级异地灾备系统建设，提升信息科技对业务发展和内部管理的支撑能力。

【企业文化建设】一是公司完成党总支民主选举，修订《“三重一大”事项决策实施办法》，优化党总支前置研究重大事项清单，2023年召开党总支会议29次议事90余项，切实发挥党总支把方向、管大局、保落实作用。二是围绕学思想、强党性、重实践、建新功的总要求，开展党建品牌创建、党建联建共建、基层示范党支部建设、党员立项攻关和领导干部分片包干等系列实践活动，战斗堡垒、先锋作用在管理提升、业务突破等领域有效发挥。三是落实意识形态工作责任制，举办道德讲堂活动，加强网站、微信公众号建设，2023年刊发稿件136篇，持续提升宣传影响力。

西门子财务服务有限责任公司

【集团概况】西门子股份公司（以下简称“集团”）是全球领先的技术企业，成立170余年来，业务遍及全球，专注于服务楼宇和分布式能源系统的智能基础设施，以及针对过程工业和制造业的自动化和数字化等领域。也是医疗科技和数字化医疗服务领域全球领先的供应商。此外，持有西门子能源的少数股权，西门子能源是全球输电和发电领域的领军企业。秉持150年矢志不渝的合作与创新精神，西门子已经成为中国社会和经济不可或缺的一部分，并将持续面向未来，深度融入中国新发展格局，为中国经济和社会可持续发展作出新的贡献。

【经营概况】2023年，西门子财务服务有限责任公司（以下简称“公司”）实现了自身业务稳定增长，各项监管指标全部达标。截至2023年末公司资产总额折合人民币约148亿元。

【信贷业务】根据集团内部规定，公司的贷款发放对象主要为西门子集团控股的在华成员单位，且集团母公司提供支持。公司根据借款成员单位的财务状况、盈利能力、发展预期等对其进行授信评级，基于评级结果提供信用贷款或担保贷款。

【票据业务】目前公司仅向集团控股企业提供贴现业务且公司接受的均为信用良好的大型商业银行承兑的银行承兑汇票，并事先对票据要素和贸易背景的真实性进行了严格审核，已经将风险降至可控范围。

【外汇业务】公司外汇业务主要为吸收西门子在华成员单位的外币存款、外汇资金集中运营管理业务、即期结售汇业务和即期外币对业务。

【风险管理和内部控制】公司建立健全各项规章制度，严格遵守内控制度，坚持稳健发展和合规经营的原则，实现健康经营。将风险管理作为日常工作的重要组成部分，着重关注信用风险、流动性风险、市场风险及资本充足率水平。

【人力资源管理】公司按照集团要求，通过西门子（中国）有限公司的人力资源共享服务部门实现公司的人力资源管理，包括人员招聘、培训管理、劳动用工制度、薪酬体系、绩效考评管理等，完善公司人力资源基础建设，实现目标管理与激励机制的有机结合。同时，根据外部监管要求，公司也结合自身行业特点，安排或组织相关部门员工进行形式多样且有针对性的岗位培训，丰富员工的职业技能和综合素质，在促进个人职业发展的同时，也提高了公司的经营效率。

【信息化建设】2015年公司从德国总部引

进 Murex 系统并将其作为核心业务管理系统并正式上线使用。目前该系统可满足各类内外部交易管理需求，涵盖了公司现行所有内外部表内交易，包括存贷款、贴现、外部银行定期存款、银行间同业拆借、债券逆回购、同业存单、交易所逆回购以及外汇交易等。同时，Murex 系统与 Finavigate 系统实现了无缝对接，Murex 用于金融交易录入、确认、本金与利息计算和交易查询，Finavigate 完成结算、会计处理和基本财务报表等，最大限度地减少了人员操作风险和会计核算风险。2017 财年，德国总部决定对 Murex 系统实行全面升级。自 2018 财年开始，Murex 正式从版本 2 升级至版本 3，更高版本的 Murex 实现了更方便快捷的金融交易管理方式及更全面有效的内控机制。

【企业文化建设】公司一直提倡和营造和谐团队，通过组织各类活动激发团队活力和提升凝聚力，包括户外旅游、健身锻炼、新春联欢等。同时，集团工会也定期组织面向员工的文体活动，如音乐会、艺术展、各类体育运动协会，内容丰富多彩，得到大家的积极响应和普遍欢迎。

西王集团财务有限公司

【集团概况】西王集团有限公司（以下简称“集团”）始建于 1986 年，历经 38 年，发展成为以玉米深加工和特钢两大实体为主的全国大型民营企业，控股 3 家上市公司、1 家财务公司、4 家国家级高新技术企业。位列“2023 年中国企业 500 强”第 465 位、“中国制造业企业 500 强”第 246 位、“中国民营企业 500 强”第 233 位。被认定为“农业产业化国家重点龙头企业”“国家环境友好企业”“国家火炬计划重点高新技术企业”“国家国民经济动员中心”。荣获“全国淀粉糖行业第一名”“中国食品工业百强企业”“国家级绿色工厂”等称号。被中国食品工业协会冠名“中国糖都”“中国玉米油城”。

2023 年，集团聚焦聚力主业，在狠抓生产经营、加强内部管控、强化风险防控等方面做了大量扎实有效的工作，生产经营持续向好，企业发展迈上了新台阶。

【经营概况】截至 2023 年 12 月末，西王集团财务有限公司（以下简称“公司”）资产总额 50.72 亿元，负债总额 27.35 亿元，净资产 23.37 亿元。2023 年 12 月末，公司累计实现营业收入 552 万元，实现拨备后利润总额 21 万元；吸收成员单位存款余额 25.85 亿元，各项贷款余额 51.68 亿元；累计结算量 1633.07 亿元，累计交易记录 27953 笔；全口径资金归集度 89.99%，可归集口径资金归集度 93.71%。

【服务实体】公司坚持“让利”成员单位，深入推进减费让利政策，为成员单位办理贷款、贴现、结算等业务。2023 年，公司通过贷款投放为成员单位让利 3.23 亿元；通过资金归集为集团增加利息收入 0.12 亿元，共为集团增加收益 3.35 亿元。

【信贷业务】公司不断提升信贷服务精准化，持续跟进成员企业差异化业务需求，为企业提供“一企一策”金融服务，不断提升金融服务实体产业发展的灵活性、有效性，助力成员企业高质量发展。2023 年，公司累计为高新技术企业办理票据业务 7.17 亿元，为企业进一步高质量发展提供金融动力。

【资金业务】公司充分发挥“内部银行”职能优势，持续加大调研力度，与成员单位密切沟通交流，紧紧围绕企业需求拓宽发展思路，推动服务精细化。2023 年累计为成员单位代理收款业务 4010 笔，金额 134.63 亿元；办理代理付款业务 2912 笔，金额 117.87 亿元。

【风险管理和内部控制】围绕“不断提升风

险管控手段”“严格落实制度执行力”等工作重点，公司打造内控、合规、风控“三位合一”的风险管理框架，形成“三道防线”统一联动的长效机制，构建“大风险”管理格局。通过“三道防线”有效融合、统一联动，形成一道防线实时控制和自我评估、二道防线统筹设计和监督管理、三道防线独立评价和监督提升的全领域内控体系运作，彻底厘清各防线专业角色，全面夯实各道防线实施内部控制的主体责任、管理能力和技术优势。

【内部审计】立足审计监督职责定位，公司严格落实监管机构、集团和董事会提出的新发展理念，坚持以风险管理为导向、以合规监督为重点、以防范风险为目标，紧密结合金融行业属性，突出监管要点、合规要点、关键环节等内容，聚焦重点业务关键领域，夯实日常监督检查，切实发挥内审监督作用，不断健全风险防范长效机制，提升合规经营管理水平，进一步保障公司合规稳健发展。

【夯实合规根基】为进一步夯实基础工作，提高基础管理水平，促进业务健康发展，实现强管理、增效率、促发展的工作目标，2023 年公司在内部组织开展“基础管理提升年”活动。按照全员参与、全面覆盖、完善体系、过程控制、强化监督、责任追溯的总体部署，通过“学制度、找差距、提质量、上水平”，在管理的科学性、精细化和信息化水平提升上下大力气，使基础管理更加严谨，实现提升精细化管理水平、提升岗位履责意识、提升制度执行力、提升业务流程规范程度、提升系统支持能力、提升风险控制效果的工作目标。

【信息化建设】公司不断优化完善已部署上线的新一代票据交易系统、新版 EAST 系统、利率报备系统、金融基础数据系统、广义信贷系统、人民银行 ACS 综合前置子系统等报送系统，充分发挥好信息科技系统的支撑作用，有力提升了管理水平和管理效率，为业务发展和合规经营提供有力信息系统保障。

【党的建设】公司党支部深入贯彻落实习近平新时代中国特色社会主义思想主题教育的重要讲话精神，把党的创新理论与解决实际问题紧密结合、与公司实际紧密结合，坚持边学习、边对照、边检视、边整改，查不足、找差距，锚定整改方向，梳理存在问题，研究解决路径，推动学习成果转化为开展工作的新思路、解决问题的新方法。

厦门国贸控股集团财务有限公司

【集团概况】厦门国贸控股集团财务有限公司所属企业集团为厦门国贸控股集团有限公司（以下简称“集团”），是厦门市属国有企业集团，系世界品牌 500 强、亚洲品牌 500 强、全国脱贫攻坚先进集体、全国守合同重信用企业、中国内部审计示范企业、中国企业教育先进单位百强、福建企业 100 强、福建省文明单位、厦门市诚信示范企业、厦门市企业文化示范单位。

集团多年上榜“中国企业 500 强”“中国服务业企业 500 强”“中国对外贸易 500 强企业”等榜单。2023 年集团第七次蝉联《财富》世界 500 强，位居第 95 位；同时位居“中国企业 500 强”第 29 位。

集团业务布局供应链、先进制造、城市建设运营、消费与健康、金融服务五大赛道。

【经营概况】厦门国贸控股集团财务有限公司（以下简称“公司”）于 2012 年 10 月成立，为经中国银行保险监督管理委员会（现为国家金融监督管理总局）批准设立的非银行金融机构。公司于 2023 年 4 月 17 日完成股权和注册资本变更，注册资本由人民币 8 亿元变更为 30 亿元，股权结构变更为集团持有78%股权、厦门海翼集团有限公司持有22%股权。截至2023年12月，公司资产总额达到116.10亿元，净资产31.09亿元，总负债85.01亿元，全年实现营业收入15033.18万元，利润总额1005.56万元，净利润694.87万元。

【服务实体】公司立足于集团战略发展，积极发挥“产融结合”作用。2023年共为6家制造业企业提供授信支持，金额64500万元；新增中长期技术改造项目贷款1笔，投放金额217万元；服务高新技术企业7户，累计发放贷款金额9468万元；新增涉农贷款7000万元，进一步丰富实体企业行业类型，贯彻落实金融服务实体经济。

【信贷业务】公司根据集团各投资企业的实际需求，为其提供个性化的金融服务，助力集团产业发展。2023年累计发放贷款90.31亿元，贴现6.29亿元，汇票承兑10.57亿元，保函0.90亿元，累计用信108.07亿元。

【资金业务】公司持续加强与同业间的合作，拓展证券公司、消费金融公司、金融租赁公司等非银金融机构客户，畅通资金融入融出渠道，实现了CFETS同业存款业务、同业存单代投代缴业务创新。2023年资金融入业务累计发生11笔，合计金额30.9亿元（同业拆入10笔，发生金额29.9亿元；债券正回购1笔，发生金额1亿元），资金融出业务64笔，累计发生额158.3亿元（同业拆出43笔，发生额93.8亿元；线下及线上定期存放同业3笔，发生额8亿元；购买同业存单6笔，发生额18.5亿元；债券逆回购12笔，发生额38亿元）。

【投资业务】2023年，公司运用有价证券投资资质，集中开展货币基金投资和债券投资，并新辟商业银行二级资本债及券商次级债投资业务，拓展了债券业务范围，调整生息资产的收益结构和期限配置，提升资金管理能力。2023年投资业务实现年日均规模10.61亿元（含货币基金投资年日均2.43亿元、债券投资年日均8.18亿元），累计实现投资收益4084.36万元。

【票据业务】2023年，公司再贴现业务2笔，合计票面金额3.84亿元。通过发挥金融机构作用，争取政策支持，反哺成员单位，为实体经济提供低息资金。

【资金集中】2023年4月，公司所属集团变更为国贸控股集团，集团通过管理职能、绩效考核和系统建设等方面支持公司，有效提高了公司资金集中度，主要体现为：将集团资金管理部并入公司，明确公司是集团资金集中管理的唯一平台，集中统一行使集团资金结算中心职能；集团对成员企业下达了协同财务公司发展的考核指标，对年末可归集资金集中度和日均存款等资金集中指标进行正向激励；以公司为集团司库建设平台，对集团的资金和账户实现可视。公司自重整后，资金集中度有效提升，由6月末的6.31%上升为12月末的20.57%。

【业务创新】一是公司完成统一支付平台上线，对数据交换、支付指令、账户管理、电子回单、银企对账等功能改造，提升业务处理能力，实现快速稳定接收并处理客户端发送的大量数据，进一步缩短系统服务时效，满足高并发数付款查询需求。二是完成新一代票据系统上线，实现对外与上海票据交易所系统直连，对内与网银系统、信贷系统及数据平台等系统对接，实现票据全流程管理，支持以模块化和业务弹性配置的产品设计方式，满足票据创新业务产品体系后期需求功能以及向客户个性化服务延伸的扩展。三是创新企业网银账户开立流程，支持自主化账户开立全覆盖，大幅提升开户服务效率。四是根据各成员单位业财融合程度不同、资金管理需求迥异，依托财务公司金融科技力量，积极配套开发上线个性化财企直连业务，提升成员单位日常结算与财务管理效率。五是创新引入分离式保函。公司充分运用金融牌照优势，结合各投资企业实际需求，拓展分离式保函业务，进一步拓宽保函业务适用场景，帮助成员单位减少资金占用，有效实现降本增效。

【风险管理和内部控制】2023年，公司不断完善全面风险管理，提升数字化风控建设。一是实现业务系统对部分风险监管指标事前预警，并通过搭建风险指标监控平台对主要风险管控指标实时滚动监测，实现人工监测向系统监测的转变。二是运用量化风险模型，提升风险管控水平，根据不同行业风险特征，分行业制定了贷后管理的关注风险重点，对系统同步进行优化升级，实现相关指标的自动风险预警。三是深化信息科技风险管理手段，上线 OCR 识别技术，以解决业务审核中的发票验真，合同匹配等问题，提高授信业务的合规审查效率，减少业务审核的人工操作风险。

同时，不断完善内控制度建设，提升合规文化氛围。一是全面梳理公司操作流程，在董事会年度授权范围内，建立公司经理层《内控权限指引》，形成了董事会授权、经理层权限指引、各条线业务流程管理的“三条线”的授权管理体系，明晰职责权限边界。二是全面开展内控制度清理并整合分类，建立了“制度汇编检索库”，规范各项流程操作，防范合规风险。三是开展“案防合规提升年”专项整治活动，通过排查与教育相结合的方式，树立“人人合规”的合规价值理念，积极邀请监管部门组织的巡讲师至公司进行集中现场案例培训，制定《案防合规排查手册》，同步修订《员工合规手册》，深化合规风险点排查，建立了常态化排查机制。

【企业文化工作】2023 年，公司组织全体职工参观国贸控股集团企业文化长廊，深化对集团发展历程、企业价值、未来发展的了解，增强身份认同，切实领会“创先文化”内涵，更好赋能业务发展。同时，强化人文关怀，提升团队组织活力。2023 年，组织开展“团队建设增活力，文化融合促发展”团队建设活动，进一步提升团队凝聚力。持续打造金融特色党建品牌。2023 年，结合乡村振兴工作，前往同安区莲花镇澳溪村澳溪小学组织开展“普及金融知识，一路童行”志愿服务活动，积极宣传公司党建品牌，营造特色企业文化氛围。

【信息化建设】2023 年，公司在信息化建设上主要从以下三个方面入手：

第一，在基础设施建设方面，公司在 2023 年对 IT 基础设施进行重新规划与建设，完成生产机房扩建、灾备机房重建工作。并对生产设备进行了全面更替，顺利完成投产迁移工作，提升公司业务连续性服务水平。同时在 2023 年顺利完成多套系统的等保二级测评工作。

第二，在信息系统建设方面，公司在 2023 年持续推进信息系统建设，一是完成司库一期上线，实现账户和融资担保信息的全集团可视。二是加速数字化系统建设，完成新一代票据系统、统一支付平台、财企直连等多个新系统投产及旧系统改造升级，提升公司业务服务能力及结算时效性。其中，统一支付平台 2023 年完成 19 家银行直连，除此之外，还完成了 5 家银行接口联调测试并具备上线能力，目前平台已经服务集团共计 1600 多个账户直连。新财企直连系统投产后，已服务 9 家集团企业，日均受理 14 万次报文交互。

第三，在系统自研方面，在系统建设的基础上，公司仍持续投入系统研发工作，特别是在风控数字化提升方面，完成了流动性压力测试模型改造、新建监管指标管理系统，实现了监管指标展示及实时指标监控预警。

厦门翔业集团财务有限公司

【集团概况】厦门翔业集团有限公司（以下简称“集团”）是一家跨地域、多元化的大型国有企业集团，致力成为国际领先的机场管理集团，国内一流的实业投资集团。2023 年，集团围绕“改革开放，转型提升”，做近谋远，实施“五项深改”“六大工程”，加速“101 区域布局”，谋划布局“1 +3 +1”雁阵业务结构，致力于打造发展模式新、经营机制优、结构更趋合理的现代企业集团。集团2023 年实现营业收入138.67 亿元，降幅为27.62%；实现利润总额10.16 亿元，增幅为81.18%。

【经营概况】2023 年，厦门翔业集团财务有限公司（以下简称“公司”）坚守功能定位，着力提升资金归集水平，全方位满足集团产业发展需求，不断提升金融服务水平；紧盯市场变化，全力保障机场建设资金需求，不断拓宽同业业务发展空间，提高集团资金使用质效；以检查促规范，不断完善公司治理、风险管理、信息科技等的架构体系，持续提升公司稳健经营管理的能力。截至2023 年末，公司资产总额94.86 亿元，负债总额77.30 亿元；累计实现营业净收入14089.07 万元，净利润9416.91 万元；无不良资产和不良贷款，整体经营安全稳健。

【服务实体】2023 年，公司坚持减费让利，降低企业融资成本，切实增强企业金融服务获得感。一是通过发放优惠贷款，为成员单位节约贷款利息支出939.89 万元。二是通过优惠的中间业务收费，为成员单位节约担保等业务手续费1607.99 万元。三是重点加大对制造业、高新技术企业等信贷支持力度，对高新技术企业贷款投放额同比增长316.52%。

【信贷业务】2023 年，公司以参与福州、厦门两地机场建设项目银团为契机，稳步增加对交通运输行业的贷款投放，为后续信贷业务规模稳步增长奠定了坚实的基础。公司2023 年新增投放各项贷款10.65 亿元，同比增长44.70%。同时，随着公司对交通运输等行业贷款投放力度的加大，房地产行业贷款余额占比较年初大幅下降，信贷结构得到了明显的优化。

【资金业务】2023 年，公司根据内部资金和同业市场情况动态调整同业业务操作策略，较好地提升了同业业务收益，累计办理同业业务金额154.9 亿元，实现收益9988.82 万元。

【投资业务】2023 年，公司根据监管要求、内部资金和市场情况动态调整投资业务操作策略，较好地提升了投资业务收益，累计办理有价证券投资金额8.90 亿元，实现有价证券投资收益1547.94 万元。

【资金集中】2023 年，公司持续督促成员单位办理资金归集，降低未归集资金规模。同时，公司从源头控制，开户前原则上要求结算银行开立在集团战略合作银行，并定期检视银行账户，按季度组织各成员单位盘点银行账户，清理闲置和久悬账户。2023 年末，公司全口径资金集中度83.93%，账户集中度73.04%。

【业务创新】2023 年，公司以集团在基础设施绿色升级领域重大投资项目建设为契机，在厦门新机场项目银团中积极发挥内外部沟通的桥梁作用，推动银团牵头行将厦门新机场银团航站楼子项目贷款认定为绿色贷款。2023 年，公司通过厦门新机场项目银团，累计投放绿色贷款2246.88 万元，绿色贷款年末余额及年度投放金额均创公司成立以来新高。

【风险管理和内部控制】2023 年，公司以接受监管机构现场检查为契机，查缺补漏促提升，持续健全多层级的风险管理制度体系，编制《公司合规手册》等内部管理手册，明确合规要点，开展十项内部审计项目，完成内部控制评价和信贷资产分类评估，及时发现问题并认真落实问题整改工作，切实防范化解金融风险。截至2023 年末，公司主要经营指标均符合监管要求，无不良资产，各项业务合规有序开展。

【信息化建设】2023 年，公司进一步完善信息科技治理机制和系统功能建设，提高信息科技管理成效。一是依据业务发展情况，进行信息科技战略修订；二是健全信科制度，持续完善项目管理、外包管理、安全管理和应急管理等相关制度；三是优化组织架构，新设安全岗，强化信息科技安全工作领导小组履职要求；四是建设1104 与大集中报表系统、开发存贷款自动计提结息等功能，提高数据处理自动化水平。

【企业文化建设】2023 年，公司党支部完成支部更名及新一届支委换届，深入开展学习贯彻习近平新时代中国特色社会主义思想主题教育，制定公司“三重一大”实施办法及决策事项清单，完善党组织前置研究机制，建立廉洁风险防控手册，对“三公经费”、信贷领域等方面开展廉洁风险专项检查，切实做好守廉、宣廉、倡廉工作。公司工会积极开展羽毛球活动、插花比赛、户外拓展、节假日慰问等丰富多彩、积极向上的文体活动，增强公司凝聚力。

新奥财务有限责任公司

【集团概况】新奥（中国）燃气投资有限公司（以下简称“集团”）为香港上市公司新奥能源控股有限公司（以下简称“新奥能源”）在中国境内的投资、融资平台，负责中国境内的城市燃气项目投资，代新奥能源履行中国境内企业出资人角色，行使地区总部职能，统筹对成员企业融资、运营、财务、结算、物资采购等进行赋能管理。2023 年集团积极推动数智化转型，以“品质化、低碳化、数智化”的客户需求为牵引，始终坚持“以气切入，多品创值”的策略，确保战略目标的达成，实现公司战略升级。

【经营概况】2023 年，新奥财务有限责任公司（以下简称“公司”）立足集团主业提供金融服务，在创新上重点发力，不断优化产品和服务，探索发展数字化服务，有效支撑集团实体经济高质量发展。截至 2023 年末，公司资产总额为 121.69 亿元，实现净利润 1.76 亿元，较好达成董事会确立的各项经营目标。

【服务实体】截至 2023 年 12 月末，公司累计为集团内科技型中小企业提供信贷支持 3.50 亿元，2023 年 12 月末给予相关企业的自营贷款及贴现业务余额为 4.69 亿元。为新奥清洁能源板块下的燃气企业及下游客户进行业务支持。绿色金融自营贷款余额为 20.04 亿元。

【信贷业务】2023 年公司贷款主要投向为电力、热力、燃气及水生产和供应业，所服务成员企业遍布全国，通过创新金融产品，提高综合金融服务能力，持续加大对集团内部企业的信贷支持力度。2023 年，与集团重新确定贷款利率定价策略，贷款利率定价更加适应市场灵活性和企业的实际需求，满足客户的降低成本需求。公司还开发委托贷款线上化流程，通过线上流程办理委托贷款业务，便捷客户操作，节省业务时间，提升审批效率。

【资金业务】截至 2023 年末，公司服务成员单位数 915 家，累计结算业务笔数 61 万笔，结算金额 7676 亿元，代理支付结算均免收手续费。通过流贷全流程线上化、授信流程标准化，便捷客户操作，提升业务效率，打通资金效率底层逻辑。为实现资金效用的最大化，2023 年公司深入研究投资业务，在确保安全的原则下提高资金效益，综合收益率达 3.23%。

【风险管理和内部控制】2023 年末，公司各类业务稳健开展，各项资产质量均为正常类，资本充足率为 32.09%，流动性比例为 41%，贷款比例为 72.85%。公司严格落实各项监管法规和要求，切实发挥好“三道防线”的作用，明晰管理职责与边界，盯紧重点环节和关键人员，严格落实重要岗位轮换与强制休假机制。深入开展合规文化建设，每季度收集整理出台的各类监管政策文件以及金融机构的监管处罚信息，持续开展员工培训和教育工作，逐步构筑公司内部“不敢违规、不能违规、不想违规”的长效机制。

【人力资源管理】2023 年，公司持续打造学习型组织，提升金融服务能力：优化人才流动机制并落地实施，包括对创值评估/角色胜任力矩阵颗粒度、360度评估权重、关键角色画像评估维度、新调入组织员工保护期机制等进行了迭代优化，并落地实施。有效配置人才资源，激发创值主动性与积极性，支撑公司整体能力建设。完成人才培养项目，助力参与伙伴掌握相关工具方法并在实际业务场景运用，提升了客户认知与生态营销能力。组织全员安全、案防、反洗钱、信息安全及正版化等培训，开展全员考试，进一步强化安全风险意识。

【信息化建设】2023年，公司加固金融系统安全域建设，针对财资管理系统开展专项安全评估，完成高中危问题整改工作。新增核心系统服务器主机防御、系统应用及服务端口监控，实现实时监控系统风险和异常提醒。核心设备全面纳入堡垒机、日志审计和服务器审计，全方位提升运营管控及审计能力。升级数据库版本，通过接入加密设备，对财资管理系统数据进行加密、脱敏，提升资金系统数据防护能力。将财资管理系统应用架构升级至集群模式，并借助集团迁移并重新部署系统级异地灾备中心，补充网络安全设备、扩充异地银行专线，保证异地灾备中心业务接管能力，增强系统抗风险能力，保证业务连续性。

【企业文化建设】2023年，公司党支部持续强化党建引领，推动党建工作价值持续释放，助力企业经营高质量发展。公司认真领会伟大建党精神，汲取奋进力量，2023年2月，参加廊坊市金融团工委举办的“拥抱新时代　担当新使命”学习宣传党的二十大精神知识竞赛活动，取得了二等奖的优异成绩，并把党的二十大精神落实到工作中，充分发挥党员先锋模范带头作用，以实际行动带领事业伙伴们为公司发展作出贡献。

新疆金风科技集团财务有限公司

【集团概况】金风科技股份有限公司（以下简称“集团”）系全球可信赖的清洁能源战略合作伙伴，以“生态引领可持续发展的清洁能源产业模式（EOD + ENERGY）”为核心，着力构建覆盖能源开发、能源装备、能源服务与能源应用四大领域，致力于打造“可持续·更美好”的未来社会能源基础。截至2023年第三季度，集团总资产超过1455亿元，全球自主投资建设并运营管理的风电场近7吉瓦，全球风电累计装机容量超过111吉瓦，逾50000台运行风电机组遍布世界。在国内风电市场占有率连续12年排名第一，累计出口风机占全国出口总量的47%。始终践行“为人类奉献碧水蓝天，给未来留下更多资源”的企业使命。

【经营概况】新疆金风科技集团财务有限公司（以下简称“公司”）于2018年9月19日正式成立。截至2023年末，公司资产总额126.89亿元，负债总额90.41亿元，所有者权益总额36.49亿元。2023年实现净利润2.40亿元。各项指标均符合监管要求。

【服务实体】在普惠金融方面，公司加强金风票据“直转闭环”普惠服务力度。开辟十余家合作银行贴现渠道，满足集团供应商贴现需求的同时，运用转贴现向合作银行购回金风票据，实现票据闭环，消除信息不对称导致的低效高价情况，为供应商提供了质优价低的贴现服务，解决供应商“融资难、融资贵”问题，服务成效显著。

在绿色金融方面，集团作为全球风电领军企业，坚持高质量发展理念，为国家双碳战略赋能。公司2023年累计提供绿色融资38.81亿元，包括风电机组制造、智能电网装备制造、风电场建设运营、光伏电站建设运营、储能装备制造等多个绿色领域。

【信贷业务】2023 年，公司流动资金贷款共放款 45 笔，放款金额共计 28.77 亿元；固定资产贷款放款 3 笔，放款金额共 1467 万元；贴现业务 10 笔，放款金额共 9.89 亿元。公司全年累计放款 38.81 亿元，年末各项贷款余额 63.02 亿元。有效保障集团内部资金调剂余缺，提高资金效能。2023 年，公司办理保函共计 103 笔，业务发生额 17.64 亿元，年末余额为 22.90 亿元。

【票据业务】2023 年，公司开立承兑汇票 26.09 亿元，年末余额为 15.31 亿元，为集团成员单位贸易结算提供有力支持；全年办理买断式正回购 1.68 亿元，质押正回购 4.60 亿元，买断式转贴现买卖双向交易合计 44.11 亿元，再贴现 11.82 亿元。

【资金集中】2023 年，公司吸收存款 89.83 亿元，占负债总额的 99.35%；全年集中办理结算业务共计 35.37 万笔，结算金额为 10113.58 亿元。

【业务创新】2023 年，公司积极拓展买断式转贴现票据类型，在原有的银行承兑汇票、财务公司承兑汇票转贴现交易的基础上，新增集团商业承兑汇票转贴现交易，全年完成集团商业承兑汇票转贴现交易 21.70 亿元。拓展了公司转贴现业务的深度和广度，提升了集团商业承兑汇票的市场流通性和知名度，助推集团丰富供应商支付结算工具组合。

【风险管理和内部控制】2023 年，公司健全全面风险管理体系，完善内控机制建设，培育良好内控文化，引导员工树立合规意识及风险意识。全面梳理内控、风险和合规管理相关制度，及时将法律法规等外部监管要求转化为公司内部规章制度，持续完善公司内部管理制度体系；根据监管类指标和行业类指标，形成较为全面的风险指标管理体系，并按月进行监测；提升公司行业评级和统计质量，监管评级较上年提升一个等级，统计报送质量受到人民银行通报表扬；季度定期开展尽职检查和合规培训，提升各条线的风险管理、合规及审慎经营意识；按计划开展内部审计稽核，实施内部控制评价，持续促进审计稽核问题的有效整改和业务规范管理。

【人力资源管理】2023 年，公司重视人力资源建设，持续优化人力资源管理、提升组织与人力资源效能，确保绩效考核目标及考核指标切合企业实际，确保合理配置人力资源、调动全体员工积极性，加强监管政策、操作流程的培训学习，提升员工能力，发挥员工潜能和创造性，确保企业战略目标实现。

【信息化建设】在项目管理方面，完成年度所有信息化建设项目，项目重要节点完成率达到 100%。在风险监控指标方面，完成四次应急演练、机房二级等保认证。在系统运维方面，全年无间断每日机房环境和设备巡检，保证核心业务系统全年无故障运行。在创新应用方面，获得新疆金融科技创新大赛优秀奖和第三届中国 RPA + AI 开发者大赛新锐技术奖。在数据应用方面，完成 GFS、新一代票据系统、EAST 数据入湖，并累计完成各类报表开发 76 张。2023 年，公司逐步建成业务运营管理一体化信息平台，促进信息化与金融业务融合发展，通过信息化、数字化手段全面提升公司业务创新能力和管理决策能力。

【企业文化建设】公司充分发挥党建引领作用，秉承集团“为人类奉献碧水蓝天，给未来留下更多资源”的使命，积极践行公司“以融促产、服务主业”的企业文化，引导和规范员工行为，形成整体团队向心力，促进公司长远发展。积极进行企业文化理念宣贯，定期开展各类学习培训，保障员工文化修养及专业能力得到全面提升。同时，通过外部渠道向社会公众宣扬公司文化精神，提高社会公众对企业认知度。

新希望财务有限公司

【集团概况】新希望集团有限公司（以下简称“集团”）始创于1982年，随改革大潮奋斗至今，已拥有世界第一的饲料产能，是中国最大的肉、蛋、奶综合供应商之一。集团在全球拥有分子公司超过600家，2022年销售收入超过2800亿元人民币，荣登2023年《财富》世界500强榜单第363位，已连续三年入选该榜单。荣膺“《财富》最受赞赏中国公司”，集团主体信用等级由“中诚信”评定为AAA级。

【经营概况】新希望财务有限公司（以下简称“公司”）依法成立于2011年1月11日，由5家集团成员企业出资组建，经原中国银行业监督管理委员会批准成立。2023年，公司围绕“战将打造、流程再造、价值创造”经营思路，贯彻落实“守底线、争高限、精服务、细管理”经营方针，推进公司重点工作任务，实现安全稳健发展。2023年末资产总额149.46亿元，全年实现营业收入5.37亿元，净利润1.60亿元。

【服务实体】公司坚持回归本源、专注主业，高效、优质地为集团实体产业提供资金管理和金融服务，重点支持集团农牧饲料、养殖、食品等主业发展。全年服务成员单位近1000家，向集团各实体产业板块累计发放各项贷款超过140亿元，全年结算笔数超过400万笔，结算资金流水超过3万亿元。

【信贷业务】2023年，公司坚持稳健的信贷政策，合理加大对集团实体产业信贷支持力度，全年向集团实体经济提供各项信贷资金支持超过140亿元。同时，积极践行普惠小微，发展绿色金融，全年累计发放普惠小微企业贷款近3000万元，办理绿色票据贴现近1亿元。

【票据业务】公司积极加强票据业务服务能力，全年为成员企业累计提供票据贴现超过100亿元，创历史新高。成功建成并上线新一代票据业务系统，实现票据等分化拆分全生命周期业务办理，切实解决成员单位用票“找零”需求。积极开展绿色票据贴现、碳减排票据贴现，加大财务公司承兑票据银行直贴业务和转贴现业务力度，不断丰富和完善票据业务场景。

【资金业务】2023年，公司积极加强与金融同业的合作沟通，不断增强同业合作力度，有效提升了公司在金融市场的声誉度和影响度。公司积极主动与各家银行询价，在控制存放风险的基础上，优化存放结构，有效提升资金存放收益率水平。

【投资业务】2023年，公司投资业务以安全性、流动性为前提，兼顾收益性，在发挥财务公司流动性管理工具的基础上，适当提高资金收益率水平。适时开展以货币基金、同业存单、债券投资为主导的投资业务。同时，不断探索业务创新模式，成功完成首单同业存单卖出业务，进一步增强公司投资能力和流动性管理能力。

【资金集中】2023年，公司持续提升资金集中管理能力。一是加强成员单位银行账户直连管理，按照“应连尽连”的要求，推动成员单位清理合作银行账户直连情况，提升账户直连率。二是强化集团资金收支计划管理，进一步完善集团内各事业部资金收支计划动态预报机制，有效建立起每日（T+1）、每周（T+7）、每月（T+30）资金计划动态跟踪管理。三是加强资金集中协调，每月牵头组织召开全集团资金协调会，确保成员单位可归资金统一集中到财务公司。

【风险管理和内部控制】公司已建立权责分明的全面风险管理组织架构，各层级分工明确、严格履职，2023 年未发生重大风险事件。一是审慎开展客户准入及授用信管理，按日监测投贷主体风险，定期开展金融资产五级分类，严格管理信用风险。二是通过日监测、周预测、月度监测、年度压力测试，加强流动性风险的识别、管理，公司流动性表现良好。三是严格按照财务公司新规要求，做好投资业务穿透管理，市场风险管控良好。四是不断完善内控体系，建立覆盖各项经营管理业务的内控制度体系，并随着业务发展与监管要求持续更新。

【信息化建设】2023 年，公司持续以科技驱动数字化转型，在服务客户、赋能员工、智能化业务场景方面深入强化。全面完成新一代票据系统及其外围系统改造集成上线、核心支付清算策略优化、安全终端管控软件部署、系统开发安全检测等信息化项目。公司核心业务系统再获网络安全等保三级认证，有力保障了公司运营质效。

【人力资源管理】2023 年，公司坚持“战将打造”，贯彻学习型组织建设要求，不断做好内部轮岗及 AB 岗结对的组织实施，进一步锻炼人才的复合从业经历及综合能力，多措并举加快员工成长。同时，公司加大干部员工的培养力度，组织专业化、系统化的培训，坚持“引进来、走出去”原则，选派优秀干部参与 EMBA 进修、协会培训学习等，为人才提供更多成长机会。

【企业文化建设】2023 年，公司不断加强组织和文化建设，开展总裁大讲堂、“财享荟”业务培训、清廉金融文化月、团建拓展等特色活动，丰富企业文化内涵，增强公司凝聚力向心力。坚持党建赋能业务发展，与中信银行、兴业银行、四川天府金租开展系列党建共建活动，切实提升民企党建工作质效。

X

新兴际华集团财务有限公司

【集团概况】新兴际华集团有限公司（以下简称“集团”）紧密围绕高质量发展目标，全面推进改革深化，扎实开展“质量效益提升年”专项行动，不断夯实管理基础，统筹打造五大核心竞争力，顺利实现“531”战略阶段目标，全面完成了年度考核任务，“一利五率”指标取得了近年来首次突破。

【经营概况】新兴际华集团财务有限公司（以下简称“公司”）以“坚定推动改革落地见效、切实落实质量效益提升、扎实开展主题教育”三条主线统揽各方面工作，有效完成了各项工作目标。2023 年累计实现营业收入 23754.05 万元；累计实现利润总额 3432.23 万元，各项数据全面完成了预算指标，荣获集团“2023 年度经营先进单位”荣誉称号、中国软件行业协会“2022 年软件行业典型示范案例”荣誉称号、中国人民银行“2022 年会计报表报送工作优秀单位”荣誉称号。

【服务实体】公司信贷投放与集团战略方向同频共振，与集团改革调整同向发力，与集团风险防控同步落实，使金融服务成为推动集团战略发展的新动能。全年的贷款投向全部倾向于集团重点发展的行业领域；拓展海关税款担保保函业务规模；取代外部银行成为最大委贷受托机构，公司统筹调配集团金融资源的能力显著提高。

【信贷业务】公司与集团一体化运作，实行融资闭环管理，协助集团落实融资管控。紧密围绕集团战略方向，通过流动资金贷款、固定资产投资项目贷款和票据贴现等产品组合，落实资金支持，助力集团持续巩固融资成本压降成效。

【资金业务】公司发挥同业优势，积极开展资金摆布，提升集团整体资金价值，强化资金运作成效。完善流动性监测的信息化手段，组织开展流动性压力测试和流动性风险应急演练，提升流动性管理水平；优化利率定价体系，以利率定价引导业务开展，落实管理意图、降低成员单位融资成本。

【资金集中】实现银行账户开销变全流程线上管理，以账户银企直连为基础，实现境内13家商业银行、境外6家银行SWIFT直连，50余家银行RPA取数，并依托流水导入认领等功能，实现全级次成员单位账户、资金信息动态可视及在线监控；构建上市公司二级资金池，积极响应企业资金管理个性化需求，推进集团全辖资金集中，全面完成资金池迁移，努力实现“应归尽归”。

【风险管理和内部控制】公司巩固深化风险管理体系建设，持续开展制度体系废改立释和内控提升；以监管评级提升和公司治理评估为契机，优化股东行为管理，优化公司治理体系，有效提升运营管控效能；积极构建大监督体系，扎紧织密风险防控网络，积极推进业务审查、法律合规审查、风险监测与评估、内控排查和审计监督联防联控，不断提升风险合规管控效能。

【人力资源管理】公司持续深化“三项制度”改革，着力激发人才队伍活力。落实干部员工“能进能出”“能上能下”，严格中层管理岗位和业务关键岗位的人员选拔及日常管理，加强关键岗位人员轮岗交流；持续优化考核激励，严格实施经理层任期制契约化管理，坚持全员全过程绩效管理；持续打造专业化团队，落实集团公司人才工作会精神和人才计划，持续完善分层培训培养机制，有效提升干部队伍履职本领。

【信息化建设】公司深化司库体系建设，提升司库管理效能，“新际通”司库系统覆盖成员企业375家（含分公司），用户6300余个，实现了对成员单位的全覆盖。司库系统获得发明专利5项、软件著作权38项，获评中国软件行业协会“2022年软件行业典型示范案例”。司库系统、核心业务系统实现动态可信的数据安全防护体系，覆盖应用、数据、主机、网络，在2023年12月，两个系统双双高标准通过国家“等保三级”测评。公司重视数据安全和业务连续性，建成了贵州贵安异地备份数据中心，完整建立了应用、数据和机房相互支持的灾备体系，有效提高了应急情况下司库系统和核心业务系统的响应能力和抗风险能力。

【企业文化建设】公司把提高企业效益、增强企业竞争力、实现国有资产保值增值作为党组织工作的出发点和落脚点，一体推进“质量效益提升年”和深化“三我”主题活动，组织全体党员干部群众进行承诺践诺，落实“三比三评”；积极推进支部建设“合规＋价值提升”“合规＋支撑服务”特色品牌，基层党支部在司库项目验收的关键阶段组建突击队，按期实现司库系统全部功能模块上线运行，鼓励员工将“资金服务零差错”“日初日终对账率100%”“人工响应15分钟”等量化指标落实在具体工作；形成“依托集团资源，服务集团发展”的企业使命、“合规、专业、协同、高效”的企业价值观等，制定《企业文化手册》《员工手册》。

信科（北京）财务有限公司

【集团概况】中国信息通信科技集团有限公司（以下简称“集团”）由原武汉邮电科学研究院（烽火科技集团）和原电信科学技术研究院（大唐电信集团）联合重组而成，是唯一以信息通信为核心主业的国务院国资委直属中央企业。历经40多年的改革发展，集团现已成为

5G 国际标准的主要贡献者，国际知名、中国领先的基础通信网产品和服务的核心供应商。集团由 6 家上市公司、多家非上市公司组成。2023 年，集团全力打造信息通信领域的“大国重器”，围绕信息通信主航道布局了光通信、移动通信、光电子和集成电路、网信安全和特种通信、智能化应用、数据通信六大产业板块，着力推动我国信息通信产业创新发展，构建我国自主可控信息通信产业链。全力打造具有全球竞争力的世界一流信息通信高科技企业。

【经营概况】2023 年，信科（北京）财务有限公司（以下简称“公司”）以“立足集团、创新发展、产融共兴、和谐共进”为指引，以融促产，产融共进。在深入贯彻落实集团资金集中要求的背景下，截至 2023 年末，公司资产总额 69.33 亿元，所有者权益 12.96 亿元，吸收成员单位存款 56.32 亿元。2023 年度实现营业收入（含投资收益及公允价值变动收益）1.04 亿元，利润总额 0.31 亿元，净利润 0.25 亿元。

【服务实体】2023 年，公司持续助力集团打造司库管理数字化平台，实现了集团司库体系管理系统和管理标准的从无到有。实现了司库管理体系化、制度化、规范化和信息化。同时，公司紧紧围绕“十四五”发展规划，依托国家加快建设科技强国的大背景，将信贷资源重点投向战略性新兴产业、专精特新等高新技术领域，全面助力集团产业单位不断做优做强，进一步推动强化国家战略科技力量。

【信贷和票据业务】2023 年，公司持续深耕信贷服务，满足成员单位多样化的需求，建立定期信贷监测指标体系，主动让利产业单位，高效合规对成员单位发放自营贷款。2023 年，累计办理存量 8 家授信接续，合计 17.18 亿元；新增 3 家授信主体，合计 11.4 亿元；累计发放自营贷款 25.44 亿元，年末贷款余额 28.44 亿元，较上年末增长 14.96%；累计办理电子银行承兑汇票笔数较上年增长 169.34%，累计金额 2.11 亿元。

【投资业务】2023 年，公司持续开展金融市场研究，了解外部金融机构，探索合作空间，积累金融资源，促进专业化人才队伍建设。投资业务转向流动性管理，进一步加大内部资金调剂功能的发挥，提升资金运作效率，降低集团资金成本。

【外汇业务】2023 年，公司办理外债和对外放款业务金额合计达 15.27 亿元人民币，高效调剂境内外资金余缺、提高资金跨境周转速度，并提供了极大的操作便利。为成员单位争取 70 个基点的换汇优惠点差，节省 67 万元人民币的购付汇成本，有效节省了财务费用；积极与银行同业沟通涉及大额美元定期存款产品，提高美元存款收益，使整体存款收益率达到 5% 左右，在集团层面进一步降本增效。

【资金集中】2023 年，公司领导多次组织资金集中专项工作团队成员，赴集团重点子企业开展深入调研，积极宣贯集团资金集中管理要求，并根据调研情况夯实细化研究资金集中政策指引和服务提升。2023 年公司吸收存款规模同比增长 70.88%。

【风险管理和内部控制】2023 年，公司高度重视对新规监管政策的贯彻执行。对重点指标实施全程动态跟踪检测，借助信息化手段，对贷款比例指标设置红黄线，实现对贷款比例指标的系统自动监测；强化流动性风险管理，将流动性监管指标纳入资金计划预测范围，尝试引入流动性压力测试工具，确保流动性符合监管要求。同时，按照财务公司新规整改要求，坚决落实完成各项监管整改工作，已全部完成整改事项。

【人力资源管理】2023 年，公司通过整合优化培训教育资源，统筹开展各级各类教育培训，线上线下培训相结合，组织实施、参与专业类培训、通用技能类培训，高级管理者培训等多个培训项目。根据公司业务发展需要，并结合员工轮岗意愿，落地实施部门轮岗方案，让员工在不同的岗位上得到实质锻炼，同时通过不断学习新的知识和规章制度，提高员工工作中的警觉性，防范风险的发生。

【信息化建设】2023 年，公司在助力集团开展司库体系建设的同时，完成了新一代电子票据系统的升级建设，依照监管机构要求如期完成了系统的上线、切换、验收等工作。另外，国家金融监督管理总局2023年下半年对非银金融机构提出了业务连续性与数据安全风险管理的考核与整改要求，公司已按相关要求在年底前完成了2023年全部整改动作，并取得了大部分成果。

【企业文化建设】2023年，公司通过集团领导讲党课、召开民主生活会等形式，坚持学习宣传贯彻党的二十大精神和习近平新时代中国特色社会主义思想，深刻领悟习近平总书记重要论述、重要讲话、重要指示批示精神，做到“应学尽学”“应落尽落”，确保党中央精神在公司落地落细，学深悟透。公司始终坚持把党的领导融入公司治理全过程，贯穿于企业决策、执行、监督各环节；坚持严的基调不动摇，一体推进不敢腐、不能腐、不想腐；大力推进清廉金融文化建设，助守公司政治生态的“绿水青山”。

徐工集团财务有限公司

【集团概况】2023年，徐工集团工程机械股份有限公司（以下简称“集团”）继续保持稳健的发展态势，主要经营指标保持平稳水平。2023年前三个季度，集团实现营业收入716.70亿元，净利润48.39亿元，在高质量发展中蝉联全球工程机械行业前三强。

【经营概况】2023年末，徐工集团财务有限公司（以下简称“公司”）资产总额393.80亿元，较年初增长6.07%；负债总额349.53亿元，较年初增长2.03%。2023年，公司累计办理各项贷款业务277.23亿元，同比增长12.30%；实现净利润2.20亿元，降幅为12.82%；全年为集团创造价值7.70亿元。公司在创新发展的同时始终保持稳健经营风格，各项监管监测指标符合监管规定。

【服务实体】2023年，公司一是强化对主业转型支撑，全年信贷投放285亿元，贷款类同比增长超过40%，战略性新兴产业投放同比增长83%；二是协调国家开发银行超低利率研发贷、工信部政策组合长期贷款等，引入中长期信贷资金48.30亿元；三是主动承接并推动徐工机械ABN项目成功发行，2023年6月20日，全国首单境外资产入池资产支持票据在银行间市场发行。全年实现应收账款出表100.40亿元。

【信贷业务】2023年，公司累计为32家成员单位办理表内外各类信贷业务292.39亿元，其中自营贷款146.70亿元，商业汇票贴现119.31亿元，商业汇票承兑7.91亿元，代开银行承兑汇票17.76亿元，保函0.71亿元；外币信贷业务13354.17万美元。全年投放让利资金超过195亿元，实现让利约3500万元。推动外部银行同步降低贷款利率，实现银行平均贷款价格较年初下调约40个基点。

【产业链金融】2023年，公司累计办理各类产业链信贷业务579笔，累计发生额27.71亿元。12月末，各类业务余额合计29.29亿元，累计发生额突破477亿元，其中，为上游供应商企业提供各类融资191亿元，为下游提供286亿元。

【资金业务】2023年，公司一是办理再贴现支持中小企业融资。全年累计办理再贴现34.31亿元，支持集团主业中小企业融资。二是扩大转贴现业务渠道。全年累计办理转贴现20.55亿元，为盘活存量票据补充流动资金提供了有力保障。三是打通季末关键时点同业拆借渠道，在6月末、12月末关键时点分别拆入7.90亿元、6.30亿元进行拆借渠道测试，保障融资渠道通畅。

【投资业务】2023年，公司严格按照监管规定、制度办法，合规开展固定收益类的低风险产品投资，合理提高资金收益和头寸管理水平。公司筛选规模较大、风险较低的短期投资产品，持续关注市场风险、产品风险，严防操作风险，保障投资本金、投资收益的安全到账。

【票据业务】2023年，公司累计为成员单位办理商业汇票贴现119.31亿元，商业汇票承兑7.91亿元，代开银行承兑汇票17.76亿元；2023年末，商业汇票贴现余额63.36亿元，商业汇票承兑1.58亿元，代开银行承兑汇票8.41亿元。认真落实监管关于票据业务规模及相关监管指标的优化细化要求，调整业务结构。在监管指标允许范围内重点做好关键单位票据业务支付结算需求。

【外汇业务】2023年，公司一是办理结售汇业务合计120笔，折合9354万美元。二是开立跨境资金池人民币主账户，成为徐州市第一家人民币资金池主办企业。全年累计为境外成员单位完成人民币汇款2.88亿元。三是跨境资金池成员单位新增徐工美国等10家境外成员单位。

【资金集中】2023年，公司一是通过财务机器人RPA等信息手段加强成员单位每日资金的监控及数据统计分析；二是增加接入银企直连银行数量；三是新增成员单位监管账户，并加强对监管账户的实时监控；四是通过全口径融资管理严格控制成员单位外部保证金规模。2023年末，公司全口径资金集中度达到86.50%，月均集中度约83%。

【风险管理和内部控制】2023年，公司以徐工大器文化为基，以健全的组织架构、内部控制体系为柱，以完善的制度体系为梁，以风险识别、计量、监测、控制措施为墙，建立财务公司特色全面风险管理体系；注重发挥科技赋能作用，推动大数据、人工智能等先进技术在风险管理领域的应用，提升智能化水平。

【人力资源管理】2023年，公司一是汲取文化营养凝聚团队，做好人才盘点，打造人才聚集高地，做好资源保障，开展部门级、公司级培训共计123场，组织员工参与行业交流、财协培训、公司总部能力培训共50余场；二是为集团批量输送各类财务金融人才，包括海外储备人才7人，其中高层领导2人、中层干部3人。

【信息化建设】2023年，公司一是编写《徐工集团财务有限公司数字化转型方案》，编制涵盖基础设施建设、数据应用等5大方面、26项具体落地举措；二是实现三大类20余项线下纸质流程的线上化工作；三是推进新一代票据系统、电子发票项目、私有云优化扩容项目、移动审批项目等项目建设。

【企业文化建设】2023年，公司秉承徐工大器文化，着力加强创新子文化建设，凝聚企业转型发展力量。一是聚焦党建引领，重点推进党组织建设、主题教育活动、党员先锋团队等工作；成立“学习强国”推进小组；开展“清风徐来 廉洁花开”廉洁文化教育党建共建活动；积极参加财协清廉金融文化征文比赛并荣获全国一等奖，公司荣获组织奖。二是开展公司志编纂、座谈会、大讨论等公司成立十周年十项系列活动，开展2023届新进员工导师带徒仪式。三是开展外语课堂培训、每日英语跟读，举办英语趣配音和演讲比赛，持续开展登山、植树、环湖健步走等系列特色文化活动。

阳泉煤业集团财务有限责任公司

【集团概况】华阳新材料科技集团有限公司（以下简称“集团”）是勇担“在转型发展上率先蹚出一条新路来”历史使命，由世界500强企业——阳煤集团整体更名而来的高科技新材料产业集团。2023年，集团全体职工万众一心、众志成城，锚定目标、攻坚克难，坚定不移走高质量发展之路，大力实施“双轮驱动”战略，高质量发展取得了新进展、达到了新高度、实现了新跨越。集团坚决扛起转型蹚新路历史使命，持续做精做优新能源新材料产业，推动集群化、规模化发展，为集团全方位推动高质量发展谱写新篇章。

【经营概况】阳泉煤业集团财务有限责任公司（以下简称“公司”）坚持依托集团、服务集团的原则，秉承审慎经营、稳健发展的理念，各项业务发展顺利。2023年，公司实现营业收入4.05亿元，实现利润总额3.69亿元、净利润2.78亿元。2023年末，资产总额194.72亿元，资产收益率为1.36%，资本充足率为24.24%，流动性比率为44.79%；贷款比例为74.38%，较年初下降14.82%，达到低于新监管红线指标80%的保底目标，并实现了75%以下的奋斗目标，以优异的成绩满足公司的高质量发展需求。

【信贷业务】公司紧跟集团公司“双轮驱动”战略，全面提升信贷业务发展质量。一是通过降低利率、减免票据办理手续费等方式为成员单位降低融资成本共计2.37亿元，其中流资贷款参照当期LPR节约利息费用2.08亿元，票据业务免收敞口费0.29亿元。二是动态掌握行业贴现政策和各机构贴现价格，顺利与工商银行、光大银行、浦发银行及兴业银行打通票据融通渠道，4月办理1笔转贴现业务2.14亿元，持有期间年化收益率为4.44%。三是推进成员单位首贷户兆丰信远利用应收账款质押方式，通过人民银行动产融资登记平台，盘活企业存量应收账款资产，累计登记发放贷款0.8亿元。四是新增中期贷款74亿元，年末中期贷款占比54.2%，较年初0.91%提升53.29%，信贷资产结构趋于合理的同时，降低了资金备付及周转成本。

【投资业务】受国家政策调整影响，各银行下调存款利率，公司以增加公司外部收益为主线，突出市场导向、强化对标，不断强化投资业务，合计实现外部投资收益853万元。一是利用金融牌照优势，开展国债逆回购等业务，国债逆回购日均规模达2.5亿元，实现收益756万元；二是把握季末价格走势的契机，大力开展货币基金操作，货币基金日均投资规模4285万元，实现收益97万元。

【账户管理】2023年末，公司全口径归集率59.57%，同比增长6.45%，可归集口径归集率98.38%，同比增长0.96%。公司多措并举，助推账户管理业务再上新台阶，更好地服务成员单位。一是为解决非直连银行账户监管盲点，公司大力推进省国运公司资金监测系统18家银行上线工作，全面落实资金账户全流程监控管理，实现资金和账户全流程监控，进一步提高资金归集水平。二是公司针对集团公司各成员单位名下的1033个账户开展银行账户非现场检查，重点对各成员单位银行账户开户审批情况、绑定和使用情况进行摸排检查，并按照相关程序对闲置账户进行了清理，进一步优化成员单位账户结构，基本实现闲置账户应清尽清，夯实账户管理根基。

【风险管理和内部控制】公司坚守安全经营底线，深入对标挖潜，强化风险指标管控，同时走深走实公司治理工作，规范公司内部机制的有效运行。一是坚持将监测指标端口前移，实时监测指标情况；同时对研究分析监管指标，制定业务预警线，规划生存空间，明确各部门职责、预警内容和应急预案处置措施，有效防范金融风险，杜绝了信用风险、经营风险和损失事件的发生。二是不断夯实制度流程建设，健全内控管理体系，持续推进制度“废改立”工作，做到从制度上明确职责分工，在流程中贯通业务衔接，保障业务制度及流程可执行、能执行；同时采用日常稽核与专项检查的方式落实内部监督，强化制度执行，严格落实监管要求。

【人力资源管理】公司重新修订《“W型”薪酬体系实施办法》，解决各层级绩效起点工资不等问题、解决了同部门人员岗位系数相互牵制问题、解决人岗不分离“以人定系数”的问题，实现了“定岗定系数”。考核体系初见雏形，形成以考勤考核、违规行为考核、党员考核、员工高素质发展考核、车辆及驾驶员考核和团支部、纪检、工会等多维度多系统考核管理，填补了无统一考核标准、考核单一的空白。

【信息化建设】公司顺利完成新一代票据系统及相关业务系统改造项目建设工作，成功与上海票据交易所新一代票据业务系统直连，实现公司电子票据全生命周期管理，为成员单位提供了更加高效便捷的等分化票据支付平台；完成本异地数据级灾备项目建设，通过采用三台备份一体机组成本地备份集群，提高备份效率和安全性，巩固公司核心系统数据安全，防范重要业务数据遗失风险，提供高效安全的技术保障，夯实公司业务连续性；完成网络改造项目建设，提高关键信息基础设施的防护能力，为公司业务发展提供高效稳定的网络基础环境和强有力的安全保障。

【企业文化建设】公司坚持党建引领，党建红色引擎动力更加澎湃。一是高标准开展学习贯彻习近平新时代中国特色社会主义思想主题教育，常态化开展“走动式一线”工作法，建立调研成果转化，扎实做好主题教育“后半篇文章”，以整改堵漏洞、补短板、强弱项，调研成果转化为推动公司高质量发展的实际成效。二是深入开展“爱党、爱国、爱企、爱岗”主题活动，通过座谈交流、视频短片拍摄、主题征文参选等方式，凝聚公司员工热爱华阳、建设公司的强大正能量。三是牢固梳理“严管就是厚爱”理念，开展廉政提醒谈话 18 人次、员工行为排查 480 人次、重点人员家访 12 人次，开展“清廉家庭”警示教育活动，组织观看廉政案件警示教育片《永远吹冲锋号》第四集“永远在路上”和廉政教育微电影《紧·醒》，营造了良好的政治生态。

一汽财务有限公司

【集团概况】中国第一汽车集团有限公司（以下简称“集团”）是国有特大型汽车企业集团，前身为第一汽车制造厂。目前建立东北、华北、华东、西南、华南五大生产基地，拥有红旗、解放、奔腾等自主品牌和大众、奥迪、丰田等合资合作品牌，销量规模位列中国汽车行业第一阵营。

【经营概况】2023 年，一汽财务有限公司（以下简称“公司”）完善“四大平台”功能，助力集团大司库建设，创新开拓业务增长点，稳步推进商用车零售模式转型，全力化解纾困风险，以数智化为支撑，全面提升体系能力。2023 年末资产总额 1685 亿元，同比增长 24.6%。各项存款余额 1498 亿元，同比增长 28%，达到历史最高水平；但受新《企业集团财务公司管理办法》缩减融资租赁等业务范围影响，信贷规模为 195 亿元，同比下降 30.0%。

【服务实体】2023 年，公司积极为实体经济重点领域提供金融支持。2023 年末，公司战略性新兴产业及绿色信贷业务余额 2.35 亿元。公司积极支持集团主责主业，通过利率优惠、减免中间业务手续费等方式累计为集团成员单位节约成本费用 6.72 亿元。

【信贷业务】2023 年，公司聚焦集团主业提供全方位融资支持，累计为成员单位投放自营贷款 313.91 亿元，支持主业车辆促销 6.92 万台。落实集团“ALL in”新能源战略任务，为新能源电池领域企业提供授信支持 7.60 亿元，支持自主品牌新能源车辆促销 3.20 万台。同时大力支持集团海外战略，进出口系客户日均信贷规模翻两倍。

【票据业务】2023 年 9 月 26 日，公司接入上海票据交易所“集票宝”产品，为集团提供各成员单位在金融机构的出票、承兑、持票、背书、贴现等票据信息，助力集团对下属成员单位实现票据业务的全方位动态数据采集、可视监控和兑付预警。

【外汇业务】2023 年，公司累计办理代客即期结售汇业务 1660 笔，业务规模 9.32 亿元，同比增长 33.78%。国内外汇贷款 + 外汇存款 + 即期结售汇，金融产品组合常态化运行，数智化进程推进 1 小时内放款落地，国内外汇贷款投放规模 1.36 亿美元，同比增长 70.85%。履行财务顾问角色，按月输出宏观分析报告，向成员企业提供资产管理的可行性建议。

【资金集中】公司落实集团司库建设要求搭建资金池，加强资金集中统筹，充分发挥“资金归集平台”职能。截至 2023 年末，公司存款余额 1493.88 亿元，同比增长 28.03%，创历史新高。存款客户采取一户一策营销，保持存款营销力度，年末存款集中度达 66.73%。

【业务创新】公司落实国务院国资委司库体系建设要求，完成“三位一体”司库顶层设计。作为集团司库平台实施主体，公司落实集团资金管控思路、强化公司管控工具作用发挥。协同集团完成央企对标、招标选型、方案制订、需求梳理、接口设计、用户培训、业务宣传等工作，截至 2023 年 12 月 31 日，已完成国资委“11 + 4”功能建设，实现系统功能全面上线。

【风险管理和内部控制】2023 年，公司完善风险管理制度，制定风险偏好与政策，优化管理机制与流程，丰富工具模型，夯实管理基础，提升数智化管控水平；加强信用风险管控，开展专项攻坚行动，强化资产质量；完善操作风险及内控管理，深化操作风险管理工具应用，提升数智监测质效；开展合规文件解读及合规文化宣导，夯实合规管理基础，提升全员合规意识和能力。

【人力资源管理】2023 年度，公司职级晋升 41 人，下降 2 人。在选人用人方面实施动态调整、选优配强，共配置总监 1 人，通过借调、工作安排方式交流的经理人员 3 人。基于战略导向、绩效导向、问题导向，提炼盘点管理人才、数智化人才、专业人才三类人群赋能重点，定向赋能；以教练式辅导赋能领导力，坚持“业培融合”培养理念，稳步抓牢员工数智力赋能，实现个人及组织能力能量“双能提升”。

【信息化建设】流程效率提升方面，公司以业务架构思维开展端到端流程打通与长链条场景优化，实现商用车零售、商用车批发、结算等 6 大重点领域流程效率提升 50%。产品平台升级方面，用产品化思维重构业务和管理模式，公司完成集团司库平台、商用车经销商工作台、管理者工作台 3 大平台建设。数据价值挖掘方面，2023 年公司新增 13 个模型算法应用新场景，其中商用车复购模型实现对于零售客户复购概率的评估，实现新增放款 4500 万元，为商用车直客化模式的推进打下坚实基础。

【企业文化建设】2023 年，公司在品牌建设方面，开展商用车新媒体用户日活动，通过短视频、SVG 等丰富多样的载体，激发粉丝传播引发共鸣；参与“第六届金融年度品牌案例大赛”，荣获“社会责任年度案例奖”；党建工作方面，不断强化政治建设，创新党员领学、音视频教学等学习方式，推进“七个一”主题党日活动丰富党内生活，通过思政课按月开展“五必讲”，实现精神全员传达；工会活动方面，承办及组织活动 20 项，关心关爱提升服务，创新为群众办实事渠道。切实将党的政治优势转化为发展优势，以高质量党建引领保障高质量发展。

一重集团财务有限公司

【集团概况】 中国一重集团有限公司（以下简称“集团”）前身为第一重型机器厂，始建于1954年，是中国“一五”期间由苏联援建的156项重点工程之一，是中央管理的涉及国家安全和国民经济命脉的国有重要骨干企业之一，由国务院国有资产监督管理委员会代表国务院履行出资人职责。集团主要为钢铁、有色、电力、能源、汽车、矿山、石油、化工、交通运输等行业及国防军工提供重大成套技术装备、高新技术产品和服务，并开展相关的国际贸易。集团始终以振兴和发展民族工业为己任，主要有核岛设备、重型容器、大型铸锻件、专项产品、冶金设备、重型锻压设备、矿山设备和工矿配件等产品，是中国核岛装备的领导者、国际先进的核岛设备供应商和服务商、世界炼油用加氢反应器的最大供货商、冶金企业全流程设备供应商。

【经营概况】 一重集团财务有限公司（以下简称“公司”）是经原中国银行保险监督管理委员会（现国家金融监督管理总局）批准的持牌非银行金融机构，由集团及中国第一重型机械股份公司共同出资组建，于2020年12月正式成立，2023年增资后注册资本增至10亿元，是集团直属二级子公司。2023年，实现营业收入5865.62万元；利润总额1733.08万元；可归集口径资金集中度99.66%，各项监管指标均符合监管要求。

【信贷业务】 2023年，公司累计投放贷款（含贴现）21.05亿元，年末贷款业务余额12.63亿元，日均贷款12.96亿元。采用现场与线上相结合的方式，走访成员单位30余家次，了解成员单位融资需求，“一企一策”设计融资方案，支持成员单位主业发展，核定综合授信60.80亿元。开展产品创新，研究银团贷款、贷款承诺、订单融资等信贷产品，不断丰富金融服务手段。研究集团新产业、新企业融资方案，与集团内新设公司保持紧密沟通，寻找业务切入点，为集团新产业、新公司发展提供金融支持。

【结算业务】 2023年，公司累计结算业务量91330笔、1545.97亿元，其中对私业务55246笔、10.29亿元，对公业务36084笔、1535.68亿元，资金结算率达到99.95%。每日日终对成员单位账户资金进行监控，可归集口径资金集中度达99.66%，不断向“两个100%”迈进。拓展代理收款业务落地，为成员单位增加收款路径，减少业务流程。推进境内外币资金归集工作，具备归集成员单位境内外币资金业务能力。持续推进银企直连，新增交通银行直连上线，实现8家主要合作银行直连。推动集团境外企业资金可视管理，实现境外企业在境外账户资金可视。

【投资业务】 公司积极运用同业拆入、买入返售、票据转贴现、同业拆出等金融工具，截至2023年末，公司共获取银行、财务公司同业的同业授信16家，合计54.48亿元。扩充同业拆入交易对手名单，不断提高同业业务收益水平。取得同业拆借、同业存单等新业务资质，实现增厚收益新突破。紧盯资金市场动态，抢抓买入返售金融资产业务叙做关键时点，引入外部低成本资金。组织成员单位票据业务知识培训，覆盖所有二级企业、三级单位财务人员与部分业务人员，获得成员单位好评。

【公司治理】 编制公司2023—2027年发展规划，谋划改革发展目标及重点任务。公司完成注册资本增加、董事长变更、章程修订等重大公司治理事项，打牢高质量可持续发展基础。组织编制公司《改革深化提升行动实施方案

(2023—2025)》，明晰改革发展目标方向与实施路线图。强化全面预算统领作用，按月对资产负债、预算执行和经济运行情况总结分析，及时揭示经营存在问题，有针对性地提出提升建议。持续提高资金头寸管理能力，完善金融产品定价体系。统筹推进提质增效、税务管理、存款准备金和金融统计等工作。

【风险管理和内部控制】锚定新监管指标，做好日常风险监控监测，开展全面风险管理自查，确保不良贷款率、不良资产率保持双零。公司完成集团年度合规性自查，签署合规承诺书，编撰合规管理手册，编制合规清单，筑牢合规管理基础。组织梳理开业以来制订、修订的财务公司184项制度、35个业务流程，构建完备的内控制度管理体系。完成案件防控、反洗钱与反恐怖融资、印章管理、资产风险分类等各类专项审计稽核，充分发挥第三道防线作用。

【信息化建设】高质量配合推进集团司库体系建设，公司顺利通过国务院国资委司库系统中期验收检查。扎实开展新一代票据系统、二代征信报送系统等信息科技自建项目，推动公司信息科技水平不断提高。编制信息科技发展规划提纲及中长期发展规划，规划2023—2027年信息科技整体架构，完成信息科技顶层设计。不断夯实信息科技基础工作，强化网络安全架构，消除信息科技风险隐患。

【人力资源管理】公司扎实开展人力资源管理，修订人力资源三项制度，不断完善员工职业通道发展、绩效考核、薪酬分配体系。扎实开展员工培训，坚持执行“周三学习日”，累计组织23场“财司开讲啦”，实现专业知识共享。

【企业文化建设】公司组织商务礼仪、医疗急救知识培训，开展主题登山、央企消费帮扶兴农周、健康管理三年行动等活动，持续提高职工福祉。积极开展学习贯彻习近平新时代中国特色社会主义思想主题教育，编写主题教育工作方案，建立主题教育领导机构，组织开展主题教育读书班，召开主题教育专题民主生活会和组织生活会，扎实推进主题教育落实见效。组织开展“铭记历史 砥砺前行”等主题党日活动，不断推进“党建＋金融服务”品牌建设，聚焦中心工作。切实在干实事、谋实招、求实效上下工夫，推进各项惠民举措，加强全面从严治党、党建带团建等工作。

伊利财务有限公司

【集团概况】内蒙古伊利实业集团股份有限公司（以下简称“集团”）主营业务为各类乳制品及健康饮品的加工、制造与销售活动，旗下拥有液体乳、乳饮料、奶粉、酸奶、冷冻饮品、奶酪、乳脂、包装饮用水等几大产品系列。按照最新排名，集团位居全球乳业五强，连续十年蝉联亚洲乳业第一，是中国规模最大、产品品类最全的乳制品企业。2023年前三个季度营业总收入达974.04亿元，直奔“千亿元”大关，净利润更实现16.36%的增长，达93.80亿元，核心经营能力持续提升。

【经营概况】伊利财务有限公司（以下简称“公司”）注册资本人民币10亿元，法定代表人张占强，集团持股比例100%，为集团的全资子公司。公司始终与集团同频共振，打造集团唯一的金融服务与资金管理平台，提供与集团行业地位及发展阶段相匹配的金融服务及资金管理，助力集团主业发展。公司设有9个职能部门，总经理下设4个委员会，2023年实际开展了6项业务10个业务品项。截至2023年末，公司资产总额115.38亿元，负债总额97.7亿元，所有者权益17.69亿元；全年实现营业收入

6.37 亿元，利润总额 3.86 亿元，净利润 2.9 亿元，不良资产率为零。

【服务实体】公司始终把金融服务实体经济作为根本宗旨，以“五篇大文章”“一核三体两翼”金融体系建设部署为指导，重点围绕普惠金融、绿色金融、科技金融等方面提供金融服务，全力促进地方经济社会高质量、可持续发展，截至 2023 年 12 月末，公司各项存款余额 97.2 亿元，全年日均存款余额 184.22 亿元。在结算服务方面，全年服务成员单位 185 家，开户数量达到 464 个，全年提供支付清算 286 万笔，支付清算金额 36706 亿元。

【信贷业务】公司紧密结合集团的实际情况，针对集团内部不同成员单位的特点及金融需求，积极调整信贷支持策略。针对集团内的小微企业，公司进一步简化贷款审批流程，降低融资门槛，提供灵活多样的金融产品和服务。针对绿色信贷需求，根据绿色产业指导目录确定了绿色信贷范围，制定了绿色信贷差异化审批规则。全年累计向 65 家客户提供信贷服务，金额 27.78 亿元。截至 12 月末，表内外信贷资产全部为正常。

【票据业务】2023 年，公司积极开展承兑汇票贴现业务，满足成员单位资金需求，2023 年累计为成员单位办理票据贴现金额 22.55 亿元。同时积极与人民银行开展再贴现业务，全年累计办理再贴现业务 9.8 亿元。

【外汇业务】2023 年，公司依托牌照和队伍，向成员单位提供外汇业务“一站式”服务，全年通过公司牌照，累计办理即期结售汇业务 1398 笔，约折合人民币金额 48.3 亿元，在提高境外资金管理效率的基础上为集团节约换汇成本。

【资金集中】公司将全量资金分为结算性资金与非结算性资金，进行分类管理：结算性资金存放集中依托公司牌照，满足各成员单位的日常支付结算，是物理层面的集中；非结算性资金管理集中依托财务公司团队，实现对非结算性资金的有机集中，具体包括资金计划、机构管理、账户管理、余额管理、产品管理、融资业务、结算业务七大要素集中管理，实现了集团全量资金 99% 的资金集中管理。

【业务创新】公司洞察成员单位需求，针对绿色企业、专精特新企业和小微企业等，研发新产品、制定新规则。推出了普惠金融、绿色金融、科技金融等，全年普惠信贷落地 4 户、金额 1052 万元，绿色信贷落地 3 户、金额 5.5 亿元。

【风险管理和内部控制】公司 2023 年度全面开展合规政策“大学习”、制度“大建设”。全年对监管政策组织开展了近 20 多场专项学习，学习解读了公司治理、风险管理等近 10 个领域共计 50 多项监管政策。合规工作全面推行合规手册 + 报送清单的工作机制，内部管理形成监管政策 + 内部制度 + 合规手册的管理体系，外部报送采用清单制，清晰指导监管报送工作，避免漏报错报晚报等情况；全年对 130 多项制度进行了系统的评估，完善各类制度，全年新增 18 项制度、修订 74 项制度，补齐制度短板，践行了“内控优先、制度先行”的经营管理理念。

【人力资源管理】2023 年，公司不断加强人力资源体系建设，通过内部政策学习，全面修订绩效、薪酬以及人员管理制度。加强人才队伍建设，着力提升人员的专业能力，通过加强外部培训管理，开展课程内化，促进员工培训达到预期目标；通过梯队人才建设，培养复合型人才，提升后备人才储备。通过绩效评估有效衡量岗位价值及工作能力，实现差异化以能定奖，提升人员工作积极性，为公司的持续发展提供坚强的组织保证。

【信息化建设】2023 年，公司持续加强信息化建设，全年投入资金 400 多万元，上线了 1104、EAST、金融基础数据等监管报表、电票、风险指标监测等，对支付清算进行了 30 多项功能点优化，同时，公司还进一步加强数据安全和隐私保护工作，开展员工培训，提升员工的信息素养和技能水平。

【企业文化建设】公司作为金融机构，坚持金融工作的政治性和人民性，积极发挥党组织的引领作用，建立“三重一大”管理机制，力保重要重大事项的落实。2023年，公司集中学习了中央金融工作会议精神，深刻领会政策精神。建立了公司经营理念，树立金融业务以风险合规为底线的风险合规理念，通过形式多样的内部学习培训以及宣传活动增加从业人员的合规意识，确保合规经营，可持续发展。

有色矿业集团财务有限公司

【集团概况】 中国有色集团（以下简称"集团"）成立于1983年，是国务院国资委管理的大型中央企业，主营业务为有色金属矿产资源开发、建筑工程、相关贸易及服务，是我国有色金属工业最早实施"走出去"战略、国际化经营成果最丰硕的企业之一，业务遍布40多个国家，涉及40多种有色金属品种，拥有境外重有色金属资源量2000多万吨，跨国指数位于中央企业第一位。2023年，集团生产有色金属产品同比增长13%，利润总额同比增长7.32%，净资产收益率同比增加0.5个百分点，继续保持在央企前列，国有资产保值增值能力水平持续提升，圆满完成国资委考核目标。

【经营概况】 重组运营四年来，有色矿业集团财务有限公司（以下简称"公司"）在集团党委的坚强领导和公司董事会的正确指导下，坚持以习近平新时代中国特色社会主义思想为指导，深入学习贯彻习近平总书记对集团三次重要指示批示精神和最新要求，积极落实集团以财务为核心全面加强管理的工作部署，聚焦服务集团"当好保障国家战略资源安全和有色金属新材料安全"两个主力军目标落实落地，努力克服运营模式调整、大量人员分流、监管政策趋严等不利影响，持续强化"四个平台"建设，资金管理指标再创新高，风险管理取得实效。截至2023年末，公司资产总额112亿元、负债总额79亿元、所有者权益33亿元；贷款余额77.11亿元，存款余额78.45亿元；境内全口径资金集中度达96.25%，境内资金结算比98.36%，境内账户联网率达100%，资金管理指标达到行业先进水平；立足产业创新特色信贷服务，票据集中度达到100%；申请获批跨境资金集中运营业务资质，打通了以吸收存款方式归集境外成员单位资金通道，经营发展目标全面实现，一流财务公司建设取得积极进展。

【党的建设】 2023年，公司坚持以习近平总书记关于党的建设的重要思想为统领，以压实管党治党政治责任为核心，深入开展主题教育活动，常态化开展"抓党建·促作风"专项活动，积极开展员工能力提升行动，切实推动党建与业务的深度融合。公司党支部连续第二年获评集团党委"先进基层党组织"荣誉称号、连续第三年获评集团直属机关党委"先进党支部"荣誉称号、2023年首获"集团公司基层示范党支部单位"荣誉称号，共3名党员获评直属机关党委"优秀党务工作者"和"优秀共产党员"称号。

【资金集中】 一是建立账户全生命周期监管体系，有力支持集团资金风险管控。公司搭建了以银企直连为主、RPA机器人自动维护为辅的全级次账户监管体系，全面实施账户动态管理。二是多措并举提升资金归集水平，全面夯实资金集中成果。"一企一策"解决成员单位受限资金归集问题，精准实现了境内资金"颗粒归仓"。三是打造高效的资金结算机制，实现办理效率和业务占比双提升。

【服务实体】 公司立足产业、加速创新，充分发挥特色信贷服务功能。坚持以集团战略为导向，以产融结合为核心，针对不同企业分类施策，持续为成员单位提供"高性价比"金融服务，做好科技金融文章，做好绿色金融文章，做好银企财三方合作文章。

【**金融业务**】一是优化投资组合，实现富余资金保值增值。公司实施多期限多品种错配投资策略，在满足投资资质范围及财务公司流动性管理要求前提下构建投资组合，有效运用闲置资金。二是发挥金融牌照功能，拓展结售汇业务。全面摸排成员单位结售汇业务开展情况，优化办理流程，提升价格优势，实现了代客结售汇业务多币种、全性质覆盖。三是加强同业合作，保障流动性安全。优化同业授信结构，提升资源配置效率。

【**客户服务**】公司一是准确把握高质量发展要求，当好服务集团内部客户的主力军。充分发挥贴近集团产业的优势，进一步优化内部客户服务体系，有效推动了集团内部大中小企业的协调发展。二是深化金融服务和风险管控能力，为集团和成员企业提供有力支撑。充分发挥专业优势，强化金融市场研究服务，持续完善“四位一体”研究体系，为集团利率汇率风险管理把好关、守好门。

【**风险管控**】公司一是全面风险管理体系日趋完善。在前期建立的全面风险管理体系基础上，不断深化风险管理职能，建立稳健的风险管理策略，各项风险指标均合规。二是内控管理水平持续提升。在前期建立的制度体系基础上，持续推进制度更新工作，实现了内控制度的及时更新和全覆盖。

【**人才保障**】公司一是顺利完成薪酬体系改革。组织完成薪酬体系改革，统一薪酬标准、职级体系和薪酬序列，落实以岗定薪，拓宽薪酬档位及适用情况，适当向前台部门倾斜。改革完成后，薪酬平均增幅达38%。二是加快人才培养。研究制定薪酬、职级、考核、培训、轮岗、内部协同等一系列制度，健全人才激励与保障措施，完善员工晋升通道。

【**司库建设**】公司全面参与集团司库系统需求调研、开发、测试、试运行等工作，具体负责6个模块建设以及管理规程编制，助力集团按时间节点实现了司库系统全面上线，并全面承担起司库系统整体运维工作。

【**信息科技**】公司一是完善核心业务系统灾备体系，建立“两地三中心”的灾备体系。二是全面部署系统及信息安全产品，提升了桌面终端安全防护水平。三是完成财务公司官网IPv6改造。

粤海集团财务有限公司

【**集团概况**】广东粤海控股集团有限公司（以下简称“集团”）于1980年成立，为国资委授权的国有资本投资公司，是全国国有企业“双百行动”综合改革试点企业，2023年获评“双百企业”标杆等级，是广东省唯一一家获此殊荣的省属企业集团。集团以资本投资为主，主要投向水务及水环境治理、城市综合体开发及相关服务、现代产业园区开发及产业投资、产业金融等领域。集团旗下拥有4家上市公司，全资及控股子公司超过350家。2023年，集团首获领航「9+2」粤港澳大湾区杰出贡献企业奖，荣获2022年度“责任金牛奖·责任品牌奖”，位列2023年“广东企业500强”第75位、“广东服务业企业100强”第44位。2023年4月10日，习近平总书记在广东省考察调研，其间来到环北部湾广东水资源配置工程向南输水的接点站——徐闻县大水桥水库，了解工程建设、管理、运行和后续工程规划等情况。2023年底，历经近五年施工建设，国家重大水利枢纽珠三角水资源配置工程全线联调通水，成为粤海水利工程建设的重大里程碑。2023年，集团新增水处理规模164.02万吨/日，合同规模为5899万吨/日，继续保持行业第一。

【经营概况】2023年，粤海集团财务有限公司（以下简称“公司”）坚持“稳中求进”工作总基调，以“巩固”“提高”为核心，坚持服务集团的功能定位，坚持回归本源主业，有效地促进集团实体经济高质量发展。2023年末，公司资产总额215亿元，所有者权益23亿元，各项存款余额190.38亿元，各项贷款余额81.73亿元，实现营业收入5.13亿元。

【服务实体】2023年，公司累计向小微企业投放贷款20亿元，占同期贷款投放70%；2023年绿色信贷发生额9.50亿元，其中投放贷款7.42亿元、电子财务公司承兑汇票2.08亿元。公司坚持集团战略引领，精准滴灌，助力集团压降负债，降本增效，为成员企业节约财务费用约0.70亿元。

【信贷业务】2023年，公司新增投放28.54亿元，贷款日均82.83亿元。信贷投放主要投向集团系内的水务和水环境治理、基础设施建设、现代产业园、城市综合体、农业食品、“专精特新”等行业的成员企业。截至2023年12月末，公司累计投向水务板块的贷款金额16亿元，占全年新增贷款投放金额的56.05%。

【资金业务】2023年，公司继续巩固和发展同业合作，积极扩大金融同业授信朋友圈，不断提升议价能力。2023年，成功落地首笔交易所逆回购业务，全年合计完成交易所逆回购业务177亿元。

【投资业务】2023年，公司不断开辟投资新品种，优化资产配置，成功落地首笔国债投资业务，正式进入全国银行间债券市场，全年券面总额达3.80亿元。2023年，投资业务日均规模达11.57亿元，其中国债投资日均规模3.22亿元，投资货币基金日均规模8.35亿元。

【票据业务】2023年，公司开展票据承兑、贴现、转贴现业务规模9.51亿元。2023年，公司成功上线票据系统与集团财务共享系统签发支付集成功能，将票据结算嵌入集团财务共享中心支付审批流程形成联动审批，实现按资金计划额度管控票据支付，并通过票据系统联通工商银行接口，实现跨行票据业务操作集中化管理。此外，公司积极辅助集团建立票据池，并围绕集团产业链，研究探索灵活运用商业汇票加强电水联合服务模式，并成功办理首笔使用财务公司承兑汇票缴纳电费业务，为水务及水环境治理等公用事业及基础设施建设提供新的票据融资服务模式，保障工程项目有序推进，为集团实现高质量发展提供有力金融支持。

【资金集中】2023年，公司持续推动资金集中挖潜工作，一是夯实与集团境内非上市各板块资金负责人沟通机制，持续推动非限制性资金动态、常态化归集及限制资金压降，基本实现集团境内资金应归尽归；二是坚定服务定位，在合规基础上，积极引导资金富余型成员单位转存长期存款，提升其存款收益的同时，实现公司吸收存款结构优化，存款稳定性提高；三是新增推动成员单位内部转账业务7×24小时自动结算落地，进一步提升财务公司资金结算平台服务能效的同时，助力集团资金“内循环”；四是创新新增“企微通”，满足成员单位通过集团企业微信平台实时获取账户资金变动及关联交易限额情况，辅助成员单位强化账户资金监控，降低资金结算风险；五是创新新增移动审批功能，进一步拓宽成员单位办理存款结算审批渠道，支持成员单位随时随地快速审批网银业务单据，实时跟踪单据处理状态，助力提升成员单位资金结算审批效率。截至2023年末，公司吸收存款时点余额190.38亿元、年度日均存款159.29亿元，同比分别减少20.39%、增长14.45%，全口径资金集中度为64.53%，全年可归集资金集中度为93.97%。全年实现结算金额6832亿元，结算笔数23.3万笔，同比增长56.04%，首次突破20万笔。

【业务创新】2023年2月，国债投资业务顺利落地，有价证券投资业务取得突破，有力推动了公司投资业务的稳步发展；2023年9月，成功落地交易所逆回购业务，丰富了公司资金管理工具。2023年，公司持续深化科技赋能，接入上海票据交易所新一代票据系统正式投产使用，票据系统与集团财务共享系统签发支付集成功能上线，票据结算嵌入集团财务共享中心支付审批流程形成联动审批，实现集团票据支付集中管控，票据系统联通工商银行接口，实现跨行票据业务操作集中化管理。新增实现票据（到期兑付及托收）自动化结算，全面提升票面资金结算效率，助力推动集团票据业务发展。

【风险管理和内部控制】2023 年，在贯彻落实监管要求方面，公司严格落实《企业集团财务公司管理办法》规定，按照新规开展业务范围排查，重新梳理现有业务范围及存量业务情况；完成《粤海集团财务有限公司章程》的全面修订工作。在业务流程优化方面，以建设信贷系统为契机，全面优化改革信贷业务授信模式，实施综合产品授信、可调节授信、主动授信；对项目实施分级分类管理，开创业务审查新模式。在精细化管理方面，持续完善公司合规制度体系建设，强化台账管理。2023 年，通过“外规内化”、以制度提升项目审批效率、对照监管评级整改要求补齐制度建设短板三大措施全面提升巩固制度建设工作，全年完成 61 项制度的新增修订工作；按照“有制度必有管理、有管理必有台账”的原则，以台账管理为切入点，全面加强公司各项治理的精细化管理。

【信息化建设】2023 年，公司制定了“十四五”数字化转型规划并经董事会审议通过，每月召开信息科技管理委员会、信息科技月度会议，提高信息科技战略规划及信息系统建设执行力。2023 年重点推进 7 个业务系统建设，完成信贷系统、流动性管理系统上线和验收，票据业务系统正式接入上海票据交易所新一代票据系统，监管金融报送系统、非现场监管报送系统进行改造升级。2023 年完成同城灾备机房建设（达到数据中心 A 级机房标准），安全设备升级改造，加强服务器主机和终端安全防护，实现重要敏感业务数据加密存储和脱敏使用以及系统开发全流程管控，满足国家金融监督管理总局关于业务连续性和网络数据安全的建设要求。2023 年共有 3 个系统（核心系统复测、票据系统、信贷系统）获取信息系统等保二级认证，有效提高了信息系统的信息安全防护能力，降低了系统被攻击的风险，保障了信息系统安全合规运行。实现业务流程全面线上化，进一步提升业务处理效率和风险管控能力，提升成员单位服务水平，进一步完善系统架构的搭建，为科技引领业务发展打牢基础。

【纪检审计】2023 年，聚焦“高质量党建引领高质量发展”主题，围绕“廉洁创造价值”，邀请专家对全体党员干部作金融领域反腐倡廉专题讲座，进一步强化清廉文化渗透力；创新梳理员工行为风险点 36 条，以经济状况、日常行为、工作行为、非法行为四个方面为抓手进行定期排查，进一步加强员工行为管理；制定内部审计三年工作规划，进一步完善审计监督体系建设；联合外部审计中介机构，主导对公司治理、风险管控等关键环节开展全面审计，进一步规范经营治理，为公司高质量发展保驾护航。

云南建投集团财务有限公司

【集团概况】云南省建设投资控股集团有限公司（以下简称“集团”）是云南省建筑施工行业龙头，于2016 年4 月21 日，由原云南建工集团、十四冶建设集团和西南交建集团整合重组成立，2020 年 6 月 29 日，集团按照云南省委、省政府深化国有企业改革决策部署，坚决贯彻落实好省委、省政府整合重组的决策部署，加快各项工作的有效衔接，顺利完成省水投公司的整合重组。集团是由云南省国资委履行出资人职责，并授权开展国有资本投资运营的省属国有重要骨干企业，是云南省建设领域及相关产业的国有资本投资运营和建设主体。2023 年集团全年实现营业收入 1735 亿元，完成投资额 620 亿元，合同额 2372 亿元，实现利润 47.51 亿元。

【经营概况】 云南建投集团财务有限公司（以下简称“公司”）于 2016 年 1 月 15 日开业，开业运营以来，始终依托集团服务集团发挥金融优势，助力集团发展。2023 年通过抓好资金归集，优化信贷结构，创新业务模式，用好同业资源、拓宽融资渠道，做好风险防控，做实做细内控管理，提高信息化水平，创新人才培养模式等举措，统筹好发展与安全的关系，全面超额完成 2023 年度目标任务。全年完成资金结算量 15127.78 亿元，日均贷款 74.89 亿元；累计承兑票据 31.42 亿元；营业收入 3.59 亿元，利润总额 2.27 亿元。

【服务实体】 公司深刻领会做好“五篇大文章”的要求，紧密结合集团实际，在绿色信贷、小微普惠金融服务、乡村振兴、重要交通基础设施、保交楼等政策支持方向上持续发力，积极提供金融支持，在审慎合规前提下，做到优先申报、优先审批、优先放款。继续贯彻落实减费让利方针，主动下调贷款利率，上浮存款利率，减免各类手续费，有效降低集团财务成本。

【信贷业务】 综合运用贷款、贴现、商业汇票等多种手段，把金融资源精准、高效、及时地投放到生产经营中，聚焦客户实际业务，以灵活的期限结构匹配资金需求，不断优化信贷资产结构，致力于为成员单位提供综合化、低成本、差异化金融服务。2023 年公司日均贷款 74.89 亿元，实现了对成员单位金融支持的持续增长。

【资金业务】 公司进一步加强流动性管理，优化资金计划管理，夯实金融服务基础。一是优化资金计划手段，加强资金计划的刚性约束，高效调配资金头寸，保持流动性合理充裕；二是统筹同业资金，在保证资金安全性和流动性的基础上，积极与各同业机构议价，争取较高收益，全年实现同业收入 2578.93 万元；三是持续加强同业授信工作，与 12 家同业建立授信关系，授信额度达 29.2 亿元，支持财务公司票据在金融市场的有效流通；四是充分利用金融市场工具，通过再贴现、同业拆借、质押式回购等方式累计融入资金 82.43 亿元。

【投资业务】 公司在安全性、流动性和收益性相结合的前提下，持续坚持审慎、稳健合规的投资原则，在满足监管合规指标的前提下维持适度合理的投资规模。2023 年，公司日均投资规模 3.8 亿元，在投产品收益表现稳健，无亏损记录。

【票据业务】 公司通过“票据 + 直贴”“票据 + 转贴”“票据 + 再贴”的业务模式，确保票据流转顺畅，切实缓解持票企业，特别是中小企业融资问题。2023 年，公司累计为成员单位开出财票、商票 2038 张，惠及众多供应链企业。同时，积极争取政策，充分用好人民银行再贴现额度，精准支持企业生产经营。

【资金集中】 公司高度重视资金归集工作，始终把抓归集作为一项重中之重的工作。2023 年，公司扎实有效开展资金归集专项调研，做到摸清情况、找准症结、精准施策。持续深入推进归集小组日常工作，形成全员抓归集的常态化机制。认真细致做好支付结算工作，通过“以结算促集中，以流量促存量”的策略确保资金应归尽归、能归尽归。多措并举破解归集难题，不断创新归集模式，优化归集路径，通过努力，2023 年公司资金集中度得到有效改善。

【业务创新】 经人民银行批准，公司取得跨境双向人民币资金池业务资质，并通过资金池为成员企业办理跨境人民币资金归集、调拨。该业务进一步拓展了公司金融服务职能，丰富了服务手段，为集团实现资金跨境双向调度、统筹管理提供了金融支撑。

【风险管理和内部控制】 2023 年，公司立足合规经营，全年实现不良贷款为零、不良资产为零、人员零案件、无重大风险事件发生的管理目标。一是落实财务公司新规，监管指标做到日监测、月计划、季分析；二是提升公司治理水平，健全信息披露机制，加强股东及承诺管理，开展股东资质评估，健全消费者权益保护机制；三是重视制度建设，新增修订制度60余个，保障制度及时性和适用性；四是强化合规管理，成立合规委员会，制定合规管理办法，签订员工合规承诺，开展合规培训；五是组建业务连续性管理委员会，开展业务连续性影响分析，实现系统应急演练全覆盖。

【人力资源管理】聚焦主责主业，不断加强人才队伍建设，努力打造政治过硬、专业精通、敢于担当、开拓创新的高素质金融人才队伍。多渠道人才引进和培养，不断满足公司发展要求，坚持党管干部，严把选人用人关，大力推进年轻干部成长。积极组织参与各类培训，累计参培63人次，人才综合素养显著提升。

【信息化建设】一是完成数仓平台生产部署、EAST系统生产迁移，1104系统、金数系统上线成功，推进利率报备系统、指标监测系统、征信系统联调测试；打通与集团NCC系统数据互联互通，打破财务公司系统“信息孤岛”；成功接入人民银行ACS综合前置子系统，实现与人民银行之间的账户余额核对、准备金动态管理、电子报表报送等各项往来业务在线操作。二是完成公司CA数字证书认证系统搭建，实现证书颁发自主可控、安全高效，同时开发完成网银助手，对浏览器设置一键检测，提高用户浏览器排障效率。三是完成银财直连区域改造、新一代票据业务系统高可用建设、老化数通设备更换、备份机房迁移、网络安全加固等重点工作。

【企业文化建设】一是深入学习贯彻习近平新时代中国特色社会主义思想，落实“第一议题”146次、中心组学习8次，扎实开展主题教育，组织为期5天的“主题研学日”。二是召开全面从严治党专题会2次、专题研究党建工作4次。推进“党建引领 金融赋能”党建品牌创建；所属支部开展“主题党日”活动36次，与2家合作银行开展“携手共进谋发展，银财合作促双赢”党建联建共建。三是走访调研47户成员单位、合作银行；推进书记“领办项目”，聚力推动党建与经营工作深度融合。四是组织开展党支部分类定级、党建工作“查补强”，专题调研党支部3次；充分发挥支部战斗堡垒作用和党员先锋模范作用，构建全员抓资金归集的工作机制。五是丰富职工文化生活，组织“三八”国际妇女节女职工陶艺培训及制作、“五一”户外拓展训练、职工迎新运动会、“强国复兴·奋斗有我”主题演讲比赛、“书香三八”读书征文活动等。

云南昆钢集团财务有限公司

【集团概况】昆明钢铁控股有限公司（以下简称“集团”）始建于1939年，前身是中国电力制钢厂和云南钢铁厂，具备钢铁产能800万吨；拥有工艺设备国际国内领先、全国地下开采量最大的铁矿山和管道输送系统；拥有云南省规模最大的水泥产业；钢结构产业是国家装配式建筑产业基地示范单位。集团钢铁产品在云南省内市场占比超过30%，并出口到东南亚各国。2023年，集团智慧制造项目获“2023云南省国资委数字化转型典型案例”称号。

【经营概况】2023年，云南昆钢集团财务有限公司（以下简称“公司”）围绕集团下达的重点工作及商业计划书要求，实现营业收入1.26亿元，利润总额0.92亿元，净资产收益率5.71%，资本充足率22.06%，总体经营状况良好，不良贷款率和不良资产持续保持为零。

【服务实体】2023年，公司发挥金融牌照优势，服务集团实体经济，让利于成员单位。一是通过降低贷款利率，为成员单位节约财务费用8415.88万元；二是通过上浮存款利率、

Y

减免手续费等方式为集团节约财务费用500万元；三是派出金融人才驻点集团金融运营部服务集团融资及资金管理。

【信贷业务】公司与集团资金管理部门形成协同联动，稳健推进信贷业务发展，合理安排放款进度与期限。截至2023年末，公司累计发放流动资金贷款63.65亿元，办理成员单位委托贷款3亿元，日均信贷规模41.69亿元。

【资金业务】2023年，公司一是协同集团金融运营部做好集团资金管控与司库建设；二是为集团成员单位提供审批流配置服务、司库系统用户授权服务，实现资金支付全流程监控，做到集团资金“看得见、管得住、调得动、用得好”。

【投资业务】2023年，公司坚持“审慎投资、风险可控”的原则，提前收回有价证券投资1笔，金额2.70亿元；截至2023年末，公司有价证券投资余额0.20亿元，实现投资收益836.74万元。

【票据业务】2023年，公司办理票据承兑业务17笔，累计金额12.74亿元；办理贴现业务28笔，累计金额31.63亿元；办理再贴现业务11笔，累计金额22.34亿元，年末再贴现余额10亿元。

【资金集中】公司按照“资金应归尽归、账户应连尽连”及结算全流程不落地的方式对集团资金进行管理与监督。2023年末，公司可归集口径资金集中度连续多年保持90%以上，全口径资金集中度为58.48%。

【风险管理和内部控制】2023年，公司以迎检为契机，以日常风险管理与内控为基础，加强与监管部门的沟通交流，举一反三形成长效机制。从监管机构“公司治理现场评估”入手，完成公司章程及制度修订；从监管机构“现场检查”入手，优化数据治理校验方案，新增业务风险控制点；从监管机构“信息科技快速巡查”入手，完善业务连续性保障举措，细化信息科技风险控制策略。2023年未出现任何风险事件。

【人力资源管理】公司加强干部人才队伍建设与人事效率提升，人力资源管理取得新成效。一是推进人事效率提升，协商解除劳动合同3人，人均利润进一步增强；二是开展职工轮岗竞聘，盘活、优化人力资源，做到人岗匹配；三是通过“对标找差”，设立各级对标“指标库”，并以“一人一表”分解落实落地“指标库”指标的绩效考核方式激发职工活力与潜力，为圆满完成各项任务发挥了积极作用。

【信息化建设】一是加强业务连续性管理，开展信息科技类应急演练5次；二是升级对票据业务的支撑，“新一代票据业务系统”全面落地；三是创新信息科技运维手段，实施系统状态动态监测与移动端异常提醒；四是深化数据资产管理与应用，形成关键指标动态监测与自动提醒；五是为集团决策支持系统提供资金管理数据。

【企业文化建设】2023年，公司一是落实“双向进入、交叉任职”领导体制，支部书记由董事长担任；二是强化“清廉”文化建设，通过签订《家庭助廉承诺书》《依法合规经营承诺书》、观看警示教育视频、参观警示教育基地、撰写心得体会的方式推动廉洁文化成风化俗；三是组织“金融反诈”宣传，筑牢群众财产守护墙；四是践行社会责任，开展形式多样的捐赠与消费帮扶活动。

云南云天化集团财务有限公司

【集团概况】云天化集团有限责任公司（以下简称“集团”）是以肥料及现代农业、玻纤及复合材料、精细化工及新材料为主业的国有综合产业集团。2023年，云天化集团坚持以习近平新时代中国特色社会主义思想为指导，深入学习贯彻党的二十大精神，主动承接云南省“3815”战略发展目标，聚焦“三大主业”，紧扣“四个定位”，全年实现营收超过900亿元，利润约60亿元。

【经营概况】 云南云天化集团财务有限公司（以下简称“公司”）主动承接集团“四个定位”，持续深化改革行动，推进对标管理提升，谋划司库体系建设，推动数字化转型，年度利润总额超过8000万元，资金安全零事故，无重大风险隐患，无潜在不良损失。

【服务实体】 公司通过各类贷款、票据业务、投资业务等多种方式，为成员单位提供资金日均60.84亿元；积极响应国家金融政策，优先投放涉农、小微企业，全年实现办理涉农信贷业务累计金额22.56亿元，办理小微信贷业务累计金额2.80亿元。

【信贷业务】 公司坚持“一个服从、两个服务”的经营宗旨，贯彻“规范经营、稳健发展”的经营方针，坚持“安全性、流动性、效益性”的经营原则，公司不断夯实资金集中工作基础，以资金分布分析工作为基础，积极与成员单位协商合理确定资金限额，全年实现日均吸收存款超过37亿元。

【资金业务】 结合成员单位资金需求，公司主动不断加强同业合作，通过引入发债资金、财票直贴、再贴等方式，实现融入外部资金日均超过23亿元。

【资金集中】 结合集团总体战略，上市公司经营实际，公司积极与成员单位协商，合理确定资金限额，日均资金集中度超过49%，再创资金集中额新高。

【风险管理和内部控制】 公司全面贯彻审慎合规经营理念，2023年度进一步完善了公司内控体系；全面开展合规管理工作，提高审慎合规经营水平。

【人力资源管理】 公司以价值创造为导向，建立“岗位定基础，能力有体现，绩效占主导”的薪酬分配机制，持续推进职业经理人制度，通过内部选拔机制培养了经营层职业经理人。

【信息化建设】 公司制订发布了数字化转型方案，聚焦以数舱为基础平台，拓展报表统计、管理决策及风控管理等应用平台，加快数字化转型步伐。公司积极推进信息、网络及数据安全基础设施建设和数据治理工作，初步搭建完成了集内外部攻击防护、监控预警、数据容灾、数据治理等功能于一体的安全防护体系。

【企业文化建设】 公司支部高标准持续深抓“初心领航 财铸辉煌”支部品牌建设，持续动态优化“一个统领，五个持续打造”工作的实施路径，将数字化转型和党建促国企改革发展三年行动融入党建品牌实施路径中，通过成立攻关小组的形式攻克重点难点工作，最终形成“对标找差距”“司库体系建设专项”等报告，为公司建设一流财务管理体系建言献策。

招商局集团财务有限公司

【集团概况】 招商局集团财务有限公司（以下简称“公司”）隶属于招商局集团有限公司（以下简称“集团”）。2023年，集团实现利润总额2268亿元、同比增长3.4%，净利润1910亿元、同比增长6.3%。截至2023年末，集团资产总额13.6万亿元、同比增长8.9%。2023年，集团荣获国务院国资委年度中央企业负责人经营业绩考核A级。

【经营概况】 2023年，公司专业能力、风控能力稳步提升，累计实现营业收入14.35亿元，利润总额4.07亿元，期末资产规模为579.6亿元。

【服务实体】2023年，公司绿色金融业务同比增长79%，涉及集团绿色制造、绿色建筑、低碳航运、分布式能源工程、生态环保等多类产业，其中包括成员单位承建的首批LNG运输船、购建的首批LNG动力散货船等重点项目；科技金融业务持续拓展，新增为药物研发创新项目提供低息贷款，有效支持成员单位两期科技创新主题公司债的成功发行。

【信贷业务】2023年，公司新增信贷客户22家、日均贷款365.71亿元。截至2023年末，贷款余额381.22亿元，其中39%用于支持集团城市与园区板块、57%投放于交通运输和物流仓储产业，中小微企业贷款占比39%。以银团贷款引导外部金融资源支持集团项目建设，新增银团贷款4项。代开保函合作银行由1家拓展至3家，业务币种在外币的基础上增加人民币。

【资金业务】2023年，公司积极拓展同业合作渠道，与多家银行合作，根据公司资金特点定制资金管理产品。扩大同业授信额度，在20家金融机构取得520亿元同业授信。密切跟踪市场利率走势变化，积极调整不同期限策略组的占比，资金业务取得较好收益。

【投资业务】2023年参与公司8期债券发行，合计投资金额25.3亿元，参与债券的发行金额145亿元。债券投资余额26.6亿元，其中，公司开展首笔永续债投资，助力集团通过发行权益工具的方式降低资产负债率。公司开展首笔科创主题债券投资，参与成员单位2期科创主题公司债的投资，投资金额6亿元。

【票据业务】2023年，公司持续加大“招财票”推广力度，开立承兑汇票27.62亿元。截至2023年末，票据承兑余额12.47亿元；与合作银行联合开展“招财票”买方付息贴现14.60亿元，接受该业务模式的供应商由15家增加至44家。优化票据贴现业务授信占用规则及受理方式，办理票据贴现2.71亿元。办理票据转贴现0.74亿元；办理“京绿通”再贴现业务1笔。公司申请开通上海票据交易所“集票宝”产品，可每日向集团司库上传上海票据交易所反馈的信息数据。

【外汇业务】2023年，公司结售汇及跨境资金池下外债、境外放款、经常项下集中收付汇业务有序开展。积极了解集团成员单位需求，紧密跟进外汇政策，加强与监管、合作银行沟通，努力拓展外汇业务服务范围及渠道。向集团成员单位提供优惠的结售汇价格，为集团成员单位节省费用约870余万元。

【资金集中】2023年，公司继续夯实结算业务基础，推动业务及技术创新，并深度参与集团司库建设管理工作；通过“一司一策”制订集团成员单位年度金融服务方案并跟进落地；以更广泛、多元、灵活的信贷服务，深化与集团成员单位合作，带动存款归集，助力提升资金集中管理。

【业务创新】2023年，公司持续开展业务创新。一是落地“财银通”票据业务，与合作银行成功协助成员单位供应商办理“招财票”质押换开银行承兑汇票；二是积极探索函证处理的新模式，启动实行函证业务标准格式回函，提升询证函回函效率；三是落地首笔通过CIPS标准收发器办理的跨境人民币付款业务，开通支付透镜功能。

【风险管理和内部控制】在风险管理方面，公司严格落实《企业集团财务公司管理办法》，按要求完成各项整改工作；对重要业务流程进行了全面梳理，细化多项制度，将关键控制点全部纳入资金系统进行信息化管控；深化总分公司一体化发展，进一步规范对分公司的管理；持续深化法治建设与法律合规管理工作；多措并举全面提升监管数据治理水平和质效；继续通过风险周报、风险提示函等方式做实日常风控和预警工作。

在内部控制方面，2023年，公司开展季度常规稽核、绿色金融专项审计、企业负责人及公司员工履职待遇和业务支出管理专项审计、反洗钱专项审计、年度内部控制评价、各类专项检查和排查等工作，对公司各项业务和管理活动执行情况进行鉴证和评价；加强审计问题跟踪整改；上线“审计机器人”。

【人力资源管理】2023 年，公司加强干部人才队伍建设，进一步完善人力资源管理制度，高效开展公司培训工作，推动全员提高综合素质，积极推进人才多岗位锻炼，通过“以干代训”“借调”“人才交流”等多种形式进行相互交流，着力打造一支高素质专业化的干部人才队伍，为公司高质量发展提供坚强的人才保障。

【信息化建设】2023 年，公司完成了资金系统 2.0、集团司库系统对接、新一代票据等系统建设和上线工作；开展了互联网收口及 IPv6 改造、数据资产化和主数据管理、RPA 机器人等多个专项行动。在业务连续性建设方面，完成了核心系统的集团同城灾备建设。在网络安全管理方面，积极开展网信安全培训、宣贯及演练，严格落实两会、大运会、亚运会、“一带一路”等重要时期安全保障工作，实现全年零信息安全事件。

【企业文化建设】2023 年，公司开展首个“成立日”宣传活动、助力集团“第三次创业”等重点工作，通过系列活动、设立荣誉表彰等形式，为员工带来了更多的获得感、幸福感、归属感，进一步打造充满活力、公平竞争、团结协作、积极向上的企业文化。

浙江海港集团财务有限公司

【集团概况】浙江海港集团财务有限公司（以下简称“公司”）所属集团为浙江省海港投资运营集团有限公司、宁波舟山港集团有限公司（以下简称“集团”）。集团是国内首家实行集约化运营管理全省海港资产的省属国有企业。2023 年，集团主要经营的港口之一的宁波舟山港完成货物吞吐量 13.24 亿吨，同比增长 4.9%，连续 15 年位居全球第一；完成集装箱吞吐量 3530.1 万标准箱，同比增长 5.9%，稳居全球第三。

【经营概况】2023 年，公司业务经营目标实现“双跨越”。营业收入跨越 7 亿元，达 7.07 亿元；利润总额跨越 5 亿元，达 5.11 亿元，同比分别增长 17% 和 51%；各项金融监管指标显现良好且优于监管要求；安全生产总体稳定。2023 年，公司荣获全国交通运输文化建设优秀单位、宁波市级青年文明号等多项集体荣誉。

【服务实体】2023 年，公司实地走访成员单位 105 家，当面沟通、现场咨询、上门服务达 253 次。公司深入了解成员单位诉求，全力服务“一带一路”、长三角一体化等发展战略在集团系统的落地，在港航项目、航线布局、绿色信贷、智慧港口等重点领域提供一系列的金融支持，满足服务实体经济多元需求。截至 2023 年末，贷款规模达 142.9 亿元，累计发放贷款 90.92 亿元，同时通过贷款利率优惠等措施助企纾困，累计为成员单位减费让利近 1 亿元。

【资金集中】截至 2023 年末，本币方面，公司已实现并表范围内企业资金全归集，另针对合联营企业因企施策，2023 年顺利吸存 5 家合联营企业，归集资金超过 1 亿元。外币方面，利用同业优势，向外汇合作银行积极争取，通过提升外币同业存款利率等方式有效归集外币资金。截至 2023 年末，已有 15 家成员单位在公司开立外币归集账户。

【投资业务】2023 年，公司紧抓资金红利窗口，将同业活期存款业务作为主要突破口，通过向 23 家活期存款合作银行询价、按季竞价存放，将活期资金收益率维持在较高水平。全年同业与投资业务累计交易量 1617 亿元，实现收益3.06亿元，平均收益率较市场基准超过30个基点，创历史同期新高。此外，累计新增商业银行二级资本债、金融债、集团公司债等投资2.5亿元，收益率达3.2%。

【外汇业务】2023年1月30日，公司正式获得银行间外币货币市场会员资格。全年为8家成员单位提供结售汇服务，累计交易量2亿美元，为集团整体减少汇兑成本60万元，业务办理速度和价格均优于商业银行。2023年3月16日，公司成功办理了首笔美元拆出业务，实现了利用外币资金创利的新突破，也有效打通了公司与其他金融机构之间的外汇市场通道。

【平台建设】2023年，为充分发挥集团整体信用优势，降低集团融资成本，防范财务风险和廉洁风险，集团统一融资中心正式成立并明确由公司负责日常操作、开展成员单位与外部金融机构统一询价议价工作。截至2023年末，公司完成对外融资业务4笔，涉及金额45.77亿元，效果显著，服务范围扩展至集团系统非成员单位。

【风险管理和内部控制】2023年，公司积极推进合规示范企业创建工作，于2023年4月6日通过了国内和国际标准“双标”评审；年内开展了为期3个月“学制度，强合规”法律法规及制度学习专项活动，确保制度学习全方位覆盖，总体效果良好；稳步推进金融风控信息化工作，顺利上线贷后检查模块，辅助信贷季度贷后跟踪工作；开展暖心家访，及时了解职工8小时外的情况，截至2023年末已实现两年一轮全覆盖；打造清廉金融，创新性提出廉洁从业承诺、践诺、督诺、评诺机制，全年不断推动“四诺”制度的深化落地。

【人力资源管理】2023年，公司综合运用组织选拔、竞争上岗、横向轮岗、跨级选聘等多种形式，把近年来各条线涌现出的政治可靠、业务精湛、富有潜力的干部人才及时安排到管理岗位、吃劲岗位，提供更广阔的人才发展路径；启动“掘金者”计划，安排3批6名骨干青年到不同商业银行开展为期1~2个月的针对性实践，深化对领先金融机构工作机制和实操经验的理解认识。

【信息化建设】公司加大信息科技方面的投入，提高信息技术力量。一是系统建设方面，不断提升服务体验。N20信贷业务系统升级后能同时满足本、外币信贷业务办理需求，且操作流畅度有极大提升；新一代票据业务系统为成员单位提供全周期票据业务电子化服务，支付效率提速升级；“数电票”正式上线和全面推广，公司是集团首批开具数字发票企业。二是系统运维方面坚持动态清零。全年核心业务系统累计产生运维问题197个，均已得到解决，全力保障用户体验。

【企业文化建设】2023年，公司总结提炼出了兼具“金融味”和“海港味”的财司企业文化品牌“元·规”，并配套LOGO设计、文化产品衍生、公司形象宣传片拍摄等，让抽象的“软”文化具象化、清晰化。融合建设了集教育、管理、服务、展示于一体的“红色港湾”硬设施，灵活运用滑轨屏、可触屏电视、顶部扬声器等媒介，多角度呈现企业发展历程、党建文化、清廉金融文化、员工风采等内容。

浙江省交通投资集团财务有限责任公司

【集团概况】浙江省交通投资集团有限公司（以下简称“集团”）于2001年成立，历经原浙江省铁路集团、浙江省商业集团两次改革重组，现统筹承担浙江全省高速公路、铁路、重要的跨区域轨道交通和综合交通枢纽等交通基础设施的投融资、建设、运营及管理职责，并积极参与浙江市县主导的综合交通基础设施项目。2023年，集团实现营业收入[1] 3287.58亿元、利润总额117.39亿元，资产总额9313.09亿元、净资产3043.50亿元。2023年，集团在“世界企业500强”排名位列榜单第310位；从行业来看，集团位列我国进入世界500强省级交通投资类集团的最高排名。

【经营概况】 2023年，浙江省交通投资集团财务有限责任公司（以下简称“公司”）实现营业收入16.33亿元、利润总额10.32亿元、净利润8.27亿元；2023年末公司资产总额545.03亿元，净资产85.62亿元，存款总额452.07亿元，贷款总额380.50亿元。

【信贷业务】 公司不断优化信贷投放结构，全面协同保障成员单位融资需求，年日均贷款比例77.06%，年日均贷款规模405.97亿元，有效发挥好内部蓄水池作用，保障交通项目建设资金需求。同时，积极与成员单位协同配合，通过保函、委托贷款、票据等多元化表外业务形式，持续提升为成员单位中间业务服务的质效。

【资金业务】 在金融市场利率下行的大环境下，公司抓住战略合作银行遴选时间窗口，在审慎评估风险的基础上，适度扩大同业存放银行范围，按照市场化原则开展同业存放，在保有较高灵活性的前提下不断提升资金收益。

【投资业务】 公司固定收益产品投资策略紧跟市场情况实时调整，根据市场走势积极配置不受净值波动影响的固定收益类品种，做好后续市场调整的防御准备；权益方面根据公司清退方案安排，抓住第一季度、第三季度权益市场阶段性上涨行情，卖出持仓股票、可转债，降低权益整体仓位的同时增厚组合整体收益，2023年度整个投资组合年化投资收益率显著高于同期市场指数。

【外汇业务】 公司紧跟集团国际化发展战略，着力推进本外币一体化资金池建设。积极开展即期结售汇业务，全力拓展人民币双向跨境资金池业务，实现国际业务规模增长超过90%。此外，公司积极申办本外币一体化等跨境资金池，提升境内外资金调配能力。

【业务创新】 为落实数字化改革要求，公司不断丰富业务品种，先后上线运行线上信用证、票据线上贴现、供应链票据等模块，推动业务线上化、标准化、集中化、高效化，打造财务公司中间业务收入新模式。2023年9月，公司入选21世纪经济报道“中国普惠金融典型案例”；2023年12月，公司入选第六届金融业年度品牌案例大赛普惠金融年度案例奖，行业美誉度不断提升。

【风险管理和内部控制】 公司顺利完成风控看板上线，实现监管及监测指标变化动态反映，提升对重要领域和关键环节的数字化风险防控能力，为打造标准化、定量化、敏捷化、数字化的风控体系奠定了基础。公司利用内外部审计力量提升审计质量，检查范围覆盖结算业务、公司金融业务、金融市场业务等主要经营活动，并涵盖公司数字化转型、司库体系建设等公司发展战略实施管理方面，不断强化和突出审计服务公司战略发展作用。

【人力资源管理】 公司以人才队伍建设为核心，盘活人力资源，优化绩效考核。一是加强队伍建设，通过选拔任用年轻干部、精准画像后备干部等方式不断优化干部队伍年龄结构。二是加强专业学习，通过打造“财资讲堂”专业培训平台、发放“自学成才”奖励基金、落地公司H型人才发展通道等方式，有效激发队伍活力和创造力，不断提升队伍战斗力，打造来之能战、战之能胜的“金融尖兵”队伍，力争成为集团财务专业人才的“蓄水池”。

【信息化建设】 一是提升数字化自研能力。2023年，公司完成1104监管报送系统的自研开发和上线，报表自动化率达到91%，并获得了“计算机软件著作权登记证书”，是财务公司开展系统独立自主可控建设的重要突破。二是加快数字化司库系统建设。2023年上线应用融资

---

① 年度财务数据均为未经审计数据。

Z

担保系统建设，强化了业务审批、合同审批、债务信息录入、支付结算一体的系统功能，通过系统互联实现融资、担保的全流程管理。

【企业文化建设】公司突出党建统领，聚焦主责主业，着力推动企业高质量发展，提炼打造“产融尖兵”等基层党建品牌，持续深化“财司红云”党建联建品牌，探索培育“党建+业务赋能”“党建+数字赋能”“党建+服务赋能”的“1+3”党建工作新格局，拓宽产融协同新路径。“金银花”女工品牌成功入选上城区“巾帼文明岗”，“融·毅行”文体品牌获浙江省交通运输厅2023年度优秀组织单位等多项荣誉称号。

浙江省能源集团财务有限责任公司

【集团概况】浙江省能源集团有限公司（以下简称“集团”）成立于2001年，是浙江省委、省政府能源产业发展的主抓手、能源合作的主平台、能源供应的主渠道、能源安全保障的主力军、环境保护的主战场和能源科技创新主引擎，主要从事电源建设、电力热力生产、石油煤炭天然气开发贸易流通、能源科技、能源服务和能源金融等业务。截至2023年12月31日，集团合并资产总额3330亿元、所有者权益1513亿元，控股浙能电力、宁波海运、浙江新能、中来股份4家A股上市公司和新加坡上市公司锦江环境。2023年，集团实现营业收入1702亿元、利润总额140亿元，经营状况良好，发展势头强劲。

【经营概况】2023年，浙江省能源集团财务有限责任公司（以下简称“公司”）坚持“立足集团，服务集团”根本宗旨，坚定不移服务集团能源高质量发展事业中心大局，各项工作取得了较好成绩。2023年，公司实现营业收入6.69亿元、利润总额6.16亿元，截至2023年12月31日，公司资产总额429亿元，所有者权益50亿元，圆满完成年度经营发展任务，稳健经营继续走在前列。

【服务实体】2023年，公司发挥功能保障特色优势，全力提升财务服务效率，累计代理支付28.36万笔，较上年同期增长10%；全力满足成员单位经营发展资金需求，全年向集团成员单位发放中期流动资金贷款38.99亿元、发放小微成员单位贷款74.05亿元；全力争取外部优质融资，协助成员单位提取银行贷款242.92亿元，协助集团发行各类债券115亿元，稳步提升金融服务实体质效。

【信贷业务】公司加大信贷投放，2023年累计投放自营贷款335.86亿元，有力支撑集团能源保供与绿色转型战略部署；推动减费让利，完成存量贷款利率调整，有力降低成员单位贷款利息负担；助力低碳转型，累计投放绿色贷款35.83亿元，助力小微绿色项目平稳过渡。

【资金业务】公司聚焦“零余额”管控，最大限度统筹归集集团成员单位外部沉淀资金，2023年可归集口径资金归集率98.57%，基本实现沉淀资金颗粒归仓；聚焦效益管理，实现资金业务利息收入1.97亿元，在保障资金安全的前提下合理扩大了资金收益。

【外汇业务】2023年，在成功获批外汇跨境资金池业务牌照基础上，公司加紧订立外汇业务管理制度，成功于年内完成外汇业务系统开发上线，年末外汇跨境资金池归集美元1570万元，向建成集团公司外币资金管控主抓手迈出坚实一步。

【风险管理和内部控制】深度梳理修订公司“三重一大”有关事项规定，切实把完善党领导下的公司法人治理经营导向以制度形式落地落实；全面加强公司合规管理示范，以“合规管理示范点建设”为抓手，2023年废改立165项；强化审计部门与纪检和风控的协同，初步建成

“大监督”体系，风险合规齐抓共管质效稳步提升。

【人力资源管理】完善岗位职级体系，公司组织完成第二次全员竞争上岗，建立全新岗位晋升标准，有效盘活存量人力资源；完善薪酬绩效体系，修订收入分配制度，切实发挥绩效考核正向激励作用，分配体系持续优化；完善人才培养体系，继续建强金才计划、管培生选育、跨部门培训、新员工培训、中层骨干培训的全过程培训体系，人才培养基地效应进一步放大。

【信息化建设】公司成功上线新一代票据业务系统，支持成员单位签发金额灵活的票据包，大大提升了用票体验和安全性；建成落地数仓特色数字化项目，成功实现金融统计监管报表的自动输出，报表自动化率达85%，数据准确率达95%，为建立完善金融统计数据标准和元数据质量控制机制打下坚实基础，数据治理水平显著提高。

【企业文化建设】以高质量党建引领高质量企业文化建设，公司深入开展学习贯彻习近平新时代中国特色社会主义思想主题教育，以“五学联动”推动理论学习入脑入心。深入推进双融争先，大力开展“党建品牌提升年”活动，推出“党建+”七大行动，以高质量党建引领公司高质量发展；扎实推进“作风建设提升月”系列活动，督促全体职工纠四风、树新风，强化责任担当；全面发挥群团优势，突出先锋领航，深入实施团干示范带头学、青年宣讲深入学等特色活动，激励青年奋发有为；坚持以人为本，全心全意关爱广大职工，鼓励职工发展兴趣爱好，服务保障员工身心健康；全力扛起国企担当，积极助力事业，2023年累计向欠发达地区、公益项目捐赠270万元，并继续保持与浙江职业足球俱乐部友好合作，支持共同富裕和社会公益事业蓬勃发展。

正泰集团财务有限公司

【集团概况】正泰集团（以下简称“集团”）始创于1984年，是全球知名的智慧能源系统解决方案提供商。创立40年来，正泰始终聚精会神干实业、一门心思创品牌，深入践行“产业化、科技化、国际化、数字化、平台化”战略举措，形成了“绿色能源、智能电气、智慧低碳”三大板块和“正泰国际、科创孵化”两大平台。业务遍及140多个国家和地区，全球员工5万余名，2023年集团营业收入1550亿元，连续20余年上榜“中国企业500强”。

【经营概况】2023年，正泰集团财务有限公司（以下简称“公司”）在监管部门的正确指导下，在公司董事会的坚强领导下，在集团各部门及产业公司的支持帮助下，依托集团、服务集团，开拓创新、砥砺奋进，积极践行集团“五化”战略举措，聚力推进变革创新，充分发挥专业优势，强化服务能力建设。公司整体经营稳健，内生动能不断增强，各项业务亮点频出，风险防控有力有效，全年各项工作任务圆满完成。

【服务实体】2023年，公司发挥金融服务平台优势，持续加强成员单位走访，快速响应成员单位科学合理的融资需求；通过发放优惠利率贷款、降低存量贷款利率、减免承兑汇票与非融资性保函业务手续费，助力成员单位降低财务成本；协助集团发行4期超短期融资券、1期CMBS，发行金额共计21.70亿元，其中正泰科技园1期资产支持专项计划为全国首单民营制造业企业产业园CMBS。

【信贷业务】2023年，公司共向17家成员单位发放贷款72笔，累计发放贷款金额51.95亿元。贷款投放覆盖集团主要产业，并积极践行“双碳”战略，全面支持集团光伏制造、光伏电站等业务的发展，2023全年累计投放绿色贷款14.70亿元，年末绿色贷款余额12.65亿元，较年初增长4.89%。

【资金业务】2023年，公司强化资金集中控制、统一调配等管理，提高资金使用效率，防范资金风险。利用财务公司金融平台作用，实施统一存放、统一结算、统筹融资在内的资金管理，并严格实施资金预算控制和计划管理，高效配置资金头寸。

【投资业务】2023年，公司坚持审慎、稳健、合规的投资理念，在满足流动性需求的前提下，开展投资业务，同时密切跟踪市场最新动态，及时与同业机构交流沟通。2023年主要开展国债业务，日均投资金额999.82万元。

【票据业务】2023年，公司与上海票据交易所新规全面同步，对票据系统全面优化升级，建设承载票据全生命周期业务功能的新一代票据业务系统，满足新规下的票据业务办理与监管，进一步提高系统运行效率；加紧同业沟通，持续开展票据再贴现和转贴现业务，拓宽业务范围，保障票据融资渠道通畅。

【外汇业务】2023年，公司通过本外币一体化资金池实现成员单位之间境外放款合计人民币24.23亿元，同比增长384.6%；归集外币资金折合美元9.13亿元，同比增长228.41%，并新增每月外汇汇率维护服务工作。

【资金集中】2023年，公司坚持应归尽归，全面部署集团资金集中管理的要求，强化落实资金管理工作细则。实现成员单位资金归集411家，年末归集金额75.6亿元，日均归集45.49亿元，同比增长15.81%。

【业务创新】2023年7月，公司正式获批海关税款担保保函业务资质，并成功开具首份海关税款担保保函，助力成员单位对进口货物的便捷通关；9月，公司根据新能源板块成员单位经营光伏电站销售的业务模式和资金需求，投放首笔用于支付光伏电站服务费、安装费的流动资金贷款，成功为成员单位解决融资需求难题。

【风险管理和内部控制】2023年，公司按季度开展流动性风险压力测试，为流动性管理提供了依据和经验；制（修）定并发布77项制度，内容涵盖风险管理、内部审计、信息科技、公司治理等大类；及时开展监管文件学习与宣贯，定期开展合规培训；健全内部审计体系，保持内审独立性，确保公司审计工作扎实有序开展，2023年共开展包括结算业务、信息管理等在内的10个专项审计项目。

【人力资源管理】2023年，公司不断优化人才队伍建设，提高员工综合素质。全年共开展线上线下培训61期，共计622人次、307.5课时；积极引入人才5名，特别是从金融机构择优引入3名，充实人才队伍。截至2023年末，公司共有员工46人，其中具有银行从业经历19人，占员工总数的41.30%，员工队伍整体专业素质稳步提升，专业化能力逐步增强。

【信息化建设】2023年，公司持续推进信息化建设，开展新一代票据及集团票据模块实施工作，2月完成新一代票据系统上线，12月完成集团票据模块试点上线，为集团票据业务的线上化与可视化提供平台；开展数据治理专项工作，3月完成1104报表上线应用，10月完成监管数据跨体系校验模块上线应用，进一步推动公司数据标准化与数据质量的建设工作；开展业务连续性与信息安全监管专项实施工作，完成业务影响评估、代码审计等9项信息安全专项的实施，极大提升业务连续性与信息安全保障能力。

【企业文化建设】2023年，公司高度重视团队建设工作，联合党工团妇开展丰富多彩的团建活动，并不断做实员工关爱措施，组织开展党日活动、户外团建等活动，有力提升了队伍凝聚力、向心力；不断加强党员思想政治建设，持续提升支部工作活力，推动支部党建工作取得明显成效，党员先锋模范作用得到进一步发挥。

郑州宇通集团财务有限公司

【集团概况】郑州宇通集团有限公司（以下简称“集团”）是以客车、卡车为主业的大型商用车集团，产品覆盖客车、卡车、专用车辆、环卫设备及服务、工程机械等。集团2023年销售各类商用车45378辆，营业额为362.3亿元，新能源稳居行业第一梯队，历经30年发展，累计销售新能源商用车超过19万辆，已成为全球规模最大的客车企业和新能源商用车企业。

【经营概况】2023年，郑州宇通集团财务有限公司（以下简称“公司”）管理质效稳步提升，各项业务稳健发展。截至2023年末，公司资产规模58.73亿元，贷款余额38.17亿元，2023年实现营业收入0.99亿元，净利润0.70亿元。公司各项监管指标均符合监管要求，整体风险水平低，资产质量优良。

【服务实体】2023年，公司持续为集团各成员单位提供高标准金融服务，满足成员单位融资需求，优化投放结构，降低成员单位资金成本。2023年，公司内部贷款日均规模32.92亿元，较2022年提高4.92亿元，有效满足了成员单位内部贷款需求。同时，持续加大保函推广力度，累计为成员单位开具投标保函、质量保函、履约保函等共计96笔，金额1.42亿元。

【信贷业务】2023年，公司紧跟成员单位资金需求，提供最佳贷款方案，积极落实集团发展战略，促进集团主业健康发展。2023年，公司累计发放自营贷款40笔，放款金额42.54亿元。

【资金业务】2023年，公司采取多项措施，确保集团整体资金安全。一是继续优化资产配置，优先满足集团成员单位的资金需求；二是进一步强化头寸精细化管理，建立并完善资金日计划编制、监督及评价机制，建立日跟踪循环监控流程，保持合理的资金头寸；三是搭建集团资金结算平台，实现集团内上市公司拥有独立资金系统，提升银行账户直连及RPA比例，并通过系统互联，推动集团成员企业数字化转型。2023年承接155家成员单位付款结算业务，资金集中管理水平持续提升。

【投资业务】2023年，公司结合市场情况从严执行产品准入标准，完善投资业务全流程风险管理机制。同时加大与金融机构合作力度，新增同业存单业务，丰富投资产品种类，结合公司头寸择优配置。在保证公司充足流动性以及资金安全性的前提下，合理规划闲置资金，提高公司整体资金收益率。

【票据业务】公司积极为成员单位办理票据贴现业务，并给予优惠贴现利率，降低成员单位产业链交易成本。2023年，公司累计为成员单位办理贴现13笔，贴现金额2255.13万元。

【资金集中】2023年，公司持续提升成员企业服务能力，提供定制化头寸管理、资金服务，充分利用集团资金账户银企直连功能，提高服务效率；2023年月均资金集中度达到48.74%。

【风险管理和内部控制】2023年，公司通过风险清单梳理、风险排查、审计稽核等多种措施不断强化全面风险管理和内部控制效果。公司各部门针对不同的业务流程进行分类管理，共识别74项潜在风险点，内部控制第一道防线得以加强；风险部门日常开展的风险排查、举一反三等工作，及时识别过程中存在的问题，并进行整改纠偏，不断完善业务流程及管理机制，夯实内部控制第二道防线；审计部门作为内控管理的第三道防线，充分发挥审计监督作用，2023年共开展各类审计项目10项，对公司内部控制的有效性进行监督评价。

【人力资源管理】2023 年，公司以支持战略落地为目标，通过绩效考核的方式监控各项工作举措有效实施，并鼓励员工参加金融相关专业考试及内外部专业培训，同时加强队伍能力建设，扩充队伍力量，为公司全方位服务集团成员单位提供充足人力资源保障。

【信息化建设】2023 年，公司信息科技建设持续围绕监管报送优化升级和系统业务风险管控展开，实现了金融统计报送数据的自动化出具，进一步提升监管报送的准确性、及时性；完成了与新一代电票系统的对接，并持续增加银企直连服务功能，助力公司支持集团及成员单位资金业务水平提升。

【企业文化建设】公司党支部在 2023 年积极推进“树百双培”工作，在内部成立了先进帮带小组，激发党员冲锋在前、不断自我突破并带动周围员工专业能力提升和业绩达成，助力公司达成了良好的经营结果。公司内部持续推进“学习中华传统美德、争做优秀宇通人”主题活动，进一步强化中华传统美德在宇通全体干部员工中的全面传承与积极发扬，以实际行动践行党的二十大“增强文化自信，弘扬中华传统美德，推动明大德、守公德、严私德，提高人民道德水准和文明素养”的要求。

中车财务有限公司

【集团概况】中国中车集团有限公司（以下简称“集团”）历史悠久，最早的企业成立于 1881 年，是世界轨道交通装备龙头企业，拥有全球最大的电力机车、高速动车组、大功率内燃机车、铁路客车、铁路货车、城轨地铁车辆研发制造基地，产品出口全球六大洲近百个国家和地区，在国内外市场份额均占首位。“十四五”以来，集团在高质量发展、改革三年行动、科技自立自强、产业创新布局、打造国家名片、创建一流企业、学党史悟思想各领域实现提质跃升，完成稳增长的使命责任。截至 2023 年末，集团员工近 17 万人，资产总额 5482 亿元，品牌价值达 1341 亿元，位列国内机械设备制造行业第一名，成为中国向世界展示发展成就的重要名片。

【经营概况】2023 年，中车财务有限公司（以下简称“公司”）坚持稳中求进工作总基调，强机制、抓落实，深入开展提质增效，改革三年行动高质量收官，改革深化提升行动高水平谋划，法人治理建设高标准推进，切实稳住了公司经营发展基本局面。2023 年，公司累计实现营业收入 71098 万元，完成年度预算指标 60000 万元的 118.5%，考核口径净利润达成集团下达的 T3 指标（33000 万元）。各项重点及专项工作圆满收官。各项监管指标全面达标。

【司库建设】2023 年，公司在一期系统运行基础上加快推进多银行平台和超级网银直连银行覆盖范围建设，累计拓展多银行直连监控通道 21 家，超级网银新增 11 家银行历史余额查询。同时开展供应链金融、担保管理、金融总额度等模块建设，累计实现 32 家银行资金交易可视，账户可视化率达 95% 以上，获得国资央企司库中期验收“优秀”评价，并全面落实各业务系统功能建设和 7 种业务单据移动审批功能。

【信贷业务】2023 年，公司及时优化调整信贷政策，全年累计走访成员企业 20 余家，新拓展 12 家二级及以下成员企业，最大限度确保信贷规模稳中有升，自营贷款日均规模 181 亿元。4 月 22 日，新一代票据业务系统投产运行，集团“票据池”建设落地实施，实现票据全生命周期的线上管理以及票据的可视监控和兑付预警等功能。全年发放“绿色贷”1.88 亿元，累计发放 20.20 亿元。持续开展降两金、降负债工作，协助集团公司完成 14 亿元应收账款出表。

【资金业务】2023 年，公司推进管理协同，充分发挥辅助集团资金管理职能，积极高效配置资金，全年日均存放同业活期资金 61.90 亿元，日均备付率 22.63%，年日均流动性比例 54.45%，日均拆入规模 7.58 亿元，平均利率 1.80%。同业业务管理持续加强，开展 27 家同业授信，全年同业资金收益 22145 万元，本币生息资产收益率达 2.26%。年末锁定长期高利率资产规模 60 亿元。全年就深化货币基金投资业务、提高存款利率、降低拆借成本、集团司库体系建设等方面与同业积极交流沟通。

【外汇业务】2023 年，公司累计实现外币资金业务净收入 3886.18 万元，累计实现结售汇业务规模 36.58 亿元。年末时点各项外币存款折人民币合计 18.18 亿元，年日均存款 17.62 亿元，可归集口径外币资金归集率超过 90%。全年开展存放同业定期业务 96 笔，实现外币资金同业收入 4353 万元。跨境资金集中运营创新突破，全年开展集中收付汇业务 34 笔，累计交易金额折人民币 1890 万元。境外放款 19 笔，累计金额 11357.13 万美元。实现人民币跨境支付系统（CIPS）完成首笔境外放款。实现 27 家一级企业推广上线，同时开展金融衍生业务线上化管理，开展外币银企直连建设。

【资金集中】2023 年，公司首次突破性解决中外合资企业司库统筹管理的历史问题，青岛四方 AST 公司、浦镇公司 PAST 公司顺利完成了银行账户可视及资金集中的阶段性目标。2023 年末，人民币日均吸收存款规模 269 亿元，增幅为 6.32%。公司全口径资金集中度（财协口径）56%，同比提升 2%，境内可归集口径资金集中度 97%，同比提升 14%。境内集中结算率 94%，结算收支比 5 倍，累计结算金额 2.48 万亿元，累计结算笔数 55 万笔。资金监控不断优化，资金合规风险监测不断改进。

【风险管理和内部控制】公司建立健全“一个基础，三道防线”全面风险管理框架，扎实履行监督、评价、服务、提升四大职能。2023 年，公司全面落实法治建设第一责任人职责，设立总法律顾问、首席合规官。开展重大风险全面排查，发挥监督职能，开展内部审计、经济责任审计和责任追究。重新梳理内控流程，升级内控评价方案，完成年度内部控制自我评估、检查计划及实施方案。建立“大监督”体系常态化工作机制，探索信息化、智能化“大监督”体系建设。

【人力资源管理】2023 年，公司人才队伍建设扎实推进，结合公司业态调整，完成干部竞争上岗，后备干部补充选拔，实施员工岗位交流，制订青年员工培养计划，开展“员工讲堂”，全面推进各类人才队伍建设及结构优化，提升员工综合能力。优化季度绩效考核机制，同时深化推进“两定两优”工作和用工结构调整。2023 年，公司 4 名青年骨干轮岗交流，5 名员工通过中层干部竞聘获提拔，6 人被聘为中车核心人才，14 名业务骨干获评技能等级评定。

【企业文化建设】2023 年，公司持续开展企业文化核心理念升级工作。深化劳动竞赛和群众性经济技术创新活动，完成 3 项劳动竞赛项目。升级“妈咪小屋”便利女职工，解决公租房申请等，开展巾帼行动、拓展训练等活动，丰富员工生活。成立青年工作委员会，健全青年工作体系，创建青年突击队，青年力量充分发挥。2023 年，公司上缴帮扶资金 47.76 万元。同时，紧扣“引领突破”和高质量发展主线，推动党建与经营深度融合。形成“一企业一品牌 一支部一特色”成果材料，建立党建品牌谱系，以党建品牌引领支部开展立项攻关活动；优化党支部组织架构，由原来 3 个党支部调整设置为 5 个党支部。

Z

中储粮集团财务有限公司

【集团概况】中国储备粮管理集团有限公司（以下简称“集团”）受国务院委托，具体负责中央储备粮棉油的经营管理，同时接受国家委托执行粮油购销调存等调控任务，在国家宏观调控和监督管理下，实行自主经营、自负盈亏。2023年，集团坚持用习近平新时代中国特色社会主义思想凝心聚魂，持续深化粮食购销领域腐败问题专项整治，认真贯彻落实党中央巡视整改要求，加快推进储备保障能力建设，高效服务粮食调控任务，以高质量发展服务保障粮食安全，为经济社会稳定发展作出了新贡献。

【经营概况】中储粮集团财务有限公司（以下简称“公司”）在集团党组的坚强领导下，扎实开展学习贯彻习近平新时代中国特色社会主义思想主题教育，牢牢把握新时代中储粮工作“四个坚持”新要求，紧紧围绕财务公司“四个平台”功能定位，坚持政治引领、稳健经营、创新发展，积极赋予资金管理“盯得住、管得牢、用得好”金融价值新内涵，持续为中储粮“二次创业”注入金融服务新动能。

【服务实体】银团贷款和代理询价实现“新突破”，探索大批量建仓融资新渠道，开展多个建仓项目分区域“打包”的银团贷款“多对多”新模式，支持建仓超过300万吨；量身定制信贷“新产品”，开发“玉米转储贷”产品，做好玉米转储轮入信贷资金支持，积极支持集团重点业务发展；拓展数币支付结算“新区域”，深入人民银行数币试点地区的成员单位，积极宣传数币结算优点，发挥数字金融、科技金融服务实体的能动作用，实现了人民银行试点地区成员单位全覆盖。

【信贷业务】公司信贷业务立足集团、服务集团，统筹安全与发展，规范信贷经营。公司充分发挥资金融通和资源配置的作用，提升金融服务质量，降低集团整体融资成本，全力满足集团重点项目和重点业务信贷资金需求，以“资金安全”服务保障“粮食安全”，2023年，公司为116家成员单位办理评级授信，贷款余额69.39亿元。

【业务创新】公司克服海关业务模式变化带来的影响，积极申请办理进口关增税保函许可，于8月获得业务资质，丰富了金融服务工具箱，为粮油进口业务储备了便利通关服务；公司于5月获得全国银行间同业拆借中心批复的同业拆借资质，之后成功获得银行及其他财务公司的同业授信，丰富了公司的流动性管理手段。

【风险管理和内部控制】加强各类业务的前期研究，深入分析业务合规要求和风险要点，在业务设计阶段就将风控措施融入对应流程，做到关口前移、事前防范，进一步提升风险管控效能；持续推进合规管理体系建设，持续完善资产风险分类、合规管理、授权管理等制度，促进合规管理与业务工作深度融合，实现公司制度、各类合同、重要业务百分之百合规审核，切实发挥风险防范作用；以风险指标为抓手，优化系统监测预警，实现风险早识别、早预警、早发现，确保公司资本充足、流动性充裕、无不良资产，各项风险指标均满足监管要求。

【人力资源管理】坚持新时期好干部标准，加快选拔培养使用优秀年轻干部，进一步优化干部队伍年龄结构和专业结构，注重年轻员工的政治培养；扎实推进“青年员工培养计划”，积极融入集团“上挂下派”，为青年员工成长成才打通渠道；制定出台员工“双通道”相关制度，加强专业技术和技能人才培养，不断激发各类人才创新创造活力。

【信息化建设】做好核心业务系统优化升级、电子档案系统、投资管理系统、新银企直连平台如期上线运行，为公司各项业务提供了新的管理手段；做好现有信息系统的运行维护工作，按照业务部门需求，持续提升系统的安全性、稳定性、功能性、易用性，助力业务部门提升工作质效；做好网络安全保障工作，常态化开展网络安全情况监控，积极谋划、周密部署网络安全重保工作，切实保障公司网络安全。

中船财务有限责任公司

【集团概况】中船财务有限责任公司（以下简称“公司”）母公司为中国船舶集团有限公司（以下简称“集团”），2023年在以习近平同志为核心的党中央坚强领导下，集团坚决贯彻落实党中央决策部署，深入开展主题教育，全面、准确、完整学习贯彻习近平总书记重要指示批示精神，深刻把握新时代新征程中国船舶集团的初心使命方位，确立“三赢”理念，强化价值创造，国产首艘大型邮轮完工交付并成功摘取造船业“三颗明珠”，新接订单、完工交船、手持订单全球市场份额稳居世界第一。

【经营概况】2023年，公司以习近平新时代中国特色社会主义思想为指导，全面贯彻落实党的二十大和二十届二中全会、中央经济工作会议、二十届中央纪委三次全会精神，深刻把握金融工作的政治性、人民性，聚焦“稳增长、促转型”目标，坚守功能定位，金融服务规模、综合贡献度和价值创造力持续提升，一流司库型财务公司建设取得新的重要进展。截至2023年12月末，公司资产总额2534.47亿元，同比增长10.57%，日均吸收存款同比增长15.11%，全口径资金集中度同比提高3.2个百分点，各项指标均符合监管要求。

【服务实体】公司把“三赢”理念体现到服务集团主业全过程，落实到服务产业发展、提升价值创造的实践中，结算金额和笔数分别同比增长21%、95%，CIPS跨境人民币支付同比增长316%，跨境资金流量同比增长43%，均创历史新高，全年服务集团让利实体18亿元。服务集团产业发展，创新设计“专新贷”“订易融”“暖企贷”等特色信贷产品，全年支持科技创新、专精特新企业、集团绿色产业的贷款投放同比增长22%。服务集团国际化经营，行业首创“升级版”跨境跨币种掉期融资通，降低企业融资成本2%，为企业节省利息支出1.4亿元，此金融服务创新荣获上海金融创新奖三等奖。

【司库建设】司库体系按时建成见效，实现境内账户可视率98%，境外账户可视率93%，结算集中度96%，按国资委要求基本建成“智能友好、穿透可视、功能强大、安全可靠”的司库系统，实现所有子企业银行账户可视、资金流动可溯、归集资金可控。公司协助集团设立境外财资中心，实现集团境外账户和资金可视、可控、可归集，全面提升集团全球资金风险管控水平。强化资金风险防控能力，打造涵盖融资性贸易、虚假交易、超额担保、挂靠经营、佣金异常、“两金”压降等重点风险领域监测预警体系，维护集团产业链资金安全。

【价值创造】公司厚植“三赢”理念，深化全面预算管理，以滚动预算管理为抓手，做到事前预算、事中控制、事后监督，确保全年预算执行动态可控。强化资金精益管理，在确保流动性和安全性的前提下，持续优化同业配置、拓展合作渠道和精耕存单交易，最大限度提高资金创效水平。优化投资组合配置，在严控风险基础上，统筹稳定增值类和弹性增强类投资配置，抓住债券配置和交易机会，通过细分品种挖掘、波段交易和骑乘策略等方式提高投资收益。

【改革发展】 公司全面贯彻落实国资委、监管机构对财务公司发展要求，开展对标一流企业价值创造行动，制订对标一流企业价值创造行动实施方案和工作清单，开展公司“十四五”规划中期调整并同步分解落实，制定《司库体系建设中长期发展规划》，明确建设目标和重点任务，为公司改革转型发展领航定向。深化三项制度改革，制定《2023—2025 年三项制度改革方案》，推进绩效薪酬体系改革，落实全员绩效考核结果强制分布，健全管理人员末位调整与不胜任退出机制，管理人员退出比例 6.25%，员工市场化退出比例 3.2%，全员劳动生产率同比提高 16%。

【公司治理】 公司坚持“两个一以贯之”，推动党的领导更好地融入公司治理各环节，优化调整公司股权结构，完善总分公司一体化管理模式，健全总分公司授权体系，确保总分公司稳定高效运行。落实董事会职权，高质量完成《落实董事会职权工作方案》全部任务，全年围绕司库转型、金融资源优化等领域，扎实推进 81 项重大决策，实现经理层向董事会履职报告全覆盖，公司董监事会在集团年度考核获得“双优秀”，《国有企业集团财务公司特色公司治理体系的构建与实施》获评集团管理创新标杆项目。

【风险合规】 公司严格落实监管要求，按照新版《企业集团财务公司管理办法》的规定，完成产业链金融、权益类投资、委托投资等全部不符合监管要求的存量业务清理，平稳转让保险经纪公司股权，实现华融金租股权北交所挂牌，确保业务平稳过渡。深化矩阵式风险管理，突出法律合规前置审查，设立首席合规官，加强合规员队伍建设，强化合规承诺、政策解读和制度宣贯，严格落实经济合同、规章制度、重要决策法律审查 3 个 100%。坚持内审监督无死角，持续推进内控信息化深度融合，实现主营业务和关键领域审计全覆盖。

【党建工作】 公司打造“一体两融、三纵三横”金融特色党建融合品牌，明确党建与中心工作的融合路径。聚焦司库建设运营、转型发展，设立 4 支“党员突击队”，创建 20 个“党员先锋岗”，攻坚 5 项“揭榜挂帅”，开展核心专业取证行动，推动党建与中心工作在创新中提质、在务实中增效。开展“一支部一特色”争创活动，打造支部融合品牌“京融护航 e + 人”“E 流财审，融汇聚鑫”等，构建具有财务公司特色的品牌阵地。坚持党管干部、党管人才，加强年轻干部选拔任用，推动职业发展双通道建设，完善干部人才选拔任用机制。

中广核财务有限责任公司

【集团概况】 中广核集团有限公司（以下简称“集团”）起步于大亚湾核电站建设，40 多年来积极落实国家战略要求，加快建设以核能为特色的世界一流清洁能源集团。目前已形成核能、核燃料、新能源、非动力核技术应用、数字化、科技型环保和产业金融等“6 + 1”产业布局，拥有 2 个内地上市平台及 3 个香港上市平台，直属管理公司 25 家，目前在运在建装机规模超过一亿千瓦，资产总额超过万亿元。2023 年，集团实现上网电量超过 3300 亿度，营业收入 1514 亿元，净利润 218 亿元；经营业绩在国务院国资委考核中连续十年为 A，综合效益稳居央企前列。

【经营概况】 中广核财务有限责任公司（以下简称“公司”）积极应对复杂的市场形势，加强分析研判，稳步推进年度各项经营发展工作，取得了积极成效，较好完成了全年经营业绩考核目标，获评集团组织绩效考核“四星”企业，2023 年实现利润总额 4.1 亿元。

【服务实体】2023 年，公司充分发挥持牌金融机构专业能力和平台优势，紧贴产业需求，拓展渠道，为各产业提供资金保障超过 1900 亿元。宁德二期、南疆新能源、德令哈光伏、惠州海风等境内重点项目融资保障平稳落地，埃德拉、欧能 Power house、韩国大山二期等境外重大新能源项目资金保障方案顺利实施，以强有力金融服务助推集团各产业发展。

【信贷业务】2023 年，公司策略应对国内外金融市场挑战，集团融资成本再创历史新低。在集团财资部指导下，采用联合贷款模式为陆丰核电提供 450 亿元融资金额，超额覆盖项目需求约 28%，创造谈判短（5 个月）、条件优（期限 30 年，利率 2.95%）等多项集团内核电项目新纪录。首次通过跨境资金联动，采用货币掉期锁定未来利率及汇率风险敞口，创新助力铀业金雕并购项目。积极推进能源国际与南网按股比提供担保增信，为埃德拉长期贷款再融资争取最优条件。面对外部环境更趋严峻复杂，境内外货币政策明显分化，公司果断调整债务融资成本压降策略，通过优化债务结构、利率重组、贷款置换和货币掉期置换贷款等方式，合计优化集团存量债务 2524 亿元，2023 年为集团节约财务费用 5 亿元，全寿期节约财务费用 73 亿元。通过金融优惠政策工具，加大金融机构互动，确保集团新增债务获取市场最优价格，集团全口径平均债务融资成本连续 4 年呈下降趋势，达 3.53%。

【资金业务】2023 年，公司提升数字化结算能力保障集团资金安全，账户直连率再创新高。全年代理产业公司安全、高效结算约 87.7 万笔，金额 3.1 万亿元人民币，节约财务费用 2956 余万元。监督 245 个未直连账户“一户一策”方案落实，集团全口径资金集中度达 90.63%，处于行业领先水平。

【外汇业务】2023 年，公司抓住市场有利交易机会，协助金牛公司、中广核国际完成 97 亿元衍生品合约平盘，实现财务成本节省超过 4 亿元；针对成员企业不同特点制订差异化衍生品交易预案，累计完成约 138 亿元等值人民币套期保值交易，成交价格大幅优于各单位委托目标，为成员企业节省财务成本约 5.3 亿元。

【业务创新】2023 年，公司创新运用金融工具及渠道压降资金成本，在全年资金保障全覆盖的同时，有效应对境外超预期加息影响，通过压降海外项目财务费用为集团贡献利润超过 8.5 亿元，创新发行集团首笔 20 亿元熊猫债的同时拓展新增跨境直贷等融资渠道，“组合拳”推动集团全口径平均债务融资成本实现五连降，创 3.53% 的历史新低，全年为集团贡献利润近 17.3 亿元。

【风险管理和内部控制】2023 年度，公司筑牢全面风险管理防线，连续七年获得银保监部门最高评级。风险质量管理体系持续有效运作，监管指标合规，连续七年获评深圳唯一 1B 评级财务公司。

【人力资源管理】2023 年，公司深入推进“三能”改革，系统制定《干部人才队伍高质量发展实施方案》，全年中层干部公开竞聘比例达 62.6%，40 岁及以下干部比例累计达 45.17%；高级技术岗位公开竞聘比例 33.3%。优化岗位职级体系，增设高级技术专业岗位，畅通技术岗位人员上升通道。全面开展新入职大学生岗前系列培训、中层干部领导力提升培训、高潜管理人才库建设和培养，人才培训更加系统化。

【信息化建设】2023 年，公司具有中广核特色的智能前瞻、行业领先的智慧司库系统顺利上线，打造 6 大主题大屏驾驶舱、25 个专题、300 余个指标、88 个风险监控模型，集成内外部系统和社会化数据，首次实现全集团银行账户全覆盖穿透式管理、超级网银建设、票据功能上线、资金全业务在线一站式全流程办理、业务数据 100% 采集及华为云部署，做到实时监控、自动预警，实现对资金等金融资源“看得见、管得住、调得动、用得好”。集团司库体系建设在国资委中期验收中获得“优秀”评价，在 98 家央企中排名第 8 位。

中国大唐集团财务有限公司

【集团概况】 中国大唐集团有限公司（以下简称“集团”）成立于2002年12月29日，是中央直接管理的国有特大型能源企业，注册资本370亿元，主要业务覆盖电力、煤炭、金融、海外、煤化工、能源服务6大板块。所属企业包括5家上市公司、36家区域公司和专业公司。集团积极践行“四个革命、一个合作”能源安全新战略，认真履行能源央企经济责任、政治责任、社会责任。

【经营概况】 2023年，中国大唐集团财务有限公司（以下简称“公司”）深入贯彻落实党的二十大精神，扎实开展学习贯彻习近平新时代中国特色社会主义思想主题教育，牢牢把握高质量发展主题，认真落实党中央、国务院各项决策部署和集团公司各项工作要求，围绕集团公司“打造世界一流能源供应商”发展愿景，狠抓对标、管理、服务“三提升”，团结和带领广大干部职工通力协作、砥砺奋进，持续建强“旗帜领航、金融登高”党建品牌，扎实推进国企改革深化提升行动，切实发挥信息科技创新驱动作用，有效把握创效与服务、创效与风险的平衡，推动资金运用效率、价值创造能力、金融服务质量、改革攻坚效能、经营治理水平和党建引领能力再上新台阶，高质量发展焕发强大生机活力。2023年，公司实现营业总收入12.84亿元，利润总额7.09亿元，年末资产总额472.59亿元，净资产85.15亿元，净资产收益率2.62%。

【服务实体】 公司全面强化能源保供和绿色低碳转型发展资金支持。2023年，公司自营贷款加权平均利率较上年下降34个百分点，助力成员单位提质增效。持续加大“大唐电票”宣传推广，累计为成员单位提供“大唐财票”“大唐商票”等电票服务15.12亿元，进一步减少带息负债占用。为成员单位提供全面周到的资金结算服务，受理支付指令类型包括对公对私、批量单笔。2023年全年累计结算资金量3.10万亿元，结算笔数61.41万笔，同比增长7.14%，处理对私支付200.32万笔。网银对接共享、财企直连运行，实现财务系统与资金系统的一体化运行，审批、支付信息在线传输，资金证明线上申请，始终保持全集团支付结算业务安全、稳定。资金归集实现直连账户、非直连账户和外部账户的多元途径，入账迅速，资金调度高效灵活。坚持首问负责制，推动终端服务闭环管理，充分利用信息技术，丰富、创新线上服务内容，为客户提供便捷、高效的结算服务，及时解决客户急难愁盼问题，提升客户业务办理体验。

【信贷业务】 2023年，公司累计向151家成员单位发放贷款791笔，累计金额945.85亿元。紧盯客户需求、加强主动营销，日均信贷规模达到304.13亿元，同比增加21.04亿元，更好服务实体经济发展。1～12月累计投放绿色贷款246亿元，同比增加31亿元，累计投放能源保供贷款479.89亿元，占全部贷款投放金额的50.74%。一名职工荣获2023年人民银行年度征信系统数据质量优秀个人。

【资金业务】 持续加强同业沟通合作，不断提高资金运用效率和效益。2023年公司新增同业授信54亿元，开展逆回购业务日均12.7亿元，开展货币基金业务日均8.97亿元。

【投资业务】 2023年，公司加强市场调研和同业交流，有价证券投资日均规模19.09亿元，克服股票大幅下跌影响，实现投资业务账面正收益18.07万元。

【票据业务】 积极服务成员单位，2023年公司共办理票据承兑5.74亿元，贴现8.03亿元，正逆回购330.58亿元，签发商票9.38亿元，票据业务总规模达到353.73亿元。

【外汇业务】落实各项外汇管理政策，支持集团国际贸易开展。密切关注市场，为成员单位提供最优惠的价格，以优惠价格办理代客结售汇业务，为成员单位节约财务费用。配合跨境资金池业务开展，为成员单位办理美元及跨境人民币境外放款业务，便利成员单位跨境资金融通和调度，助力集团境外业务发展。

【资金集中】2023年公司日均存款396.09亿元，全口径资金集中度94.77%，可归集资金集中度保持在99%以上。

【业务创新】公司参与拟定集团绿色金融规划，提供绿色信贷融资支持，支持集团绿色转型发展。

【风险管理和内部控制】持续加强公司治理，强化内控、风险、合规管理。认真落实新《企业集团财务公司管理办法》，根据落实方案，对各项工作有序推进，保障公司依法合规经营。实现制度清单式动态管理，2023年，公司共修订制度11项，新建制度8项，截至2023年12月末，审批公司现行制度合计227项。强化日常指标监测，加强风险防控。全年召开贷审会19次，审批项目117个，累计授信金额325.23亿元。公司持续以实现“强内控、防风险、促合规”为管控目标，形成全面、全员、全过程、全体系的风险防控机制，以风险管理促进公司管理效率和经营效益持续提升，加快实现公司高质量发展。2023年，公司成功申报商业信用中心第四届优秀诚信企业案例《构建诚信合规经营体系　打造世界一流能源供应商》，公司党委书记、总经理曹军荣获“企业诚信建设突出贡献人物”。

【人力资源管理】公司拟订发布国企改革提升行动实施方案和工作台账，根据任期制、契约化管理组织完成经理层年度责任书签署，加强董事会对经理层薪酬分配权力落实和监事会对薪酬分配工作监督。深化全员绩效考核和两个合同管理，持续做好“两个合同”管理工作，完善绩效考核体系，开展攻坚任务和对标指标考核。深入实施集团公司人才强企工程，健全公司人才发展体制机制，制订专业职务序列评聘方案，全面推行“师带徒”人才精准培养工作，拓宽新员工教育培训途径，持续激发公司人才队伍活力。2023年组织内外训共计67次，全年参训833人次，受训率100%，职工队伍素质和业务能力持续提高。

【信息化建设】公司全面建设RPA机器人三期项目，完成267个非直连银行账户实时监控，账户直连比超过83%，圆满完成攻坚任务。完成新一代票据系统建设，完成大唐网银UI升级，系统对公支付效率全面提升。积极探索数字化创新，利用人工智能大模型探索应用到反洗钱场景；打造大唐网银零信任安全体系，全面推广数据可视化与“挂图作战”模式卓越管理，通过数据安全治理实现数据分级分类，开展业务连续性提升工程，形成业务连续性管理计划和指标；推进数字化转型落地，高效推进完成信息化建设项目18个。“资金管理信息系统（RPA人工智能）密码应用建设方案”获得工业和信息化部及国家密码局表彰，两地三中心灾备体系获得应急管理部安全生产委员会科技进步二等奖，RPA机器人国资委管理标杆项目获得副部级及行业评奖7项，申请发明专利一项，新增4项国家级软件著作权。

【企业文化建设】2023年，公司持续学习贯彻党的二十大精神和习近平总书记重要指示批示精神，坚持用党的创新理论武装头脑，引领公司创新发展。以“三进四融三提一创”学习机制为抓手，深入推进主题教育见实效，与集团财务部（党支部）赴平西情报站开展“传承红色基因、凝聚奋进力量”联学联建。坚持严的主基调，持之以恒落实中央八项规定及其实施细则精神，驰而不息治“四风”、树新风，保持公司风清气正的良好发展氛围。坚持以人民为中心思想，积极推进幸福大唐建设，开展职工思想动态调查，做好意识形态建设，引导干部职工增信心、强作风、求突破、抓落实。认真落实职工提案，切实推进民生“六最”工程建设，有力保障职工生命健康安全，职工群众幸福感和满意度不断提升。扎实推进党建提升工程，强化宣传工作成效，89 篇宣传稿件或理论文章在大唐集团公司网站、中电传媒、财协网站等外部媒体刊发，再创历史新高。荣获大唐工人先锋号、巾帼建功标兵等集体和个人荣誉 44 项。坚持党建引领不动摇，聚焦核心功能发挥，强化价值贡献和风险防控基础支撑，深入推进功能型、效益型、司库型、合规型、卓越型一流财务公司建设。

中国电建集团财务有限责任公司

【集团概况】中国电建集团财务有限责任公司（以下简称“公司”）隶属于中国电力建设集团有限公司（以下简称“集团”），2023 年，集团在《财富》世界 500 强跃居第 105 位，在 ENR 全球工程设计公司 150 强中排名保持第 1 位，在 ENR 全球承包商 250 强和国际承包商 250 强排名中分别位列第 6 位、第 8 位。

【经营概况】2023 年，公司聚焦集团战略和发展目标，坚守“立足集团、服务集团”初心使命，着力打造集团“资金归集、资金结算、资金监控和金融服务”四大平台功能。公司在确保满足监管要求、符合现代金融发展趋势和行业发展规律的基础上，压实集团司库执行主体责任，致力于打造司库型、数智化、行业一流的财务公司。截至 2023 年末，公司资产总额达 560 亿元，吸收存款余额 494 亿元，各项贷款余额 295 亿元；实现收入 15.47 亿元，利润总额 4.93 亿元，同比增长 14.65%；各项监管指标运行良好，连续五年获评纳税信用等级 A 级企业。

【服务实体】一是实现公司核心业务系统与集团“实名制平台”的有效衔接，助力集团优化农民工实名制管理及农民工工资“零拖欠”，2023 年开展农民工工资代发 3.36 万笔，总金额 2.76 亿元。二是打造专项低息资金池，用于向成员企业发放“绿色贷”“订单贷”“灾后重建贷”，充分履行社会责任，破解融资难题。

【信贷服务】2023 年，以优质金融资源赋能实体经济，累计发放各项贷款 730.73 亿元、日均贷款规模突破 358 亿元，均为历史最高水平。发挥中间业务为主业发展畅通金融渠道作用，全面办理承兑业务 45.55 亿元、非融资性保函业务 271.95 亿元、委托贷款业务 10.22 亿元，通过中间业务释放保证金占用约 31.47 亿元。

【资金业务】公司现已形成包含同业业务、投资业务及票据资产运营业务在内的资金运作体系。利用同业拆借、卖出回购等工具融入短期资金及时、精准补充流动性，通过存放同业、同业存单配置、买入返售、基金及债券投资等渠道灵活、高效配置盈余资金。2023 年，累计开展资金运作业务 814 笔，金额合计 6612 亿元，创造收入 4.33 亿元。

【投资业务】公司现已形成集年度计划、季度计划、项目方案和交易执行为一体的全流程、多层次投资决策审批管理体系。针对基金类投资产品，科学划定候选基金池，根据公司资金管理需要与基金实时情况择优进行交易。针对债券类产品，运用波段操作方式获取债券利息及价差，为公司拓展优质的外源性收入获取渠道。2023 年，累计开展投资业务 33 笔，金额合计 73 亿元，创造收入 0.34 亿元。

【票据业务】2023 年，公司全面上线新一代票据业务系统，成功实现票据等分化拆分全生命周期业务办理。推出票据资产盘活专用工具“票融宝”，商业承兑汇票贴现产品“商票通”，有效提升成员企业存量票据资产使用效率。创造性开展“直贴 + 转贴”业务模式，实现票据资源与信贷资金的高效利用。票据账户主动管理开立专项工作已覆盖集团794户成员企业，累计办理票据账户2975个。

【外汇业务】 2023年，公司正式成立国际业务部，新增或修订各类国际业务制度办法近30项。结售汇业务交易金额突破34亿元人民币，外债及境外放款交易金额超过前三年累计交易量合计，外汇业务创收较同期增长276%。公司首次开展售汇业务，发放首笔外汇贷款，外债及境外放款客户数量为上年同期的1.6倍，结售汇客户较上年增长61%，本外币一体化资金池累计入池企业数量较上年末增长13%，国际业务客户金融满意度全年保持满分。

【资金集中】 一是公司持续推进内部账户开立和银企、财企直连工作。二是公司积极开展全员营销，前往集团在京、沪、鄂、鲁、辽、川、闽等单位实地开展结算产品营销宣传，深入落实"结算促集中"。三是公司发挥金融牌照优势，推动受限资金释放工作，推动公司吸收存款日均值和月度最低值稳中有升。

【业务创新】 一是公司落地新系统上线后首笔美元国内外汇贷款，有效拓宽公司外汇资金运用渠道。二是正式上线法人账户透支业务，"一次定额，按需提支；随借随还，额度可循环"。三是创新推出"超短贷""循环贷"，给予成员企业贷款额度、期限的灵活配置，为集团整体优化税务规划。四是成功入选集团债券发行服务机构备选库，承担成员企业债券发行咨询顾问。

【风险管理和内部控制】 公司始终将依法合规挺在前面，保障法律合规审核融入业务链条，确保法律意见得以有效落地。系统梳理公司现有业务制度，重点开展金融业务"全在线"办理和"内控优化"需求情况的梳理，完善形成"制度—流程—系统—业务"完整管理链条，共计完成103项业务流程图，创新开展岗位职责、流程管控、风险点识别3张清单，融合纪委大监督内容，形成公司4张清单。提出优化制度和流程29项（条），并完成了相应制度流程修订。

【人力资源管理】 2023年，公司选拔使用干部4人次，新引进职工10人。职工队伍平均年龄37.53岁，研究生及以上学历人员占比60%，具有高级职称及以上人员占比41.33%。一体修订薪酬、考核、岗级晋升、表彰奖励等办法，完善"三能"体制机制，党委管理干部竞争上岗率100%。编制"三定"方案及岗位说明书，实施"以能力素质提升促服务改善"活动，公司1人入选财政部高层次财会人才素质提升工程，4人获评正高级职称，10人次获评电建集团最美会计师、全国银行间市场"债券之星"、财协优秀通讯员等荣誉称号。

【信息化建设】 公司紧跟集团"数字电建"步伐，编制印发公司《中长期数智化建设规划》。重点聚焦公司"五大中心"建设，完成新一代票据业务系统、集票宝系统、境外财资中心信息系统、公司级账户可视化平台4个大型信息系统建设。实现核心业务系统与集团和公司的财务共享中心、新一代票据业务系统、公司级账户可视化平台的系统间集成对接。

【企业文化建设】 公司秉承"责任、创新、诚信、共赢"的价值观，打造良好的公司品牌形象和企业文化。一是履行社会责任，2023年，首次荣获中国金融年度品牌大赛普惠金融奖，第四次获"中国金融机构金牌榜·金龙奖"之"年度最具创新力财务公司"称号。二是打造服务文化，搭建"四位一体"金融服务体系，"四位一体"服务体系获评行业党建品牌创新成果一等奖。三是开展党课、阅读赛、献血、文艺汇演、欢乐跑、演讲展演"七个一"系列活动庆祝党的生日，打造公司"运动特长"名片，提升员工凝聚力和集体归属感。

中国电力财务有限公司

【集团概况】 2023 年，国家电网公司（以下简称“集团”）坚持以习近平新时代中国特色社会主义思想为指导，认真贯彻党中央、国务院决策部署，完整准确全面贯彻新发展理念，坚持稳中求进工作总基调，坚持高质量发展主题，积极应对形势错综复杂、负荷屡创新高、灾害多发频发等挑战，着力保障电力供应、推动能源转型、防范化解风险，各项工作取得新的突出成绩。全年售电量 5.8 万亿千瓦时，同比增长 6.5%；营业收入 3.5 万亿元，同比增长 5.8%。位列《财富》世界 500 强第 3 位，连续 19 年获国资委业绩考核 A 级，连续 11 年获国际三大评级机构国家主权级信用评级，连续 8 年位列中国 500 最具价值品牌榜首。

【经营概况】 2023 年，中国电力财务有限公司（以下简称“公司”）坚定不移地学习贯彻习近平新时代中国特色社会主义思想，全面落实国家电网公司党组决策部署，抓服务、强管理，提质效、保安全，各项工作取得新进步。全年结算资金 1734 万笔，同比增长 15.2%，结算零差错；存款日均余额 3071 亿元，贷款日均余额 2451 亿元，服务主业质量满意度评价 100%，为国家电网公司落实“六稳”“六保”任务做好支撑保障，公司获得国家电网公司企业负责人年度业绩考核“A +”级，第十二次荣获“中国金融机构金牌榜——年度最佳财务公司”称号，荣获第二届（2023）国有企业深化改革实践成果特等奖。

【服务实体】 2023 年，公司始终把服务实体经济作为工作出发点和落脚点，坚持“依托集团、服务集团”，用“国网视角、客户视角”谋划工作，积极融入国家电网财务金融工作大局，支撑数智司库体系建设成果高标准、高质量通过国务院国资委中期验收，助力带息负债精益管控，得到了国家电网公司主要领导充分肯定。积极推广光伏对私批量支付功能，实现国网江苏电力全省推广应用，打通内部账户光伏对私批量支付通道，全年办理支付业务 375.88 万笔。持续拓展无纸化实践，上线工商银行、农业银行、光大银行、中信银行、中电财 5 家 OFD 版式电子单据。

【信贷业务】 2023 年，公司积极落实人民银行宏观调控政策，克服诸多不利因素，全力做好融资服务，重点围绕集团成员单位重大电网项目建设、保供电资金周转等融资需求，加大信贷业务支持，全年信贷投放规模 3740 亿元。抓好年度绿色信贷工作要点落地，为全面推进“双碳”工作提供绿色金融服务 91.26 亿元。

【资金业务】 2023 年，公司充分发挥金融职能，以专业的服务能力，围绕国家电网带息负债管控目标，形成精准测算、结构管理、融入调节等辅助管控手段，切实实现内部资金高效利用，助力国家电网带息负债增幅创四年新低。一是协助国家电网建立月末关键指标迭代优化管控机制，立足滚动测算，加强资金收支动态拟合，助力国家电网有效降低全年排程偏差率，为融资缺口精准测算打下坚实基础。二是优化存贷款期限结构，通过拓展定期存款，优化贷款投放期限结构，推动降低备付资金余额。

【投资业务】 2023 年，公司严格落实监管要求，坚守合规经营理念，严控投资业务范围和规模，投资品种严格限定于低风险固定收益类产品，全年实现投资收益 1.80 亿元，未产生不良资产。

【票据业务】 2023 年，公司积极推进票据系统建设，协助做好票据管理，全面提升票据风险监控能力。成功接入上海票据交易所“集票宝”，支撑国家电网公司搭建统一“票据池”。完成国家电网公司票据集中管理平台建设，以“总对总”银财直连模式与主要外部商业银行票据系统对接，为成员单位在线提供票据全生命周期管理服务，实现票据信息的全量采集、可视监控和风险预警。常态化运营“票融通”“商票通”，引入外部商业银行低成本资金，累计办理68亿元，切实提升票据服务质效。

【外汇业务】2023年，公司关注外汇政策变化，加强外汇业务研究，完成国际业务管理办法及结售汇、外汇交易、外汇存款业务制度修订，确保业务开展合规高效。主办完成外管跨境资金池国网公司对海投公司5亿元人民币境外放款，降低境外高息负债敞口，实现国网资金跨境优化配置。积极开展外汇存款业务，努力争取美元银行存款高利率，切实提高成员单位及公司外汇资金存放收益。

【资金集中】2023年，公司持续加强集团账户资金集中统一管理，不断加大资金归集力度，进一步提高可归集资金规模。整合电费归集与资金调度流程，研发上线“公司级电费自动归集”功能，推动电费收入资金总体实现自动归集、同步调度、实时集中，助力国家电网公司实现电费收入一体化归集和调度。

【业务创新】2023年，公司积极应对《企业集团财务公司管理办法》限制“一头在外”产业链业务影响，创新“电财承兑+买方付息银行贴现”票据业务新模式，2023年累计办理业务规模102亿元，平均贴现利率2.02%，最低票据贴现利率1.65%，较一年期LPR节省成本超过1亿元，形成集团票据支付压降带息负债、产业链客户及时足额获得电费收入、合作银行业务规模拓展多方创效的共赢新局面。

【风险管理和内部控制】2023年，公司坚持发展与安全并重，筑牢金融风险防线。全力抓好新监管办法落地实施，严格台账式管理，延伸产业链服务、非固定收益类有价证券等按时完成清理；严格按照监管新要求，对风委会议事规则、金融资产分类管理、新资本管理等风险管理工作进行全面规范。以监管评级工作为抓手，深入对标对表，建立改进提升工作措施，切实推动经营管理和风险防控水平提升。加强审计成果运用，建立巡视审计检查监督全问题库。组织开展重点领域风险事项排查、屡查屡犯问题整治、内控自评价、资金安全检查等多项治理工作，以查促控、发挥实效。

【公司治理】2023年，公司聚焦中国特色现代企业制度建设重点任务，坚持统筹推进，坚持合规高效，打造具有金融特色、形神兼备的公司治理体系。修订完善“三重一大”决策管理制度，滚动修订“三重一大”事项决策权责清单、党委前置研究讨论重大经营管理事项清单，进一步厘清不同治理主体职责界面，落实公司治理监管评估要求，积极制订、组织实施管理提升措施，持续推进公司治理体系合规高效运行。

【人力资源管理】2023年，公司在改革攻坚、队伍建设、考核引领等方面取得丰硕成果。深入推进三项制度改革，推进干部能上能下，选拔任用一大批忠诚干净担当的高素质干部人才，对不适宜担任现职的领导人员、职员进行调整，促进干部人才履职担当。拓宽人才成长选拔通道，选拔聘任首批专家人才20名。深化收入能增能减，有效调动干部员工积极性。全面完成宽带岗级工资制度推广实施，开展本部门绩效经理人绩效薪酬分配增能赋权试点，强化经营业绩考核及结果应用力度。

【信息化建设】2023年，公司积极支撑国家电网公司数智司库体系建设，深化“311”金融科技工程，强化技术攻关和业数融合，全面推进金融数智化转型。探索“科技+”赋能经营管理，“i电财”移动应用成功上线。全面推广智能报表，上线配置智能报表37组。上线应用人民银行大集中报送系统，实现金融统计报表全流程、标准化线上报送，有效减少一线人员工作量。深化管理驾驶舱建设，全面推进内外部各类数据入舱，建立综合、全面、便捷、直观的指标体系，为管理决策提供数据视图。落实数据主人制，强化数据全生命周期管理，提升各环节数据质量管理水平。

【企业文化建设】2023 年，公司以学习贯彻习近平新时代中国特色社会主义思想主题教育为主线，组织开展系列活动，取得实效。坚持“第一议题”制度，创新“述学用学、联学联建”机制，举办专题读书班，带动全体党员干部同步学习、同频交流。围绕提高金融服务能力，深入调研服务对象、基层一线、同业先进，建立“一站式接收、一揽子督导、全链条解决”调研成果转化机制，提出具体措施 212 条，为破解发展难题注入新动力。弘扬关心关爱员工的企业文化，深化“两有两找”活动，举办职工喜闻乐见系列活动，实施“五必贺、五必访”，协助西藏代表处建成“高原氧吧”。组织“我心目中的中国电财@2050”创新创意大赛，开展“担使命·建新功”青年创新创效行动，帮助青年员工坚定理想、拓展视野、提升素养。

中国电信集团财务有限公司

【集团概况】中国电信集团有限公司（以下简称“集团”）是按国家电信体制改革方案组建的特大型国有通信企业，为国务院国有资产监督管理委员会直接管理的中央企业。集团以让客户尽情享受信息新生活为企业使命，以全面创新、求真务实、以人为本、共创价值为核心价值观，以追求企业价值与客户价值共同成长为经营理念，以用户至上、用心服务为服务理念，致力于做世界级综合信息服务的提供商。

【经营概况】2023 年，中国电信集团财务有限公司（以下简称“公司”）全面落实《企业集团财务公司管理办法》新要求，深化“一基一翼、两集中三盾”工作体系，持续夯实公司账户基础功能，不断提升金融科技输出能力，做好票据集中、资金集中专业服务，筑牢管理、风控、监督“三盾”体系，进一步实现量的合理增长和质的有效提升。截至 2023 年末，公司吸收存款规模首次突破 600 亿元大关，资产规模达成立以来最高值。实现利润总额 3.03 亿元；全口径支付结算业务规模突破 7.2 万亿元。

【服务实体】2023 年，公司聚焦集团云改数转战略落地，提供优质金融产品。截至 2023 年末，公司贷款余额 302 亿元，其中为符合集团战略投资方向的科创及战新业务领域企业提供应急、高效、低成本的贷款近 60 亿元；发挥一点对接票交所平台优势，全年助力成员单位开具商业承兑汇票；公司发挥金融防风险专业作用，拓展资金池产品业务应用，助力成员企业实现对全级次账户的管控；大幅提升操作效率，进一步助力集团和成员单位提升账户监控能力，防范资金风险。

【资金集中】2023 年，公司紧盯存款和资金集中指标，维护和拓展存量客户资金集中规模，持续推动新设公司存款应集中尽集中，年末吸收成员企业存款 604 亿元，创公司成立以来新高，为公司高质量发展奠定基础。

【风险管理和内部控制】2023 年，公司强化合规经营，开展合规管理体系有效性评价，全面检视公司业务实际与各项管理制度、内控流程的适配性，推进各项制度迭代更新；对公司所有职能部门、全部业务流程和主要风险领域实现全覆盖审计；组织对公司业务流程和风险领域全面自评，确保内控评价取得实效；充分发挥监事会、审计稽核委员会、风险管理委员会等治理层监督机构作用，对公司战略、风险和内控等方面进行有效监督，推动管理提升举措有效落地。

【人力资源管理】2023 年，公司持续完善人力资源管理制度，突出激励牵引作用，强化业绩贡献导向，为员工干事创业提供制度保障；多措并举，激发员工活力；加强人才引进，强化人才梯队储备；全面开展人才培训与培养，加大业务条线培训，打造学习型组织。

【信息化建设】2023 年，公司完成新一代票据交易系统开发上线，深度参与集团司库体系建设。

【党建工作】2023 年，公司全面系统学习习近平新时代中国特色社会主义思想和党的二十大精神，深刻学习领会习近平总书记关于金融工作的重要指示批示精神；开展主题教育大兴调查研究，加强学习成果转化，聚焦公司经营重点问题、成员企业难点问题，为企业对标一流和高质量发展提供了清晰的思路和方法；强化党风廉政建设，将日常廉洁提醒、重要时间节点监督检查、员工行为排查作为重要抓手；开展“工作作风建设年”活动，进一步增强全体员工担当意识。

中国电子财务有限责任公司

【集团概况】中国电子信息产业集团有限公司（以下简称“集团”）成立于 1989 年 5 月，是中央直接管理的以网信事业为核心主业的中央企业。集团主动服务国家战略，持续优化产业结构，围绕以数字技术支撑国家治理体系和治理能力现代化、服务数字经济高质量发展、保障国家网络安全三大核心任务，着力发展计算产业、集成电路、网络安全、数据应用、高新电子等重点业务，打造国家网信事业核心战略科技力量。2023 年集团业务覆盖全球 6 大洲 60 多个国家，利润总额创历史新高，连续 13 年入选“世界企业 500 强”。

【经营概况】2023 年，中国电子财务有限责任公司（以下简称“公司”）认真贯彻落实集团公司战略部署，围绕“促落实、强能力、塑文化、守底线”开展工作，全面超额完成年度目标，业务规模、经济效益等多项经营指标创历史最高水平，发展质量持续提升，连续多年获得集团企业年度经营业绩考核 A 级。各项监管指标符合监管要求，不良贷款率、不良资产率均为零。

【服务实体】公司加大对实体企业的信贷支持力度，信贷资源向高新电子、集成电路、网络安全等企业倾斜，结合企业需求制订“一企一策、一类一策”个性化金融服务方案，为实体企业降低融资成本。2023 年累计向制造型企业发放贷款合同金额 363.22 亿元，向高新技术企业发放贷款金额 335.55 亿元，极大满足集团制造企业的金融需求，有力支持实体经济。

【信贷业务】公司制定年度信贷业务指引，信贷规模持续提升。按照“服务优、速度快、方式活、合作深”的服务要求，深入成员企业，了解客户需求，创新推出“科研攻关助力贷”“循环贷”等产品，增加金融服务的广度与深度。2023 年日均贷款规模 197.56 亿元，同比增长 15.83%。

【国际业务】公司充分利用本外币跨境资金池渠道为成员单位提供跨境结算服务，畅通跨境资金调拨，简化跨境调拨手续，满足成员单位跨境资金管理需要。2023 年上线 CIPS 跨境人民币清算系统，跨境资金池备案企业达到 120 余家，通过优惠利率为企业节省近千万元。

【资金业务】公司结合集团公司行业性质以及成员企业资金特点，加强对资金计划的管理，对流动性指标进行实时监测，最大限度地保证资金流动性安全。与同业机构深入对接，增加银行授信品种和额度，做好资金期限匹配，实现对资金安全性、流动性和收益性的兼顾。

【票据业务】公司和金融科技公司自主开发的新票据业务平台正式上线运行，提高票据清算效率，降低票据逾期风险，为用票企业提供便利的票据操作和有效的风控管理功能。与15家银行达成财票保贴业务合作，向企业推送“一贴就惠”及“商票通”方案，提高财票系统接受度。

【资金集中】公司积极协助集团加强资金集中管理，借助司库平台，细化资金集中工作，加强与企业的联动互通，完成了工商银行银企直连的搭建，拓宽成员企业资金归集渠道。2023年日均资金规模创历史新高，全口径资金集中度达75%。

【风险管理和内部控制】公司将把控风险放在首要位置，加强授信业务风险控制，严格把关授信项目，做深、做细授信后检查工作。公司加强内控合规管理，制定《中电财务2023年度规章制度修订计划》，2023年修订制度48项、制式合同21份。严格落实监管要求，完成业务清理、公司治理等监管意见整改，组织全体员工学习监管新规。加强审计监督，2023年共完成专项审计15项，发现问题已全部明确整改方向并落实责任主体，有效发挥“强监督、控风险、促发展”的作用。

【人力资源管理】公司持续推进高素质专业化人才队伍建设，建立干部人才资源库，加大后备干部培养储备，促进干部人才流动。加大校招力度，改善公司人才队伍结构，向专业化、年轻化方向发展，35岁以下员工占比达到38.5%。加大培训力度，组织开展公司金融业务、监管制度解读等系列培训，学考结合，增强培训效果。

【信息化建设】公司深入推进数字化转型工作，完成新核心业务系统及统一数据平台功能一期验收。根据实际需求持续优化统一数据平台，270余张监管报表能够实现自动取数、自动生成报表。积极参与司库建设和运维，协助集团顺利通过国资委中期验收，成立“司库冲刺专班”全力投入集团司库建设冲刺工作。推进软硬件国产化替代工作，实现公司网络安全设备全国产化。

【企业文化建设】2023年公司顺利完成“两委”换届，开展专题读书班与讲党课活动，将核心部门青年骨干中的党员选拔充实到支委会，指导一线业务党支部结合走访客户同步开展联建活动，组织领导各级党组织、群团组织为公司中心任务落实落地营造氛围、鼓舞士气。加强员工关怀，丰富员工生活，举行年轻员工座谈会，开展各类文体活动与赛事，推出“且读且行”读书分享品牌，弘扬践行集团“责任、创新、务实、团结”新作风，打造党员群众喜闻乐见、广泛参与、共建共享的学习成长交流平台，形成齐心协力谋发展、实干创新向未来的良好局面。

中国电子科技财务有限公司

【集团概况】中国电子科技集团有限公司（以下简称“集团”）是中央直接管理的国有重要骨干企业，拥有包括47家国家级研究院所、17家上市公司在内的700余家企事业单位；拥有41个国家级重点实验室、研究中心和创新中心。持续多年入选《财富》世界500强。2023年集团利润总额、研发经费投入、全员劳动生产率稳步增长，再获中央企业经营业绩考核A级，实现“19连A”，全年申请设授权专利数量分别增长18.3%、15.1%创集团历史新高，高质量发展实现质的有效提升，量的合理增长，势的积蓄壮大。

【经营概况】中国电子科技财务有限公司（以下简称“公司”）加快提升战略能力，聚力推进定位转型，获得集团公司2022年度经营业绩考核A级、党建考核A级、领导班子2022年度综合考核评价优秀，2023年底资产规模同比增长9.06%，连续三年突破千亿元，收入同比增长1.03%，新增贷款利率创历史新低，持续向成员单位让利，经营发展稳中有进、稳中提质，高质量发展迈出坚实步伐。

【服务实体】公司持续设立专项贷款让利政策（科技创新专项贷款和普惠专项贷款），切实履行让利成员单位、支持实体经济的责任。截至2023年末，共发放优惠贷款240.41亿元，让利超过1亿元，成员单位较往期融资成本稳中有降。

【信贷业务】公司聚焦集团战略所需，优先配置资源。2023年为集团重点领域新增发放信贷资金105.64亿元，占2023年全年发放金额的40.05%，形成日均信贷资金83.37亿元，占2023年全年日均贷款的27.32%，有效保障集团重点产业资金需求。为16个重点项目提供52.55亿元资金支持，助力集团公司不断塑造发展新动能新优势。

【资金业务】公司坚持安全性、流动性、效益性三大原则，开展同业资金运作。严守合规底线，全部资金配置在同业活期、定期、存单等同业产品，严格遵守监管业务品种要求。严防资金风险，持续优化资金风险防控机制，滚动调整同业交易对手名单及授信额度，严格执行授信管理要求，确保资金安全。优化管理工具，基于历史数据构建存款预测模型，指导资金管理，保障流动性安全。高效运作资金，准确抓住市场机会开展资金配置及交易，取得良好运作成效。

【投资业务】公司严格落实《企业集团财务公司管理办法》要求，积极主动调整持仓，按期退出所有非固定收益类资产投资。面对不利市场环境，坚持组合投资和稳健增值，加强对宏观经济和经济政策的跟踪研究，首次开展优质银行二级资本债券配置，把握波段交易机会参与国债交易，保持了投资组合较为优异的长期业绩，提高了集团资金使用效率。

【票据业务】公司运用上海票据交易所集票宝数据信息，优化票据池功能，实现票据全集中管理。集中展示应收、应付票据明细信息，实现一站式票据管理。新增应收、应付票据到期提醒，有效保障成员单位票据权利与支付信用。定期出具风险报告，提示成员单位票据风险，有效提升集团票据风险管理。

【外汇业务】公司进一步加强境外账户管理，新增4条跨境直连通道。截至2023年末，共开展成员单位结售汇业务35笔，其中涉及金额约5159.83万美元，综合优惠100个基点左右，节省成员单位结算成本53.57万元。

【资金集中】2023年公司为进一步提升资金集中管理水平，积极与成员单位沟通联动，结合各企业实际情况实施有针对性的吸存政策。截至2023年末，可归集资金归集率超过90%，年末存款余额同比增长10%。

【风险管理和内部控制】公司始终把防控风险摆在突出位置，建立上下贯通、横向协同的风险报告机制，持续增强集团司库神经系统的资金风险感知、预警、应对能力。加强风险管理信息化管控工作，提高风险管理效能。关注整体债务规模，增加风险限额管理，严格审核授信规模远超净资产企业授信需求，加强规模管控。

【人力资源管理】锻造与公司发展战略相适应的干部人才队伍，坚持以正确用人导向引领干事创业导向。强化能力培养，广泛深入开展员工教育培训，进一步提升中层干部理论水平和专业本领，创新开展员工定制化训练营培训。树立鲜明业绩导向，首次开展员工答辩评估晋升，严格绩效考核管理，加强干事创业正向激励，切实实现能上能下。聚焦主责主业和战略转型需求，加大人才引进力度，引进专业化信息科技复合背景专业人才，与公司战略转型相适应的人才队伍更加充实。

【信息化建设】公司信息化建设完成从“系统”到“平台+体系”转变，逐渐形成“管理模型化、模型平台化、平台标准化”运行模式。搭建完成“两地三中心”容灾体系架构安全技术底座，筑基安全防护边界。科技赋能业务发展，落地公司首个 RPA 项目，上线新一代票据业务系统、统一监管报送平台，推动财企直连、贷审会审核线上化等，不断提升自动化和智能化水平。

【党的建设】公司党委坚持和加强党的全面领导，着力提升政治能力和战略能力，高质量党建引领保障高质量发展迈上新台阶。扎实开展主题教育，以“学”破题开路，做好“班子出题 + 成员领题 + 集智解题”三步走，以“研”承题答问，推动“问题清单”向“成果清单”转化，以“改”解题攻坚，主题教育与改革发展实现协同推进、深融互促。

【企业文化建设】突出先进文化赋能，厚植许党报国优秀军工文化，大力弘扬“五要五不”中国特色金融文化，开展公司首次廉洁宣传月，深入培育清廉金融文化，文化育人作用充分彰显。

中海石油财务有限责任公司

【集团概况】中国海洋石油集团有限公司（以下简称“集团”）是 1982 年 2 月 15 日经国务院批准成立的特大型国有企业，是中国最大的海上油气生产运营商。集团注册资本 1138 亿元，共有 5 家控股境内外上市公司。集团主要业务板块包括油气勘探开发、专业技术服务、炼化与销售、天然气及发电、金融服务等，并积极发展海上风电等新能源业务。集团在 2023 年《财富》世界 500 强中排名第 42 位，2020 年以来连续两年在普氏能源公布的“全球能源企业 250 强”排名中位列前十位。集团主要经营业绩指标在央企位居前列，连续 19 次获评国务院国资委中央企业经营业绩考核 A 级。公司穆迪评级为 A1，标普评级为 A +，展望均为稳定。

【经营概况】中海石油财务有限责任公司（以下简称“公司”）是集团直属二级公司，是为集团成员单位提供金融和财务管理服务的非银行金融机构。截至 2023 年末，公司总资产规模达到 2403.15 亿元，实现利润总额 16.07 亿元。

【信贷业务】公司整体信贷服务余额 662.74 亿元，同比增加 55.14 亿元，增幅为 8.32%。自营贷款累计投放 500.24 亿元，余额为 486.81 亿元，可比自营贷款规模占集团公司整体贷款规模的比例为 74.84%，分别较 2022 年末及 2021 年末增长 0.95% 和 9.13%。

【资金业务】公司为集团对外资金进出“总闸门”，代客资金收付业务累计 117.16 万笔，同比增长 18%，保持清算业务“零差错、零延误”。

【投资业务】以市场研判为发力点，实现投资收益率 3.52%，同比增长 12.46%；集团年金累计收益率 1.63%，近五年年化收益率 5.84%，高于行业平均水平；在工商银行托管的规模 5 亿元以上超百家年金计划中，累计收益排名长期保持前 1/4 水平。

【外汇业务】全年代理成员单位收付汇 132.47 亿美元，同比增长 13.31%。为成员单位办理结售汇业务共计 27.98 亿美元，取得中间业务收入 1148 万元。跨境人民币服务覆盖率较上年提升 81%，结算规模超过 507 亿元，结算能力同比提升 31 倍。

【资金集中】集团共 479 家成员单位在公司开立人民币账户 819 个。全年人民币结算笔数超过 200 万笔，同比增长 15.23%。按照监管机构全口径统计的资金集中率为 55.77%，保持稳定水平。

【业务创新】公司全年开立保函 623 笔，同比增长 29.73%，精准支持陵水 17 – 2、渤中 19 – 6等多家油气田项目。保函规模超过 152 亿元，覆盖率由58%扩大至77%，跻身行业领军席位。打通核心系统与CIPS标准收发器直连通道，完成支付透镜、全额汇划等多项CIPS产品全国首批应用落地。

【风险管理和内部控制】一是建强支撑点，把监管机构要求作为风险防控的主要导向。根据新版《企业集团财务公司管理办法》梳理形成任务清单，妥善完成成员单位重新核定备案、股东情况摸排、代表处与属地监管机构对接等重点工作，新增6项监管机构指标全部纳入监测体系，合规基础进一步夯实。二是把握关键点，把基础提升作为风险防控的重要抓手。完成内控制度立改废释141项，与集团公司和监管机构要求充分衔接。先后获得人民银行、东城区统计局颁发的专项表彰，荣获集团公司财务报告考评三等奖，会计信息质量持续提升。三是找到突破点，把系统优化作为风险防控的关键变量。对内，完成公司成立以来最大规模的流程优化工作，增强关键环节实质风控能力。对外，聚焦资金支付风险点，从业务流与资金流的全流程完善筛查标准和模型，落地筛查可疑交易，风险排查预警能力全面增强。

【人力资源管理】坚持党对人才工作的全面领导，是做好人才工作的根本保证，是充分发挥党的领导核心作用的重要方面。公司不断增强抓人才就是抓发展的思想认识，持续健全完善领导体制、运行机制、工作措施，切实推动党管人才落实落地、有形有效。一是多措并举，健全培养体系，悉心育才提素质。全年开展培训共计134项，培训计划执行率达94%以上。二是突出重点，注重源头培养，强基赋能促成长。制订新员工“一线历练”计划，上好新员工职场实践锻炼“必修课”，在公司主营业务和金融服务的最前端墩苗壮骨，帮助“金融新兵”立规矩、拓视野、长才干。三是放眼长远，加强梯队建设，确保人才接续有力。分批有序推进相关空缺岗位人员选聘补充、员工岗位晋升，各业务条线人才力量得到有效增强，公司人才梯队结构更加科学合理。

【信息化建设】一是坚持信息化驱动引领，夯实金融基础设施。公司成功上线新一代金融专业系统，内部转账、银行付款处理效率成倍提升；入账效率提高接近200%，算息速度提升360倍，单笔效率提升接近300%。二是坚持问题导向，深化金融数据治理和成果应用。从源头上提升数据质量，建立数据安全保护机制和全生命周期治理体系。顺利实现上线12屏管理驾驶舱，进一步深化数据分析应用并实现可视化展现。三是坚持创新驱动，推动智慧金融建设向深向远。大力推广实施以RPA+AI为基础的机器人应用，完成控制中心与卓越中心的融合改造，定制开发22个应用机器人，业务全链条管理水平和服务质效全面增强。

【企业文化建设】党建品牌方面，公司13个支部形成了包含“丹心·蓝海·金服”在内的特色支部党建品牌。廉洁文化品牌方面，开展“廉洁文化建设月”系列活动，以观倡廉、以书育廉、以文润廉，持续打造“清廉金融”品牌。

中国航发集团财务有限公司

【集团概况】中国航空发动机集团有限公司（以下简称“集团”）肩负着实施国家“两机”专项、加快实现航空发动机及燃气轮机自主研发和制造生产、建设航空强国的重大责任，下辖27家直属企事业单位，注册资本500亿元。2023年，集团实现营业收入793.45亿元、净利润35.43亿元，获评中央企业负责人任期及年度经营业绩考核A级、中央企业董事会考核A

级、中央企业党建责任制考核A级，改革三年行动获国资委总体考核A级。集团坚持聚焦主业、强军首责，坚持自主创新、勇攀高峰，坚持党建铸心、强根铸魂，科研生产取得重要进展，科技自立自强加速推进，高质量发展基础更加坚实，党建引领保障作用有效彰显。

【经营概况】2023年，中国航发集团财务有限公司（以下简称“公司”）深入贯彻习近平总书记对航空发动机事业的重要指示批示精神，认真落实集团2023年工作会决策部署，深入实施“1234”发展战略，扛牢服务主业之责，铸牢干事创业之心，奋力推动转型发展，瞄准一流加速奔跑，较好地完成了集团下达的各项任务指标。2023年末，公司资产总额340.02亿元，吸收成员企业存款余额315.89亿元，信贷余额105.36亿元，实现利润总额1.38亿元，各项监管指标运行良好，未发生风险事件。

【服务实体】公司坚持服务集团主业降本增效，执行存款利率上浮、贷款利率下浮、结算业务“零收费”的政策，全年为成员企业减费让利8065万元。

【公司治理】公司优化完善重大事项决策机制，系统修订公司章程等公司治理制度，落实外部董事占多数要求。持续推进全面深化改革，着眼提高核心竞争力和增强核心功能，制定7个方面39项改革措施，推动改革深化提升行动高起点谋划、高效率推进。

【司库建设】全面构建航发特色“1455”司库管理体系，形成“1+12+N”制度体系，双网融合上线司库管理平台，实现银行账户全部可视、资金流动全部可溯、归集资金全部可控，通过国务院国资委中期验收并获评“优秀”。业财融合深度推广，修订完善《集团司库业财支撑信息化标准》，完成预算、合同、供应商信息采集，司库业财融合推广应用单位达到10家。

【结算业务】公司协助集团加强资金集中管理，日均吸收存款198.15亿元，2023年末全口径和可归集资金集中度分别达到88.96%和96.61%。持续增强结算服务智能化水平，引入RPA（智能机器人）技术，结算自动化率提升至95%以上。2023年，累计办理结算业务41.02万笔，结算金额9571亿元，结算集中度达到92.80%，持续保持结算业务“零差错”。

【信贷业务】公司坚持金融服务实体经济，全力支持航空发动机自主研制，2023年累计为16家成员单位发放主业优惠贷、暖心贷等自营贷款161.04亿元，日均信贷规模89.12亿元，为集团打造原创技术“策源地”提供有力金融支持。

【票据业务】公司高效建成新一代票据业务系统，各项票据业务保持快速增长态势。2023年，签发商票360.12亿元，签发财票25.09亿元，办理贴现45.60亿元，办理转贴现13.10亿元，办理再贴现7.22亿元，票据集中度达到95.51%。聚焦支持集团当好现代产业链“链长”，持续拓展“票据通”业务，2023年为供应商提供间接融资13.10亿元，有效降低航空发动机产业链融资成本。

【资金业务】公司积极应对宽松货币环境冲击，密切跟踪金融市场走势，妥善匹配资产与负债的关系，开发流动性需求动态监测模型，实现流动性比例按日监测、预警，有效提升资金备付头寸精细化管理水平，全年加权平均收益率达到2.51%。

【投资业务】公司聚力提升投研分析水平，平衡风险与收益的关系，灵活参与质押式回购、货币市场基金、企业债券等市场交易，全年加权投资收益率达到2.95%。持续跟踪宏观经济形势，分析金融指标、利率走势、市场动向等重要信息，依托司库金融资讯模块进行发布，支撑集团经营决策。

【外汇业务】公司全面完成外汇业务筹备工作，建立健全外汇业务内控机制，建成外汇业务系统，实施成员企业美元、欧元、英镑存款利率定价。顺利取得即期结售汇业务资格批复，获批成为银行间外汇市场会员，正式具备全牌照金融服务能力。

【风险管理和内部控制】公司坚持风险管理融入业务，构建事前、事中、事后风险防控联动机制，开展信息科技风险管理评估，完善业务运营监测体系。坚持“应审必审、凡审必严”，强化审计成果运用，抓好整改闭环管理。认真落实“合规管理深化年”部署，倡导合规文化建设，“3+1”内部控制体系更加健全完善。坚持法治合规工作融入经营管理，实现重大经营决策、经济合同、规章制度法律审核率达到100%。

【人力资源管理】2023年，公司坚持按需施训、精准组训、岗位轮训、师徒导训，深入推进“勤于学习、敏于求知”的学习型组织建设，全年组织中层干部及业务骨干、新员工、金融业务等分类分级培训445人次，“懂产业、精专业”的高素质金融人才队伍得到历练成长。突出实绩实干导向，强化绩效考核结果应用，营造了风清气正、干事创业的良好氛围。

【信息化建设】公司建成B级司库商密网机房，构建涵盖商密网、互联网、涉密网、监管专网的网络基础设施，网络安全体系更加完备。升级监管数据报送系统，信息科技支撑保障有力。

【企业文化建设】坚持国家利益至上，公司组织新员工队伍深入一线学产业、悟文化，参观天津直升机博览会，强化航空发动机文化熏陶感染，员工队伍文化认同感持续深化。深入开展“一次把事情做对”管理提升活动，培养“严慎细实、精益求精”的工作作风。

【党的建设】坚定不移贯彻落实习近平总书记重要指示批示和重要回信精神，以抓实“两项具体举措”的实际行动，推动党的二十大精神落地落实、见行见效，公司获评集团第五批“基层示范党支部”。扎实开展学习贯彻习近平新时代中国特色社会主义思想主题教育，紧扣“学思想、强党性、重实践、建新功”总要求，把理论学习、调查研究、推动发展、检视整改贯通起来，推动理论学习真学真懂，着力在调查研究中解决实际问题。组建司库体系建设“铸心”新长征党员突击队，获评集团级优秀“铸心”新长征党员突击队，高质量完成年度“铸心”突击攻坚任务。

中国航空集团财务有限责任公司

【集团概况】中国航空集团有限公司（以下简称“集团”）于2002年10月11日正式成立，是以中国国际航空股份有限公司为主体的大型国有航空运输集团，集团注册资本155亿元。作为以航空运输业为主、相关服务业为辅，集生产经营和资本运营于一体的企业集团，其经营业务涵盖航空客货运及销售、地面服务、飞机维修、航空物流、机场管理、航空旅游、金融服务、建设开发、传媒广告等相关延伸产业。

【经营概况】2023年，中国航空集团财务有限责任公司（以下简称“公司”）秉持“服务为主、兼顾效益”的原则，通过优化资产结构，有效提升资金内部融通效率，保障了信贷服务规模的稳中有升，内化集团债务规模同比增长9%，贷款优惠金额同比增长26%。2023年末，公司资产总额204亿元，同比增长11%，2023年实现利润总额6200万元。公司各项风险指标均符合监管要求，经营安全稳健。

【服务实体】2023年公司立足集团主业，服务实体经济，持续强化与各成员单位沟通，不断拓展服务覆盖范围。及时掌握企业资金收付计划，加强对资金状况的跟踪，努力做到提前预判。信贷业务方面，根据成员单位生产经营有效提供信贷支持，全年无违约不良发生；面对市场利率下行，公司克服自身效益压力，在LPR基础上保持利率下浮，对专项资金免收委托贷款手续费，合理让利、持续降低企业融资成本。结算业务方面，公司调研各企业结算需求，制订“一企一策”服务方案，推广公司结算服务；保障结算服务质量，不断规范服务标准、拓展沟通渠道、提高响应速度，保持客户结算满意度100%；推进结算能力建设，上线了对私支付、支付拦截预警等功能，切实解决客户实际业务需求。

【信贷业务】公司密切关注行业恢复情况，紧密围绕集团“加强国航系协同”的管理要求，深化服务的功能定位，实地走访成员单位，了解其生产经营特点、恢复情况及信贷方面需求，开拓新客户，稳步推进信贷业务发展。保函业务方面，公司与成员单位保持密切沟通，及时了解业务需求及海关政策变化，在风险可控的前提下，最大限度满足成员单位保函业务需求，实现了企业减少资金及银行授信占用、节约财务费用的目标。公司持续发挥金融服务平台作用，加强内部资源整合，积极为集团内企业办理委托贷款，服务效能持续提升。

【资金业务】2023年，在企业存款快速下降带动下，存放同业日均规模降幅明显，公司适时将同业运用策略调整为在满足成员单位融资需求基础上，抓住资金波动中的机会开展同业交易，充分挖掘超短期资金运用价值。同时，公司密切跟踪市场走势，与商业银行积极议价，抓住月末归集资金较丰沛特点，在关键时点争取到较高同业价格，有效提高归集资金收益。

【投资业务】2023年，公司延续低风险稳健的投资策略，投资标的以固定收益类资产为主。在监管许可的情况下积极开展高等级国有企业公司债及企业债投资，通过优化投资结构，降低信用风险敞口，严控信用风险。投资收益来源以获取票息为主，在风险可控的基础上，择机参与债券波段交易，以争取增厚投资收益。

【资金集中】公司积极与各成员单位联动做好资金归集，配合集团做好集中度指标的统计及监控工作，结合各企业实际情况实施有针对性的吸存方案，年末集团全口径资金集中度保持在80%以上。优化财务公司核心系统自动归集功能，满足成员单位多样化的归集频率、多场景的归集方式、个性化的归集方案，积极推广相关功能，助推成员单位资金精细化管理和集团整体资金集中管理的提升。

【风险管理和内部控制】2023年，公司坚持稳中求进工作总基调，推动健全风控体系建设，落实风险、合规、内控和法律“四位一体”的全面风险防范体系。结合制度立改废和业务变化情况，组织内控流程的动态更新，新制定制度5个，修订制度21个，废止制度4个。对重要的风险内控节点进行研判并制订具体应对措施，继续保持制度流程化率100%和年度内控流程建设计划完成率100%，内控手册范围全面覆盖公司各类业务。组织实施业务连续性应急演练，不断提高公司在应急情况发生时的危机处置能力及经营业务的保障能力。

【人力资源管理】2023年，加强人才梯队建设，进一步提高公司管理效能。一是推动人力资源结构性优化调整，完成岗位饱和度调研及整改，研究形成有效提升举措；二是建立管理效能评估体系，统筹编制管理效能评估指标体系，组织完成效能评估工作，进一步提升劳动生产率；三是推动市场化考核激励机制改革，健全完善内部考核机制，制订差异化考核分配方案并严格执行，有效发挥考核激励的导向性作用；四是完善培训体系，优化和完善培训管理，为公司长远发展和员工成长奠定坚实的基础。

【信息化建设】2023年在信息系统建设方面，完成核心系统三期项目上线；完善统一监管报送平台模块；完成二代征信系统、征信科技监管平台、人民银行ACS综合前置子系统上线；助力集团司库体系建设；启动核心系统四期项目，持续推动数字化转型升级。公司持续加强系统运行监控及重点保障，业务顺利开展，未发生重大信息科技风险事件。

【企业文化建设】公司紧紧围绕“强党建、抓治理、带队伍、谋发展”的工作思路，以开展主题教育为中心，严格落实“第一议题”制度，把学习宣传贯彻党的二十大精神作为首要政治任务，实现“党建+发展”同频共振，有效发挥基层党组织战斗堡垒作用。公司坚持党建带团建，增强政治引领，引导公司广大员工进一步深化对“两个确立”的政治认同、思想认同、理论认同、情感认同，更加坚决做到“两个维护”，激发员工干事创业热情，进一步增强公司凝聚力。

中国航油集团财务有限公司

【集团概况】中国航空油料集团有限公司（以下简称“集团”）是国内最大的集航空油品采购、运输、储存、检测、销售、加注为一体的航空运输服务保障企业，主营业务分为航油、油品贸易、物流和国际业务四大板块，构建了遍布全国的航油、成品油销售网络和完备的油品物流配送体系。2023 年，连续 12 年跻身“世界企业 500 强”，首次荣登世界品牌 500 强榜单，连续 4 年获评国务院国资委党建考核 A 级和董事会考核 A 级。

【经营概况】2023 年，中国航油集团财务有限公司（以下简称“公司”）实现营业收入（含投资收益）2.32 亿元，实现利润总额 8772 万元，净利润 6978 万元。

【服务实体】公司通过加强与成员单位的走访交流，主动了解成员单位的资金安排，对成员单位资金偏紧的情况，开通金融服务绿色通道，优化信贷业务办理流程，合计提供了 18.83 亿元贷款支持。为多个成员单位调降贷款利率，预计每年为成员单位节约财务费用 1168 万元。自营贷款加权平均利率逐年下降，较 2014 年高点降幅约为 33%。开展委托贷款、保函、意向书、承诺函等各项中间业务。

【信贷业务】公司通过信贷服务帮助成员单位度过资金紧张时期，保障了成员单位正常资金周转及集团重点项目建设。截至 2023 年末，信贷资金日均投放余额为 29.04 亿元（含融资租赁），全年累计实现信贷业务收入 11579 万元。截至 2023 年末，为成员单位节约财务费用约 79.63 万元，同比增长 113.60%。

【资金业务】截至 2023 年末，成员企业内部结算账户开户率达 100%。每日统计分析全级次成员企业资金收支情况。累计处理结算业务 10.3 万笔，较上年同期上涨 23%，结算金额达 1.47 万亿元。2023 年度代理境内成员企业对外支付人民币资金累计达人民币 2139 亿元，代理支付业务笔数达 2.69 万笔，笔数较上年同期增长 58%，金额增长 48%。

【投资业务】公司深化金融市场研判分析，抓准时机择优配置固定收益类投资产品，投资规模与投资收益均创历史新高。此外，扎实推进市场货币基金产品遴选工作，年内对货币基金池进行动态调整，全年投资收益较上年大幅增加，投资规模及收益均创历史新高。

【外汇业务】公司持续推进吸收集团公司下属境内外合资企业中长期存款并加强对境外成员单位资金的监管及归集力度。同时，具有相关资质的境内外成员企业积极参与跨国公司跨境资金集中运营管理业务，使财务公司较 2022 年外汇结算业务累计结算金额上升 38.84%。其中，公司累计完成外汇结算业务 511 笔，累计结算金额达 59.66 亿美元，折人民币 422.55 亿元。

【资金集中】一是积极跟踪境内外成员企业资金安排情况，充分协商留存资金的归集方式和额度，力求实现资金归集最大化，并结合业务需求向合作银行沟通询价，力争在满足境内外成员企业资金使用的情况下，提高对沉淀资金的吸收调剂与集中能力。二是充分发挥金融服务平台及资金监控平台职能，积极推进低效无效账户清理及代理支付工作，动态提升财务公司协助集团公司的资金集中管理能力。三是通过增加中国工商银行和农业银行跨境人民币国内主账户后，加强对境外成员单位人民币资金归集的力度，提高了对于境外人民币资金的归集效率。四是在核心业务系统执行两次自动归集的基础上，于每日关机前对成员企业外部余额百万元以上的外部银行收入户采取手动归集策略。2023 年末，财务公司吸收境内外成员企业存款共计折人民币 95.47 亿元，可归集口径资金集中度预计约为93%。

【业务创新】公司利用债券质押式回购业务落地，有效盘活了持仓债券资产。公司在保函业务由投标保函、履约保函、预付款保函 3 个品种拓宽至非融资性保函全品种后，紧密跟踪对接成员单位对新品种保函业务的需求，为成员单位办理两笔见索即付付款保函。

【风险管理和内部控制】公司以自觉守法、审慎经营的新生态为目标，着重加强对主要风险的识别与管控，切实抓好各类风险的监测预警、识别评估和研判处置。公司于年初组织开展年度重大风险评估工作，并按月汇总上报重大经营风险信息、按季组织编制《季度风险管理报告》。同时，推动形成向经营管理层报告重大风险预测和防控情况（向上）、向各部门预警提示重大风险及处置建议（向下）的双向信息沟通机制。

【人力资源管理】公司一是坚持人才强企战略，以人为本。以“7＋N 智汇航油”总体战略布局为目标，将人才队伍建设融入党建工作，做好公司的人才队伍结构调整、素质提升、人才评价、优化配置等工作。二是营造良性的选人用人政治生态，群贤毕集形成干事创业“伟力”。2023 年，公司党委严格按照考察程序和“凡提四必”要求，民主推荐或公开竞聘提拔 3 名中层干部。对 3 名员工进行了职级晋升。积极输送优秀党员干部和骨干青年员工对外开展工作交流，年内共有 20 人次参加各上级单位的各类工作。

【信息化建设】一是进一步引导群众性创新活动，完成两项群众性创新项目新立项以及三项群众性创新项目的推广应用；二是顺利完成“HW 行动”，圆满完成了集团的任务目标；三是积极稳妥开展重大活动期间的网络安全保障工作，全面排查各类风险隐患；四是顺利完成金融数据安全管理体系的课题研究，形成研究成果 3 项，编写的《金融数据安全管理体系建设实践探讨》在《信息技术与标准化》第十期予以发表；五是根据监管要求开展全面的业务连续性及网络与数据安全风险管理自查改进工作。

【企业文化建设】公司先后荣获全国民航青年文明号、2023 年最佳绿色办公企业、2023 年度财协清廉金融文化征文活动组织奖等共计 3 项，公司员工荣获全国民航优秀团干部及清廉征文一等奖等 7 项，1 份党建案例被《中国企业集团财务公司行业发展报告（2023）》采用。

中国华电集团财务有限公司

【集团概况】中国华电集团有限公司（以下简称“集团”）是 2002 年国家电力体制改革组建的国有独资发电企业，是国务院国资委监管的特大型中央企业、中央直管的国有重要骨干企业。主要业务包括发电、煤炭、科工、金融四大产业板块，资产及业务主要分布在全国 31 个省（自治区、直辖市）以及俄罗斯、印度尼西亚、柬埔寨、越南等“一带一路”共建国家。现有职工 9.3 万人，资产总额超过 1 万亿元。发电装机超过 2 亿千瓦，清洁能源装机占比达 48.35%；煤炭产业产能 5420 万吨/年；拥有 8 家金融产业机构；科工产业拥有国家级火力发电检测、分布式能源技术等多个科技创新平台。2023 年，华电集团把高质量发展作为首要任务，聚焦能源安全保障和绿色低碳发展，锚定目标真抓实干，高质量发展取得新的重大进展，全年完成投资同比增长 17%，新能源装机同比增长 127.7%，发电总装机达到 2.14 亿千瓦，清洁能源装机占比达到 51.4%，实现了质的有效提升和量的合理增长。连续 11 年上榜《财富》世界 500 强，连续 10 年、连续 4 个任期获评国资委经营业绩考核 A 级企业。

【经营概况】中国华电集团财务有限公司（以下简称“公司”）紧扣高质量发展主题，把握“服务深化年”定位，坚持稳字当头、稳中求进，充分发挥“四个平台”功能，服务集团服务主业发展，以建设一流司库型财务公司为目标，以深化产融结合为重点，在提质增效、服务集团、改革创新、风险防范、党的建设等方面取得良好成效，2023 年末总资产 547.16 亿元，较年初减少 189.24 亿元，降幅 25.70%，净利润 13.28 亿元，公司荣获集团公司价值创造标杆企业、集团公司先进企业、党建考评 A 级、“三清”创建先进单位，“金龙奖——年度最佳财务公司”，中国人民银行北京市分行绿色金融“好”评价等荣誉。

【服务实体】公司积极落实能源保供决策部署，调整优化信贷策略，建立保供专项台账机制，开通绿色通道形成精准助力，2023 年内累计提供保供资金支持超过 205 亿元，日均规模超过 70 亿元。锚定“双碳”目标，把握服务定位，持续加大对新能源发电企业的信贷支持，重点关注大基地建设和优质风光电项目的资金需求，2023 年全年累计对新能源企业授信 180 家，较年初增加 34 家，向新能源板块投放的贷款余额达到 158.61 亿元，占总贷款规模的 39.05%。

【信贷业务】公司持续巩固传统信贷业务优势，针对不同区域及主业板块特点制定对应投放策略和目标任务，在防控风险、保证安全的前提下，抓住有利时机扩大信贷投放。2023 年末信贷业务余额 406.5 亿元，日均规模 446.89 亿元，实现信贷业务收入 12.94 亿元，为顺利完成公司提质增效目标奠定坚实基础。

【资金业务】公司发挥金融牌照优势和同业渠道优势，灵活引入市场资金，持续加强资产负债的主动管理，提升资金计划管理水平，精准预测，合理调配，有效平衡资金，确保流动性安全。面对资金价格下行压力，抢抓关键时点争取同业产品最优价格，积极拓展同业资金运作渠道，努力提高存放同业收益，实现短期资金运作收益 2.53 亿元。

【投资业务】公司持续加强对宏观经济形势和债券市场的研究分析，把握外部市场变化带来的投资机会，灵活调整投资策略，审慎开展投资业务。按照监管要求完成股票型基金等非固定收益类产品的清退，发挥货币基金现金理财工具作用，加强投资专业能力，筛选符合公司风险偏好的债券型基金等投资产品，不断提升运作效率，为完成全年经营目标提供重要支撑。

【票据业务】公司上线上海票据交易所新一代票据系统，增强集团票据资产风险管控能力，提升票据使用效率，助力集团公司票据集中管理，票据集中度超过 95%，推动实现集团公司票据资产“看得见、管得住、用得好”。

【外汇业务】公司高质量办理跨境资金业务，用好即期结售汇业务牌照，助力集团优化外汇资金使用，降低交易成本，提高外汇资金风险管控能力，持续提升外币服务能力，2023 年完成 0.8 亿美元跨境资金流入流出。

【资金集中】公司认真落实集团关于资金集中管理的部署要求，坚持以服务集团、服务主业发展为方向，积极探索开展资金监管等新业务，加强资金预算精细化管控，通过优化预算准确度等指标，助推集团进一步完善资金管理考核细则，不断巩固提升资金集约管理效能，资金归集率保持高位。

【业务创新】公司创新研发经营期项目贷款产品，该产品用于经营期优质借款人置换其他金融机构存量固定资产项目贷款，借款人可利用财务公司低成本贷款降低企业存量项目借款融资成本，并撬动外部金融机构降低存量项目贷款利率。该类产品在研发过程中合理设置准入标准，在不增加财务公司信用风险及确保合规性的前提下，有效利用财务公司内部银行的功能，为集团公司在节约资金成本方面创造效益。

【风险管理和内部控制】风险管理方面，坚持依法合规审慎经营原则，牢固树立防范化解金融风险的思想根基，全面推进信用风险、市场风险、流动性风险、操作风险等各类风险防控能力建设。持续健全风光电授信体系，扩展金融供给覆盖面；通过敏感性分析等手段建立流动性监测模型，提升流动性风险量化能力；严格落实《企业集团财务公司管理办法》，如期完成既定业务范围清退目标；健全业务连续性和灾备管理，提高应对和处置重大突发事件能力。内部控制方面，将内控风险合规管理深度融入业务经营，实现内控合规风险“五个一”管理体系升级；持续巩固“三横三纵”制度体系，进一步提升制度管理规范化、科学化水平。公司“三道防线”协同发力，持续提升规范管理水平，筑牢内控合规风险管理的防火墙。

【人力资源管理】公司全面贯彻落实国企改革深化提升行动要求，坚决扛起党管人才的政治责任，建立以创新价值、能力、贡献为导向的适合华电价值文化和财务公司专业需求的人才评价体系，推动人才强企战略深化实施。探索建立多元化的正向激励机制，通过评先评优奖励、特别项目奖金等方式，使奖金分配更加灵活有效，进一步调动人才干事创业积极性。

【信息化建设】2023 年，公司一是“强化服务”，按照商业银行“小核心大外围”的系统架构，采用分布式技术，构建灵活、安全、稳定、高效的科技服务平台，支撑集团公司高质量资金结算，2023 年全年累计近 140 万笔，累计处理资金 34000 多亿元，单日最高支付量突破 21000 笔，均创历史新高。二是“保证安全”，实现信息系统全链条高可用设计和加固，极大提升系统健壮性；搭建运维监控平台，实现软硬件、物理环境的实时监控，将系统运行风险防患于未然；按照“两地三中心”的思路建成上海应用级灾备，通过数据库复制技术，实现两个数据中心数据实时同步，开展切换演练，半小时内可将系统服务从北京生产中心切换至上海灾备中心，有效保障数据安全的同时，应对灾难和持续服务能力得到极大提升。三是“用好数据”，构建公司级数据平台，对数据进行集中管理，数据质量稳步提升，实现监管机构数据报送的自动化，报送质量得到监管机构的表扬，也为国资委司库中期验收提供数据保障。四是“助力司库体系建设”，高质量完成司库体系建设任务，完成存量系统优化的同时按照国家信创要求新建司库数据集市和融资管理系统，从服务器、网络设备、数据库、中间件、大数据平台等全栈采用信创技术。

【企业文化建设】紧紧围绕“学思想、强党性、重实践、建新功”的总要求，扎实开展学习贯彻习近平新时代中国特色社会主义思想主题教育，在以学铸魂、以学增智、以学正风、以学促干上取得实实在在的成效，公司的主题教育经验做法在《中国华电》刊发。深入推进“四力四推”党建工程见成效，开展“党建领航、融合聚力”行动，切实以高质量党建引领保障高质量发展。扎实开展深化基层党建工作提质增效专项行动，深入开展党建联建共建、“岗区队”创建，充分发挥党员先锋模范作用，筑牢支部战斗堡垒。连续三年组织召开思想政治工作座谈会，积极培育和践行“创新奋进、奋勇争先”企业文化，加强新闻宣传和品牌建设，对内凝聚奋进力量，对外传递华电财务“好声音”，塑造“金帆”品牌形象，公司党建案例、新闻报道在核心媒体、核心党刊全面开花、多点绽放。坚持党建带工团，开展“举金融之力、助绿色发展”劳动竞赛，组织丰富多彩的职工文化活动，开展青年精神素养提升工作，公司“奋斗有目标，拼搏有动力，管理有温度”的氛围更加浓厚，工会荣获集团“模范职工之家”称号。

中国华能财务有限责任公司

【集团概况】中国华能集团有限公司（以下简称“集团”）是经国务院批准成立的中央骨干发电企业，2023年，集团发电量、供热量、煤炭产量等关键生产指标，利润、归母净利润、经济增加值等主要经营指标，以及新能源开工、投产等绿色发展指标，均创集团成立以来最好水平。

【经营概况】2023年，中国华能财务有限责任公司（以下简称“公司”）服务实体质效双升，专项攻坚纵深推进，管理机制日臻完善，党的建设全面加强；资金集中度、日均存款、日均贷款、结算笔数等经营指标均达到历史最好水平；连续九年荣获集团绩效考核A级，连续八年荣获集团“先进企业”荣誉称号，连续四年荣获集团党建考核A级。

【服务实体】公司协同集团畅通融资，多措并举挖掘融资需求，发放贷款1410亿元，同比增长5.3%；切实履行能源保供责任担当，向煤电企业发放贷款779亿元；有力保障煤电企业资金链安全，发放应急贷款3笔，金额5.5亿元。协同集团绿色升级，完成23个清洁能源固贷项目评审，为新能源产业链新增信贷支持63亿元，发放清洁能源企业贷款472亿元，同比提升21.85%；联合多家金融机构签署银团贷款合同113亿元，引入外部低成本长期资金80亿元。协同集团降本增效，灵活执行信贷价格政策，全年贷款利率2.52%，同比降低50个基点，让利成员企业2.37亿元；置换外部高息固定资产贷款35亿元，撬动37亿元外部存量固贷利率平均下调71个基点，帮助成员企业节约全周期财务费用5亿元。

【票据业务】公司建成“多层级票据池”体系，实现“多层级”票据池质押换开838笔，金额4亿元，开启票据大小池同步运营新阶段。积极开展票据信息管理系统功能升级改造，提前实现“集票宝”上线运行。加大集团票据池功能宣贯，新增入池企业12家，同比增长4倍。为集团企业提供承兑、贴现等全方位票据服务，全年票据交易量16.59亿元。

【资金业务】公司顺利完成增资工作，补充长期资本金20亿元，有力提升信贷投放能力和流动性风险管控水平。以资金“保安全”和“提效率”为目标，加大资金询价和调剂力度，2023年开展资金投用1755亿元，实现资金投用收益1.02亿元，同比增长29.22%。及时清理存量证券资产7亿元，实现处置收益4385万元，全年投资收益1.32亿元，投资收益率3.23%。

【外汇业务】公司持续夯实资金池跨境融通功能，2023年办理外债业务19笔，共计51亿元；境外放款业务10笔，共计5.81亿元；为4家企业办理跨境人民币分红业务。

【司库建设】2023年，公司成立司库专班深入融入集团司库体系建设，全力打造“1+8+N”司库管理体系。高效完成司库主平台建设及全集团上线运行工作，配合实施商完成88项功能开发，8个系统直连，1100多家企业培训覆盖，实现集团1760家企业全面上线运行。积极开展司库配套系统优化和数据治理，完成13个优化需求上线和23个业务接口对接，厘清数据资产目录和规范数据标准。

【资金集中】在集团授权下履行资金管理中心职能，公司推动对成员单位资金归集率的通报，强化未归集资金分析，日均未归集资金47.65亿元，同比压降11.05亿元。推动集团企业资金收支预测系统全面上线，资金预测准确性切实增强。加强账户治理，清理低效无效账户299个；新增两家财银直连，利用RPA技术

Z

实现非直连账户数据补录。进一步提升结算服务质量，2023 年结算笔数 106.79 万笔，结算量 4.29 万亿元。

【风险管理和内部控制】公司认真落实监管新规要求，做好流动性、信用、信息系统等领域风险防控。严格执行年度制度建设计划，完成制度“立改废释”40 项。全面推进依法治企，积极开展普法宣传。修订公司章程和相关议事规则，获评保密、档案、会计信息质量、“三会”履职评价等集团优秀等级。围绕服务主业主责、重要业务、重点领域和关键环节扎实开展 5 个内部审计，内控体系管理成熟度连续两年被集团评为先进级。

【人力资源管理】加大年轻员工培养力度，提任 3 名 90 后主任助理。公司持续优化“党建引领、安全筑底、服务先行”的绩效考核体系，加大差异化考核，持续完善考核结果和绩效薪酬的联动机制。选树创新典型，司库和多层级票据池项目获评集体创新奖。聚焦业务技能提升，围绕多领域组织培训 13 期，参加人数 170 人次。

【信息化建设】公司创新采用异步多线程方式实现公司账户监管、预算、票据和结算等模块与司库平台联动，助推集团资金管理精准高效。紧密围绕经营需要，统筹推进电子函证业务系统、云客服智能语音专线和流程自动化应用平台，为业务开展赋能添翼。建成信贷全流程线上化系统，助力信贷业务数智化转型。完善数据分析平台功能，确保数据报送高质高效。

【党建工作】公司扎实推进主题教育成果落实落地，理论学习做到领导干部、党员、职工群众“三个全覆盖”，调查研究做到系统内外“两个相结合”。扎实开展“党建引领提质年”专项行动，深化党员示范“区岗队组”建设，联建共建推进司库建设、票据池等重点任务，《党建引领产融协同落地见效》获评集团党建引领优秀案例，“融”文化获评全国企业文化优秀成果二等奖。扎实推进中央巡视整改，聚焦“五项禁令”着力纠治“微腐败”，多措并举涵养清廉金融文化。

中国黄金集团财务有限公司

【集团概况】中国黄金集团有限公司（以下简称“集团”）是中国黄金行业唯一一家中央企业，中国黄金协会会长单位，世界黄金协会中国首家董事会成员单位。作为集地质勘探、矿山开采、选矿冶炼、产品精炼、加工销售、科研开发、工程设计与建设于一体的大型综合性黄金产业集团，拥有完整的上下游产业链，业务范围还涉及辐照加工、产业金融服务、文化传媒等多个领域。从成立至今，中国黄金集团有限公司一直为中国黄金行业的龙头企业，为中国黄金产业的发展作出了突出贡献。

【经营概况】2023 年，中国黄金集团财务有限公司（以下简称“公司”）遵循“依托集团、服务产业、稳健经营、创新发展”的发展战略，坚持稳中求进的工作总基调和稳中求新、稳中求好的总要求，经营效益稳步提升，不断夯实高质量发展基础。2023 年，公司实现营业收入 4.66 亿元，利润总额 1.52 亿元，各项指标符合监管要求。2023 年在行业内被评选为“金龙奖·2022 年度最佳资金管理财务公司”。

【服务实体】公司坚持围绕集团“建设具有全球竞争力的世界一流黄金产业集团”的战略目标，聚焦满足全集团各级客户金融需求，全面扩大客户走访力度，精准实施信贷业务“一企一策”。通过实行优惠利率为成员单位让利，保持公司自营贷款加权平均利率低于外部金融机构，降低成员单位财务成本，有效支撑集团优化财务结构，全面提升服务集团主责主业的能力，为集团高质量发展提供金融力量。

【信贷业务】2023年，公司克服利率下行的影响，大力营销客户，稳定贷款规模，提升金融服务水平，全年各项信贷业务稳中向好，信贷资产质量有效提升。截至2023年末，授信额度308亿元，自营贷款规模同比增长33%。

【资金业务】公司加强利率市场研判，强化资金管理，提高资金收益水平突出价值创造。凭借金融牌照、同业身份和规模优势，积极与各同业金融机构沟通，提高议价能力。努力拓展公司同业授信，2023年共与24家金融同业机构开展授信业务。

【投资业务】2023年，公司稳健开展固定收益类有价证券投资，拓展投资业务合作范围。分析国内外宏观经济及政策变化，积极跟踪金融市场，进行研究探索，培育独立研究能力，形成对投资业务的有利支撑。完善投资管理制度，修订《固定收益类有价证券投资业务管理办法》《固定收益类有价证券投资业务操作规程》，确保现有业务做到有章可循，稳健拓展投资业务。

【资金集中】2023年，公司结算体系全面升级，内外部多方协同联动，积极优化内部交易结算，加强资金内部循环，稳步推进内部结算“动账不动钱”。境内企业开户比例达到94.8%，直连银行由7家扩展至19家，提高了账户集中度和监控比例。2023年，全口径资金集中度85.91%，资金集中度水平位居央企第一梯队。

【业务创新】拓宽银行业务合作渠道，公司首笔买断式转贴现业务正式落地；坚持科技助力业务发展，上海票据交易所新一代票据系统全面应用，标志着公司已具备支持企业按需“拆票”进行支付的能力，极大地降低了成员单位的票据结算成本；积极参与集团重大项目的金融服务，充分发挥金融顾问的作用；司库建设蹄疾步稳，已实现国资委“1号文”要求的资金集中、资金结算、银行账户、债务融资、借款担保、资金预算、票据模块等功能。

【风险管理和内部控制】2023年，在公司“三道防线”的协力配合下，打好风险合规管理的“组合拳”，公司风险管理水平不断提升。健全内控体系，围绕控制环境、控制活动、风险管理等内部控制要素，建立健全公司独有的内部控制评价矩阵。完善全面风险管理体系，加强金融风险监测评估，优化金融风险防范、预警和处置机制，按季度开展操作风险检查，审慎完成信贷业务风险合规审查，及时调整金融资产分类，多方式开展反洗钱工作，严防洗钱恐怖融资事项。

【人力资源管理】2023年，公司深化三项制度改革，进一步激发企业内在活力，持续提升企业核心竞争力。以“实干+考核”为选人用人导向，人力结构不断优化。以“市场+差异”为薪酬分配导向，构建薪酬体系，制定《公司考核管理办法》《公司职级及薪酬管理办法》等。以“价值+竞争”为劳动用工导向，开展员工双向选择工作，激发了员工工作积极性。

【信息化建设】2023年，聚焦公司业务数字化、智能化，配合集团司库体系建设，组织开展了以业务连续性和网络与数据安全风险管理为重点的专项提升工程，为集团资金管理提供有力信息科技支撑，资金管理信息系统实现7×24小时安全稳定运行，业务连续性达到100%；公司微信公众号服务平台顺利上线运营，实现了从“鼠标银行”到“指尖银行”的跨越。

【企业文化建设】2023年，公司党支部深入学习贯彻习近平新时代中国特色社会主义思想和党的二十大精神。多形式开展主题党日活动，增强学习效果。组织与同行业机构开展党建经营交流座谈；开展“红船映初心，奋进新征程”党建带团建主题活动；开展“清廉金融文化”主题活动，夯实干部职工清廉从业根基，形成清廉从业行为规范和工作氛围。

Z

中国建材集团财务有限公司

【集团概况】中国建材集团有限公司（以下简称“集团”）2023 年资产总额 7132 亿元，营业收入 3500 亿元，利润总额 167 亿元。集团拥有 13 家上市公司，其中境外上市公司 2 家。水泥、商混、石膏板、玻璃纤维、风电叶片、水泥玻璃工程技术服务等 7 项业务规模居世界第一；超薄电子玻璃、高性能碳纤维、锂电池隔膜、超特高压电瓷等多项新材料业务国内领先。集团是全球最大的综合性建材产业集团、世界领先的新材料开发商和综合服务商，连续 13 年荣登《财富》世界 500 强企业榜单，2023 年排名第 247 位，位列全球建材企业榜首。

【经营概况】中国建材集团财务有限公司（以下简称“公司”）多措并举提升金融服务能力，深化服务集团战略，高效协同推进集团司库体系建设，高质量发展取得新成效、实现新突破。日均存款增长 18.26%，日均贷款增长 44.82%，各项经营指标均达到监管机构的监管要求。

【服务实体】公司积极发挥“小秤砣砸大盘”“一企一策”等经营理念，聚焦主责主业，为成员企业定制个性化服务方案。年发放贷款约 350 亿元，降低集团资产负债率约 0.88 个百分点；为集团节约财务费用同比增长 30.6%；突出为集团四大板块、战略性新兴产业、绿色双碳等领域成员企业提供金融支持，直接服务的集团四级及以下企业占比超过 66%。

【信贷业务】公司积极发挥平台优势，以全方位、多元化的金融服务为公司发展保驾护航。日均贷款同比增长 44.8%，银团贷款余额突破百亿元大关，超过上年全年的 5 倍。严格按照新发布的《企业集团财务公司管理办法》的要求，多角度提升服务能力，为成员企业高质量发展提供有力金融保障。

【资金业务】针对银企直连银行中的短期资金及每日日末上收资金，公司将资金向高利率集中，在保证流动性及成员企业结算支付的同时最大限度提高短期资金收益；打造灵活高效的资产负债管理及配置机制，构建自身特色的差异化定价模式，结合市场变化及时调整内部利率定价，实现为成员企业美元定期存款的实时报价，大幅增加成员企业美元定期存款。

【投资业务】公司投资业务以持有国债为主。为降低成员企业发债成本，适当筛选集团内部优质非金融企业 AAA 级债券，以提高收益水平。

【票据业务】公司于 2023 年 7 月 1 日成功上线了新一代票据系统，使成员企业办理业务更加便捷高效，以科技赋能金融服务，完善票据产品服务体系，助力集团产融结合。

【外汇业务】公司跨境资金集中运营业务资质获得外汇局批复并通过国家金融监督管理总局备案，2023 年 6 月落地首笔经常项目集中付汇业务，12 月落地首笔境外放款业务，全年操作跨境资金池业务近 200 笔，年末入池企业增至 50 余家。打通集团跨境资金通道，实现境内外资金的双向联通。

【资金集中】公司提升为成员企业服务能力，提高与上市公司签订的金融服务协议存款上限；与成员企业加强业务合作，为集团成员企业降本增效；以司库体系建设为契机，扩大开户及联网规模，实现账户可视“全覆盖”，多措并举提高资金集中度；培养成员企业在财务公司办理支付结算的习惯，让更多的资金在财务公司沉淀，提高成员企业资金使用效率的同时，对资金集中度的提升起到促进作用。

【业务创新】公司牵头制定建材行业转型金融指南，联合中国互联网金融协会发布《建材行业转型金融服务指南白皮书》；协同外部金融机构，成功向成员企业发放首笔水泥行业、首笔玻璃行业绿色碳捕集项目银团贷款；成功落地首笔跨境资金池经常项下及资本项下业务。

【风险管理和内部控制】公司发布《内部控制手册》《合规手册》，细化董事会、高管层、内控管理部门、各相关部门的内控管理职责，完善内部环境、风险评估、内控活动、信息与沟通、内控监督评价的管理内容和管理要求。开展内控自评价、合规自评价，聚焦关键领域、关键环节，深入排查经营管理中存在的内控缺陷，彻底抓好整改落实，堵塞漏洞，举一反三，完善管控机制，确保整改见人见事见制度，促进内控体系持续优化。

【人力资源管理】公司加大干部人才交流，干部交流轮岗，市场化引进业务人才，以干代训形式选派业务骨干借调集团、行业协会等参与专项工作；组织参加党的二十大精神、金融业务、数字化、风险合规等培训，持续深化员工对党的理论、金融政策形势、业务规范等方面的理解，提升专业技能水平和综合素质。

【信息化建设】公司结合集团发展战略，基本建成“智能友好、穿透可视、功能强大、安全可靠”的司库信息系统。数据中台持续建设，为集团司库体系建设提供数据支撑；司库管控平台持续优化，实现多维度数据分析和大屏展示；混合云平台持续建设，为司库体系建设提供高可用、高性能、弹性的基础资源支撑；RPA 平台陆续上线，高效实现业务操作自动化，打破各产融场景衔接断点，支持集团和成员企业创新发展，推动传统产业向数字化、网络化、智能化方向转型。

【企业文化建设】公司以“融服务·125”品牌建设为抓手，发挥凝心聚力作用。开展党建拓展活动，强化理论武装，提升团队凝聚力；与工商银行等开展党建共建主题活动，搭建银企深度合作桥梁，推动党建业务双融双促；以联学共建为重要抓手，与央国企财务公司就多项业务开展交流，推动党建经营双融双促。深化“清廉财司·125”廉洁文化建设品牌。开展“以案促廉”主题党日活动；通过开展廉洁微课堂、组织签订《清廉文化倡议书》等形式，促进廉洁文化入脑入心。

中国南航集团财务有限公司

【集团概况】中国南方航空集团公司（以下简称“集团”）成立于2002 年10 月，是中央管理的三大骨干航空集团之一。集团主营航空运输业务，兼营飞机发动机维修、进出口贸易、金融理财、传媒广告等相关产业。集团主业公司中国南方航空股份有限公司在上海、香港和纽约三地上市。集团是中国运输飞机数量最多、航线网络最发达、年客运量最大的航空公司，在2023 年中国品牌力指数排名中获得民航业第一。

【经营概况】2023 年，中国南航集团财务有限公司（以下简称“公司”）坚守功能定位，不断夯实“四个平台”，加强协同资金保供，协助集团降低资金成本，加快司库实施平台转型，助力集团高质量发展。2023 年，公司实现营业收入 5.42 亿元，利润总额 1.40 亿元，价值贡献 3.80 亿元。

【服务实体】公司坚持金融服务实体经济，通过多种方式，降低集团资金成本约 0.79 亿元。2023 年累计走访、电访客户单位 580 家次，协助解决 64 项问题。邀请广州地区 9 家信贷客户开展座谈会，破解业务合规性难题。全力支持航空产业链上的中小微企业发展，开展供应商融资财务顾问、延伸产业链金融、买方信贷等新业务，帮助解决“融资难、融资贵”等问题，助推航空产业链繁荣稳定。

【信贷业务】 公司积极开展内源融资，全力保障集团成员企业资金需求，2023 年发放贷款 296.23 亿元，贷款日均规模创历史新高，达 109.46 亿元，同比增加 1.65 亿元；月均贷款比例 61.58%，同比提升 7.60 个百分点。公司注册资本增至 20 亿元，可贷资金规模进一步扩大。

【资金业务】 公司积极开展同业询价，日均同业业务规模（不含准备金）56.33 亿元，实现收入 1.58 亿元，收益率 2.80%。资金精益管控成效显著，持续完善节假日资金精益管控机制，2023 年增加资金收益突破 240 万元，低利率备付账户日均余额压降至 2.10 亿元，有效提升了集团的资金运用效率。

【投资业务】 公司加强市场分析研判，稳健开展投资业务，日均投资规模 16.82 亿元，同比增长 4.82%；实现投资收益 0.62 亿元，投资收益率达 3.68%。

【外汇业务】 公司主动让利集团成员企业，通过结、购汇统一汇率，提供更优惠的定价。2023 年办理外汇业务 4.73 亿元，为成员企业节省汇兑成本约 325.23 万元。新拓展物流公司、南货航、深圳供应链 3 个外汇交易客户。深度发挥金融专业优势，加强市场研判，把握时机开展自有美元结汇 449.80 万元，创收 109 万元。

【资金集中】 2023 年，集团年日均资金集中度 96.73%（国资委口径），同比提升 0.04 个百分点，日均吸收存款 160.20 亿元。实现川航增资款、贸易公司招投标保证金归集“零”的突破，新增日均归集 5600 万元。厦航资金归集再创新高，日均归集资金 8.01 亿元，同比增长 197%，资金归集度达 71.26%。完成物流公司 IPO 项目期间的资金归集，日均归集存款 50 亿元，资金归集度保持 99.50% 以上。新增南货航境外办事处资金归集，累计归集资金折合人民币 28.85 亿元，同比提升 22.61%，全球化财务服务能力持续提升。

【业务创新】 公司积极开展业务创新，成功开展首笔成员企业间轧差模式结售汇交易 2.03 亿元。该项业务是公司获得结售汇业务资格以来，首次在银行间外汇市场办理的外汇自营交易。协助成员企业办理保函业务 35.62 亿元，同比增长 79.76%；办理委贷业务 133.56 亿元，2023 年末余额 216.97 亿元。

【风险管理和内部控制】 公司优化廉洁风险防控“四道防线”，针对 13 个风险点开展风险等级分类，优化 19 项防控措施。健全内审机制，加强董监事和高管层履职评价，持续拓宽审计范围。举办首届“合规文化月”活动，培育全员合规意识，全年各项风险指标均符合要求。

【人力资源管理】 公司深入开展改革深化提升行动，内部管理效能持续提升，制订 2023—2024 年改革方案、中层干部综合业绩考核和能上能下实施细则。实施部门负责人年薪制，做实专业序列经理述职考核和末等退出，1 名专业序列经理调整为专员。畅通专业发展通道，1 名专员晋升为经理，5 名绩优助理调升专员，为 2019 年薪酬改革以来连续 C 档的 9 名员工调升 1 个薪档。开展绩效管理优化，完成岗位价值评估，重构绩效考核体系。

【信息化建设】 公司加快数字化转型，统筹制定 2024—2028 年信息化规划。完成核心系统功能优化和信创改造，实现关键系统的国产替代和自主可控。上线新一代票据系统、金融监管统一报送平台、二代征信报送系统，业务效能持续提升。

【企业文化建设】 公司立足航空金融特色，推进企业文化建设。培育“金木棉”党建品牌，创新开展“三四三”品牌培育行动。2023 年通过集团内部融媒体发表新闻稿件 67 篇，以“金木棉、提质效、创一流”为主题，在南航报开展 5 期系列宣传。9 篇高质量行业研究报告，获得《中国财务公司》、“民航金融”、“珠江金融论坛”等平台登载。19 个作品在各类征文比赛中获奖，3 篇精选文章获南航二十大征文“一二三等奖”，1 篇课题获南航年度党建“优秀课题”，4篇案例获集团管理效能案例大赛“杰出奖”“优秀奖”，3个作品在南航、财协微党课大赛获奖，2篇文章入编南航行政管理实践案例集。6篇文章在国资委和人民日报新安全杂志社联合举办的“央企安全管理”主题征文中获奖，并帮助南航集团获得“优秀组织奖”，品牌知名度和行业影响力不断增强。

中国能源建设集团财务有限公司

【集团概况】中国能源建设集团有限公司（以下简称“集团”）成立于2011年9月，是经国务院批准、由国务院国资委直接管理的，为中国乃至全球能源电力、基础设施等行业提供系统性、一体化、全周期、一揽子发展方案和服务的综合性特大型中央企业。集团深入实施以“一个愿景”“四个前列”“六个一流”“六个重大突破”为核心的“1466”战略，全面打造新能源、新基建、新产业“三新”能建平台，奋力打造世界一流企业的新样本、新标杆、新典范。2023年，集团在《财富》世界500强排名位列第256位，ENR全球工程设计公司150强排名位列第2位，ENR全球工程承包商250强排名位列第10位，ENR国际工程承包商250强排名位列第17位，ENR国际工程设计公司排名位列第20位。

【经营概况】截至2023年末，中国能源建设集团财务有限公司（以下简称“公司”）资产总额563.37亿元，所有者权益60.02亿元；人民币日均存款余额418.06亿元，同比增长15.76%；人民币日均贷款余额247.74亿元，同比增长2.51%；全年实现营业收入12.29亿元、净利润3.30亿元。公司年末资本充足率13.72%，不良贷款率为零，流动性比例54.44%，各项监管合规指标达到优良标准，连续6年荣获集团经营业绩考核A级。公司作为中国财务公司协会六家监事单位之一，大力支持行业发展，积极参与中国财务公司协会信息科技风险调查、风险预警响应指标体系等课题研究并获得多项荣誉。

【服务实体】2023年，公司牢牢把握“服务实体经济”宗旨，多层次、多渠道提升金融服务内涵与质量。一是公司领导带队调研对接30余家集团成员企业，聚焦客户多元化、个性化需求，灵活推出一揽子金融优惠方案。二是帮助集团成员企业减少保证金占用，助力市场开发与项目履约。全年累计办理保函1079笔、金额合计225.43亿元，同比分别增长35.55%、66.73%，保函及委贷业务累计为集团及成员企业节约财务费用5852万元。三是多方拓宽结算渠道，协助集团推广职称评审线上收费项目，免费为客户提供保函查询、询证回函等服务，力解多家企业“燃眉之急”。全年结算业务金额42583.14亿元、笔数66.98万笔，同比分别增长14.34%、108.15%。

【信贷业务】2023年，公司围绕集团财务管控要求，优化配置信贷资源。配合集团获取外部银行低成本资金，成功办理80亿元过桥贷款。积极为集团防范资金链断裂风险作贡献，全年累计投放贷款40笔，金额合计27.58亿元。截至2023年末，公司本外币自营贷款余额316.11亿元，较年初增加69.47亿元，增幅达28.17%，为集团及成员企业节约财务费用8328万元。

【资金业务】2023年，公司克服市场利率下行等压力，不断提高资金收益水平。一是吸收人民币存款余额484.32亿元，吸收美元存款余额2.2亿美元，同比增长45.70%；日均人民币存款余额418.06亿元，同比增长15.02%，日均美元存款余额1.54亿美元。二是日均人民币存放同业余额为201.43亿元（含人民银行准备金），同比增长39.63%，实现人民币同业利息收入约4.47亿元，收益率约2.22%，美元同业利息收入折合人民币0.48亿元。三是投资业务初始投资额（不含股票、股权投资）3亿元，投资业务收益（不含股票、股权投资）合计0.92亿元，本年投资收益率（不含股票、股权投资）为2.35%，折算为税前收益3.29%。四是截至2023年末共授信金融机构20家，授信额度超过300亿元。

【资金集中】2023年，公司聚焦集团改革发展，当好司库建设排头兵，充分发挥资金集中平台效能。一是资金集中度维持在较高水平（集团剔除受限资金口径），年末吸收存款余额499.95亿元，平均存款余额429.01亿元，同比增长13.88%。二是加强与银行、企业协调沟通，充分运用好信息技术，截至2023年末，已办结财企直连授权1543户，受理银行账户授权材料7218户，银行办结6709户。三是持续开展资金自动归集工作，实现日均自动归集资金5亿元。四是协助集团加强境外资金管理，提升集团账户可视化率，实现直连付款突破，通过授权、发报和上传流水途径综合可视化率达100%，较上年底增加51.89个百分点，位居同类央企前列。

【业务创新】2023年，公司积极开展业务创新，着力提高市场化服务意识与业务水平。一是继续拓展外汇资金交易业务，适时扩大外汇交易对手范围，完善结售汇业务价格机制，提供多币种交易服务，有效提高业务办理效率和客户满意度。二是围绕集团司库体系建设总目标，成功上线新一代票据业务系统，并完成与集团票据池的直连联调测试，积极扩展司库系统银企直连票据功能，完成工商银行新一代电票直连测试，共连通5家银行电票直连功能。

【风险管理和内部控制】2023年，公司全面构建"四位一体"风控格局，坚决防止系统性金融风险发生。一是系统开展制度"废改立"，新增或修订制度67项，废止制度10项，促进现行制度与监管要求有效衔接。二是持续开展全面风险管理，制度、合同、重大决策三项法律审核率100%，保持零重大风险事件发生、零涉诉案件。三是有序组织年度监管评级、公司治理自评等工作，推动问题整改到位；常态化召开"管业务必须管合规"专题会，确保合规风险可控在控。四是全力配合审计署专项审计和集团内控审计，以审促改、以审促建、以审促治的作用充分彰显。五是系统梳理公司业务范围并开展专项清理，顺利完成金融机构股权投资、公司债投资、存量股票清理等工作。

【人力资源管理】2023年，公司持续深化三项制度改革，增强加快发展、突出发展、优先发展的动力和活力。一是结合监管政策新变化、新影响，将原投资部与资金部合并成立金融部，有力提升境内外资金管理水平；积极融入集团"人才强企"战略，设立人力资源部，与办公室、董事会办公室"一门三牌"合署办公，突出优化人力资源管理职能。全面对接司库风险管控要求，组建资金监控中心，与营业部"一门两牌"协同高效运转。二是率先实施管理人员"全体起立"竞聘上岗，人才队伍的年龄、学历、知识结构更加优化。三是优化薪酬激励考核机制，极大增强干部职工思变、求变、应变的市场意识和竞争意识。

【信息化建设】2023年，公司全力推动数字化提速、智能化提速，深度挖掘数据价值，维护信息系统安全运行。一是正式上线新一代核心业务系统、新一代电票系统，迭代升级北京、武汉两地视频会议系统，财务（司库）数据智慧分析系统建设扎实推进。二是"财小智"RPA机器人首批上线8个应用场景，有效提升运营效能10倍以上，相关优秀案例获中国电力发展促进会表彰；成功上线二代征信系统，推动金融信用基础数据管理更加规范。三是聘请外部专业机构进行全面测评，规范信息安全和网络安全管理；制订京汉两地机房设备维保方案，持续提高设备的稳定性和安全性；以监管机构18项硬性考核指标为导向，细化风险管控措施，确保信息系统稳健运行和业务连续性。

【企业文化建设】2023年，公司全面构建

“强党建促发展”融合体系，首次荣获集团年度党建考评A级。一是紧扣“六学六促”开展主题教育，优化“第一议题”学习机制，党员干部“政治三力”不断增强；围绕金融业务、产品创新等典型事例，加大新闻宣传力度，累计推送各类报道320篇，首次荣获中国金融品牌社会责任年度案例奖。二是建立职工关切问题清单并及时回应解决，将人文关怀融入细微；组织开展形式多样的青年文体活动，团队的凝聚力与归属感不断提高。三是健全“大监督”工作机制，坚持严的基调不动摇；建立“作风监督哨”，设立“特聘监督员”，畅通问题反映渠道；抓好常规约谈和例行谈话，营造了风清气正的良好政治生态。

中国平煤神马集团财务有限责任公司

【集团概况】中国平煤神马控股集团有限公司（以下简称“集团”）是由原平煤集团和神马集团两家中国500强企业重组而成。集团完整、准确、全面贯彻“创新、协调、绿色、开放、共享”新发展理念，坚定以安全绿色为前提，坚定以质量效益为中心，坚定以改革创新为动力，坚定以主业做强为支撑，坚定以全体职工为依靠，坚定以党的建设为保证，逐步形成以煤盐为源头的多条特色产业链，发展成为跨区域、跨行业、跨所有制经营的国有特大型集团，所属子公司遍布河南省8个地级市、全国13个省（自治区、直辖市）以及美国、日本、德国等国家和地区，资产总额超过2400亿元，旗下拥有平煤股份、神马股份、易成新能、硅烷科技4家上市公司，6家专精特新企业挂牌新三板。产品远销五大洲30多个国家和地区，与40多家世界500强企业及跨国集团建立了战略合作关系。

【经营概况】2023年，中国平煤神马集团财务有限责任公司（以下简称“公司”）认真实施合规管理，积极稳健开展业务，努力开创新局面。截至2023年末，公司资产总额131.18亿元，其中贷款余额69.61亿元；负债总额98.4亿元，其中吸收存款98.02亿元；所有者权益32.78亿元。全年营业收入4.24亿元，利润2.82亿元，较好地完成了集团公司下达的指标，各项监管指标持续优于监管要求。

【信贷业务】2023年公司累计发放流动资金贷款64笔、金额64亿元，办理贴现67笔、金额11.83亿元，签发承兑汇票34张、金额15.1亿元，实现贷款利息收入2.39亿元、贴息收入0.12亿元、手续费收入0.01亿元。同时，利率定价参照同期市场利率水平并适度让利，2023年发放贷款加权平均利率3.65%，较2022年下降23个基点，为推动集团公司高质量发展提供了有力的信贷支持。

【资金集中】公司资金归集进一步加强。加强与集团成员单位的沟通交流，加强与合作银行的协调配合，全年共办理了76个直连行账户的授权手续，进一步理顺资金归集渠道，夯实资金归集基础。截至2023年12月末，开户单位389家，较年初新增28家。结算水平进一步提高。全年累计办理结算250.7万笔，结算金额为20515.54亿元，其中，对私批量业务中发放工资194.6万人次，工资总额近108亿元。做到结算及时，监管到位，结算零差错。

【风险管理和内部控制】公司推动风险管理机制建设。重新审定授权流程和内容，审定了公司年度合规检查计划和资产管理风险偏好等工作。扎实开展信用风险排查工作。全年共排查流动资金贷款64笔，金额为640960万元；贴现71笔，金额为111641万元；表外承兑15笔，金额211000万元。持续开展非法集资、反洗钱和反恐怖主义法等宣传排查工作，严肃开户结算纪律，防范非法资金借道流转。通过常态化学习宣传和排查整改，提升全员合规意识，保障公司各项业务健康有序运行。

【信息科技】公司持续系统优化，提高资金管理信息化水平。完成新一代票据系统建设，并于2023年9月正式上线，与上海票据交易所实现直连对接，顺利开展新一代票据的企业信息报备、票据签收、转让背书、票据拆分、线上贴现等业务。对财务公司N9系统、集团财资管理G6系统、共享系统接口等进行优化，2023年解决系统问题、优化操作流程等700余项，保证了资金系统安全运行。

【人才队伍建设】突出思想引领，着力人才培养，为公司发展增添活力，在育新人、兴文化中推动全员政治业务工作守正创新。公司获得集团机关2022年度女职工工作先进单位、2022年度集团财务工作先进集体、集团首届运动会优秀组织单位、集团机关学习先进集体等集体荣誉；获得集团和机关等个人先进39人次；爱心义务献血2人次；财务公司全年获得高级会计师资格1人，银行业专业人员资格2人，改善了员工队伍整体结构。公司员工紧密团结，干事创业劲头十足，党员干部的先锋模范作用更加明显，队伍建设成效显著，公司的服务质量持续更优。

【党建工作】公司党支部深化“两学一做”学习教育和“学转促”专项活动，坚持从严治党，全面落实党建目标责任。团结带领干部职工紧盯目标、努力拼搏，形成了“经营开发再创新高、企业管理持续进步、经济效益稳中向好、安全质量平稳有序、精神面貌焕然一新”的良好局面。全年召开支部党员大会4次，组织生活会2次，支部委员会12次，党小组会议24次，党课4次，主题党日12次，以主题教育为契机，组织开展了红旗渠红色教育活动、健步走体育锻炼活动、党校老师授党课活动、卫生急救培训、消防安全培训和消防演练等系列主题教育活动。发展党员1人，预备党员2人，积极分子3人，改善了党员队伍整体结构。

中国融通集团财务有限责任公司

【集团概况】中国融通资产管理集团有限公司（以下简称“集团”）是中央管理的商业类国有独资公司，由国务院国资委履行出资人职责。集团按照中国特色现代企业制度，建立健全有效制衡的法人治理结构和灵活高效的市场化经营机制。经营范围主要包括房地产、农业、酒店及旅游业、商业服务、资源开发、科技服务、医疗健康、安保服务、文化教育、财务、保险等领域。

【经营概况】2023年是中国融通集团财务有限责任公司（以下简称“公司”）第一个完整经营年度，公司坚定不移全面加强党的建设，主营业务持续稳健推进，精益管理水平稳步提升，主要开展业务包括吸收存款、贷款、票据贴现、结算、非融资性保函等。截至2023年末，公司资产总额417.69亿元，实现利润总额1.81亿元。

【服务实体】2023年，公司全力打造金融产品和服务体系，积极推进金融产品和业务落地，辅助集团推进商业信用管理，切实推动集团企业用好融通信用，商业承兑汇票开立、贴现、转贴现、非融资性保函等业务完成从零到一的突破，助力成员单位降低财务成本、降低应收账款、提高运营效率；公司通过存款高于银行挂牌利率、贷款价格优惠、中间业务免收手续费等方式持续让利成员单位。截至2023年末，公司吸收存款376.37亿元，免费办理结算81万笔，结算量2114亿元，为成员单位节约结算性费用支出。

【信贷业务】 2023 年，公司制定为军服务、科技创新、绿色金融贷款指引，开辟审批绿色通道，为集团政策粮业务、为军物业服务、科技创新攻关、绿色酒店改造以及重点项目建设提供及时有力金融支持，实现集团融资需求全覆盖。2023 年累计发放自营贷款 16.78 亿元，委托贷款 5.12 亿元，开立非融资性保函 303.54 万元。

【资金业务】 2023 年，公司克服货币市场总体宽松、利率持续下行的压力，积极研判市场走势，紧抓资金市场波动带来利率上行短暂窗口期，高频高效运作同业资金，平均配置利率超过同期限 Shibor 利率 7 个基点。

【资金集中】 2023 年，公司顺利完成 295 家子（分）公司 326 个账户共计 12 批次资金迁移，平稳成为 9 个二级板块资金收付主渠道，有效实现资金“不漏”“不丢”“不乱”，持续提升资金集中管理的深度、广度和精细度；司库 2.0 系统全面上线，进一步完善资金管理体系，提升资金风险管控水平，高效统筹资金资源，充分挖掘数据价值，有效支撑管理决策。2023 年末，公司全口径资金集中度为 90.73%，达到行业前列水平。

【风险管理和内部控制】 2023 年，公司系统推进，提升风险管理效能。加强全面风险管理顶层设计，制定公司风险偏好体系和资本规划；完善全面风险管理体系，将市场风险、信息科技风险纳入全面风险管理，开展信息科技风险评估；深化各类风险跟踪研判，编制 12 期《监管处罚和公司风险评估报告》，密切关注监管政策变化及监管处罚动态，逐步完善风险识别与评估机制；扎实推进合规管理工作，设置兼职合规管理岗，制定部门合规清单，内容涵盖 93 项对外报送任务，将合规要求落实到岗、细化到点；建立风险量化监测指标体系，将风险指标自动监测预警功能嵌入核心系统，实现对 14 项风险指标的动态计量监测和及时预警。

【人力资源管理】 2023 年，公司持续优化人才队伍，提升业务骨干能力。贯彻落实集团指示要求，制定公司“十四五”人才发展规划，招聘招揽人才；以干代训，先后选派 4 人参加集团重点工作，向成员单位输送 1 名总会计师，先后有 11 人次获取学历提升、获得职称和注会、律师资质；完成经营层契约化改革，建立健全绩效考核机制，配套完善职工福利，持续推进暖心工程，提升团队向心力。

【企业文化建设】 2023 年，公司坚定不移全面加强党的建设。严格落实“第一议题”制度，定期组织党委理论中心组学习和集中研讨；举办党的二十大精神轮训班、主题教育读书班，推动理论学习全覆盖；深入调查研究，形成主业发展、人才建设、司库建设、战略研究 4 篇调研报告，完成 8 项整改措施；挖掘红色金融精神内涵，形成 1.3 万字政研报告，获集团三等奖；持续开展各项学习实践活动，组织开展“永葆忠诚本色”“重走红色金融路”“金融知识进军营”系列活动，团结凝聚广大党员群众力量；创设“党员先锋队”“党员示范岗”“党员攻坚工程”，开展星级支部创建工作，培塑表彰先进典型，获得 11 项集团荣誉表彰。

中国石化财务有限责任公司

【集团概况】 中国石油化工集团有限公司（以下简称“集团”）的前身是成立于 1983 年 7 月的中国石油化工总公司。集团是特大型石油石化企业集团，注册资本 3265 亿元人民币，董事长为法定代表人，总部设在北京。集团是中国最大的成品油和石化产品供应商、第二大油气生产商，是世界第一大炼油公司、第二大化工公司，加油站总数位居世界第二位，在2022年《财富》世界500强企业中排名第5位。

【经营概况】2023年，中国石化财务有限责任公司（以下简称“公司”）全面落实年度“12365”总体工作部署，圆满完成各项目标任务，经营规模、收付结算、存贷款等多项指标创历史新高，各类风险始终可控在控。

【服务实体】公司通过下浮贷款利率、低息贷款置换、优惠保函手续费率等方式，助力成员企业降低融资成本。通过结算、票据、结售汇、存贷款、保函和委托贷款等业务，为集团公司主业协同创效。

【资金集中】公司服务集团司库体系建设取得新进展，组建建模团队，初步搭建完成人民币利率分析、司库资产配置评价等6个量化模型，参与构建票据集约化管理平台，设计实施专项资金集中管理方案，简化分账户管理流程，保持“录入零差错、收付零损失、服务零投诉”。

【资金业务】公司优化资产负债结构，完善流动性风险、利率风险管理体系，实现规模与结构、期限与利率、收益与风险等多重因素叠加的平衡优化；完善流动性资产一体化运作机制，在市场利率整体下行的情况下，综合收益率保持同类机构领先水平。

【信贷业务】公司创新开发项目前期贷、探索开展合同能源管理绿色贷、开办首笔分离式保函，制定绿色信贷指引，为成员企业提供贷款、保函、委贷等一揽子信贷服务，全年贷款日均突破千亿元。

【票据业务】公司打通贸易背景和增值税发票查验通道，增强财务公司承兑汇票流通度，提升票据资产流动性，贴现规模稳中有升，承兑规模创历史新高，票据资产收益率稳步提升。

【外汇业务】公司推动本外币跨境资金池全业务落地，外汇资金集中运营入池成员企业扩增至30家，办理集团首笔境外放款；稳妥开拓外汇衍生品业务，服务企业资本金购汇；深化CIPS应用，办理人民币跨境收付增长超4倍。

【投资业务】公司建立债券二级市场量化交易、固收类资产交易和量化体系，优化债券承销业务流程，成功转型固收类FOF组合资管模式，按计划完成非固收类证券资产清退任务，投资业绩全面跑赢大市。

【研究分析】公司完善市场分析机制，定期发布利率追踪以及外汇市场、票据市场分析等研究报告100余期，及时为集团发债融资、股份信用风险分析提供专研专报，连续4年荣获中国财务公司协会“行业研究突出贡献单位”奖。

【企业管理】公司制定实施新一轮三年改革深化提升行动具体措施，初步形成具有石化财务公司特色的运营型董事会“123+N”公司治理制度体系，在财务公司行业公司治理评级中被评为A级；纵深推进三项制度改革，在集团公司范围内率先实现中层领导人员任期制和契约化管理全覆盖，实施绩效薪酬延期支付及追索扣回管理暂行办法。

【风险管理和内部控制】公司修订风险管理办法、风险控制基本准则，发布2023年版内部控制管理手册。构建“1+1+1”贷后管理体系，优化信用评级模型，搭建汇率风险计量模型，重点领域风险识别管控措施更加精准有效。开展“制度执行力”提升行动，制度“立改废”63项，常态化开展“我的制度我来讲”，宣贯制度270余次。建立专业题库，开展全员“每日一练”“每周一测”岗位大练兵、“经营合规不受处罚”全员大讨论。

【人力资源管理】公司开展线上线下培训1500余人次，跨部门学习和挂职交流锻炼17人，获评中高级职称29人，选拔选聘中基层干部和专业技术人员23人，向集团公司输出金融专业人才9人。

【信息化建设】公司精心组织系统运维，高效处置预警监控事件，持续开发系统新功能。有序推进新一代信贷客服系统、票据系统融合、网上金融服务平台提升等5个信息化项目并行建设，稳步开展数据治理工作。强化信息安全管理，组织“网络安全周”活动，精心组织网络攻防演习，全年未发生网络安全事故。

【党建工作】公司形成调研成果42份，完成两个层面107个问题整改、65个办实事项目。严格落实“第一议题”制度，全面贯彻“两个一以贯之”，认真落实“三重一大”决策制度，确保党委对重大经营决策全面参与、全程把关。探索实施“一支部一方案”，优化党支部考核评价体系，开展“1+N”“3+N”党建共建活动26次。制定巡察工作五年规划，修订贯彻落实中央八项规定精神具体措施，完善廉洁风险清单，开展“以案四说、以案四改”警示教育，不断擦亮“廉明立身、融信立业”廉洁文化品牌。

【企业文化建设】公司以庆祝中国石化成立四十周年、财务公司成立三十五周年为契机，通过宣传片、成果展、“企业文化我来讲”、员工风采大赛等多种方式，引导干部员工从公司发展历程中寻找智慧、汲取力量、获得启示。扎实开展团员和青年主题教育、青年精神素养提升工程以及“青马工程”集中培训，青年员工积极参与集团青年外语风采大赛、世界地热大会志愿者活动。

中国铁建财务有限公司

【集团概况】中国铁道建筑集团有限公司（以下简称“集团”）的前身是中国人民解放军铁道兵，现为国务院国资委管理的特大型建筑企业，2007年11月5日在北京独家发起设立中国铁建股份有限公司，2008年3月10日、13日分别在上海和香港上市，注册资本为135.8亿元。业务涵盖工程承包、规划设计咨询、投资运营、房地产开发、工业制造、物资物流、绿色环保、产业金融及其他新兴产业，经营范围遍及全国32个省、自治区、直辖市以及全球140多个国家和地区。

【经营概况】截至2023年末，中国铁建财务有限公司（以下简称“公司”）实现营业收入31.65亿元，利润总额11.64亿元，资产总额1160亿元，吸收存款余额1015.18亿元，日均吸收存款982.97亿元；发放贷款余额717.29亿元，日均发放贷款701.47亿元；2023年新开立本外币账户3695户，累计办理结算1545.89万笔，结算金额11.98万亿元；继续稳居行业前沿。

【服务实体】公司坚守金融服务于实体的初心使命，着眼集团发展战略和产业导向，助力集团产业结构转型，推动成员单位产业升级，大力支持新兴产业发展，非传统产业金融资源的支持力度逐步增加。优化“专精特新贷”服务方案，推出“便利贷”“智造贷”“保付贷”“降债宝（2023）”“化债宝”等专项信贷产品；充分发挥金融支持实体作用，支持主业资金融通、资产盘活、资源整合，提供专业化、高质量金融支撑。

【信贷业务】公司紧跟国家和集团重大战略部署，科学配置信贷资源，合理把控信贷投放节奏，严格控制信贷规模，不断丰富产品谱系；进一步优化完善信贷定价机制；积极引导增量信贷资源重点投向工业制造板块、专精特新“小巨人”、绿色生态环保等重点发展和支持项目，集中金融资源支持集团重点产业、优势产业、新兴产业的发展；全年累计办理保函119.96亿元。

【资金业务】公司推出“铁建惠存2023”“铁建优存2023”存款产品，有效发挥价格对存款产品期限的引导功能和稳存增储效能；持续完善同业拆借、同业存单、银行间债券市场的融资功能，保障流动性安全；持续强化资金监管功能，研究开发线上支付结算预算管理系统，提升流动资金管理能力；完善资产负债动态管理，坚持资金安全性、流动性和盈利性管理机制，提升资金预算预警和分析作用。

【投资业务】公司严格按照监管要求稳健开展有价证券投资业务；精准研判债券市场利率走势，克服金融市场波动影响，创新优化投资交易策略，实现投资综合收益2.89亿元；累计开展国债及存单等资产的波段交易288笔，从外部资本市场获取资本利得超额利润5447万元。

【票据业务】公司成功上线新一代票据业务系统并顺利开展业务运行，实现票据全生命周期管理；基本完成票据承兑业务线上化工作，实现承兑业务全链条线上化申请、办理和清算，有效提高公司承兑汇票的适用性；充分发挥“中铁建票据管家”功能作用，金融服务实体经济的效能持续提升；全年累计办理票据承兑7119笔，金额113.10亿元。

【外汇业务】公司积极跟进市场变动，合理利用境内外资金利差，及时把握政策窗口期，顺利协助中国铁建股份有限公司实现等值7亿美元境外放款落地；协助中铁十六局实现1亿元人民币境外放款落地，为保证俄罗斯在建项目工期提供资金支持；通过境内境外资金池联动，实现跨境资金合规流动，外汇服务能力实现进一步提升；积极推进CIPS支付透镜业务，跨境收款报文已经实现。

【资金集中】公司直面受限资金归集难题，按照受限资金类别，分类制订专项工作方案；针对体量最大的业主监管资金，充分发挥“代监管”归集模式的优势，“一企一策”为资金受限项目定制专属监管方案，创新制定出“夕归朝返”“暖心账户”“政策性资金”等多样化的资金集中模式，新增归集受限资金近100亿元。

【业务创新】公司顺应市场和政策变化改革“投融研”运作管理机制，创新市场化波段投资创效模式，探索银行间市场融资新路径，打造研究顾问高端服务品牌。通过主动波段交易盘活约50亿元长久期占用的金融资源，融资利率最低降至1.26%，有效提升了资金使用效率，为集团提质增效、降本创誉开辟了新的金融运作模式和利润增长点。

【风险管理和内部控制】公司积极落实“大风控”体系建设要求，重点着力加强风险内控、法律合规、监管指标、智能风控建设等方面工作；成功上线风险监测系统，建设完成反洗钱监测系统，风险监测预警能力大幅提升；持续推进法治合规体系建设，全面推进“大监督”体系建设。再获财务公司行业监管最高评级，成为建筑行业唯一一家连续七年获最高评级的财务公司。

【人力资源管理】公司持续完善优化干部人才选拔培育机制，稳步开展管理人员竞争上岗，择优选拔前、中、后台部门副职管理人员，切实强化干部梯队建设；创新开展云程计划“员工带教”暨“导师带徒”活动，不断加强对新员工的选拔和培育，为公司搭建人才“蓄水池”；持续深化三项制度改革，建立行政岗位、业务岗位“双通道”薪酬体系，树牢干事创业良好导向，进一步激发了创新创效的内生动力。

【信息化建设】公司统筹推进重点项目、系统的建设工作，优化核心业务系统结算功能；投产上线新一代票据业务系统、投融资管理系统；优化完善基础应用架构，实现各业务之间的高效互联互通，进一步消除了信息孤岛；邀请第三方评估机构系统开展信息科技风险评估与审计工作，增强了金融科技管理“三道防线”整体管理效能；代表集团作为靶标系统参加2023年度攻防演练，在系统不关闭、业务不间断的情况下，再次获得零失分的好成绩。

【企业文化建设】公司持续培育“铁建金钥匙”特色文化，在第五届中国金融年度品牌案例大赛中荣获中国金融年度品牌大奖；组织举办各类主题文化活动，增进交流，密切协作，将活动中勇于争先、顽强拼搏的精神融入日常工作当中；构建“铁建金钥匙”清廉金融文化，引导职工树立清廉从业理念，形成清廉从业行为规范和工作氛围。

中国铁路财务有限责任公司

【集团概况】中国国家铁路集团有限公司（以下简称“集团”）是经国务院批准、由中央管理的国有独资公司。2023年，集团扎实开展主题教育，聚焦新时代新征程国家铁路使命任务，以全面深化改革创新为动力，以加快构建“六个现代化体系”为载体，奋力推动铁路高质量发展取得显著成效。

【经营概况】截至2023年末，中国铁路财务有限责任公司（以下简称“公司”）资产总额605.29亿元，净资产总额144.49亿元，2023年实现营业收入21.60亿元，利润总额6.37亿元。

【服务实体】公司持续优化结算业务组织，做好各业务环节的结算工作，保证结算业务的规范、稳健运行。加强与合作银行沟通，提高资金收付入账处理效率。及时调拨结算头寸，满足资金收付的实时处理要求。发挥对成员单位结算资金支付的监管作用，积极控制和防范结算资金支付风险。制定金融消费者权益保护工作管理办法，切实承担金融消费者合法权益保护的主体责任。2023年累计办理结算业务28.16万笔，同比增幅为12.63%，累计结算资金流量9.8万亿元，同比增幅为18.04%。

【信贷业务】公司全力支持国铁企业发展，信贷资金投放规模屡创新高，2023年累计发放贷款213.3亿元，同比增长13.16%；2023年末贷款余额360.3亿元，同比增长20.3%，取得贷款利息收入8.89亿元。助力中小企业发展，解决融资困境，推行特色贷，累计发放贷款4.3亿元。开展首笔应收账款保理业务，缓解铁路工程建设企业季节性资金短缺问题。

【资金业务】2023年，公司存放同业存款日均余额497亿元，累计办理同业拆出437亿元，同业业务共取得利息收入10.8亿元，同比增长3.05%。首次确定存放同业合作银行名单，将同业业务纳入全面风险管理和统一授信。完善同业业务制度体系，修订存放同业业务管理办法，建立健全同业业务交易对手准入机制，防范和控制同业业务风险，更好地支持实体经济发展。

【票据业务】截至2023年末，公司累计开立财务公司承兑汇票46.28亿元。发挥财务公司电票平台功能，成员单位开立商业承兑汇票108.69亿元，收票21.08亿元，背书转让票据20.09亿元。完成新一代电子票据业务系统功能优化升级、测试工作，开展新一代票据业务系统上线及票据业务风险培训。以铁路局集团公司为试点，推行票据“五统一”管理，不断提升金融服务质效。

【业务创新】公司因企施策提供个性化信贷服务，开发了“智造贷”“商贸物流周转贷”“涉铁工程经营贷”三类特色信贷产品。成功办理首笔应收账款保理融资业务，规范国铁企业债权债务管理，打通国铁企业资产融资的新渠道。开立并承兑首笔可拆分商业汇票，利用财务公司与金融机构“总对总”优势，打通财票保贴通道，提升铁路票据市场渗透度。

【资金集中】公司履行资金集中管理职责，激励和吸引成员单位存款，截至2023年末，公司成员单位共201家，年日均存款775.50亿元，同比增加20.05亿元。调高部分成员单位协定存款利率水平，日均协定存款594.49亿元。支持成员单位降本增效，通过存款利率上浮为成员单位增加收益3.59亿元。

【风险管理和内部控制】公司秉持审慎经营理念，落实全面风险管理要求，各项监管指标均符合监管要求。开展风险审查信贷业务156项、审查合同合规性119份，制定和修订内控制度32项，定期开展反洗钱和案防工作。以操作风险、流动性风险、信息科技风险、合规风险防控为重点，开展风险排查专项治理，2023年未发生资金风险事件。

【人力资源管理】 公司组织开展正高级专业技术资格和副高级经济师资格评审推荐及职务聘任工作，推进国铁集团“百千万人才”工程，制订公司“百千万人才”工程专业拔尖人才选拔培养实施方案并选拔2名专业拔尖人才，完成5名专业带头人年度考核和周期考核。鼓励职工参加各类培训、参加职业资格考试，开展会计人员继续教育，提升职工业务素质。

【信息化建设】 公司构建了公司业务连续性管理体系，先后印发公司业务连续性管理办法、业务影响分析报告及业务连续性计划。成立安可工作领导小组和信息科技委员会，完善信息科技管理架构。根据业务发展需求及监管部门要求，研究印发了公司信息科技规划。按照监管部门对信息系统安全建设的要求，完成了代码安全检测及等保测评工作，初步实现了数据存储加密及脱敏。根据业务需求完成了新一代票据业务模块、同业约期活期及金数报送模块的上线应用。严格落实关于网络安全的要求，确保信息系统和数据安全。

【企业文化建设】 公司扎实开展学习贯彻习近平新时代中国特色社会主义思想主题教育，开展“勇当‘火车头’、先行做贡献”主题宣讲。学习宣传习近平文化思想，坚持将文化建设融入日常工作，融入内部控制、合规经营和风险管理，融入人才队伍培养和管理。推动清廉金融文化的建设，使每名职工都成为企业文化的实践者、体现者和倡导者。加强合规文化建设，开展员工行为自查、案防工作。加强教育培训，开展文化宣传等系列群众性文化活动，增加职工的归属感和责任感，形成公司内部浓厚文化氛围。

中国移动通信集团财务有限公司

【集团概况】 中国移动通信集团有限公司（以下简称“集团”）是按照国家电信体制改革的总体部署，于2000年组建成立的中央企业，注册资本为3000亿元人民币，资产规模2.4万亿元人民币。在党中央、国务院的坚强领导下，在上级部门的指导支持下，中国移动始终致力于推动信息通信技术服务经济社会民生，以创世界一流企业，做科技强国、网络强国、数字中国主力军为目标，坚持创新驱动发展，加快转型升级步伐，已成为网络规模、客户规模、收入规模“三个全球第一”，创新能力、品牌价值、公司市值、盈利水平“四个全球领先”的电信运营企业。连续19年获国资委中央企业负责人经营业绩考核A级，连续两次获评国资委科技创新突出贡献企业，连续23年入选《财富》世界500强企业、2023年列第62位。

【经营概况】 中国移动通信集团财务有限公司（以下简称“公司”）立足“金融服务者、资金管理者、价值贡献者”和“五大平台”定位，以“打造业界领先的金融平台，助力中国移动高质量发展”为使命愿景，依托服务集团，审慎稳健运营，构建以司库平台为“一体”、以资金运作和金融服务为“两翼”的发展体系，持续为集团公司创世界一流“力量大厦”注入金融力量。截至2023年末，公司资产总额1337.14亿元，所有者权益291.77亿元，营业净收入20.13亿元。公司严格把控风险，资本充足率、流动性比率等各项监控指标均符合监管要求，不良贷款率、不良资产率均为零。

【司库建设】 公司充分发挥集团司库实施平台作用，推动资金池、账户池、结算池、票据池全面升级。重构境内资金归集模式，全面建成委贷资金池，真正实现全集团“一个资金池”，资金备付效率大幅提升。账户层级持续拓展，主要账户收付场景实现全覆盖，账户体系成为成员单位收付主账户。集中支付全面实现，集中支付比例达99%，结算规模实现倍增。票据开立全面集中，票据贴现规模持续增长，实现票据集中监控。

【服务实体】公司围绕集团信息通信主业需求和科技创新布局，升级金融产品体系，打造票据贴现等六大生态产品，以及研发贷、新基建贷、科创保三大专项产品，推动金融产品供给侧结构性改革。坚持以客户需求为导向，组建运营服务团队，为成员单位配备“一对一”专属客户经理，推动实现公司金融产品在省公司、专业公司全覆盖。

【资金运作】公司积极顺应监管导向，加强金融同业合作，适时开展货币市场资金交易及同业存单配置，提升短期资金运作效率。强化投资风险防控，审慎开展债券基金、国债一级市场申购等投资业务，稳健提升资金收益。分类优化投资指引，细分资产类型跟踪监控，持续加强业务精细分类管理。

【风险管理】公司持续夯实“金字塔”全面风险管理体系，制定风险地图，形成涵盖7大类风险、64项指标的监测体系。加强重点领域风险管控，开发风险价值（VaR）模型，完善压力测试模型，引入YY评级、中债隐含评级作为投后管理工具。明确应急处置组织机构、重大风险场景、风险重要性标准，制订重点业务应急预案，建立风险事件应急管理机制。

【人力资源管理】公司加强顶层规划，首次制定发布《公司“十四五”人才规划》，搭建“12443”人才工作体系。优化队伍结构，完成新一轮专家选拔，启动青年人才炼金计划，基本建成人才梯队，前台业务部门人员占比持续提升。持续激发队伍活力，加大差异化激励和专项激励力度，加强员工关爱。

【信息化建设】公司持续完善数智化转型机制，制定数智转型顶层规划，组建业务IT一体化团队，健全管理支撑体系。升级业务平台，优化业务流程，业务办理效率大幅提升。深入推进数据治理，制定数据治理三年规划，统一公司级数据标准，发布数据治理规范，基础数据纳管率提升至80%。

【企业文化建设】公司强化品牌文化引领，升级拓展“党建融金”品牌内涵，发布“稳健、创新、专业、担当”团队文化，不断凝聚强大发展力量。深入推进党业融合，开展“领题破题 合力攻坚”主题实践活动和“贯通学思想 人人见行动”系列活动等，促进党支部解决关键难题，引导员工积极投身岗位实践，开展“链上党建金融行”等活动，加强同业交流，以党建交流促进业务合作。

中国重汽财务有限公司

【集团概况】中国重型汽车集团有限公司（以下简称“集团”）是我国重型汽车工业的摇篮和行业驱动形式、功率覆盖最全的重卡企业之一，拥有黄河、汕德卡、豪沃等全系列商用汽车品牌。2023年，集团重卡市场占有率26%，连续两年取得行业第一；在长途物流运输、快递快运、危险品、渣土车、冷藏车、高端专用车等细分市场夺得十个行业第一；重卡出口同比增长46%，稳居重卡行业出口“半壁江山”，海外高端产品销量同比增长306%，一举打破欧美产品对高端重卡市场的封锁，擦亮了民族重卡全球品牌。

【经营概况】截至2023年末，中国重汽财务有限公司（以下简称“公司”）资产总额为

463.33 亿元，存款余额为 392.17 亿元，贷款余额为 63.47 亿元；2023 年累计实现营业收入 12.05 亿元，利润总额 6.52 亿元，各项指标均符合监管要求。

【信贷业务】2023 年，公司累计发放成员单位贷款 47 笔，金额 58 亿元；增加中长期流动资金贷款业务品种，为 5 家成员单位累计发放中长期贷款 12 亿元，满足成员单位中长期资金需求；支持集团新能源产业布局，为新能源制造企业提供贷款 1.69 亿元，支持新能源重卡销售 400 辆；新增智能科技公司信贷支持，助推集团“新能源、新科技、新业务”蓄势崛起。

【资金业务和投资业务】自主搭建流动性管理平台，对全量收付业务进行线上监测，提升资金计划的时效性和准确性，结合流动性风险指标，进行灵活的动态资产配置，既保证成员单位对外付款，又抓住市场交易机会，提升资金管理水平和价值创造能力。2023 年，累计开展国债逆回购、同业存单二级市场交易 529 亿元，活期资金收益提升 26 个基点，增收 1000 多万元。

【票据业务】2023 年，公司累计开立银行承兑汇票 109.21 亿元，银行承兑汇票余额 63.13 亿元；开立商业承兑汇票 117.63 亿元，有效保障了集团及成员单位的采购付款。

【外汇业务】公司发挥财资管理优势，提供外汇咨询服务，落实外汇业务沟通机制，协助集团管理汇率风险；助力集团国际化发展战略，全年累计结汇量占国际公司总结汇量的 68%，同比增长 4%，通过给予优惠报价，让利成员单位 673.7 万元；拓展海关保函业务，2023 年累计办理海关保函报关 74 份、0.26 亿元，缩减成员单位通关手续，提升通关效率。

【资金集中】公司不断提升资金集中管理水平，优化核心业务系统结算、票据功能，成员单位自动归集签约比例达 70%；助力集团资金精细化管理，新增 3 个月、6 个月、12 个月存款业务品种，年末余额 131.96 亿元，全口径资金集中度进一步提升至 74.19%，较年初增长 3.78 个百分点。

【业务创新】公司自主研发报价管理平台、资金运营数据管理平台，提升数据分析准确性，实现资金业务精细化管理。2023 年配置国债、政策性金融债 48.8 亿元，增厚收益 2000 余万元。一头在外产业链业务停办导致集团上游供应商融资渠道减少，公司通过创新业务模式，引入银行等金融机构，持续为企业集团上游供应商提供融资服务。截至 2023 年末，合作银行为近 40 家供应商提供资金支持，融资金额突破 6 亿元，有效维护集团供应链稳定，促进集团与产业链企业实现高质量协同发展。

【风险管理和内部控制】公司持续完善内控制度建设，建立健全内控制度，2023 年立、改、废制度 70 余项；推进端到端流程建设，新增、优化流程 20 项，固化关键控制环节，提升运营效率和内控管理水平；建立合规检查机制，聚焦信贷、票据、投资等重点业务，突出关键领域风险防控，及时改善内控缺陷和管理漏洞；推进审计关口前移，严格按照“揭示风险、规范业务”的要求，对结算、资金及国际业务实行 T+3 事后监督，提出问题、建议 90 余项，切实提升审计监督作用。

中航工业集团财务有限责任公司

【集团概况】2023 年，中国航空工业集团有限公司（以下简称“集团”）如期实现“十四五”规划年度目标，科技创新实现明显提升，航空装备不断取得突破，民机产业开启发展新局，能力提升加快升级步伐，治理现代收获阶段成效，“三新一高”形成体系布局，人才引领发挥显著效能，风控合规凸显保障作用，党的建设持续走深走实。集团 2023 年实现利润总额 257.3 亿元，EVA157.9 亿元，研发经费投入强度达 8.9%，实现总收入 5880.2 亿元；按计划完成航空装备任务，交付民机 664 架；打造 15 个重要创新平台，行业门类进一步优化；获 2022 年度国资委企业负责人经营业绩考核结果 A 级。

【经营概况】 2023 年，中航工业集团财务有限责任公司（以下简称“公司”）聚焦服务集团首责主责主业，牢牢守住不发生系统性风险的底线，全力推进集团公司司库建设，资金集中水平持续提升，内源融资规模大幅增长，资金运用效率不断提高，干部人才队伍建优建强，高质量党建引领高质量发展成效更加彰显。公司合并结算中心完成营业收入 44.57 亿元，实现利润总额 10.49 亿元，EVA1.77 亿元，主要经济指标超额完成。

【服务实体】 公司全年存贷款为成员单位让利合计 3.82 亿元。其中内源融资较 LPR 降低融资成本 3.32 亿元；存款较同期商业银行平均利率高，向成员单位累计多支付优惠利息 0.5 亿元。

【信贷业务】 公司贷款融资规模 578.12 亿元，降低集团公司资产负债率 1.27 个百分点。一是围绕科技创新五大行动任务，配合科技与信息化部制定科技创新贷款管理办法。整合内外部资源，投放科技贷、科研贷专项贷款 59.79 亿元。二是为重大工程建设及军用航空与防务、民用航空提供全经营周期融资支持，投放存货采购专项贷款 39 亿元；对集团条件建设、数字化智能化升级改造项目提供中长期固定资产贷款 5.44 亿元；投放军贸专项买方信贷 23 亿元；持续开展军品应收账款保理、票据贴现 61.7 亿元。三是服务“三新一高”，推进融资统筹，提升内源融资比重，降低集团带息负债和融资成本。

【资金业务】 公司一是开展资产负债配置管理，加强资金计划管理，防范流动性风险。统筹存放同业和金融市场配置，提升资金使用效率。二是加强资金市场研判，全年资金业务累计交易量 4569 亿元，同比增长 11%。利用市场短期波动资金融出 2160 亿元，平均收益率 2.59%，较上年提升 16 个基点，较银行间市场加权利率（7 天）高出 36 个基点。三是实施精细化管理，上线批量定时资金调拨系统，实现非工作时间自动批量调拨，累计完成 749 笔共 512.66 亿元，提高资金收益利差 34 万元。全面提升流动性管理水平。

【投资业务】 公司实现投资收益 15.49 亿元，投资管理资产日均 626 亿元。一是加大投研，夯实“流动打底、定开保护、策略增强”的基金组合。货币基金日均规模 24.39 亿元，年化收益率 2.27%。债券基金日均规模 19.25 亿元，年化收益率 3.2%。二是优化结构，夯实“高票息配置打底、活跃券交易增强”的利率债券投资组合。利率债券组合日均规模 20.6 亿元，全年交易量达 36.5 亿元。收益率为 2.72%，交易增强 100 个基点，优于 5 年期国债收益 17 个基点。三是建强交易，夯实“流动性与收益性高质量平衡”的同业存单投资组合。同业存单日均 556 亿元，全年交易量 1627 亿元。组合收益率 2.47%，交易增强 5 个基点。

【票据业务】 商票出票集中度 87%；线上清算量占比高达 99%；集团公司有票据余额的 404 家单位全部纳入票据集中管理范围，通过集票宝功能实现全集团票据信息的动态采集、可视监控和兑付预警；525 家单位已纳入票据账户主动管理，未出现伪假票据，无逾期票据。

【资金集中】 公司 2023 年末全口径资金集中率 75.56%，可归集资金集中率 95.81%，同比增长 1.47 个百分点；年末吸收存款 2202 亿元，同比增长 6.6%；存款日均规模 1281 亿元，同比增长 21.8%，创历史新高。平均存款利率 1.69%，同比下降 0.37 个百分点。

【业务创新】 公司全面完成“1 + 6 + 12 + 15”司库建设目标，12 个司库子系统全部上线，2023 年 12 月末通过集团验收。全级次单位已开通司库系统 888 家，开通率达 97.5%；全级次单位 7280 个银行账户全部纳入系统集中管控，清理低效无效账户 847 个。实现对境内 5582 个账户的实时监控，可联网账户联网率达 99%。完成 1309 个境外银行账户录入审核，完成率 96%；金融衍生业务系统与全部有业务资质的 68 家单位实现系统直连，境内外 128 种商品类、货币类金融衍生业务全部纳入系统；实现司库信息的穿透查询和动态监测，加强对资金舞弊风险、资金合规性风险、资金流动性风险和金融市场风险的管理及预警。

【风险管理和内部控制】公司无不良资产和不良贷款，信用风险整体可控。投资业务均为低风险产品，市场风险可控。平均流动性比例 47.49%，流动性较为充裕。平均资本充足率 15.68%，资本充足。监管评级结果为 2A，未发生一票否决项。一是持续做好评级授信，做好监测预警，完善压力测试模型和流动资金缺口测算模型；二是健全优化“123424”制度体系，对信贷业务、票据业务、采购管理、项目管理等核心业务域 91 项制度开展评价并对 126 项流程进行优化；三是加强法治合规体系建设，制度、合同法律审查率达 100%。固化嵌入业务信息系统的内控节点数量共计 241 项，涵盖信贷、资金、结算、投资等各类业务，以及印章、采购、审计整改等管理事项。

【人力资源管理】公司一是加强党管干部，印发实施意见，优化“墩苗”计划，丰富优秀年轻干部数据库。通过组织选拔方式选拔任用干部 3 名，1 名干部获外部交流提拔，表彰优秀干部 4 名。二是加强党管人才，成立人才工作领导小组，做好顶层规划，严格选人标准，强化培训历练，轮岗交流 6 人次，培养复合型人才。

【信息化建设】公司完成数据治理平台建设。发布 17 个数据域模型，包含 91 张表、2350 个字段，实现数据标准统一。完成 2.6 亿条数据整理。风险管理信息化水平全面加强。建成覆盖全部经营数据的风险检查分析系统、针对流动性风险的监测预警系统、各项风险指标和风险数据的测算分析系统，按监管要求形成了覆盖业务、流程、数据的风险管理信息系统，形成业务监测报表 500 余张、重要风险指标监测报表 300 余张。

【企业文化建设】一是党的领导彰显新局面。深入贯彻落实习近平总书记重要指示批示精神，学习“第一议题”62 项，并部署督导跟踪问效；制定“1+3”权责清单，修订《审批事项清单》156 项。二是思想政治展现新面貌。扎实开展主题教育；组织中心组学习 6 次，读书班 1 期，专题研讨 7 次；全面落实意识形态工作责任制。三是党业融合实现新突破。制订贯彻落实“1122”体系实施方案和工作计划，入选集团“1122”优秀案例 2 项；加强“三基建设”，开展联学共建 6 次；印发“双融双促”工作方案，围绕重点任务组建 13 支党员突击队、19 个党员示范岗。四是兴文化人焕发新活力。制订先进文化力建设总体方案，开展清廉金融文化、保密文化、合规文化等子文化建设。五是政治生态营造新气象。履行全面从严治党主体责任，严格执行中央八项规定精神和履职待遇、业务支出管理规定。六是党工团联动续写新篇章。积极落实“3511”工会工作体系、“5811”青年工作体系。建设“幸福驿站”。激励“罗阳青年突击队”奋战司库建设一线，1 名员工获“中央企业青年岗位能手”称号。

中核财务有限责任公司

【集团概况】中国核工业集团有限公司（以下简称“集团”）是经国务院批准组建、中央直接管理的国有重要骨干企业，是国家核科技工业的主体、核能发展与核电建设的中坚、核技术应用的骨干，拥有完整的核科技工业体系，肩负着国防建设和国民经济与社会发展的双重历史使命。60 多年来，我国核工业的管理体制先后经历从三机部、二机部、核工业部、核工业总公司到中核集团的历史变迁，完整的核工业体系始终保存在中核集团并不断得到新的发展，为核工业的发展壮大奠定了重要基础。

【经营概况】2023 年，中核财务有限责任公司（以下简称“公司”）在集团党组的领导下，积极发挥司库建设主引擎作用，全力落实集团公司资金管理要求及稳杠杆工作部署，金融服务实体经济力度不断提升，公司转型升级和高质量发展一体化推进取得突破性成效。截至 2023 年末，公司资产规模 970 亿元，全年实现营业收入 24.26 亿元，利润总额 11.51 亿元，累计为集团节约财务费用超过 20 亿元，超额完成年度经营目标，公司获得集团 2023 年度业绩突出贡献专项奖，获得第十九届军工企业管理创新成果二等奖，公司《“碳”索之路绿色金融案例》获得第六届中国金融年度品牌大奖，公司《加快建设央企一流司库体系的“中核路径”案例》获得第六届金融业年度人气品牌案例。

【服务实体】2023 年，公司对重点领域支持力度持续加大，稳定支持集团重大项目建设。顺应市场定价，积极参与重点核电、风光水电项目融资，持续支持集团 JG 项目所需资金。一是发挥引领作用，深化融资顾问、资金保障、主业支撑三重功效。二是转换服务方式，持续深入开展重大工程客户培育，将产业优势、行业优势、企业优势进行更加深度融合。为集团重大项目高质量发展提供系统性解决方案，组织线上线下多渠道沟通，将财务顾问功效发挥得更加深入。三是发挥内部银行差异化作用，立足集团需求，变弱势为优势，在大项目遭遇外部议价困难时发挥价格引领作用。此外，2023 年公司还参与了项目银团贷款，增强外部金融机构信心，提升客户融资能力。

【信贷业务】2023 年，公司充分发挥资金管理能效，发挥价格引领作用，内部资金使用效率得到有效增强；积极贯彻国家“双碳”目标，深化绿色发展，完善绿色金融制度体系建设，打造公司绿色金融品牌，公司绿色信贷占比稳定保持在 70% 以上。持续加大绿色项目贷款及超短期贷款的推广与应用，精准满足客户需求，聚焦绿色能源产业发展，对新能源的资金支持力度不断提升，《中核财务“碳”索之路》获得中国金融年度品牌大奖，发布《中核财务有限责任公司关于金融支持科技创新的行动方案》并向各成员单位进行宣贯，形成金融支持科技创新的信贷政策。

【资金业务】2023 年，公司锚定同业收入提升目标，全面分析同业业务开展边界，分类制定业务策略，创新工作思路，提升精益化管理程度。规模方面，以充分保障内部资金使用效率为前提，加强资金预测的准确性和资金计划管理的有效性，进一步释放同业资金配置信贷产品。利率方面，加强同业利率市场跟踪和与合作对手的价格谈判，抓住有利时点，配置工商银行、农业银行、兴业银行、光大银行等多形式产品；把握美元升息周期，提高中国银行、稳定工商银行美元活期价格，积极开展美元定期存款业务。

【投资业务】2023 年，公司紧密跟踪市场变动，积极审慎开展各项投资业务。一是完善投资风险管控措施，细化产品止盈、止损操作要求；对市场重大事件进行持续跟踪，做好前瞻性研判。二是建立并优化产品准入、筛选和评价模型，丰富业务管理工具。三是优化资产配置结构，持续压缩弹性类资产占比，择机增配部分稳定类资产，减小资产波动幅度。四是强化投后管理，按季度定期开展投后尽调，对持仓产品开展业绩归因分析，监控业务风险变动；加强应急响应，针对市场异动和重大舆情，及时启动分级报告机制，提高应急响应效率。

【票据业务】2023 年，根据集团产业链特点，深挖成员单位票据业务合作潜力，重点在核电产业进行推广，年内成功实现核电企业通过票据方式实现快捷支付；在传统开票、收票模式的基础上，针对当前产业链特点，开发即

Z

时贴现票据业务模式，联合外部金融机构，开展从开票到贴现的全流程服务，开票后立即办理贴现，并由开票方承担贴现利息，票据贴现单笔单议，确保最低贴现价格，确保收票单位即刻拿到现金，有效节约开票方资金成本。通过统一询价、统一服务、统一流程，为司库进一步实现金融资源统一管理奠定基础，实现了赋能产业链、协同产业链的目标。

【外汇业务】2023 年，公司办理本外币跨境结算业务 317 笔，金额折合 15.25 亿美元。积极推广公司本外币跨境资金集中运营资质，针对集团成员单位跨境业务需求提供专属解决方案，扩大公司本外币跨境资金池参与单位范围，不断提升服务质量，助力集团与成员单位跨境业务办理。同时，公司积极践行创新精神，于 2023 年完成 CIPS 标准收发器向 CISD 一体机的升级工作，开通 CIPS 支付透镜、全额汇划与跨行账户集中可视功能，并通过上述功能为集团与成员单位提供高质量的人民币跨境结算与账户集中可视服务。

【资金集中】2023 年，公司日均吸存规模首次突破 800 亿元。月均境内全口径资金集中度同比提升 7.33%，月末集团境内全口径资金集中度同比提升 1.73%，圆满完成各项指标。年内，根据监管最新要求及中核集团资金集中管理办法，公司对资金集中管理规程进行了修订，进一步确保业务的合规、有序开展。此外，公司多次通过视频会等途径，向各单位宣贯资金集中最新要求。技术上，持续拓展银企直连通道，增加中国农业发展银行、国家开发银行，中国进出口银行 3 家战略行的银企直连，将银企合作银行扩展至 18 家。同时，结合集团司库建设要求，于 2023 年 8 月上线司库资金管理平台资金集中填报模块，实现全集团资金集中线上填报，极大提高资金集中数据填报效率，并为本年度提升归集资金提供数据支持。

【风险管理和内部控制】2023 年，公司强化风险管控，稳健经营，统筹发展与安全的基础稳步提升。公司密切跟进新财务公司管理办法和后续监管政策的要求，及时研究解读，分析对公司影响，有针对性地提出过渡阶段工作建议，确保监管要求全面落实到位。公司积极应对外部宏观经济环境复杂变化，全面加强结算、信贷、同业和投资业务风险管控，切实防范各类业务风险。构建包含公共安全、资金安全、信息系统及网络安全、职业健康安全为一体的“大安全”管理体系，公司制定安全风险 TOP10 清单，紧盯过程管控，实现闭环管理，重点时期提级管控，做到全年零事故、零差错。全面落实国资委《中央企业合规管理办法》有关要求，健全合规管理机构，完善合规工作机制，持续强化合规管理能力，动态更新合规风险清单，将合规要求进流程、入岗位。

【人力资源管理】一是强化人力资源保障。迭代升级“三项意识、三项思维、四项能力”的“金鹰人才”三角胜任力模型，深化“公司—部门—员工”三级培训体系，构建“向内能力提升、向外业务输出”的知识共享机制，深化“技术 + 管理”双通道职业路径，实施“职能部门 + 专项工作组”的人员配置，构建各展所长、各尽其才的人才生态。二是强化人才机制建设。筑牢“价值共创、利益共享、多劳多得、优劳优得”的考核分配理念，以“绩效工资、专项奖励、荣誉表彰”激励组合，向重要专项、创新创效业务领域和一线业务骨干倾斜，专项数量较上年增长 10 个，奖励投放较上年增长 17%，在金融行业整体薪酬下行的环境下，通过控员增效的方式实现员工薪酬水平的合理连续增长。

【信息化建设】2023 年，公司信息化建设、数字化转型方向更加清晰、路径更加精准、方法更加实际、转型更加高效。2023 年持续完善公司核心业务系统，保障系统稳定，提升业务连续性，为系统升级奠定良好基础。围绕建设“效能型”司库的目标，完成 500 多项功能新增和优化，丰富司库的内涵；加快推动中核集团业财资系统的互联互通和数据共享，实现司库与中核集团财务共享平台、供应链金融平台等系统的深度融合。开发“同业询价”等一批小而美的应用程序，营造全员数字化的良好氛围；本年度持续夯实信息化安全底座，开展风险扫描、整改和应急演练，有序向中核集团数据中心迁移，满足国资委基础设施自主可控需求。完成了司库系统安全检测和整改，通过了司库等保三级备案。

【企业文化建设】公司党委始终坚持全面系统深入学习习近平新时代中国特色社会主义思想，把握好政治方向和战略定力，开展39次“第一议题”和中心组学习。一条高线推进学习贯彻习近平新时代中国特色社会主义思想主题教育，“1114”经验得到中央主题教育官网报道。围绕司库建设召开解难题分享会，立项4个党建项目，开展目标承诺践诺。司库建设协同案例入选集团十大优秀协同案例。系统策划新闻宣传，40余篇文章被学习强国、《人民日报》等转载。大力推进品牌建设，荣获金融年度品牌案例大赛2项大奖、《国资报告》刊登司库文章。扛起全面从严治党主体责任，探索加强对干部职工“八小时外”教育管理监督。落实央企社会责任，连续17年向核工业特困救助基金累计捐款4700万元。

中化工程集团财务有限公司

【集团概况】中国化学工程集团有限公司（以下简称“集团”）是国务院国资委监管的中央企业，是我国工业工程领域资质最为齐全、功能最为完备、业务链最为完整、知识技术密集、规模实力强大的国际工程公司，2023年在ENR排名中位列“全球最大国际承包商”第16位，持续位居ENR全球油气领域承包商榜首。2023年，集团经营业绩再攀新高，深度对接国家战略，不断提升经营质量和能级；荣获国家专利奖银奖2项；荣获石化联合会科技进步奖一等奖；连续两年获评中央单位定点帮扶最高等次评价；积极践行ESG理念，入选中国ESG上市公司先锋100榜单、中央企业社会价值先锋50指数。

【经营概况】2023年，中化工程集团财务有限公司（以下简称“公司”）实现营业收入9.94亿元、利润总额3.88亿元、净利润2.89亿元。截至2023年末，公司资产总额466.98亿元，吸收存款421.61亿元，信贷投放达到132亿元。公司20亿元注册资本金增资到位，连续2年入选“东城区百强企业”，在集团公司董事会建设考核中获得A级优秀成绩，获评中国财务公司协会2023年度“行业数据统计优秀单位”“课题研究突出贡献单位”“行业研究突出贡献单位”，10余篇案例文章荣获多项奖项。

【服务实体】公司助力集团公司实业项目降本增效，牵头组织银团贷款置换工作，有效降低集团公司外部带息负债及财务费用，发挥优势提供咨询顾问服务；协助集团公司完成2023年债券发行国资委备案工作、44亿元可续期公司债及长期限含权中期票据发行、天辰公司科创票据发行。

【信贷业务】公司以集团公司“两商”发展战略为引领，以全年经营目标和重点任务为目标，立足集团主业，持续加大信贷业务开发力度。截至2023年末，授信客户覆盖51家企业，各项信贷业务余额达132亿元，对集团成员企业的金融支持力度再创新高。

【资金业务】公司坚持头寸管理与资产负债管理，密切关注货币政策及市场走势，优化定价策略；在满足准备金、日常支付结算及信贷资金需求的前提下，抢抓机遇、开拓渠道做好同业资金优化配置。

【投资业务】公司坚持“严控风险、合理收益”原则，有效运营投资资金，创新投资银行二级资本债、保险公司资本债、固定收益类基

Z

金等金融产品；加强投资风险研判与跟踪，高质量完成债券清理，继续保持有价证券投资无风险良好状态，在有效兼顾风险与效益的前提下努力提升投资收益。

【票据业务】2023 年，公司累计零成本零手续费为企业办理开票业务 2317 笔，累计金额约 18.47 亿元。完成票据贴现业务累计金额 35.41 亿元，有力改善了成员企业的经营性现金流，拓展了企业融资渠道。票据再贴现日均规模达到 5.28 亿元，位居辖内财务公司第二，获人民银行通报表扬。

【外汇业务】公司 2023 年累计为 17 家成员企业/项目部办理代客结售汇，金额为 3.03 亿美元，节约财务费用 140 万元人民币。办理集中付汇业务 61 笔，境外放款业务 18 笔；完成 1 次资金池变更备案；发布外汇市场分析月报 12 篇，外汇周报 20 篇，出具企业结售汇反馈意见 20 份，出具金融风险事件专项分析报告 1 篇，协助集团公司及兄弟企业出具 10 余项外汇风险管理方案。

【资金集中】公司不断探索创新境内受限账户资金集中新模式，2023 年度通过创新模式实现 5 个受限账户累计归集资金 22 亿元。年末实现资金归集余额 421.61 亿元，金融监管全口径资金集中度为 62.83%。

【业务创新】公司完成首笔买断式票据回购业务，有效盘活存量票据 90 张，涉及票据资产 2.12 亿元；完成首笔金额 300 万美元同业外币拆出业务，助力公司外币资产配置“主动式管理”；完成首笔人民币跨境支付系统（CIPS）项下境外放款业务，并通过 CIPS 系统完成首笔收款；为大江环保发放绿色信贷，绿色金融业务走向实处。

【风险管理和内部控制】公司不断完善全面风险体系建设，守住不发生重大风险底线；加强信用管理，前移风险把控关口，深化项目调查研究与业务审查分析，加强监管新规内部化，优化完善资产分类管理等相关制度；深化法律合规风险管理，创刊《风险视界》并定期发布；认真推进专项风险管理，建立合规运营长效机制；全力做好监管数据管理，完善监管数据治理体系，高质量完成 1104、EAST、金融稳定、风险监测基础数据库等非现场监管统计报表，获中国人民银行、东城区统计局通报表扬。

【人力资源管理】公司持续拓宽引才渠道，开展青年成长专项行动，举办中层管理人员领导力提升、中央金融工作会议精神解读两大专题培训及各类培训；鼓励员工自主学习，14 人通过各类资格考试；组织参加集团公司“理财杯”财税大赛，荣获团队优胜奖，2 人分获二等奖和优胜奖。完善考核和薪酬制度，建立管理人员末等调整、不胜任退出机制，对部门实施分类差异化考核；落实考核结果刚性兑现，营造“比学赶超”良好氛围。

【信息化建设】核心业务系统二期如期上线，大幅提升业务处理能力；建设完成“结算支付平台”和“银行票据直连接口平台”；新一代票交系统正式上线，实现票据业务移动办公；二代征信系统通过人民银行终期验收，实现数字化征信、智能化授信能力；完成数据中心主机房消防系统改造，有效提升抗灾能力，有效防范化解各类风险。

【企业文化建设】公司积极探索党建引领生产经营，开展“创先争优 KPI 加一”主题活动，发挥党员先锋模范作用。积极构建党总支“第一议题”、党总支主题党日和所属党支部“三会一课”的三级联动学习机制。持续参与“中国化学”品牌建设，制订品牌引领方案，全年发布宣传稿 345 篇，围绕企业文化、中国传统文化等主题开展宣传活动 27 次，围绕公司成立 10 周年开展宣传册编制、专题报道并组织职工文艺活动，评选“十年卓越耕拓奖”“五年忠诚贡献奖”。全面参与主题征文、演讲比赛、书法征集、展厅建设、年鉴刊发、文艺汇演等集团公司成立 70 周年“1+9”系列活动，2 篇征文分别获二等奖、优秀奖，选送的圆舞曲《让世界更炫彩》成功演出，获集团书面感谢及荣誉表彰。

中化集团财务有限责任公司

【集团概况】 中国中化控股有限责任公司（以下简称“集团”）是由中国中化集团有限公司与中国化工集团有限公司联合重组而成的国有重要骨干企业，员工22万人。业务范围涵盖生命科学、材料科学、石油化工、环境科学、橡胶轮胎、机械装备、城市运营、产业金融八大领域，是全球规模领先的综合性化工企业。旗下拥有16家境内外上市公司，在全球超过150个国家和地区拥有生产基地和研发设施，位列2023年《财富》世界500强榜单第38位，化学品行业榜单第一位。

【经营概况】 2023年，中化集团财务有限责任公司（以下简称“公司”）精准把握“以司库体系为中心的综合金融服务平台”功能定位，牵头建设集团司库管理体系，履行司库实施与金融服务职责，主要经营指标再创新高；着力推进资金集中，坚持服务实体经济，日均存、贷款规模同比实现较大增幅，全年“零不良”，各项监管指标稳健、合规。

【服务实体】 在经营政策方面，将集团重点企业纳入战略客户管理；在运营机制方面，建立以全面风险管理为主导的管理保障机制并配备专业人员；在业务拓展方面，不断创新业务模式、丰富产品类型，为成员单位提供多元化、定制化的优质综合金融服务。

【信贷业务】 公司信贷业务以服务集团核心主业为宗旨，紧密围绕客户需求，提供优质、高效的信贷金融产品组合；全面依托司库建设，支持集团重点战略，保障优势产业链高效运行，着重服务实体经济；深耕两化整合深水区，保障成员单位生产经营正常化；2023年，累计发放贷款近7000笔。

【资金业务】 在同业业务方面，公司不断加强与机构合作，积极参与同业存单交易、同业拆借、银行间及交易所债券回购等货币市场业务，不断加强融资能力建设，做好协同保障工作。同时，公司注重机构与信用风险管理，对交易对手准入及授信管理进行审慎评估，确保资金安全。

【投资业务】 公司以债券投资和公募基金投资为主。债券投资以利率债、成员企业债为主，采用配置为主、交易为辅的策略，适当获取资本利得；基金投资方面，配置风格稳健、波动率较低的纯债或二级债基，确保组合收益的稳健性。积极推介成员单位债券发行项目，引导10多家同业机构参与成员单位公司债、中票、可续债等债券申购并中标，发挥同业、投资及财务顾问作用。

【票据业务】 公司围绕集团核心企业推广票据业务，依托司库管理体系，全面提升票据集中管理各项能力；同时，在传统票据业务基础上创新票据运作，引入票据投融资一体化新模式。

【外汇业务】 公司积极践行央企责任，严格遵守国家外汇政策，向集团及成员单位提供结售汇、跨境资金运营、外币存贷款、境内外企业集中收付等综合金融服务，跨境及境外服务范围、规模同比显著提升；成功获批开办普通类衍生产品交易业务资格。公司即期结售汇业务规模持续位于行业前列，为集团及成员单位提供汇率风险管理咨询服务，助力集团有效管控汇兑成本及汇率风险。

【资金集中】 公司以司库管理体系建设为核心，定期对资金、账户集中数据进行汇总分析并形成专项报告。同时，不断提升综合金融服务能力，在合规基础上，保持存款利率最优水平，推进多家上市公司提升存款上限；同时，拓展直连银行范围，优化财企直连和结算效率，推动资金集中水平持续提升。

【业务创新】创设“纾困降本”、票据运作与投行服务等新业务模式，有力支持集团减债降费、提质增效；定制跨境贷款业务，充分运用外汇业务资质；落地“集采通”供应链金融产品，服务集团集中采购，深化内部产业链协同；创新HSE贷款、科技贷等专项产品。

【风险管理和内部控制】公司以“合规经营、稳健发展”为总体风险偏好，落实监管新规，坚守合规底线，稳健开展各项经营业务；优化统一风险量化模型并线上化应用，在风险可控的前提下协同业务创新，提高服务效能；完善内控体系，建立内控及权责手册，持续优化精简内控流程，提升内控数字化水平；优化合规管理体系，持续更新规章制度，有效落实《中央企业合规管理办法》；编纂法规汇编，定期发布宣传专刊，开展法律合规宣传培训。

【人力资源管理】公司打造充满活力的干部、人才队伍。顺利完成新财司薪酬福利体系改革并轨工作；建设以司库体系、国际化经营为核心的特色化培训培养体系，推动中层干部培养项目、高潜人才培养项目落地实施；加强人力资源科学统筹与合理配置，着力推进人才结构优化；规范完善岗位体系，有序开展年度职级晋升工作。

【信息化建设】2023年，公司共完成28个功能模块开发上线；完成新一代票据系统建设，上线“集票宝”；部署实施应用系统监控平台，完善全方位监控预警体系；部署“零信任”安全架构，以实战攻防为导向；推进数据治理体系建设，优化完善数据管理平台，上线数据加密与脱敏功能。

【企业文化建设】公司严格落实“第一议题”制度，压实党建工作责任，强化创新理论武装，实施党建“七抓”工程，积极践行新时代中国中化“精气神”，充分发挥党组织和党员作用，深入开展党建“共建三角”活动，推动党建与业务工作深度融合、互融共促。

中集集团财务有限公司

【集团概况】中国国际海运集装箱（集团）股份有限公司（以下简称“集团”）1980年1月创立于中国深圳，1994年在深圳证券交易所上市，2012年12月在香港联交所上市，主要股东为深圳市资本运营集团、招商局集团等。集团是世界领先的物流装备和能源装备供应商，致力于在集装箱、道路运输车辆、能源化工及食品装备、海洋工程、物流服务、空港设备等主要业务领域提供高品质与可信赖的装备和服务。作为一家为全球市场服务的多元化跨国产业集团，集团在亚洲、北美洲、欧洲、澳洲等地区拥有300余家成员企业及3家上市公司，客户和销售网络分布在全球100多个国家和地区。

【经营概况】2023年，中集集团财务有限公司（以下简称“公司”）紧密结合集团发展战略，积极发挥四大平台作用，持续深化集团资金集中管控、增强金融服务能力，保持公司审慎合规经营，稳健发展。2023年末，公司总资产折合人民币约115亿元，全年实现营业总收入约人民币3亿元，实现净利润人民币0.77亿元。

【资金集中】公司持续深化集团资金集中管理，提升上市公司限额。通过大力推广超级网银、提升结算效率，优化核心系统功能，持续优化综合服务，积极为客户创造价值，进一步加大资金集中力度。2023年末全口径资金集中度约为43.91%。

【信贷业务】公司紧紧围绕集团发展战略目标，紧跟产业发展步伐，开展产业研究分析，针对不同产业特点，快速响应企业需求，制订差异化专项服务方案，不断提升信贷服务质效，持续加大对重点产业企业信贷支持。同时，公司为产业板块提供差异化、特色化的绿色金融服务。公司全年新增信贷投放总量超过人民币129亿元，信贷规模创近年新高，其中，绿色金融全年投放超过3.30亿元人民币。

【产业链金融】 公司产业链金融业务服务于集团内成员企业的下游小微企、小微企业主、个体工商户，深入挖掘客户融资需求，持续加强信贷投放，提供灵活的信贷业务模式和丰富产品组合，匹配客户不同销售融资需求，有效缓解客户在日常经营中因购置固定资产带来的资金压力，助力经营发展。2023年，全年买方信贷投放约0.89亿元。

【外汇业务】 公司持续开拓外汇交易业务，交易能力不断提升，利用自身优势服务集团成员企业，外汇业务交易集中度稳步提升。同时公司发挥自身专业优势，积极进行外汇服务模式创新，通过多种服务模式，有效降低企业高额交易成本。2023年，全年代客结售汇业务总额超过25亿美元。

【票据业务】 借助新一代核心系统建设及上海票据交易所票据系统升级契机，公司新一代票据系统顺利上线，运行稳定，有助于进一步提升金融服务能力，盘活票据资产，协助集团实现资产负债的有效管理。

【风险管理和内部控制】 公司持续夯实内控基础，完善合规管理机制，全面强化责任落实，推动统计标准实施，不断优化报送流程，严格落实监管统计工作要求，同时切实做好信贷三查及有价证券投资管理工作，风险三道防线各司其职、各尽其责，共同管控风险。2023年公司审慎合规经营，未发生重大风险事件，资产质量优良，无不良资产，获评征信管理工作优秀机构，金融统计工作考评成绩优秀。

【信息化建设】 公司持续加大金融科技投入，同步推进多项信息化项目建设，加快公司数字化转型步伐。积极推动集团财企直连项目的建设，实现公司、集团、企业系统的互联互通，帮助企业减少重复录入和控制风险，促进业财一体化，提升工作效率；搭建了移动APP，可以综合处理结算业务、外汇业务、票据业务查询和审批以及信贷业务查询；通过集团的生成式AI平台，推出首位AI数字员工“点点”，能够回答客户业务常见问题，提供业务咨询、流程指引，业务申请资料清单及模板查询等服务，客户满意度进一步提高。

【人力资源管理】 公司围绕“助推战略落地、提升干部能力及推动文化重塑”，启动实施“焕新计划”，推动组织能力提升，塑造卓越组织，助推战略落地。2023年，公司全面加强通用技能和专业知识培训，不断提高培训及时性，丰富培训内容，提升服务质量与专业素养。

【企业文化建设】 公司严格按照《企业集团财务公司管理办法》有关规定，将党建工作要求写入章程，落实党组织在公司治理结构中的法定地位。认真贯彻落实“双向进入、交叉任职”要求，有效保证党的意见主张融入公司治理与经营决策体系。多次召开公司党支部支委会，对公司经营管理重大事项进行前置研究讨论，充分发挥党组织把方向、管大局、保落实的领导作用。深入开展学习贯彻习近平新时代中国特色社会主义思想主题教育，强化党的基础组织建设，设计并开辟专用的党员活动室等。积极组织开展与其他机构的党组织联合党建活动，构建资源共享、联动发展的党建新模式。联合工会、党支部、团组织共同积极开展学习教育活动以及一系列企业文化活动，增强组织凝聚力和员工认同感。

Z

中建财务有限公司

【集团概况】2023 年，中国建筑集团有限公司（以下简称“集团”）坚决贯彻党中央、国务院重大决策部署，认真落实国资委各项工作要求，聚焦“一创五强”战略目标，落实“166”战略路径，推进高质量发展。第 18 次获得国资委年度考核 A 级荣誉，位列 2022 年《财富》世界 500 强第 13 位，稳居全球最大投资建设集团地位。连续 8 年获得标普、穆迪、惠誉等国际三大评级机构信用评级 A 级，继续保持行业内全球最高信用评级。

【经营概况】2023 年末，中建财务有限公司（以下简称“公司”）资产总额 928 亿元，负债总额 734 亿元，净资产 194 亿元。全年实现营业收入 28 亿元，利润总额 15 亿元，净利润 11 亿元。全年日均存款 885 亿元，资金集中覆盖范围超过 4000 家成员单位，累计实现近 6000 个非受限银行账户的应归尽归。持续强化受限资金归集，累计集中成员单位受限资金 522 亿元。办理跨境资金调拨金额折合人民币合计 44 亿元，经常项目资金集中收付金额 3691 万美元，开发上线 CIPS 支付透镜功能，实现跨境资金调拨业务可视。年末各项贷款余额 747 亿元，推行“一企一策”金融服务。提升票据服务质效，全年办理票据承兑业务 2.13 万笔，金额 181 亿元，办理票据贴现业务 317 笔，金额 25 亿元。发挥保函作用，年内办理各类保函金额 221 亿元，涉及合同额超过 4700 亿元，年末保函余额 483 亿元。

【服务实体】公司服务集团践行国家战略，累计为长三角区域与长江经济带、京津冀区域、粤港澳大湾区以及国家重大基础设施项目建设提供贷款 282 亿元。主动下调贷款利率全年累计 60 个基点，通过存款优息、贷款优惠、中间业务免费等措施为成员单位节约财务费用 8 亿多元。支持集团转型升级和科技创新战略发展，印发《绿色金融业务管理办法》，为成员单位引入优质金融资源，促其成功发行绿色及科创企业债券超过 50 亿元，向“专精特新”与数字化领域发放贷款资金 17 亿元。

【资金结算】公司全力完善结算运营平台，升级远程开户功能，优化批量代发模块和银行回单明细电子化，完善银企直连布局，为司库体系的安全高效运转提供有力支撑。全年资金结算总量 14 万亿元，结算笔数 1808 万笔，较上年同期分别增长 5% 和 44%，其中代理结算笔数超过 870 万笔，金额超过 1.6 万亿元，分别占集团总支付笔数和金额的 65%、59%。

【票据业务】公司建成集团司库体系票据服务平台，助力票据集中管理。全年累计为 383 家成员单位开通主动管理服务，较年初新增 253 家，涉及账户数年初增长 73%。通过新一代票据系统办理业务超万笔，总金额 151 亿元。上线票据管家系统，为 575 家成员单位提供票据信息管理服务。上线新一代票据池系统，协助成员单位实现票据集中管理，盘活票据资源。

【业务创新】公司丰富保函品种，新增财产保全保函、诉讼保函/解除财产保全保函；优化保函业务办理流程，增加集中开立保函业务模式，与 37 家二级单位签署集中开立保函协议；搭建公司与商业银行系统的直连通道，实现保函信息自动渲染、电子用印、无纸化申请、线上管理等功能。创新“境外受限资金境内监管”业务模式，实现代理成员单位收取美元工程款、结汇并按业主要求进行监管，跨境受限资金全过程办理取得新突破。

【风险管理和内部控制】公司推进建立“风险、合规、法律”一体化工作机制，修订完善合规风险库，强化法治体系建设，规范合规审查工作机制，实现合规审查标准化。明确首席合规官职责，深入开展合规宣贯，不断加强合规文化建设。围绕主营业务、物资采购、招投标等领域开展风险排查，持续提升“三道防线”有效性。

【人力资源管理】强化人才培养教育，公司组织员工参加集团及行业各种专业培训74批次，选拔1名青年干部参加中建党校处级干部班学习，1名青年干部参加集团专业领军人才培训营。公司推动专业人才跨公司交流，全年累计12人外派攻关集团重大任务。

【信息化建设】公司丰富远程业务户开户、U盾管理与证书同步应用场景，拓宽代理收付款渠道，上线外汇存款准备金功能，完善结算平台功能应用。创新应用AI技术进行贸易背景审核，上线票据管家监控预警，推进票据平台与集团司库平台集成应用。强化网络安全防护体系，完成安全重保等任务与互联网收口工作。

【企业文化建设】公司加强“三创三树”党建品牌建设，开展党团联学共建，举行“建证·金融服务进项目——合规管理深化年专场”活动，组织党员、团员进基层，参加首都“我认领我服务”路口文明引导志愿服务。打造理论学习宣传阵地，推动党的创新理论、集团文化核心理念入脑入心。强化意识形态责任落实，举办新闻发布和舆情引导培训，组织签订《干部职工规范网络行为承诺书》，凝聚奋进正能量。

【纪检监督】公司贯彻全面从严治党，签订责任书，压实党风廉政建设主体责任，制订政治监督方案和纪委工作要点，召开推进督导会，推动专项任务落实，开展“三公”经费报销情况监督检查，督促修改完善相关制度，推进监督具体化、精准化和常态化。组织全体员工签署《廉洁从业承诺书》《作风建设承诺书》，开展各级“一把手”谈心谈话，常态化开展警示教育，全面深化巩固作风建设成果。

中交财务有限公司

【集团概况】中国交通建设集团有限公司（以下简称“集团”）是全球领先的特大型基础设施综合服务商，主要从事交通基础设施的投资建设运营、装备制造、房地产及城市综合开发等，为客户提供投资融资、咨询规划、设计建造、管理运营一揽子解决方案和一体化服务。2023年，集团位居《财富》世界500强第63位。

【经营概况】2023年，中交财务有限公司（以下简称“公司”）坚持“依托集团、服务集团、业财融合、价值创造”的经营宗旨，围绕集团“123456”总体发展思路，全力打造行业领先的一流财务公司。截至2023年末，公司资产总额595.43亿元，实现营业收入25.72亿元，利润总额9.57亿元，净利润8.31亿元。

【服务实体】为助力集团TOP20三级公司提升市场竞争力，首次为集团三家优质的三级公司累计提供13亿元的综合授信。为更好地服务实体发展，推出具有中交特色的“便捷贷”“绿色贷”“高端制造贷”“‘一带一路’贷”等四款专项贷款产品，利率较一年期LPR下调65~135个基点不等。累计发放专项贷款共计40.60亿元，为成员单位节约资金成本218.81万元。

【信贷业务】全年累计向集团及成员单位提供信贷支持总额合计986.8亿元，日均各项贷款491.23亿元。公司聚焦集团重点项目、重要区域、重大市场，贯彻落实集团“高质量发展年”要求，紧密围绕集团“三重两大两优”经营策略，加强对集团战略性项目信贷支持力度，助力成员单位降低融资成本。为路建昆明官渡项目提供5.2亿元授信额度；发挥牵头行作用，积极组织厦漳泉银团谈判，实现贷款利率由原4.06%调降66个基点至3.40%，为项目节约财务费用约2.66亿元。

【投资业务】公司扩大投资范围，合作基金公司由2022年的30家扩大到42家；丰富投资品种，新增债券型基金作为持仓产品，增厚投资组合收益率36个基点。2023年，公司协助8家成员单位成功发行14笔债券，包括（绿色）中票、超短融、资产支持证券等非金融企业债务融资工具以及公司债，对接外部资金5.02亿元，累计融资金额119.60亿元，为成员单位节约发债成本2645万元。公司与中交地产、中交建筑、碧水源、中国城乡、三公局、二公局、三航局、中咨集团、房地产集团9家成员单位签订财务顾问协议，并积极开展信息咨询及财务分析等相关服务。

【票据业务】按照上海票据交易所要求，2023年顺利上线新一代票据业务系统，提高票据业务办理效率，年末上线了新一代票据系统的影像功能，实现了发票自动查真查重，打通了业务堵点。全年累计为成员单位办理承兑汇票63.81亿元。

【资金集中】公司强化“全员营销”理念，加强客户联结沟通，内部开户率稳步增长，内部开户数同比增长67.40%。2023年完成结算笔数192.41万笔，结算量5.36万亿元，同比增长193.67%，下降35.78%。进一步夯实资金监控“平台定位”，年度新增直连银行6家（累计24家），新增直连账户6009户，直连率跃升至61.45%，持续做强“可视化”根基。补强外汇资金归集能力，2023年末获批跨国企业外汇集中运营管理资质，进一步强化资金统筹。2023年，公司吸收存款487.43亿元，年日均吸收存款558.50亿元。

【法治合规建设】公司注重法业融合，积极发挥法律专业优势力量，保障法律四项审查全面覆盖，发布《中交财务有限公司政策法规库》，优化完善业务格式合同条款，筑牢公司经营管理法治根基，为高质量发展提供法治保障。开展监管评级提升行动，从严落实监管合规要求，提升经营服务动能。定期编印《法律合规专刊》，积极宣贯法规政策，在各部门设置合规官，压实岗位合规管理责任，倡导员工积极践行合规承诺，营造守法合规经营良好氛围。

【风险管理和内部控制】公司持续完善全面风险管理体系，强化风险识别、监测与控制，及时发布风险预警。重点关注流动性风险，常态化监测流动性水平，开展资本与流动性压力测试。抓好信用风险管控，严格履行授信审批程序，定期开展贷后检查。全面梳理和评估现行规章制度，完成年度制度“废、改、立”计划138项，有效健全公司制度体系。加强重点领域内控管理，发布《内控操作手册》，抓好制度落实和流程把控，夯实内控管理基础。

【人力资源管理】围绕建设央企一流财务公司目标，公司启动适应性组织建设工作，按照“聚焦改革、对标先进”的原则，打造“团队精干、专业精湛、服务精心、管理精细、考核精准、质效精进”的组织体系，创新人才管理机制，增强组织活力和员工动力。公司按照“四能”改革整体要求，高质量推进任期制和契约化管理，实现管理人员契约化管理全覆盖；全面推进员工干部公开招聘，建立竞争性干部选拔机制，严格选人用人程序标准，鲜明树立了新时代选人用人导向。加大优秀年轻干部培养力度，完善优秀年轻干部发现培养选拔的全链条机制。强化业绩导向的激励机制，持续加大浮动工资占比，探索业绩奖励新模式，确保基层员工、前台业务人员薪酬增幅不低于公司整体水平，组织活力动力不断得到激发。

【信息化建设】积极推进信息科技创新，以提供便捷化金融服务为目标，搭建“服务化、一体化、便捷化、价值化、智能化”的财企服务平台，通过资金管理服务、金融信息服务、金融交易服务、金融咨询服务四大模块建设，延伸公司服务触角，向“产融生态服务”角色进行转变；启动并完成同城灾备建设，随着该系统的建成投产，公司两地三中心灾备体系搭建完成，有效提升了公司信息系统的应急响应和灾难恢复能力，公司业务连续性管理水平、信息系统突发事件应急处置能力迈上新台阶。

【企业文化建设】公司扎实开展学习贯彻习近平新时代中国特色社会主义思想主题教育，夯实干部职工的思想根基。坚持以职工为中心，组织开展“六比六创·三型一流杯”劳动竞赛，持续开展职工建言献策活动，组织召开党外代表人士座谈会，引导职工立足岗位争先创优。大力开展“号手岗队”创建、“导师带徒”等工作，促进青年员工成长成才，公司团总支成功升格为团委。深入挖掘公司先进精神和优秀文化的时代内涵，开展第三届“客户服务标兵”评选表彰，组织开展公司成立十周年系列活动，建设办公区企业文化墙，开展全员阅读活动，涵养文化氛围，厚植了公司上下团结创业的文化软实力。

中节能财务有限公司

【集团概况】中国节能环保集团有限公司（以下简称“集团”）是一家以节能减排、环境保护为主业的中央企业，拥有下属企业700余家，上市公司6家，业务分布在国内各省市及境外约110个国家和地区，形成了“3+3+1”的产业格局，是我国节能环保领域规模大、专业全、业务覆盖面广、综合实力强的旗舰企业。

【经营概况】2023年，中节能财务有限公司（以下简称“公司”）贯彻集团党委“能力提升年”工作部署，落实科技创新、长江大保护等重大战略，强化绿色金融服务职能，积极协助集团强化司库体系及财务管理工作，加强资金集中管理能力，提高金融科技水平，助力集团“一利五率”经营指标和“一增一稳四提升”总体目标。公司党支部荣获“集团公司先进基层党组织”，团支部荣获集团“五四红旗团支部”等荣誉。

【服务实体】截至2023年末，公司贷款余额约为183.55亿元，同集团内企业签订合同96笔，累计向集团内企业提供低成本贷款186.64亿元。积极对接协调成员单位和外部金融机构，引入外部银行贷款置换、落实绿色债券、科创债券发行资金用途协助引入资本市场低成本资金合计132亿元，实现绿色金融与集团公司主业融合协同。2023年公司贷款平均利率由2023年初的3.2%下降至2.88%。对集团内企业综合节约贷款利息金额9318.84万元，助力集团压降财务费用。

【信贷业务】2023年，公司累计跟进、推进融资项目27个，贷款合同金额合计76.24亿元，已放款26.27亿元，有力支持集团新项目建设。截至2023年末贷款余额约为183.55亿元，较2022年末贷款余额增加38亿元，有效助力集团压降对外负债、资产负债率。

【资金业务】截至2023年末，公司存放中央银行利息收入1666.64万元，实现同业往来利息收入16097.92万元，买入返售金融资产利息收入53.45万元，实现债券投资收益1432.22万元，货币基金投资收益6094.15万元，共计25344.38万元。

【投资业务】公司投资业务全部集中于货币基金，风险偏好相对较低，主动与基金公司联系，掌握货币基金产品的限购政策，择优申购业绩突出的货币基金产品，加权7日年化收益率基本保持在2%以上。

【票据业务】2023年，开立承兑汇票3.5亿元，较2022年增长71.9%，助力成员单位减少资金占用、压降资产负债率、压降财务费用。

【外汇业务】2023年公司依托跨境资金池成功开展境内子企业境外发放跨境人民币股东

借款业务及境外销售货款集中收汇业务，累计境外放款金额达 1.8 亿元。公司为客户制定了详细的资本项下放款资金出境方案及经常项下收汇资金入境方案，并高效配合合作银行进行资料预审，确保按照既定时间节点完成前置手续审批流程，最大限度地保障了跨境业务及时性。

【资金集中】公司根据不同客户的不同情况“一企一策”设计金融服务方案，优化上市公司合作协议，定制市场化存款产品，解决资金集中的难点问题，稳步开展存款业务，巩固资金集中度。截至 2023 年末，公司存款余额 206 亿元，资金集中度 72.1%。积极跟进集团内上市公司债券发行事宜，与集团上市公司、承销商、监管银行进行多方磋商，开立监管专户，签署募集资金监管协议，实时跟进债券募集 28 亿元资金到位情况，第一时间落实对债券募集资金的监管，实现对上市公司资本市场募集资金的归集和监管。

【风险管理和内部控制】公司对照各项监管政策要求，调整内部控制侧重点，重点强化内控体系监督评价作用，拓展监督评价覆盖领域、提高管控精确度，将评价事项与监管政策标准对标，研究落实稽核事项清单，在公司治理、金融业务、信息科技等重要方面，推进日常稽核、专项稽核以及内控评价紧密结合，提升公司稳健合规经营保障能力。

【人力资源管理】2023 年，公司完成经理层成员任期制和契约化签约工作，进一步压实经理层成员管理责任和工作任务；修订完成《全员绩效考核管理办法》并落地实施，形成年度全员绩效考核结果并进行应用；依照集团公司薪资总额刚性管控规定与要求，完成薪资总额的核算与管理工作；制定颁布了公司《员工冬季采暖补贴管理办法》；优先以青年队伍为培养对象，开展临时内审员培训和内训师培训，制定形成了《中节能财务有限公司人才培养体系建设实施方案》；依据监管机构及集团公司指导意见，组建成立金融科技部并配备专业人员。

【信息化建设】公司为助力集团打造世界一流财务管控平台，全力建设司库管理体系，高效整合财务公司系统及团队优势，在资金风险最集中的银行账户监管及支付环节做到金融级的运营，实现统一出入口、智能分发、场景融合、智能监控，系统运维符合金融系统高可用标准，开创央企财务公司通过金融科技产品承载司库系统对集团银行账户全授权监控和对外安全高效支付的先例。开展电子银行函证业务，实现询证函自动化回函功能，实现函证业务标准化、高效化运作；打造结算凭证电子档案，运用 RPA 数字员工、凭证影像扫描等信息化手段，形成结算档案电子化闭环管理。

【企业文化建设】2023 年，公司党支部持续将意识形态工作深度融入企业文化和团队建设过程中，以全员参与的企业文化建设作为开展意识形态工作的载体。党支部通过专题学习、专题培训、党员和职工群众共同参与的主题党日等形式多样、内容丰富的活动，并利用新媒介推送、工作会议等方式，持续宣贯“三色”文化理念。公司上下联动，一体推进，全员参与，共同行动，促进企业文化核心理念和企业精神深入人心，凝心聚力，达成共识，助力公司高质量发展。

中开财务有限公司

【集团概况】中国南山开发（集团）股份有限公司（以下简称“集团”）成立于 1982 年，是我国第一家中外合资的股份制企业。业务涉及综合物流、产城综合开发、金融服务、资产管理、智能制造及新能源等诸多领域，覆盖粤港澳大湾区、长三角、京津冀、长江经济带、成渝地区双城经济圈等国内40多个重点城市，积极参与“一带一路”共建国家的特色产业园区建设，客户遍布全球。

【经营概况】中开财务有限公司（以下简称“公司”）围绕集团战略定位和重点产业布局，持续强化集团资金管理，加大对成员单位的信贷支持力度，充分发挥金融机构持牌价值，在坚持依法合规、防范风险的前提下，推动公司业务稳步增长。截至2023年末，公司资产总额118.72亿元，吸收存款余额105.64亿元，各项贷款余额64.47亿元，实现净利润0.96亿元，各项风险指标均符合监管要求，不良资产率和不良贷款率均为零。

【服务实体】2023年，公司面对市场利率下行环境，主动为成员单位降低融资成本，以“减费让利”为核心原则，根据成员单位特点，按照“一企一策”推动客户、渠道、信息共享，借助公司内部资源，在信贷让利、结算支付、金融服务方面制订差异化服务方案。2023年共为成员单位降低融资成本0.22亿元。

【信贷业务】面对市场整体需求不足、预期偏弱，公司2023年优化信贷资源配置，主抓集团战略重点产业方向，不断拓展增量信贷授信规模和贷款规模，为成员单位核定授信额度81.95亿元，发放贷款42.83亿元。同时深挖成员单位业务需求，加强外部合作，进一步利用分离式保函，拓展应用场景，成功满足成员单位海外业务保函需求，充分利用承兑汇票和保函等信用支付工具，帮助成员单位减少资金占用。

【投资业务】公司建立投前观察、投中监测、投后复盘的投资全流程操作机制。在投资前对拟投资基金进行深入了解，回溯历史业绩、舆情信息、合作历史情况等；持仓期间实行基金周盯盘机制，重点监测持仓期间排名靠后的基金并及时进行持仓组合调整；投后方面完善优化投资台账，对历史投资信息进行全面复盘，追踪其持仓基金收益、规模、净值走势资产配置等。2023年公司开展公募货币基金投资，投资日均余额6.05亿元，实现投资收益0.13亿元，同比增长15.54%。

【票据业务】2023年公司为成员单位开立银行承兑汇票436笔，金额合计1.36亿元，办理票据贴现业务60笔，票面金额合计1.02亿元，截至2023年末，公司银行承兑汇票余额0.47亿元，票据贴现余额184.84万元。

【资金集中】2023年公司严格按集团强化账户管理的要求稳步推进账户直连以及账户集中管理工作，共新增直连78户、清理存量38户，净增40户，2023年末直连账户为1082户，实现集团账户“应连尽连”的工作目标。2023年新增一家直连银行——光大银行，目前公司的直连银行已增加至21家（涵盖中国银行、农业银行、工商银行、建设银行、交通银行5大国有银行和招商银行、中信银行、平安银行等16家股份制银行及地方银行）。2023年成员单位日均存款规模为109.29亿元，较2022年的80.22亿元增加29.07亿元，增幅为36.24%。截至2023年末，公司可归集资金集中度为80.16%。

【风险管理和内部控制】2023年，公司一是坚决落实监管机构关于公司治理评级通报及年度评级通报的整改要求，完成整改事项22项。二是配合集团上线法务系统合同管理模块，实现对公司合同承办、审核、签订以及履行的线上管理。三是结合集团下发的各类管理要求，组织公司全员宣贯，深化各项管理规范和标准。新增13项、修订28项和废止6项制度，从责任权限、流程规范、操作指引等方面推动公司管理体系的清晰和高效。

【信息化建设】2023年，公司上线司库应用资金运营管理平台，实现全集团账户类、债务融资类资金洞察，信息穿透可视管理目标。一是整合集团内零散、分散的票据信息，将成员单位财司票据和外部商业银行票据信息纳入可视化统一平台管理，实现全集团票据信息的动态采集和可视监控，打破集团票据数据孤岛。

二是引入 RPA 机器人，实现无法直连账户自动取数，解决集团内无法直连账户自动查数痛点，提升全集团账户可视化率，打通银行账户可视化管理最后“一道墙”。扩充资金可视化范围。三是借助司库系统管理工具，辅助集团财务管理中心管理集团资金，充分发挥集团资金数据管理者的监督职能。

【人力资源管理】2023 年，坚持党管干部、党管人才。引进制度，形成指导层面强有力依据。严格落实“六能”要求，健全绩效制度，进一步明确奖惩标准，优化绩效考核周期，注重绩效考核结果应用，实行奖金差异化分配，激发内在动力。建立管理体系和专业体系双通道机制，拓宽人才发展空间，畅通人才发展通道，打破岗位少人员多的限制因素。开展员工轮岗工作，对工作缺乏动力，考核结果较差的员工实施调离重要岗位的管理手段，以进一步形成对比，造成变化，留住人才。

【企业文化建设】2023 年，注重将公司的企业文化建设与集团企业文化有机结合，开展员工行为公约活动，更新党建室宣传栏等，以有限的资源为基础，不断丰富组织文化活动。采取多种形式结合，运用拓展渠道，如党支部、工会、团支部等共同组织公司文化活动，推进公司文化精神提升。

中联重科集团财务有限公司

【集团概况】中联重科股份有限公司（以下简称“集团”）创立于 1992 年，主要从事工程机械、农业机械等高新技术装备的研发制造，主导产品涵盖 18 大类别、106 个产品系列、近 660 个品种，是业内首家 A + H 股上市公司，注册资本 86.67 亿元，总资产 1315 亿元，位居全球工程机械企业第 5 位。

集团是行业标准的制订者、全球行业技术的制高点。拥有 6 大国家级科研创新平台，2 次荣获国家科技进步奖，3 次荣获国家专利金奖，累计申请专利 11880 件，其中发明专利 4591 件，专利综合实力位居工程机械行业第一。成功研制全球最长 101 米碳纤维臂架混凝土泵车、国内首台 3200 吨履带式起重机、全球最大 12000 吨米上回转塔机、全球最大 2000 吨级全地面起重机等一大批世界标志性产品。集团是国内领先的全过程农业机械制造商，产品涵盖北方旱田作业机械、南方水田作业机械、经济作物机械、收获后处理机械四大系列，并通过智能农机与数字农业相结合，打造智慧无人农场。

集团先后攻克了一批机、电、液关键技术和智能化、无人化、新能源化、新材料等前沿技术，研制了镂空臂架轻量化智能泵车、新能源汽车起重机、5G 远程操作挖掘机、无人驾驶联合收获机等 9 款全球首创产品；推出了 8 大系列、34 款新能源产品；400 余款智能化 4.0 产品，加速推动单机智能向人机协同、机群协同、智慧工地转变；并以中联智慧产业城为核心，同步建设 14 个全球领先的灯塔工厂，通过数字化赋能，带动智能制造的全面升级。

【经营概况】中联重科集团财务有限公司（以下简称“公司”）始终围绕“依托集团、服务集团、稳健经营”理念，坚持“完善制度强基础，严控风险求发展”的经营方针，一方面全面接管原集团资金管理中心职能，做好集团资金代理管理工作，另一方面积极开展各项自营业务，开户结算、归集资金、吸收存款、发放贷款、办理票据、存放同业各项工作均取得较大进展，为集团及成员单位筹集、融通资金，改善负债结构，降低负债成本，较好地履行产融结合、服务实体经济的企业责任。截至2023年末，公司资产总额1362976.87万元，负债合计1136613.06万元，所有者权益226363.80万元，2023年，公司实现利润总额9640.91万元，净利润7994.64万元。

【信贷业务】2023年，公司累计为成员单位发放流动资金贷款78.65亿元，实现贷款业务收入8472.72万元，平均收益率为2.59%；累计办理贴现放款10.14亿元，实现贴现利息收入1171.13万元，平均收益率为2.65%；为集团节约利息费用2821.06万元。开办成员单位买方信贷业务，累计发放390笔共计6.44亿元，实现收入2921.12万元，买方信贷业务平均收益率为4.34%。

【资金业务】2023年，公司日均同业存款（含美元）112130.53万元，资金平均收益率为2.20%，实现利息收入2636万元。2023年同业拆借业务累计拆入资金104亿元。

【票据业务】2023年，公司累计为9家成员单位办理财务公司承兑汇票9.38亿元，其中年末未解付票据余额20562.41万元；节约手续费收入44.26万元，为集团节省开票保证金占用的资金成本费用约282.30万元。

【风险管理和内部控制】董事会是全面风险管理的最高决策机构，承担全面风险的最终责任。董事会下设风险管理委员会，承担董事会授权下对各种风险进行管理的职能，定期向董事会汇报风险管理营运情况，并与各委员会建立了沟通机制；监事会承担全面风险管理的监督责任，监督检查董事会和高级管理层在风险管理方面履职尽责情况并督促整改；高级管理层负责承担全面风险管理的实施责任，执行董事会的决议。风险管理部负责全面风险管理机构，牵头履行全面风险的日常管理，牵头协调公司各部门对所负责的业务风险进行识别、计量、监控、评估和报告，保障风险管理战略的实现。

公司按照“内控优先，制度先行”的经营原则，建立了较为科学、完善的内控制度更新机制。年初即开始进行年度制度梳理工作，对确需完善的制度进行拾遗补阙和系统整理。截至2023年12月31日，公司制度更新到131项，年度内修订73项、新增8项。

【人力资源管理】2023年，公司按照经营单元模式独立承接，合理配置人力资源，为公司业务拓展提供人力支持。完善和健全符合金融属性、体现风险管理和内控体系要求的公司激励约束机制和员工绩效考评体系；同时制订年度培训计划，着力提升员工综合素质。人力资源管理工作符合内控管理要求，有效支撑公司业务开展。

【信息化建设】2023年，公司重构财资系统，将财务公司业务与集团业务在系统上分离，上线财司结算系统及集团司库系统，增加电子回单、票据直连、代理支付等功能，增强与周边系统的集成，实现业务的全流程线上化管理，极大提高了业务处理效率。同时上线监管报送平台1104、EAST、利率报备、金数、人行大集中五个系统，实现监管数据自动取数、校验等功能，提高数据报送质量和效率。

【企业文化建设】公司重视以“依法合规、稳健经营”为理念的企业文化建设，将企业核心价值观、内部控制原则、风险控制、风险防范理念及措施等作为对员工的重点教育内容。建立了微信公众号，并加强了推广，内容覆盖公司动态、产品宣传、金融知识、团队活动等方面，分享知识信息，交流心得，提高公司内外知名度。丰富员工业余生活，定期组织丰富多彩、形式多样的团队活动，培养员工团结协作、积极向上的团队精神。

Z

中粮财务有限责任公司

【集团概况】 中粮（COFCO）集团有限公司（以下简称“集团”）是与新中国同龄的中央直属大型国有企业，中国农粮行业领军者，全球布局、全产业链的国际化大粮商。集团以农粮为核心主业，聚焦粮、油、糖、棉、肉、乳等品类，同时涉及食品、金融、地产领域。中粮集团不断完善农粮主业资产布局，持续提升大宗农产品经营能力，促进农产品采购、储存、加工、运输和贸易环节上下游协同一体，以市场化的方式高效保障粮油供应。截至2023年末，集团资产总额7392亿元，集团整体营业总收入6979亿元，利润总额210亿元。

【经营概况】 截至2023年末，中粮财务有限责任公司（以下简称“公司”）资产总额为331.20亿元，负债总额为283.57亿元，所有者权益为47.63亿元，全年利润总额为2.85亿元。公司整体运行良好，各项监管指标符合行业监管要求。

【服务实体】 2023年，公司及时跟踪市场利率变化，下调贷款利率，全年累计发放贷款424.15亿元，满足企业经营融资需求；出具保函12.5亿元，提升企业货物通关便利性。

【信贷业务】 截至2023年末，公司日均贷款余额219.6亿元，同比增长3.1%；出具关税保函12.5亿元，同比增长89%；通过网上信贷业务系统，提升服务效率，置换集团所属企业外部融资，帮助集团提升资金使用效率，降低整体资产负债率。

【资金业务】 截至2023年末，公司全年本币吸存日均值263亿元，同比增加14亿元，增长5.7%，创近十年日均吸存规模峰值；公司努力拓展人民币支付结算业务，提高成员单位结算效率，2023年全年结算金额超过5.1万亿元，日均结算量超过8907笔。在支付准确性100%的前提下，累计为成员单位节省结算业务手续费1463万元。

【投资业务】 截至2023年末，公司长期股权投资余额2.44亿元，全年投资收益0.39亿元。公司继续秉持安全稳健的投资理念，同时注重资金流动性管理的需求，主要持仓信誉较好、规模较大、收益率较稳定的有价证券产品。

【外汇业务】 公司以银行间市场的成本价格为成员单位提供结售汇服务，通过“跨境资金池”协助成员单位完成经常项下集中收付和资本项下外债与境外放款业务，便利化业务手续和材料，为成员企业提供业务路径规划建议。2023年完成结售汇63871万美元，累计为成员单位节省汇兑成本766万元人民币；代理成员单位本外币集中收付金额折合424224万美元。经常项下货物贸易结算金额145927万美元，资本项下结算金额278297万美元，其中使用跨境人民币金额141.72亿元。以上业务累计为成员单位节省跨境汇款手续费约50万元。司库方面，通过“SWIFT－MT报文”方式，为成员企业实现境内外共计380个账户的全球可视。

【资金集中】 公司进一步推进关联交易限额提升，2023年积极配合大悦城、福田实业上市公司准备材料，将关联交易存款限额提升了11亿元，截至2023年末可归集口径资金集中度提高至98.3%；依托集团司库体系落地的有利契机，发挥司库穿透可视作用，深挖资金集中潜力，2023年开展司库全部账户盘查，全年精简账户数量1275个，户均账户4.17个，较央企平均水平低1.13个。

【风险管理和内部控制】 公司各类业务按照外部相关规定及公司内部制度要求有序开展，整体运行平稳。以司库体系建设为契机，结合最新管理定位，全面优化公司风险管理、合规管理和内控建设体系。优化风险管理制度、风险评估标准及操作指引、业务流程风险点、监测指标体系、应急处置及全面风险报告等内容；形成合规管理手册；优化形成部门、岗位业务清单、业务流程图、操作手册及报告等内控体系方面内容，提升了公司内控体系的健全性、合规性和有效性。

【人力资源管理】2023 年，公司通过各类途径开展人才招聘工作，进一步优化前台结算岗位人员结构，加强信息技术专业人员配置，以保障司库系统建设以及业务运行各项需求。优化员工激励约束机制，使之更加匹配财务公司治理的整体特点，充分发挥绩效管理的导向作用。优化员工商业医疗保险方案，提高对公司员工重大疾病的终身保障能力。

【信息化建设】2023 年，以财务公司为建设主体，中粮司库项目按照既定目标在年底前如期实现了 12 个主要功能模块全面上线，涉及账户业务管理、资金结算管理、资金计划管理、票据业务管理、信用证管理等内容，覆盖集团 17 个专业化公司及所属企业，功能应用贯穿到全集团每一个基层单位，搭建管理口径和股权口径两种架构，打通周边系统集群，基本建成“覆盖业态多元化、国际国内一体化、系统建设生态化、资金数据标准化、业务审批移动化、组织架构定制化、市场风控智慧化、经营决策可视化”具有中粮特色的司库管理系统，圆满完成项目各项建设任务。

中旅集团财务有限公司

【集团概况】中国旅游集团有限公司（以下简称“集团”）是中央直接管理的国有重要骨干企业，也是总部在香港的三家中央企业之一。经过百年的发展，集团形成了由中旅旅行、中旅国际、中旅投资、中旅免税、中旅酒店、中旅发展、中旅资产、中旅邮轮八大业务单元组成的产业布局，网络遍布内地、港澳和海外近 30 个国家和地区。集团旗下汇聚了港中旅、国旅、中旅、中免等众多知名旅游品牌，是唯一一家以旅游为核心主业的央企，也是目前我国发展历史最长、产业链条较全、经营规模较大、品牌价值较高的旅游龙头企业。截至 2023 年末，集团总资产为 2219.83 亿元，营业总收入 675.76 亿元。

【经营概况】2023 年，中旅集团财务有限公司（以下简称“公司”）立足“四个平台”功能定位，秉持“巩固、提升、突破、亮点”工作思路，积极拓展金融产品，提升服务质效，全面完成了年度经营目标。截至 2023 年末，公司资产总额 177.59 亿元，负债总额 151.52 亿元，各项监管指标全面达标，无风险事件。

【服务实体】公司深入贯彻“诚信经营、优质服务”理念，积极提升服务意识，创新服务方式，资金集中度、授信金额创出新高，业务种类不断丰富，服务实体经济的能力不断加强，为成员单位减费让利超过 1 亿元。此外，公司积极参与集团司库体系建设，协助完成“11 + 4”系统功能模块建设。

【信贷业务】公司深入了解成员单位经营状况与诉求，灵活有针对性地解决融资难点与痛点，授信对象覆盖集团、中旅投资、中旅酒店、中旅旅行、中旅国际等事业群，授信品种包括流贷、项目贷、银团贷、保函等，对合资公司授信取得突破，并首次与上市公司建立了授信业务关系，有力支持了成员单位业务恢复与发展。截至 2023 年末，公司发放贷款余额 79.79 亿元，较年初增加 11.10 亿元，增长 16.15%。

【资金业务】2023 年，公司上线流动性监测系统，加强资金计划管理和流动性管理，合理规划资金头寸，动态配置资金，全年流动性指标处于合理水平，流动性匹配率符合监管要求。

【投资业务】公司在保障流动性和严控风险的前提下，审慎、稳健开展投资业务，主要以投资流动性较好、风险较低的利率债等产品为主，投资范围和投资比例均符合监管要求。

【外汇业务】2023 年 9 月，公司获批跨国公司本外币跨境资金集中运营业务资质，2023 年办理成员单位跨境资金池业务 195.51 亿元，代理购汇业务 5.83 亿元。

【资金集中】2023 年，公司积极推动银企直连账户授权和自动归集试点工作，并首次实现成员单位境内外币资金归集。全年办理结算 38.02 万笔、同比增长 31.33%；结算收支比 4.16 倍，同比增长 30.41%。年末全口径资金集中度为 37.94%，可归集口径资金集中度为 95.1%。

【业务创新】公司不断创新金融服务方式，发掘新的服务场景，实现了吸收外币存款、分离式保函、银团贷款、财务顾问服务 4 项新业务落地，其中办理首笔境内外币资金归集 4000 万美元，办理分离式保函 0.66 亿元，参与银团贷款份额 6.6 亿元，并为集团发行短期融资券及成员单位资产证券化业务提供了财务顾问服务。此外，异地资金归集、海关关税保函、航票保函等业务预计将于近期落地。

【风险管理和内部控制】公司持续建立健全内控体系、加强内控合规管理。一是根据《企业内部控制基本规范》及其配套指引，系统评估公司制度体系完备性；二是通过对现行制度开展穿行测试，深入检验制度执行有效性；三是结合内控要求及发展需要，持续梳理部门及岗位职责，建立高效协同、有效制衡的组织架构；四是针对检查评估过程中发现的缺陷或问题，制定整改措施并跟进整改落实。

【人力资源管理】2023 年，公司完善了绩效薪酬延期支付和追索扣回、管理层履职评价等制度，严格执行经理层任期制和契约化管理机制、三级考核机制。公司加强内部人才轮动和人才培养，制定专项激励政策，鼓励员工提升专业能力，并积极从外部引进急需岗位人才，改善人才短缺的局面。2023 年末，公司员工中持有中级及以上职称占比达 60%、党员占比达 54%，员工队伍素质进一步提升。

【信息化建设】2023 年，公司持续加强信息系统建设，完成回购业务系统开发和运行，上线流动性监测和风险指标监测系统，建立灾备数据中心，配合集团司库体系上线 RPA 机器人项目，有效提升了公司业务管理和风险管理的信息化水平。

【企业文化建设】公司积极学习宣传集团“融合协同、开放包容、睿智务实”的企业品格，广泛参与“百年中旅”系列活动，深入践行“诚信经营、优质服务”理念，提升团队凝聚力和归属感。公司党支部认真落实全面从严治党工作要求，加强党建和公司治理相融合，严格执行支部集体研究讨论工作机制，加强“三会一课”机制化常态化建设，加强清廉金融文化建设，积极开展联学联建、主题党日等活动，推动党建与业务双促进，公司党建工作荣获深圳市银行业协会“2023 年度中小银行机构党建促进日常经营管理奖”。

中铝财务有限责任公司

【集团概况】2001 年，中国铝业公司挂牌成立，并于 2017 年改制更名。中国铝业集团有限公司（以下简称“集团”）是中央管理的国有重要骨干企业和国有资本投资公司试点改革单位，承担着保障国家战略性矿产资源和先进高端材料供应的重要使命。旗下有 6 家上市公司，主营的氧化铝、电解铝、精细氧化铝、高纯铝、铝用阳极产能全球领先，铜综合实力位列国内第一梯队，铅锌综合实力国内领先，锗、镓金属产量国内第一。拥有53个国家级平台，83家高新技术企业，开展制定国际、国家、行业和团体技术标准140项。

【经营概况】2023年，中铝财务有限责任公司（以下简称“公司”）在集团党组的坚强领导下，公司加速落地专业化改革部署，完成了从内部金融机构向司库体系有机组成部分的身份转换，深度融入集团资金管理全流程，打通了资金循环全脉络，实现利润总额4.53亿元，净利润3.56亿元。

【信贷业务】2023年公司开启产融服务的转型发展，信贷服务呈现“量增利减”。一方面，加强了“四个特强”等重点领域的信贷支持，其中绿色领域投放同比增加11亿元，稳链固链投放达72亿元。另一方面，解决中小企业“首贷难”问题，新增11家中小企业的首贷投放15.2亿元。同时，积极响应国家政策，让利实体经济，为企业节约财务费用近1亿元。

【资金业务】2023年公司积极开拓商业银行授信规模至220亿元，同业融资渠道保持稳定畅通，融资成本维持同业较低水平。注重加强与四大国有银行的合作力度，2023年公司与大行同业拆借占比同比提升14.6%至73.1%。

【投资业务】公司全面提升投资业务盈利能力，实现资金保值增值和高效运用。建设公募基金投资的新增长点，2023年筛选并投资6亿元纯债基金，获利1353万元，通过投资货币基金17亿元，实现创收1436万元，所投基金业绩水平均位列同类基金前列。

【票据业务】公司2023年办理票据承兑32.95亿元，票据贴现36.83亿元，为成员企业提供了低成本融资渠道。深入票据业务改革，成立票据业务攻关团队，积极服务集团主要贸易平台企业、铜加工、铝加工企业，结合企业痛点难点，从疏通产业链全链条入手，通过票据直开直贴业务流转链条，解决企业应收应付端现金占用及账期问题。同时，持续减费让利实体企业，新增贴现利率价格较2022年同期下降69个基点，降幅达23.64%，为集团成员企业提供更加优质高效的金融服务，提供更为便捷的支付结算渠道，有力地支持了成员企业的生产经营。

【外汇业务】2023年，公司在深化金融服务职能方面取得了显著进展，并全力推进了国际业务服务。在推进国际业务服务方面，响应国家“走出去”战略，积极向企业营销跨境金融业务，运用跨境资金集中运营政策，成功完成首笔成员单位人民币对外放款业务，便利企业跨境融通资金；与境内合作开展外币资金归集，顺利落地首笔境内成员单位外币资金主动归集业务，拓展集团可归集资金范围。

【资金集中】2023年，集团司库管理体系充分运行，依托公司平台，实现对内部资金的统筹管理，资金管理效用明显提升。公司与集团高效协同，紧盯直连账户授权进度，于2023年8月底实现境内外银行可授权账户100%授权。全面启动授权账户自动归集，新增归集账户500余个，新增归集资金超过8亿元，资金集中水平再上新台阶，首次实现成员单位银行账户资金的“应归尽归”。为突破上市公司资金归集限制，持续提升上市公司存款限额。2023年末，6家上市公司存款限额由年初的248亿元提升至313亿元，并实现存款限额监测口径由“时点”向“日均”的转变，拓宽了对上市公司的资金归集空间。

【业务创新】通过跨境资金池成功为中铜国贸完成公司首笔人民币对外放款业务，助力集团全球资金融通。成功实现对境内成员单位外币资金的自动归集，强化了资金归集平台职能。

【风险管理和内部控制】公司构建新制度体系框架和“立改废”清单，完成31项制度“立改废”工作。开展内控自评价，识别内控缺陷，完善内控合规体系。扎牢风险防线，发挥三道防线效能，继续保持各项资产零不良、零逾期。

【人力资源管理】公司全面深化体制机制改革，重新划分了公司和资金管理中心的运营职能，实施云南分公司管理改革。全面提升公司治理效能，优化董事会人员结构，完善三会运行机制。打造良性竞争格局，面向集团开展中层管理人员竞聘上岗，营造了“愿者上、能者上、有志者上”的良好氛围。

【信息化建设】公司强化系统建设，高效推进核心业务系统升级和新一代票据业务系统集成等系统开发；强化系统安全，进一步完善信息风险制度和系统风险防范工作。

【企业文化建设】公司每季度开展职工思想动态调研，及时掌握干部职工所思所想，建立并动态更新“我为群众办实事”清单，在办实事、解难题中彰显党员先进性，广泛凝聚起“有困难找组织，怎么干看党员”的共识。多渠道多形式宣传党建经营融合新成效、改革转型发展新突破，2023 年在《中国财务公司》（省部级）发表稿件 1 篇、《有色金属报》（省部级）发表稿件 3 篇、中铝报发表稿件 6 篇、财协发表稿件 12 篇，推动中铝财务公司管理升级、服务升级、品牌影响力升级。

中煤财务有限责任公司

【集团概况】中国中煤能源集团有限公司（以下简称“集团”）是国务院国资委管理的国有重点骨干企业，主营业务包括煤炭生产贸易、煤化工、发电、煤矿建设、煤矿装备制造以及相关工程技术服务，涵盖煤炭全产业链，肩负保障国家能源安全的重要使命。截至 2023 年末，管理资产总额 6000 亿元，实现营业收入 2520 亿元，经营利润总额超过 450 亿元。

【经营概况】中煤财务有限责任公司（以下简称“公司”）紧紧围绕煤炭全产业链和新能源产业发展，全面落实新版《企业集团财务公司管理办法》，不断深化资金精益化管理，大力推进金融科技创新，持续提升价值创造能力，进一步强化风险管控体系建设，积极承担中国中煤司库建设运营管理使命，获评金龙奖“年度最佳资金管理财务公司”。截至 2023 年末，公司资产规模 1035.20 亿元，全口径资金集中度 82.67%，全年利润总额 13.07 亿元。

【服务实体】公司主动深入广西、新疆、河南等地，实地开展信贷需求调研和贷后检查工作，涉及企业和项目超过 30 家，协同解决企业融资过程中的重难点问题。以集团整体利益最大化为前提，在实践中探索牵头、协同和引领三种模式，贷款存续期可节约财务费用达 11 亿元。与中国银行、农业银行、工商银行、建设银行、交通银行五大银行分别开展业务座谈，推动银行研究探索“两个联营 +”的金融支持策略。

【信贷业务】聚焦集团高质量发展方向，加大贷款投放力度，贷款规模于 2023 年 8 月首次突破 200 亿元大关。把握贷款市场利率变化趋势，加大财务公司利率市场化程度，新增贷款利率同比下降 100 个基点以上，大幅减轻成员单位财务负担。坚持服务集团“存量提效、增量转型”发展方向，跟踪集团“两个联营 +”项目进展，协同推进鄂州四期等多个煤电项目融资方案；向新能源项目提供及时、稳定和低成本的资金支持，项目贷款占比提升至全部贷款的 40%。

【资金业务】2023 年公司取得 16 家合作银行超过 286 亿元的同业授信额度，拆入低成本资金约 48.9 亿元，积极服务集团经营发展所需资金大局。面对同业存放利率持续处于历史低位等不利形势，通过对存量资金精益化管理，在确保集团资金安全流转的基础上，实现存放综合利率比市场各期最高报价均值高 55 个基点以上，2023 年取得存量资金年收益 17 亿元的好成绩。

【票据业务】公司建成新一代票据业务系统，成功实现票据承兑、贴现、转贴现、质押式回购以及再贴现等全业务链，2023 年向上海票据交易所申请“集票宝”业务产品，完成集团 278 户企业授权文件的提交并成功开通此功能，实现了与上海票据交易所的票据直连。持续发挥票据全业务链优势，抓住票据市场超低价格窗口期（其中 12 月成功锁定 0.01% 的转贴现利率达成交易），低成本盘活集团存量票据资产超过 33 亿元。

【资金集中】2023 年末，资金集中余额 970 亿元，创公司开业以来新高；2023 年末全口径资金集中度达到 82.67%，可归集口径资金集中度达到 91.56%，全口径月均资金集中度保持在 80% 水平。最大限度地集中存量资金，高效降低资金在各层级单位的低效沉淀，为集团资金融通提供稳定资金来源，确保全集团的流动性充裕。

【业务创新】公司积极推进跨境资金运营和管理工作。2023 年 1 月，经与监管机构积极沟通，公司获批国家外汇管理局“跨国公司跨境资金集中运营管理”资质，2023 年 8 月完成国家金融监督管理总局备案，同年 11 月以中煤香港公司为试点，完成首笔跨境资金调拨业务，贯通跨境资金业务渠道和流程，实现境外资金“可控、可调拨”，为推动实现集团境内外资金融通和一体化管理奠定了基础。

【风险管理和内部控制】公司积极落实新版财务公司管理办法及其他监管要求，规范业务范围，重新核定成员单位范围，修改公司章程，按照监管评级事项和公司治理监管评估内容推进公司管理工作提升。健全内控体系，修订内部制度 37 项。持续跟踪研究合作银行经营情况和风险舆情，强化信贷业务风险合规审查。做好金融统计工作，及时准确完整报送 1104、EAST 等监管数据。

【人力资源管理】公司深化三项制度改革，优化组织机构及岗位设置，强化战略研究和党建融合、司库自主建设与运维能力等功能，构建管理和专业技术系列通道职级体系。进一步完善经理层成员任期制和契约化方案，推动经理层成员任期制契约化管理走深走实；实施部门和员工双考核。营造良好的人才培养环境。

【信息化建设】公司全面推进集团司库信息系统优化升级；持续推进公司业务数字化转型，配合推进财务共享中心建设，服务成员单位有效提升结算和核算效率和质量，强化对外网络安全防护，完善信息科技管理制度。集团司库体系建设获评煤炭行业两化深度融合优秀项目。

【企业文化建设】公司深入学习贯彻落实习近平新时代中国特色社会主义思想和党的二十大精神，坚持党建统领工作全局，专题专项活动与工作例会、工作日志等日常机制有机结合，及时跟进总书记和中央最新指示、最新会议和文件精神，认真执行支部“三会一课”制度、组织生活会等制度，认真加强党风廉政建设，深刻领悟“两个确立”的决定性意义，增强“四个意识”，坚定“四个自信”，做到“两个维护”，确保党中央大政方针和国资委、国家金融监督管理总局以及集团决策部署在各项工作中得到坚决贯彻落实。

中铁财务有限责任公司

【集团概况】中铁财务有限责任公司（以下简称“公司”）于 2013 年 7 月 4 日由中国银监会（现国家金融监督管理总局）批准筹建（银监复〔2013〕330 号），2014 年 2 月 27 日取得开业批复（京银监复〔2014〕98 号），并于 2014 年 3 月 16 日正式开业运营。2018 年注册资本金增至90亿元，其中，中国铁路工程集团有限公司出资4.5亿元，占比5%；中国中铁股份有限公司出资85.5亿元，占比95%。

【经营概况】公司秉承“产融结合、专业赋能”经营理念，以加强资金集中管理、提高资金使用效率为己任，为中国中铁及其成员单位提供资金结算、存款、票据、各类贷款、保理、保函、委托贷款、资产转让、同业拆借、企业债券承销、财务顾问等业务，竭力为中国中铁提供契合产业特征的专业化金融服务。截至2023年12月31日，公司资产总额1310.12亿元，实现营业收入21.23亿元，利润总额10.87亿元，净利润8.46亿元。

【服务实体】公司开展绿色金融，为水务、环境类项目开具绿色电票1.55亿元；助力集团“第二曲线”发展，为工业制造业企业开具电票8.83亿元；发放联合保理25笔，累计盘活成员单位资产43亿元；完成中国中铁首单Pre-REITs项目——中铁上投新伊高速公路股权置换项目，提前收回资本金8.6亿元，释放融资额度71亿元；完成全国首单国家级开发区可行性缺口补助模式中铁五局长沙盼盼路资产证券化项目发行。另外，公司还主动通过降贷息、提存息、免手续费等举措减费让利，得到了上级和成员单位的认可。

【信贷业务】2023年，公司为41家成员单位办理综合授信共计1903亿元。自营信贷业务日均规模427.27亿元，自营信贷业务余额583.76亿元；开展各项自营贷款业务97笔，总金额613.76亿元；办理联合保理27笔，为成员单位累计盘活资产超过64亿元，出表资产超过55亿元；委托贷款共计开展41笔，年末余额为76.45亿元，为成员单位间的资金融通提供平台服务。公司保函认可度大幅提升，办理各类保函305笔，合计金额99.83亿元。公司全年始终保持零不良贷款率，未发生信用风险事件。

【资金业务】2023年，公司结合成员单位大额资金支付计划，分析资金头寸备付和指标变化，形成资金情况趋势分析。在保证各成员单位结算用款需求和防范监管风险的基础上，合理留存备付金规模，避免资金沉淀，有效提高资金使用效率。同时根据上年度流动性管理的整体情况，对各项流动性风险进行了分析识别，并根据新财务公司管理办法各项要求，以及公司流动性资产结构变化，完善了压力测试变量选取，同步分析了资产配置端影响，改进和优化流动性压力情景，持续提升公司流动性风险管理水平。

【投资业务】公司持续跟踪宏观经济环境及货币政策变化，合规开展有价证券投资。2023年投资业务严格按照年度投资配置方案中关于投资范围、投资预算、投资品种、持仓比例及止盈止损原则，在确保流动性安全的前提下积极拓宽公司投资配置渠道，优化投资组合仓位，有效提升流动性管理水平及资金使用效率。公司有价证券投资业务持续以货币市场基金为配置底仓，创新开展中短期限摊余成本法债券型基金增厚组合收益，平衡投资组合的流动性及收益性。在产品的选择上，优选实力强、资产管理规模大的基金管理人并关注单只产品的业绩表现、底层资产、杠杆水平等，做到分散配置、风险可控。2023年累计投资收益1.23亿元，年化收益率2.13%，税前收益率2.84%。

【票据业务】公司持续推行票据承兑简化手续、免收保证金、零手续费等减费让利政策，进一步加快票据业务办理效率、降低成员单位融资成本，在处理好与成员单位开票需求的同时，结合《企业集团财务公司管理办法》新规严控规模风险。全年累计承兑出票5223张，总金额76.38亿元，余额47.21亿元。累计办理票据贴现66张，总金额共计1.09亿元。与多家银行开展票据业务合作，转贴现买入财票146张，总金额2.48亿元，提高了财票在市场的接受度、影响力。

【外汇业务】以试点政策为抓手，深化本外币跨境资金池的应用。公司整合内部资源，积极参与国家外汇管理局的政策试点，通过商业银行完成成员企业备案，成功归集境内4亿美元，成为首批完成跨境资金池迭代升级的财务公司之一。

【资金集中】公司多方探索，紧抓资金集中管理。以司库建设为首要任务，在集团统筹安排下，推动完成“账户、资金集中、资金结算、票据、境外资金”5个模块系统建设。公司还通过开立异地账户归集项目三方监管资金，着力推动成员单位受限资金不受限，日均资金集中规模大幅提升。截至2023年12月31日，时点账面吸存1130亿元，同比增幅2%，连续两年突破“千亿大关”，日均吸存651亿元，同比增幅11%，均再创新高。

【业务创新】2023年3月29日，公司成功申购首笔摊余成本法债券型证券投资基金。2023年4月28日，公司提供内部财务顾问服务的中铁五局长沙盼盼路PPP项目资产支持专项计划于上海证券交易所正式完成设立，创全国首单国家级开发区可行性缺口补助模式PPP-ABS。2023年8月4日，公司首笔即期购汇业务落地，实现了即期结售汇双向交易的完全落地。2023年11月7日，公司首次转贴现转出商业承兑汇票，打通了中国中铁商票的转贴现渠道，扩大了中国中铁商票在银行间市场的流通范围。2023年11月30日，中铁财务首笔同业存单业务成功落地。

【风险管理和内部控制】公司主动迎合国际、国内货币政策和金融形势变化，加强流动性监管指标监测，定期开展流动性压力测试，资产负债配置更加合理，头寸规划管理更加稳健，流动性风险防控更加科学高效。以《风险管理框架》为指引严格落实同业交易对手白名单制度；对外包供应商开展尽职调查和风险评估；制订了数据安全场景应急预案；业务连续性管理对重要业务恢复等级以及恢复等级进行了进一步明确；开展第三方机构信息科技风险评估，进一步完善了信息科技风险管理体系建设；完成第三方机构终端运行安全软件配备，有效提升了终端数据防泄露能力。

【信息化建设】公司持续发力金融科技，以开启司库建设为契机，高标准实施数字财资工程，完成账户管理、票据管理等模块的司库系统建设工作，创新推动三家国有银企司库可视化集中授权工作、上海“集票宝”集中授权工作和农业银行票据直连工作取得实际性进展。全面优化核心业务系统，有效提升结算业务的智能化、便捷性和合规性。实现银企直连对账等7个业务场景的自动化应用，有效提高工作效率降低运营成本。自主开展数据管控平台二期建设。上线档案管理系统、业财共享平台智能化应用。完成云平台扩容、网络及信息安全设备升级替换加固，部署同城灾备中心，建立安全高效稳定的数据中心和IT资源平台。完成网络安全攻防演练、系统等保测评、信息科技风险评估，保障系统稳定运行和业务顺利开展。重视自主知识产权保护，取得2项计算机软件著作权。

【企业文化建设】按照“企业文化提升年”活动方案，开展特色企业文化建设，公司“金融先锋”文化品牌荣获中国中铁首批15个“开路先锋”子文化品牌。开展金融讲堂、读书沙龙、拓展训练等职工广泛参与的文化活动，利用党建联建活动、到成员单位出差等契机，让职工到施工一线现场学习体验，身临其境感受企业文化内涵；选树并大力宣传企业先进典型人物事迹，通过典型引领，发挥影响带动作用，激励员工形成统一的价值观。全年共发布各类稿件230篇，制作电子展板20期，新浪网、工人网、财协等主流和行业媒体刊稿60篇。

Z

中信财务有限公司

【集团概况】中国中信集团有限公司（以下简称“集团”）是在邓小平同志支持下，由荣毅仁同志于1979年创办的。集团自成立以来充分发挥经济改革试点和对外开放窗口的重要作用，在诸多领域进行了卓有成效的探索与创新，成功开辟出一条通过吸收和运用外资、引进先进技术、设备和管理经验为中国改革开放和现代化建设服务的创新发展之路。集团按照“践行国家战略、助力民族复兴”的使命要求，以“打造卓越企业集团、铸就百年民族品牌”为发展愿景，以“深化国企改革、加强科技创新和融入区域战略”为工作主线，深耕综合金融、先进智造、先进材料、新消费和新型城镇化五大业务板块，致力于成为践行国家战略的一面旗帜，国内领先、国际一流的科技型卓越企业集团。2023年中信集团连续第15年上榜美国《财富》杂志世界500强，位居第100位。

【经营概况】中信财务有限公司（以下简称“公司”）于2012年11月19日经国家工商管理总局登记注册成立，目前注册资本47.51亿元。公司是中信集团推进库务体系建设、实施资金集中和降杠杆工作的重要平台。2023年，公司全力推动深化资金集中管理暨产融协同降杠杆3.0+版改革方案，持续释放产融协同降杠杆和降本增效战略性平台潜能，纵深推进核心能力建设，“争创行业一流”行动呈现良好局面。公司全年纳税3.40亿元，年度纳税信用评级获评A级。截至2023年12月，公司总资产436.45亿元，存款余额349.40亿元，贷款余额287.02亿元，净资产余额84.07亿元，管理表外资产213.86亿元。公司全年实现营业收入11.78亿元、净利润8.26亿元，年末贷款拨备余额9.39亿元，贷款拨备率3.27%，ROE达9.89%。监管评级取得行业最高级次2A级，连续两年在集团考核中荣获经营绩效考核评级和综合考核评级“双A”佳绩，持续保持零不良、零罚单、零风险事件纪录。

【服务实体】2023年，公司聚焦实体经济，高质效服务集团“五五三”战略，获评2023中国金融机构金牌榜“年度最佳服务财务公司”奖项。通过向成员单位提供贷款和票据贴现等方式积极助力军民融合，大力支持科技创新，成为集团打造先进材料板块的主力军和动力源。保障新型城镇化板块企业融资稳定，向新型城镇化板块成员单位发放人民币贷款，有效降低房地产企业违约风险。

【信贷业务】2023年，公司全年发放贷款（含票据贴现）日均规模268亿元。不断加大对集团战略扶持的环保类企业的金融服务力度，截至年末绿色贷款余额23.42亿元。服务成员单位深耕环保产业的绿色金融案例成功入选“中国普惠金融典型案例（2022）”。

【资金业务】2023年，公司资产负债管理更加主动，成功上线流动性风险管理系统，有效提升管理效率。紧跟市场利率变化，及时优化存贷款定价体系。开展本外币备付金运用管理，取得较好收益。主动对接监管新规，制定公司资本管理办法和三年资本规划方案。

【投资业务】2023年，公司实现投资收益2.04亿元，同比增长186%，考虑分红抵税影响，实现年化投资收益率4.38%。

【票据业务】2023年，公司全年办理票据承兑业务金额32.43亿元，同比上升17.25%，承兑张数突破5000张，产业链支持作用持续凸显。

【外汇业务】2023年，公司持续发挥本外币一体化资金池试点政策优势，为境内外成员单位提供高效便捷的跨境资金服务，推动构建境内外本外币一体化的常态机制。截至年末，累计新增15家成员企业加入资金池，为成员单位办理境外放款业务18笔、办理经常项目集中收付业务折合人民币124亿元。

【资金集中】2023年，公司立足资金集中管理、助力集团降杠杆和服务实体经济的主责主业，建立对标“数据库”，制定并稳步实施公司核心能力战略和“争创行业一流”三年行动计划，取得显著进展。积极推进资金集中管理暨产融协同降杠杆3.0+版改革，持续拓展资金集中管理广度，重点成员单位上市板块资金集中取得突破性进展，重要成员单位境外资金集中规模屡创新高。

【业务创新】2023年，公司创新跨境金融服务新模式，基于成员单位全球资金管理需求搭建跨境资金池，提供一揽子解决方案。为成员单位量身定制金融产品增加客户黏性，创新与中油财务公司搭建商票直转闭环业务渠道，开展承兑加贴现一揽子综合服务，不断拓展自开保函业务的品类及规模。系统提升投资业务能力，敏锐研判债市走势，灵活调整投资组合，投资收益持续跑赢大市。

【风险管理和内部控制】2023年，公司聚焦风险防控，做实做细全面风险管理体系建设。强化风险战略和风险偏好引领作用，将合规风险、信息科技风险和操作风险纳入全面风险管理体系。加强主动管控和疫情疤痕管理。注重贷款集中度管控，对贷款集中度较高的重点客户开展专题调研，提出风险化解预案。全力争取良好监管政策环境，董事长多次带队赴各级监管部门坦诚交流，就新评级办法提出诚恳建议并被充分采纳。主动适应严监管态势，加强监管沟通汇报，制约业务发展的成员单位范围问题得到实质性解决。

【人力资源管理】2023年，公司调整优化领导班子分工，班子结构和整体合力得到明显改进。加强优秀年轻干部选拔培养，本年度提聘总监职级1名、中层正职1名、中层副职3名，并有员工荣获集团年度百佳员工。加强知识管理，形成专项工作小组，公司各部门竞相参与。完善“后考核管理”机制，健全“绩效管理数据库”，做细做实“双通道”机制，首次开展中层职级专业技术干部年审及序列转换，畅通专业人才发展路径。

【信息化建设】2023年，公司聚焦注智赋能，加快推进数字化转型。持续完善科技治理体系，形成公司级数据管理蓝图。创新性引入三方造价评估，增强信息科技类项目采购议价和管理能力。持续加强信息系统建设，实现预算管理上云，上线征信二代系统等，助力集团司库管理与公司业务发展。RPA“数字员工”项目荣获集团第一届“绽放杯”数字化应用大赛“数智先锋”奖。持续提升数据管理能力，初步建成数据管理体系，有序推进数据中台建设，实现经营管理驾驶舱一阶段上线，完成数据资产盘点阶段性任务。扎实落实网络攻防实战演习重点任务，多措并举防范终端数据泄露风险。

【企业文化建设】2023年，公司参与财协多项课题研究，荣获“2023年度行业研究突出贡献单位”及2023年第二届财务公司行业“智慧共享”微课大赛优秀奖。持续推动党建经营深度融合。支部破解“两张皮”创新案例入选2023年《中央和国家机关基层党建创新案例选》。群团文化优势有效发挥，组织参加“中信文化我来讲”微课大赛，获评优秀组织奖。

中兴通讯集团财务有限公司

【集团概况】中兴通讯股份有限公司（以下简称“集团”）成立于1985年，在香港和深圳两地上市，是全球领先的综合通信与信息技术解决方案提供商。2023年集团坚持固本拓新，夯实以无线、有线产品为代表的第一曲线业务，把握算力、产业数字化、绿色低碳、信息与通信技术融合等技术浪潮带来的机会，拓展以服务器及存储、终端、5G 行业应用、数字能源等为代表的第二曲线业务；坚持“数字经济筑路者”定位，推进数字化转型，践行双碳绿色发展理念，确保长期可持续发展。

【经营概况】中兴通讯集团财务有限公司（以下简称“公司”）贯彻落实监管要求，紧跟集团发展战略，发挥“四个平台”功能，夯实内控管理、强化风险防控、提升服务质效，为集团高质量发展提供有力支撑。2023 年末，公司资产总额 307.13 亿元，负债总额 290.70 亿元，所有者权益 16.43 亿元，实现营业收入 0.69 亿元，净利润 0.14 亿元。公司资产质量优良，风险监测指标符合监管要求，各项经营管理工作有序开展。

【服务实体】公司坚持“依托集团，服务产业”经营宗旨，发挥金融服务作用，为集团成员单位提供信贷支持、授信融资方案设计及融资管控等服务；加大对制造业贷款投放、实施 LPR 基准贷款利率定价，降低成员单位融资成本；提高财务公司保函占比，逐步替代外部银行保函，提升集团资金使用效率。

【信贷业务】公司将信贷资源向集团核心业务板块倾斜，助力集团实现高质量增长；积极探索创新业务场景、开拓新业务，全面突破保函受益主体、区域和保函品种，大幅提高财务公司保函覆盖率，为集团降本增效；丰富信贷业务品种，运用多元化金融服务促进集团业务发展及降本增效。

【资金业务】公司深化同业交流合作，开通 CFETS 线上同业存款交易权限，拓展同业存放交易对手；做好对资金市场研究和预判，联动集团资金归集提升资金收益；年末同业授信规模较上年同期增长近 60%，为公司流动性安全提供保障；优化资金调拨指令系统自动化生成，提高资金管理效率。

【票据业务】公司上线新一代票据系统，有力支撑提供优质票据金融服务和对集团票据集中管理。新增企业信息报备、优化账户主动管理和支付信用查询等功能，提升用票安全性；创新票据签发方式，实现“找零支付”和不得转让标志可撤销，票据支付与流转更灵活便捷；打通票据贴现全流程，实现票据到期自动提示付款、线上清算。

【资金集中】公司牵头集团司库建设工作及资金管理数字化项目，承担资金集中、监控职能。通过搭建集团资金集中、统一结算、账户管理及票据管理平台，实现集中管理和监控，助力集团管控资金风险。公司持续完善资金管理系统功能，上线新一代票据系统，实现对资金和票据业务集中管控，扩展境内银企直连范围，建设境外 AMH 直连平台和 RPA 平台，建立体系化支付监控系统，进行事前、事中和事后风险监控，保障资金支付安全。

【业务创新】公司在持续完善司库体系功能基础上，拓展境内外直连渠道，建设 AMH 平台与境外多家银行进行直连支付及可视，并利用 RPA 平台作为补充，打造境外直连组合方案，实现全球资金可视可控；充分利用司库系统与其他信息系统互联互通形成的数据资源，逐步建立体系化支付监控系统，进行资金业务全面监控，切实保障集团资金支付安全。

【风险管理和内部控制】公司进一步深化全面风险管理建设，贯彻落实全面风险管理工作部署。持续开展规章制度“立、改、废”工作，提升制度规范化及实用性；扎实落地各环节风险管理要求，做好贷前、贷中、贷后工作，有效防范风险；推进数字化转型，上线监管指标自动化监测系统，实现监管指标事前、事中实时监测，构筑数字防线；梳理各领域业务连续性风险识别与评估，提高业务连续性管理能力；加强风险合规文化建设，持续营造“合规审慎”文化氛围。

【人力资源管理】公司持续关注员工能力提升和职业成长，通过轮岗、岗级评聘、管理岗位公开竞聘，搭建职业发展跑道，夯实梯队结构。公司课程“数智化时代的企业司库管理”

荣获集团智慧引领奖，“当我们谈论数字化合规时，我们在做什么”案例荣获集团合规最佳实践大赛一等奖。通过良性机制搭建与多维度管理沟通、绩效指导、发展关注，公司组织状态持续提升。

【信息化建设】2023 年，公司信息化建设方面重点关注业务系统更新升级及重要数据加密改造工作。升级建设新一代票据交易系统，接入上海票据交易所实时开展相关票据业务；升级建设新监管报送平台，解决了部分数据需人工补录的问题，极大提升数据抽取及生成自动化率；改造薪酬代发系统，对数据处理、传输、存储全流程进行加密改造。

【企业文化建设】公司党支部贯彻执行党的路线、方针、政策，在政治、思想、行动上与党中央保持一致。组织主题教育学习，加强学习习近平新时代中国特色社会主义思想，增强党性理念，推动党建与业务联合。通过丰富的团建活动激发组织活力，增强员工与公司向心力，提升员工认同感和自豪感。

中油财务有限责任公司

【集团概况】中国石油天然气集团有限公司（以下简称“集团”）是国有重要骨干企业和全球主要的油气生产商和供应商之一，是集国内外油气勘探开发和新能源、炼化销售和新材料、支持和服务、资本和金融等业务于一体的综合性国际能源公司，在全球 32 个国家和地区开展油气投资业务。2023 年，集团公司深入学习贯彻习近平总书记重要讲话和系列重要指示批示精神，坚决落实党中央、国务院决策部署，攻坚克难、接续奋斗，各项工作成效卓著，经营业绩再创历史新高，高质量发展迈上新台阶，世界一流企业建设展现新气象，为促进国民经济回升向好作出了重要贡献。

【经营概况】2023 年，中油财务有限责任公司（以下简称“公司”）坚持高质量发展硬道理和稳中求进工作总基调，紧扣高质量服务集团公司主责主业、打造合规企业典范、提升文化软实力“三件大事”，扎实做好“七项重点工作”，以“严细实、高快新”作风标准，主动作为、勇于担当，呈现了新气象，展示了新面貌，交出一份亮丽成绩单。2023 年，公司表内资产总额 5281.05 亿元，全年实现收入 194.3 亿元，获评金融时报社颁发的金龙奖“年度最佳财务公司”荣誉。

【信贷业务】公司首笔“光伏发电贷”落地塔里木油田，成功竞得吉林石化炼化升级项目贷款 215 亿元，创公司成立以来单笔最大贷款份额。为吉林油田提供首笔风能发电项目贷款 17 亿元，落地辽河油田等企业“储气贷”29 亿元。2023 年末，人民币贷款余额 1141 亿元。香港公司靠前服务集团公司“走出去”，深度参与国际事业公司液化天然气船舶融资二期、中油勘探开发公司哈萨克斯坦项目流动资金贷款、中油国投伊拉克公司应收账款保理等海外重点项目，全年新签贷款合同 13.2 亿美元。

【资金业务】在保障流动性安全性基础上，公司拓宽运作渠道，新增报价回购 50 亿元。提高资金池规律预测和市场研判精准度，灵活配置多期限存单。精准把握市场开展逆回购。利用美元加息周期，提前优化海外资产结构，落地外汇同业拆借撮合交易，确保流动性前提下提升资金整体运作创效。

【投资业务】公司扎实推进投资研究，深度开展市场研判，优化投资资产配置，审慎开展固定收益类投资，紧跟市场变动，逆市加仓把握主动、高点止盈锁定收益，人民币投资收益率达 4.8%，相对收益进一步领先市场。境外审慎开展固定收益类投资，紧跟美联储政策和市场变动，新增境外优质债券 8 亿美元、货币市场基金 4.2 亿美元，收益率同比增长 114 个基点。

【外汇业务】公司助力人民币国际化战略稳步推进，以“跨境通”产品服务成员企业开展跨境人民币资金调剂，开展 42 亿元人民币碳排放交易。强化衍生交易平台建设。积极履行集团公司货币类衍生平台职能，坚持“风险中性”理念，发挥交易专业优势，加强市场分析研判和客户培训，提供风险敞口分析、方案定制和效果评估等全流程增值服务，全年累计办理代客衍生交易 67.2 亿美元。

【资金集中】公司坚持应归尽归原则，吸收集团公司分红款等大额资金，依托产品创新，加大参控股企业资金归集力度。推进股份公司关联交易限额提升至 650 亿元。新增境内经常项目外汇资金池企业 13 家。拓展司库结算银行，实现交通银行业务平稳落地，招商银行功能上线试运行，优化核心系统运行规则和逻辑，累计办理结算业务 4490 万笔、金额 109 万亿元，管理本外币账户 4265 个，同比增加 284 个，结算保持零差错。

【风险管理和内部控制】公司全面落实监管要求，制定落实工作任务清单和业务清退方案。建立完善同业业务准入和风险监测机制，建成业务连续性制度体系，开展应急演练。风控机制不断强化，规范贷款业务和投资业务风险监测机制，开展风险监测和预警。

【人力资源管理】公司持续推进人才强企工程，积极完善业绩考核机制，高质量开展选人用人、考核评价等工作，形塑价值导向、目标导向的工作氛围，严考核、硬兑现的激励约束体系。上年度三项制度改革蝉联集团公司一级，人力资源价值评价结果位列集团公司 130 家企业第 2 位。

【信息化建设】公司“夯基、补强、提升”工程扎实推进。制定数据战略蓝图，构建数据管理体系，数据治理取得阶段成果。积极参与大集中 ERP 项目蓝图方案设计，推进 137 项司库功能、客户管理、新一代票据投产、资金运营、授信管理、流动性风险和征信二代升级。吉林异地灾备中心建成运行，信创适配国产化替代成功迈出第一步。

【党建工作】公司“第一议题”严格落实。构建学习贯彻习近平总书记重要指示批示精神落实机制，组织学习“第一议题”24 次、126 项内容，党员干部“政治三力”持续提高。深刻领会主题教育精神实质，聚焦总要求，贯通抓好理论学习、调查研究、推动发展、检视整改、建章立制各环节重点工作。把经营工作难点作为党建工作重点，组织支部开展联学联建 50 余次，举办基层党建工作专题培训班两期，开展“两优一先”、党员先锋岗评选宣传活动，作出党建引领促发展的生动实践。

中远海运集团财务有限责任公司

【集团概况】截至 2023 年 12 月 31 日，中国远洋海运集团有限公司（以下简称“集团”）经营船队综合运力 1.16 亿载重吨/1417 艘，排名世界第一位。全球投资码头 57 个，集装箱码头 50 个，集装箱码头年吞吐能力 1.33 亿 TEU，排名世界第 1 位。全球船舶燃料销量超过 2999 万吨，排名世界第 1 位。集装箱制造年产能超过 140 万 TEU，排名世界第 2 位。集装箱租赁业务保有量规模达 380 万 TEU，排名世界第 3 位。海洋工程装备制造接单规模以及船舶代理业务也稳居世界前列。

【经营概况】截至 2023 年 12 月 31 日，中远海运集团财务有限责任公司（以下简称“公司”）总资产 2045.31 亿元，总负债 1805.04 亿元，所有者权益240.27亿元，营业总收入53.50亿元，实现利润总额15.97亿元，净利润12.14亿元。公司2023年度联合信用评级为AAA级，评级展望为稳定。

【服务实体】公司紧紧围绕集团实体经济需求，聚焦四个平台核心功能，为成员单位提供高效高质金融服务，提高资金使用效率。2023年为1287家成员单位提供结算服务，结算笔数632.88万笔、金额6.24万亿元。通过各类金融服务公司全年为成员单位降成本总额约5.43亿元。

【信贷业务】截至2023年12月31日，公司信贷规模余额460.56亿元。新增发放的人民币贷款平均利率2.39%，同比下降23个基点，远低于同期LPR。发放智能制造、专精特新、绿色低碳等重点产业专项贷款71.5亿元，参与中远海运能源国内航运业首单ESG指标挂钩银团贷款5亿元人民币。

【资金业务】公司以兼顾“安全性、流动性、收益性”为原则开展资金业务。通过紧盯资金市场量价变化和成员单位资金计划，抓住关键时点价格波动，通过灵活运用金融同业工具优化资产配置，提高资金配置收益。2023年实现资金业务年化收益率2.65%，同比提升56个基点。

【投资业务】公司严格按照监管新规的框架内审慎开展投资业务，投资组合强调稳定性和高流动性，投资规模强调与公司资产规模相适应的增量策略。截至2023年12月31日，公司投资业务余额50.6亿元，平均年化收益率3.02%。此外，公司为成员企业提供常态化财务顾问服务，万得资产支持证券中介机构（财务顾问）排行榜中排名产品总数第4位、金额总数第8位。

【票据业务】公司新一代票据业务系统与新核心系统同步上线并建立接口，实现票据全生命周期管理，提升公司票据服务和风险防控能力。2023年为成员单位办理票据承兑1692笔、金额40.10亿元，兑付金额42.75亿元。票据贴现16笔，金额6994万元。

【外汇业务】2023年办理即期结售汇业务4311笔，金额87.19亿美元；外币对业务73笔，金额4.95亿美元；办理远期结售汇业务343笔，金额29.25亿美元。通过国家外汇管理局跨境资金池办理境外放款21.36亿美元、借入外债13.5亿美元，跨境贷款利率与外部融资相比，为成员单位降低利息成本约40个基点。

【资金集中】公司按照“应归尽归”原则，积极推动成员单位外部账户沉淀资金集中归集，通过跨境资金池等多种归集手段进一步提升了境外资金集中度。截至2023年12月31日，全口径资金集中度达历史最高56.67%，同比提高约2个百分点。

【业务创新】2023年12月，经人民银行上海总部核准，公司作为上海自贸区全功能跨境人民币双向资金池业务的主办企业，试点落地境外成员企业资金归集及直连支付结算，实现了覆盖境内跨行、跨境同行和跨境跨行多渠道多类型归集，以及“跨二线”港使费结算。此外，2023年公司立足司库平台功能定位，积极参与集团司库系统建设和资金管理流程重塑，为集团司库系统如期上线、平稳运行提供了有力支撑。

【风险管理和内部控制】公司强化合规运营，完善公司治理，健全规章制度，依法合规审慎稳健经营，积极做好风险管理、法务合规、内部控制、监督审计等工作，保障公司安全有效运行。2023年公司全面实施新《企业集团财务公司管理办法》，结合新规实施和新系统上线，开展合规和风险点梳理、流程改造、制度修订等，确保各项业务符合新规和数字化转型的要求。

【人力资源管理】公司加强干部队伍建设，优化配置，提升整体履职能力。深化分配制度改革，坚持价值、奋斗和贡献为导向，强化考核，形成积极有效的收入分配机制。重点聚焦司库体系建设、国际化运营新要求，通过内部人才盘活、外部人才引进、外包信息科技人才等方式推进人员结构变革，匹配公司战略发展。

【信息化建设】2023年7月，公司新一代核心业务系统顺利上线，实现“符合司库要求、确保业务连续性、监管报送及时准确”三大目标。对内与集团司库系统全方位深度衔接，对外与银行、上海票据交易所、外汇交易中心等27家外部机构建立直连通道实现实时对接，实现系统业务全覆盖、流程全线上、业务自动化处理和监管报表报送自动出数比率大幅提升。

【企业文化建设】公司开展习近平新时代中国特色社会主义思想主题教育，全面从严治党，深化党建领航，聚力融合发展。同时，公司优化了创新研究工作机制，以“金点子、业务讲坛、论文（期刊）、项目”为抓手，构建全员共创的创新氛围。

珠海格力集团财务有限责任公司

【集团概况】珠海格力电器股份有限公司（以下简称“集团”）产业覆盖家用消费品和工业装备两大领域，是一家多元化、科技型的全球性工业集团，产品远销全球190多个国家和地区，致力于为全球消费者提供优质的产品，创造美好生活。集团坚持以实体经济为发展基石，强化自主创新意识，加快实现管理信息化、生产自动化、产品智能化，做强中国品牌，以高质量发展奋力推进中国制造现代化。2023年，集团凭借突出的综合实力再次上榜福布斯“全球企业2000强”，在“2023中国品牌价值评价信息”中，集团在轻工业组以品牌价值位居家电行业第一。

【经营概况】2023年，珠海格力集团财务有限责任公司（以下简称“公司”）围绕集团发展战略，创新与拓宽金融服务渠道，充分发挥财务公司金融服务功能，实现全口径营业收入13.27亿元，利润总额4.52亿元，资产总额418.65亿元，资本充足率为39.58%，各项监管监测指标合规。

【服务实体】2023年，公司落实制造业信贷投放163.60亿元，同比增长150.73%；高新技术企业贷款投放150.81亿元，同比增长212.82%；聚焦实体经济重点领域、制造业冠军等重点制造业企业发展情况，促进科技创新，对珠海“4+3”产业集群实现信贷投放95.18亿元，对制造业单项冠军企业实现信贷投放90.81亿元，为集团坚持创新驱动发展战略注入金融动能，支持制造业当家，推动制造业高质量发展。

【“一带一路”】公司“一带一路”金融服务对象主要包括集团成员单位及产业链企业，客户群集中在丝绸之路经济带之一的四川省和21世纪海上丝绸之路的浙江、广东、天津，存量客户开展金融服务主要为成员单位流动资金贷款、票据贴现、票据承兑以及对下游企业开展的成员单位产品买方信贷业务，金融支持“一带一路”生产和经贸往来，2023年1—12月累计实现信贷投放122.16亿元，同比增长111.58%。

【数字金融】2023年，公司加大科技赋能，积极加强数据信息化管理、科技建设及人才队伍建设，切实加快公司数字化、信息化转型，夯实金融服务实体经济质效。公司分别于2023年10月完成征信前置系统上线，11月新信贷业务系统成功切换并正式上线，12月新一代票据系统正式上线并成功开具财务公司承兑汇票。公司积极加大财务公司承兑汇票推广与应用，通过新一代票据系统累计为集团成员企业开具总额超过14亿元的财务公司承兑汇票，通过票据结算方式，为成员单位节省财务费用约2000万元，数字金融提升综合服务水平。

【资金业务】2023年，公司持续完善流动性长效管理机制，挖掘资金运营潜力，贯彻运营资金安全性、流动性、盈利性原则开展各项资金业务。一方面，拓展融资渠道，通过拆借业务和债券正回购、票据卖断业务，票据正回购业务等，解决流动性短缺，保障各项业务顺利运行；另一方面，发挥集团财务公司资金集约功能，服务实体经济、通过票据交易、存放同业、债券逆回购等业务提高资金效益。

【投资业务】2023 年，公司继续坚持审慎稳健的原则开展投资业务，成功落地首笔同业存单业务，金额 3.0 亿元。截至 2023 年末，公司持有债券规模 12.20 亿元，投资总规模 15.20 亿元。

【票据业务】2023 年，公司积极拓展成员单位票据业务，累计为成员单位办理票据贴现 87 亿元，开具财务公司承兑汇票 14.39 亿元，以授信业务扩面增量为着力点助力集团提质增效。同时，公司为丰富融资途径，盘活直贴票据，对在库票据进行转贴现，2023 年转贴现业务发生额 432.84 亿元。

【风险管理和内部控制】2023 年，公司对授信业务放款审查环节进行了优化创新，通过对原有放款流程、制度梳理，遵循“审贷分离、集中管理、专业审查、依据充分”的基本原则，参照银行放款审查要求，建立公司放款审查指标体系，专门制定了公司《授信业务放款审查管理办法》，确立了以风险控制部为主，信贷部、结算部等各部门及相关岗位为辅的放款审查机制，有效地实现贷、放分离，加强风险控制部门对放款环节的管理，完善授信业务放款审查机制。通过放款审查的创新优化，使公司信贷管理水平得到了较大的提升，有效控制公司信贷业务的合规风险，守护公司信贷资金安全。

【信息化建设】2023 年，公司加大信息科技投入，大力发展数字金融，全力推进二代征信查询前置系统、新信贷及二代征信系统、新一代票据系统项目建设，并分别于 2023 年 10 月、11 月、12 月完成系统上线。公司持续推进信息科技系统建设，不断提高公司数字化、信息化管理水平，为公司发展注入新动力，为金融服务提质增效。

珠海华发集团财务有限公司

【集团概况】珠海华发集团有限公司（以下简称“集团”）组建于 1980 年，与珠海经济特区同龄，是珠海最大的综合型国有企业集团和全国知名的领先企业，现控股 8 家上市公司、2 家新三板挂牌企业，打造 5 家“AAA”信用主体，2023 年位列“中国企业 500 强”第 169 位，2021 年入选国务院国企改革“双百企业”并获评全国标杆。截至 2023 年末，集团资产总额突破 7320 亿元，实现营业收入 1816 亿元，实现利润总额 102.13 亿元，全国税收贡献 173 亿元，其中珠海纳税贡献 81 亿元，成为珠海城市建设和经济社会发展的主力军。

【经营概况】2023 年，珠海华发集团财务有限公司（以下简称“公司”）在集团的领导下，积极应对国内经济形势变化，严格落实行业监管政策，积极探索、推陈出新，进一步挖掘公司风险管控、业务流程和产品服务的创新方向，探索数字化转型，全力助力集团“科技 + 金融 + 城市”的产业布局，不断提升金融服务水平。截至 2023 年 12 月 31 日，公司资产总额 512.24 亿元，负债总额 433.82 亿元，实现营业收入（含投资收益）15.94 亿元，实现利润总额 11.96 亿元。

【信贷业务】2023 年，公司在深耕传统业务的同时拓展创新，积极挖掘潜在能力，通过运用政策工具，配合集团完成资金计划，为成员单位打通低成本融资渠道，满足成员单位融资需求。同时，夯实项目储备，为公司后续贷款投放和利润增长奠定了良好的业务基础。截至2023年12月31日，公司贷款规模为333.67亿元。

【资金业务】2023年，公司进一步发挥牌照优势，运用业务经验，整合市场资源，积极深化与存款类机构的合作，在可用资金有限的背景下，深挖同业资源，在满足公司流动性需求的前提下，合理安排资金存放。同时，公司持续深入分析数据逻辑，挖掘数据价值，为成员单位直接融资提供有效的研究支持。

【资金集中】2023年，公司持续优化升级结算业务系统，提升业务流程智能化水平，结算业务向自动化和高效化趋势快速推进。通过持续推进银企直连业务，优化支付模式，保障结算业务量稳步上升，有效提升集团资金归集及结算平台功能，为公司从集团内部银行升级转型成为集团战略型司库提供坚实的业务基础及支持。截至2023年12月31日，共办理结算业务188607笔，较上年同期增长17.23%；结算金额达74623.38亿元，同比增长5.07%；为成员单位节省结算费用750.7万元，保持结算零差错。

【风险管理和内部控制】2023年，公司以防范风险为核心，围绕监管重点及要求，修订和完善了公司内部职责分工，梳理、规范业务流程，建立层次清晰、权责明确、运转高效的运营、决策、监督和考核管理体系，保障公司经营管理依法合规，为实现公司战略目标保驾护航。为有效防范金融风险，在巩固充实三道防线基础上实现全流程风险控制，2023年公司开展了内控合规体系建设专项工作，并创新性地提出了“1234”内控合规体系建设战略，即围绕以创建具有横琴特色的国内一流司库型财务公司为目标，通过邀请板块公司内控条线人员共同参与，形成二级联动，构建以三道防线为依托的内部控制体系，从而搭建由业务发展、公司治理、科技赋能以及管理支持构成的四级内控体系框架。

【信息化建设及数据治理】2023年，公司持续推进信息科技治理体系建设，建立适应发展目标的信息科技组织架构与决策、监督机制，提升信息科技治理水平。同时，加强基础设施建设，提升基础设施运维管理能力和系统安全稳定运行水平，提供有效的信息科技支撑和保障。2023年，公司各业务系统稳定高效运行，保障了各项业务的正常开展，年度重点信息化项目建设按计划节点推进，其中部分重点信息化项目陆续投产上线；信息安全保障水平和信息化基础设施支撑能力持续提升。

【廉政建设与党建工作】2023年，在集团党委的指导下，公司以“抓党建、带队伍、提业绩”为指引，坚持把党支部内嵌到公司治理结构之中，充分发挥党支部的领导核心和政治核心作用，进一步完善了“双线进入、交叉任职”的领导体制，确保公司党建工作与业务工作同部署、共推进，做到业务工作不偏离，党建和业务联动推进、良性互促。公司以党风廉政建设责任制为着力点，加强廉政教育、完善制度体系、强化监督检查，全面扎实推进公司反腐倡廉工作。

紫金矿业集团财务有限公司

【集团概况】紫金矿业集团股份有限公司（以下简称“集团”）是一家在全球范围内从事铜、金、锌、锂等金属矿产资源勘查、开发及工程设计、技术应用研究的大型跨国矿业集团，在香港H股和上海A股整体上市。集团在全国17个省（区）和海外15个国家拥有重要矿业投资项目。集团主要指标中国领先、全球前10位，位列2023年《福布斯》全球上市公司第

284 位，以及其中上榜的全球黄金企业第 1 位、全球金属矿业企业第 6 位，《福布斯》中国可持续发展工业企业 TOP50；位列《财富》世界 500 强第 407 位、《财富》中国 500 强第 53 位。

【经营概况】 2023 年，紫金矿业集团财务有限公司（以下简称“公司”）围绕集团“提质、控本、增效”工作总路线，坚定“服务集团国际化、经营管理信息化、合规管理精细化、团队建设专业化”四化经营方针，大力拓展境内外业务、努力提升金融服务平台价值创造。截至 2023 年 12 月末，公司资产总额 142.74 亿元，实现总收入 4.04 亿元，实现净利润 1.35 亿元；12 月底公司资本充足率为 16.68%，流动性比例为 48.29%，无不良资产，各项风险管控指标均符合监管规定。

【服务实体】 2023 年，公司累计向 50 家成员单位发放各项人民币贷款（含贴现）174.51 亿元，为 18 家成员单位开立财务公司承兑汇票 712 笔金额合计 14.69 亿元。协助集团管理供应链平台，深化对集团供应链上实体企业的服务。截至 2023 年 12 月末，公司累计注册用户 108 家，其中供应商 84 家，包含中小企业 78 家，占比 92%；核心企业 20 家，金融机构 4 家。公司累计开立“紫金融信”180 笔，金额 4.52 亿元，融资 57 笔，金额 1.4 亿元。

【信贷业务】 截至 2023 年 12 月末，公司人民币各项贷款余额（含贴现）86.82 亿元。其中，采矿业 48.44 亿元，制造业 6.47 亿元，建筑业 2.53 亿元，批发零售业 4.06 亿元，交通运输、仓储和邮政业 0.24 亿元，租赁和商务服务业 19.79 亿元，科学研究和技术服务业 1.55 亿元，对境外贷款 38.6 亿元（其中美元贷款 1.35 亿美元、人民币贷款 29.07 亿元）。公司为 18 家成员单位开立财务公司承兑汇票 712 笔金额合计 14.69 亿元。公司积极响应国家“碳达峰、碳中和”及支农支小政策理念。其中：累计对龙岩市内环保达标、节能减排领先企业（紫金铜业有限公司）发放各项本外币贷款（含贴现）资金合计 5.49 亿元；累计对 26 家涉农企业发放各项贷款（含贴现）97.81 亿元、为 5 家涉农企业开立电子财务公司承兑汇票 21 笔，金额合计 8952 万元。

【资金业务】 2023 年，公司累计归集资金 3036 亿元，平均资金归集率达 98%（可归集资金归集率），通过资金池实现跨境归集人民币 113 亿元，跨境资金运营实现新突破。同时加强与各金融机构合作，有效提高存放同业资金结构和收益，平均同业利率提升 2 个基点，实现同业利息收入 1.1 亿元。

【投资业务】 公司与光大银行及中信银行实现了票据转直贴一体化搭建，2023 年总计实现票据转贴 46800 万元，并在 11 月成功将公司自承自贴票据 8800 万元转让给中信银行，打通财务公司票据转贴通道，有效盘活了财务公司金融资产。

【外汇业务】 公司为成员单位提供优于商业银行挂牌的外汇交易价格，2023 年累计办理美元即期结售汇 6.64 亿美元、开展代客衍生品 0.24 亿美元，外汇交易量快速增长。主动介入集团境外项目，配合企业完成跨境分红资金汇付及减资相关政策解疑。长远布局国际金融服务，通过跨境资金池外汇主办企业资格，积极拓展境外放款，做好境外资金归集和下拨。

【业务创新】 创新跨境服务方面，2023 年上半年创新性为境内成员单位归集境外分红款，累计实现跨境分红款 3500 万美元，下半年首次代成员单位收回境外服务费收入 208 万美元，有效促进了境外资金的归集。项目前期贷款方面，2023 年上半年实现了制度建设到业务落地，下半年实现了 2 个项目的投放合计 8.6 亿元。贸易融资方面，根据物流公司特性设立并落地出口商业发票贴现业务，办理 3 笔，金额 0.82 亿元。低风险授信方面，针对监管检查以及新的票据管理办法，将贴现等低风险业务制度、流程进行规范，根据各家企业经营情况进行了低风险授信。

【风险管理和内部控制】 2023 年，公司对照《企业集团财务公司管理办法》新规全面梳理、修订公司制度体系，共修订 58 项、新增 16

Z

项、删除20项，内控制度进一步完善；强化审计监督和落实整改，全年内控审计覆盖前中后台开展，检查共计33项。

【信息化建设】2023年，公司主要完成了智能信贷系统上线，新一代票据系统业务落地，新网银系统的上线，持续完善监管数据仓建设，不断完善系统自动化和智能化。同时，公司通过网络与信息安全项目建设，将业务连续性及网络与数据安全风险管理纳入机构的全面风险管理体系，建立与公司战略目标相适应的常态化的风险识别、检测、管控机制。

【企业文化建设】公司加强党风廉政建设及党员队伍建设，组织公司全体员工签署《党风廉政责任状》及《员工行为准则承诺书》等，定期进行党风廉政约谈，加强对党员干部职工的监督管理。注重队伍政治思想培养，开展员工家庭走访，营造团结向上、积极有为、讲纪律重廉洁的工作环境。

2023 年 12 月 28 日，中国财务公司协会在北京召开第十届会员大会第五次会议。国家金融监督管理总局非银机构监管司司长刘学生出席会议并讲话，国家金融监督管理总局非银机构监管司副司长聂俊及相关处室同志出席会议

2023 年 12 月 28 日，中国财务公司协会在北京召开第十届会员大会第五次会议。中国财务公司协会会长吕双做理事会工作报告、监事长张云亭做监事会报告，中国财务公司协会党委班子成员出席会议

2023 年 4 月，中国财务公司协会党委书记、常务副会长张永军一行 2 人赴中船财务有限责任公司调研

2023 年 3 月 27 日，中国财务公司协会党委委员、专职副会长仇宝林一行 3 人赴航天科工财务有限责任公司调研

2023 年 7 月 28 日，中国财务公司协会风险合规专项工作组调研美的总部大楼，召开中国财务公司协会理事会风险合规专项工作组启动会，中国财务公司协会党委委员、专职副会长陶东平出席会议

2023 年 5 月，中国财务公司协会党委委员、纪委书记陈晨赴有色矿业集团财务有限公司开展行业清廉金融文化建设情况调研

2023 年 9 月 27 日，国家金融监督管理总局非银机构监管司副司长聂俊莅临中信财务有限公司就行业新规实施情况开展调查研究，中国财务公司协会监事长、公司董事长张云亭主持调研会议

2023 年 12 月 1 日，国家金融监督管理总局非银机构监管司副司长周全胜到中国石油财务（香港）有限公司督导工作

2023 年 7 月 20 日，国家金融监督管理总局苏州监管分局副局长林键到沙钢财务有限公司现场调研

2023 年 7 月 27 日，国家金融监督管理总局安徽监管局非银机构监管处处长夏斌到淮南矿业集团财务有限公司走访调研

2023 年 9 月 1 日，天津渤海集团财务有限责任公司董事长李杰、高管层陪同金融监督管理总局天津监管局非银机构监管处处长赵俊玮一行调研渤化永利厂区

2023 年 5 月 18 日，原安徽银保监局信息科技处处长葛贻明一行到安徽省皖北煤电集团财务有限公司调研

2023 年 10 月 30 日至 31 日，中国财务公司协会第十届监事会赴南昌地区财务公司开展自律情况检查

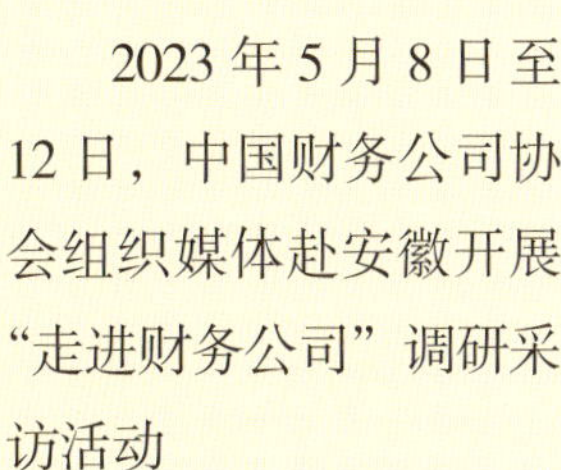

2023 年 5 月 8 日至 12 日，中国财务公司协会组织媒体赴安徽开展“走进财务公司”调研采访活动

2023 年 4 月 11 日至 28 日，中国财务公司协会举办三期财务公司高管研修班

2023 年 9 月 13 日至 14 日，中国财务公司协会在山西省太原市召开“财务公司行业信息化交流会”

2023 年 10 月 18 日，中国财务公司协会在江苏省南京市召开“2023 年财务公司行业统计人员工作会议”

服务实体

2023年3月，供销集团财务有限公司赴四川省内江市深入了解中再资源开发（日照）有限公司经营情况和金融需求，推进服务前移和业务拓展

2023年4月27日，潞安集团财务有限公司开展信贷调研活动，实地调研企业生产经营情况，了解企业需求，跟进金融服务支持

2023年6月5日，包钢集团财务有限责任公司总经理深入内蒙古包钢和发稀土有限公司，开展金融需求调研，实地现场走访，提供优质金融服务

2023 年 7 月 1 日，金川集团财务有限公司与成员单位兰州金川科技园有限公司共同组织“七一”党建活动，同时召开座谈会了解成员单位金融需求、合作方向等

2023 年 8 月 14 日至 16 日，五矿集团财务有限责任公司党委副书记、总经理王秋劲带队赴黑龙江省鹤岗市中国五矿集团（黑龙江）石墨产业有限公司开展调研交流，更好地为成员单位提供精准的差异化金融服务

2023 年 9 月 15 日，甘肃电投集团财务有限公司党委书记、总经理李燕一行赴成员单位甘肃陇投燃气有限责任公司走访调研

2023 年 9 月 25 日，中化集团财务有限责任公司党委书记、总经理夏宇带队深入先正达集团中国种子业务单元育种示范区，开展以“联学共建谋创新，产融协同促发展”为主题的联学共建活动，为支持种业高质量发展量身定制金融服务方案

2023 年 11 月，福建省港口集团财务有限公司为成员单位平潭港务公司谋划票据融资方案，提供融资 2968 万元（半年）的财务公司票据，服务成员单位融资需求，助力降本增效

2023 年 12 月 8 日，中国能源建设集团财务有限公司董事长陈立新带队赴中国能建越南海阳项目开展工作调研，同中国能建在越企业就境外资金管理进行深入交流

规范经营

2023 年 1 月，中国重汽财务有限公司召开 2022 年度总结表彰大会暨 2023 年任务书签约仪式

2023 年 2 月，北京首都旅游集团有限责任公司总经理带队调研财务公司经营情况及重点工作推进情况

2023 年 2 月 22 日，中国航天科技集团有限公司张忠阳总经理、邓红兵副总经理一行到航天科技财务有限责任公司调研指导工作

2023 年 2 月 28 日，天津港财务有限公司领导带队到成员单位推介金融产品

2023 年 3 月 2 日，三峡财务有限责任公司主要领导带队走访内蒙古区域成员单位

2023 年 3 月 2 日至 6 日，陕西延长石油财务有限公司赴青岛海尔集团公司和海尔集团财务有限责任公司对标学习培训

2023 年 3 月 16 日，南山集团财务有限公司召开第五届董事会第五次会议

2023 年 5 月 6 日，兵工财务有限责任公司召开第八届董事会第四次会议和第三十三次股东会

2023 年 5 月 10 日，中广核财务有限责任公司临时党委书记、总经理朱慧在深圳会见中国工商银行公司部副总经理戴莲一行，双方就进一步加强在境内外重点项目融资、跨境直贷、债券业务、资金池业务等方面进行了深入交流

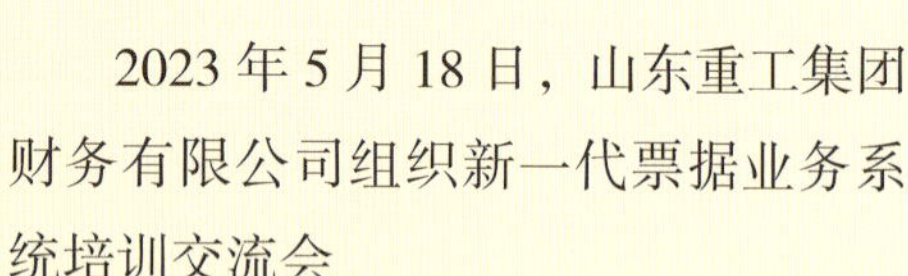

2023 年 5 月 18 日，山东重工集团财务有限公司组织新一代票据业务系统培训交流会

2023 年 6 月 13 日，海亮集团财务有限责任公司开展“清廉金融文化建设宣传月”活动

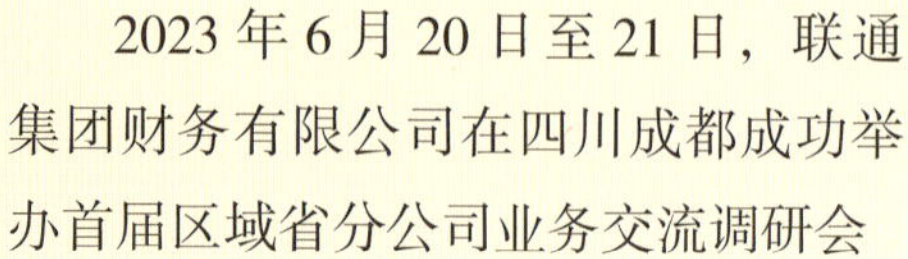

2023 年 6 月 20 日至 21 日，联通集团财务有限公司在四川成都成功举办首届区域省分公司业务交流调研会

2023 年 6 月 30 日，中远海运集团财务有限责任公司举行新一代核心系统正式上线庆功仪式

2023 年 7 月 22 日，一汽财务有限公司召开年中工作会

2023 年 8 月 8 日，中国铁建财务有限公司党委书记、董事长周仲华率队拜访中国铁建华东区域总部，与华东区域总部党委书记、总经理尹华就深化合作进行座谈交流

2023 年 8 月 8 日，中煤财务有限责任公司赴朔州地区调研司库体系建设

2023 年 8 月，国机财务有限责任公司司库交易处理系统一期正式上线，同年 12 月司库系统全面上线

2023 年 9 月 8 日，国家能源集团财务有限公司召开青年工作座谈会

2023 年 9 月 11 日，中建财务有限公司举行“建证·金融服务进项目——合规管理深化年专场”暨“建证未来”青年精神素养提升工程共建活动

2023 年 9 月 13 日，商飞集团财务有限责任公司董事现场集中办公，检查机房设施设备安全并听取党建和经营工作情况汇报

2023 年 9 月 26 日，中国建材集团财务有限公司召开党员大会，圆满完成换届选举工作

2023 年 10 月 25 日，以“聚力前行，齐鑫倍增”为主题的 2023 年北汽金融·北京汽车核心经销商大会在贵州铜仁隆重召开。北京汽车集团财务有限公司党委副书记、总经理刘钧，北京汽车股份公司副总裁、销售公司总经理彭刚等领导参加本次会议，会议邀请了来自全国各地的 50 家核心经销商代表

2023 年 10 月 27 日，中交财务有限公司外部董事张震赴云南昆明就公司信贷业务开展调研，公司党委书记、董事、总经理李金明，董事会秘书，信贷业务部负责人陪同调研

2023 年 12 月 22 日，重庆机电控股集团财务有限公司开展成员单位业务交流活动

创新合作

2023 年 3 月 4 日，TCL 科技集团财务有限公司落地惠州首笔数字人民币签约缴税费入库业务

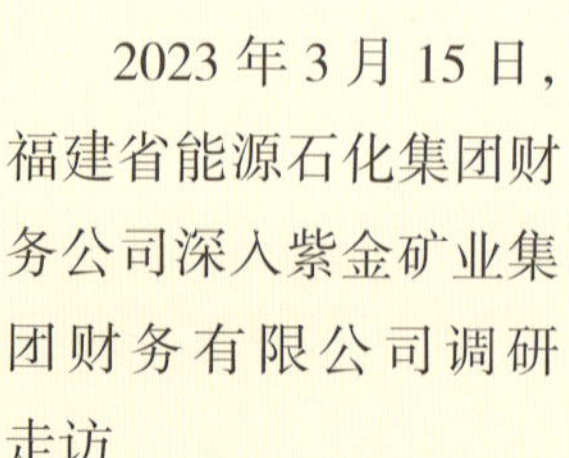

2023 年 3 月 15 日，福建省能源石化集团财务公司深入紫金矿业集团财务有限公司调研走访

2023 年 3 月，中国南航集团财务有限公司推动贸易公司招投标保证金归集实现“零”的突破

2023 年 4 月，传化集团财务有限公司与传化集团旗下的传化化学集团举行“财票通”业务战略合作签约仪式，助力成员企业降本增效

2023 年 5 月 10 日，中国民生银行董事长高迎欣同山东东明石化集团董事局主席李湘平共同出席百亿授信战略合作签约仪式，财务公司积极助力集团深化同各金融机构合作

2023 年 5 月 29 日，无锡市国联发展（集团）有限公司党委委员、副总裁陈琦带队集团财务部、财务公司赴国家开发投资集团开展对标交流

2023 年 6 月 13 日，巨化集团财务有限责任公司通过杭州海关审核，获准为巨化集团公司及成员单位开展海关税款担保业务

2023 年 7 月 7 日，哈尔滨电气集团财务有限责任公司与一重集团财务有限公司、鞍钢集团财务有限责任公司签约

2023 年 7 月 11 日，京能集团财务有限公司与东方电气集团财务有限公司签署《金融战略合作协议》

2023 年 9 月 20 日，新疆金风科技集团财务有限公司拜访国家电投集团财务有限公司，双方围绕司库体系建设、财务公司业务发展及双方合作等方面进行了座谈交流

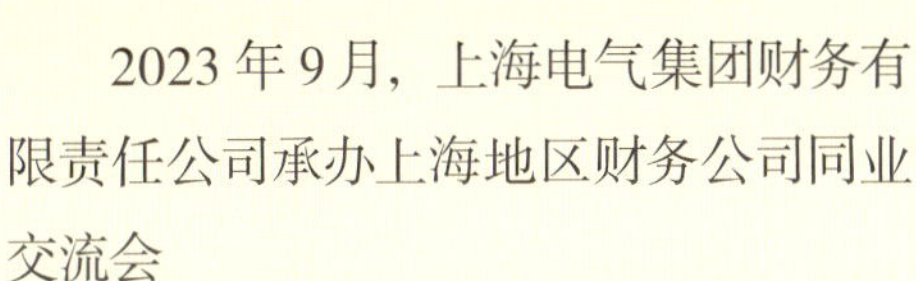

2023 年 9 月，上海电气集团财务有限责任公司承办上海地区财务公司同业交流会

2023 年 10 月 8 日，苏州创元集团财务有限公司与亨通财务有限公司交流信息科技建设

2023 年 11 月 29 日，中国有色矿业集团财务有限公司与国家开发银行湖北省分行在湖北省武汉市举行战略合作协议签约仪式

2023 年 4 月 14 日，广西交通投资集团财务有限责任公司开展“砺剑十载 筑梦新篇”十周年拓展活动，激励干部职工勇担当善作为

2023 年 5 月 7 日，东风汽车财务有限公司开展成立三十六周年“我们一起走更远的路”主题活动，届时发布了公司《企业文化手册》

2023 年 5 月 28 日，徐工集团财务有限公司举行“十年磨砺谱华章，聚焦五化再启航”庆祝公司成立十周年大会

2023 年 7 月 21 日，中核财务有限责任公司举办成立二十六周年拓展活动

2023 年 8 月 8 日，中开财务有限公司庆祝公司成立十周年

2023 年 8 月 15 日，上海华谊集团财务有限责任公司开展“乘十而上 初心如一”庆祝公司成立十一周年

2023 年 8 月，百联集团财务有限责任公司开展成立十周年庆典活动

2023 年 10 月 13 日，北京金隅财务有限公司开展“十年携手并进获佳绩，踔厉奋发再创新辉煌”公司十周年庆典活动

2023 年 10 月 26 日，江苏凤凰出版传媒集团财务有限公司开展“七周年庆”活动，公司全体员工合影

2023 年 11 月 8 日，北京控股集团财务有限公司成立十周年当天举办“公司成立十周年交流研讨会”

2023 年 12 月 26 日，江西省交通投资集团财务有限公司举办庆祝公司成立五周年活动

2023 年 12 月 29 日，山东能源集团财务有限公司召开成立十周年庆祝活动

社会公益

2023 年 3 月 18 日，海南省农垦集团财务有限公司开展植树活动

2023 年 4 月 18 日，上海文化广播影视集团财务有限公司全体员工在崇明长兴岛郊野公园进行全民义务植树活动

2023 年 5 月 30 日，国新集团财务有限责任公司开展“情系乡村教育 真情陪伴成长”公益捐赠活动

2023 年 6 月 1 日，中航工业集团财务有限责任公司赴贵州省紫云县打哈小学开展“牵手童心 共绘蓝天”公益活动

2023 年 6 月 20 日，山东港口集团财务有限责任公司与交通银行开展“金融知识进社区”共建活动

2023 年 6 月，厦门国贸控股集团财务有限公司前往澳溪小学颁发国贸控股励志奖学金

2023年6月，物产中大集团财务有限公司联合杭州市拱墅区天水派出所在周边商铺等人流密集场所开展金融安全宣传活动

2023年7月12日，新希望财务有限公司与南部县谢河镇磨刀石村开展了乡村振兴定点对口帮扶活动，为养殖户和村民进行了生物安全风险识别和控制的养殖培训讲座，向村民普及和宣传了反洗钱、防金融电信诈骗和征信等相关金融知识，向磨刀石村留守老人、儿童捐赠了新希望牛奶和调味品等生活物资

2023年7月，中国华电集团财务有限公司开展志愿敬老服务活动

2023年8月4日，贵州能源集团财务有限公司开展反洗钱反诈宣传

2023 年 9 月 6 日，宝武集团财务有限责任公司捐赠奖助学金发放仪式在甘肃省临洮县龙门镇廿铺中学进行，宝武集团财务有限责任公司连续多年支持帮助困难学子，以人才振兴助力乡村振兴

2023 年 9 月 20 日，海信集团财务有限公司开展暖警活动

2023 年 9 月 27 日，陕西投资集团财务有限责任公司开展慰问社区孤寡贫困老人志愿服务活动

2023 年 10 月 12 日，广东省广晟财务有限公司开展“益起捡跑 团聚青春 爱在广晟”志愿服务活动

2023 年 10 月 27 日，正泰集团财务有限公司开展“爱心早餐，温暖启晨”爱心早餐公益活动

2023 年 11 月，通用技术集团财务有限责任公司党委副书记、副总经理岳海涛同志带队为门头沟斋堂小学送去书籍

2023 年 12 月 22 日，国投财务有限公司青年志愿者前往国投健康长者公寓开展画脸谱志愿服务活动

2023 年 12 月 23 日，保利财务有限公司开展助盲志愿者活动

2023 年 2 月 10 日，重庆化医控股集团财务有限公司联合重庆化医控股（集团）公司举办“吹响冲锋号 启航愉悦跑”活动

2023 年 3 月 4 日，青岛啤酒财务有限责任公司开展浮山登山团建活动

2023 年 6 月 3 日，海尔集团财务有限责任公司开展“啤酒游戏之经营决策沙盘”活动，赋能公司业务经营与决策管理

2023 年 6 月 16 日，光明食品集团财务有限公司开展安全主题演讲比赛活动

2023 年 6 月 23 日，江苏悦达集团财务有限公司开展信息科技关键硬件设备损坏应急演练

2023 年 6 月 27 日，浙江省交通投资集团财务有限责任公司以“生命不息，运动不止”为主题与浙商证券股份有限公司进行了首场足球友谊赛

2023 年 7 月 25 日，山东招金集团财务有限公司开展反恐防爆应急处置培训活动

2023 年 7 月 31 日，中国融通集团财务有限责任公司党委书记、总经理王艳率队前往国防大学军事文化学院对部队官兵进行慰问

2023 年 8 月 19 日，中国石化财务有限责任公司在成都举办第五届员工风采大赛

2023 年 9 月 23 日，国药集团财务有限公司开展“骑心协力 融创佳绩”拓展培训活动

2023 年 10 月 12 日，上海浦东发展集团财务有限责任公司聚焦“金融赋能、科技赋智”牵头组织召开“新发展、芯趋势、心服务”金融论坛活动

2023 年 10 月 20 日，上海上实集团财务有限公司开展“我们在一起，谱写更美好的明天”员工团建活动

2023 年 10 月 20 日，唐天奇总经理（右四）代表广东省农垦集团财务有限公司获颁“金融支持乡村振兴十佳机构”

2023 年 10 月 28 日，西部矿业集团财务有限公司开展团建活动

2023 年 10 月 30 日，中化工程集团财务有限公司报送的节目圆舞曲《让世界更炫彩》参与中国化学工程集团有限公司成立 70 周年职工文艺演出

2023 年 10 月，华联财务有限责任公司开展员工奥森公园健步走活动

2023 年 11 月 18 日，云南昆钢集团财务有限公司与昆明钢铁控股有限公司金融运营部在昆明植物园开展“保持十二分干劲　全力决战四季度”工会联谊活动

2023 年 12 月 8 日，申能集团财务有限公司成功举办 2023 年度秋季论坛，围绕“征战上海滩，共探新未来”的主题，以剧本杀的形式完成红色教育主题关任务

2023 年 12 月 9 日，陕西煤业化工集团财务有限公司举办“激扬青春 不负年华”冬季健步走活动

2023 年 12 月 19 日，中铁财务有限责任公司参加了由中国金融杂志社主办的金融品牌年会暨第六届金融业年度品牌案例大赛颁奖典礼，并荣获“中国金融年度品牌大奖”

2023 年 12 月 26 日，云南建投集团财务有限公司开展拓展训练

2023 年 12 月，南方电网财务有限公司举办“金融青年成长论坛”，公司领导与青年代表、参会人员合影

服务实体

2023 年 2 月 25 日，山东省商业集团财务有限公司联合天津银行济南市中支行赴济南市章丘区双山街道三涧溪村，开展“党建引领促发展 凝心聚力谱新篇”主题党日暨党建共建活动

2023 年 3 月 3 日，西电集团财务有限责任公司党总支组织党员干部前往林州红旗渠，开展“弘扬红旗渠精神 赓续奋斗源动力”红色研学主题党日活动

2023 年 3 月 13 日，中国华能财务有限责任公司进行古田党员教育培训

2023 年 3 月 16 日，湖北宜化集团财务有限责任公司开展“长江大保护、绿色共成长”主题党日活动

2023 年 4 月 7 日，厦门翔业集团财务有限公司党支部组织参观“爱莲·敬廉”文物展

2023 年 4 月 23 日，上海城投集团财务有限公司与上海银行党建联建参观学习中共一大纪念馆

2023 年 4 月 23 日，湖南出版投资控股集团财务有限公司赴中国共产党长沙历史馆开展主题党日活动

2023 年 4 月 23 日，江苏国信集团财务有限公司召开主题教育学习传达会

2023 年 5 月 12 日，新兴际华集团财务有限公司与成员单位 3502 党支部召开联建活动，5 月 13 日，到西柏坡开展红色党建活动

2023 年 5 月，中国航油集团财务有限公司组织“青春心向党金牌展担当”主题党日活动暨“全国民航青年文明号”揭牌仪式

2023 年 6 月 2 日，中国电建集团财务有限责任公司党委组织全体党员到中电建（天津）新能源开发有限公司南港海上风电场进行实地学习调研，领导班子成员分别带领大家现场学习习近平总书记关于发展风电的指示批示汇编

2023 年 6 月 20 日，中国财务公司协会赴中国共产党早期北京革命活动纪念馆开展主题党日活动

2023 年 6 月 29 日，中国大唐集团财务有限公司党委召开庆“七一”表彰大会

2023 年 7 月 11 日，红豆集团财务有限公司与南京银行无锡分行第八党支部党建共建

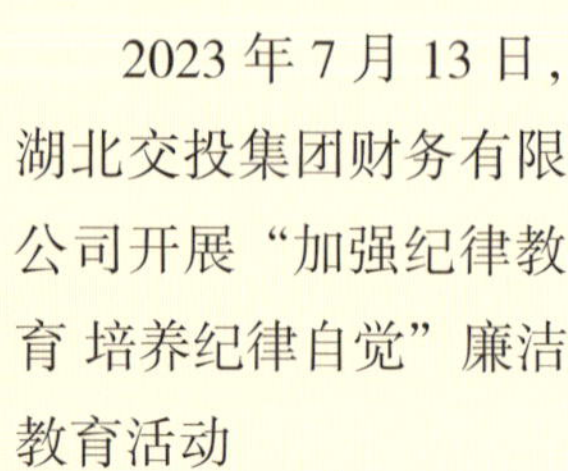

2023 年 7 月 13 日，湖北交投集团财务有限公司开展“加强纪律教育 培养纪律自觉”廉洁教育活动

2023 年 7 月 16 日，阳泉煤业集团财务有限责任公司员工参观黄崖洞

2023 年 7 月 21 日至 22 日，中国电子财务有限责任公司开展“强共识、促融合”专题读书班

2023 年 8 月 4 日，湖南高速集团财务有限公司党支部在湖南省苏维埃政府旧址(锦绥堂)开展红色基地主题党日活动

2023 年 8 月 8 日，浪潮集团财务有限公司党总支赴济南战役纪念馆开展“重温红色岁月 铭记革命历史”主题党日活动

2023 年 8 月 24 日，诚通财务有限责任公司召开主题教育专题民主生活会

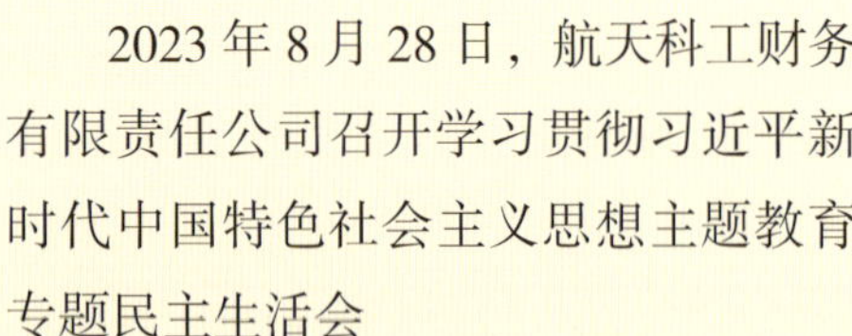

2023 年 8 月 28 日，航天科工财务有限责任公司召开学习贯彻习近平新时代中国特色社会主义思想主题教育专题民主生活会

2023 年 9 月 20 日，四川长虹集团财务有限公司参观黄继光纪念馆

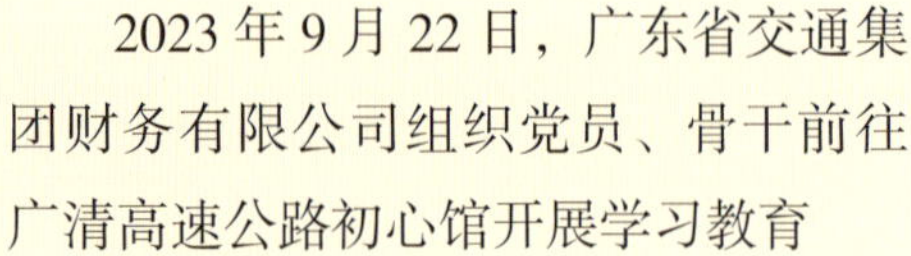

2023 年 9 月 22 日，广东省交通集团财务有限公司组织党员、骨干前往广清高速公路初心馆开展学习教育

2023 年 9 月 23 日，中共清华控股集团财务有限公司支部组织全体党员赴革命圣地西柏坡开展踏寻红色足迹汲取奋进力量红色主题教育学习活动

2023 年 9 月 23 日，紫金矿业集团财务有限公司支部与人保财险上杭党支部开展党建共建活动

2023 年 9 月 26 日，国家电投集团财务有限公司党委书记、董事长尹国平一行应邀为西藏自治区国资委第十一期“国资大讲堂”进行专题授课

2023 年 10 月 13 日，江苏交通控股集团财务有限公司党总支与江苏省交通工程建设局机关第三党支部、龙潭长江大桥建设指挥部党支部联合开展“学思想强党性 同心聚力建新功”党建共建

2023年11月5日，通号集团财务有限公司党总支赴焦庄户地道战博物馆开展主题党日活动

2023年11月15日，首都机场集团财务有限公司组织参观北京市全面从严治党政德教育基地

2023年11月29日，万向财务有限公司开展“点绿成金，逐绿前行——参观江河荟浙江翠杭州多样道”主题党日活动

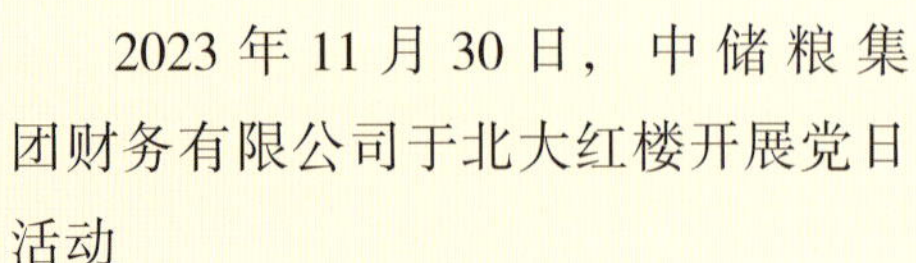

2023年11月30日，中储粮集团财务有限公司于北大红楼开展党日活动

统计资料

经营状况综合统计

财务公司资产、负债、权益统计表

（2023 年）

单位：万元

机构	资产			负债		所有者权益	
	总额	其中：贷款	其中：投资	总额	其中：存款	总额	其中：资本金
TCL 科技集团财务有限公司	1218977	477755	31920	1014051	914249	204926	150000
安徽省能源集团财务有限公司	626424	348443	79122	504417	459469	122007	100000
安徽省皖北煤电集团财务有限公司	1106026	383161	102426	959111	956817	146915	100000
鞍钢集团财务有限责任公司	3799403	2203863	131994	2991989	2961969	807415	500000
百联集团财务有限责任公司	1514614	573791	4916	1374293	1325007	140321	100000
包钢集团财务有限责任公司	1224311	777653	0	986412	965821	237899	180000
宝武集团财务有限责任公司	8700817	2352324	688544	7683798	7610919	1017019	684000
保利财务有限公司	8755811	3114836	145000	8191129	7691586	564682	200000
北京金融街集团财务有限公司	648228	227700	50137	547512	545061	100716	80000
北京金隅财务有限公司	2575076	1468960	135325	2172869	2168172	402207	300000
北京控股集团财务有限公司	2247802	1376517	100302	1727950	1702990	519852	368498
北京汽车集团财务有限公司	4798761	2654785	240772	4134581	3782460	664180	500000
北京首都旅游集团财务有限公司	1330387	750844	100	1076958	1061744	253429	200000
北京首农食品集团财务有限公司	2279732	1325706	45	2043834	2036863	235898	200000
兵工财务有限责任公司	13098866	4918864	485886	11656003	11567821	1442863	634000
兵器装备集团财务有限责任公司	7689231	2750816	305816	6822890	6372086	866340	303300
诚通财务有限责任公司	2974263	1505591	181346	2311337	2291718	662926	500000
重庆化医控股集团财务有限公司	286227	193046	50	155931	153489	130296	106000
重庆机电控股集团财务有限公司	381122	213451	21181	266556	258141	114566	100000
重庆市能源投资集团财务有限公司	387330	126655	0	333886	333199	53444	100000
传化集团财务有限公司	721059	400144	0	612691	610205	108368	100000
创维集团财务有限公司	1049996	713515	0	887407	822111	162589	122345
大同煤矿集团财务有限责任公司	1590108	0	64277	835898	827438	754210	426460
东方电气集团财务有限公司	4109087	908838	224636	3736669	3670136	372418	209500
东方国际集团财务有限公司	1139085	332501	0	1015708	1013023	123378	100000
东方集团财务有限责任公司	824529	817695	0	495104	321299	329424	300000
东风汽车财务有限公司	12486684	5536560	1389846	10442376	9894402	2044308	900000
东航集团财务有限责任公司	2836610	821776	111964	2550952	2493154	285658	200000
东旭集团财务有限公司	2623580	2609100	0	2243447	1314081	380134	500000
鄂尔多斯财务有限公司	580222	299900	0	340406	233614	239816	200000
福建七匹狼集团财务有限公司	219382	163090	1339	163331	161527	56051	50000
福建省港口集团财务有限公司	525659	273146	0	414691	412370	110969	100000
福建省能源石化集团财务有限公司	1835087	620388	62923	1585234	1575573	249853	100000
甘肃电投集团财务有限公司	425372	83402	0	315134	314205	110239	100000

续表

机构	资产			负债		所有者权益	
	总额	其中:贷款	其中:投资	总额	其中:存款	总额	其中:资本金
供销集团财务有限公司	455332	225373	0	395413	387669	59919	50000
光明食品集团财务有限公司	3362753	1503441	255068	2995860	2970352	366893	200000
广东能源集团财务有限公司	3162097	1836552	285317	2730437	2708450	431660	300000
广东省广晟财务有限公司	937921	593488	85483	789460	786256	148461	109922
广东省交通集团财务有限公司	3005825	996062	98452	2732692	2709917	273133	200000
广东省农垦集团财务有限公司	478944	279729	0	374614	373288	104329	100000
广东温氏集团财务有限公司	574371	220065	21	466680	465710	107691	100000
广西交通投资集团财务有限责任公司	2109385	1198616	223056	1612404	1406673	496981	250000
广州发展集团财务有限公司	636338	358076	49480	514359	509552	121979	100000
广州港集团财务有限公司	565001	228207	0	454872	453051	110129	100000
广州汽车集团财务有限公司	4753294	1801816	90914	4465603	4311795	287691	200000
贵州茅台集团财务有限公司	12383218	218485	176030	11406802	11290962	976417	250000
贵州能源集团财务有限公司	276831	169323	0	218786	217544	58045	50000
国机财务有限责任公司	4804252	1901931	182136	4394114	4354079	410138	175000
国家电投集团财务有限公司	8231682	5727107	1009555	6636908	6201251	1594774	750000
国家能源集团财务有限公司	27564097	20195402	2146415	24242506	24124706	3321591	1750000
国联财务有限责任公司	670269	415124	5000	545299	540174	124970	100000
国投财务有限公司	4641230	3271348	495280	3868922	3823602	772308	500000
国新集团财务有限责任公司	1142115	768793	77533	916298	905421	225817	200000
国药集团财务有限公司	3634819	1044257	280442	3239268	3199820	395552	220000
哈尔滨电气集团财务有限责任公司	2209603	173361	90279	1961787	1948299	247816	150000
海尔集团财务有限责任公司	7568696	3510898	904685	5685138	4354778	1883559	700000
海亮集团财务有限责任公司	917488	750064	0	603710	599908	313778	238000
海马财务有限公司	334148	75269	40116	199796	197978	134352	100000
海南农垦集团财务有限公司	1006907	720182	63474	867912	863781	138995	100000
海信集团财务有限公司	2379165	1071280	288529	1891545	1842110	487621	130000
杭州锦江集团财务有限责任公司	290992	197500	0	151096	149812	139896	120000
航天科工财务有限责任公司	12568695	2338252	549358	11755071	11700590	813624	438489
航天科技财务有限责任公司	17538115	4446725	445047	16244294	16144234	1293821	650000
河北港口集团财务有限公司	1269986	634042	0	1091104	1087174	178883	150000
河北建投集团财务有限公司	1180506	614074	0	935331	925364	245175	200000
河钢集团财务有限公司	2461289	2254865	0	1738369	1547160	722920	666000
河南能源集团财务有限公司	1333479	1111100	0	815130	811963	518349	440000
河南双汇集团财务有限公司	932029	484005	0	698120	691482	233908	200000

续表

机构	资产			负债		所有者权益	
	总额	其中:贷款	其中:投资	总额	其中:存款	总额	其中:资本金
亨通财务有限公司	663993	470573	18000	501515	461954	162478	140000
红豆集团财务有限公司	439310	278041	47880	230965	193618	208345	156000
红星美凯龙家居集团财务有限责任公司	265729	246894	0	173087	171196	92642	60000
湖北交投集团财务有限公司	3164347	1080226	127990	2941462	2915808	222885	150000
湖北宜化集团财务有限责任公司	419016	300821	0	299155	297814	119860	100000
湖南出版投资控股集团财务有限公司	1314734	4500	60665	1120593	1107718	194140	100000
湖南钢铁集团财务有限公司	2145824	937053	177682	1444993	1246679	700830	600000
湖南高速集团财务有限公司	1144820	389135	0	1027644	1025928	117175	100000
华联财务有限责任公司	658577	440273	0	364770	302649	293806	250000
华泰集团财务有限公司	286573	183856	0	179416	171638	107157	100000
淮北矿业集团财务有限公司	1548628	717382	148341	1315039	1305120	233588	163300
淮南矿业集团财务有限公司	1448620	687632	85327	1118087	1115252	330534	200000
冀中能源集团财务有限责任公司	1877571	1597374	0	1277033	1096989	600539	450000
江铃汽车集团财务有限公司	979688	479743	14754	821640	795940	158047	100001
江苏凤凰出版传媒集团财务有限公司	619227	30000	65464	455235	453894	163992	100000
江苏国泰财务有限公司	930217	0	0	770764	770074	159454	150000
江苏华西集团财务有限公司	163746	114900	0	73578	73325	90168	75000
江苏交通控股集团财务有限公司	2126264	961375	8194	1840046	1830125	286218	200000
江苏省国信集团财务有限公司	2596293	1105200	2152	2366563	2278428	229730	170000
江苏悦达集团财务有限公司	474213	298000	3022	348663	347464	125550	110000
江西省交通投资集团财务有限公司	1569441	696665	95352	997920	992620	571521	510000
江西铜业集团财务有限公司	3009080	1250189	181277	2552659	2485392	456421	260000
金川集团财务有限公司	1599270	1000474	0	1417332	1405639	181937	100000
锦江国际集团财务有限责任公司	1164463	631168	15065	1001813	994756	162650	100000
晋煤集团财务有限公司	1395487	706947	15566	1213884	1186245	181603	100000
京能集团财务有限公司	4676604	2688395	342525	3954610	3933405	721994	500000
酒钢集团财务有限公司	985732	655821	0	625388	621922	360345	300000
巨化集团财务有限责任公司	632557	365008	51963	493624	488128	138933	120000
开滦集团财务有限责任公司	1447062	946743	24034	1197315	1121823	249747	200000
浪潮集团财务有限公司	1306076	845636	0	1083470	1038727	222606	200000
连云港港口集团财务有限公司	366184	236907	0	234438	233023	131746	100000
联通集团财务有限公司	6177209	460104	461614	5528184	5481408	649025	300000
潞安集团财务有限公司	2826375	1349535	243841	2448429	2434774	377946	235000
美的集团财务有限公司	3574146	316104	0	2853754	2849159	720392	350000

续表

机　构	资产			负债		所有者权益	
	总额	其中:贷款	其中:投资	总额	其中:存款	总额	其中:资本金
南方电网财务有限公司	7027023	4400853	792252	5670335	5625638	1356689	700000
南山集团财务有限公司	2607169	1862069	181989	2297812	2113762	309357	219000
内蒙古电力集团财务有限责任公司	1834037	172585	0	1389200	1383186	444837	350000
内蒙古伊泰财务有限公司	1432827	596900	0	1281328	1278666	151499	100000
青岛啤酒财务有限责任公司	2091013	10260	227704	1725266	1705731	365747	100000
青建集团财务有限责任公司	166554	107122	0	57103	41204	109451	100000
清华控股集团财务有限公司	444121	246202	0	121178	116195	322943	300000
日立（中国）财务有限公司	668279	0	0	606662	606247	61617	30000
三环集团财务有限公司	277295	191086	0	162855	161070	114440	100000
三峡财务有限责任公司	6776767	2973886	486311	5432530	5344484	1344237	500000
沙钢财务有限公司	2088488	370000	0	1858319	1856527	230169	100000
山东晨鸣集团财务有限公司	648508	623448	0	106447	98673	542061	500000
山东东明石化集团财务有限公司	1106719	403000	0	793625	776215	313094	300000
山东钢铁集团财务有限公司	1419277	1000467	134372	1029864	1023070	389414	300000
山东港口集团财务有限责任公司	2992373	1548022	141846	2541495	2527231	450878	256766
山东黄金集团财务有限公司	1332323	790226	0	972941	966648	359381	300000
山东能源集团财务有限公司	4542407	2551100	0	3417544	3401339	1124862	700000
山东省商业集团财务有限公司	994317	614097	30075	752745	719824	241572	200000
山东招金集团财务有限公司	590506	319926	75852	423615	400508	166890	150000
山东重工集团财务有限公司	3920374	1099608	0	3558324	3522585	362049	160000
山西焦煤集团财务有限责任公司	4489870	2487600	327134	3973582	3883232	516288	355000
陕西煤业化工集团财务有限公司	4778612	3120599	6325	4321698	4302716	456915	300000
陕西投资集团财务有限责任公司	1183064	371041	10023	1068019	1066013	115045	100000
陕西延长石油财务有限公司	2527808	1196568	361064	1934611	1914515	593196	350000
商飞集团财务有限责任公司	1413242	205846	0	1229739	1225039	183503	160000
上海城投集团财务有限公司	1143159	400794	0	1031669	1029328	111490	100000
上海电气集团财务有限责任公司	7033633	3019124	637951	6188764	6008135	844868	300000
上海复星高科技集团财务有限公司	1211529	1124665	5000	994081	986347	217448	150000
上海华谊集团财务有限责任公司	2558107	974679	134804	2381143	2359435	176964	100000
上海浦东发展集团财务有限责任公司	2771212	766850	191817	2499907	2491619	271305	100000
上海汽车集团财务有限责任公司	19279144	8750380	3289357	14517462	13762383	4761682	1538000
上海上实集团财务有限公司	1208360	419553	102710	1068052	1057873	140308	100000
上海外高桥集团财务有限公司	922420	238578	41468	863176	858151	59244	50000
上海文化广播影视集团财务有限公司	791633	266642	0	683130	670503	108502	100000

续表

机　　构	资产			负债		所有者权益	
	总额	其中:贷款	其中:投资	总额	其中:存款	总额	其中:资本金
申能集团财务有限公司	2634663	1542939	241659	2312126	2262169	322537	200000
深圳华强集团财务有限公司	407628	253437	0	274785	270434	132843	100000
深圳能源财务有限公司	2010869	1132729	108706	1743338	1579753	267531	150000
首都机场集团财务有限公司	1108059	171827	119542	934269	921280	173790	120000
首钢集团财务有限公司	5812961	3881737	0	4657950	4629454	1155010	1000000
顺丰控股集团财务有限公司	3642862	1350072	0	3292104	3284671	350758	250000
四川省宜宾五粮液集团财务有限公司	5291421	2860322	312707	4808635	4735755	482786	308562
四川长虹集团财务有限公司	2213884	976525	0	1843451	1606663	370433	269394
松下电器（中国）财务有限公司	1144502	24719	0	1013372	1004549	131131	70000
苏州创元集团财务有限公司	293592	141836	30685	182847	180500	110744	100000
特变电工集团财务有限公司	1325405	750186	0	1189471	1186220	135933	100000
天津渤海集团财务有限责任公司	602558	303109	6021	452300	448099	150258	100000
天津港财务有限公司	1211773	594207	156720	936968	933657	274806	115000
天津能源集团财务有限公司	738442	185500	0	615756	612510	122686	100000
天津天保财务有限公司	683239	396208	20958	328657	306581	354582	300000
天津医药集团财务有限公司	379446	159000	20195	317571	314726	61875	50000
天瑞集团财务有限责任公司	260390	251005	0	145146	144670	115243	100000
通号集团财务有限公司	979141	64276	0	774758	773741	204383	200000
通用技术集团财务有限责任公司	5163122	3282750	222672	4590661	4472269	572462	530000
铜陵有色金属集团财务有限公司	859353	600215	70841	694000	683755	165352	110000
万向财务有限公司	2367607	1753825	0	2080093	2062018	287514	185000
五矿集团财务有限责任公司	4200058	2455340	417734	3613519	3265420	586540	350000
物产中大集团财务有限公司	1246034	660270	16031	1073266	1067219	172768	100000
物美商业财务有限责任公司	74125	30000	0	20516	20503	53608	50000
西部矿业集团财务有限公司	1110861	746846	0	732900	725614	377962	323339
西电集团财务有限责任公司	2569016	879425	287362	2032079	2028023	536936	365500
西王集团财务有限公司	507208	516844	0	273546	258526	233662	200000
厦门国贸控股集团财务有限公司	1161042	684763	101104	850101	805630	310941	300000
厦门翔业集团财务有限公司	948640	129434	62010	773036	767742	175604	100000
新奥财务有限责任公司	1216904	844292	10011	901993	897940	314911	260000
新疆金风科技集团财务有限公司	1268920	630234	0	904242	898281	364678	300000
新希望财务有限公司	1494705	716531	13946	1143055	744805	351650	303200
新兴际华集团财务有限公司	1071184	482445	0	967103	961882	104082	100000
信科（北京）财务有限公司	693187	284400	43625	563581	560635	129606	100000

续表

机构	资产			负债		所有者权益	
	总额	其中:贷款	其中:投资	总额	其中:存款	总额	其中:资本金
徐工集团财务有限公司	3937966	2158522	504	3495305	3321080	442661	350000
阳泉煤业集团财务有限责任公司	1947235	1269730	0	1541661	1529203	405575	177948
一汽财务有限公司	16845029	1954659	853426	15093901	14892280	1751128	1000000
一重集团财务有限公司	291278	126300	0	188603	187017	102675	100000
伊利财务有限公司	1153841	150948	0	976971	972035	176871	100000
亿利集团财务有限公司	1412200	1355850	0	913381	527758	498819	500000
有色矿业集团财务有限公司	1125345	771120	31878	791777	784489	333567	300000
粤海集团财务有限公司	2153959	817311	129972	1921232	1903752	232727	200000
云南建投集团财务有限公司	935940	740145	22248	596965	454324	338975	300000
云南昆钢集团财务有限公司	584244	479719	2000	464122	362313	120123	100000
云南云天化集团财务有限公司	484627	369992	17034	372087	365149	112539	100000
招商局集团财务有限公司	5795999	3812155	446473	5124056	5077683	671943	500000
浙江海港集团财务有限公司	2420195	1429344	66282	2165541	2158693	254653	150000
浙江省交通投资集团财务有限责任公司	5450332	3805020	493411	4594121	4520735	856211	650000
浙江省能源集团财务有限责任公司	4292808	2382140	173791	3789039	3770915	503769	353155
正泰集团财务有限公司	881587	339955	1000	757570	755966	124017	100000
郑州宇通集团财务有限公司	587292	381733	1009	456543	451372	130749	100000
中车财务有限公司	4671052	1810702	0	4234587	4186298	436465	320000
中储粮集团财务有限公司	3990929	693899	0	3528117	3502836	462812	350000
中船财务有限责任公司	25344707	8308066	1103237	23369944	22922785	1974763	871900
中广核财务有限责任公司	4179903	2605135	288228	3510311	3356481	669593	500000
中国大唐集团财务有限公司	4721305	3410154	505626	3873322	3819508	847982	650000
中国电建集团财务有限责任公司	5601124	2947351	55590	5020720	4935874	580404	500000
中国电力财务有限公司	31122388	25648937	336352	26240208	25849586	4882180	2800000
中国电信集团财务有限公司	6656826	3023238	0	6113717	6042371	543109	500000
中国电子财务有限责任公司	6118688	2279709	15582	5695960	5667638	422728	190100
中国电子科技财务有限公司	11854176	3227116	629442	10721835	10680070	1132341	580000
中国航发集团财务有限公司	3400247	1078621	151199	3184436	3158896	215811	150000
中国航空集团财务有限责任公司	2039508	598500	140288	1845843	1834956	193665	112796
中国航油集团财务有限公司	1117604	298984	75416	963734	954697	153870	120000
中国华电集团财务有限公司	5471915	4063974	870713	4230473	4199673	1241442	554112
中国华能财务有限责任公司	5962811	5481449	139351	5023318	4926546	939494	700000
中国黄金集团财务有限公司	2087218	764066	45182	1960077	1957295	127141	100000
中国建材集团财务有限公司	3363101	1914161	143506	3081584	3055251	281518	250000
中国南航集团财务有限公司	1696705	1030273	151551	1426971	1410571	269734	200000

续表

机　构	资产			负债		所有者权益	
	总额	其中:贷款	其中:投资	总额	其中:存款	总额	其中:资本金
中国能源建设集团财务有限公司	5634051	3161119	30000	5033828	4999503	600224	450000
中国平煤神马集团财务有限责任公司	1311795	716106	1018	983992	980170	327803	300000
中国融通集团财务有限责任公司	4176878	125993	0	3796080	3763679	380798	300000
中国石化财务有限责任公司	21411962	10531116	2059130	18036470	17796612	3375492	1800000
中国铁建财务有限公司	11595800	7172915	789154	10213587	10151826	1382212	900000
中国铁路财务有限责任公司	6052924	3603304	400000	4608050	4571002	1444874	1000000
中国移动通信集团财务有限公司	13371369	2535528	1141881	10453645	10413697	2917725	1162778
中国重汽财务有限公司	4633279	634694	489452	3943579	3840142	689700	305000
中海石油财务有限责任公司	19389325	5100241	592277	17878621	17671743	1510703	400000
中航工业集团财务有限责任公司	23440946	5202391	703778	22184731	22022545	1256215	395138
中核财务有限责任公司	9704668	6664954	250097	8489560	8454157	1215109	438582
中化工程集团财务有限公司	4669782	1319896	177060	4282519	4216074	387263	300000
中化集团财务有限责任公司	6508362	4141298	868125	5452643	5366544	1055719	600000
中集集团财务有限公司	1154183	536302	14897	971281	951980	182902	100000
中建财务有限公司	9286350	7469536	148000	7346363	7301939	1939987	1500000
中交财务有限公司	5954170	4886189	75044	4926977	4874893	1027193	700000
中节能财务有限公司	2460775	1835458	259058	2071731	2063502	389044	300000
中开财务有限公司	1187214	644675	0	1061026	1056375	126188	100000
中联重科集团财务有限公司	1362311	535414	141829	1136467	1108159	225844	150000
中粮财务有限责任公司	3311816	1991100	34442	2835600	2811489	476216	250000
中旅集团财务有限公司	1775913	797870	15016	1515184	1501263	260729	200000
中铝财务有限责任公司	5153699	1629842	316472	4550057	4517894	603642	400000
中煤财务有限责任公司	10352005	2137131	0	9731365	9700499	620640	300000
中铁财务有限责任公司	13101252	5834743	523089	11815340	11300422	1285913	900000
中信财务有限公司	4364526	2870190	608100	3523814	3494170	840712	475135
中兴通讯集团财务有限公司	3071323	270592	0	2906975	2894183	164348	100000
中油财务有限责任公司	52810479	14428462	5823024	44088651	38910403	8721828	1639527
中远海运集团财务有限责任公司	20452940	4605611	505990	18050592	17927939	2402348	1950000
珠海格力集团财务有限责任公司	4186539	1016464	125073	3483899	3353562	702640	300000
珠海华发集团财务有限公司	5122361	3446423	455601	4338213	4054803	784148	500000
紫金矿业集团财务有限公司	1427422	868223	996	1267894	1258261	159528	100315
总计	895089288	396336083	47471718	766745497	745181568	128343791	75076062

注：①此表资产不含委托项。

②投资包括债券、股票、长期股权及其他投资。

③此表为236家财务公司，不含西门子财务服务有限责任公司、宝塔石化集团财务有限公司、吉林森林工业集团财务有限责任公司、三房巷财务有限公司。

财务公司收入、利润状况统计表

（2023 年）

单位：万元

机　　构	利润总额	营业收入		
		总额	其中：利息收入	其中：中间业务收入
TCL 科技集团财务有限公司	13476	27339	25339	1466
安徽省能源集团财务有限公司	10110	20399	19541	8
安徽省皖北煤电集团财务有限公司	17193	24589	22073	18
鞍钢集团财务有限责任公司	57658	107843	106012	567
百联集团财务有限责任公司	13028	51739	46348	1760
包钢集团财务有限责任公司	21844	33632	31829	1803
宝武集团财务有限责任公司	56633	150155	142528	1330
保利财务有限公司	79638	208355	199914	0
北京金融街集团财务有限公司	4033	15108	14072	0
北京金隅财务有限公司	40331	81966	77360	38
北京控股集团财务有限公司	30085	65415	62609	218
北京汽车集团财务有限公司	84736	169593	166710	807
北京首都旅游集团财务有限公司	11521	35269	33854	104
北京首农食品集团财务有限公司	14542	36970	36872	0
兵工财务有限责任公司	80648	249764	225172	1315
兵器装备集团财务有限责任公司	87886	209978	186001	764
诚通财务有限责任公司	9453	71334	69116	12
重庆化医控股集团财务有限公司	4570	10730	10725	0
重庆机电控股集团财务有限公司	5752	10135	9852	83
重庆市能源投资集团财务有限公司	17610	6950	6942	0
传化集团财务有限公司	12993	19439	18448	123
创维集团财务有限公司	3747	25347	25095	226
大同煤矿集团财务有限责任公司	80496	85050	79434	0
东方电气集团财务有限公司	30292	124984	116280	344
东方国际集团财务有限公司	7302	23842	23005	17
东方集团财务有限责任公司	2305	21193	21148	45
东风汽车财务有限公司	110896	596967	560280	3103
东航集团财务有限责任公司	18373	71875	68448	1980
东旭集团财务有限公司	-31048	135	135	0
鄂尔多斯财务有限公司	12202	16756	16626	128
福建七匹狼集团财务有限公司	1206	9065	8390	20
福建省港口集团财务有限公司	6483	11998	11891	106
福建省能源石化集团财务有限公司	23570	45624	43646	65

续表

机　　构	利润总额	营业收入		
		总额	其中：利息收入	其中：中间业务收入
甘肃电投集团财务有限公司	3117	9204	9145	42
供销集团财务有限公司	5735	15606	15578	22
光明食品集团财务有限公司	26682	77229	70747	37
广东能源集团财务有限公司	46498	78273	71818	528
广东省广晟财务有限公司	6664	22736	21673	23
广东省交通集团财务有限公司	27944	77679	56223	102
广东省农垦集团财务有限公司	2015	9572	9552	19
广东温氏集团财务有限公司	1271	6885	6884	0
广西交通投资集团财务有限责任公司	63148	76614	73831	2651
广州发展集团财务有限公司	5115	16700	15059	3
广州港集团财务有限公司	6672	11339	11333	7
广州汽车集团财务有限公司	17767	105634	103020	65
贵州茅台集团财务有限公司	133958	289748	286673	0
贵州能源集团财务有限公司	5218	8735	8735	0
国机财务有限责任公司	31842	123895	117057	2484
国家电投集团财务有限公司	157606	242021	216547	8307
国家能源集团财务有限公司	377476	660702	646188	3783
国联财务有限责任公司	11501	22707	22632	69
国投财务有限公司	49093	124773	115089	280
国新集团财务有限责任公司	9154	44813	33170	4718
国药集团财务有限公司	18254	64297	58249	34
哈尔滨电气集团财务有限责任公司	22563	47854	47005	152
海尔集团财务有限责任公司	183929	266676	250042	3941
海亮集团财务有限责任公司	27937	24654	24622	30
海马财务有限公司	5755	9154	7738	2
海南农垦集团财务有限公司	19265	34142	31618	138
海信集团财务有限公司	38039	76674	53075	1566
杭州锦江集团财务有限责任公司	3135	7056	7056	0
航天科工财务有限责任公司	172713	341114	336399	59
航天科技财务有限责任公司	81523	413408	399655	2670
河北港口集团财务有限公司	5919	24777	24574	28
河北建投集团财务有限公司	19754	38835	36003	28
河钢集团财务有限公司	77227	120594	118529	50
河南能源集团财务有限公司	26722	39105	39085	19
河南双汇集团财务有限公司	20166	36030	35726	294

续表

机　　构	利润总额	营业收入		
		总额	其中：利息收入	其中：中间业务收入
亨通财务有限公司	13098	22727	22377	42
红豆集团财务有限公司	12829	18888	18564	117
红星美凯龙家居集团财务有限责任公司	8553	10548	10539	10
湖北交投集团财务有限公司	16881	52101	50472	735
湖北宜化集团财务有限责任公司	5356	14408	14396	11
湖南出版投资控股集团财务有限公司	6507	27076	26270	0
湖南钢铁集团财务有限公司	16140	47424	46231	535
湖南高速集团财务有限公司	5344	19533	19532	0
华联财务有限责任公司	14449	14952	14680	49
华泰集团财务有限公司	3070	8263	8197	0
淮北矿业集团财务有限公司	28039	45177	36856	0
淮南矿业集团财务有限公司	36866	48777	40771	84
冀中能源集团财务有限责任公司	27543	64310	64087	219
江铃汽车集团财务有限公司	13948	48950	46770	5
江苏凤凰出版传媒集团财务有限公司	5381	13886	13882	0
江苏国泰财务有限公司	4874	6942	6914	28
江苏华西集团财务有限公司	1758	2537	2537	0
江苏交通控股集团财务有限公司	19149	45234	44572	0
江苏省国信集团财务有限公司	16210	64191	62631	31
江苏悦达集团财务有限公司	7356	13614	13614	78
江西省交通投资集团财务有限公司	20396	36102	35328	437
江西铜业集团财务有限公司	50849	74705	57779	112
金川集团财务有限公司	6573	31282	31130	0
锦江国际集团财务有限责任公司	6578	25411	24254	86
晋煤集团财务有限公司	38811	41542	40810	0
京能集团财务有限公司	71582	102297	95356	536
酒钢集团财务有限公司	20164	32381	31076	0
巨化集团财务有限责任公司	9460	16150	14710	4
开滦集团财务有限责任公司	18980	41970	42339	325
浪潮集团财务有限公司	5074	35163	34593	207
连云港港口集团财务有限公司	9283	12105	11015	1090
联通集团财务有限公司	27432	108381	101884	430
潞安集团财务有限公司	39945	94167	88672	1627
美的集团财务有限公司	42707	38746	35611	361
南方电网财务有限公司	143006	231773	203414	11855

续表

机　　构	利润总额	营业收入		
		总额	其中：利息收入	其中：中间业务收入
南山集团财务有限公司	41644	81684	80856	848
内蒙古电力集团财务有限责任公司	36141	48906	48902	3
内蒙古伊泰财务有限公司	20397	51008	51007	1
青岛啤酒财务有限责任公司	42151	67791	43905	161
青建集团财务有限责任公司	6214	5103	5051	52
清华控股集团财务有限公司	8010	13733	13725	0
日立（中国）财务有限公司	2509	9191	8308	954
三环集团财务有限公司	4520	8952	8952	0
三峡财务有限责任公司	147142	202106	173046	5879
沙钢财务有限公司	15202	21353	20917	136
山东晨鸣集团财务有限公司	11478	14376	14218	154
山东东明石化集团财务有限公司	14368	29868	29742	125
山东钢铁集团财务有限公司	25101	49605	40998	219
山东港口集团财务有限责任公司	43387	76659	67693	62
山东黄金集团财务有限公司	13929	32275	31884	0
山东能源集团财务有限公司	75478	136624	135949	377
山东省商业集团财务有限公司	15444	27000	26360	65
山东招金集团财务有限公司	7882	15356	14988	24
山东重工集团财务有限公司	43098	91358	90371	955
山西焦煤集团财务有限责任公司	87382	133146	125851	915
陕西煤业化工集团财务有限公司	59780	120064	115520	540
陕西投资集团财务有限责任公司	13057	25016	24630	0
陕西延长石油财务有限公司	58030	82777	80071	92
商飞集团财务有限责任公司	3686	22508	22374	5
上海城投集团财务有限公司	6767	20582	20563	17
上海电气集团财务有限责任公司	68517	153612	141302	1589
上海复星高科技集团财务有限公司	37071	53355	51628	557
上海华谊集团财务有限责任公司	11909	54392	51266	88
上海浦东发展集团财务有限责任公司	29406	60695	53232	63
上海汽车集团财务有限责任公司	661290	1158569	988452	30819
上海上实集团财务有限公司	6698	24615	22392	17
上海外高桥集团财务有限公司	4577	18497	17504	151
上海文化广播影视集团财务有限公司	845	16270	16087	13
申能集团财务有限公司	32210	74331	65574	7
深圳华强集团财务有限公司	7303	13409	13332	77

续表

机　　构	利润总额	营业收入		
		总额	其中：利息收入	其中：中间业务收入
深圳能源财务有限公司	19288	56668	54868	247
首都机场集团财务有限公司	4720	27922	25568	0
首钢集团财务有限公司	67293	149145	144875	27
顺丰控股集团财务有限公司	20150	66320	66210	52
四川省宜宾五粮液集团财务有限公司	19479	153525	141911	30
四川长虹集团财务有限公司	20595	50530	50181	276
松下电器（中国）财务有限公司	7584	18855	17662	523
苏州创元集团财务有限公司	4423	7587	7220	11
特变电工集团财务有限公司	14074	28514	28429	80
天津渤海集团财务有限责任公司	10011	18234	14020	4056
天津港财务有限公司	24762	39138	32556	690
天津能源集团财务有限公司	8786	16601	16513	0
天津天保财务有限公司	20735	25586	25294	0
天津医药集团财务有限公司	4785	11837	9416	43
天瑞集团财务有限责任公司	899	6271	6218	53
通号集团财务有限公司	5228	10995	9444	0
通用技术集团财务有限责任公司	10547	121270	111893	20000
铜陵有色金属集团财务有限公司	16406	26941	24366	990
万向财务有限公司	28574	68622	66851	101
五矿集团财务有限责任公司	30595	83207	78617	756
物产中大集团财务有限公司	16424	32613	31393	327
物美商业财务有限责任公司	689	2156	2156	0
西部矿业集团财务有限公司	17184	35631	35204	143
西电集团财务有限责任公司	10378	32870	26937	1949
西王集团财务有限公司	21	14199	14188	84
厦门国贸控股集团财务有限公司	14769	23130	18954	91
厦门翔业集团财务有限公司	12395	20718	19223	387
新奥财务有限责任公司	23170	34486	33686	584
新疆金风科技集团财务有限公司	27965	37141	35154	1987
新希望财务有限公司	21384	53674	44502	0
新兴际华集团财务有限公司	3432	24041	23754	0
信科（北京）财务有限公司	3053	10439	10091	10
徐工集团财务有限公司	29177	74823	74096	561
阳泉煤业集团财务有限责任公司	36986	40460	40002	353
一汽财务有限公司	169912	435544	355542	233

续表

机　　构	利润总额	营业收入		
		总额	其中：利息收入	其中：中间业务收入
一重集团财务有限公司	1733	5866	5866	0
伊利财务有限公司	38629	63767	63731	0
亿利集团财务有限公司	-4261	501	501	
有色矿业集团财务有限公司	17770	30705	29644	20
粤海集团财务有限公司	21818	51364	49390	99
云南建投集团财务有限公司	22680	35882	34025	1849
云南昆钢集团财务有限公司	9165	13441	13377	63
云南云天化集团财务有限公司	8121	16689	16671	19
招商局集团财务有限公司	40394	151405	143263	279
浙江海港集团财务有限公司	51140	70702	69708	444
浙江省交通投资集团财务有限责任公司	103208	163304	140117	1276
浙江省能源集团财务有限责任公司	61559	97639	92791	1066
正泰集团财务有限公司	5288	14993	14983	0
郑州宇通集团财务有限公司	8925	16938	16886	152
中车财务有限公司	27687	78314	70983	100
中储粮集团财务有限公司	63590	91681	91678	0
中船财务有限责任公司	163406	546376	479310	8995
中广核财务有限责任公司	45487	118500	110882	433
中国大唐集团财务有限公司	70814	142695	127066	732
中国电建集团财务有限责任公司	49304	157815	152604	2097
中国电力财务有限公司	600366	1184152	1153074	949
中国电信集团财务有限公司	30275	123163	123131	31
中国电子财务有限责任公司	60822	127929	125911	809
中国电子科技财务有限公司	150197	256870	240992	444
中国航发集团财务有限公司	13816	59336	57899	127
中国航空集团财务有限责任公司	6200	27157	26350	140
中国航油集团财务有限公司	9045	23401	22208	37
中国华电集团财务有限公司	152386	210675	154980	3416
中国华能财务有限责任公司	62246	168253	154565	2973
中国黄金集团财务有限公司	15187	48585	48552	34
中国建材集团财务有限公司	5785	68544	64379	636
中国南航集团财务有限公司	14015	55582	51617	262
中国能源建设集团财务有限公司	41740	132732	122386	523
中国平煤神马集团财务有限责任公司	28154	42419	42345	71
中国融通集团财务有限责任公司	18084	83945	81303	8

续表

机　　构	利润总额	营业收入		
		总额	其中：利息收入	其中：中间业务收入
中国石化财务有限责任公司	281497	668158	578762	47938
中国铁建财务有限公司	116419	322033	316050	465
中国铁路财务有限责任公司	63673	215951	215799	152
中国移动通信集团财务有限公司	181665	374578	318514	201
中国重汽财务有限公司	65293	119900	97480	44
中海石油财务有限责任公司	160746	505333	483272	6475
中航工业集团财务有限责任公司	146833	355948	200201	96
中核财务有限责任公司	115104	262234	245639	693
中化工程集团财务有限公司	38750	99943	98376	1180
中化集团财务有限责任公司	70479	185758	156433	1513
中集集团财务有限公司	9702	30133	27057	991
中建财务有限公司	150680	289884	288807	837
中交财务有限公司	60509	187525	169225	8290
中节能财务有限公司	22230	64434	58062	73
中开财务有限公司	12423	33592	32238	3
中联重科集团财务有限公司	9706	18727	15527	144
中粮财务有限责任公司	28470	76597	71369	0
中旅集团财务有限公司	3636	35321	33492	5
中铝财务有限责任公司	45314	107648	101163	1020
中煤财务有限责任公司	130713	244192	244042	150
中铁财务有限责任公司	82595	212375	199658	391
中信财务有限公司	106255	168450	142930	2738
中兴通讯集团财务有限公司	1917	12372	12182	285
中油财务有限责任公司	812114	1942979	1721947	61490
中远海运集团财务有限责任公司	159688	546653	531558	2548
珠海格力集团财务有限责任公司	45243	132663	132397	68
珠海华发集团财务有限公司	119612	159406	151732	817
紫金矿业集团财务有限公司	17944	40358	39412	1481
总计	10887618	24489433	22568025	315394

注：①此表营业收入包括利息收入、手续费及佣金收入、投资收益、公允价值变动收益、汇兑收益、资产处置收益及其他收入。

②利息收入包括存放中央银行利息收入、同业往来利息收入、贷款利息收入、投资利息收入和其他利息收入。

③此表为236家财务公司，不含西门子财务服务有限责任公司、宝塔石化集团财务有限公司、吉林森林工业集团财务有限责任公司、三房巷财务有限公司。

财务公司地域分布状况统计表

（2023 年）

省　　市	机构		资产总额		净资产		利润总额	
	数量（家）	比例（%）	金额（亿元）	比例（%）	金额（亿元）	比例（%）	金额（亿元）	比例（%）
北京市	70	29.54	50443.61	56.26	6615.23	51.47	579.07	53.08
天津市	5	2.11	361.55	0.40	96.42	0.75	6.91	0.63
河北省	7	2.95	1207.69	1.35	269.23	2.09	14.15	1.30
山西省	5	2.11	1224.91	1.37	223.56	1.74	28.36	2.60
内蒙古自治区	5	2.11	622.52	0.69	125.09	0.97	12.92	1.18
辽宁省	1	0.42	379.94	0.42	80.74	0.63	5.77	0.53
吉林省	1	0.42	1684.50	1.88	175.11	1.36	16.99	1.56
黑龙江省	3	1.27	332.54	0.37	67.99	0.53	2.66	0.24
上海市	22	9.28	10756.16	12.00	1395.63	10.86	133.33	12.22
江苏省	13	5.49	1536.98	1.71	246.62	1.92	15.02	1.38
浙江省	9	3.80	1680.05	1.87	264.53	2.06	26.86	2.46
安徽省	5	2.11	558.91	0.62	99.84	0.78	10.86	1.00
福建省	4	1.69	400.76	0.45	57.64	0.45	4.92	0.45
江西省	3	1.27	555.82	0.62	118.60	0.92	8.52	0.78
山东省	13	5.49	2389.47	2.67	506.18	3.94	32.19	2.95
河南省	5	2.11	442.50	0.49	132.61	1.03	8.49	0.78
湖北省	5	2.11	1747.27	1.95	283.51	2.21	15.54	1.42
湖南省	4	1.69	596.77	0.67	123.80	0.96	3.77	0.35
广东省	15	6.33	3909.35	4.36	585.63	4.56	51.38	4.71
广西壮族自治区	1	0.42	210.94	0.24	49.70	0.39	6.31	0.58
海南省	2	0.84	134.11	0.15	27.33	0.21	2.50	0.23
重庆市	3	1.27	105.47	0.12	29.83	0.23	2.79	0.26
四川省	4	1.69	1310.91	1.46	157.73	1.23	9.17	0.84
贵州省	2	0.84	1266.00	1.41	103.45	0.80	13.92	1.28
云南省	3	1.27	200.48	0.22	57.16	0.44	4.00	0.37
陕西省	4	1.69	1105.85	1.23	170.21	1.32	14.12	1.29
甘肃省	3	1.27	301.04	0.34	65.25	0.51	2.99	0.27
青海省	1	0.42	111.09	0.12	37.80	0.29	1.72	0.16
新疆维吾尔自治区	2	0.84	259.43	0.29	50.06	0.39	4.20	0.39
深圳市	9	3.80	1847.99	2.06	231.75	1.80	12.37	1.13
青岛市	5	2.11	1519.78	1.70	329.73	2.57	31.37	2.88
厦门市	2	0.84	210.97	0.24	48.65	0.38	2.72	0.25
宁波市	1	0.42	242.02	0.27	25.47	0.20	5.11	0.47
总计	237		89657.36		12852.08		1091.01	

财务公司行业分布状况统计表

（2023 年）

行　业	机构		资产		净资产		利润总额	
	数量（家）	比例（%）	金额（亿元）	比例（%）	金额（亿元）	比例（%）	金额（亿元）	比例（%）
电力	18	7.59	9507.82	10.60	1603.87	12.48	168.14	15.41
石油化工	15	6.33	11095.59	12.38	1672.30	13.01	147.35	13.51
电子电器	16	6.75	3936.26	4.39	633.08	4.93	41.60	3.81
煤炭	20	8.44	7349.15	8.20	1067.99	8.31	117.74	10.79
建筑建材	12	5.06	6314.36	7.04	845.06	6.58	61.59	5.65
钢铁	10	4.22	2922.23	3.26	574.11	4.47	36.64	3.36
机械制造	17	7.17	4172.42	4.65	527.86	4.11	34.58	3.17
交通运输	23	9.70	7004.02	7.81	1008.00	7.84	73.56	6.74
军工	10	4.22	12881.65	14.37	1059.17	8.24	103.02	9.44
有色金属	15	6.33	2724.87	3.04	442.99	3.45	31.90	2.92
汽车	11	4.64	6734.22	7.51	1102.38	8.58	117.16	10.74
酒店旅游	3	1.27	427.08	0.48	67.68	0.53	2.17	0.20
商贸	8	3.38	1421.58	1.59	202.95	1.58	9.37	0.86
投资控股	23	9.70	4822.42	5.38	744.36	5.79	62.05	5.69
民生消费	11	4.64	2350.82	2.62	328.46	2.56	25.40	2.33
农林牧渔	14	5.91	2178.53	2.43	377.71	2.94	23.98	2.20
其他	11	4.64	3814.35	4.25	594.10	4.62	34.75	3.18
总计	237		89657.36		12852.08		1091.01	

注：根据 2023 年财务公司行业分类表整理。

财务公司行业分类表

（2023 年）

行业	机构名称	
电力	中国华能财务有限责任公司	三峡财务有限责任公司
	中广核财务有限责任公司	中国电力财务有限公司
	中国华电集团财务有限公司	中国大唐集团财务有限公司
	南方电网财务有限公司	国家电投集团财务有限公司
	京能集团财务有限公司	浙江省能源集团财务有限责任公司
	广东能源集团财务有限公司	申能集团财务有限公司
	深圳能源财务有限公司	安徽省能源集团财务有限公司
	内蒙古电力集团财务有限责任公司	甘肃电投集团财务有限公司
	陕西投资集团财务有限责任公司	天津能源集团财务有限公司
石油化工	中国石化财务有限责任公司	天津渤海集团财务有限责任公司
	中油财务有限责任公司	中海石油财务有限责任公司
	中化集团财务有限责任公司	重庆化医控股集团财务有限公司

续表

行业	机构名称	
石油化工	湖北宜化集团财务有限责任公司	中国航油集团财务有限公司
	上海华谊集团财务有限责任公司	云南云天化集团财务有限公司
	陕西延长石油财务有限公司	巨化集团财务有限责任公司
	三房巷财务有限公司	宝塔石化集团财务有限公司
	天津医药集团财务公司	传化集团财务有限公司
	山东东明石化集团财务有限公司	
电子电器	中国电子财务有限责任公司	海尔集团财务有限责任公司
	珠海格力集团财务有限责任公司	TCL 科技集团财务有限公司
	松下电器（中国）财务有限公司	日立（中国）财务有限公司
	海信集团财务有限公司	美的集团财务有限公司
	中兴通讯集团财务有限公司	信科（北京）财务有限公司
	四川长虹集团财务有限公司	创维集团财务有限公司
	亨通财务有限公司	东旭集团财务有限公司
	正泰集团财务有限公司	浪潮集团财务有限公司
煤炭	国家能源集团财务有限公司	潞安集团财务有限公司
	淮南矿业集团财务有限公司	河南能源集团财务有限公司
	冀中能源集团财务有限责任公司	山西焦煤集团财务有限责任公司
	阳泉煤业集团财务有限责任公司	晋煤集团财务有限公司
	福建省能源石化集团财务有限公司	开滦集团财务有限责任公司
	陕西煤业化工集团财务有限公司	大同煤矿集团财务有限责任公司
	贵州能源集团财务有限公司	中国平煤神马集团财务有限责任公司
	山东能源集团财务有限公司	中煤财务有限责任公司
	安徽省皖北煤电集团财务有限公司	淮北矿业集团财务有限公司
	重庆市能源投资集团财务有限公司	内蒙古伊泰财务有限公司
建筑建材	中国能源建设集团财务有限公司	中建财务有限公司
	中国铁建财务有限公司	中化工程集团财务有限公司
	中国建材集团财务有限公司	中交财务有限公司
	北京金隅财务有限公司	中铁财务有限责任公司
	天瑞集团财务有限责任公司	中国电建集团财务有限责任公司
	云南建投集团财务有限公司	青建集团财务有限责任公司
钢铁	宝武集团财务有限责任公司	鞍钢集团财务有限责任公司
	湖南钢铁集团财务有限公司	沙钢财务有限公司
	酒钢集团财务有限公司	包钢集团财务有限责任公司
	山东钢铁集团财务有限公司	河钢集团财务有限公司
	首钢集团财务有限公司	云南昆钢集团财务有限公司
机械制造	西电集团财务有限责任公司	东方电气集团财务有限公司
	上海电气集团财务有限责任公司	苏州创元集团财务有限公司
	国机财务有限责任公司	中集集团财务有限公司
	哈尔滨电气集团财务有限责任公司	山东重工集团财务有限公司

续表

行业	机构名称	
机械制造	中车财务有限公司	重庆机电控股集团财务有限公司
	徐工集团财务有限公司	中联重科集团财务有限公司
	商飞集团财务有限责任公司	新疆金风科技集团财务有限公司
	特变电工集团财务有限公司	一重集团财务有限公司
	通号集团财务有限公司	
交通运输	中国航空集团财务有限责任公司	中国南航集团财务有限公司
	东航集团财务有限责任公司	天津港财务有限公司
	首都机场集团财务有限公司	中远海运集团财务有限责任公司
	浙江海港集团财务有限公司	招商局集团财务有限公司
	湖南高速集团财务有限公司	江苏交通控股集团财务有限公司
	浙江省交通投资集团财务有限责任公司	广西交通投资集团财务有限责任公司
	中开财务有限公司	河北港口集团财务有限公司
	山东港口集团财务有限责任公司	广东省交通集团财务有限公司
	湖北交投集团财务有限公司	中国铁路财务有限责任公司
	厦门翔业集团财务有限公司	江西省交通投资集团财务有限公司
	连云港港口集团财务有限公司	福建省港口集团财务有限公司
	广州港集团财务有限公司	
军工	兵工财务有限责任公司	中船财务有限责任公司
	中核财务有限责任公司	航天科技财务有限责任公司
	航天科工财务有限责任公司	兵器装备集团财务有限责任公司
	中航工业集团财务有限责任公司	中国电子科技财务有限公司
	中国航发集团财务有限公司	中国融通集团财务有限责任公司
有色金属	五矿集团财务有限责任公司	江西铜业集团财务有限公司
	南山集团财务有限公司	紫金矿业集团财务有限公司
	铜陵有色金属集团财务有限公司	金川集团财务有限公司
	中铝财务有限责任公司	西部矿业集团财务有限公司
	海亮集团财务有限责任公司	山东黄金集团财务有限公司
	有色矿业集团财务有限公司	中国黄金集团财务有限公司
	广东省广晟财务有限公司	山东招金集团财务有限公司
	杭州锦江集团财务有限责任公司	
汽车	东风汽车财务有限公司	中国重汽财务有限公司
	一汽财务有限公司	江铃汽车集团财务有限公司
	上海汽车集团财务有限责任公司	万向财务有限公司
	海马财务有限公司	北京汽车集团财务有限公司
	郑州宇通集团财务有限公司	广州汽车集团财务有限公司
	三环集团财务有限公司	
酒店旅游	锦江国际集团财务有限责任公司	中旅集团财务有限公司
	北京首都旅游集团财务有限公司	

续表

行业	机构名称	
商贸	华联财务有限责任公司	通用技术集团财务有限责任公司
	国药集团财务有限公司	山东省商业集团财务有限公司
	百联集团财务有限责任公司	江苏国泰财务有限公司
	物美商业财务有限责任公司	物产中大集团财务有限公司
投资控股	上海浦东发展集团财务有限责任公司	保利财务有限公司
	国联财务有限责任公司	国投财务有限公司
	江苏省国信集团财务有限公司	上海复星高科技集团财务有限公司
	诚通财务有限责任公司	天津天保财务有限公司
	厦门国贸控股集团财务有限公司	中信财务有限公司
	河北建投集团财务有限公司	珠海华发集团财务有限公司
	北京控股集团财务有限公司	上海上实集团财务有限公司
	清华控股集团财务有限公司	北京金融街集团财务有限公司
	上海外高桥集团财务有限公司	粤海集团财务有限公司
	江苏悦达集团财务有限公司	广州发展集团财务有限公司
	国新集团财务有限责任公司	上海城投集团财务有限公司
	新兴际华集团财务有限公司	
民生消费	红豆集团财务有限公司	江苏华西集团财务有限公司
	青岛啤酒财务有限责任公司	贵州茅台集团财务有限公司
	鄂尔多斯财务有限公司	四川省宜宾五粮液集团财务有限公司
	山东晨鸣集团财务有限公司	福建七匹狼集团财务有限公司
	新华联控股集团财务有限责任公司	红星美凯龙家居集团财务有限责任公司
	东方国际集团财务有限公司	华泰集团财务有限公司
农林牧渔	东方集团财务有限责任公司	吉林森林工业集团财务有限责任公司
	中粮财务有限责任公司	新希望财务有限公司
	海南农垦集团财务有限公司	亿利集团财务有限公司
	伊利财务有限公司	供销集团财务有限公司
	光明食品集团财务有限公司	西王集团财务有限公司
	北京首农食品集团财务有限公司	河南双汇集团财务有限公司
	广东温氏集团财务有限公司	广东省农垦集团财务有限公司
	中储粮集团财务有限公司	
其他	西门子财务服务有限责任公司	新奥财务有限责任公司
	中国移动通信集团财务有限公司	深圳华强集团财务有限公司
	湖南出版投资控股集团财务有限公司	中节能财务有限公司
	联通集团财务有限公司	江苏凤凰出版传媒集团财务有限公司
	顺丰控股集团财务有限公司	上海文化广播影视集团财务有限公司
	中国电信集团财务有限公司	

注：在每个行业分类中，各财务公司依照其成立时间从左至右从上至下进行排序。

财务公司所有制分布状况统计表

（2023 年）

所有制	机构		资产		净资产		利润总额	
	数量（家）	比例（%）	金额（亿元）	比例（%）	金额（亿元）	比例（%）	金额（亿元）	比例（%）
中央国有企业	74	31.22	59285.66	66.12	7536.92	58.64	645.43	59.16
地方国有企业	118	49.79	24707.29	27.56	4186.28	32.57	373.04	34.19
集体民营企业	42	17.72	5334.70	5.95	1091.90	8.50	69.29	6.35
外资企业	3	1.27	329.71	0.37	36.97	0.29	3.26	0.30
总计	237		89657.36		12852.08		1091.01	

财务公司行业资产质量状况统计表

（2023 年）

项目	金额（万元）	占资产总额的比重（%）
不良资产总计	3236825	0.36
不良贷款	3002826	0.33

注：此表统计 237 家财务公司，其中 214 家财务公司无不良贷款。

财务公司行业存款、贷款结构统计表

（2023 年）

项目	金额（万元）	占比（%）	项目	金额（万元）	占比（%）
各项贷款	396506681		各项存款	746485985	
1. 短期贷款	196347397	49.52	1. 活期存款	183483612	24.58
2. 中长期贷款	182637546	46.06	2. 定期存款	185970571	24.91
3. 贴现及买断式转贴现	9758964	2.46	3. 通知存款	109428631	14.66
4. 贸易融资	3951750	1.00	4. 协定存款	261003240	34.96
5. 各项垫款	836	0.00	5. 保证金存款	5740826	0.77
6. 其他贷款	3810188	0.96	6. 其他存款	859105	0.12
各项贷款	396506681		各项存款	746485985	
1. 信用贷款	336794844	84.94	1. 集团母公司存款	141038970	18.89
2. 担保贷款	59711837	15.06	2. 上市公司存款	250978623	33.62
各项贷款	396506681		3. 其他成员企业存款	352503027	47.22
1. 集团母公司贷款	70309025	17.73	4. 其他	1965365	0.26
2. 上市公司贷款	82073529	20.70			
3. 其他成员企业贷款	222410167	56.09			
4. 其他	21713960	5.48			

从业人员统计

财务公司从业人员年龄、文化、职称结构统计表

（2023 年）

单位：人

机构	人员合计	年龄结构				性别结构		文化结构				职称结构			
		30岁以下	30岁至40岁	40岁至50岁	50岁以上	男	女	博士	硕士	本科	专科及以下	高级	中级	初级	其他
TCL 科技集团财务有限公司	67	17	42	6	2	33	34	0	22	44	1	0	13	6	48
安徽省能源集团财务有限公司	38	12	18	4	4	17	21	0	20	15	3	5	13	4	16
安徽省皖北煤电集团财务有限公司	28	5	3	13	7	15	13	0	2	23	3	9	8	11	0
鞍钢集团财务有限责任公司	86	4	26	35	21	45	41	0	15	64	7	32	37	15	2
百联集团财务有限责任公司	35	8	14	9	4	12	23	0	7	25	3	2	3	5	25
包钢集团财务有限责任公司	42	7	19	8	8	16	26	0	9	30	3	9	16	2	15
宝武集团财务有限责任公司	157	23	56	46	32	81	76	0	60	90	7	25	68	17	47
保利财务有限公司	56	15	31	10	0	29	27	0	37	17	2	4	17	2	33
北京金融街集团财务有限公司	26	6	12	7	1	8	18	0	13	13	0	1	8	1	16
北京金隅财务有限公司	34	10	15	7	2	15	19	1	13	20	0	7	11	2	14
北京控股集团财务有限公司	42	2	22	11	7	27	15	1	17	23	1	11	16	2	13
北京汽车集团财务有限公司	256	43	158	54	1	132	124	1	78	167	10	13	32	126	85
北京首都旅游集团财务有限公司	31	4	10	14	3	13	18	0	9	21	1	5	10	7	9
北京首农食品集团财务有限公司	49	11	26	11	1	11	38	0	21	28	0	6	20	0	23
兵工财务有限责任公司	102	19	36	36	11	53	49	3	48	46	5	18	33	12	39
兵器装备集团财务有限责任公司	69	20	28	13	8	33	36	1	64	4	0	19	8	4	38
诚通财务有限责任公司	39	6	18	11	4	26	13	1	26	10	2	3	12	2	22
重庆化医控股集团财务有限公司	33	0	18	12	3	19	14	0	5	23	5	5	10	8	10
重庆机电控股集团财务有限公司	30	2	21	6	1	14	16	0	5	25	0	4	21	0	5
重庆市能源投资集团财务有限公司	32	2	14	11	5	12	20	0	7	25	0	13	10	8	1
传化集团财务有限公司	28	7	14	5	2	16	12	0	7	21	0	3	8	4	13
创维集团财务有限公司	35	12	18	3	2	12	23	0	3	28	4	1	3	15	16
大同煤矿集团财务有限责任公司	86	15	48	17	6	33	53	0	16	68	2	19	33	20	14
东方电气集团财务有限公司	50	11	25	10	4	25	25	0	31	18	1	11	26	4	9
东方国际集团财务有限公司	28	0	17	9	2	14	14	0	5	23	0	4	8	2	14

续表

机构	人员合计	年龄结构				性别结构		文化结构				职称结构			
		30岁以下	30岁至40岁	40岁至50岁	50岁以上	男	女	博士	硕士	本科	专科及以下	高级	中级	初级	其他
东方集团财务有限责任公司	29	7	11	7	4	16	13	0	3	23	3	0	8	5	16
东风汽车财务有限公司	354	120	189	37	8	238	116	0	89	260	5	11	91	30	222
东航集团财务有限责任公司	69	11	35	14	9	35	34	0	26	41	2	2	12	3	52
东旭集团财务有限公司	15	2	8	4	1	8	7	0	4	10	1	1	1	3	10
鄂尔多斯财务有限公司	29	1	18	8	2	11	18	0	2	21	6	0	9	0	20
福建七匹狼集团财务有限公司	26	10	12	4	0	12	14	1	3	21	1	2	5	8	11
福建省港口集团财务有限公司	31	5	16	7	3	20	11	0	7	24	0	4	21	3	3
福建省能源石化集团财务有限公司	37	5	16	11	5	16	21	0	15	19	3	9	20	4	4
甘肃电投集团财务有限公司	31	7	15	6	3	14	17	0	6	24	1	5	16	3	7
供销集团财务有限公司	64	10	29	22	3	28	36	1	25	33	5	5	17	3	39
光明食品集团财务有限公司	59	15	26	11	7	29	30	0	23	32	4	1	19	2	37
广东能源集团财务有限公司	101	40	49	2	10	42	59	2	36	63	0	12	49	20	20
广东省广晟财务有限公司	44	15	17	8	4	18	26	0	18	26	0	5	11	5	23
广东省交通集团财务有限公司	35	3	12	11	9	19	16	2	15	17	1	15	14	3	3
广东省农垦集团财务有限公司	27	6	14	5	2	15	12	0	13	14	0	1	11	1	14
广东温氏集团财务有限公司	28	6	17	4	1	15	13	0	2	20	6	3	2	5	18
广西交通投资集团财务有限责任公司	45	15	18	9	3	22	23	1	14	28	2	8	16	5	16
广州发展集团财务有限公司	36	6	16	9	5	15	21	0	7	28	1	1	19	3	13
广州港集团财务有限公司	26	7	7	10	2	13	13	0	10	16	0	3	15	2	6
广州汽车集团财务有限公司	105	37	47	20	1	55	50	0	47	56	2	2	15	12	76
贵州茅台集团财务有限公司	44	1	26	14	3	25	19	0	11	33	0	5	29	0	10
贵州能源集团财务有限公司	22	8	7	5	2	8	14	0	4	13	5	2	8	6	6
国机财务有限责任公司	90	23	44	13	10	32	58	0	28	50	12	12	36	5	37
国家电投集团财务有限公司	80	23	31	22	4	36	44	1	46	32	1	13	20	9	38
国家能源集团财务有限公司	101	16	32	33	20	46	55	3	69	25	4	28	42	0	31
国联财务有限责任公司	37	1	25	7	4	15	22	0	12	24	1	3	17	0	17
国投财务有限公司	79	13	44	18	4	44	35	2	54	23	0	28	31	2	18
国新集团财务有限责任公司	33	4	20	8	1	17	16	1	20	12	0	3	15	0	15
国药集团财务有限公司	43	9	23	7	4	15	28	0	19	24	0	5	18	1	19
哈尔滨电气集团财务有限责任公司	36	9	11	13	3	15	21	0	16	19	1	16	7	6	7

续表

机构	人员合计	年龄结构				性别结构		文化结构				职称结构			
		30岁以下	30岁至40岁	40岁至50岁	50岁以上	男	女	博士	硕士	本科	专科及以下	高级	中级	初级	其他
海尔集团财务有限责任公司	129	29	68	29	3	48	81	0	33	86	10	1	17	10	101
海亮集团财务有限责任公司	28	8	11	6	3	8	20	0	4	15	9	0	9	4	15
海马财务有限公司	22	0	11	6	5	9	13	0	2	16	4	0	4	4	14
海南农垦集团财务有限公司	33	13	12	5	3	17	16	0	9	24	0	4	8	6	15
海信集团财务有限公司	79	15	53	9	2	25	54	1	42	33	3	1	29	1	48
杭州锦江集团财务有限责任公司	17	6	5	5	1	5	12	0	6	10	1	0	6	5	6
航天科工财务有限责任公司	79	10	32	30	7	38	41	1	48	27	3	15	45	3	16
航天科技财务有限责任公司	98	10	32	42	14	39	59	2	72	22	2	23	33	5	37
河北港口集团财务有限公司	34	2	11	13	8	12	22	0	8	25	1	18	12	2	2
河北建投集团财务有限公司	31	1	16	10	4	17	14	0	21	9	1	13	11	1	6
河钢集团财务有限公司	36	9	16	6	5	22	14	0	9	26	1	9	6	4	17
河南能源集团财务有限公司	42	14	12	5	11	24	18	0	12	25	5	2	21	4	15
河南双汇集团财务有限公司	33	6	21	3	3	16	17	0	4	26	3	0	12	5	16
亨通财务有限公司	27	11	11	5	0	13	14	0	3	24	0	0	10	5	12
红豆集团财务有限公司	34	8	14	10	2	11	23	0	5	25	4	1	7	4	22
红星美凯龙家居集团财务有限责任公司	20	3	8	7	2	13	7	0	4	16	0	2	5	3	10
湖北交投集团财务有限公司	57	21	24	6	6	20	37	0	29	27	1	4	15	0	38
湖北宜化集团财务有限责任公司	26	4	11	6	5	14	12	0	0	22	4	4	10	4	8
湖南出版投资控股集团财务有限公司	30	5	13	9	3	14	16	0	11	18	1	7	12	2	9
湖南钢铁集团财务有限公司	33	4	16	8	5	19	14	0	9	21	3	3	13	3	14
湖南高速集团财务有限公司	33	9	14	9	1	12	21	0	16	17	0	4	20	7	2
华联财务有限责任公司	27	3	11	6	7	10	17	0	2	21	4	2	5	3	17
华泰集团财务有限公司	25	2	6	14	3	16	9	1	1	19	4	3	4	18	0
淮北矿业集团财务有限公司	30	4	3	14	9	15	15	0	3	21	6	11	14	4	1
淮南矿业集团财务有限公司	43	8	14	10	11	23	20	0	13	20	10	5	26	5	7
冀中能源集团财务有限责任公司	37	1	9	14	13	14	23	0	5	23	9	9	12	5	11
江铃汽车集团财务有限公司	123	21	64	21	17	57	66	0	27	82	14	4	44	17	58
江苏凤凰出版传媒集团财务有限公司	26	5	16	2	3	13	13	0	20	5	1	4	14	1	7
江苏国泰财务有限公司	24	8	8	6	2	7	17	0	2	22	0	1	16	2	5
江苏华西集团财务有限公司	20	2	9	4	5	9	11	0	1	12	7	3	6	4	7

续表

机构	人员合计	年龄结构				性别结构		文化结构				职称结构			
		30岁以下	30岁至40岁	40岁至50岁	50岁以上	男	女	博士	硕士	本科	专科及以下	高级	中级	初级	其他
江苏交通控股集团财务有限公司	50	18	21	10	1	22	28	0	29	21	0	4	27	3	16
江苏省国信集团财务有限公司	46	14	19	7	6	24	22	0	20	23	3	7	16	6	17
江苏悦达集团财务有限公司	31	5	20	4	2	20	11	0	21	10	0	4	16	2	9
江西省交通投资集团财务有限公司	47	19	19	4	5	24	23	1	38	8	0	3	16	1	27
江西铜业集团财务有限公司	38	10	18	8	2	16	22	0	18	20	0	5	19	1	13
金川集团财务有限公司	36	12	12	9	3	15	21	0	13	23	0	1	8	1	26
锦江国际集团财务有限责任公司	32	3	13	12	4	16	16	0	5	23	4	1	7	4	20
晋煤集团财务有限公司	44	5	23	11	5	20	24	0	17	24	3	4	24	3	13
京能集团财务有限公司	57	17	25	12	3	28	29	0	33	24	0	20	21	2	14
酒钢集团财务有限公司	38	11	18	6	3	19	19	0	3	35	0	1	20	8	9
巨化集团财务有限责任公司	28	4	11	9	4	7	21	0	1	25	2	3	11	10	4
开滦集团财务有限责任公司	33	12	12	3	6	14	19	0	11	22	0	19	1	4	9
浪潮集团财务有限公司	44	20	21	3	0	17	27	1	24	19	0	2	18	2	22
连云港港口集团财务有限公司	31	7	18	3	3	15	16	0	4	26	1	1	12	5	13
联通集团财务有限公司	94	23	43	23	5	48	46	2	41	51	0	16	25	0	53
潞安集团财务有限公司	52	0	26	19	7	28	24	0	17	32	3	11	29	7	5
美的集团财务有限公司	66	13	40	13	0	23	43	0	22	44	0	1	14	10	41
南方电网财务有限公司	181	42	81	45	13	97	84	4	63	102	12	41	73	13	54
南山集团财务有限公司	33	11	17	1	4	14	19	0	3	29	1	5	13	12	3
内蒙古电力集团财务有限责任公司	42	11	20	10	1	20	22	0	28	14	0	10	26	3	3
内蒙古伊泰财务有限公司	22	7	11	4	0	9	13	0	4	17	1	2	6	3	11
青岛啤酒财务有限责任公司	34	3	18	10	3	18	16	0	7	26	1	3	14	2	15
青建集团财务有限责任公司	20	4	9	5	2	8	12	1	11	8	0	3	12	2	3
清华控股集团财务有限公司	34	1	23	8	2	15	19	0	19	14	1	0	10	1	23
日立（中国）财务有限公司	14	0	7	4	3	6	8	0	4	8	2	0	5	0	9
三环集团财务有限公司	24	5	11	6	2	13	11	0	3	18	3	2	3	2	17
三峡财务有限责任公司	136	38	34	43	21	77	59	3	60	70	3	37	50	12	37
沙钢财务有限公司	41	12	19	9	1	17	24	0	3	37	1	0	17	10	14
山东晨鸣集团财务有限公司	33	12	11	8	2	16	17	0	3	28	2	2	7	6	18

续表

机构	人员合计	年龄结构				性别结构		文化结构				职称结构			
		30岁以下	30岁至40岁	40岁至50岁	50岁以上	男	女	博士	硕士	本科	专科及以下	高级	中级	初级	其他
山东东明石化集团财务有限公司	29	9	15	3	2	17	12	0	13	14	2	5	10	2	12
山东钢铁集团财务有限公司	54	9	17	20	8	28	26	0	27	27	0	22	24	4	4
山东港口集团财务有限责任公司	40	19	17	3	1	16	24	0	18	22	0	7	13	6	14
山东黄金集团财务有限公司	38	2	14	14	8	22	16	0	16	21	1	13	13	12	0
山东能源集团财务有限公司	58	5	34	15	4	26	32	0	18	40	0	29	20	3	6
山东省商业集团财务有限公司	52	2	32	15	3	23	29	0	16	35	1	11	17	1	23
山东招金集团财务有限公司	33	9	11	8	5	16	17	0	4	28	1	5	16	12	0
山东重工集团财务有限公司	65	17	32	11	5	30	35	0	20	42	3	6	22	10	27
山西焦煤集团财务有限责任公司	53	5	28	13	7	22	31	0	14	36	3	10	27	7	9
陕西煤业化工集团财务有限公司	94	31	49	9	5	27	67	1	36	57	0	7	34	18	35
陕西投资集团财务有限责任公司	46	12	20	8	6	16	30	0	12	32	2	1	17	10	18
陕西延长石油财务有限公司	48	7	21	11	9	24	24	0	32	16	0	9	22	5	12
商飞集团财务有限责任公司	43	1	26	10	6	16	27	2	32	9	0	10	15	6	12
上海城投集团财务有限公司	29	6	10	8	5	14	15	1	19	8	1	3	17	1	8
上海电气集团财务有限责任公司	60	6	37	15	2	31	29	0	25	34	1	1	12	1	46
上海复星高科技集团财务有限公司	80	15	49	15	1	38	42	0	36	43	1	2	11	2	65
上海华谊集团财务有限责任公司	35	7	14	13	1	12	23	1	12	19	3	2	18	0	15
上海浦东发展集团财务有限责任公司	56	14	23	12	7	24	32	1	22	30	3	1	24	4	27
上海汽车集团财务有限责任公司	630	108	421	94	7	445	185	2	181	430	17	11	78	15	526
上海上实集团财务有限公司	33	5	18	6	4	15	18	0	12	18	3	2	5	2	24
上海外高桥集团财务有限公司	30	6	14	8	2	16	14	0	10	18	2	1	15	1	13
上海文化广播影视集团财务有限公司	24	2	13	7	2	10	14	0	5	18	1	1	8	0	15
申能集团财务有限公司	47	5	25	11	6	25	22	1	27	18	1	1	19	2	25

续表

机构	人员合计	年龄结构				性别结构		文化结构				职称结构			
		30岁以下	30岁至40岁	40岁至50岁	50岁以上	男	女	博士	硕士	本科	专科及以下	高级	中级	初级	其他
深圳华强集团财务有限公司	22	4	11	4	3	10	12	0	5	16	1	0	9	3	10
深圳能源财务有限公司	48	15	14	11	8	23	25	0	13	33	2	8	16	10	14
首都机场集团财务有限公司	54	5	26	15	8	24	30	0	12	37	5	8	17	4	25
首钢集团财务有限公司	55	14	21	15	5	22	33	0	29	25	1	5	27	3	20
顺丰控股集团财务有限公司	55	21	30	3	1	17	38	0	15	39	1	0	0	0	55
四川省宜宾五粮液集团财务有限公司	48	6	22	14	6	22	26	0	13	32	3	2	18	4	24
四川长虹集团财务有限公司	38	11	23	2	2	14	24	0	3	35	0	2	7	8	21
松下电器（中国）财务有限公司	20	4	10	5	1	2	18	0	2	18	0	0	4	1	15
苏州创元集团财务有限公司	25	7	12	3	3	11	14	0	8	16	1	1	8	8	8
特变电工集团财务有限公司	26	10	10	4	2	17	9	0	5	20	1	4	12	4	6
天津渤海集团财务有限责任公司	35	11	13	6	5	17	18	0	11	22	2	4	14	14	3
天津港财务有限公司	54	6	23	17	8	22	32	0	34	14	6	5	29	12	8
天津能源集团财务有限公司	28	6	15	6	1	12	16	0	13	15	0	2	15	4	7
天津天保财务有限公司	24	0	14	8	2	7	17	0	6	18	0	1	7	4	12
天津医药集团财务有限公司	24	3	15	6	0	10	14	0	9	15	0	4	11	1	8
天瑞集团财务有限责任公司	18	5	8	3	2	9	9	0	2	13	3	1	3	4	10
通号集团财务有限公司	24	3	15	5	1	8	16	0	10	14	0	3	14	7	0
通用技术集团财务有限责任公司	63	11	33	12	7	33	30	3	34	23	3	8	31	1	23
铜陵有色金属集团财务有限公司	27	5	5	14	3	10	17	0	9	17	1	16	7	4	0
万向财务有限公司	67	30	20	16	1	28	39	0	13	35	19	1	17	20	29
五矿集团财务有限责任公司	65	21	19	17	8	27	38	0	40	21	4	3	29	8	25
物产中大集团财务有限公司	42	8	21	9	4	17	25	0	20	22	0	5	15	4	18
物美商业财务有限责任公司	23	3	13	5	2	12	11	0	2	18	3	0	1	2	20
西部矿业集团财务有限公司	49	12	23	13	1	21	28	0	13	35	1	0	20	4	25
西电集团财务有限责任公司	43	6	21	11	5	20	23	0	21	22	0	6	24	2	11
西王集团财务有限公司	28	11	8	8	1	13	15	0	4	24	0	1	6	4	17
厦门国贸控股集团财务有限公司	40	7	22	6	5	17	23	0	8	31	1	3	18	0	19
厦门翔业集团财务有限公司	30	4	20	4	2	17	13	0	17	13	0	1	7	0	22
新奥财务有限责任公司	61	10	36	12	3	34	27	0	17	38	6	1	10	0	50

续表

机构	人员合计	年龄结构				性别结构		文化结构				职称结构			
		30岁以下	30岁至40岁	40岁至50岁	50岁以上	男	女	博士	硕士	本科	专科及以下	高级	中级	初级	其他
新疆金风科技集团财务有限公司	30	8	13	7	2	13	17	0	14	16	0	1	5	2	22
新希望财务有限公司	36	7	22	7	0	22	14	0	12	21	3	2	9	3	22
新兴际华集团财务有限公司	35	11	19	5	0	14	21	0	28	7	0	4	14	2	15
信科（北京）财务有限公司	33	9	18	4	2	12	21	0	18	13	2	5	11	1	16
徐工集团财务有限公司	73	47	20	4	2	33	40	0	26	45	2	3	6	6	58
阳泉煤业集团财务有限责任公司	46	15	20	7	4	33	13	1	7	34	4	5	16	5	20
一汽财务有限公司	240	59	147	31	3	100	140	0	123	116	1	13	26	58	143
一重集团财务有限公司	31	6	11	8	6	15	16	0	3	27	1	7	13	4	7
伊利财务有限公司	50	23	23	3	1	20	30	0	7	42	1	2	8	9	31
亿利集团财务有限公司															
有色矿业集团财务有限公司	32	8	13	6	5	17	15	2	16	14	0	5	18	3	6
粤海集团财务有限公司	42	9	21	9	3	18	24	2	18	20	2	3	10	3	26
云南建投集团财务有限公司	42	10	25	3	4	21	21	0	17	24	1	7	22	2	11
云南昆钢集团财务有限公司	20	2	7	9	2	7	13	0	1	16	3	1	10	4	5
云南云天化集团财务有限公司	28	3	9	12	4	13	15	0	8	19	1	4	6	4	14
招商局集团财务有限公司	96	10	46	30	10	44	52	4	47	43	2	9	36	17	34
浙江海港集团财务有限公司	47	21	13	8	5	18	29	0	22	25	0	5	23	11	8
浙江省交通投资集团财务有限责任公司	160	60	77	20	3	67	93	0	75	84	1	15	85	16	44
浙江省能源集团财务有限责任公司	163	87	59	15	2	64	99	0	73	90	0	10	83	3	67
正泰集团财务有限公司	46	7	20	14	5	20	26	0	5	37	4	4	11	11	20
郑州宇通集团财务有限公司	16	2	11	1	2	8	8	0	1	15	0	0	4	2	10
中车财务有限公司	73	16	38	17	2	33	40	1	38	34	0	20	28	20	5
中储粮集团财务有限公司	39	8	18	10	3	21	18	1	24	14	0	9	16	2	12
中船财务有限责任公司	125	18	64	34	9	47	78	2	86	36	1	34	53	16	22
中广核财务有限责任公司	143	28	67	37	11	84	59	1	62	73	7	25	62	18	38
中国大唐集团财务有限公司	48	7	16	17	8	18	30	2	39	6	1	19	16	13	0
中国电建集团财务有限责任公司	75	15	34	17	9	36	39	1	31	43	0	31	8	0	36
中国电力财务有限公司	746	109	163	249	225	340	406	6	328	390	22	262	282	37	165
中国电信集团财务有限公司	40	11	13	13	3	23	17	0	24	16	0	8	10	2	20
中国电子财务有限责任公司	78	13	27	15	23	35	43	0	32	44	2	20	25	10	23

续表

机构	人员合计	年龄结构				性别结构		文化结构				职称结构			
		30岁以下	30岁至40岁	40岁至50岁	50岁以上	男	女	博士	硕士	本科	专科及以下	高级	中级	初级	其他
中国电子科技财务有限公司	67	17	43	5	2	32	35	2	50	15	0	6	22	5	34
中国航发集团财务有限公司	31	7	12	10	2	16	15	0	24	7	0	9	10	2	10
中国航空集团财务有限责任公司	61	8	30	11	12	24	37	0	22	33	6	8	26	5	22
中国航油集团财务有限公司	42	16	16	4	6	15	27	0	28	14	0	5	14	4	19
中国华电集团财务有限公司	70	9	30	19	12	32	38	0	25	43	2	15	27	2	26
中国华能财务有限责任公司	73	15	27	13	18	30	43	0	54	16	3	26	31	3	13
中国黄金集团财务有限公司	34	6	22	4	2	15	19	0	20	14	0	6	8	20	0
中国建材集团财务有限公司	51	10	27	10	4	20	31	0	28	22	1	12	13	5	21
中国南航集团财务有限公司	70	10	16	31	13	36	34	1	22	35	12	3	39	4	24
中国能源建设集团财务有限公司	73	13	26	20	14	34	39	1	32	35	5	29	23	2	19
中国平煤神马集团财务有限责任公司	30	2	15	6	7	17	13	0	1	27	2	8	11	7	4
中国融通集团财务有限责任公司	36	9	20	6	1	13	23	1	32	3	0	4	15	3	14
中国石化财务有限责任公司	348	49	144	109	46	147	201	2	137	196	13	124	146	64	14
中国铁建财务有限公司	97	19	52	19	7	43	54	1	52	44	0	31	36	16	14
中国铁路财务有限责任公司	70	7	25	29	9	26	44	1	25	44	0	44	24	1	1
中国移动通信集团财务有限公司	104	44	40	13	7	64	40	0	87	16	1	9	33	2	60
中国重汽财务有限公司	52	21	27	3	1	16	36	0	16	36	0	4	19	7	22
中海石油财务有限责任公司	135	30	45	42	18	58	77	2	69	62	2	13	71	8	43
中航工业集团财务有限责任公司	105	15	43	33	14	37	68	1	72	28	4	19	23	63	0
中核财务有限责任公司	83	16	32	22	13	41	42	2	57	23	1	31	32	4	16
中化工程集团财务有限公司	57	17	29	6	5	36	21	0	37	19	1	8	28	5	16
中化集团财务有限责任公司	128	16	68	35	9	56	72	0	63	58	7	10	45	5	68
中集集团财务有限公司	64	14	30	15	5	24	40	0	21	39	4	1	10	2	51
中建财务有限公司	69	23	21	17	8	37	32	1	44	23	1	18	38	7	6
中交财务有限公司	68	21	19	19	9	37	31	2	39	25	2	24	19	18	7
中节能财务有限公司	58	21	26	11	0	25	33	1	27	27	3	4	13	6	35
中开财务有限公司	27	9	11	4	3	14	13	0	10	16	1	1	7	3	16
中联重科集团财务有限公司	37	4	26	6	1	21	16	0	14	23	0	3	4	11	19
中粮财务有限责任公司	34	4	18	7	5	15	19	0	16	18	0	1	5	1	27
中旅集团财务有限公司	26	3	14	8	1	10	16	0	13	13	0	1	16	7	2

续表

机构	人员合计	年龄结构				性别结构		文化结构				职称结构			
		30岁以下	30岁至40岁	40岁至50岁	50岁以上	男	女	博士	硕士	本科	专科及以下	高级	中级	初级	其他
中铝财务有限责任公司	62	14	29	15	4	28	34	2	29	29	2	7	20	7	28
中煤财务有限责任公司	22	3	11	7	1	10	12	2	13	7	0	7	10	0	5
中铁财务有限责任公司	80	12	51	14	3	40	40	0	41	39	0	31	28	21	0
中信财务有限公司	62	27	18	12	5	30	32	4	43	13	2	10	25	7	20
中兴通讯集团财务有限公司	68	22	24	20	2	16	52	0	17	33	18	0	14	21	33
中油财务有限责任公司	188	36	63	60	29	87	101	9	88	83	8	72	88	20	8
中远海运集团财务有限责任公司	132	28	30	42	32	61	71	0	47	74	11	19	47	12	54
珠海格力集团财务有限责任公司	45	6	26	7	6	22	23	0	5	36	4	3	18	6	18
珠海华发集团财务有限公司	53	4	24	19	6	23	30	0	16	36	1	1	27	1	24
紫金矿业集团财务有限公司	28	2	19	2	5	17	11	0	8	19	1	0	16	3	9

注：此表为236家财务公司，不含西门子财务服务有限责任公司、宝塔石化集团财务有限公司、吉林森林工业集团财务有限责任公司、三房巷财务有限公司。

大事记

中国企业集团财务公司 2023 年行业大事记

1 月

2023 年 1 月 13 日，西部矿业集团财务有限公司顺利完成增资验资及工商变更等工作，注册资本由 203338.90 万元人民币增至 323338.90 万元人民币。

2 月

2023 年 2 月 28 日、9 月 13 日和 12 月 7 日，中国财务公司协会、株洲齿轮股份有限公司、陕西三园汽车标准件有限责任公司、江铃汽车集团财务有限公司分别将其持有的中国重汽财务有限公司 0.0624%、0.0554%、0.0053% 和 0.0287% 的股权转让给中国重汽集团济南动力有限公司，并完成工商变更登记。

3 月

2023 年 3 月 30 日，浙江省交通投资集团财务有限责任公司完成增资扩股专项工作，注册资本由 52.3 亿元增至 65 亿元。

4 月

2023 年 4 月 26 日，陕西延长石油财务有限公司股权变更。陕西延长石油矿业有限责任公司受让建信信托有限责任公司 3.01% 的股权，成为公司第五家股东。

5 月

2023 年 5 月 5 日，福建省港口集团财务有限公司注册资本金由 5 亿元人民币增至 10 亿元人民币。

2023 年 5 月 12 日，徐工集团财务有限公司注册资本变更为 350000 万元人民币，增加了 150000 万元。

2023 年 5 月 31 日，江苏悦达集团财务有限公司增资 3 亿元，注册资本增至 11 亿元。

6 月

2023 年 6 月 8 日，巨化集团财务有限责任公司以资本公积和未分配利润转增资本金形式，注册资本由原来 8 亿元变更为 12 亿元，保持原有的资本结构不变。

2023 年 6 月 9 日，浪潮集团财务有限公司完成首轮增资，注册资本由 10 亿元增至 20 亿元。

2023 年 6 月 29 日至 30 日，中国财务公司协会在北京召开了财务公司经营形势分析会，105 家财务公司代表参加了线下会议，部分财务公司采用视频方式参会。本次会议由中国财务公司协会副秘书长李清军主持，中国财务公司协会党委委员、专职副会长仇宝林出席了会议并讲话。

7 月

2023 年 7 月 1 日，百联集团财务有限责任公司获增加注册资本批复，注册资本增至 10 亿元人民币。

2023 年 7 月 10 日，西电集团财务有限责任公司注册资本由 15 亿元人民币增至 36.55 亿元人民币，股东单位由 13 家变更为 6 家。

8 月

2023 年 8 月 17 日，湖北宜化集团财务有限责任公司完成注册资本增加至10亿元人民币。

9月

2023年9月5日，中开财务有限公司注册资本由5亿元人民币增加至10亿元人民币。

2023年9月13日至14日，中国财务公司协会（以下简称“中国财协”）在山西省太原市召开了“财务公司行业信息化交流会”。全国近200家财务公司的代表参加了本次会议。中国财协党委书记、常务副会长张永军出席会议并致辞，中国财协党委委员、专职副会长仇宝林参加了会议。

2023年9月19日，国家金融监督管理总局江西监管局同意江铃汽车集团财务有限公司以未分配利润增加注册资本200000000元人民币，由800006380元人民币变更为1000006380元人民币。

2023年9月21日，中国华能财务有限责任公司增加20亿元注册资本金获国家金融监督管理总局北京监管局正式批复，注册资本金从50亿元变更为70亿元。

2023年9月26日，中国财协在北京召开了“财务公司与金融同业合作交流会”。全国150多家财务公司的近260位代表参加了本次会议。中国财协党委委员、专职副会长仇宝林出席会议并致辞。

2023年9月28日，上海电气集团财务有限责任公司以未分配利润转增资本金的形式将注册资本由22亿元人民币增加至30亿元人民币。

2023年9月28日，重庆机电控股集团财务有限公司注册资本金由6亿元变更为10亿元。

10月

2023年10月11日，国家金融监督管理总局北京监管局正式下发《国家金融监督管理总局北京监管局关于中国航油集团财务有限公司调整股权结构的批复》（京金复〔2023〕180号），中国航油集团财务有限公司股东由交银国际信托有限公司变更为中国航油集团国际控股有限公司，持股比例不变。

2023年10月17日，中广核财务有限责任公司完成第七次增资，注册资本由30亿元人民币增加至50亿元人民币。

2023年10月18日，中国财务公司协会（以下简称“中国财协”）在江苏省南京市召开了“2023年财务公司行业统计人员工作会议”。全国近200家财务公司的统计工作人员参加了本次会议。中国财协党委委员、专职副会长仇宝林出席会议。

11月

2023年11月1日，海南农垦集团财务有限公司获国家金融监督管理总局海南监管局批准增资，注册资本由5亿元人民币变更为10亿元人民币。

2023年11月2日，中国财务公司协会（以下简称“中国财协”）在安徽省马鞍山市召开了“华东地区财务公司经验交流会”。华东地区近50家财务公司的95名代表参加了本次会议。中国财协党委书记、常务副会长张永军出席会议并致辞，中国财协副会长、宝武财务公司董事长王明东主持会议。

2023年11月3日，国家金融监督管理总局烟台监管分局批复同意南山财务公司变更注册资本的请示，注册资本由13亿元人民币（含1000万美元）变更为21.9亿元人民币（含1000万美元）。

2023年11月6日，山东能源集团财务有限公司与兖矿集团财务有限公司完成实质合并，山能财务公司完成工商变更，注册资本变更为70亿元。

2023年11月8日，青建集团财务有限责任公司取得《国家金融监督管理总局青岛监管局关于青建集团财务有限责任公司变更注册资本的批复》（青国金复〔2023〕109号），于2023年11月9日完成增资，注册资本从8亿元人民币增至10亿元人民币。

2023年11月16日，中国财协在湖南省长沙市召开了“华南地区财务公司典型经验交流会”。华南地区近70名财务公司代表参加了本次会议。中国财协党委书记、常务副会长张永军出席会议并致辞，中国财协副会长、美的财务公司总经理何国坤主持会议。

2023年11月23日，中国财协在陕西省西安市召开了“北方地区财务公司典型经验交流会”。北方地区50多名财务公司代表参加了本次会议。中国财协党委书记、常务副会长张永军出席会议并致辞，中国财协常务理事、一汽财务有限公司总经理王晓东主持会议。

2023年11月28日，中国财协在北京召开了“北京地区财务公司典型经验交流会”。北京地区110多名财务公司代表参加了本次会议。中国财协党委书记、常务副会长张永军出席会议并致辞。中国财协副会长、中车财务有限公司董事长董绪章主持会议，中国财协党委委员、协会专职副会长仇宝林和副秘书长李清军也参加了会议。

2023年11月28日，《国家金融监督管理总局苏州监管分局关于苏州创元集团财务有限公司变更注册资本的批复》（苏州金复〔2023〕87号）批复，财务公司注册资本金由7.5亿元人民币增至10亿元人民币。

2023年11月28日，冀中能源集团财务有限责任公司原三家股东以原比例向公司增加注册资本13亿元，公司注册资本增至45亿元人民币。增资后，公司股东持股比例为：冀中能源集团有限责任公司出资20.25亿元人民币，占比45%；冀中能源股份有限公司出资15.75亿元人民币，占比35%；华北制药股份有限公司出资人民币9亿元，占比20%。

2023年11月28日，上海复星高科技集团财务有限公司发生股东变更，原股东南京钢铁联合有限公司不再持有公司股份，四川沱牌舍得集团有限公司、海南矿业股份有限公司成为公司新股东，同年11月29日完成工商变更手续。

12月

2023年12月6日，重庆化医控股集团财务有限公司股东重庆长风化学工业有限公司将所持有财务公司3%股权转让给集团成员单位重庆渝化新材料有限责任公司。

2023年12月15日，广东省农垦集团财务有限公司完成注册资本变更，注册资本由5亿元增至10亿元。

2023年12月15日，浙江省能源集团财务有限责任公司将2022年末账面资本公积约7.11亿元全部转增资本。增资完成后，注册资本金将增加至35.32亿元，各股东持股比例保持不变。

2023年12月27日，经国家金融监督管理总局珠海监管分局批复（《国家金融监督管理总局珠海监管分局关于珠海华发集团财务有限公司变更注册资本的批复》（珠金复〔2023〕39号），同意珠海华发集团财务有限公司注册资本金由32亿元人民币变更为50亿元人民币。

2023年12月28日，中国财务公司协会（以下简称“中国财协”）在北京召开第十届会员大会第五次会议。国家金融监督管理总局非银机构监管司司长刘学生出席会议并讲话，中国财协会长吕双做理事会工作报告、监事长张云亭做监事会工作报告。国家金融监督管理总局非银机构监管司副司长聂俊及相关处室同志，中国财协党委班子成员以及全国235家财务公司的会员代表参加了会议。

2023年12月28日，甘肃电投集团财务有限公司增资审批程序高效完成，5亿元人民币增资款正式到位。此次增资采取原股东同比例出资的方式进行，增资后甘肃电投集团财务有限公司注册资本金由5亿元增至10亿元。

2023年12月28日，经国家金融监督管理总局北京监管局批准，中储发展股份有限公司、中国物流股份有限公司两家公司将其持有的诚通财务有限责任公司5%股权转让给诚通国合资产管理有限公司，目前已完成工商等全部变更工作。

附　录

文件与规章名录

一、中国人民银行

《商业银行金融资产风险分类办法》（中国人民银行令〔2023〕第1号）

二、财政部、税务总局

《关于小微企业和个体工商户所得税优惠政策的公告》（财政部　税务总局公告2023年第6号）

《关于进一步支持小微企业和个体工商户发展有关税费政策的公告》（财政部　税务总局公告2023年第12号）

《关于金融机构小微企业贷款利息收入免征增值税政策的公告》（财政部　税务总局公告2023年第16号）

《关于延续执行农户、小微企业和个体工商户融资担保增值税政策的公告》（财政部　税务总局公告2023年第18号）

《关于增值税小规模纳税人减免增值税政策的公告》（财政部　税务总局公告2023年第19号）

三、国家金融监督管理总局（原中国银行保险监督管理委员会）

《非银行金融机构行政许可事项实施办法》（国家金融监督管理总局令2023年第3号）

《商业银行资本管理办法》（国家金融监督管理总局令2023年第4号）

《中国银保监会办公厅关于银行业保险业做好2023年全面推进乡村振兴重点工作的通知》（银保监办发〔2023〕35号）

2023 年度财务公司行业受表彰情况

TCL 科技集团财务有限公司

2023 年 2 月 24 日，公司在惠州市银行保险业先进集体奖项评选中，荣获 2022 年度银行业保险业信息调研先进集体。

2023 年 12 月 15 日，公司荣获惠州市优秀绿色金融案例评比一等奖。

安徽省皖北煤电集团财务有限公司

2023 年 8 月，公司员工获得中国人民银行征信中心安徽省分中心“个人征信系统数据质量工作优秀个人”称号。

2023 年 12 月，公司获得安徽省财政厅“省属金融企业先进单位”称号。

鞍钢集团财务有限责任公司

2023 年 6 月 20 日，集团公司党委召开“两优一先”表彰大会，公司党委荣获集团公司先进党组织荣誉称号。

宝武集团财务有限责任公司

2023 年 4 月，公司荣获金融时报社颁发的“2022 中国金融机构金牌榜 · 金龙奖”之“年度最佳财务公司”称号。

2023 年 11 月，公司荣获中国社会责任百人论坛、责任云研究院颁发的 2023 年“责任犇牛奖—责任雇主奖”。

2024 年 1 月，公司荣获中国人民银行上海市分行颁发的“2023 年度上海法人金融机构金融统计一等奖”。

北京汽车集团财务有限公司

2023 年 11 月，首届天弈奖评选结果揭晓，公司申报的《财务公司全面风险管理稳健运营实践》荣获全面风险管理优秀实践奖、《基于数字技术的经销商融资风险智能化管理应用与实践》荣获金融模型能力建设和智能风控优秀实践奖。

2023 年 11 月 3 日，2023 年度北京市档案科研工作培训会于北京市档案馆召开，公司《人工智能技术在金融行业档案管理工作中的探索与应用》一文获评北京市档案优秀科技成果三等奖。

2023 年 12 月 7 日，公司受邀参加由中国汽车流通协会在天津主办的 2023 中国汽车金融产业峰会，公司凭借优质的金融服务和良好的市场口碑，荣登该榜单第四名，也是本榜单中唯一一家汽车集团财务公司。

北京首农食品集团财务有限公司

2023 年 3 月 21 日，公司获得北京市财政局颁发的“市级金融企业先进单位”。

2023 年 5 月 6 日，公司获得中国人民银行营业管理部颁发的“2022 年会计报表报送工作优秀单位”。

2023 年 8 月 21 日，公司获得中国人民银行征信中心北京市分中心颁发的“2022 年度企业征信系统数据质量工作优秀机构”。

兵工财务有限责任公司

2023 年 12 月 18 日，公司获得金融时报社颁发的“2023 中国金融机构金牌榜 · 金龙奖”之“年度最佳风险管理财务公司”称号。

2023 年 12 月 26 日，公司获得国防企业协会颁发的第十九届军工企业管理创新成果一等奖。

2024 年 1 月 26 日，公司获得集团公司颁发的“2023 年强军报国杰出贡献奖（先锋奖）二等奖”。

兵器装备集团财务有限责任公司

2023 年，公司荣获司库建设国资委中期验收荣获“优秀”，2023 年军工企业管理创新成果二等奖 3 项、三等奖 1 项，中国人民银行 2022 年会计报表报送工作优秀单位，上海票据交易所“优秀综合业务机构”，2022 年度文明文化工作先进单位。

诚通财务有限责任公司

2023 年 12 月，公司荣获视觉新国企强国新图景主题传播活动优秀视频奖。

重庆机电控股集团财务有限公司

2023 年 8 月 8 日，公司获得中国人民银行征信中心颁发的 2022 年度征信系统数据质量工作优秀机构称号。

东方集团财务有限责任公司

2023 年，公司荣获“2023 年行业数据统计优秀单位”“金融统计工作先进个人”称号。

东风汽车财务有限公司

2023 年 3 月 1 日，公司获得武汉经开区管委会颁发的“2022 年度中国车谷纳税十强企业”称号。

福建省能源石化集团财务有限公司

2023 年 7 月 17 日，公司获得集团公司颁发的“先进基层党组织”称号。

光明食品集团财务有限公司

2023 年 6 月 30 日，公司获得共青团上海市委员会颁发的上海市基层团组织典型选树通报表扬。

2023 年 8 月 29 日，公司获得中国人民银行上海市分行颁发的 2022 年度地方性金融机构征信系统数据质量工作优秀个人称号。

广东能源集团财务有限公司

2023 年，公司荣获中国金融出版社主办的中国金融年度品牌案例大赛“绿色金融年度案例奖”。

广东省农垦集团财务有限公司

2023 年 10 月 20 日，公司获得广州金融业协会颁发的“金融支持乡村振兴十佳机构”称号。

广西交通投资集团财务有限责任公司

2023 年 9 月，公司获得自治区人民政府颁发的第四届广西建设面向东盟的金融开放门户改革创新十大案例提名奖。

2023 年 11 月，公司获得广西银行业协会颁发的 2023 年广西银行业清廉金融文化建设“先进单位”。

2023 年 12 月，公司获得 2022 年度自治区财政厅颁发的全区地方金融企业财务报表编报工作先进单位。

2023 年 12 月，公司获得广西银行业协会颁发的 2023 年广西银行业宣传工作先进单位“优胜奖”、党的二十大竞赛“一等奖”。

国家电投集团财务有限公司

2023 年 4 月 18 日，公司荣获中国人民银行主管的权威主流财经媒体金融时报社颁发的“2022 中国金融机构金牌榜 · 金龙奖”之“年度最佳服务公司”。

2023 年 11 月，公司掌上司库项目荣膺“2023 金融科技大会”非银行金融机构类最高奖项“2023 年度产业数字金融建设创新奖”。

2023 年 12 月 27 日，公司荣获中国人民银行北京市分行通报的 2023 年上半年银行业金融机构绿色金融最高等级评价。

国家能源集团财务有限公司

2023 年 3 月，公司“国能金服”金融数据服务移动应用平台获得中国金融出版社主办的中国金融年度品牌案例大赛“用户体验年度案例奖”。

2023 年 4 月，公司获得金融时报社颁发的

“2022 中国金融机构金牌榜·金龙奖”之“最佳风险管理财务公司”称号。

2023 年 5 月，公司获得中国人民银行颁发的“人民银行财务会计报表报送工作优秀单位”称号。

国投财务有限公司

2023 年 4 月 30 日，公司获得北京市西城区税务局颁发的“纳税信用 A 级企业”称号。

2023 年 5 月 17 日，公司获得中央企业团工委颁发的“中央企业五四红旗团支部”称号。

2023 年 12 月 26 日，公司获得北京市西城区统计局颁发的“2023 年西城区诚信统计单位”称号。

国新集团财务有限责任公司

2024 年 2 月 4 日，公司获得中国国新颁发的 2023 年度市场协同先进单位称号，1 名公司骨干荣获中国国新市场协同优秀个人称号。

2023 年 7 月 1 日，公司 1 名公司骨干获得中国国新颁发的“优秀共产党员”称号。

2023 年 10 月 20 日，公司获得中国国新颁发的“新时代新担当”首届品牌故事优秀奖。

国药集团财务有限公司

2023 年 7 月，公司获得中国人民银行营业管理部颁发的“2022 年金融统计评价 A 级单位”“2022 年会计报表报送工作优秀单位”。

2023 年 12 月，公司获得中国管理科学学会颁发的国有企业深化改革实践成果特等奖。

哈尔滨电气集团财务有限责任公司

2023 年 12 月 27 日，公司获得金融时报社颁发的“2023 中国金融机构金牌榜·金龙奖”之“年度最佳风险管理财务公司”称号。

海尔集团财务有限责任公司

2023 年 12 月 27 日，公司获得“2023 中国金融机构金牌榜·金龙奖”之“年度最佳服务财务公司”称号。

海南农垦集团财务有限公司

2024 年 1 月 4 日，公司被中国人民银行海南省分行列入 2023 年度信息验证工作开展出色机构清单。

海信集团财务有限公司

2023 年 6 月 30 日，公司获得青岛市地方金融监管局和青岛市金融联合会联合颁发的“七一”党建创新典型案例“优秀组织单位”称号。

2023 年 8 月 8 日，公司获得由中国人民银行征信中心颁发的“2022 年度企业征信系统数据质量工作优秀机构”称号。

航天科工财务有限责任公司

2023 年 4 月，在由中国人民银行主管、中国金融领域权威主流媒体金融时报社发起并主办的“2022 中国金融机构金牌榜·金龙奖”评选活动中，公司荣获“年度最佳资金管理财务公司”称号。

2023 年 7 月，中国人民银行营业管理部对辖区内各银行业金融机构 2022 年度金融统计工作进行了考核评比，财务公司连续第二年获得代表最高水平的 A 级评价。

2023 年 10 月，中国人民银行征信中心公布了地方性金融机构企业 2022 年度征信系统数据质量工作优秀机构和企业征信系统数据质量工作优秀个人名单，公司获“2022 年度征信系统数据质量工作优秀机构”称号。

湖北交投集团财务有限公司

2023 年 7 月 7 日，公司获得中国人民银行武汉分行营业管理部颁发的 2023 年“十年征信路奋进新征程”征信短视频大赛优秀短视频奖。

2023 年 12 月 28 日，公司获得中国人民银行湖北省分行营业管理部颁发的“2023 年度金融统计工作先进集体”称号。

湖南出版投资控股集团财务有限公司

2024 年 2 月 20 日，公司获得中国人民银行湖南省分行颁发的“2023 年度金融统计工作质量优秀单位”称号。

江铃汽车集团财务有限公司

2023 年 5 月 1 日，公司获得中国商用车金融保险大会颁发的“2023 年全国商用车金融行业领跑企业”奖。

2023 年 9 月 28 日，公司荣获中国人民银行江西省分行、江西省科技厅、江西省智慧金融技术创新战略联盟颁发的 2023 年度江西省金融支持科技创新案例三等奖。

2023 年 9 月 28 日，公司《双碳背景下金融机构绿色转型问题研究——以汽车产业信贷为例》获得江西省金融学会颁发的优秀奖。

江苏交通控股集团财务有限公司

2023 年 3 月 26 日，公司获得新华报业传媒集团颁发的“2022 年度江苏社会责任杰出企业”称号。

2023 年 4 月 26 日，公司获得共青团江苏省委颁发的“江苏省五四红旗团支部”称号。

2023 年 8 月 30 日，公司获得中国人民银行征信中心颁发的“征信系统数据质量工作优秀机构”称号。

江苏省国信集团财务有限公司

2023 年 4 月，公司获得“江苏省五一劳动奖状”。

2023 年 12 月，公司获得金融时报社颁发的“2023 中国金融机构金牌榜 · 金龙奖”之“最佳资金集中管理财务公司”称号。

江苏悦达集团财务有限公司

2024 年 1 月 5 日，公司获得中国人民银行江苏省分行办公室颁发的“2023 年度江苏省四星统计单位”奖励。

2024 年 1 月 22 日，公司获得盐城市金融学会颁发的“2023 年实地调研报告三等奖”奖励。

江西省交通投资集团财务有限公司

2023 年 6 月 25 日，公司获得中共南昌市委、南昌市人民政府颁发的第十九届南昌市文明单位称号。

江西铜业集团财务有限公司

2023 年 11 月，公司获得中国人民银行江西省分行颁发的 2023 年江西省金融机构金融统计工作优胜单位。

2023 年 11 月 30 日，公司获得江西省地方金融监督管理局颁发的 2022 年度地方法人金融机构发展三等奖。

2023 年 12 月 18 日，公司获得江西省财政厅关于“2022 年度地方金融企业财务决算报表和账务快报工作省级金融企业先进单位”荣誉。

锦江国际集团财务有限责任公司

2023 年，公司荣获中国人民银行上海市分行 2023 年度金融统计二等奖。

京能集团财务有限公司

2023 年 1 月 11 日，公司荣获集团经济效益突出贡献奖。

2023 年 5 月 12 日，公司荣获集团特别专项突出贡献三等奖。

2023 年 6 月 28 日，公司荣获集团“党建 + 双碳”先进基层党组织称号。

开滦集团财务有限责任公司

2023 年 6 月 27 日，公司获得河北省国资委颁发的省国资委企业先进基层党组织称号。

浪潮集团财务有限公司

2023 年 12 月 19 日，公司“产融协同打造一体化金融信息平台案例”获第六届金融业年度品牌案例大赛“金融科技年度案例奖”。

2023 年 12 月 26 日，公司金融统计岗获得中国人民银行山东省分行营业管理部颁发的“2023 年度济南市金融统计工作先进个人”

称号。

联通集团财务有限公司

2023年，公司在中国电子信息行业联合会举办的“数智杯”数据管理创新应用大赛中，荣获数据管理能力提升赛道“优秀奖”。

潞安集团财务有限公司

2023年6月13日，公司获得山西省企业联合会和山西省企业家协会颁发的“2022年度山西省优秀企业”称号。

2023年6月13日，公司党支部书记、董事长获得山西省企业联合会和山西省企业家协会颁发的“2022年度山西省优秀企业家”荣誉称号。

2023年7月，公司党支部书记、董事长被山西省委组织部评选为担当作为干部。

南方电网财务有限公司

2023年6月，公司获得集团公司首届资本运营技能竞赛团体三等奖。

2023年8月，公司获得集团公司第五届会计知识大赛暨2023年财经技能竞赛团体三等奖。

2023年9月，公司获得集团公司“平安南网杯”国家安全人民防线知识竞赛及宣教比武团体二等奖。

南山集团财务有限公司

2023年12月26日，公司获得中国人民银行烟台市分行“烟台市2023年度金融统计先进单位及先进个人”荣誉称号。

三峡财务有限责任公司

2023年12月27日，公司荣获中国人民银行营业管理部2023年上半年绿色金融最高等级“好”的评价。

山东钢铁集团财务有限公司

2023年12月26日，公司获得济南市金融机构统计工作先进单位三等奖。

山东港口集团财务有限责任公司

2023年5月，公司总经理助理获得青岛市公安局颁发的“全市单位内部治安保卫工作成绩突出个人”称号。

2023年6月，公司党支部获得中共山东省国资委委员会颁发的山东省省属企业“先进基层党组织”称号。

2023年12月27日，公司获得山东省金融企业绩效优秀（AAA），2022年度绩效得分为99.55分。

山东能源集团财务有限公司

2023年3月28日，兖矿集团财务有限公司（已在2023年被公司吸收合并）获得中国金融出版社颁发的金融行业2022年度声誉管理年度案例奖。

山东省商业集团财务有限公司

2023年12月27日，公司被山东省财政厅评为山东省地方金融企业绩效评价等级优秀（AA）。

2024年2月26日，公司被山东省财政厅评为2023年度地方金融企业财务报表工作情况先进单位。

山东重工集团财务有限公司

2023年4月18日，公司获得金融时报社颁发的“2022中国金融机构金牌榜·金龙奖”之“最佳风险管理财务公司”称号。

陕西煤业化工集团财务有限公司

2023年3月23日，公司获得中国银保监会陕西监管局颁发的陕西银行业保险业优秀调研课题成果三等奖。

2023年7月17日，公司获得集团公司颁发的“业财融合先进单位”称号和“2022年度创新发展优秀企业”称号。

陕西投资集团财务有限责任公司

2023 年 5 月，公司获得陕西省国资委颁发的“陕西省国资委文明单位标兵”称号。

陕西延长石油财务有限公司

2023 年，公司获得“人保杯”陕西金融系统职工三人制篮球赛 B 组亚军和团体精神文明奖。

商飞集团财务有限责任公司

2023 年 1 月 19 日，公司获得中国人民银行上海市分行颁发的 2022 年度上海中资金融机构金融统计工作考核二等奖。

上海城投集团财务有限公司

2024 年 1 月 8 日，公司获得中国人民银行上海市分行颁发的 2023 年度上海中资金融机构金融统计工作考核二等奖。

上海电气集团财务有限责任公司

2023 年 12 月，公司获得金融时报社颁发的“2023 中国金融机构金牌榜 · 金龙奖”之“年度最具创新力财务公司”称号。

上海复星高科技集团财务有限公司

2023 年 6 月，公司获得普陀区人民政府颁发的“上海市普陀区‘至诚靠谱’企业”称号。

2023 年 7 月，公司获得普陀区金融办颁发的“2022 年度普陀区科技金融产业发展贡献奖”。

上海华谊集团财务有限责任公司

2023 年 1 月 19 日，公司获得中国人民银行颁发的 2022 年度上海中资法人金融机构三等奖。

上海浦东发展集团财务有限责任公司

2023 年 1 月，公司获得上海市总工会颁发的“2022 年度模范工会”荣誉称号。

2023 年 1 月，公司获得中国人民银行上海市分行颁发的 2022 年度上海中资金融机构金融统计工作二等奖。

2023 年 9 月，公司员工获得中国人民银行上海市分行颁发的“2022 年度征信系统（企业业务）数据质量工作优秀个人”称号。

上海上实集团财务有限公司

2023 年 2 月，公司“BPO 引擎”项目获上海市职工先进操作法创新奖，“非银机构业务数据中台库建设”项目获上海市职工合理化建议创新奖。

2023 年 5 月，公司营业部荣获“上海市工人先锋号”称号。

2023 年 7 月，公司综合管理部荣获市总工会“模范职工小家”称号。

申能集团财务有限公司

2023 年 1 月，公司在中国人民银行上海市分行关于中资金融机构金融统计工作考核情况的通报中，被评为中资法人金融机构二等奖。

2023 年 11 月，公司获得中国投资协会能源投资专业委员会、中国投资协会零碳中国研究中心颁发的 2023 年度“零碳中国”特别贡献单位称号。

深圳华强集团财务有限公司

2023 年 8 月，公司在中国人民银行总行征信中心组织的 2022 年度征信数据质量与合规管理考核评比中，一名员工获得“优秀个人”荣誉。

深圳能源财务有限公司

2023 年 2 月 19 日，公司荣获“深圳市绿色金融高质量发展贡献奖”和福田区“绿色金融高质量发展非凡贡献者”。

2023 年 11 月 28 日，深圳能源财务有限公司《2022 年度环境信息披露报告》项目荣获“可持续信息披露最佳实践奖”。

苏州创元集团财务有限公司

2024 年 1 月 15 日，公司获得中国人民银行苏州市分行颁发的 2023 年度苏州市金融统计工作先进单位三等奖。

特变电工集团财务有限公司

2023 年 6 月 15 日，公司获得中国人民银行乌鲁木齐中心支行颁发的首届新疆金融科技创新大赛优秀奖。

天津港财务有限公司

2023 年，公司党支部被评为天津港集团“先进党支部”、“五星级”党支部、“红色品牌示范点”。

2023 年 6 月，天津港财务有限公司“大型企业集团智慧资金管理平台”项目荣获第二十九届天津市企业管理现代化创新成果一等奖。

天津能源集团财务有限公司

2023 年 3 月 15 日，公司在市财政局《关于地方金融企业 2022 年度财务报表工作情况的通报》中评价等级为优，在市财政局 2022 年度地方金融企业绩效评价中结果为良好（BBB）。

通号集团财务有限公司

2023 年 11 月 23 日，公司获得北京市丰台区统计局授予的“丰台区 2023 年统计诚信示范企业”荣誉称号。

通用技术集团财务有限责任公司

2023 年 7 月 12 日，公司被中国人民银行营业管理部评为“2022 年度金融统计 A 级”。

2023 年 8 月 8 日，公司被中国人民银行征信中心评为“2022 年度征信系统（企业业务）数据质量工作优秀机构”。

万向财务有限公司

2023 年 2 月 21 日，公司获得国家金融监督管理总局颁发的 2022 年度杭州辖内银行业金融机构监管统计工作竞赛三等奖。

2023 年 2 月 24 日，公司获得中国人民银行浙江省分行颁发的 2022 年度金融机构综合评价 A 级单位称号。

2023 年 3 月 22 日，公司获得中国人民银行浙江省分行评定的 2022 年度反洗钱履职评价辖内非银机构第二名。

物产中大集团财务有限公司

2023 年 2 月，公司荣获杭州市拱墅区人民政府颁发的“突出贡献企业”称号。

西部矿业集团财务有限公司

2023 年，公司荣获中国人民银行西宁中心支行青海省金融统计数据质量提升专项行动先进单位，国家金融监督管理总局青海监管局、青海省银行业协会、青海省保险行业协会 2023 年“绿色金融成果展”短视频大赛二等奖。

西电集团财务有限责任公司

2023 年 5 月，公司获得国家税务总局陕西省税务局评定的“2022 年度企业纳税信用 A 级企业”。

新疆金风科技集团财务有限公司

2023 年 1 月 18 日，公司在新疆维吾尔自治区乌鲁木齐经济技术开发区（头屯河区）委召开的经济工作会议暨经济高质量发展推进会议上受到了通报表彰，被授予“纳税先进企业”称号。

2023 年 6 月，中国人民银行乌鲁木齐中心支行和新疆维吾尔自治区地方金融监督管理局共同举办首届新疆金融科技创新大赛，公司申报的《财务公司超级网银》作品在众多参赛作品中脱颖而出，荣获优秀奖。

新希望财务有限公司

2023 年，公司获得国家税务总局授予的 2023 年度“纳税信用 A 级企业”称号，这是公司连续六年获此荣誉。

新兴际华集团财务有限公司

2023 年 4 月，公司获得中国软件行业协会颁发的“2022 年软件行业典型示范案例”称号。

2023 年 5 月，公司获得中国人民银行颁发的“2022 年会计报表报送工作优秀单位”荣誉称号。

徐工集团财务有限公司

2023 年 4 月 18 日，公司获得金融时报社评选的“中国金融机构金牌榜 · 金龙奖”之“年度最佳财务公司”称号。

一重集团财务有限公司

2023 年 9 月，公司荣获第三十四届黑龙江省企业管理现代化创新成果二等奖。

浙江海港集团财务有限公司

2023 年 3 月 10 日，公司获得宁波市号手活动指导委员会颁发的“2022 年度宁波市级青年文明号”称号。

2023 年 11 月 30 日，公司获得中国交通企业管理协会颁发的“交通运输文化建设优秀单位”。

2023 年 12 月 1 日，公司获得宁波市金融业联合会颁发的“2023 年度‘金融助力高质量发展’好新闻”奖。

浙江省交通投资集团财务有限责任公司

2023 年 3 月，公司获得中国科学技术协会颁发的金融数字化转型大奖。

2023 年 10 月，公司获得浙江省企业联合会、浙江省企业家协会颁发的浙江省企业管理现代化创新成果一等奖。

2023 年 12 月，公司获得中国科学技术协会和中国通信学会颁发的“科创中国”金融场景生态建设创新奖。

正泰集团财务有限公司

2024 年 1 月，公司《“内部银行”助力集团降本增效》被评为 2023 年度正泰集团优秀成果。

2023 年 6 月，公司党支部获得中共正泰集团委员会颁发的“先进基层党组织”称号。

2023 年 12 月 27 日，公司获得中国人民银行温州市分行调查统计科“金融统计工作表现优异”表扬函。

中车财务有限公司

2023 年 12 月，公司获评北京市丰台区统计局、丰台区经济社会调查队颁发的“2023 年度丰台区统计诚信示范企业”称号。

中船财务有限责任公司

2023 年 11 月，《中船财务公司跨境跨币种掉期融资通》获得上海市政府颁发的上海金融创新成果奖三等奖。

2023 年 12 月，公司《大型船舶制造集团汇率风险管理体系的构建与实施》获得第十九届军工企业管理创新成果一等奖。

中国大唐集团财务有限公司

2023 年，公司获得工业和信息化部、国家密码局“商用密码典型应用方案”表彰。

2023 年，公司获得北京市西城区税务局颁发的纳税信用 A 级称号。

2023 年，公司《党建引领数字化转型创新驱动企业高质量发展》入选全国企业党建创新优秀案例。

中国电建集团财务有限责任公司

2023 年 12 月 28 日，公司荣获金融时报社颁布的“2023 中国金融机构金牌榜奖项 · 金龙奖”之“年度最具创新力财务公司”称号。

2023 年 12 月 11 日，公司品牌案例《“双效提升”构建财务公司普惠金融新格局》获得中国金融出版社颁发的“普惠金融年度案例奖”。

中国电力财务有限公司

2023 年 11 月 21 日，公司荣获中国管理科学学会企业管理专业委员会与企业家杂志社颁发的第二届（2023）国有企业深化改革实践成果特等奖。

中国电子财务有限责任公司

2023年1月17日，公司获得中国电子党建政研会2023年度优秀课题研究成果三等奖。

2023年12月20日，公司获得中国电子2023年度统计分析工作先进单位称号。

2023年12月28日，公司获得中国国防工业企业协会军工企业管理创新成果二等奖。

中国电子科技财务有限公司

2023年5月，公司获得中央企业团工委“青年文明号”称号。2024年3月获得北京市石景山区2023年区域突出贡献单位。

中国航油集团财务有限公司

2023年5月，公司“金算盘”团队被命名为“2021—2022年度全国民航青年文明号”。

2023年5月，公司获得2022年度“北京市共铸诚信企业”称号。

中国华电集团财务有限公司

2023年5月，公司获得北京市西城区税务局颁发的“纳税信用A级企业”称号。

2023年7月，公司获得中国人民银行营业管理部颁发的年度“会计财务报表报送优秀单位”称号。

2023年12月，公司获得金融时报社颁发的“2023中国金融机构金牌榜·金龙奖”之“年度最佳财务公司”称号。

中国华能财务有限责任公司

2023年，公司获评华能集团颁发的“先进企业”称号。

2023年11月10日，公司“融”文化获得中国企业联合会、中国企业家协会颁发的2022—2023年度全国企业文化优秀成果二等奖。

中国建材集团财务有限公司

2023年，公司获得第四届中国互联网工业大赛组委会颁发的首届国企数字场景创新专业赛产业协同类三等奖。

中国南航集团财务有限公司

2023年10月31日，广州市总部经济协会总部企业部部长王耀翔造访公司，向公司颁发广州市总部经济协会会员证书，进一步提升了公司的知名度和行业形象。

2023年12月下旬，国务院国资委社会责任局与人民日报新安全杂志社联合举办的“央企安全管理”主题征文比赛颁奖。公司上报7篇优秀研究文章，其中6篇分别获得一二三等奖与优秀奖，同时帮助集团公司荣获征文比赛的“优秀组织奖”。

中国能源建设集团财务有限公司

2023年9月27日，公司选送《AI智能机器人》荣获2023年电力行业工业互联网融合创新优秀案例。

2023年12月19日，公司荣获金融品牌大赛社会责任年度案例奖。

中国石化财务有限责任公司

2023年2月，公司获得上海票据交易所颁发的2022年度“优秀综合业务机构”称号。

2023年3月，公司获得中国外汇交易中心发布的2022年度“最佳人民币外汇非银会员”奖项。

2023年9月，公司获得集团公司颁发的2023年中国石化第二届风控内控竞赛团体二等奖。

中国铁建财务有限公司

2023年3月28日，公司在由中国金融出版社主办的第五届中国金融年度品牌案例大赛中荣获“中国金融年度品牌大奖”。

2023年12月27日，公司获得由中国人民银行主管、中国经济金融领域权威主流媒体金融时报社发起并主办的“2023中国金融机构金牌榜·金龙奖”之“年度最佳服务财务公司”

称号。

中国移动通信集团财务有限公司

2023 年 2 月，公司荣获中国移动通信集团有限公司颁发的“优秀财务工作奖”二等奖。

2023 年 12 月，公司获得北京市西城区诚信统计单位称号。

中核财务有限责任公司

2023 年 12 月 21 日，公司获得中国金融出版社颁发的第六届中国金融年度品牌案例大赛之“中国金融年度品牌大奖”。

2023 年 12 月 28 日，公司获得中国国防工业企业协会颁发的第十九届军工企业管理创新成果二等奖。

中化工程集团财务有限公司

2023 年 2 月 2 日，公司获得北京市东城区统计局颁发的“诚信示范企业”称号。

2023 年 9 月 21 日，公司获评中国人民银行颁布的“2022 年度征信系统数据质量工作优秀机构”称号。

2023 年 10 月 11 日，《央企跨国司库体系的优化路径》获中国施工企业管理协会 2023 年建筑财税优秀论文特等奖。

中交财务有限公司

2023 年 1 月 9 日，公司牵头完成的《基于不动产投资信托基金的交通基础设施“工程—金融”整合数字化管理》荣获“第二十九届全国企业管理现代化创新成果二等奖”。

2023 年 12 月 27 日，中国金融机构金牌榜榜单发布会在北京召开，公司荣获“2023 中国金融机构金牌榜 · 金龙奖”之“年度最佳服务财务公司”称号。

中旅集团财务有限公司

2023 年 11 月 10 日，公司获得深圳银行业协会颁发的 2023 年度中小银行机构党建促进日常经营管理奖。

中铝财务有限责任公司

2023 年 6 月 20 日，公司所属党支部获评集团公司直属党委先进基层党组织称号。

2023 年 11 月，公司的公司业务部荣获 2023 年度“中铝国际杯”中铝集团第六届创新创意大赛三等奖。

中煤财务有限责任公司

2023 年 5 月，公司获得国家税务总局北京市税务局颁发的“纳税信用 A 级企业”称号。

2023 年 7 月，公司获得中国煤炭工业协会颁发的 2021—2022 年度煤炭行业两化深度融合优秀项目奖。

2023 年 12 月，公司获得中国人民银行主管金融时报社颁发的“2023 中国金融机构金牌榜 · 金龙奖”之“年度最佳资金管理财务公司”称号。

中兴通讯集团财务有限公司

2023 年 5 月 8 日，中国人民银行深圳市中心支行印发《中国人民银行深圳市中心支行办公室关于 2022 年度深圳市调查统计工作情况的通报》，公司在 2022 年度深圳市金融统计工作考评中被评为 A 级，在全市财务公司中排名第一。

中油财务有限责任公司

2023 年，公司荣膺“2023 中国金融机构金牌榜 · 金龙奖”之“年度最佳财务公司”称号。

珠海格力集团财务有限责任公司

2023 年 2 月 17 日，公司荣获中国人民银行珠海市中心支行颁发的“2023 年度中征应收账款融资服务平台及政采贷推广应用优秀单位”“2023 年度征信系统数据质量管理优秀单位”“2023 年度信安平台接入优秀单位”荣誉称号。

2023 年度财务公司机构名录

序号	公司名称	通信地址	高管人员	控股股东	控股比例	成立时间	批准文号
1	东风汽车财务有限公司	湖北省武汉市武汉经济技术开发区东风二路东合中心南区办公楼 H 栋 15—18 层	冯长军	东风汽车集团股份有限公司	100.00%	1987 年 5 月 7 日	银复〔1987〕162 号
2	中国重汽财务有限公司	山东省济南市高新区华奥路 777 号重汽科技大厦 1—2 层	万春玲	中国重汽（香港）有限公司	51.33%	1987 年 9 月 5 日	银复〔1987〕295 号
3	中国华能财务有限责任公司	北京市西城区复兴门南大街丙 2 号天银大厦 C 段西区 7—8 层	蒋奕斌	中国华能集团有限公司	52.00%	1987 年 10 月 27 日	银复〔1987〕333 号
4	锦江国际集团财务有限责任公司	上海市黄浦区延安东路 100 号 3 楼	查培莹	上海锦江资本有限公司	85.50%	1987 年 11 月 14 日	银复〔1987〕354 号
5	一汽财务有限公司	吉林省长春市净月开发区生态大街 3688 号	全华强	中国第一汽车股份有限公司	51.57%	1988 年 3 月 2 日	银复〔1987〕397 号
6	西电集团财务有限责任公司	陕西省西安市高新区唐兴路 7 号 C 座 6—7 层	程刚	中国电气装备集团有限公司	41.00%	1988 年 2 月 12 日	银复〔1988〕47 号
7	中国石化财务有限责任公司	北京市朝阳区朝阳门北大街 22 号中国石化大厦	蒋永富	中国石油化工集团有限公司	51.00%	1988 年 7 月 8 日	银复〔1988〕265 号
8	东方电气集团财务有限公司	四川省成都市高新西区西芯大道 18 号中国东方电气集团有限公司 3 号楼 4 层	刘智全	东方电气股份有限公司	95.00%	1988 年 8 月 24 日	银复〔1988〕291 号
9	宝武集团财务有限责任公司	上海市浦东新区世博大道 1859 号宝武大厦 9 楼	陈海涛	中国宝武钢铁集团有限公司	24.32%	1992 年 6 月 30 日	银复〔1992〕240 号
10	五矿集团财务有限责任公司	北京市海淀区三里河路 5 号五矿集团办公楼 A 座北翼 3 层	董甦	中国五矿股份有限公司	92.50%	1992 年 12 月 29 日	银复〔1992〕591 号
11	江铃汽车集团财务有限公司	江西省南昌市红谷滩区金融大街 969 号	温伟民	江铃汽车集团有限公司	88.13%	1993 年 10 月 27 日	银复〔1993〕251 号
12	中国航空集团财务有限责任公司	北京市朝阳区霄云路 36 号国航大厦 26 层	孙玉权	中国国际航空股份有限公司	51.00%	1993 年 10 月 27 日	银复〔1993〕263 号
13	天津渤海集团财务有限责任公司	天津市和平区大理道 30 号	李杰	天津渤海化工集团有限责任公司	39.34%	1994 年 1 月 27 日	银复〔1994〕41 号

续表

序号	公司名称	通信地址	高管人员	控股股东	控股比例	成立时间	批准文号
14	中国南航集团财务有限公司	广东省广州市白云区齐心路 68 号中国南方航空大厦 13A 层	姚勇	中国南方航空集团有限公司	51.42%	1994 年 1 月 27 日	银复〔1994〕52 号
15	上海汽车集团财务有限责任公司	上海市康定路 1199 号	王晓秋	上海汽车集团股份有限公司	99.00%	1994 年 5 月 1 日	沪银金管〔1994〕5052 号
16	东方集团财务有限责任公司	黑龙江省哈尔滨市南岗区花园街 235 号	姜建平	东方集团有限公司	55.43%	1994 年 3 月 23 日	银复〔1994〕91 号
17	东航集团财务有限责任公司	上海市闵行区吴中路 686 弄 3 号 15 楼	徐春	中国东方航空集团有限公司	53.75%	1995 年 12 月 6 日	银复〔1995〕177 号
18	中油财务有限责任公司	北京市东城区东直门北大街 9 号 A 座 8—12 层	刘德	中国石油天然气集团有限公司	40.00%	1995 年 11 月 14 日	银监复〔1995〕389 号
19	上海电气集团财务有限责任公司	上海市静安区江宁路 212 号 8 楼	冯淳林	上海电气集团股份有限公司	74.63%	1995 年 12 月 12 日	银复〔1995〕391 号
20	中国能源建设集团财务有限公司	北京市朝阳区西大望路甲 26 号院 1 号楼 8 层	陈立新	中国能源建设股份有限公司	50.43%	1996 年 1 月 3 日	银复〔1996〕5 号
21	兵工财务有限责任公司	北京市东城区青年湖南街 19 号	王世新	中国兵器工业集团有限公司	46.47%	1997 年 5 月 13 日	银复〔1997〕198 号
22	西门子财务服务有限责任公司	北京市朝阳区望京中环南路 7 号 17 幢 16 层 043 室	Johannes Schmidt 约翰娜斯·施密特	西门子（中国）有限公司	99.88%	1997 年 12 月 23 日	银复〔1997〕313 号
23	三峡财务有限责任公司	北京市海淀区玉渊潭南路 1 号 B 座 3 层	程志明	中国长江三峡集团有限公司	53.01%	1997 年 11 月 18 日	银复〔1997〕437 号
24	中广核财务有限责任公司	广东省深圳市福田区深南大道 2002 号中广核大厦北楼 22 层	朱慧	中广核集团有限公司	66.66%	1997 年 7 月 22 日	银复〔1997〕244 号
25	中船财务有限责任公司	上海市浦东新区浦东大道 1 号 6 层	徐舍	中国船舶集团有限公司	79.00%	1997 年 7 月 8 日	银复〔1997〕247 号
26	中核财务有限责任公司	北京市海淀区玲珑路 9 号院琨御府东区十号楼 7—8 层	梁荣	中国核工业集团有限公司	49.02%	1997 年 6 月 23 日	银复〔1997〕249 号
27	上海浦东发展集团财务有限责任公司	上海市浦东新区浦东南路 256 号 34、35 楼	王蔚	上海浦东发展（集团）有限公司	56.80%	1998 年 2 月 23 日	银复〔1998〕57 号
28	鞍钢集团财务有限责任公司	辽宁省鞍山市铁东区胜利南路 31 号	谢峰	鞍钢集团有限公司	70.00%	1998 年 3 月 17 日	银复〔1998〕88 号
29	中国电力财务有限公司	北京市东城区建国门内大街乙 18 号院 1 号楼	谭永香	国家电网有限公司	51.00%	2000 年 1 月 12 日	银复〔2000〕8 号

续表

序号	公司名称	通信地址	高管人员	控股股东	控股比例	成立时间	批准文号
30	国家能源集团财务有限公司	北京市西城区西直门外大街18号金贸大厦D座2层	杨富锁	国家能源投资集团有限责任公司	60.00%	2000年10月4日	银复〔2000〕210号
31	中国电子财务有限责任公司	北京市海淀区中关村东路66号世纪科贸大厦A座25层	刘桂林	中国电子信息产业集团有限公司	57.66%	1988年4月21日	银复〔1988〕106号
32	航天科技财务有限责任公司	北京市西城区平安里西大街31号航天金融大厦7层	史伟国	中国航天科技集团有限公司	30.20%	2001年3月12日	银复〔2001〕37号
33	航天科工财务有限责任公司	北京市海淀区紫竹院路116号嘉豪国际中心B座12层	王厚勇	中国航天科工集团有限公司	40.40%	2001年10月10日	银复〔2001〕38号
34	中海石油财务有限责任公司	北京市东城区东直门外小街6号海油大厦23层	张芙雅	中国海洋石油集团有限公司	62.90%	2002年5月13日	银复〔2002〕132号
35	海尔集团财务有限责任公司	山东省青岛市崂山区海尔路178－2号裕龙国际中心1号楼	秦琰	青岛海科达电子有限公司	53.00%	2002年6月10日	银复〔2002〕157号
36	万向财务有限公司	浙江省杭州市上城区庆春路225号西湖时代广场7楼	刘弈琳	万向集团公司	66.08%	2002年8月8日	杭银发〔2002〕207号
37	中粮财务有限责任公司	北京市朝阳区朝阳门南大街8号中粮福临门大厦1905室	粟健	中粮集团有限公司	83.74%	2002年8月15日	银复〔2002〕224号
38	苏州创元集团财务有限公司	江苏省苏州市工业园区苏桐路37号创元大楼6层	周成明	苏州创元投资发展（集团）有限公司	80.00%	1993年10月27日	银金管字第93－0742号
39	珠海格力集团财务有限责任公司	广东省珠海市前山金鸡路901号	董明珠	珠海格力电器股份有限公司	99.54%	2003年2月19日	广州银复〔2003〕83号
40	国机财务有限责任公司	北京市海淀区丹棱街3号A座8层	王惠芳	中国机械工业集团有限公司	17.49%	2003年7月25日	银监复〔2003〕23号
41	中国华电集团财务有限公司	北京市西城区宣武门内大街2号中国华电大厦B座10层	李文峰	中国华电集团有限公司	46.85%	2004年1月8日	银监复〔2004〕7号
42	南方电网财务有限公司	广东省广州市天河区华穗路6号大楼17、18、19楼及1210、1211房	吕双	中国南方电网有限责任公司	34.00%	2004年12月29日	粤银监复〔2004〕580号
43	中国大唐集团财务有限公司	北京市西城区菜市口大街1号院1号楼13—14层	陶云鹏	中国大唐集团有限公司	73.51%	2005年5月10日	银监复〔2005〕95号

续表

序号	公司名称	通信地址	高管人员	控股股东	控股比例	成立时间	批准文号
44	国家电投集团财务有限公司	北京市西城区西直门外大街18号金贸大厦3单元19—21层	尹国平	国家电力投资集团有限公司	40.90%	2005年2月1日	银监复〔2005〕42号
45	华联财务有限责任公司	北京市朝阳区裕民路12号1号楼B座901	马作群	北京华联集团投资控股有限公司	34.00%	1994年3月10日	银复〔1993〕440号
46	兵器装备集团财务有限责任公司	北京市海淀区车道沟10号院3号科研办公楼5层	崔云江	中国兵器装备集团有限公司	22.90%	2005年10月29日	银监复〔2005〕254号
47	京能集团财务有限公司	北京市朝阳区永安东里16号CBD国际大厦23层	刘嘉凯	北京能源集团有限责任公司	60.00%	2006年5月19日	辽银监复〔2006〕30号
48	浙江省能源集团财务有限责任公司	浙江省杭州市西湖区紫荆花路36号浙能源力科创中心A楼3层308办公室	施云峰	浙江省能源集团有限公司	68.00%	2006年8月25日	银监复〔2006〕250号
49	广东能源集团财务有限公司	广东省广州市天河区天河东路2号粤电广场A座1407	李葆冰	广东省能源集团有限公司	60.00%	2006年6月22日	粤银监复〔2006〕317号
50	TCL科技集团财务有限公司	广东省惠州市仲恺高新区惠风三路TCL科技大厦21楼	黎健	TCL科技集团股份有限公司	82.00%	2006年10月17日	银监复〔2006〕284号
51	湖南钢铁集团财务有限公司	湖南省长沙市天心区湘府西路222号华菱园写字楼5—6层	肖骥	湖南钢铁集团有限公司	30.00%	2006年11月10日	银监复〔2006〕316号
52	江西铜业集团财务有限公司	江西省南昌市红谷滩区丰和中大道1100号金融街世纪中心B座办公楼第5层	何军	江西铜业股份有限公司	98.33%	2006年12月18日	银监复〔2006〕388号
53	天津港财务有限公司	天津市滨海新区津港路99号天津港大楼7层	余加	天津港（集团）有限公司	54.00%	2006年11月27日	银监复〔2006〕390号
54	松下电器（中国）财务有限公司	上海市虹口区吴淞路575号虹口SOHO9楼906室	西村武久	松下电器（中国）有限公司	100.00%	2007年3月9日	银监函〔2007〕55号
55	中航工业集团财务有限责任公司	北京市朝阳区东三环中路乙10号艾维克大厦18层	周春华	中国航空工业集团有限公司	66.54%	2007年5月14日	银监复〔2007〕143号
56	申能集团财务有限公司	中国（上海）自由贸易试验区陆家嘴环路958号3楼	杜心红	申能（集团）有限公司	60.00%	2007年6月20日	银监复〔2007〕249号

续表

序号	公司名称	通信地址	高管人员	控股股东	控股比例	成立时间	批准文号
57	潞安集团财务有限公司	山西省长治市潞州区府后西街388号颐龙湾综合楼E1东侧裙楼1—4层	张爱斌	山西潞安矿业（集团）有限责任公司	66.67%	2007年8月8日	银监复〔2007〕312号
58	淮南矿业集团财务有限公司	安徽省淮南市田家庵区洞山东路上东锦城商业街21栋18号	王广磊	淮南矿业（集团）有限责任公司	91.50%	2007年9月5日	银监复〔2007〕353号
59	日立（中国）财务有限公司	上海市茂名南路205号瑞金大厦1908室	陈庆锴	日立（中国）有限公司	100.00%	2007年11月5日	银监函〔2007〕452号
60	保利财务有限公司	北京市东城区朝阳门北大街1号新保利大厦8C	邓长清	中国保利集团有限公司	40.00%	2008年3月28日	银监复〔2007〕573号
61	深圳能源财务有限公司	广东省深圳市福田区深南中路2068号华能大厦东区32楼	徐同彪	深圳能源集团股份有限公司	70.00%	2007年8月9日	深银监复〔2007〕231号
62	中化集团财务有限责任公司	北京市西城区复兴门内大街28号凯晨世贸中心中座F3层	夏宇	中国中化控股有限责任公司	37.00%	2008年5月28日	银监复〔2008〕204号
63	海信集团财务有限公司	山东省青岛市市南区东海西路17号	贾少谦	海信集团控股股份有限公司	73.08%	2008年6月1日	银监复〔2008〕207号
64	国联财务有限责任公司	江苏省无锡市滨湖区金融一街8号18楼	李军	无锡市国联发展（集团）有限公司	50.00%	2008年9月19日	银监复〔2008〕364号
65	首都机场集团财务有限公司	北京市顺义区首都机场四纬路9号中国服务大厦B区3层	沈兰成	首都机场集团公司	90.00%	2008年9月27日	银监复〔2008〕388号
66	红豆集团财务有限公司	江苏省无锡市锡山区东港镇锡港东路2号	周海燕	红豆集团有限公司	45.70%	2008年11月10日	银监复〔2008〕460号
67	海马财务有限公司	海南省海口市金盘工业区金牛路2号	刘卫	海马汽车股份有限公司	47.37%	2008年11月11日	银监复〔2008〕461号
68	南山集团财务有限公司	山东省龙口市南山工业园南山南路4号金融中心	宋日友	南山集团有限公司	69.15%	2008年11月11日	银监复〔2008〕462号
69	国投财务有限公司	北京市西城区阜成门北大街2号楼18层	崔宏琴	国家开发投资集团有限公司	35.60%	2008年12月26日	银监复〔2008〕557号
70	河南能源集团财务有限公司	河南省郑州市郑东新区CBD商务外环路6号国龙大厦17层	闫长宽	河南能源集团有限公司	63.70%	2009年12月5日	豫银监复〔2009〕500号
71	紫金矿业集团财务有限公司	福建省上杭县紫金大道1号14层	林红英	紫金矿业集团股份有限公司	96.00%	2009年9月14日	银监复〔2009〕343号

续表

序号	公司名称	通信地址	高管人员	控股股东	控股比例	成立时间	批准文号
72	江苏华西集团财务有限公司	江苏省无锡市江阴市华西村民族路199号南苑宾馆2号别墅	包丽君	江苏华西集团有限公司	90.00%	2009年9月10日	银监复〔2009〕316号
73	冀中能源集团财务有限责任公司	河北省石家庄市新华区金圆大厦B座9层	王万强	冀中能源集团有限责任公司	45.00%	1994年7月1日	银复〔1993〕245号
74	山西焦煤集团财务有限责任公司	山西省太原市万柏林区晋祠路一段8号中海国际中心B座41层	郝轩毅	山西焦煤集团有限责任公司	80.00%	2009年12月8日	银监复〔2009〕490号
75	阳泉煤业集团财务有限责任公司	山西省阳泉市北大西街29号	赵守刚	华阳新材料科技集团有限公司	65.51%	2009年12月17日	银监复〔2009〕491号
76	晋煤集团财务有限公司	山西省晋城市城区北石店（晋煤集团大门旁）	段建勋	晋能控股装备制造集团有限公司	92.00%	2009年11月6日	银监复〔2009〕428号
77	中远海运集团财务有限责任公司	中国（上海）自由贸易试验区滨江大道5299号8层	孙晓斌	中国远洋海运集团有限公司	31.21%	2009年12月30日	银监复〔2009〕530号
78	中集集团财务有限公司	广东省深圳市南山区蛇口望海路1166号招商局广场11层	张力	中国国际海运集装箱（集团）股份有限公司	78.91%	2010年2月9日	银监复〔2010〕72号
79	沙钢财务有限公司	江苏省张家港市锦丰镇永新路西6号楼	朱建红	江苏沙钢集团有限公司	60.00%	2010年3月11日	银监复〔2010〕109号
80	美的集团财务有限公司	广东省佛山市顺德区北滘镇美的大道6号美的总部大楼B区6楼	钟铮	美的集团股份有限公司	95.00%	2010年6月18日	银监复〔2010〕273号
81	浙江海港集团财务有限公司	浙江省宁波市鄞州区宁东路269号环球航运广场26楼	倪坚	宁波舟山港股份有限公司	75.00%	2010年6月24日	银监复〔2010〕283号
82	哈尔滨电气集团财务有限责任公司	黑龙江省哈尔滨市香坊区三大动力路7号	许瑛	哈尔滨电气股份有限公司	55.00%	2010年9月2日	银监复〔2010〕419号
83	通用技术集团财务有限责任公司	北京市丰台区西营街1区1号院1号楼1001	冯松涛	中国通用技术（集团）控股有限责任公司	95.00%	2010年9月30日	银监复〔2010〕439号
84	铜陵有色金属集团财务有限公司	安徽省铜陵市长江西路171号	汪农生	铜陵有色金属集团控股有限公司	70.00%	2010年11月8日	银监复〔2010〕478号
85	中建财务有限公司	北京市朝阳区安定路5号院3号楼20层	鄢良军	中国建筑股份有限公司	80.00%	2010年11月27日	银监复〔2010〕567号
86	江苏省国信集团财务有限公司	江苏省南京市玄武区长江路88号国信大厦24楼	张书璟	江苏省国信集团有限公司	73.33%	2010年12月8日	银监复〔2010〕582号

续表

序号	公司名称	通信地址	高管人员	控股股东	控股比例	成立时间	批准文号
87	重庆化医控股集团财务有限公司	重庆市两江新区高新园星光大道 70 号天王星 A1 座 2 楼	曾中全	重庆化医控股（集团）公司	53.00%	2010 年 12 月 29 日	银监复〔2010〕589 号
88	金川集团财务有限公司	甘肃省兰州市城关区天水北路 333 号	赵彩云	金川集团股份有限公司	92.30%	2010 年 12 月 22 日	银监复〔2010〕617 号
89	新希望财务有限公司	四川省成都市高新南区天府三街 19 号新希望国际大厦 A 座 26 层	王灿	新希望集团有限公司	42.54%	2010 年 12 月 24 日	银监复〔2010〕626 号
90	酒钢集团财务有限公司	甘肃省兰州市城关区团结路中广宜景湾	杨金山	酒泉钢铁（集团）有限责任公司	63.00%	2011 年 1 月 28 日	银监复〔2011〕31 号
91	包钢集团财务有限责任公司	内蒙古自治区包头市昆都仑区白云路 39 号	孙国龙	包头钢铁（集团）有限责任公司	60.00%	2011 年 1 月 28 日	银监复〔2011〕32 号
92	新奥财务有限责任公司	河北省廊坊市经济技术开发区鸿润道 25 号	蒋承宏	新奥（中国）燃气投资有限公司	79.50%	2011 年 4 月 6 日	银监复〔2011〕101 号
93	招商局集团财务有限公司	北京市朝阳区安定路 5 号院 10 号楼 B 栋 15 层 1501 号	周松	招商局集团有限公司	51.00%	2011 年 4 月 19 日	银监复〔2011〕118 号
94	青岛啤酒财务有限责任公司	山东省青岛市东海西路 35 号 4 栋青啤大厦 9 楼	侯秋燕	青岛啤酒股份有限公司	100.00%	2011 年 5 月 24 日	银监复〔2011〕155 号
95	上海复星高科技集团财务有限公司	上海市普陀区江宁路 1158 号 1902 室	张厚林	上海复星高科技（集团）有限公司	51.00%	2011 年 6 月 20 日	银监复〔2011〕191 号
96	中铝财务有限责任公司	北京市西城区文兴街 1 号院 1 号楼中铝金融大厦	吕哲龙	中国铝业集团有限公司	85.24%	2011 年 6 月 22 日	银监复〔2011〕199 号
97	中兴通讯集团财务有限公司	广东省深圳市南山区科技南路 55 号中兴通讯大厦 A 座 2 楼	李莹	中兴通讯股份有限公司	100.00%	2011 年 7 月 8 日	银监复〔2011〕236 号
98	福建省能源石化集团财务有限公司	福建省福州市鼓楼区五四路 75 号外贸大厦 28 楼	王贵长	福建省能源石化集团有限责任公司	70.00%	2011 年 8 月 1 日	银监复〔2011〕295 号
99	湖南高速集团财务有限公司	湖南省长沙市开福区三一大道 500 号金色比华利大厦 25 楼	张旻	湖南省高速公路集团有限公司	75.00%	2011 年 8 月 2 日	银监复〔2011〕298 号
100	湖北宜化集团财务有限责任公司	湖北省宜昌市沿江大道 52 号	刘宏光	湖北宜化集团有限责任公司	80.00%	2011 年 9 月 30 日	银监复〔2011〕407 号
101	北京汽车集团财务有限公司	北京市丰台区汽车博物馆东路 6 号院 4 号楼 G 座 17—19 层	朱正华	北京汽车集团有限公司	56.00%	2011 年 11 月 9 日	银监复〔2011〕461 号

续表

序号	公司名称	通信地址	高管人员	控股股东	控股比例	成立时间	批准文号
102	信科（北京）财务有限公司	北京市海淀区学院路40号一区	肖波	中国信息通信科技集团有限公司	100.00%	2011年11月22日	银监复〔2011〕497号
103	开滦集团财务有限责任公司	河北省唐山市新华东道70号	邹世春	开滦（集团）有限责任公司	51.00%	2011年12月12日	银监复〔2011〕541号
104	中国航油集团财务有限公司	北京市朝阳区安定路5号院3号楼21层01单元	张鹏	中国航空油料集团有限公司	90.00%	2011年12月2日	银监复〔2011〕542号
105	海南农垦集团财务有限公司	海南省海口市滨海大道115号海垦国际金融中心26楼	陈海	海南省农垦投资控股集团有限公司	80.00%	2011年12月8日	银监复〔2011〕551号
106	西部矿业集团财务有限公司	青海省西宁市城西区文逸路4号3号楼	赵福康	西部矿业股份有限公司	60.00%	2011年12月8日	银监复〔2011〕552号
107	江苏交通控股集团财务有限公司	江苏省南京市建邺区江东中路399号紫金金融中心A2楼33层	杨水明	江苏交通控股有限公司	68.75%	2011年12月23日	银监复〔2011〕594号
108	中国移动通信集团财务有限公司	北京市西城区西便门内大街53号博瑞琪大厦甲段6层	朱毅	中国移动通信有限公司	52.44%	2012年1月16日	银监复〔2012〕27号
109	山东钢铁集团财务有限公司	山东省济南市高新区舜华路2000号舜泰广场4号楼	王勇	山东钢铁集团有限公司	67.98%	2012年2月1日	银监复〔2012〕53号
110	国药集团财务有限公司	北京市海淀区知春路20号中国医药大厦7层	杨珊华	中国医药集团有限公司	52.78%	2012年2月10日	银监复〔2012〕66号
111	郑州宇通集团财务有限公司	河南省郑州市管城回族区宇通路宇通大厦21层	曹建伟	郑州宇通集团有限公司	85.00%	2012年2月10日	银监复〔2012〕69号
112	中国铁建财务有限公司	北京市海淀区复兴路40号中国铁建大厦10层东	周仲华	中国铁建股份有限公司	94.00%	2012年3月21日	银监复〔2012〕137号
113	山东省商业集团财务有限公司	山东省济南市历下区经十路9777号鲁商国奥城2号楼三层308	张志强	山东省商业集团有限公司	100.00%	2012年3月21日	银监复〔2012〕138号
114	深圳华强集团财务有限公司	广东省深圳市前海深港合作区南山街道桂湾五路128号基金小镇创投基金中心304、305、306	赵骏	深圳华强集团有限公司	50.00%	2012年5月21日	银监复〔2012〕232号
115	诚通财务有限责任公司	北京市海淀区中关村南大街丙12号院2号楼6层	吴平	中国诚通控股集团有限公司	85.00%	2012年5月25日	银监复〔2012〕126号

续表

序号	公司名称	通信地址	高管人员	控股股东	控股比例	成立时间	批准文号
116	山东重工集团财务有限公司	山东省济南市历城区港沟街道华奥路777号中国重汽科技大厦	申传东	山东重工集团有限公司	40.00%	2012年6月5日	银监复〔2012〕269号
117	中旅集团财务有限公司	广东省深圳市福田区深南大道4011号中国旅游集团大厦19楼A－D	金鸿雁	中国旅游集团有限公司	60.00%	2012年6月20日	银监复〔2012〕312号
118	陕西煤业化工集团财务有限公司	陕西省西安市高新区锦业一路2号陕煤大楼4层	杨璇	陕西煤业化工集团有限责任公司	55.60%	2012年6月28日	银监复〔2012〕332号
119	上海华谊集团财务有限责任公司	上海市浦东新区浦东南路1271号华融大厦15楼	徐力珩	上海华谊集团股份有限公司	64.00%	2012年6月28日	银监复〔2012〕333号
120	河钢集团财务有限公司	河北省石家庄市体育南大街385号10层	王陇刚	河钢集团有限公司	51.00%	2012年8月20日	冀银监复〔2012〕428号
121	安徽省能源集团财务有限公司	安徽省合肥市包河区马鞍山路76号能源大厦7层	盛胜利	安徽省能源集团有限公司	51.00%	2012年8月28日	银监复〔2012〕450号
122	中化工程集团财务有限公司	北京市大兴区欣雅街15号院1号楼16—17层	卢涛	中国化学工程股份有限公司	90.00%	2012年9月12日	银监复〔2012〕451号
123	天津天保财务有限公司	天津空港经济区西五道35号汇津广场4号楼801、802、803、804	孙静宇	天津保税区投资控股集团有限公司	100.00%	2012年9月21日	银监复〔2012〕540号
124	厦门国贸控股集团财务有限公司	厦门市湖里区仙岳路4686号19层东侧	郭聪明	厦门国贸控股集团有限公司	78.00%	2012年10月18日	银监复〔2012〕576号
125	中信财务有限公司	北京市朝阳区新源南路6号京城大厦B座2层	张云亭	中国中信有限公司	42.94%	2012年10月11日	银监复〔2012〕602号
126	浙江省交通投资集团财务有限责任公司	浙江省杭州市上城区五星路199号明珠国际商务中心2号楼8层	俞激	浙江省交通投资集团有限公司	79.92%	2012年10月18日	银监复〔2012〕612号
127	中车财务有限公司	北京市丰台区芳城园一区15号楼附楼1—5层	董绪章	中国中车股份有限公司	91.36%	2012年11月29日	银监复〔2012〕708号
128	中国电子科技财务有限公司	北京市石景山区金府路30号院2号楼101 1、3—8层	杨志军	中国电子科技集团有限公司	32.62%	2012年12月12日	银监复〔2012〕742号
129	重庆机电控股集团财务有限公司	重庆市两江新区黄山大道中段60号	陈瑜	重庆机电股份有限公司	70.00%	2013年1月9日	银监复〔2013〕19号
130	河北建投集团财务有限公司	河北省石家庄市裕华西路9号裕园广场A座2楼	袁雁鸣	河北建设投资集团有限责任公司	60.00%	2013年1月9日	银监复〔2013〕20号

续表

序号	公司名称	通信地址	高管人员	控股股东	控股比例	成立时间	批准文号
131	大同煤矿集团财务有限责任公司	山西省大同市云冈区平德路鹏程广场6—8号	王伟	晋能控股煤业集团有限公司	80.00%	2013年1月30日	银监复〔2013〕68号
132	贵州茅台集团财务有限公司	贵州省遵义市仁怀市中枢镇三转盘仁怀市农村信用合作联社新大楼11层	蒋焰	贵州茅台酒股份有限公司	51.00%	2013年3月6日	银监复〔2013〕69号
133	海亮集团财务有限责任公司	浙江省杭州市滨江区滨盛路1508号海亮大厦25楼2517—2526室	陈东	海亮集团有限公司	60.00%	2013年2月1日	银监复〔2013〕70号
134	中国建材集团财务有限公司	北京市海淀区复兴路17号国海广场2号楼B座9层	陶铮	中国建材集团有限公司	58.33%	2013年4月18日	银监复〔2013〕189号
135	贵州能源集团财务有限公司	贵州省贵阳市观山湖区林城西路95号	龙治安	贵州能源集团有限公司	55.00%	2013年5月3日	银监复〔2013〕194号
136	北京首都旅游集团财务有限公司	北京市朝阳区广渠路38号9层	郭永昊	北京首都旅游集团有限责任公司	56.64%	2013年4月28日	银监复〔2013〕195号
137	广西交通投资集团财务有限责任公司	广西南宁市良庆区凯旋路5号—东盟金融城基金大厦B座7层、8层	赵就亮	广西交通投资集团有限公司	100.00%	2013年5月13日	银监复〔2013〕226号
138	徐工集团财务有限公司	江苏省徐州经济技术开发区驮蓝山路26号	于红雨	徐工集团工程机械股份有限公司	100.00%	2013年6月4日	银监复〔2013〕258号
139	百联集团财务有限责任公司	上海市黄浦区中山南路315号8楼	杨阿国	百联集团有限公司	75.00%	2013年5月28日	银监复〔2013〕259号
140	中交财务有限公司	北京市西城区德胜门外大街83号德胜国际中心B座16层	李金明	中国交通建设股份有限公司	95.00%	2013年7年1日	银监复〔2013〕301号
141	山东黄金集团财务有限公司	山东省济南市历城区经十路2503号	吴晨	山东黄金集团有限公司	70.00%	2013年7月17日	银监复〔2013〕336号
142	中开财务有限公司	广东省深圳市南山区招商街道招商六路8号赤湾总部大厦29楼	张建国	中国南山开发（集团）股份有限公司	60.00%	2013年7月18日	银监复〔2013〕360号
143	中国平煤神马集团财务有限责任公司	河南省平顶山市矿工中路21号	刘晓军	中国平煤神马控股集团有限公司	51.00%	2013年7月11日	银监复〔2013〕344号
144	四川长虹集团财务有限公司	四川省绵阳市绵兴东路35号	胡嘉	四川长虹电子控股集团有限公司	50.00%	2013年8月23日	银监复〔2013〕423号
145	创维集团财务有限公司	广东省深圳市南山区高新南四道18号创维半导体设计中心东座21F	鄢红波	创维集团有限公司	81.74%	2013年8月30日	银监复〔2013〕446号

续表

序号	公司名称	通信地址	高管人员	控股股东	控股比例	成立时间	批准文号
146	江苏国泰财务有限公司	江苏省苏州市张家港市人民中路国泰大厦29楼	张健	江苏国泰国际集团股份有限公司	80.00%	2013年9月3日	银监复〔2013〕457号
147	亨通财务有限公司	江苏省苏州市吴江经济技术开发区中山北路2288号	江桦	亨通集团有限公司	52.00%	2013年9月3日	银监复〔2013〕458号
148	珠海华发集团财务有限公司	广东省珠海市横琴新区十字门中央商务区横琴国际金融中心大厦第26层	许继莉	珠海华发集团有限公司	30.00%	2013年9月4日	银监复〔2013〕459号
149	北京金隅财务有限公司	北京市东城区北三环东路36号1号楼B2101—2107房间	黄文阁	北京金隅集团股份有限公司	100.00%	2013年9月26日	银监复〔2013〕492号
150	云南云天化集团财务有限公司	云南省昆明市滇池路1417号2号楼3楼	卢应双	云天化集团有限责任公司	44.00%	2013年9月30日	银监复〔2013〕516号
151	北京控股集团财务有限公司	北京市朝阳区化工路59号院2号楼5层	王立华	北京控股集团有限公司	35.14%	2013年10月23日	银监复〔2013〕546号
152	陕西延长石油财务有限公司	陕西省西安市高新区唐延路61号延长石油科研中心28层、29层及裙楼5层23室	沙春枝	陕西延长石油（集团）有限责任公司	82.09%	2013年12月9日	陕银监复〔2013〕633号
153	山东能源集团财务有限公司	山东省济南市经十路10777号山东能源大厦10层	李士鹏	兖矿能源集团股份有限公司	53.92%	2013年12月24日	银监复〔2013〕664号
154	鄂尔多斯财务有限公司	内蒙古自治区呼和浩特市金桥开发区世纪六路宇泰广场A座9层	王臻	内蒙古鄂尔多斯羊绒集团有限责任公司	55.00%	2014年1月3日	银监复〔2014〕4号
155	伊利财务有限公司	内蒙古呼和浩特市金山开发区金山大道8号伊利集团财务共享楼1楼	张占强	内蒙古伊利实业集团股份有限公司	100.00%	2014年1月3日	银监复〔2014〕5号
156	有色矿业集团财务有限公司	湖北省武汉市武昌区徐家棚街徐东大街6号汇通天地A塔栋/单元14层	谭耀宇	中国有色矿业集团有限公司	95.00%	2014年3月21日	鄂银监复〔2014〕18号
157	巨化集团财务有限责任公司	浙江省衢州市柯城区巨化中央大道230号巨化集团公司2号楼	唐顺良	巨化集团有限公司	54.00%	2014年2月12日	浙银监复〔2014〕79号
158	供销集团财务有限公司	北京市西城区宣武门外大街甲1号环球财讯中心C座7层	庄学能	中国供销集团有限公司	100.00%	2014年2月20日	京银监复〔2014〕84号

续表

序号	公司名称	通信地址	高管人员	控股股东	控股比例	成立时间	批准文号
159	中铁财务有限责任公司	北京市海淀区复兴路69号中国中铁大厦C座5层	王国明	中国中铁股份有限公司	95.00%	2014年2月27日	京银监复〔2014〕98号
160	中煤财务有限责任公司	北京市朝阳区黄寺大街1号中煤大厦6层	雷东升	中国中煤能源股份有限公司	91.00%	2014年3月5日	京银监复〔2014〕103号
161	安徽省皖北煤电集团财务有限公司	安徽省宿州市埇桥区西昌路157号	牛家安	安徽省皖北煤电集团有限责任公司	60.00%	2014年4月16日	皖银监复〔2014〕67号
162	淮北矿业集团财务有限公司	安徽省淮北市人民中路276号淮北矿业集团办公中心东座12层	殷召峰	淮北矿业控股股份有限公司	51.01%	2014年4月21日	皖银监复〔2014〕68号
163	湖南出版投资控股集团财务有限公司	湖南省长沙市开福区营盘东路38号3楼	万立民	中南出版传媒集团股份有限公司	70.00%	2014年4月21日	湘银监复〔2014〕102号
164	四川省宜宾五粮液集团财务有限公司	四川省宜宾市翠屏区古塔路28号	代宁	四川省宜宾五粮液集团有限公司	42.25%	2014年4月29日	川银监复〔2014〕125号
165	山东晨鸣集团财务有限公司	山东省济南市经十路7000号汉峪金谷A7—2号楼15层	李峰	山东晨鸣纸业集团股份有限公司	80.00%	2014年6月30日	鲁银监准〔2014〕233号
166	河北港口集团财务有限公司	河北省秦皇岛市海港区文化路60号10—11层	郭西锟	河北港口集团有限公司	60.00%	2014年7月1日	冀银监复〔2014〕175号
167	中节能财务有限公司	北京市大兴区宏业东路1号院6号楼第6层	韩巍	中国节能环保集团有限公司	100.00%	2014年7月10日	银监复〔2014〕466号
168	山东港口集团财务有限责任公司	青岛市市北区新疆路8号中联自由港湾A座42层	姜春凤	山东省港口集团有限公司	54.00%	2014年7月17日	青银监复〔2014〕161号
169	上海上实集团财务有限公司	上海市黄浦区淮海中路98号30楼	张芊	上海上实（集团）有限公司	40.00%	2014年8月26日	沪银监复〔2014〕561号
170	重庆市能源投资集团财务有限公司	重庆市两江新区西湖支路2号精信中心写字楼B塔20层	赵自成	重庆市能源投资集团有限公司	85.00%	2014年11月19日	渝银监复〔2014〕169号
171	广东省交通集团财务有限公司	广东省广州市天河区珠江东路32号利通广场43楼	陈砥砺	广东省交通集团有限公司	100.00%	2014年12月9日	粤银监复〔2014〕695号
172	光明食品集团财务有限公司	上海市静安区南京西路1539号静安嘉里中心办公楼二座33层	王伟	光明食品（集团）有限公司	51.00%	2014年12月29日	沪银监复〔2014〕876号

续表

序号	公司名称	通信地址	高管人员	控股股东	控股比例	成立时间	批准文号
173	福建七匹狼集团财务有限公司	福建省泉州市晋江市青阳街道陈村社区崇德路267号	蒋斌	福建七匹狼集团有限公司	65.00%	2015年3月26日	闽银监复〔2015〕83号
174	清华控股集团财务有限公司	北京市海淀区中关村东路1号院清华科技园科技大厦A座10层	李云忠	天府清源控股有限公司	100.00%	2015年4月9日	京银监复〔2015〕185号
175	中国黄金集团财务有限公司	北京市东城区安定门外大街9号	王赫	中国黄金集团有限公司	51.00%	2015年5月12日	京银监复〔2015〕270号
176	物美商业财务有限责任公司	北京市海淀区西四环北路158号慧科大厦9层、12层	许少川	北京物美商业集团股份有限公司	70.00%	2015年5月26日	京银监复〔2015〕277号
177	中联重科集团财务有限公司	湖南省长沙市岳麓区银盆南路361号中联科技园	詹纯新	中联重科股份有限公司	100.00%	2015年5月26日	湘银监复〔2015〕146号
178	广东省广晟财务有限公司	广东省广州市天河区珠江西路17号广晟国际大厦52楼	贺少兵	广东省广晟控股集团有限公司	90.97%	2015年6月10日	粤银监复〔2015〕270号
179	湖北交投集团财务有限公司	湖北省武汉市汉阳区四新大道26号湖北国展中心广场东塔7层	王徐鹏	湖北省交通投资集团有限公司	92.00%	2015年6月24日	鄂银监复〔2015〕243号
180	山东招金集团财务有限公司	山东省烟台市芝罘区胜利路139号万达金融中心A座22楼	曲丽华	招金矿业股份有限公司	51.00%	2015年6月29日	鲁银监准〔2015〕247号
181	北京金融街集团财务有限公司	北京市西城区真武庙路四条8号院底商10号楼202	吴彬	北京金融街投资（集团）有限公司	100.00%	2015年6月30日	京银监复〔2015〕406号
182	首钢集团财务有限公司	北京市石景山区古城大街36号院1号楼	邹立宾	首钢集团有限公司	80.00%	2015年6月29日	京银监复〔2015〕407号
183	内蒙古伊泰财务有限公司	内蒙古鄂尔多斯市东胜区伊泰万博广场A座2楼	张立峰	内蒙古伊泰集团有限公司	60.00%	2015年7月1日	内银监复〔2015〕88号
184	内蒙古电力集团财务有限责任公司	内蒙古呼和浩特市锡林南路218号	张少云	内蒙古电力（集团）有限责任公司	100.00%	2015年7月1日	内银监复〔2015〕89号
185	上海外高桥集团财务有限公司	上海市浦东新区洲海路999号森兰国际大厦B座10层1009—1011室	吕军	上海外高桥集团股份有限公司	70.00%	2015年7月15日	沪银监复〔2015〕402号
186	中国铁路财务有限责任公司	北京市海淀区北蜂窝路5号院1—1号楼	孙新军	中国国家铁路集团有限公司	95.00%	2015年7月10日	银监复〔2015〕446号

续表

序号	公司名称	通信地址	高管人员	控股股东	控股比例	成立时间	批准文号
187	天瑞集团财务有限责任公司	河南省郑州市郑东新区商务外环路 20 号海联大厦	李凤娈	天瑞集团股份有限公司	46.25%	2015 年 7 月 14 日	豫银监复〔2015〕190 号
188	云南昆钢集团财务有限公司	云南省昆明市西山区环城南路 777 号（昆钢大厦）	王娟	昆明钢铁控股有限公司	80.00%	2015 年 10 月 28 日	云银监复〔2015〕321 号
189	粤海集团财务有限公司	广州市天河区天河路 208 号粤海天河城大厦 35 楼	伍兴龙	广东粤海控股集团有限公司	71.00%	2015 年 11 月 18 日	粤银监复〔2015〕510 号
190	江苏悦达集团财务有限公司	江苏省盐城市城南新区世纪大道东路 2 号悦达集团总部大楼	李小虎	江苏悦达集团有限公司	51.00%	2015 年 12 月 15 日	苏银监复〔2015〕358 号
191	中国电建集团财务有限责任公司	北京市海淀区西直门外大街 168 号腾达大厦 7—8 层	杜明	中国电力建设股份有限公司	94.00%	2015 年 12 月 10 日	京银监复〔2015〕806 号
192	西王集团财务有限公司	山东省济南市历下区银丰财富广场 B 座 3 楼及 19 楼	裴建光	西王集团有限公司	82.50%	2015 年 12 月 15 日	鲁银监准〔2015〕555 号
193	物产中大集团财务有限公司	浙江省杭州市下城区中大广场 1 号 7 楼	蔡才河	物产中大集团股份有限公司	60.00%	2015 年 12 月 18 日	浙银监复〔2015〕648 号
194	云南建投集团财务有限公司	云南省昆明经济技术开发区林溪路 188 号	李斌	云南省建设投资控股集团有限公司	50.00%	2015 年 12 月 28 日	云银监复〔2015〕428 号
195	甘肃电投集团财务有限公司	甘肃省兰州市城关区北滨河东路 69 号甘肃投资大厦 25 层	李燕	甘肃省电力投资集团有限责任公司	60.00%	2016 年 3 月 24 日	甘银监复〔2016〕29 号
196	北京首农食品集团财务有限公司	北京市西城区广安门内大街 316 号 1 号楼 5 层	郗雪薇	北京首农食品集团有限公司	100.00%	2016 年 5 月 10 日	京银监复〔2016〕210 号
197	联通集团财务有限公司	北京市西城区金融大街 21 号中国联通大厦	秦伟	中国联合网络通信有限公司	91.00%	2016 年 6 月 13 日	京银监复〔2016〕290 号
198	河南双汇集团财务有限公司	河南省漯河市召陵区双汇路 1 号双汇大厦 5 楼	刘松涛	河南双汇投资发展股份有限公司	100.00%	2016 年 6 月 13 日	豫银监复〔2016〕128 号
199	厦门翔业集团财务有限公司	福建省厦门市思明区仙岳路 396 号翔业大厦 1302、1303、1307 单元	郑进	厦门翔业集团有限公司	100.00%	2016 年 7 月 12 日	厦银监复〔2016〕43 号
200	广州发展集团财务有限公司	广州市天河区临江大道 3 号 2101 房自编 A	乔武康	广州发展集团股份有限公司	70.00%	2016 年 8 月 18 日	粤银监复〔2016〕252 号
201	江苏凤凰出版传媒集团财务有限公司	江苏省南京市湖南路 1 号	单翔	江苏凤凰出版传媒集团有限公司	51.00%	2016 年 8 月 22 日	苏银监复〔2016〕202 号

续表

序号	公司名称	通信地址	高管人员	控股股东	控股比例	成立时间	批准文号
202	顺丰控股集团财务有限公司	广东省深圳市前海深港合作区南山街道兴海大道3076号顺丰总部大厦40楼	黄美智	深圳顺丰泰森控股（集团）有限公司	100.00%	2016年9月1日	深银监复〔2016〕193号
203	天津医药集团财务有限公司	天津市空港经济区西四道168号融和广场3－2－501/502	幸建华	天津市医药集团有限公司	50.00%	2016年9月14日	津银监复〔2016〕236号
204	青建集团财务有限责任公司	山东省青岛市崂山区株洲路187—1号3号楼14层西区	王从远	青建集团股份公司	100.00%	2016年10月20日	青银监复〔2016〕147号
205	上海文化广播影视集团财务有限公司	中国（上海）自由贸易试验区世纪大道1号东方明珠塔3号门1层	钟璟	上海文化广播影视集团有限公司	60.00%	2016年12月22日	沪银监复〔2016〕560号
206	广州汽车集团财务有限公司	广州市天河区广州大道988号圣丰国际金融中心37F	王丹	广州汽车集团股份有限公司	90.00%	2018年1月20日	粤银监复〔2017〕21号
207	东旭集团财务有限公司	河北省石家庄市长安区中山东路39号勒泰中心（A座）写字楼28层2814—2816单元	郭轩	东旭集团有限公司	60.00%	2017年1月20日	冀银监复〔2017〕10号
208	连云港港口集团财务有限公司	江苏省连云港市连云区中华西路18号港口大厦20楼	王斌	江苏连云港港口股份有限公司	51.00%	2017年3月14日	苏银监复〔2017〕48号
209	陕西投资集团财务有限责任公司	陕西省西安市经济技术开发区凤城八路西北国金中心E栋12层	郑波	陕西投资集团有限公司	76.00%	2017年6月22日	陕银监复〔2017〕30号
210	三环集团财务有限公司	湖北省武汉市洪山区东湖新技术开发区佳园路33号	肖慧丽	三环集团有限公司	100.00%	2017年6月28日	鄂银监复〔2017〕117号
211	红星美凯龙家居集团财务有限责任公司	上海市浦东新区沪南路2218号东楼1001—1015室	席世昌	红星美凯龙家居集团股份有限公司	95.00%	2017年8月1日	沪银监复〔2017〕338号
212	天津能源集团财务有限公司	天津市和平区重庆道70号	张晓旭	天津能源投资集团有限公司	82.00%	2017年9月6日	津银监复〔2017〕215号
213	杭州锦江集团财务有限责任公司	浙江省杭州市拱墅区湖墅南路111号锦江大厦20层	张建阳	杭州锦江集团有限公司	60.00%	2017年12月8日	浙银监复〔2017〕392号
214	正泰集团财务有限公司	浙江省温州市鹿城区市府路525号同人恒玖大厦3楼305室	吴贵强	正泰集团股份有限公司	51.00%	2017年12月13日	浙银监复〔2017〕396号

续表

序号	公司名称	通信地址	高管人员	控股股东	控股比例	成立时间	批准文号
215	东方国际集团财务有限公司	上海市长宁区虹桥路1488号3号楼	季胜君	东方国际（集团）有限公司	51.00%	2017年12月12日	沪银监复〔2017〕575号
216	国新集团财务有限责任公司	北京市海淀区复兴路12号恩菲科技大厦B座1层西侧	纪委	中国国新控股有限责任公司	100.00%	2018年5月8日	京银监复〔2018〕192号
217	商飞集团财务有限责任公司	中国（上海）自由贸易试验区世博大道1919号B座2层	吴永良	中国商用飞机有限责任公司	100.00%	2018年4月28日	沪银监复〔2018〕222号
218	新疆金风科技集团财务有限公司	新疆维吾尔自治区乌鲁木齐市上海路107号	江源	金风科技股份有限公司	80.00%	2018年9月19日	新银监复〔2018〕122号
219	特变电工集团财务有限公司	新疆维吾尔自治区昌吉市北京南路189号特变电工总部研发大楼4层	白云罡	特变电工股份有限公司	80.00%	2018年11月28日	新银监复〔2018〕169号
220	中国航发集团财务有限公司	北京市海淀区西三环北路甲2号院7号楼7层	管见礼	中国航空发动机集团有限公司	100.00%	2018年12月7日	京银保监筹〔2018〕232号
221	广东温氏集团财务有限公司	广东省云浮市新兴县新城镇东堤北路9号广东温氏集团总部第6层	李炜钊	温氏食品集团股份有限公司	91.00%	2018年12月12日	京银保监复〔2018〕165号
222	江西省交通投资集团财务有限公司	江西省南昌市红谷滩新区红谷中大道1669号华尔街广场47层	陶毅	江西省交通投资集团有限责任公司	98.43%	2018年12月25日	赣银保监复〔2018〕32号
223	中国电信集团财务有限公司	北京市西城区西直门内大街118号冠华大厦8层	李英辉	中国电信股份有限公司	70.00%	2019年1月8日	京银保监复〔2019〕17号
224	福建省港口集团财务有限公司	福建省福州市台江区江滨中大道356号福建交通物流信息大厦17层	熊玉斌	福建省港口集团有限责任公司	45.00%	2019年4月25日	闽银保监复〔2019〕205号
225	广东省农垦集团财务有限公司	广东省广州市天河区粤垦路607号19楼	蔡亦农	广东省农垦集团公司	70.00%	2019年10月28日	粤银保监复〔2020〕862号
226	上海城投集团财务有限公司	上海市浦东新区浦东南路500号39楼	蒋曙杰	上海城投（集团）有限公司	60.00%	2019年12月20日	沪银保监复〔2019〕1054号
227	传化集团财务有限公司	浙江省杭州市萧山区民和路945号传化大厦5楼	周升学	传化集团有限公司	75.00%	2019年12月24日	浙银保监复〔2019〕1307号
228	浪潮集团财务有限公司	山东省济南市高新区浪潮路1036号浪潮科技园S01楼26层	姜善强	浪潮集团有限公司	60.00%	2019年12月26日	鲁银保监准〔2019〕997号
229	华泰集团财务有限公司	山东省济南市历下区奥体西路1号银丰财富广场C座23楼	李晓亮	华泰集团有限公司	60.00%	2020年3月25日	鲁银保监准〔2020〕115号

续表

序号	公司名称	通信地址	高管人员	控股股东	控股比例	成立时间	批准文号
230	广州港集团财务有限公司	广东省广州市越秀区沿江东路408号、410号201部分	李军武	广州港集团有限公司	51.00%	2020年8月24日	粤银保监复〔2020〕570号
231	中储粮集团财务有限公司	北京市西城区西直门外大街甲143号凯旋大厦A座5层	张海	中国储备粮管理集团有限公司	100.00%	2020年12月11日	京银保监复〔2020〕899号
232	一重集团财务有限公司	黑龙江省哈尔滨市道里区兆麟街128号中心大厦11层	刘万江	中国一重集团有限公司	60.00%	2020年12月22日	黑银保监复〔2020〕359号
233	新兴际华集团财务有限公司	北京市朝阳区向军北里28号院1号楼2层201	左亚涛	新兴际华集团有限公司	100.00%	2021年1月27日	京银保监复〔2021〕63号
234	山东东明石化集团财务有限公司	山东省菏泽市中华东路436号	李治	山东东明石化集团有限公司	60.00%	2021年6月16日	鲁银保监复〔2021〕295号
235	中国融通集团财务有限责任公司	北京市海淀区中关村南大街18号北京国际大厦B座10—12层	王艳	中国融通资产管理集团有限公司	100.00%	2022年7月28日	京银保监复〔2022〕496号
236	通号集团财务有限公司	北京市丰台区汽车博物馆南路1号院1号楼14层西侧	戴学兵	中国铁路通信信号股份有限公司	95.00%	2022年8月11日	京银保监复〔2022〕518号